Homburg
Quantitative Betriebswirtschaftslehre

Christian Homburg

Quantitative Betriebswirtschaftslehre

Entscheidungsunterstützung
durch Modelle

Mit Beispielen, Übungsaufgaben
und Lösungen

3., überarbeitete Auflage

GABLER

Univ.-Prof. Dr. Christian Homburg ist Inhaber des Lehrstuhls für Allgemeine Betriebswirtschaftslehre und Marketing I und Wissenschaftlicher Direktor des Instituts für Marktorientierte Unternehmensführung (IMU) an der Universität Mannheim sowie Vorsitzender des wissenschaftlichen Beirates der Prof. Homburg & Partner GmbH, Mannheim,
einer international tätigen Managementberatung.

Die Deutsche Bibliothek - CIP-Einheitsaufnahme
Ein Titeldatensatz für diese Publikation ist bei der Deutschen Bibliothek erhältlich.

1. Auflage 1991 (unter dem Titel „Modellgestützte Unternehmensplanung")
2. Auflage 1998
Durchgesehener Nachdruck 1998
3. Auflage 2000

© Betriebswirtschaftlicher Verlag Dr. Th. Gabler GmbH, Wiesbaden 2000
Lektorat: Barbara Roscher / Annegret Eckert

Der Gabler Verlag ist ein Unternehmen der Fachverlagsgruppe BertelsmannSpringer.

Druck und Buchbinder: Lengericher Handelsdruckerei, Lengerich/Westf.
Printed in Germany

ISBN 3-409-33417-3

Meinen
Eltern

Vorwort zur 2. Auflage

"(Das Wirtschaftlichkeitsprinzip) beherrscht alles betriebspolitische Handeln. Es besagt, daß von mehreren Möglichkeiten diejenige zu wählen ist, welche den Voraussetzungen des Prinzips am meisten entspricht. Handelt es sich um quantitative Größen, dann geht es darum, Maxima oder Minima zu bestimmen."

Erich Gutenberg, 1957

"... läßt sich doch nicht verkennen, daß sie (die Verfahren des Operations Research) in hohem Maße geeignet erscheinen, komplizierte Variablenzusammenhänge aufzulockern und durchsichtig zu machen ... Auch zeigt die Erfahrung, daß die Ausarbeitung von Entscheidungsmodellen für praktische Zwecke viel betriebswirtschaftlich wichtiges Detail freilegt und wichtige Erkenntnisse über Zusammenhänge im betrieblichen Variablenbestand ermittelt und deshalb auch von theoretischem Interesse ist."

Erich Gutenberg, 1978

"Engpässe zu berücksichtigen, lassen die Methoden der mikroökonomischen Theorie jedoch nicht zu. Insofern erweisen sich die Methoden der linearen und auch der dynamischen Programmierung den Methoden der mikroökonomischen Theorie überlegen."

Erich Gutenberg, 1985

"Was die Führungsprinzipien selbst anbelangt, so wird meist auf zwei gegensätzliche Grundtypen verwiesen: der klassische Unternehmer einerseits und der planende Analytiker andererseits. ...wird sich in der Person des Unternehmensführers zunehmend eine Mischung dieser beiden Typen durchsetzen..."

Rudolf von Bennigsen-Foerder, 1988

Geht man von dem im vierten Zitat skizzierten Idealbild eines Unternehmensführers - oder sagen wir allgemeiner: einer Führungskraft in der Wirtschaft - aus, so stehen zwei Fähigkeiten im Vordergrund: Zum einen geht es um die Fähigkeit zum, oft auf Intuition basierenden, unternehmerischen Handeln;

der zweite Bereich umfaßt die Fähigkeit zur methodischen Analyse von komplexen Problemen und zur Entwicklung erfolgversprechender Konzepte und Strategien. Der erstgenannte Bereich läßt sich - wenn überhaupt - sicherlich nicht durch die Lektüre von Büchern oder in akademischen Hörsälen erlernen: Hierfür ist die Unternehmenspraxis das richtige Terrain. Im Gegensatz hierzu stellt die Fähigkeit zur methodischen Analyse von Entscheidungsproblemen in Unternehmen eine zentrale Zielsetzung einer betriebswirtschaftlichen universitären Ausbildung dar. Das vorliegende Buch möchte den Leser beim Erreichen dieses Ziels unterstützen.

Dem Buch liegt die These zugrunde, daß quantitative Modelle ein wichtiges Hilfsmittel bei der methodischen Problemanalyse sind und somit einen bedeutenden Beitrag zur Entscheidungsfindung in Unternehmen leisten können. Wie die obigen Zitate verdeutlichen, schätzte gerade Erich Gutenberg die Bedeutung quantitativer Methoden in der Betriebswirtschaftslehre besonders hoch ein. Seine betriebswirtschaftliche Konzeption, die die betriebliche Produktivitätsbeziehung in den Mittelpunkt der Überlegungen stellt, bildet sicherlich den Grundstein für weite Teile der quantitativen Betriebswirtschaftslehre.

Allerdings sollte an dieser Stelle ebenfalls erwähnt werden, daß etwa seit Ende der 70er Jahre eine gewisse Skepsis bezüglich der Leistungsfähigkeit quantitativer Methoden in der Unternehmensplanung zu konstatieren ist. Wie kann vor diesem Hintergrund die zentrale These dieses Buches aufrecht erhalten werden? Hierzu ist dreierlei festzustellen:

1. Die Skepsis gegenüber quantitativen Modellen resultierte zu einem wesentlichen Teil aus überzogenen Erwartungen und einer zu unkritischen Rezeption dieser Modelle. Insbesondere in den von einer gewissen "Planbarkeitseuphorie" geprägten 60er und frühen 70er Jahren wurden die Restriktionen quantitativer Methoden vielerorts nahezu vollkommen übersehen. Sehr deutlich wird dies beispielsweise bei den vor allem in dieser Zeit entwickelten "Unternehmensgesamtmodellen". Der hier unternommene Versuch, die verschiedenen Funktionsbereiche eines Unternehmens in einem einzigen Gleichungssystem abzubilden, mutet aus heutiger Sicht nahezu erheiternd an. Im Gegensatz zu dieser unkritischen Perzeption quantitativer Methoden streben wir in diesem

Buch eine **kritische quantitative Orientierung** an: Dem Leser sollen auch die Restriktionen der einzelnen Ansätze verdeutlicht werden.

2. Ein wesentlicher Nutzen der Beschäftigung mit quantitativen Modellen im Rahmen der betriebswirtschaftlichen Ausbildung liegt nach meinen eigenen Praxiserfahrungen in der **grundsätzlichen Sicht- und Denkweise**, die sie vermitteln. Auch wenn die explizite Anwendung eines solchen Modells im konkreten Praxisfall an zeitlichen, monetären oder informationsbezogenen Problemen scheitern mag, so liefert doch bereits das strukturierte Durchdenken des Problems auf der Basis der Kategorien der quantitativen Modellierung - ganz unabhängig davon, ob das Modell wirklich zur Anwendung gelangt - wesentliche Erkenntnisse im Hinblick auf die Problemlösung. Das Formulieren eines Entscheidungsproblems in den Kategorien eines Optimierungsmodells, die Beantwortung der Frage also, welche Entscheidungsvariablen vorliegen, welche Beziehungen zwischen den Variablen existieren, wie die Zielfunktion(en) strukturiert ist (sind) und welche Nebenbedingungen zu berücksichtigen sind, kann im Hinblick auf die Lösung eines Problems bedeutender sein als die Ermittlung der Lösung des Optimierungsproblems. Dieser Nutzen der Beschäftigung mit quantitativen Modellen ist nicht unmittelbar greifbar. Mir selbst erschloß er sich erst während meiner Tätigkeit in der Praxis. Die Formulierung "The purpose of mathematical programming is insight, not numbers" von Geoffrion (1976) trifft den Kern dieser Aussage recht gut.

3. Skeptische Äußerungen im Hinblick auf die Eignung quantitativer Modelle in der Betriebswirtschaft stützen sich gerade in letzter Zeit häufig auf Hinweise auf immer größere Unsicherheiten, denen Unternehmen ausgesetzt sind, auf die Komplexität unternehmensinterner Entscheidungsstrukturen und -prozesse, die prinzipiell einer rationalen Analyse nicht zugänglich seien, und ähnliches mehr. Konzepte wie die Chaostheorie, die Theorien selbststeuernder Systeme, die koalitionsorientierte Betrachtung von Unternehmen u.ä. werden dann in den Vordergrund gerückt. Der Wert dieser (eher beispielhaft genannten) Konzepte soll an dieser Stelle nicht in Frage gestellt (und auch nicht diskutiert) werden. Ich bin der Überzeugung, daß die Berücksichtigung verhaltenswissenschaftlicher Erkenntnisse, wie sie z.B. in der modernen Organisationstheorie weit verbreitet ist, die Perspektive der Betriebswirtschaftslehre wesentlich bereichert hat. Allerdings lehne ich eine "deskriptive Kapitulation" vor der hohen Komplexität der Unternehmenspraxis nachdrücklich ab: Das normative Element der

Betriebswirtschaftslehre ist gerade in Zeiten hoher Unsicherheit von entscheidender Bedeutung.

Das Buch wendet sich in erster Linie an Studenten und Dozenten der Wirtschaftswissenschaften (insbesondere Betriebswirtschaftslehre, Wirtschaftsingenieurwesen und Wirtschaftsmathematik). Es läßt sich sinnvoll im Rahmen von Vorlesungen einsetzen, die sich im weitesten Sinn mit quantitativer Betriebswirtschaft befassen, und eignet sich auch zum Selbststudium. In diesem Zusammenhang ist insbesondere auf die Vielzahl von Übungsaufgaben unterschiedlicher Schwierigkeit mit ausführlichen Lösungen am Ende eines jeden Kapitels hinzuweisen.

Das Buch spricht darüber hinaus Praktiker aus industriellen Unternehmen an, die einen Einblick in Anwendungsmöglichkeiten von Modellen in ihren jeweiligen Arbeitsgebieten gewinnen wollen.

Das Lehrbuch gliedert sich in vier Teile: Der einleitende **Teil I** vermittelt Grundlagen der quantitativen Betriebswirtschaftslehre. Hierbei geht es - da die im Buch dargestellten Konzepte primär eine planungsunterstützende Funktion haben - zunächst um die Unternehmensplanung und anschließend um die modellanalytische Vorgehensweise in der Betriebswirtschaftslehre. **Teil II** ist der strategischen Planung gewidmet. Insbesondere wird die Anwendung von Modellen in den einzelnen Phasen des Strategieentwicklungsprozesses dargestellt. Aufgrund der Problematik der Quantifizierung strategischer Entscheidungsprobleme beschränken wir uns in diesem Teil des Buchs nicht auf explizit quantitative Modelle. **Teil III** befaßt sich mit quantitativen Ansätzen in ausgewählten Funktionsbereichen des Unternehmens, wobei sukzessiv die Bereiche Marketing, Logistik, Produktion und Investition/Finanzierung zur Sprache kommen. Idealerweise sollte der Leser bereits über gewisse Kenntnisse auf dem Gebiet der quantitativen Modellierung verfügen. Um aber das Buch auch denjenigen Interessenten zugänglich zu machen, für die die Beschäftigung mit quantitativen Modellen der Unternehmensplanung Neuland darstellt, behandelt **Teil IV** die für unsere Zwecke relevanten Bereiche der quantitativen Modellbildung. Es kommen wichtige Teilbereiche des Operations Research (OR) zur Sprache. Natürlich können und sollen diese Ausführungen nicht die Lektüre eines OR-Lehrbuches ersetzen. Es geht lediglich darum, die für das

Verständnis unseres Buches (insbesondere des Teils III) notwendigen Grundlagen zu vermitteln. Leser, die keine oder nur geringe Vorkenntnisse auf dem Gebiet der quantitativen Modellierung haben, sollten Teil IV als erstes lesen. Lesern mit entsprechenden Vorkenntnissen kann dieser Teil zum Nachschlagen dienen.

Es liegt in der Natur der Sache, daß ein Buch, das sich mit einem derart breiten Themenspektrum befaßt, keinen der einzelnen Bereiche umfassend abhandeln kann. Wir tragen dieser Tatsache durch eine Literaturliste am Ende eines jeden Kapitels Rechnung. Hier findet der Leser Hinweise auf weiterführende Literatur zu dem entsprechenden Themenbereich.

Im Rahmen der ersten Auflage dieses Buches, welches unter dem Titel **Modellgestützte Unternehmensplanung** erschien, waren das Lehrbuch sowie ein Arbeitsbuch, das Übungsaufgaben enthielt, voneinander getrennt. Die Integration dieser beiden Bücher stellt eine der wesentlichen Neuerungen dieser zweiten Auflage dar. Darüber hinaus haben wir in allen Teilen des Buches neuere Literatur eingearbeitet. In einzelnen Teilen des Buches wurden gegenüber der ersten Auflage die Ausführungen erweitert (z.B. in Kapitel 7). An anderer Stelle haben wir die Ausführungen gestrafft.

Abschließend verbleibt mir die angenehme Pflicht, denjenigen Dank zu sagen, die wesentlich zur Entstehung dieses Buchs beigetragen haben. An erster Stelle möchte ich mich bei Herrn Prof. Dr. Wolfgang Gaul bedanken. Er war die Quelle wesentlicher Impulse, die mich dazu veranlaßt haben, mich überhaupt mit quantitativen Ansätzen in der Betriebswirtschaftslehre zu befassen. Während meiner Tätigkeit am Institut für Entscheidungstheorie und Unternehmensforschung an der Universität Karlsruhe hatte ich die Möglichkeit zu umfassenden Diskussionen mit Prof. Gaul. Hieraus sowie aus am Institut bereits vorhandenen Vorarbeiten und Unterlagen ergaben sich entscheidende Erkenntnisse für die Erstellung des vorliegenden Buches sowohl in inhaltlicher als auch in struktureller Hinsicht. In besonderem Maße gilt mein Dank auch Herrn Dipl.-Wirtsch.-Ing. Stefan Sütterlin, der das Buch in allen Phasen seiner Entstehung begleitet und das Manuskript mehrfach kritisch durchgesehen hat. Auch wurden zahlreiche Übungsaufgaben von ihm entworfen. Für kritische Stellungnahmen und wertvolle

Verbesserungsvorschläge zur ersten Auflage danke ich weiterhin meinem Bruder, Herrn Dr. Carsten Homburg, Frau Dr. Marliese Uhrig sowie den Herren Dr. Rainer Rothermel, Dipl.-Wirtsch.-Ing. Andreas Dobratz, Dr. Bernd Garbe und Dr. Martin Möhrle. Für die sorgfältige und zuverlässige Durchführung der Schreibarbeiten bedanke ich mich bei Frau Marianne Ernst. Besonderen Dank schulde ich Herrn Dipl.-Wirtsch.-Ing. Espen Mile, der in mühevoller Kleinarbeit die endgültige äußere Gestaltung der ersten Auflage des Buches vorgenommen hat.

Die Integration beider Bücher im Rahmen der zweiten Auflage in das nunmehr vorliegende Werk wurde maßgeblich durch die Tätigkeit von Herrn Dipl.-Wirtsch.-Ing. Christian Pflesser unterstützt, dem hierfür ebenfalls mein besonderer Dank gebührt. Schließlich sei Dipl.-Kffr. Sonja Stuchtey, Dipl.-Kffr. Frederike Hentschel, Dipl.-Kfm. Ove Jensen sowie Dipl.-Kffr. Janna Schneider für eine kritische Durchsicht der zweiten Auflage gedankt. Herrn Dr. Roski vom Gabler-Verlag danke ich für die jederzeit angenehme Zusammenarbeit.

Koblenz, im Oktober 1997   Christian Homburg

Vorwort zur 3. Auflage

Die 2. Auflage des Werkes wurde erfreulich gut aufgenommen. Nach einem unveränderten Nachdruck 1998 wurden für diese 3. Auflage Teile des Buches gründlich überarbeitet. Hierbei wurden zum einen die Grundlagen der Unternehmensplanung modernisiert. Außerdem wurden die Kapitel zur Strategischen Planung auf den aktuellen Forschungsstand gebracht. Schließlich wurde das Kapitel Investition und Finanzierung um neuere Methoden ergänzt. Im ganzen Buch wurden darüber hinaus kleine Verbesserungen und neue Literatur eingearbeitet.

Diese Arbeit wurde maßgeblich durch die Tätigkeit von Herrn Dipl.-Kfm. Ove Jensen unterstützt, dem hierfür mein besonderer Dank gebührt. Für ihre kritische Durchsicht der 3. Auflage danke ich cand.rer.pol. Birte Autzen, cand.rer.pol. Tanja Brecht, cand.rer.pol. Yi Ding und cand.rer.pol. Andrea Model.

Mannheim, im März 2000   Christian Homburg

Inhaltsübersicht

Inhaltsverzeichnis

Abkürzungsverzeichnis

AG	Aktiengesellschaft
AR	Auto-Regressive
ARIMA	Auto-Regressive Integrated Moving Average
bspw.	beispielsweise
bzgl.	bezüglich
bzw.	beziehungsweise
CAPM	Capital Asset Pricing Model
CCP	Chance Constrained Programming
CCPP	Chance Constrained Programming Problem
CPM	Critical Path Method
d.h.	das heißt
DB	Deckungsbeitrag
DM	Deutsche Mark
e.V.	eingetragener Verein
ECR	Efficient Consumer Response
EDV	Elektronische Datenverarbeitung
et al.	et alii (und andere)
etc.	et cetera (und so weiter)
evtl.	eventuell
F&E	Forschung & Entwicklung
ff.	fortfolgende
GE	Geldeinheiten
GERT	Graphical Evaluation and Review Technique
ggf.	gegebenenfalls
GmbH	Gesellschaft mit beschränkter Haftung
Hrsg.	Herausgeber
i.a.	im allgemeinen
i.e.S.	im engeren Sinne
KOP	Kompromißprogramm
KVMP	Konvexes Vektormaximierungsproblem
LE	Längeneinheit
LIM	Limited Information Model

LVMP	Lineares Vektormaximierungsproblem
MA	Moving Average
ME	Mengeneinheit
MPM	Metra Potential Method
OASIS	Organization and Strategy Information Service
OR	Operations Research
PERT	Program Evaluation and Review Technique
PIMS	Profit Impact of Market Strategy
ROI	Return on Investment
ROLA	Report on Look-Alikes
ROS	Return on Sales
SEP	Skalares Ersatzprogramm
SGE(s)	Strategische Geschäftseinheit(en)
Mio.	Millionen
Mrd.	Milliarden
Nr.	Nummer
p.a.	per annum (pro Jahr)
QFD	Quality Function Deployment
S.	Seite
SOP	Stochastisches Optimierungsproblem
SPACE	Strategic Position and Action Evaluation
SPI	Strategic Planning Institute
SWOT	Strengths, Weaknesses, Opportunities, Threats
TDM	Tausend Deutsche Mark
TKP	Tausenderkontaktpreis
Tsd.	Tausend
u.ä.	und ähnliches
u.a.	unter anderem
u.d.N.	unter der Nebenbedingung
u.E.	unseres Erachtens
u.U.	unter Umständen
UP	unrestringiertes Problem
usw.	und so weiter
vgl.	vergleiche
VMP	Vektormaximierungsproblem

vs.   versus

WLP   Warehouse Location Problem

z.B.   zum Beispiel

z.T.   zum Teil

z.Zt.   zur Zeit

ZE   Zeiteinheit

TEIL I:

GRUNDLAGEN ZUR QUANTITATIVEN BETRIEBSWIRTSCHAFTSLEHRE

Inhalt:

- Grundlagen der Unternehmensplanung

- Modellanalytische Vorgehensweise: Grundlagen und Anwendungen in der Betriebswirtschaftslehre

1 Grundlagen der Unternehmensplanung

Da quantitative Methoden unseres Erachtens im wesentlichen eine planungsunter-stützende Funktion haben, behandelt dieses einleitende Kapitel in der gebotenen Kürze grundlegende Aspekte der Unternehmensplanung. Es geht darum, unser Ver-ständnis von Unternehmensplanung zu präzisieren und die wichtigsten Facetten des Begriffs zu beleuchten. Der erste Abschnitt des Kapitels befaßt sich auf allgemeiner Ebene mit dem Begriff der Unternehmensplanung, während der zweite Abschnitt auf einige grundlegende Aspekte der strategischen Unternehmensplanung eingeht.

1.1 Grundlegende Aspekte der Unternehmensplanung

Unter **Planung** verstehen wir vorausschauendes, systematisches Durchdenken und Formulieren von Zielen, Handlungsalternativen und Verhaltensweisen, deren opti-male Auswahl sowie die Festlegung von Anweisungen zur rationellen Realisierung der ausgewählten Alternative. Planung stellt damit im Gegensatz zur Improvisation eine zukunftsorientierte Tätigkeit dar. Dieses Begriffsverständnis betont den **funk-tionalen** Charakter der Planung (d.h. Planung als Tätigkeit bzw. Aufgabe). Im Ge-gensatz hierzu stellt der **instrumentelle** Planungsbegriff den Zweck-Mittel-Bezug der Planung in den Vordergrund, während beim **institutionellen** Planungsbegriff eine Zuordnung von Aufgaben und Tätigkeiten auf einen Kreis von Aufgabenträ-gern vorgenommen wird.

Als wichtige **Merkmale der Planung** sind

- der Zukunftsbezug,
- die Prozeßbezogenheit,
- der systematische Charakter und
- die Zielorientiertheit

zu nennen (vgl. ähnlich Pfohl/Stölzle 1997, S.2). Insbesondere der Zukunftsbezug der Planung wird häufig explizit in die Definition einbezogen. Daher ist beispiels-weise die Prognose zukünftiger Entwicklungen ein wichtiges Instrument der quan-titativen Planung (vgl. Kapitel 4). Im Hinblick auf die Prozeßbezogenheit der Planung empfiehlt sich eine Unterscheidung der folgenden Planungsphasen (vgl. ähnlich Macharzina 1999, S. 305ff.):

- Zielbildung,
- Umwelt- und Problemanalyse,
- Alternativensuche,
- Alternativenbeurteilung und
- Alternativenauswahl (Entscheidung).

Hieran schließen sich die Durchsetzung der Entscheidung, die Realisation sowie die Kontrolle an. In einigen Schriften zur Planung werden diese Phasen ebenfalls dem Planungsprozeß zugeordnet. Angesichts unseres Betrachtungsschwerpunkts (quantitative Modelle) empfiehlt es sich aber, diese umsetzungsorientierten Schritte, die auch sehr stark mit organisationalen Fragestellungen zusammenhängen, auszuklammern.

Befaßt man sich nun spezieller mit dem Konzept der **Unternehmensplanung**, so wird schnell deutlich, daß es sich hierbei um einen sehr vielschichtigen Begriff handelt, dessen Verständnis sich im Rahmen der historischen Entwicklung deutlich gewandelt hat (vgl. auch Hammer 1992): Während man ursprünglich mit dem Begriff der Unternehmensplanung lediglich die Gesamtheit der betrieblichen Vorschaurechnungen im Rahmen des Rechnungswesens (Planbilanzen, Planumsätze, Planergebnisse usw.) verband, steht Unternehmensplanung heute für die Institutionalisierung und Formalisierung sämtlicher Planungsaktivitäten im Unternehmen. Ein solch allgemeines Verständnis des Begriffs erscheint für unsere Zwecke sinnvoller als eine stark eingegrenzte Definition.

Zur weiteren Explikation des Begriffs lassen sich verschiedene **Dimensionen der Unternehmensplanung** unterscheiden. So läßt sich Unternehmensplanung unter Gesichtspunkten

- des Planungsgegenstandes (z.B. Produktion, Finanzierung, Marketing usw.),
- der Planungselemente (z.B. Leitbilder, Strategien, Budgets usw.),
- des Zeithorizonts (kurz-, mittel- oder langfristig)
- der Planungsebene (z.B. gesamtes Unternehmen, Sparten, Strategische Geschäftseinheiten, Funktionalbereiche usw.) sowie

- des Planungsziels (Sachziele, z.B. Zeit- oder Mengenziele, oder Formalziele, d.h. monetäre Ergebnisse)

betrachten.

Die wichtigsten **Funktionen der Unternehmensplanung** sind

- die Führungs- und Koordinationsfunktion,
- die Chancengenerierungs- und Risikoreduktionsfunktion,
- die Motivationsfunktion,
- die Effizienzsteigerungsfunktion und
- die Kreativitätsfunktion.

Die Führungs- und Koordinationsfunktion beinhaltet die Erarbeitung eines globalen Zielrahmens zur Steuerung eines komplex organisierten Unternehmens. Die Umsetzung dieses Zielrahmens wird durch schriftlich fixierte Pläne unterstützt.

Die systematische Analyse des Unternehmensumfelds sowie der internen Abläufe und Strukturen ermöglicht die Identifikation und Gestaltung von Chancen sowie das rechtzeitige Erkennen drohender Risiken. Diesen Aspekt bezeichnen wir als Chancengenerierungs- und Risikoreduktionsfunktion der Unternehmensplanung.

Die Einbindung von Mitarbeitern in den Planungsprozeß und die Identifikation der Mitarbeiter mit der Unternehmensphilosophie und der globalen Zielsetzung stellen die Motivationsfunktion der Unternehmensplanung dar.

Die Effizienzsteigerungsfunktion der Unternehmensplanung umfaßt die zielorientierte Gestaltung von Strategien und Maßnahmenplänen zu einer effizienteren Abstimmung verschiedener Aktivitäten im Unternehmen (Abstimmung konkurrierender Ziele, Nutzung von Synergiepotential).

Durch das systematische Suchen nach neuen Betätigungsfeldern und das Hinterfragen traditioneller Vorgehensweisen wird die Kreativität der in den Planungsprozeß eingebundenen Mitarbeiter signifikant erhöht. Dies stellt die Kreativitätsfunktion der Unternehmensplanung dar.

Die Unternehmensplanung läßt sich anhand der Fristigkeit der Planungsüberlegungen, des Detaillierungsgrades der Pläne sowie des organisatorischen Bezugs der

Pläne in mehrere Ebenen untergliedern. Wir unterscheiden zwischen der **strategi-schen Planung**, der **operativen Planung** und der **Disposition** (vgl. Abbildung 1-1). Im Rahmen der strategischen Planung geht es, vereinfacht ausgedrückt, dar-um, langfristige und aggregiert formulierte Vorgaben für die Entwicklung des Un-ternehmens bzw. einer Unternehmenseinheit zu erarbeiten. Beispiele für strategi-sche Planungsinhalte sind angestrebte Marktpositionen, Fertigungsstrukturen oder Kapitalstrukturen (vgl. zu Begriff und Inhalt der strategischen Planung insbesonde-re Abschnitt 1.2). Konkrete Maßnahmen zur Umsetzung strategischer Pläne sowie Teilpläne für einzelne Funktionalbereiche sind Gegenstand der operativen Planung. Sie ist detaillierter als die strategische Planung und weist eine kürzere Planungsfrist auf. Beispiele für operative Planungsinhalte sind Absatzvolumina und –preise, Pro-duktionskapazitäten oder Investitionen.

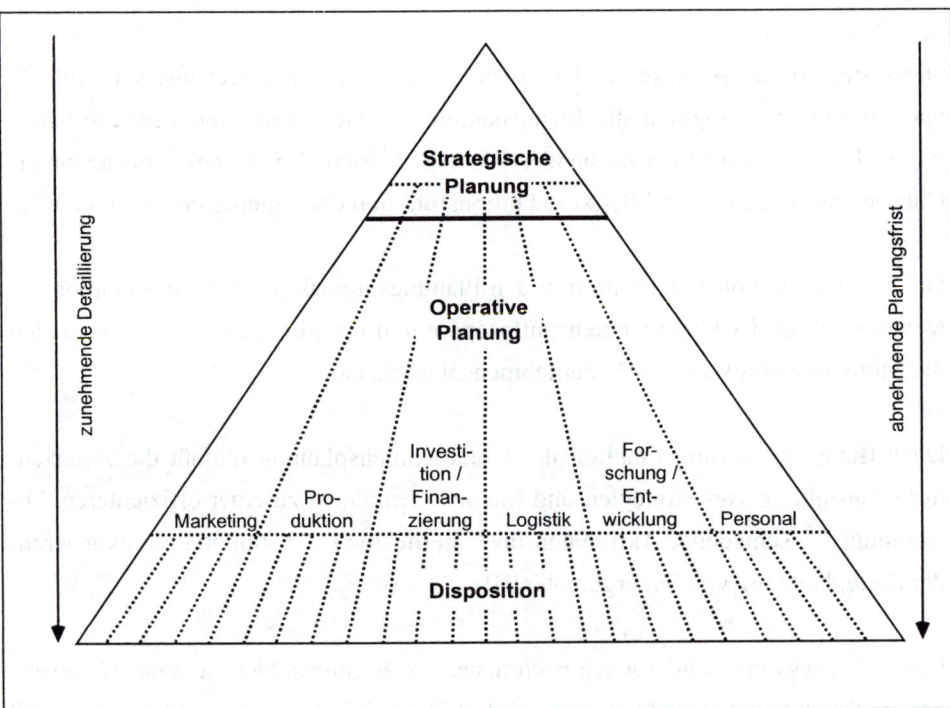

Abbildung 1-1: Ebenen der Unternehmensplanung

Wichtige **Merkmale der operativen Planung** sind

- ihr Bezug auf sachlich und zeitlich überschaubare Teilbereiche des Unternehmens,
- ihre Realisationsnähe,
- die starke Strukturierung der Planung sowie
- die Anwendung systematischer Planungsverfahren.

Die operative Planung selbst umfaßt eine Vielzahl von Komponenten unterschiedlicher Detaillierung. Der größte Detailbezug findet sich in der Planung der laufenden Geschäftsaktivitäten, die wir als **Disposition** bezeichnen (vgl. auch Hanssmann 1990). Beispiele für Disposition sind Maschinenbelegung, Personaleinsatz und Kassenführung. Wie in Abbildung 1-1 angedeutet ist, verstehen wir die Disposition als Teil - gewissermaßen als unterste Ebene - der operativen Planung.

Es soll an dieser Stelle darauf hingewiesen werden, daß insbesondere in frühen Quellen zur Unternehmensplanung drei Ebenen unterschieden werden. Neben der strategischen und der operativen Planung nennt man hier die mittelfristige taktische Planung als Bindeglied zwischen strategischer und operativer Planung (vgl. z.B. Wild 1982). Die Abgrenzung zwischen taktischer und operativer Planung war allerdings nie ganz unumstritten (vgl. Hammer 1992); gelegentlich treten die beiden Begriffe sogar mit vertauschten Bedeutungen auf. Anfang der 90er Jahre (z.B. Hanssmann 1990, Hammer 1992, Kreikebaum 1997) rückte man daher zunehmend von dieser Unterscheidung ab. Bezüglich der zeitlichen Verknüpfung der beiden Planungsebenen ist darauf hinzuweisen, daß die strategische Planung der operativen zwar im allgemeinen vorausgeht, daß eine streng chronologische Abfolge aufgrund von Rückkopplungseffekten aber in der Regel nicht gegeben ist. Hammer (1992) spricht von der Planung als iterativem Prozeß.

1.2 Grundlagen der strategischen Planung

1.2.1 Zum Begriff der strategischen Planung

Wir haben bereits in Abschnitt 1.1 hervorgehoben, daß strategische Planung lang-fristig orientiert ist und auf aggregiertem Niveau erfolgt. Während man sich in der Literatur bzgl. dieser beiden Merkmale weitgehend einig ist, weisen die jeweils verwendeten Definitionen von strategischer Planung teilweise stark divergierende Orientierungen auf. Unterscheiden lassen sich

- formale Definitionen
- instrumentelle Definitionen,
- teleologische Definitionen und
- integrierte Definitionen.

Formale Definitionen sehen das Wesentliche einer strategischen Planung in gewis-sen formalen Eigenschaften strategischer Entscheidungen, wie z.B. in der

- langfristigen Orientierung,
- besonderen Bedeutung für den Fortbestand des Unternehmens,
- maßgeblichen Beteiligung von leitenden Organen des Unternehmens und
- Behandlung von Problemen auf hochaggregierter Ebene.

Natürlich sind diese Merkmale eng miteinander verknüpft und bedingen sich teil-weise gegenseitig.

Im Gegensatz hierzu betonen **instrumentelle Definitionen** den Einsatz bestimmter unternehmenspolitischer Instrumente (z.B. produktpolitische Maßnahmen, Investi-tionen usw.). Ausgangspunkt dieser Definitionen ist das klassische Begriffsver-ständnis von Ansoff (1965), der Strategie im wesentlichen mit der Pro-dukt-Markt-Politik eines Unternehmens gleichsetzt.

Teleologische Definitionen sehen das Wesentliche einer Strategie in ihrer Zweck-gerichtetheit (Teleologie). Im Mittelpunkt dieser Auffassung steht der Begriff des **Wettbewerbsvorteils**; Zweck und Aufgabe einer Strategie ist nach diesem Ver-ständnis letztendlich die Schaffung von Wettbewerbsvorteilen.

Es ist hervorzuheben, daß die Beziehungen zwischen diesen drei Definitionsansätzen nicht substitutiver, sondern eher komplementärer Art sind: Jede der Definitionen erfaßt wesentliche und zutreffende Merkmale der strategischen Planung. Wir formulieren daher die folgende **integrierte Definition der strategischen Planung**: Strategische Unternehmensplanung ist derjenige Teil der Unternehmensplanung, der

- zum Zweck der Schaffung/Sicherung von Wettbewerbsvorteilen (teleologische Komponente)
- langfristig und auf hochaggregierter Ebene erfolgt (formale Komponente)
- und alle Bereiche der Unternehmenspolitik umfaßt (instrumentelle Komponente).

Bezüglich der Planungszeiträume in der strategischen Planung finden sich insbesondere in der älteren Literatur häufig zu hoch gegriffene Angaben, z.B. Richtwerte von 10 bis 15 Jahren. Empirische Untersuchungen (vgl. z.B. Dunst 1982, Kreikebaum/Grimm 1980) zeigten jedoch, daß bereits in den 80er Jahren die meisten Unternehmen mit einem Zeithorizont von fünf Jahren oder darunter arbeiteten und daß Planungen für eine Frist von zehn Jahren oder darüber die Ausnahme darstellen. Die jüngste Untersuchung von Al-Laham (1997) findet in deutschen Unternehmen Planungshorizonte zwischen zwei und fünf Jahren vor, wobei der Durchschnitt bei vier Jahren liegt.

Wir haben bei der Definition der strategischen Planung bewußt den teleologischen Aspekt (Schaffung/Sicherung von Wettbewerbsvorteilen) in den Vordergrund gestellt, da die Verstärkung der Wettbewerbsorientierung eine sehr aktuelle Entwicklung in der strategischen Planung darstellt. Sie resultiert im wesentlichen aus dem heute vielerorts zu beobachtenden aggressiven Verdrängungswettbewerb auf stagnierenden bzw. schrumpfenden Märkten. Kennzeichnend für diese verschärfte Wettbewerbssituation sind u.a. Merkmale wie (vgl. z.B. Simon 1988a)

- permanente Überkapazitäten,
- Stagnation der Nachfrage,
- Angleichung der Anbieter in bezug auf Qualität und Know-how,
- zunehmende Internationalisierung der Märkte und
- zunehmende Differenzierung der Kundenwünsche.

Als geeigneten Bezugsrahmen für eine solche wettbewerbsorientierte Denkweise empfiehlt Simon (1988a) das "strategische Dreieck" mit den drei Eckpunkten eigenes Unternehmen, Kunde und Wettbewerb. Das Denken in diesem Rahmen impliziert, daß neben die Frage, wie gut das eigene Unternehmen die Kundenbedürfnisse befriedigt, gleichberechtigt die Frage treten muß, wo der Wettbewerbsvorteil des eigenen Unternehmens liegt. Ein **strategischer Wettbewerbsvorteil** sollte den folgenden Kriterien genügen:

- Er muß einen wichtigen Erfolgsfaktor (d.h. im wesentlichen ein für den Kunden wichtiges Leistungsmerkmal) betreffen.
- Er muß vom Kunden wahrgenommen werden.
- Er muß eine gewisse Dauerhaftigkeit aufweisen, d.h. er darf von der Konkurrenz nicht schnell einholbar sein.

Die Bedeutung einer fundierten Ermittlung von strategischen Wettbewerbsvorteilen bzw. von zentralen Erfolgsfaktoren soll anhand von Beispiel 1-1 veranschaulicht werden. Dieser Aspekt wird auch in Aufgabe 1-5 vertieft.

Beispiel 1-1

Ein Großhandelsunternehmen konkurriert im wesentlichen mit drei Wettbewerbern. In einer Marktstudie werden die zentralen Erfolgsfaktoren für den relevanten Kundenkreis ermittelt und deren Bedeutung quantifiziert. Die Erfolgsfaktoren sind (Gewichte in Klammern)

- Preis (0,5),
- Marke/Qualität (0,3) und
- Produktumfeld/Service (0,2) .

Ein weiteres Resultat der Marktstudie ist die in der nachstehenden Tabelle dargestellte Bewertung der vier Konkurrenten bzgl. der drei Erfolgsfaktoren. Diese Werte sind für jeden Erfolgsfaktor auf eins normiert; eine Bewertung ist umso positiver, je höher der Wert ist. Die Tabelle zeigt auch die derzeitigen Marktanteile der vier Konkurrenten:

Faktor / Unternehmen	Preis	Marke/ Qualität	Produktumfeld/ Service	Derzeitiger Marktanteil
Eigenes Unternehmen	0,2	0,4	0,3	40 %
Wettbewerber A	0,25	0,3	0,3	30 %
Wettbewerber B	0,3	0,1	0,2	15 %
Wettbewerber C	0,25	0,2	0,2	15 %
Summe	1	1	1	100 %

Durch Multiplikation der einzelnen Beurteilungen der Anbieter mit dem Gewicht des jeweiligen Erfolgsfaktors und anschließende Aufsummierung ergibt sich ein Maß für die Wettbewerbsstärke. Beispielsweise berechnet sich für Wettbewerber A die Wettbewerbsstärke folgendermaßen:

$$0{,}25 \cdot 0{,}5 + 0{,}3 \cdot 0{,}3 + 0{,}3 \cdot 0{,}2 = 0{,}275$$

Insgesamt ergeben sich folgende Werte für die Wettbewerbsstärke:

Eigenes Unternehmen   0,28

Wettbewerber A   0,275

Wettbewerber B   0,22

Wettbewerber C   0,225.

Unter der Annahme, daß die Wettbewerbsstärke sich als Indikator für den langfristigen Marktanteil eignet, erkennt man, daß die beiden kleinen Wettbewerber B und C ihren Marktanteil deutlich steigern werden (auf 22% bzw. 22,5%), während der eigene Marktanteil auf 28% absinken wird, d.h. man wäre dann nur noch knapp Marktführer.

Sicherlich ist die Annahme der direkten Übertragbarkeit der gewichteten Beurteilung auf die Marktanteilsentwicklung recht gewagt, unterstellt sie doch, daß allein diese drei Kriterien für die Kaufentscheidung des Kunden relevant sind und die Bedeutung der Erfolgsfaktoren über die Zeit konstant bleibt. Daß das Unternehmen sicherlich Marktanteile verlieren wird, wenn es gerade beim wichtigsten Erfolgsfaktor Preis das schwächste am Markt ist, dürfte jedoch außer Frage stehen. Eine Empfehlung für die zukünftige Marketingpolitik könnte daher lauten, neben dem derzeitigen Sortiment einige preisgünstige, qualitativ ausreichende Alternativen in das Sortiment aufzunehmen. Dadurch könnten

Kunden, die aufgrund des Preises einen Markenwechsel in Erwägung ziehen, auch weiterhin gehalten werden, ohne daß Qualitätskäufer verloren würden (differenzierte Marktbearbeitung).

1.2.2 Strategien

Macharzina (1999, S. 197) unterscheidet zwei grundlegende Strategieverständnisse. Das eine versteht Strategien als „rational geplante Maßnahmenbündel", das andere als „Grundmuster im Strom unternehmerischer Entscheidungen und Handlungen". Wir schließen uns in diesem Werk der ersten Richtung an.

Zur inhaltlichen Fixierung des Strategiebegriffs erscheint uns eine Aufzählung der **Elemente einer Strategie** am geeignetesten. Die wesentlichen Elemente sind

- Ziele und Zwischenziele,
- strategische Maßnahmen (d.h. keine detaillierten Maßnahmenkataloge) und
- Angaben zur Zuteilung von Ressourcen, zur Nutzung von Synergieeffekten sowie zur zeitlichen Planung der Hauptschritte.

Strategien lassen sich (in Anlehnung an Hammer 1992) grob in Normstrategien und abgeleitete Strategien unterteilen. Bei der **Normstrategie** handelt es sich um generelle Aussagen über die Stoßrichtung in bestehenden oder potentiellen Geschäftsfeldern des Unternehmens. Man unterscheidet zwischen

- Aufbau- bzw. Wachstumsstrategien,
- Eliminierungs- bzw. Rückzugsstrategien und
- selektiven Strategien.

Die Normstrategie gibt also gewissermaßen die Bandbreite für die konkreteren, daraus abzuleitenden Strategien vor. Empfehlungen für Normstrategien lassen sich aus Portfolioansätzen herleiten, die wir in Kapitel 5 diskutieren werden.

Die von den Normstrategien **abgeleiteten Strategien** wollen wir in

- funktionale Strategien und
- Geschäftsstrategien

unterteilen. Als funktional sind solche Strategien zu bezeichnen, die sich auf einen bestimmten Funktionsbereich des Unternehmens (z.B. Marketing, Beschaffung,

Produktion, Finanzierung, Forschung und Entwicklung) beziehen. Im Gegensatz dazu sind **Geschäftsstrategien**, die ebenfalls die Realisierung von Normstrategien unterstützen, funktionenübergreifend angelegt. In Anlehnung an Varadarajan/Clark (1994) fassen wir hierunter die Begriffe Wettbewerbsstrategie, Marktstrategie und Produkt-Markt-Strategie zusammen.

Abbildung 1-2 zeigt die Beziehungen zwischen den verschiedenen Strategietypen. Gleichzeitig wird verdeutlicht, daß die (konkreten) abgeleiteten Strategien die Schnittstelle zwischen der strategischen und der operativen Planungsebene darstellen.

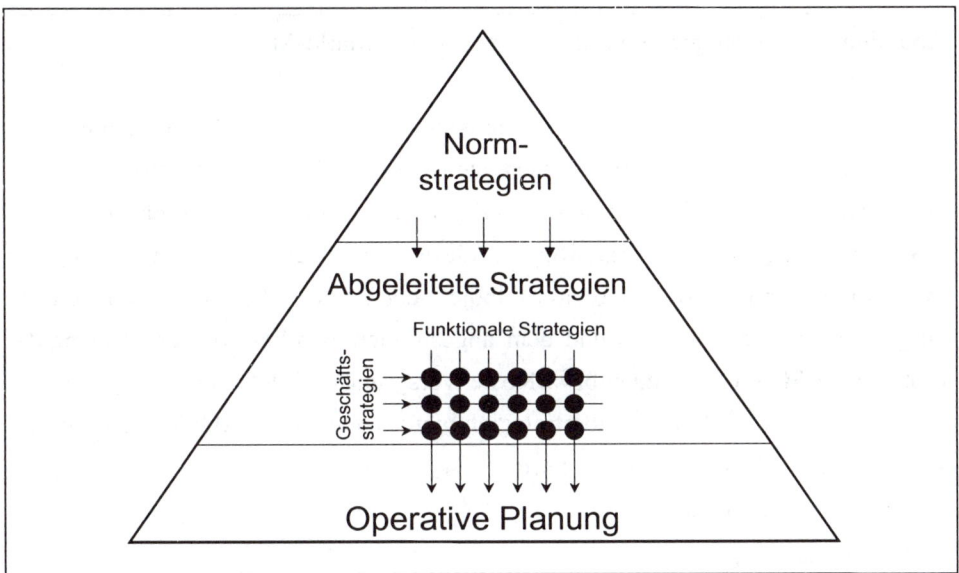

Abbildung 1-2: Beziehungen zwischen Normstrategien und abgeleiteten Strategien

Für Geschäftsstrategien wurden in der Strategieliteratur zahlreiche Typologien entwickelt, die sich durch die zugrunde gelegten Dimensionen voneinander unterscheiden. Wir wollen uns hier auf die drei Typologien beschränken, die in Forschung und Unternehmenspraxis die größte Beachtung gefunden haben.

Eine klassische Einteilung von Geschäftsstrategien wurde von Ansoff (1965) auf Basis der Produkt/Markt-Matrix vorgenommen. Ansoffs Typologie ist in Abbildung 1-3 dargestellt.

Märkte / Produkte / Leistungen	jetzige	neue
jetzige	**Marktdurchdringungsstrategie** → Erhöhung der Produktverwendung bei jetzigen Kunden → Gewinnung neuer Kunden; Verdrängungswettbewerb → Gewinnung bisheriger Nichtverbraucher der Produktgattung	**Marktentwicklungsstrategie** → Internationalisierung → Eindringen in Zusatzmärkte → Erschließung neuer Marktsegmente
neue	**Produktentwicklungsstrategie** → echte Innovationen → quasi-neue Produkte → "me-too"-Produkte	**Diversifikationsstrategie** → vertikale Diversifikation → horizontale Diversifikation → laterale Diversifikation

Abbildung 1-3: Strategien im Rahmen der Produkt/Markt-Matrix

Ein weiterer klassischer Ansatz zur Charakterisierung strategischer Verhaltensweisen wurde von Porter (1980) vorgeschlagen. Aufgrund der starken Betonung von Wettbewerbsvorteilen im Rahmen dieses Konzeptes spricht man auch von **Wettbewerbsstrategien**. Porter klassifizierte diese Wettbewerbsstrategien anhand von zwei grundlegenden Kriterien: dem Zielobjekt der Strategie (gesamte Branche bzw. ausgewähltes Marktsegment) und dem angestrebten Wettbewerbsvorteil (Singularität aus der Sicht des Kunden bzw. Kostenvorsprung). Mittels dieser beiden Kriterien lassen sich drei Wettbewerbsstrategien identifizieren (vgl. Abbildung 1-4):

- die umfassende Kostenführerschaft,
- die Differenzierung und
- die Fokussierung.

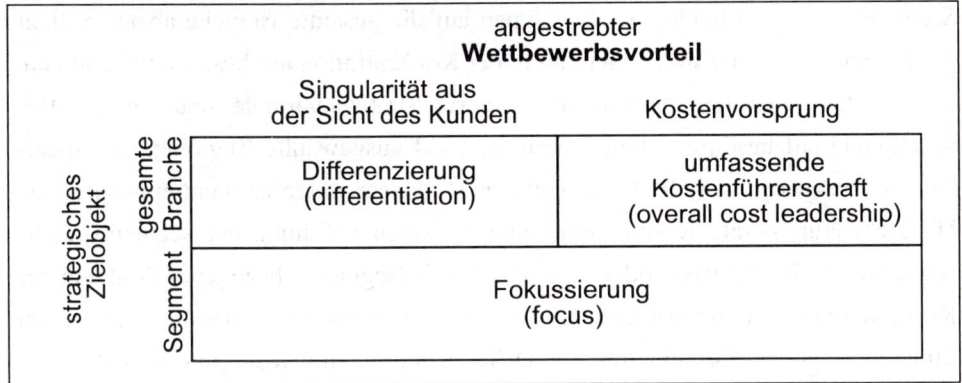

Abbildung 1-4: Drei grundlegende Wettbewerbsstrategien

Grundgedanke der Strategie der **umfassenden Kostenführerschaft** ist das Anstreben der günstigsten Kostenposition in einer Branche - verbunden mit einem entsprechend großen Spielraum bei der Gestaltung der Preise. Zur Realisierung dieser günstigen Kostenposition dienen hohe Stückzahlen bzw. hohe Marktanteile bei weitgehender Standardisierung der Produkte. Entsprechende strategische Maßnahmen sind u.a.

- aggressiver Aufbau von Produktionsanlagen effizienter Größe,
- gezieltes Ausnutzen erfahrungsbedingter Kostensenkungen (vgl. das in Kapitel 3 vorgestellte Konzept der Erfahrungskurve),
- strenge Kontrolle von Einzel- und Gemeinkosten sowie
- Kostenminimierung in den Bereichen Forschung/Entwicklung und Service.

Kennzeichnend für die **Differenzierungsstrategie** ist, daß die Produkte (und/oder Dienstleistungen) des Unternehmens so gestaltet sind, daß sie von den Kunden der Branche im Konkurrenzvergleich als überlegen angesehen werden. Ansatzpunkte für eine solche Differenzierung sind z.B. das Produktdesign, der Markenname, die Technologie, die Produktqualität, produktbegleitende Dienstleistungen usw. Eine gelungene, dauerhafte Differenzierung reduziert in der Regel die Preissensibilität der Kunden und ermöglicht dem Unternehmen eine Hochpreispolitik und folglich hohe Ertragsspannen. Häufig ist eine solche Differenzierungsstrategie nicht kompatibel mit einem hohen Marktanteil, da dieser nicht zu einem exklusiven Image paßt.

Während die ersten beiden Strategietypen auf die gesamte Branche abzielen, liegt der Grundgedanke der **Fokussierung** in der Konzentration auf bestimmte Segmente und Nischen. Konkrete Ausprägungen dieser Strategievariante sind z.B. die Beschränkung auf bestimmte Kundengruppen, auf ausgewählte Regionen, auf spezielle Vertriebswege usw. In den jeweiligen Marktsegmenten ist dann entweder eine Differenzierungsstrategie (im Sinne einer besseren Erfüllung der segmentspezifischen Kundenbedürfnisse) oder eine (auf die Zielsegmente bezogene) Strategie der Kostenführerschaft zu verfolgen. Denkbar ist bei dieser auf Segmente fokussierten Strategie auch eine Kombination von Differenzierung und Kostenführerschaft.

Eine zentrale Hypothese, auf der das Konzept von Porter aufbaut, bezieht sich auf die Relation zwischen dem Marktanteil eines Unternehmens bzw. einer Geschäftseinheit und der erzielten Profitabilität. Porter (1980) geht hier von einer "U-Kurve" aus (vgl. Abbildung 1-5). Unterstellt man einen solchen Kurvenverlauf, so folgt hieraus, daß eine hohe Profitabilität nur mit sehr großen Marktanteilen (Kostenführerschaft) oder mit kleinen Marktanteilen (Differenzierung bzw. Fokussierung) zu erzielen ist. Dies unterstreicht die Notwendigkeit einer klar definierten Wettbewerbsstrategie: Unternehmen, die eine solche nicht aufweisen, die mit mittleren Marktanteilen operieren, weder die Kostenführerschaft innehaben noch differenziert bzw. fokussiert agieren, können nach dieser Hypothese auf lange Sicht keine zufriedenstellende Profitabilität erreichen; sie sind "stuck in the middle".

Es ist allerdings darauf hinzuweisen, daß diese hypothetische Struktur der Beziehung zwischen Marktanteil und Profitabilität durchaus nicht unumstritten ist. Zwar haben etliche Untersuchungen Porters Aussagen über die Erfolgseffekte seiner Strategietypen bestätigt (vgl. z.B. Dess/Davis 1984, Miller/Friesen 1986, Miller 1988 und White 1986). Insbesondere jüngere Strategieliteratur stellt diese jedoch in Frage (vgl. z.B. Kotha/Nair 1995) und verweist darauf, daß die „Mass-Customization"-Strategien der Firma Dell bei Personal Computern oder der Firma Matsushita bei Fahrrädern erfolgreiche Kombinationen von Differenzierung und Kostenführerschaft darstellen (vgl. Gillmore/Pine 1997, Schnäbele 1997). Varadarajan (1999, S. 93) vermutet sogar, daß in ebendieser Kombination die zentrale strategische Herausforderung der Zukunft liege. Das Konzept von Porter sollte als Fazit aus dieser Diskussion eher dahingehend interpretiert werden, daß ein Unternehmen bzw. eine Geschäftseinheit zwischen Differenzierung/Fokussierung einerseits und Kostenführerschaft andererseits klare Prioritäten setzen sollte. Die Notwendigkeit einer echten Auswahlentscheidung im Sinne von Porter ist - legt man die von Homburg/Simon (1995) zusammengestellten empirischen Ergebnisse zugrunde - wohl nicht gegeben.

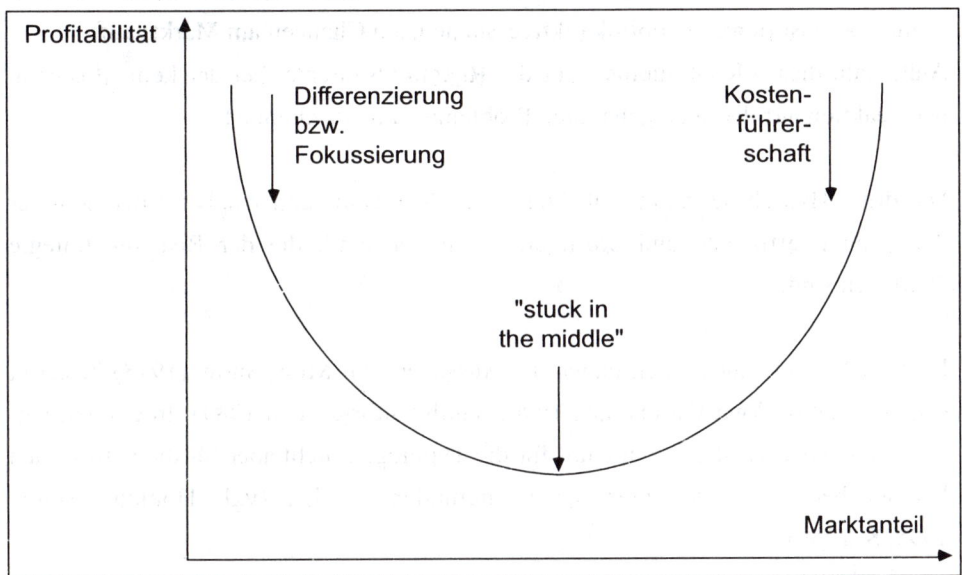

Abbildung 1-5: Wettbewerbsstrategien und hypothetische Beziehung zwischen Marktanteil und Profitabilität

Eine weitere klassische Typologie von Geschäftsstrategien stammt von **Miles and Snow** (Miles/Snow 1978). Sie beruht auf drei Hypothesen (vgl. Homburg/Simon 1995, S. 2757f.). Die erste Hypothese besagt, daß Unternehmen bei der Adaption an die Umwelt häufig Probleme haben. Diese Probleme lassen sich in drei Kategorien einteilen:

- unternehmerische Probleme (Wahl des Produkt-/Marktbereiches),
- technologische Probleme (Wahl der Technologien für Produktion und Vertrieb) und
- administrative Probleme (Rationalisierung von Struktur und Prozeß).

Die zweite Hypothese bezieht sich auf mögliche Verhaltensweisen zur Problemlösung und auf die folgenden daraus abgeleiteten Strategietypen, die sich in der angegebenen Reihenfolge auf einem Kontinuum anordnen lassen:

- **Defender**: Unternehmen zeigt ein Nischenverhalten, weist ein geringes Innovationsniveau auf und konzentriert sich auf Effizienzaspekte.
- **Analyzer**: Unternehmen zeigt eine gemischte Strategie, es ist in manchen Märkten eher effizienzorientiert und in anderen eher innovationsorientiert.
- **Prospector**: Unternehmen weist eine weite Produkt-/Marktdefinition und eine innovationsorientierte Politik (aktive Suche nach Chancen am Markt) auf.

Außerhalb dieses Kontinuums steht die **Reactor**-Strategie, bei der kein Muster in der Reaktion auf die oben genannten Probleme zu beobachten ist.

Die dritte Hypothese lautet, daß Defender, Prospector und Analyzer bei richtiger Anwendung effiziente und profitable Strategien sind, die der Reactor-Strategie überlegen sind.

Empirische Untersuchungen haben die Aussagen von Miles/Snow (1978) bestätigt (vgl. Conant/Mokwa/Varadarajan 1990, Smith/Guthrie/Chen 1989). In einigen Untersuchungen allerdings konnte nur für die Typologie, nicht aber für die getroffenen Effizienzbehauptungen Unterstützung gefunden werden (vgl. Homburg/Simon 1995, S. 2759).

Weitere Einteilungen von Strategien findet der interessierte Leser beispielsweise bei Becker (1998) und Macharzina (1999).

1.2.3 Prozeß der strategischen Planung

Der Prozeß der strategischen Planung wurde in der Strategieliteratur der vergangenen Jahrzehnte kontrovers diskutiert. Ausgangspunkt der Diskussion waren die teilweise extrem komplexen, an militärischer Planung orientierten Prozeßempfehlungen, die von der Strategieliteratur der 60er Jahre gemacht wurden. So schlägt Igor Ansoff, der bekannteste Vertreter dieser später „Planer" genannten Schule, ein Ablaufdiagramm vor, das von der Formulierung der Unternehmensphilosophie bis hin zur Strategieumsetzung in Budgetpläne nicht weniger als 57 Kästchen umfaßt (vgl. Ansoff 1965, S. 202f.). Gegen dieses rationale Planungsmodell wandten in den 70er und 80er Jahren die sog. „Inkrementalisten" die empirische Beobachtung ein, daß strategische Planungsprozesse in der Unternehmenspraxis stark von den

Idealmodellen der Literatur abweichen (vgl. Quinn 1980, Mintzberg 1990, für einen Überblick vgl. Al-Laham 1997, Barney 1997). Vertreter dieser Schule charakterisieren den Prozeß der strategischen Planung eher als einen Lernprozeß in Form von kleinen, inkrementellen Schritten mit zahlreichen Rückkopplungen. Ursprünglich intendierte Strategien werden hierbei häufig verworfen und durch neue, ursprünglich nicht geplante Strategien ersetzt (vgl. Mintzberg 1989). Die Planung und die Umsetzung von Strategien ließen sich deshalb schwerlich trennen. Obwohl noch Ende der 90er Jahre keine Einigkeit über den Ablauf strategischer Planungsprozesse in der Unternehmenspraxis (vgl. Menon et al. 1999) besteht, deutet sich jedoch an, daß strategische Planungsprozesse durchaus Charakteristika beider Schulen (vgl. Mintzberg/Lampel 1999) enthalten.

Wir fassen in diesem Werk Planung als gesteuerten, rationalen Prozeß auf. Dies ist konsistent mit unserer oben geäußerten Sichtweise von Strategien, die wir als rational geplante Maßnahmenbündel verstehen.

Im folgenden wollen wir zwei Aspekte strategischer Planungsprozesse thematisieren, die für das Verständnis der Unternehmenspraxis von besonderer Bedeutung sind:

- die Unterscheidung zwischen top-down, bottom-up und up-down Planung sowie
- die Prozeßschritte von der Formulierung des Unternehmensleitbildes bis zur Strategieimplementierung.

Beim **top-down** Ansatz ist nahezu alle Entscheidungskompetenz bei der Unternehmensleitung zentralisiert. Hierfür spricht insbesondere die weitgehende Elimination von Zielkonflikten. Nachteile des Verfahrens ergeben sich vor allem aus der möglicherweise ungenügenden Motivation nachgelagerter Führungsebenen, die sich übergangen fühlen. Auch ist es denkbar, daß ein von der Unternehmensleitung vorgegebener Plan sich als wenig marktnah erweist. Beim **bottom-up** Verfahren (progressives Verfahren) dürfte dagegen die erforderliche Realitätsnähe der Pläne in der Regel gegeben sein. Ein problematischer Aspekt bei diesem Ansatz ist darin zu sehen, daß u.U. die "von unten nach oben entwickelten" Planungsinhalte nicht mit den Vorstellungen der Unternehmensleitung konsistent sind. Aufgrund der angedeuteten Probleme mit diesen beiden prinzipiellen Vorgehensweisen sind wir der Auffassung, daß keines der beiden Verfahren in reiner Form sinnvoll ist. Viel ge-

eigneter erscheint dagegen das Gegenstromverfahren (**up-down**), das Aspekte beider Ansätze in sich vereinigt.

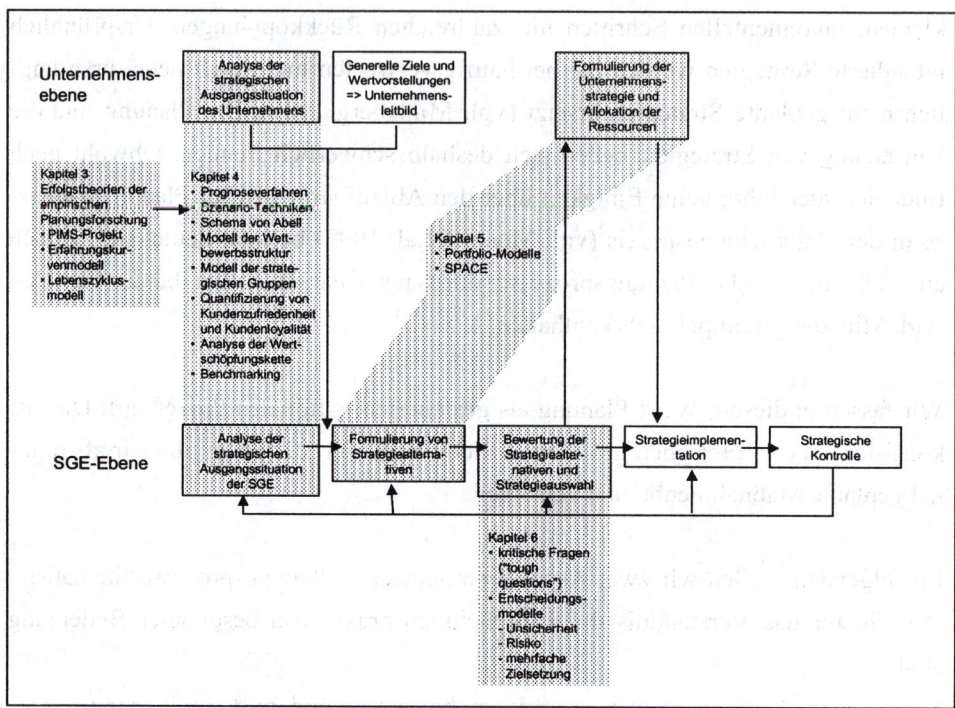

Abbildung 1-6: Prozeß der strategischen Planung und Ansatzpunkte für die Anwendung von (quantitativen) Modellen

Abbildung 1-6 zeigt die Schritte eines nach dem Gegenstromprinzip konzipierten
strategischen Planungsprozesses. Die Informationssammlung und die Entscheidungsfindung beziehen hier sowohl die Unternehmensebene (top) als auch die Ebene der strategischen Geschäftseinheiten (bottom) ein. Gleichzeitig wird in Abbildung 1-6 aufgezeigt, welche insbesondere quantitativen Modelle und Instrumente in
den einzelnen Phasen zur Anwendung kommen können. Da sich Teil II dieses Buches an der in Abbildung 1-6 dargestellten Struktur orientiert, finden sich auch
Hinweise auf die einzelnen Kapitel, in denen die genannten Ansätze erläutert werden.

Grundlage der Strategieformulierung sind zum einen die generellen Ziel- und
Wertvorstellungen des Unternehmens. Sie werden gemeinsam mit den entsprechenden Einstellungen und Verhaltensweisen oft in einem **Unternehmensleitbild** fi-

xiert. Artverwandte Begriffe sind Unternehmensleitsätze, Unternehmensidee, Unternehmensphilosophie, Geschäftsgrundsätze und Charta (vgl. hierzu Kreikebaum 1997 sowie die dort zitierte Literatur). Tabelle 1-1 enthält Beispiele für den Inhalt eines Unternehmensleitbildes.

Aussage über	Beispiel
Bediente Bedürfnisse	„As the world's largest beverage company, we refresh that world. We do this by developing superior soft drinks, both carbonated and noncarbonated, and profitable nonalcoholic beverage systems" (Coca-Cola-Company, Mission Statement 1999)
Anforderungen an Marktleistungen	„Erfolg ist auf Dauer nur möglich, wenn man sich voll und ganz hinter die Qualität seiner Produkte stellen kann" (Quelle: Miele Unternehmensleitbild 1995)
Geographische Reichweite	„Unsere Zusammenarbeit kennt keine Grenzen. Wir sind ein globales Unternehmen und nutzen unsere weltweiten Fähigkeiten" (Siemens Unternehmensleitbild 1999)
Angestrebte Marktstellung	„Wir wollen Henkel auf Dauer zu einem internationalen Spitzenunternehmen machen" (Henkel Unternehmensleitbild 1999)
Verhalten gegenüber Marktpartnern	„Der Kunde bestimmt unser Handeln. Herausragende Kundenzufriedenheit ist das oberste Ziel. Unser Erfolg hängt von der Zufriedenheit der Kunden ab" (Siemens Unternehmensleitbild 1999)
Haltung gegenüber dem Staat	„Wir haben den Willen, Sicherheit, Gesundheits- und Umweltschutz ständig zu verbessern. Diese Aufgaben betreiben wir eigenverantwortlich und in Abstimmung mit den Behörden. Als notwendig Erkanntes nehmen wir auch ohne gesetzliche Verpflichtung oder behördliche Auflagen in Angriff" (BASF Grundgesetz 1985)
Gesellschaftliches Anliegen	„Wir tragen gesellschaftliche Verantwortung. Mit unserem Wissen und unseren Lösungen leisten wir einen Beitrag für eine bessere Welt. Wir bekennen uns zum Umweltschutz. Wir sind ein anerkanntes Mitglied der Gesellschaft in allen Ländern, in denen wir uns unternehmerisch betätigen" (Siemens Unternehmensleitbild 1999)
Wirtschaftliches Handlungsprinzip	„We exist to create value for our share owners on a long-term basis by building a business that enhances The Coca-Cola Company's trademarks." (Coca-Cola Company, Mission Statement 1999)
Anliegen der Mitarbeiter	„Jeder Mitarbeiter soll seine Fähigkeiten und Fertigkeiten ohne Einschränkung entfalten können" (Sony Gründungsschrift 1946)
Grundsätze der Mitarbeiterführung	„Führungskräfte sind Vorbild und erarbeiten sich Anerkennung durch ihre Integrität und Glaubwürdigkeit...Führungskräfte schaffen – trotz aller Kosten- und Ergebnisorientierung – ein Klima, das den Mitarbeitern Spaß an der Arbeit vermittelt" (BMW Mitarbeiter- und Führungsleitbild 1999)
Technologische Leitvorstellung	„Unsere Innovationen gestalten die Zukunft" (Siemens Unternehmensleitbild 1999)

Tabelle 1-1: Mögliche Inhalte eines Unternehmensleitbildes

Darüber hinaus basiert die Strategieformulierung auf einer umfassenden Analyse der strategischen Ausgangssituation. Diese hat sowohl auf der Ebene des gesamten Unternehmens als auch auf der der einzelnen strategischen Geschäftseinheiten zu erfolgen. Unter einer **strategischen Geschäftseinheit** (SGE) verstehen wir eine organisatorische Einheit in einem Unternehmen, die eine eigenständige Marktaufgabe hat und über einen gewissen strategischen Entscheidungsspielraum verfügt. Letzteres impliziert in der Regel, daß die strategische Geschäftseinheit zumindest über einige Funktionsbereiche direkte disziplinarische Kontrolle hat (vgl. Hom-

burg/Workman/Krohmer 1999). Im Regelfall sind aber auch einige Funktionsbereiche (häufig z.B. der Vertrieb) im Unternehmen zentralisiert und werden von mehreren Geschäftseinheiten genutzt (vgl. z.B. Homburg/Workman/Jensen 2000, Work-
man/Homburg/Gruner 1998).

Das Unternehmensleitbild und die Analyse der strategischen Ausgangssituation
stecken den Spielraum für den nachgelagerten Prozeß der Strategieformulierung
und -bewertung ab. Auf diese Stufen im strategischen Planungsprozeß wollen wir
an dieser Stelle nicht eingehen, da sie in den Kapiteln 5 und 6 ausführlich besprochen werden.

Ein sehr wichtiges Problemfeld, das uns aufgrund der Orientierung dieses Buches
aber nicht weiter beschäftigen wird, ist die **Strategieimplementation**. Zentrale Felder der Strategieimplementation sind die Schaffung der geeigneten

- Organisationsstruktur (vgl. Schewe 1999 für einen Überblick)
- Informationssysteme (vgl. z.B. Hilker 1993, Kendall 1997)
- Kontrollsysteme (vgl. Govindarajan/Gupta 1985, Simons 1994)
- Anreizsysteme (vgl. Welge/Hüttemann/Al-Laham 1996) und
- Unternehmenskultur (vgl. Krohmer 1999).

Das Kontrollsystem sollte insbesondere eine **strategische Kontrolle** einschließen
(vgl. Coenenberg/Baum 1987, Kerr 1988). Diese sieht regelmäßige Soll/Ist-Ver-
gleiche und Abweichungsanalysen vor, die sich im wesentlichen auf

- Ziele (z.B. Marktanteilsentwicklungen, Produktinnovationen, Ergebnisentwick-
  lungen),
- Prämissen (z.B. Marktwachstum, Wettbewerbssituation) und
- Maßnahmenkataloge

beziehen. Als Resultat der strategischen Kontrolle sind Rückkopplungen in alle
Stadien des Planungsprozesses möglich. Dies verdeutlicht den iterativen Charakter
des in Abbildung 1-6 dargestellten Ablaufs.

1.3 Übungsaufgaben zu Kapitel 1

Aufgabe 1-1 beschäftigt sich mit dem Begriff der Unternehmensplanung. In Aufgabe 1-2 wird auf Merkmale der strategischen Planung eingegangen. Aufgabe 1-3 diskutiert die Problematik der strategischen Planung in mittelständischen Unternehmen. In Aufgabe 1-4 soll eine Checkliste zur Erfassung von Wettbewerbsinformationen erstellt werden. Die letzte Aufgabe 1-5 ist ein Rechenbeispiel zur langfristigen Marktanteilsprognose.

Aufgabe 1-1

a) Nach welchen Gesichtspunkten lassen sich die Ebenen der Unternehmensplanung
   - strategische Planung,
   - operative Planung und
   - Disposition
   voneinander abgrenzen?

b) Welche sind die wichtigsten Funktionen der Unternehmensplanung und in welcher Ebene kommen diese besonders zum Tragen?

Lösung

a) Die Ebenen der Unternehmensplanung (strategische Planung, operative Planung und Disposition) lassen sich anhand
   - der Fristigkeit,
   - des Detaillierungsgrades und
   - des organisatorischen Bezugs
   voneinander abgrenzen.

Während in der strategischen Planung eher langfristige, aggregierte Ziele und Vorgaben für das gesamte Unternehmen formuliert werden, stehen bei der operativen Planung sachlich und zeitlich überschaubare Teilbereiche des Unternehmens sowie die entsprechend formulierten Ziele und Maßnahmen im Vordergrund. Die operative Planung ist darüber hinaus relativ stark strukturiert, die

Ziele und Maßnahmen werden häufig mit Hilfe von systematischen Planungsverfahren erarbeitet und formuliert. Der größte Detailbezug findet sich in der
Disposition, in der die laufenden Geschäftsaktivitäten für die einzelnen operativen Einheiten geplant werden.

b) Die wesentlichen Funktionen der Unternehmensplanung sind

- die Führungs- und Koordinationsfunktion, d.h. die Erleichterung der Unter-
  nehmenssteuerung durch einen globalen Zielrahmen,
- die Chancengenerierungs- und Risikoreduktionsfunktion, d.h. das Erkennen
  von Chancen und Risiken durch die systematische Analyse interner Gegebenheiten sowie des externen Umfelds,
- die Motivationsfunktion durch die Einbindung der Mitarbeiter in den Planungsprozeß und die daraus resultierende Identifikation mit den Ergebnissen,
- die Effizienzsteigerungsfunktion, d.h. die Erhöhung der Effizienz bei Ab-
  stimmungsprozessen im Unternehmen durch die zielorientierte Gestaltung
  der Strategie,
- die Kreativitätsfunktion, d.h. die Steigerung der Kreativität der Mitarbeiter
  durch das systematische Suchen nach neuen Betätigungsfeldern und das
  Hinterfragen traditioneller Vorgehensweisen.

Während die beiden erstgenannten Funktionen insbesondere für die strategische
Planung relevant sind, spielen die Kreativität und die Motivation der Mitarbeiter
auch in der operativen Planung eine ganz entscheidende Rolle. Die Effizienzsteigerungsfunktion sollte insbesondere in der Disposition ihren Niederschlag finden.

Aufgabe 1-2

Durch welche Merkmale lassen sich strategische Entscheidungen charakterisieren?

Lösung

Charakteristisch für strategische Entscheidungen ist in erster Linie ihre langfristige Orientierung sowie die Tatsache, daß sie auf aggregierter Ebene (d.h. unter Vernachlässigung von Details) erfolgen. Ein weiteres wesentliches Merkmal strategischer Entscheidungen ist ihre besondere Bedeutung für den Fortbestand des Unternehmens. Hieraus ergibt sich zwingend, daß strategische Entscheidungen nur unter maßgeblicher Beteiligung von leitenden Organen des Unternehmens gefällt werden können.

Aufgabe 1-3

Inwieweit erscheint Ihnen die Anwendung der strategischen Planung in mittelständischen Unternehmen sinnvoll? Diskutieren Sie die Notwendigkeit sowie Probleme und Besonderheiten der strategischen Planung im Mittelstand.

Lösung

Die Notwendigkeit einer strategischen Orientierung des Unternehmens ist im mittelständischen Betrieb ebenso gegeben wie im Großunternehmen. Auch ein Mittelbetrieb muß anstreben, sich antizipativ auf Tendenzen am Markt einzustellen, um so strategische Wettbewerbsvorteile aufzubauen.

Probleme, die bei der Anwendung der strategischen Planung in einem mittelständischen Betrieb auftreten können, liegen insbesondere im Informationsbereich sowie auf dem Gebiet der Organisation. Das Informationsproblem liegt darin, daß diese Betriebe häufig in personeller Hinsicht nicht ausreichend ausgestattet sind, um eine permanente Markt- und Wettbewerbsbeobachtung zu gewährleisten. Hieraus resultiert die Gefahr, daß strategische Überlegungen und Entscheidungen auf einer unzureichenden Informationsgrundlage basieren. Bei der Organisation der strategischen Planung ergibt sich das Problem, daß mittelständische Unternehmen sich auf strategische Planung spezialisierte Mitarbeiter in der Regel nicht leisten können. Daher liegt die Verantwortung für die Strategieentwicklung auch in methodischer Hinsicht oft ganz beim Linienmanagement.

Eine weitere Besonderheit der strategischen Planung im mittelständischen Unternehmen besteht darin, daß der strategische Handlungsspielraum häufig durch Einflußnahme und Interessen der Eigentümer oder aufgrund von finanziellen Restriktionen eingeengt ist. So gehört z.B. die Akquisition eines anderen Unternehmens viel seltener als in Großunternehmen zu den denkbaren strategischen Optionen.

Aufgabe 1-4

Aus der großen Bedeutung von Wettbewerbsvorteilen im Rahmen strategischer Überlegungen ergibt sich die Notwendigkeit, die klassische (eher kundenorientierte) Marktforschung durch eine wettbewerbsorientierte Komponente zu ergänzen. Erarbeiten Sie eine Checkliste zur Erfassung von wichtigen Wettbewerbsinformationen.

Lösung

Obwohl die für das einzelne Unternehmen relevanten Wettbewerbsinformationen durchaus vom Markt und der eigenen Position abhängen können, lassen sich bestimmte Bereiche nennen, die von übergreifender Bedeutung sind:

- Finanzielle Situation: z.B. Umsatz, Ertrags-/Kostenstruktur, Verbindlichkeiten, Liquidität, Eigentümerstruktur
- Produkte: z.B. Produktpalette, Qualität, Image, Produktalter, Technologien, Fertigungsmöglichkeiten, Patente, Forschungs- und Entwicklungsaktivitäten, Innovationskraft
- Dienstleistungen: z.B. Dienstleistungspalette, Dienstleistungsqualität, Reaktionszeit des Kundendienstes
- Preispolitik: z.B. Margen, Rabatte, Preisstrategie, Preise für Dienstleistungen
- Kommunikationspolitik: z.B. Botschaften, Medienauswahl, Häufigkeit der Präsenz in Werbemedien, Messestrategie
- Distributionspolitik: z.B. Vertriebskanäle, Vertriebsniederlassungen, verwendete Verkaufsargumente
- Kunden: z.B. aktive Kunden, potentielle Kunden, Segmentierungsansatz, Qualität der Kundenbeziehungen

- Personal: z.B. Charakter und Qualität des Top-Managements, Zahl der Mitarbeiter insgesamt, Zahl der Mitarbeiter im Vertrieb
- Strategien: z.B. Unternehmensphilosophie, vertikale Integration, Ziele, Maßnahmen, Zeitrahmen

Aufgabe 1-5

Ein HIFI-Gerätehersteller konkurriert auf einem lokalen Markt mit zwei Wettbewerbern. Eine umfassende Kundenbefragung ergab fünf zentrale Erfolgsfaktoren, die Wichtigkeit dieser Erfolgsfaktoren und eine Kundeneinschätzung des Unternehmens und seiner Wettbewerber bezüglich dieser Erfolgsfaktoren. Weiterhin sind aus einer anderen Untersuchung die derzeitigen Marktanteile der drei Unternehmen bekannt:

Erfolgsfaktor	Wichtigkeit des Erfolgs- faktors	Kundeneinschätzung			Summe
		Eigenes Unter-neh- men	Konkurrent A	Konkurrent B	
Ausstattung	30%	0,5	0,4	0,1	1
Design	20%	0,6	0,3	0,1	1
Markenimage	10%	0,5	0,3	0,2	1
Preis	30%	0,4	0,5	0,1	1
Verarbeitung	10%	0,6	0,2	0,2	1
derzeitiger Marktanteil		50%	40%	10%	100%

a) Der Assistent der Geschäftsleitung äußert die Befürchtung eines Verlustes an Marktanteilen. Ist die Befürchtung nachvollziehbar? Erarbeiten Sie auf der Grundlage der vorliegenden Daten eine langfristige Marktanteilsprognose.

b) Aufgrund einer Empfehlung des Assistenten der Geschäftsleitung wird ein aggressives Preismanagement betrieben. Die Konkurrenz (insbesondere Konkurrent A) verstärkt derweil ihre Aktivitäten im Bereich des Innovationsmanagements und des Designs. Nach wenigen Jahren wird erneut eine Kundenbefragung durchgeführt. Es ergeben sich folgende Kundeneinschätzungen:

Kundeneinschätzung		
Eigenes Unterneh-men	Konkurrent A	Konkurrent B
0,4	0,5	0,1
0,2	0,7	0,1
0,5	0,3	0,2
0,6	0,3	0,1
0,6	0,2	0,2

Wie ändern sich die prognostizierten Marktanteile (Wichtigkeiten der Erfolgs-faktoren sind gleich geblieben)? Welche Empfehlung können Sie dem HIFI-Unternehmen geben?

Lösung

a) Durch Multiplikation der einzelnen Beurteilungen der Unternehmen mit dem Gewicht des jeweiligen Erfolgsfaktors und anschließende Aufsummierung ergibt sich ein Maß für die Wettbewerbsstärke:

Eigenes Unternehmen   0,50

Konkurrent A   0,38

Konkurrent B   0,12

So berechnet sich beispielsweise die Wettbewerbsstärke für das eigene Unter-nehmen folgendermaßen:

$$0{,}5 \cdot 0{,}3 + 0{,}6 \cdot 0{,}2 + 0{,}5 \cdot 0{,}1 + 0{,}4 \cdot 0{,}3 + 0{,}6 \cdot 0{,}1 \qquad =$$
$$0{,}15 + 0{,}12 + 0{,}05 + 0{,}12 + 0{,}06 \qquad\qquad = 0{,}5$$

Unter der Annahme, daß die Wettbewerbsstärke sich als Indikator für den lang-fristigen Marktanteil eignet, erkennt man, daß die langfristigen Marktanteile mit den derzeitigen weitgehend übereinstimmen. Daher ist aufgrund der vorliegen-den Informationen nicht mit einer Gefährdung der Position des Marktführers zu rechnen; der Befürchtung des Assistenten ist nicht zuzustimmen.

b) Die Berechnung der neuen Wettbewerbsstärken liefert folgendes Resultat:

Eigenes Unternehmen   0,45

Konkurrent A   0,43

Konkurrent B   0,12

Das eigene Unternehmen bleibt nach der neuen Berechnung weiterhin Marktführer. Allerdings werden voraussichtlich Marktanteile verloren. Es zeigt sich, daß die einseitige Konzentration auf das Preismanagement bei Vernachlässigung anderer Erfolgsfaktoren offensichtlich die falsche Strategie gewesen ist. Es wäre empfehlenswert, verstärkte Aktivitäten im Bereich des Innovationsmanagements und des Designs einzuleiten, um die ehemals günstige Wettbewerbsposition wieder herzustellen.

1.4 Literatur zu Kapitel 1

Empfehlenswerte Werke zur Planung im allgemeinen sind u.a. Schneeweiß (1991), Adam (1996) und Pfohl/Stölzle (1997).

Frühe Quellen zur strategischen Planung sind die Bücher von Ansoff (1965), Ackoff (1970), Katz (1970) und Steiner (1971). Einige empfehlenswerte Lehrbücher oder Sammelbände (bzw. einzelne daraus entnommene Beiträge), die sich allgemein mit strategischer Planung befassen, sind Hinterhuber (1984), Aaker (1998), Meffert (1988), Bauer (1991), Hammer (1992), Jain (1993), Kirsch/zu Knyphausen (1993), Kreikebaum (1997), Steinmann/Schreyögg (1997) und Macharzina (1999).

Im Zusammenhang mit der verstärkten Wettbewerbsorientierung der strategischen Planung empfehlen wir die Lektüre von Porter (1979, 1980, 1986), Hinterhuber (1990), von Oetinger (1983), Meffert (1985), Miller (1992), Simon (1988a,b), Grant (1991) und Homburg/Simon (1995).

2 Modellanalytische Vorgehensweise: Grundlagen und Anwendungen in der Betriebswirtschaftslehre

Ziel dieses Kapitels ist es, den Leser zunächst mit den wichtigsten Prinzipien der Modellanalyse vertraut zu machen. Der erste Abschnitt präzisiert daher unser Verständnis vom Begriff des Modells und seinen unterschiedlichen Ausprägungen, beschreibt die einzelnen Stufen der Modellanalyse und erarbeitet den Begriff des Operations Reseach (OR) vor dem Hintergrund seiner historischen Entwicklung. Anschließend befaßt sich der zweite Abschnitt mit der Anwendung quantitativer Modelle in der Betriebswirtschaft. Hierbei geht es zum einen um die Entwicklung im wissenschaftlichen Bereich und zum anderen um die Akzeptanz quantitativer Ansätze in der Unternehmenspraxis. Das Kapitel schließt mit einer Diskussion der Hintergründe der erkennbaren Akzeptanzdefizite.

2.1 Grundlagen zur modellanalytischen Vorgehensweise

2.1.1 Der Modellbegriff

Unter einem **Modell** versteht man - anschaulich ausgedrückt - das Ergebnis einer vereinfachenden Abbildung eines Sachverhaltes (vgl. für einen Überblick zum Modellbegriff Zschocke 1995, S. 215ff.). Formale Definitionen fassen ein Modell als ein System auf, das einem Originalsystem zugeordnet ist und zu diesem in einer gewissen Ähnlichkeitsbeziehung steht. Als System bezeichnet man in diesem Zusammenhang eine Gesamtheit von Elementen, deren Beziehungen untereinander durch eine Menge von Relationen beschrieben werden. Mit der formalen Analyse von Systemen befaßt sich die Systemtheorie, auf die wir in diesem Buch nicht eingehen (vgl. hierzu z.B. Hanssmann 1993).

Wie sollte nun die Ähnlichkeitsbeziehung zwischen Originalsystem und Modell konkret aussehen? In der Literatur ist bisweilen von der Isomorphie zwischen Originalsystem und Modell die Rede. Diese Forderung ist einerseits sehr hart - verlangt sie doch eine in beiden Richtungen eindeutige Beziehung zwischen den Elementen des Originalsystems und denen des Modells - und andererseits dem richtigen Verständnis des Modellbegriffs eher abträglich: Ein wesentlicher Nutzen des "Denkens am Modell" beruht ja gerade darauf, daß die vereinfachte Struktur Erkenntnisse vermittelt, zu denen man bei der Analyse des komplexen Originalsystems kaum gelangt wäre. Treffender als die Bezeichnung Isomorphie erscheint uns daher der Begriff der Homomorphie, der verdeutlicht, daß der Übergang vom Originalsystem zum Modell in aller Regel eine gewisse Reduktion darstellt. Die beiden Begriffe Isomorphie und Homomorphie werden in Aufgabe 2-1 anhand eines Beispiels veranschaulicht.

Modell \ Originalsystem	reales System	ideell-sprachliche Systeme	
		verbal-sprachliches System	mathematisches System
reales System	A z. B. maßstabsgetreue Nachbildung eines realen Objekts (z. B. Flugzeugmodell)	B z. B. Schöpfung eines Kunstgegenstandes aufgrund eines verbalen Stimmungsbildes	C z. B. technische Realisierung einer logischen Funktion durch eine elektronische Schaltung
ideell-sprachliche Systeme: verbal-sprachliches System	D z. B. verbales, ökonomisches Modell eines Realitätsausschnitts (z. B. Erklärungsmodell für das Zusammenwirken von strategischen Erfolgsfaktoren)	E z. B. Untersuchung der Isomorphie zweier inhaltlich verschiedener, verbal dargestellter Theorien	F z. B. inhaltliche Deutung eines Axiomensystems
ideell-sprachliche Systeme: mathematisches System	G z. B. mathematisches, ökonomisches Modell eines Realitätsausschnitts (z. B. Optimierungsmodell)	H z. B. Entwicklung eines mathematischen Entscheidungsmodells aufgrund einer verbalen Problembeschreibung	I z. B. Ableitung mathematischer Aussagen aus einem Axiomensystem

Tabelle 2-1:   Mögliche Zuordnungen zwischen Originalsystem und Modell (in Anlehnung an Gal/ Gehring 1981, S. 13)

Tabelle 2-1 zeigt eine Reihe möglicher Zuordnungen zwischen Originalsystem und Modell, wobei davon ausgegangen wird, daß sowohl das Originalsystem als auch das Modell als

- reales System,
- verbal-sprachliches System oder als
- mathematisches System

auftreten können. Zur Abgrenzung vom realen System faßt man die beiden letztgenannten Ausprägungen unter dem Oberbegriff "ideell-sprachliche Systeme" zusammen. Wir befassen uns im Rahmen dieses Buches im wesentlichen mit solchen Modellen, deren Beziehung zum Originalsystem den Situationen D bzw. G entspricht. Im Bereich der strategischen Planung (Teil II) treten vor dem Hintergrund der Problematik der Quantifizierung strategischer Sachverhalte beide Situationen auf. In der operativen Planung (Teil III) befassen wir uns dagegen fast ausschließlich mit mathematischen Modellen (Typ G).

Zur **Charakterisierung von ökonomischen Modellen** können wir die folgenden Kriterien heranziehen (vgl. ähnlich Adam 1996, Schiemenz 1996):

- Materialisation (real/ideell),
- Symbolisierung (verbal/mathematisch), (nur bei ideell-sprachlichen Modellen)
- Determiniertheit (deterministisch/stochastisch),
- Zeitbezug (statisch/dynamisch),
- Abbildungsumfang (total/partiell) und
- Zielsetzung (deskriptiv, erklärend/prognostizierend bzw. entscheidungs-orientiert).

Die beiden ersten Kriterien wurden bereits in Zusammenhang mit Tabelle 2-1 erläutert. Im Hinblick auf die Determiniertheit von Modellen unterscheiden wir zwischen deterministischen Modellen, in denen die Größen, die die Modellstruktur bestimmen, feste und bekannte Werte annehmen, und stochastischen Modellen, bei denen mindestens eine Problemgröße nicht determiniert ist. Man geht jedoch i.a. davon aus, daß Wahrscheinlichkeitsverteilungen angegeben werden können, die die Schwankungen der nicht determinierten Modellgrößen hinreichend genau beschreiben. Ein weiteres Merkmal zur Charakterisierung ökonomischer Modelle ist ihr Zeitbezug: Bei statischen Modellen beziehen sich alle variablen Modellgrößen auf die gleiche Zeitperiode, während sie bei dynamischen Modellen auf verschiedene Perioden bezogen sind. Desweiteren unterscheidet man zwischen Totalmodellen, die alle wesentlichen Elemente des abzubildenden Systems einbeziehen, und Partialmodellen. Die Anwendung dieser Kriterien auf ein konkretes Modell wird in Aufgabe 2-2 veranschaulicht.

Zielsetzung	Bezeichnung der Modelle	Merkmale
Geordnete Beschreibung von Elementen und ihren Beziehungen in realen Systemen	Deskriptive Modelle (Ermittlungsmodelle, Erfassungmodelle)	• enthalten keine Hypothese über z.B. reale Wirkungszusammenhänge • transformieren Daten in verständlichere Form (z.B. durch Aggregation) • verwenden Definitionsgleichungen, die auf einfachen arithmetischen Operationen beruhen
Beitrag zum Verstehen eines Problems	Erklärungsmodelle	• formulieren Aussagen über Gesetzmäßigkeiten in realen Systemen • beanspruchen empirische Geltung der gemachten Aussagen
	Prognosemodelle	• dynamische Modelle • prognostizieren zukünftige Entwicklungen
Beitrag zum Lösen eines Problems	Entscheidungsmodelle	• bewerten Handlungsalternativen im Rahmen einer gegebenen Entscheidungssituation • ermitteln Handlungsalternativen, die im Hinblick auf ein (bzw. mehrere) Kriterium(en) gewissen Optimalitäts- (bzw. Satisfizierungs-)bedingungen genügen

Tabelle 2-2: Klassifikation ökonomischer Modelle anhand ihrer Zielsetzung

Die Klassifikation ökonomischer Modelle nach ihrer Zielsetzung ist in Tabelle 2-2 erläutert. **Deskriptive Modelle** (Beschreibungsmodelle) sind in der Betriebswirtschaft seit langem bekannt; das bedeutendste Anwendungsgebiet dieses Modelltyps in der Betriebswirtschaft stellt wohl das Rechnungswesen dar. Hier werden quantitative Größen erfaßt und mittels einfacher arithmetischer Operationen in andere Größen transformiert.

Beiträge zum besseren Verständnis eines Problems leisten **Erklärungs- und Prognosemodelle**. Wesentliche Komponente eines Erklärungsmodells ist ein System von nomologischen Hypothesen, das Anspruch auf empirische Gültigkeit erhebt und so präzise formuliert sein sollte, daß eine Überprüfung (und ggf. die Falsifizierung) des Modells an der Realität möglich ist. Klassisches Beispiel für ein betriebswirtschaftliches Erklärungsmodell ist Gutenbergs betriebliche Produktions-

und Kostentheorie. Eine ähnlich umfassende Theorie liegt für den Absatzbereich (z.B. zur Erklärung des Verhaltens von Konsumenten) bislang noch nicht vor.

Allerdings arbeitet gerade die Marketingforschung in den letzten Jahren an der Entwicklung und empirischen Überprüfung von partiellen Erklärungsmodellen, die häufig als **Kausalmodelle** bezeichnet werden. Diese stärkere Hinwendung zu Erklärungsmodellen steht sicherlich in Zusammenhang mit der Entwicklung neuer multivariater statistischer Methoden zur empirischen Überprüfung solcher Modellstrukturen. Im Marketing versieht man diese methodische Entwicklung häufig mit dem Begriff "Kausalanalyse". Einen Überblick über diese recht neue Klasse von quantitativen Erklärungsmodellen und ihre Anwendung in der Betriebswirtschaftslehre findet man bei Homburg/Baumgartner (1995) sowie Hildebrandt/Homburg (1998). Ein wichtiges Erklärungsmodell aus dem Gebiet der strategischen Planung ist das Modell der strategischen Gruppen (vgl. Abschnitt 4.2.3); hier werden Profitabilitätsunterschiede und unterschiedliche strategische Verhaltensweisen von Wettbewerbern in einer Branche durch deren Zugehörigkeit zu verschiedenen strategischen Gruppen erklärt.

Ziel von **Prognosemodellen** ist die Vorhersage von zukünftigen Entwicklungen auf der Basis von Kenntnissen über vergangene Entwicklungen. In der Literatur werden Prognosemodelle häufig als spezielle Erklärungsmodelle aufgefaßt - nämlich als Erklärungsmodelle, bei denen sich die zu erklärenden Zusammenhänge auf zukünftige Gegebenheiten beziehen. Dieses Verständnis scheint uns jedoch nur für solche Prognosemodelle gerechtfertigt, die erklärende Variablen explizit berücksichtigen; diese Gruppe stellt jedoch nur einen Teil der möglichen Prognosemodelle dar (vgl. Abschnitt 4.1.1). Das bedeutendste Anwendungsgebiet von Prognosemodellen im Unternehmen ist wohl die Prognose von Absatzzahlen, die eine wesentliche Grundlage von Absatz-, Produktions- und Investitionsplänen darstellt.

Wir kommen nun zur dritten Klasse der ökonomischen Modelle, den sogenannten **Entscheidungsmodellen.** Hierunter versteht man solche Modelle, die explizit auf die Ableitung von Handlungsmaßnahmen abzielen. Sicherlich dienen alle Arten ökonomischer Modelle - wenn auch oft nur mittelbar - der Vorbereitung rationaler Entscheidungen. Charakteristisch für Entscheidungsmodelle ist jedoch die unmittelbare Generierung von in gewissem Sinn optimalen Entscheidungen. Die bekanntesten Entscheidungsmodelle sind die mathematischen Optimierungsmodelle, deren Untersuchung wesentlicher Gegenstand des OR (Operations Research) ist. Komponenten eines solchen Optimierungsmodells sind

- die Entscheidungsvariablen,
- das Zielsystem,
- die eigentlichen Restriktionen und
- die natürlichen Restriktionen.

Entscheidungsvariablen sind diejenigen Größen, deren Ausprägung der Entscheidungsträger beeinflussen kann und deren optimale Ausprägung mit Hilfe des Modells bestimmt werden soll (z.B. Produktionsmengen einzelner Produkte, Werbebudgets für verschiedene Werbemedien). Das **Zielsystem** besteht aus einer oder mehreren Zielfunktion(en), die in Abhängigkeit von den Entscheidungsvariablen zu maximieren oder zu minimieren sind. Vervollständigt wird ein Optimierungsmodell durch eine Reihe von Restriktionen (Nebenbedingungen), denen die Entscheidungsvariablen unterliegen. Dies sind zum einen solche Nebenbedingungen, die aus Gegebenheiten der realen Entscheidungssituation resultieren (z.B. Kapazitätsrestriktionen) und hier als **eigentliche Restriktionen** bezeichnet werden. Daneben existieren Restriktionen, die sich aufgrund der Definition der Entscheidungsvariablen ergeben (z.B. Nichtnegativität von Produktionsmengen); wir bezeichnen sie als **natürliche Restriktionen**.

2.1.2 Prozeß der Modellentwicklung und -analyse

Im folgenden wollen wir kurz die einzelnen Stufen im Prozeß der Modellanalyse verdeutlichen, wobei implizit die Analyse mathematischer Entscheidungsmodelle im Vordergrund steht. Die Stufen dieses Prozesses sind in Abbildung 2-1 dargestellt. Die genaue Ausgestaltung der einzelnen Prozeßstufen hängt natürlich von den jeweiligen anwendungsspezifischen Gegebenheiten ab. Die Struktur in Abbildung 2-1 sollte daher eher als mehr oder weniger genau einzuhaltende Richtlinie verstanden werden.

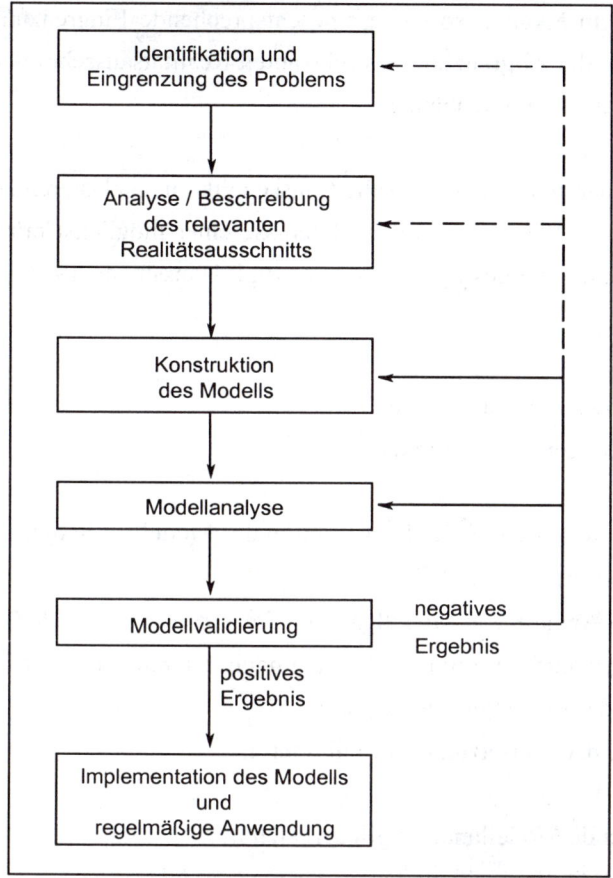

Abbildung 2-1: Prozeß der Modellentwicklung und -analyse

Der erste Schritt besteht aus der Identifikation und der Eingrenzung des zugrunde-liegenden Problems. Im Hinblick auf die Problemidentifikation ist zu berücksichti-gen (vgl. Müller-Merbach 1986), daß Probleme in der Unternehmenspraxis nicht explizit auftreten, sondern sich in der Regel in einem häufig verwirrenden Komplex von Symptomen manifestieren (z.B. zu hohe Fixkosten). Der zentrale Aspekt der Problemidentifikation besteht daher in der Entwirrung dieses Symptomkomplexes, so daß die Identifikation/Formulierung des zugrundeliegenden Problems möglich wird. Eine Sammlung entsprechender Methoden findet man bei Pfohl (1976). Ein interessanter Ansatz ist in diesem Zusammenhang das sogenannte **cognitive map-ping** (vgl. Eden/Sims 1981). Diese Methode sieht eine Art "therapeutisches Ge-spräch" mit dem "Problembesitzer" sowie die Abbildung der Ursachen-Wir-kungs-Zusammenhänge in einem speziellen Graphen (der cognitive map) vor. Hat man das Problem erkannt, so sollte eine entsprechende Eingrenzung erfolgen. Es geht hierbei um die Abgrenzung des relevanten Realitätsausschnitts und der zu berücksichtigenden Zusammenhänge.

Im Anschluß daran ist dieser Realitätsausschnitt zu analysieren/zu beschreiben. Müller-Merbach (1986) empfiehlt im Interesse einer möglichst präzisen Beschreibung die Terminologie des Systemansatzes (vgl. Hanssmann 1993). Sie umfaßt die Festlegung

- der Systemelemente,
- ihrer relevanten Attribute sowie
- ihrer Beziehungen untereinander.

Die nächste Stufe besteht in der Konstruktion des Modells. Sie umfaßt

- die Formulierung von Modellprämissen,
- die explizite Angabe von Modellgrößen (Entscheidungsvariablen),
- die exakte Quantifizierung ihrer Beziehungen untereinander sowie der Nebenbedingungen, denen sie unterliegen, und
- die Vorgabe der Zielsetzung/Zielfunktion(en).

Die anschließende Modellanalyse gliedert sich in

- die Auswahl/die Entwicklung einer Lösungsmethode,
- die Beschaffung und Aufbereitung der benötigten Daten und
- die Modellrechnung.

Weist das Modell die Struktur eines gängigen Optimierungsmodells auf (vgl. z.B. Kapitel 12, 13 und 14), so können in der Regel Standardmethoden zur Lösung herangezogen werden, die auch in entsprechenden kommerziellen Software-Paketen verfügbar sind. Die selbständige Entwicklung von Lösungsmethoden ist (vgl. Müller-Merbach 1986) häufig bei sogenannten kombinatorischen Optimierungsproblemen erforderlich. Hierunter versteht man Probleme, die aufgrund ihrer Struktur nur endlich viele mögliche Lösungen haben - dies gilt z.B. für die in Abschnitt 9.2 behandelten Probleme der Maschinenbelegungsplanung -, bei denen die Zahl der möglichen Lösungen aber häufig sehr hoch ist. Hier kommen in der Regel solche Lösungsmethoden zur Anwendung, die auf der Basis von Plausibilitätsüberlegungen ohne großen Aufwand Lösungen generieren, die i.a. das Optimum nicht ganz erreichen, es aber recht gut approximieren. Man nennt solche Lösungs-methoden **heuristisch** (vgl. Müller-Merbach 1981, Adam 1996). Existieren für ein reales Planungsproblem weder exakte noch heuristische Lösungsmethoden, kann auf Methoden der **Simulation** zurückgegriffen werden. Simulationsansätze haben einen eher experimentellen Charakter; sie spielen die Entscheidungsalternativen im gegebenen Modell mit vielen Wiederholungen durch und studieren den Effekt auf die Zielvariablen. Daß hierbei akzeptable Ergebnisse gefunden werden, ist keines-wegs sicher und hängt in hohem Maße vom Anwender ab (vgl. Hauke/Opitz 1996).

Die Datenbeschaffung und -aufbereitung stellt eine sehr umfassende Aufgabe im Rahmen der Modellanalyse dar. In der Regel wird man sowohl auf unternehmens-interne Daten (z.B. aus dem Rechnungswesen, aus der Fertigungsplanung, aus dem Absatzbereich oder aus dem Finanzwesen) als auch auf externe Daten (z.B. Markt-volumina, Marktwachstumsraten) zurückgreifen. Als Resultat der Datenbeschaf-fung und -aufbereitung sollten die einzelnen Modellparameter in quantifizierter Form vorliegen, so daß die Modellrechnung (die Anwendung der Lösungsmethode auf die ermittelten Daten) erfolgen kann.

Im Rahmen der Modellvalidierung untersucht man im wesentlichen die Frage, in-wieweit das Modell zur Analyse des relevanten Realitätsausschnitts geeignet ist, bzw. inwieweit der Lösungsvorschlag, den die Modellanalyse geliefert hat, zur Lö-sung des zugrundeliegenden Problems herangezogen werden kann. Im Zusammen-hang mit Entscheidungsproblemen, die sich in der Vergangenheit schon gestellt haben, kann die mit vergangenheitsbezogenen Ist-Daten berechnete Modellösung mit der historischen Problemlösung verglichen werden. Eine weitere wichtige Frage bezieht sich auf die Empfindlichkeit der Modellösung gegenüber kleineren Ände-rungen der Modellparameter (Sensitivitätsanalyse, vgl. z.B. Gal/Gehring 1981, S. 89 ff.).

Fällt die Modellvalidierung positiv aus, so erfolgt die Implementation und die re-gelmäßige Anwendung des Modells. Die Modelldaten müssen kontinuierlich ver-waltet und aktualisiert werden, die Modelle und die entsprechenden EDV-Pro-gramme sollten laufend verfügbar sein. Hat dagegen die Modellvalidierung gewisse Mängel aufgedeckt, so ist die Modellanalyse und ggf. die Modellkonstruktion kritisch zu überprüfen. Können die Unzulänglichkeiten hier nicht behoben werden, sind auch die ersten beiden Stufen des Prozesses einer detaillierten Überprüfung zu unterziehen.

Ein interessanter Ansatz zur Konstruktion quantitativer Entscheidungsmodelle wurde von Schneeweiß (1984, 1987) entwickelt. Schneeweiß schlägt vor, den gesamten Modellbildungsprozeß in zwei Phasen zu untergliedern: Zunächst erfolgt im Rahmen einer Voranalyse die Konstruktion eines sogenannten Realmodells (master model). Dieses Modell, das durch Abstraktion aus dem realen Problem gewonnen wird, ist im Hinblick auf die auftretenden Kausalbeziehungen empirisch überprüfbar, erweist sich aber in den meisten Fällen als zur Entscheidungsfindung ungeeignet (vgl. Schneeweiß 1984). Der Realitätsausschnitt, der zur Lösung des realen Problems herangezogen werden soll, sowie das Zielsystem sollten im Rahmen des Realmodells schon festgelegt sein. Es ist allerdings nicht notwendig, daß das Zielsystem in dieser Stufe bereits vollständig operationalisiert ist.

Das Realmodell ist Ausgangspunkt für die Konstruktion weiterer Modelle, die sogenannten Untermodelle. Diese Untermodelle (die ihrerseits wiederum hierarchisch strukturiert sein können), entstehen aus dem Realmodell durch einen Prozeß der fortschreitenden Operationalisierung. Aufgabe der Untermodelle ist es, im Realmodell (bzw. im jeweiligen Obermodell) zu treffende Entscheidungen zu generieren; man bezeichnet sie daher auch als Entscheidungsgeneratoren (decision generators). Den Prozeß der Ableitung von Untermodellen aus dem Realmodell bezeichnet Schneeweiß (1987) als Relaxation. Kennzeichnend für die Beziehung zwischen Untermodell und Realmodell ist, daß das Untermodell durch eine vereinfachende Abbildung aus dem komplexeren Realmodell hervorgeht und daher besser handhabbar ist. Mögliche Vereinfachungsschritte sind in diesem Zusammenhang (vgl. Schneeweiß 1984) z.B.

- der Übergang von mehreren Zielen zu einem Ziel,
- die Linearisierung der Modellstruktur,
- die Aggregation,
- die Reduktion,
- der Übergang von stochastischen zu deterministischen Strukturen sowie
- der Übergang von dynamischen zu statischen Strukturen.

Der Prozeß der Modellvalidierung gliedert sich nun ebenfalls in zwei Stufen (Schneeweiß 1987): Das Realmodell ist im Hinblick auf seine Hypothesen empirisch am realen Problem zu validieren (empirische Validierung), das Untermodell dagegen anhand der Eignung der generierten Entscheidungen im Rahmen des Realmodells (Entscheidungsvalidierung).

Das wesentliche Verdienst des Ansatzes von Schneeweiß liegt darin, daß er die Stufe des konzeptionellen Modellentwurfs (die Abstraktion) von der Stufe der formalen Konstruktion des Modells (die Relaxation) loslöst. Diese beiden Elemente gehen in konkreten Modellbildungsprozessen häufig ohne klare Abgrenzung ineinander über. Allerdings ist der bei Schneeweiß (1984, 1987) skizzierte Ansatz insbesondere im Hinblick auf die Beziehungen zwischen Realmodell und Entscheidungsgeneratoren zu konkretisieren.

2.1.3 Der Begriff des Operations Research

Die Bezeichnung Operations Research (OR) tritt häufig im Zusammenhang mit quantitativen Entscheidungsmodellen auf; wir halten es daher für notwendig, an dieser Stelle kurz auf diesen Begriff einzugehen.

Der historische Ursprung des Begriffs ist im militärischen Bereich etwa um das Jahr 1940 anzusiedeln. Damals war bei der Royal Air Force in Großbritannien eine Gruppe "Technical Research" mit der Entwicklung eines neuen Radarsystems befaßt (vgl. z.B. Zschocke 1995). Während die technische Entwicklung zügig voranging, stellte man fest, daß die "Operations" (Organisation und Abstimmung von Maßnahmen, Eingliederung des neuen Systems in das bestehende Luftverteidigungssystem) nicht sorgfältig genug geplant waren. Daher entschloß man sich dazu, neben die Gruppe "Technical Research" eine Gruppe "Operational Research" zu stellen, die sich speziell mit der Abstimmung von Maßnahmen zu befassen hatte. In den folgenden Jahren gab es sowohl in Großbritannien als auch in den USA verschiedene OR-Gruppen, die im Bereich der militärischen Entscheidungsvorbereitung tätig waren. Ein mittlerweile klassisches Beispiel aus dem amerikanischen Raum ist das sogenannte Konvoi-Problem; hierbei ging es um die Ermittlung der optimalen Größe von Geleitzügen, die während des zweiten Weltkriegs den Atlantik überquerten (vgl. Gal 1986).

Die Anwendung von Methoden des Operations Research (in Großbritannien verwendet man bis heute die Bezeichnung Operational Research) auf Probleme aus der Unternehmenspraxis setzte Anfang der 50er Jahre ein; wir behandeln diese Entwicklung im weiteren Verlauf dieses Kapitels.

In Anlehnung an Müller-Merbach (1963) wollen wir **OR** verstehen als die Anwendung quantitativer Methoden zur Vorbereitung optimaler Entscheidungen. In der Literatur kennt man eine Vielzahl anderer Definitionsansätze (vgl. Müller-Merbach 1963, 1996 für einen Überblick); ebenso vielfältig sind die Ansätze zur Übersetzung des Begriffs (z.B. Operationsforschung, Planungsforschung, Unternehmensforschung oder Optimalplanung). Wir verzichten in diesem Buch auf eine Übersetzung der Bezeichnung OR.

Das **Wesen des OR** läßt sich in Anlehnung an Kosiol (1961) und Müller-Merbach (1963) durch die folgenden vier Merkmale beschreiben:

- Optimalitätsstreben: Es wird die Optimierung (Maximierung oder Minimierung) von Zielsetzungen angestrebt, sofern das Optimum bestimmbar ist.

- Analytische Vorgehensweise in Modellen: Das Denken und die Analyse erfolgen in Modellen.

- Quantifizierung: Das zugrundeliegende Entscheidungsproblem muß mit mathematischen, formalen Mitteln darstellbar und lösbar sein.

- Entscheidungsvorbereitung: Es werden mit OR-Modellen keine Entscheidungen getroffen, sondern lediglich vorbereitet. Abweichungen der real getroffenen Entscheidungen von der Modellentscheidung können durch die Unvollständigkeit der im Modell formulierten Nebenbedingungen oder auch durch subjektive Präferenzen der Entscheidungsträger bedingt sein.

Man unterscheidet weiterhin zwei **Hauptrichtungen des OR** (Gal 1986, Müller-Merbach 1986):

- die theoretische Richtung (technical OR) und
- die angewandte Richtung (social OR).

Gegenstand der theoretischen Richtung ist die Ausarbeitung mathematischer Theorien zur Untersuchung/Lösung bestimmter Optimierungsmodelle. Diese Fachrichtung hat sich zum Teil ziemlich weit von konkreten Problemstellungen entfernt; hier wird OR häufig als Teilgebiet der Angewandten Mathematik aufgefaßt. Im Gegensatz hierzu versteht die angewandte Richtung die Mathematik lediglich als Hilfsmittel und stellt die Behandlung praxisrelevanter Problemlösungen und Modelle in den Vordergrund.

In Teil III dieses Buches steht die angewandte Richtung im Vordergrund (Anwendung von OR-Ansätzen auf Problemstellungen in ausgewählten Funktionsbereichen). Da eine zu starke Vernachlässigung theoretischer Aspekte jedoch nicht sinnvoll erscheint, behandeln wir in den Kapiteln 12 bis 15 kurz die wichtigsten Teilgebiete des OR. Dies sind im einzelnen die Bereiche

- Graphentheorie und Netzplantechnik,
- lineare Optimierung,
- nichtlineare Optimierung,
- ganzzahlige Optimierung,
- dynamische Optimierung,
- Vektoroptimierung und
- stochastische Optimierung.

Im folgenden Abschnitt befassen wir uns im wesentlichen mit der Aufnahme der OR-Ansätze durch die Betriebswirtschaftslehre sowie die Unternehmenspraxis.

2.2 Quantitative Ansätze in der Betriebswirtschaft

2.2.1 Die Entwicklung im wissenschaftlichen Bereich

Während - wie bereits dargestellt - das Konzept des OR erst in der Zeit um den Zweiten Weltkrieg entstand, gibt es eine Reihe früherer Beispiele für die Anwendung quantitativer Verfahren zur Lösung wirtschaftswissenschaftlicher Probleme. In diesem Zusammenhang sind u.a. die Namen Quesnay (1694-1774) und Walras (1834-1910) erwähnenswert, deren Ansätze heute fester Bestandteil einer volkswirtschaftlichen akademischen Ausbildung sind. Ein echtes "betriebswirtschaftliches" Entscheidungsproblem löste Cournot (1801-1877), als er den gewinnmaximalen Preis eines Angebotsmonopolisten (den sogenannten Cournotschen Preis) ermittelte.

Wenn auch diese Ansätze mit dem heutigen Methodenspektrum der quantitativen Betriebswirtschaft wenig Ähnlichkeit aufweisen, so liegt doch der gemeinsame Grundgedanke vor, ökonomische Vorgänge und Sachverhalte mathematischen Modellen zugänglich zu machen. Erste quantitative Ansätze, die man auch heute noch dem Gebiet des OR zuordnen würde, sind das 1906 von Erlang entwickelte Warteschlangenmodell für das Kopenhagener Telefonnetz und die auf Harris (um das Jahr 1915) zurückgehende Losgrößenformel für die Lagerhaltung (vgl. hierzu Gal 1986).

Wie vollzog sich nun die Entwicklung des OR nach dem Zweiten Weltkrieg und inwieweit bediente sich die Betriebswirtschaftslehre dieses neuen Instruments?

Kennzeichnend für die damalige Zeit ist eine stürmische Entwicklung im methodischen Bereich, deren herausragendes Ergebnis die Ausarbeitung der Simplex-Methode (Anfang der 50er Jahre) zur Lösung linearer Optimierungsprobleme durch G.B. Dantzig war (vgl. Dantzig 1948, 1966); mit diesem wohl auch heute noch bekanntesten OR-Verfahren befassen wir uns in Kapitel 13. In den frühen 50er Jahren wurden auch erste wissenschaftliche Gesellschaften für OR gegründet.

Maßgebliche Impulse erhielt die zunehmende Aufnahme des quantitativen Instrumentariums in der Betriebswirtschaftslehre durch das Konzept Erich Gutenbergs. Er stellte die betriebliche Produktivitätsbeziehung in den Mittelpunkt der Betrachtung und untersuchte diese unter Anwendung quantitativer Analysemethoden.

Ende der 50er/Anfang der 60er Jahre kam es zu lebhaften Diskussionen/Auseinandersetzungen über die sich abzeichnende "Mathematisierung der Betriebswirtschaft" (vgl. z.B. Frenckner 1957, Wittmann 1958, Ischboldin 1960, Mattessich 1960, Kosiol 1961, 1964, Klinger 1964). Sowohl Kritiker als auch Befürworter dieser Entwicklung bemühten zur Untermauerung ihrer Standpunkte gelegentlich sogar die "großen" Philosophen: So zitiert Ischboldin (1960, S. 214) Schopenhauer, nach dem "die Tätigkeit eines Mathematikers die niedrigste intellektuelle Funktion sei, weil sie allein von einer Maschine ausgeführt werden kann". Bei Mattessich (1960, S. 552) findet sich dagegen der Hinweis auf Kant, nach dem "der Wertgrad der einzelnen Wissenschaften nach ihrem inneren Gehalt an Mathematik zu bestimmen" sei.

Die Verfechtung derart extremer Positionen mit Hilfe von aus dem Zusammenhang gerissenen Zitaten trug natürlich wenig zu einem sinnvollen Verständnis der zukünftigen Rolle mathematischer Ansätze in der Betriebswirtschaft bei. Eine ausgewogene Betrachtung, die dazu beitrug, die Wogen zu glätten, findet man bei Kosiol (1961, 1964). Der Autor warnte einerseits davor, die Möglichkeiten mathematischer Modelle zu überschätzen, und stellte im Hinblick auf ihre Bedeutung für die Betriebswirtschaft klar, daß es nicht darum ging, "die verbal-logische Wirtschaftsanalyse durch ein System von Kurven und algebraischen Formeln zu ersetzen", wie Ischboldin (1960) befürchtet hatte. Andererseits wies Kosiol auf den großen Fortschritt hin, den die Anwendung quantitativer Methoden für die Betriebswirtschaft darstellt, und bezeichnet es als unklug, insbesondere bei Entscheidungen großer Tragweite auf sie zu verzichten.

Trotz vieler Kritiker entwickelte sich die Disziplin des OR in den 60er Jahren stetig nach oben (vgl. Müller-Merbach 1977): Die Mitgliederzahlen der wissenschaftlichen Gesellschaften wuchsen, zahlreiche Fachzeitschriften für OR wurden gegründet, Monographien und Lehrbücher erschienen in immer kürzeren Abständen; es wurden OR-Gruppen in Unternehmen gebildet, Lehrstühle für OR eingerichtet und OR in Studiengänge integriert.

Auf diese Phase, die durchaus von einer gewissen Euphorie geprägt war, folgte die Phase der Enttäuschungen (vgl. Müller-Merbach 1977), als - oft zu hoch gesteckte - Erwartungen nicht erfüllt wurden. Diese Entwicklung gipfelte in Aussagen wie "The Future of Operational Research is Past" (Ackoff 1979). Einer der Hauptgründe für diese Ernüchterung lag sicherlich darin, daß zahlreiche OR-Spezialisten die Methodik des OR zu stark in den Vordergrund stellten - dies ging vereinzelt bis zu der Auffassung, OR sei als Teilgebiet der Angewandten Mathematik zu betrachten - und sich nicht umfassend genug mit dem Anwendungsumfeld dieser Methoden auseinandersetzten. Müller-Merbach (1977) hat in diesem Zusammenhang das Wort vom "Primat der OR-Technologie" geprägt.

Heute ist OR eine akzeptierte Disziplin innerhalb der Betriebswirtschaftslehre. Die Kommission Operations Research im Verband der Hochschullehrer für Betriebswirtschaft e.V. hat mehr als 80 Mitglieder. Thematische Schwerpunkte jüngerer Herbsttagungen bildeten OR-Anwendungen im produktionstechnischen, logistischen, personalwirtschaftlichen und finanzwirtschaftlichen Bereich. Methodische Schwerpunkte stellten lernende Systeme und evolutionäre Methoden wie auch die Informationserfassung mittels künstlicher und natürlicher Neuronaler Systeme dar (vgl. Werners 1996, 1998).

2.2.2 Zur Problematik der Akzeptanz quantitativer Modelle in der Unternehmenspraxis

Seit den 70er Jahren sind eine Reihe von Studien zur Verbreitung und Akzeptanz quantitativer Ansätze in der Unternehmenspraxis erschienen (vgl. Abdel-Malek et al. 1999, Assad/Wasil 1995, Heinhold/Nitsche/Papadopoulos 1978). Eine für unser Lehrbuch interessante Fragestellung der Untersuchung von Abdel-Malek et al. (1999) bestand darin, welche Methoden die größte Relevanz haben und welche Unternehmensbereiche diese anwenden. Die Untersuchung hebt unter den quantitativen Methoden Angewandte Wahrscheinlichkeitsrechnung und Statistik, Simulationstechniken, Heuristiken und Netzwerkanalysen hervor. Die Unternehmensbereiche, in denen quantitative Methoden am häufigsten eingesetzt werden, sind Produktion, Marketing/Vertrieb, Finanzen und Logistik. Dieser Befund bestätigt die Schwerpunktsetzung in Teil II dieses Buches.

Insgesamt zeichnen die empirischen Untersuchungen ein recht ernüchterndes Bild von der Verbreitung quantitativer Methoden. Diese werden in der Unternehmenspraxis immer noch vergleichsweise selten eingesetzt; qualitative Methoden dominieren. Es scheint, daß die in Abschnitt 2.2.1 geschilderte Phase der Skepsis gegenüber dem OR nicht überwunden ist. Somit drängen sich die Fragen auf, welche Gründe diese geringe Akzeptanz hat und wo zur Überwindung der Akzeptanzbarrieren angesetzt werden kann.

Zentrale Gründe für den zögerlichen Einsatz von OR-Verfahren, die in empirischen Studien genannt werden (vgl. Corbett/Van Wassenhove 1993, Heinhold/ Nitsche/ Papadopoulos 1978), sind:

- Die Probleme sind in der Regel so einfach, daß sie ohne OR gelöst werden können.
- OR ist zur Lösung der unternehmensspezifischen Probleme ungeeignet.
- OR ist zu praxisfremd.

Insbesondere die beiden letztgenannten Aspekte verdeutlichen, daß sich die OR-Forschung teilweise von realen betriebswirtschaftlichen Problemen entfernt hat. Diese Entwicklung resultiert sicherlich zu einem großen Teil aus der zu starken Betonung der mathematischen Theorie des OR (Überbewertung des Optimierungsgedankens) auf Kosten einer intensiveren Analyse der Beziehungen zwischen realem Problem und OR-Modell.

Welche Ansatzpunkte ergeben sich nun hieraus zur Erhöhung der Akzeptanz quantitativer Modelle in der Unternehmenspraxis?

Zunächst existiert sicherlich ein Kommunikationsproblem zwischen OR-Theoretikern, die zumeist im Hochschulbereich tätig sind, und den Praktikern in den Unternehmen. So bemängelten einige der von Heinhold/Nitsche/Papadopoulos (1978) befragten Praktiker, daß die Fachliteratur im OR-Bereich zu wenig anwenderfreundlich sei. Auch bzgl. des Wissenstransfers zwischen Hochschule und Praxis sah man noch Ansatzpunkte für Verbesserungen. So stellte Geoffrion (1992) fest, daß in MBA-Programmen die methodische Rigidität in bezug auf OR sinke.

Sehr umfassend setzte sich Little (1970, 1979) mit der mangelnden Akzeptanz quantitativer Modelle auseinander, wobei er sich im wesentlichen auf den Marketingbereich bezog. Little (1970) formulierte eine Reihe von Grundsätzen für die Konstruktion quantitativer Marketingmodelle und forderte hierbei im einzelnen folgende Modelleigenschaften:
- Einfachheit (leichte Verständlichkeit, Vernachlässigung unwesentlicher Einflußfaktoren),
- Robustheit (Ausschluß unsinniger Lösungen),
- Kontrollierbarkeit,
- Adaptionsfähigkeit,
- Vollständigkeit hinsichtlich relevanter Größen und
- Kommunikationsfähigkeit (z.B. in Form eines computergestützten Dialogsystems).

Dieses Konzept, das in Anlehnung an Little (1970) als **"Decision Calculus"** bezeichnet wird, war Grundlage für die Entwicklung einer Reihe von quantitativen Marketingmodellen, die sich in der Praxis bewährt haben (vgl. Wierenga/Van Bruggen/Staelin 1999). Diese Modelle stehen im Mittelpunkt von Kapitel 7.

Einiges Gewicht hat auch der Vorwurf, OR sei zu praxisfremd. Er kann sicherlich nicht ohne weiteres abgetan werden, denn tatsächlich beinhalten eine Reihe von OR-Modellen Annahmen, die in dieser Form in zahlreichen Anwendungssituationen nicht erfüllt sind. In diesem Zusammenhang erscheinen uns vor allem zwei Aspekte wichtig:
- "Klassische" OR-Modelle, wie wir sie in den Kapiteln 12 bis 14 behandeln, gehen davon aus, daß eine Zielfunktion unter gewissen Nebenbedingungen zu optimieren ist. In konkreten Entscheidungssituationen geht es dagegen i.a. darum, zwischen einer Vielzahl von zumeist konkurrierenden Zielen abzuwägen (z.B. kurze Lieferzeiten und niedrige Lagerhaltungskosten).

- Die meisten "klassischen" OR-Modelle beinhalten die Annahme, daß die Daten, die das Optimierungsproblem bestimmen, feste und zum Zeitpunkt der Entscheidung bekannte Größen sind, was in der Praxis häufig nicht der Fall ist (man denke z.B. an Größen wie Nachfragemengen, Lieferzeiten und Durchlaufzeiten in Produktionsprozessen).

Wir behandeln daher in Kapitel 15 zwei Gruppen von OR-Modellen, die jeweils einem der genannten Kritikpunkte Rechnung tragen. Es sind dies

- die Vektoroptimierung und
- die stochastische Optimierung.

Ansätze der Vektoroptimierung gehen nicht von einer einzigen Zielfunktion, sondern von mehreren Zielfunktionen aus. Diese Mehrdimensionalität des Zielsystems erfordert eine völlige Überarbeitung des klassischen (eindimensionalen) Optimalitätsbegriffs. Im Rahmen der stochastischen Optimierung geht man davon aus, daß einige der Größen, die das zu behandelnde Optimierungsproblem bestimmen, zufälligen Schwankungen unterliegen und daher als Zufallsvariablen zu operationalisieren sind. Diese beiden realitätsnäheren OR-Ansätze sollten in Zukunft im Rahmen praktischer Anwendungen stärker als bisher beachtet werden.

Schließlich sei an dieser Stelle nochmals an unsere diesbezüglichen Anmerkungen aus dem Vorwort erinnert: Wir haben eine kritische quantitative Orientierung empfohlen und betont, daß ein wesentlicher Nutzen der Beschäftigung mit quantitativen Modellen in der strukturierten Problemlösungsweise liegt, die sie vermitteln - und dies ganz unabhängig davon, ob sie tatsächlich zur Anwendung gelangen. Insgesamt sind wir daher der Auffassung, daß die in diesem Abschnitt besprochenen Problemfelder zwar durchaus ernst zu nehmen sind, dem grundsätzlichen Nutzen der Betrachtung quantitativer Modelle im Rahmen einer betriebswirtschaftlichen Ausbildung allerdings keineswegs entgegenstehen.

2.3 Übungsaufgaben zu Kapitel 2

Die Aufgabe 2-1 beschäftigt sich mit dem Verhältnis zwischen Originalsystem und Modell. Die zweite Aufgabe (2-2) behandelt an einem Beispiel die Charakterisierung von Modellen anhand der in Abschnitt 2.1.1 dargestellten Kriterien.

Aufgabe 2-1

a) Erläutern Sie im Zusammenhang mit der Beziehung zwischen Originalsystem und Modell die Begriffe Isomorphie und Homomorphie .

b) Ein Projekt umfaßt n Vorgänge $V_1, V_2, ..., V_n$, die gewissen Nachfolgebeziehungen unterliegen. Der Projektablauf soll mittels des CPM-Ansatzes der Netzplantechnik (vgl. hierzu Kapitel 12) geplant werden. Hier ist das Projekt also das Originalsystem und der CPM-Netzplan das Modell. Wie muß der Netzplan gemäß dem Prinzip der Isomorphie konstruiert werden? Wie läßt sich der Netzplan sinnvoll vereinfachen?

Lösung

a) Isomorphie zwischen Originalsystem und Modell ist dann gegeben, wenn das Modell Resultat einer in beiden Richtungen eindeutigen Abbildung des Originalsystems ist. Von Homomorphie spricht man, wenn das Modell aus dem Originalsystem durch eine vereinfachende Abbildung entsteht.

b) Strebt man an, den Netzplan gemäß dem Prinzip der Isomorphie zwischen Originalsystem und Modell zu konstruieren, so entspräche jedem Vorgang im Projekt ein Vorgangspfeil im CPM-Netzplan, der dann n Vorgangspfeile umfassen würde. Insbesondere bei sehr großem n dürfte es jedoch ratsam sein, das Modell gegenüber dem Projekt zu vereinfachen. Dies kann dadurch erreicht werden, daß die Vorgänge des Projekts in sinnvoller Weise zu Gruppen zusammengefaßt werden und dann jede dieser Gruppen durch einen Vorgangspfeil im CPM-Netzplan repräsentiert wird (wobei die Nachfolgebeziehungen zwischen einzelnen Vorgängen in adäquater Weise in Nachfolgebeziehungen zwischen den Gruppen zu transformieren sind). Die nachfolgende Skizze veranschaulicht die beiden Prinzipien der Modellkonstruktion:

Isomorphie		Homomorphie	
Originalsystem: Projekt	Modell: CPM-Netzplan	Originalsystem: Projekt	Modell: CPM-Netzplan
Vorgänge	Vorgangspfeile	Vorgänge	Vorgangspfeile
$V_1 \longrightarrow$	V_1'	V_1 ⎤	
$V_2 \longrightarrow$	V_2'	V_2 ⎬ $\longrightarrow$	V_1'
.	.	V_3 ⎦	
.	.	V_4 ⎤ $\longrightarrow$	V_2'
.	.	V_5 ⎦	
.	.	... ⎤	...
.	.	V_{n-1} ⎬ $\longrightarrow$	V_k'
$V_n \longrightarrow$	V_n'	V_n ⎦	(k<n)

Aufgabe 2-2

Ein Response-Modell zur Ermittlung der Marktreaktion y_t (z.B. Absatzmenge) in der Periode t auf die Intensität x_t, x_{t-1}, x_{t-2},... einer Marketingaktivität (z.B. Werbeausgaben) in den Perioden t, t-1, t-2,... habe die Form

$$y_t = a_0 + a_1 x_t + a_2 x_{t-1} + a_3 x_{t-2} + ...$$

Charakterisieren Sie das Modell bzgl. der Kriterien

- Determiniertheit,
- Zeitbezug und
- Abbildungsumfang.

Lösung

Das Modell ist offensichtlich deterministisch und dynamisch. Desweiteren handelt
es sich um ein Partialmodell, denn es sind sicherlich nicht alle wesentlichen Determinanten der Marktreaktion erfaßt.

2.4 Literatur zu Kapitel 2

(Lehr-)Bücher, die sich mit der in Abschnitt 2.1 behandelten Thematik befassen, sind u.a. Adam (1996), Gal/Gehring (1981), Hanssmann (1993) und Zschocke (1995). Artikel, die (teilweise im weitesten Sinn) den Modellbegriff sowie den Prozeß der Modellanalyse behandeln, sind u.a. Kosiol (1961), Grochla (1969), Little (1970, 1979), Dinkelbach (1977), Lilien (1975), Roy (1981), Bertrand (1983), Checkland (1983, 1985), Gass (1983), Landry/Malouin/Oral (1983), Schneeweiß (1984, 1987), Meyer zu Selhausen (1993) sowie Schiemenz (1996).

Zum Gebiet des OR existiert mittlerweile ein unüberschaubares Spektrum an Literatur. Hinweise auf die methodisch orientierte OR-Literatur findet der Leser in den Literaturangaben zu den Kapiteln 12 bis 15. Im Zusammenhang mit dem Begriff des OR sowie seiner historischen Entwicklung empfehlen wir die Artikel von Müller-Merbach (1963, 1986), Larnder (1979), McCloskey (1987a, b), Gal (1991) und Fleischmann (1996).

Zur historischen Entwicklung des OR und seiner Rolle in der Betriebswirtschaft empfehlen wir die Artikel von Frenckner (1957), Wittmann (1958), Ischboldin (1960), Mattessich (1960), Kosiol (1961, 1964), Klinger (1964), Müller-Merbach (1977, 1986, 1990) und Gal (1986).

Empirisch fundierte Erkenntnisse zur Anwendung quantitativer Ansätze in der Unternehmenspraxis vermitteln Abdel-Malek et al. (1999), Heinhold/Nitsche/ Papadopoulos (1978), Kathawala (1988), Meyer zu Selhausen (1989) Morgan (1989) und Wierenga/Oude Ophuis (1997).

TEIL II:

STRATEGISCHE PLANUNG

Inhalt:

- **Erfolgstheorien der empirischen Planungsforschung**

- **Analyse der strategischen Ausgangssituation**

- **Strategieformulierung**

- **Strategiebewertung und -auswahl**

3 Erfolgstheorien der empirischen Planungsforschung

In Kapitel 1 wurde mehrfach hervorgehoben, daß die Kenntnis der zentralen Erfolgsfaktoren eines Marktes eine der wichtigsten Voraussetzungen für die Formulierung einer Strategie zur erfolgreichen Bearbeitung dieses Marktes darstellt. Die Theorie der strategischen Planung kennt eine Reihe von Ansätzen zur Identifikation strategischer Erfolgsfaktoren ("Erfolgstheorien"), die globale, d.h. insbesondere branchen- und länderübergreifende Aussagen formulieren. In Anlehnung an Hammer (1992) ordnen wir diese Erfolgstheorien dem Gebiet der empirischen Planungsforschung zu, obwohl - wie sich herausstellen wird - die jeweiligen empirischen Fundierungen durchaus angreifbar sind. Wir behandeln im einzelnen

- das PIMS-Projekt,
- das Erfahrungskurvenmodell und
- das Lebenszyklusmodell.

Ziel des Kapitels ist es, dem Leser sowohl die wesentlichen Aussagen und strategischen Implikationen dieser Konzepte als auch deren Restriktionen zu veranschaulichen.

3.1 Das PIMS-Projekt

3.1.1 Historie und Überblick

Im Rahmen des PIMS (Profit Impact of Market Strategy)-Projekts wurde seit 1972 die weltgrößte Datenbank für strategische Variablen geschaffen. Die Wurzeln der Datenbank gehen sogar bis in die 50er Jahre zurück (vgl. z.B. Venohr 1988, S. 47ff.). Damals begann General Electric, das wohl am stärksten diversifizierte Unternehmen der westlichen Welt, mit der Erstellung einer Datenbank, die die wesentlichen Daten zur Charakterisierung der strategischen Positionen der einzelnen Geschäftseinheiten (SGEs) enthalten sollte. Hierauf aufbauend wurde die Frage untersucht, wie die Auswirkungen der einzelnen Größen auf den Erfolg der einzelnen Geschäftsbereiche zu bewerten sind. Angestrebt waren Aussagen über Determinanten des Geschäftserfolgs, die auch branchenübergreifend Gültigkeit haben. In

diesem Zusammenhang wurde der Begriff **"laws of the market place"** geprägt. Mit
Hilfe eines multiplen Regressionsmodells simulierte General Electric die Profit-
auswirkungen der von einzelnen Geschäftseinheiten vorgelegten Strategien, um
etwaige Suboptimalitäten zu erkennen und ggf. alternative Strategien vorzuschla-
gen (vgl. auch Buzzell/Gale 1987, S. 30f.).

1972 wurde das Projekt aus dem Konzern ausgegliedert und mündete in ein Mehr-
firmenprogramm unter der Leitung der Harvard Business School. 1975 wurde hier
zur weiteren Betreuung des PIMS-Projekts das SPI (Strategic Planning Institute) als
autonome Non-Profit-Organisation geschaffen. Zur kommerziellen Verwertung der
PIMS-Daten wurde 1978 die Strategieberatung PIMS Associates gegründet.

1990 wurde PIMS Europe unter Lizenz des SPI als eigenständige Gesellschaft ab-
gespalten. In den U.S.A. schlief dann im Laufe der 90er Jahre die Ergänzung der
Datenbank allmählich ein und wurde im Mai 1999 endgültig eingestellt. Eine Ursa-
che hierfür ist vermutlich darin zu sehen, daß die Hauptzielgruppe von PIMS, strategische Stabsabteilungen, in den 90er Jahren in starkem Maße abgebaut wurden.
PIMS Europe dagegen ist mit Büros in London, Köln, Göteborg, Wien sowie Mai-
land noch aktiv und führt die PIMS-Datenbank von London aus weiter.

Über die Jahre haben die am PIMS-Projekt beteiligten Unternehmen die Daten von
knapp über 4000 verschiedenen SGEs beigesteuert (zum PIMS-Fragebogen vgl.
ausführlich Abell/Hammond 1979, S. 290ff., zum Prozeß der Datenerhebung vgl.
ausführlich Venohr 1988, S. 71ff.). Diese stammen heute zu gleichen Teilen aus
den U.S.A. und aus Europa. Bei der großen Mehrzahl der involvierten Unternehmen handelt es sich um Konsum- und Industriegüterunternehmen; der Anteil der
Dienstleistungsunternehmen liegt bei nur 7 % (vgl. Buzzell/Gale 1987, S. 34).
Jährlich aktualisiert werden heute noch die Daten von etwa 200 SGEs.

Für jede SGE enthält die PIMS-Datenbank mehr als 200 quantifizierte Angaben.
Diese beziehen sich im wesentlichen auf
- die Wettbewerbsposition der SGE (z.B. Marktanteil, relativer Marktanteil (in
  Relation zu den drei stärksten Konkurrenten), relative Produktqualität),
- spezifische Merkmale des geschäftlichen Umfelds (z.B. lang- bzw. kurzfristiges
  Marktwachstum),

- die Effizienz des Investitionsprozesses (z.B. Investitionsintensität, Kapazitäts-auslastung),

- spezielle Kosten (z.B. Marketingkosten, Forschungs- und Entwicklungskosten),

- Charakteristika des Unternehmens, zu dem die SGE gehört (z.B. Größe, Diversifikation),

- Veränderungen der Wettbewerbsposition (z.B. Marktanteilsverschiebungen) und

- den Erfolg (Return on Investment [ROI], Return on Sales [ROS], Cash Flow, Wachstumskennzahlen).

Die zentrale Zielsetzung von PIMS besteht in der Erklärung des Erfolgs einer SGE durch wichtige Determinanten aus dem Bereich der übrigen erhobenen Daten. Hierbei strebt man sowohl allgemeingültige Aussagen in Form von "laws of the market place" an (vgl. zur Diskussion über Aussagen dieser Form Abschnitt 3.1.4) als auch auf bestimmte Situationen/Problemstellungen bezogene Empfehlungen.

Die Gesamtstruktur des PIMS-Projekts ist in Abbildung 3-1 dargestellt. Neben der zentralen Forschungsdatenbank umfaßt es (vgl. z.B. Venohr 1988, S. 70f.)

- die Start-Up-Datenbank, die Daten über neugegründete SGEs ("Start-Ups") in den ersten Jahren ihrer Aktivität/Marktpräsenz enthält,

- das OASIS-Programm (Organization and Strategy Information Service), das den Einfluß separat erhobener Variablen der Organisationsstruktur auf den Geschäftserfolg untersucht,

- die Entry-Datenbank, die sich mit Fragen des Markteintritts bzw. der Verteidigung etablierter SGEs gegenüber neuen Wettbewerbern befaßt, und

- die MPIT-Datenbank (Management Productivity and Information Technology), bei der die Messung der Managementproduktivität unter besonderer Berücksichtigung des Einflusses neuer Informationstechnologien im Vordergrund steht.

Auf Basis der PIMS-Datenbank ist eine Vielzahl von Forschungsarbeiten entstanden, die zum einen in Fachzeitschriften/Büchern und zum anderen als Eigenpublikationen des SPI (häufig in komprimierter Form) veröffentlicht wurden. Neben Arbeiten, die sich grundsätzlich mit den Determinanten des Erfolgs einer SGE auseinandersetzen, liegen mittlerweile zahlreiche Veröffentlichungen vor, die sich mit speziellen Fragestellungen befassen, die teilweise nicht mehr in unmittelbarem Zusammenhang zum zentralen Untersuchungsziel des PIMS-Projekts stehen. In Abschnitt 3.1.2 vermitteln wir dem Leser einen Überblick über wichtige Forschungsergebnisse, die mit PIMS-Daten gewonnen wurden.

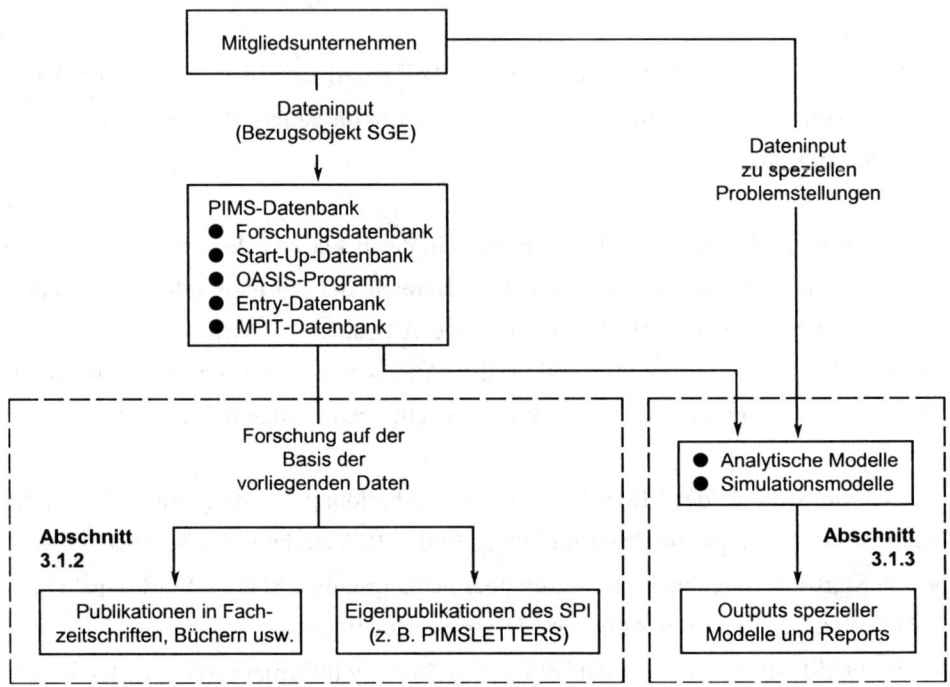

Abbildung 3-1: Struktur des PIMS-Projektes

Neben diesen der Allgemeinheit zugänglichen PIMS-Ergebnissen wurden die gewonnenen Erkenntnisse auch zur Entwicklung von speziellen analytischen Modellen bzw. Simulationsmodellen für die Mitgliedsunternehmen herangezogen. So konnte z.B. der unter gegebenen Umfeldfaktoren (im wesentlichen Marktstrukturen und Wettbewerbsposition) "normale" ROI ermittelt werden. Die Ergebnisse solcher Analysen waren die sogenannten PIMS-Reports; sie sind Gegenstand von Abschnitt 3.1.3.

3.1.2 Forschung auf Basis der PIMS-Daten

Wie wir bereits hervorgehoben haben, ist das zentrale Untersuchungsziel der PIMS-Forschung die Ermittlung zentraler Erfolgsfaktoren von SGEs. Zur Ermittlung entsprechender Beziehungen werden die Rentabilitätskennzahlen ROI (Return on Investment; definiert als Verhältnis des Gewinns vor Steuern zum durchschnittlichen Investment [= gebundenes Anlage- und Umlaufvermögen abzüglich kurzfristiger Verbindlichkeiten]; vgl. Buzzell/Gale 1989) und ROS (Return on Sales, d.h. Umsatzrendite) als abhängige Variablen in ein Regressionsmodell eingebunden. Das Regressionsmodell zum ROI hat folgende Form:

$$ROI = x_0 + \sum_{i=1}^{37} b_i x_i$$

b_i: geschätzte Koeffizienten des Regressionsmodells

x_i: unabhängige (d.h. erklärende) Größen

x_0: Skalierungsgröße

i: Zählindex

Datengrundlage ist hierbei in der Regel die gesamte PIMS-Forschungsdatenbank, d.h. es wird nicht zwischen SGEs verschiedener Branchen differenziert (cross-sectional analysis).

Die Gesamtauswertung führte, wie gesehen, zu einer Regressionsgleichung mit 37 unabhängigen Variablen, die etwa 80% der Varianz des ROI erklären (Schoeffler 1977). Dieser Wert ist das Bestimmtheitsmaß r^2, welches im Rahmen der Regressionsanalyse aus dem Verhältnis der erklärten Streuung zur Gesamtstreuung der abhängigen Variablen (hier: ROI) berechnet wird:

$$r^2 = \frac{\sum_{i=1}^{n}(\hat{y}_i - \overline{y})^2}{\sum_{i=1}^{n}(y_i - \overline{y})^2}$$

y_i : Beobachtungswert der abhängigen Variablen (hier: ROI)

$\hat{y}_i$: vom Regressionsmodell geschätzter Wert der abhängigen Variablen

$\bar{y}$: Mittelwert der abhängigen Variablen

n : Anzahl der untersuchten Fälle

i : Zählindex

Ein einfaches Zahlenbeispiel zum Regressionsmodell von PIMS findet der Leser in Aufgabe 3-1. Nach Schoeffler (1977) stellt die Marke von 80% eine Art Obergrenze für die Erklärung des ROI durch Variablen dar, die sich auf Marktstruktur, Wettbewerbsposition und Strategie einer SGE beziehen. Die verbleibende Variabilität des ROI ist wohl durch die Effizienz operativer und dispositiver Maßnahmen zu erklären.

Nach den Ergebnissen von PIMS wird der ROI durch drei zentrale Größen determiniert. Diese sind

• die Investitionsintensität mit einem negativen (15%),
• der relative Marktanteil mit einem positiven (12%) und
• die relative Produktqualität mit einem positiven (10%)

Einfluß auf den ROI. Die %-Werte beziehen sich dabei auf die Erklärung der Varianz des ROI durch die einzelnen Variablen (vgl. Luchs/Müller 1985). Die Bezeichnung "relativ" deutet hier an, daß entsprechende Werte für Konkurrenten in die Beurteilung der eigenen SGE einfließen. So berechnet sich z.B. der relative Marktanteil als Quotient des eigenen Marktanteils und der Summe der Marktanteile der drei größten Konkurrenten. Auf Details bzgl. der Operationalisierung der einzelnen Variablen wollen wir hier nicht eingehen.

Weitere, weniger bedeutende Einflußgrößen des ROI sind nach den PIMS-Ergebnissen beispielsweise (vgl. Lange 1982)

• das kurz- und langfristige Marktwachstum,
• der Konzentrationsgrad auf Anbieter- und Abnehmerseite,
• das Verhältnis der Wertschöpfung zum Umsatz (vertikale Integration),
• das Verhältnis des Umsatzes zur Beschäftigtenzahl,
• die Kapazitätsauslastung,
• das Verhältnis von Marketingaufwand zum Umsatz sowie

- allgemeine Unternehmensmerkmale wie Unternehmensgröße und Diversifikationsgrad.

Der ROS wird im folgenden nicht weiter berücksichtigt, da bzgl. der Determinanten der beiden Rentabilitätsmaße keine wesentlichen Unterschiede festgestellt wurden (vgl. Buzzell/Gale 1987, S. 46f.). Eine Aufstellung aller 37 Variablen findet man bei Anderson/Paine (1978). Es sei schon an dieser Stelle darauf hingewiesen, daß die Abhängigkeit des ROI von den aufgeführten Größen zum Teil kausaler, zum Teil aber auch definitorischer Natur ist (vgl. hierzu die kritische Beurteilung von PIMS in Abschnitt 3.1.4).

Bei der Diskussion der Abhängigkeitsbeziehungen kommt der Investitionsintensität (definiert als Verhältnis von Investitionsvolumen und Umsatz) eine besondere Rolle zu, denn die gegenläufige Beziehung zwischen Investitionsintensität und ROI ist zum Teil definitorischer/algebraischer Natur (vgl. z.B. Schoeffler 1977): Das Investitionsvolumen beeinflußt beim ROI den Nenner positiv und bei der Investitionsintensität den Zähler positiv. Neben dieser rein formalen Erklärung existiert aber noch eine substantielle Begründung für die negative Beeinflussung des ROI durch die Investitionsintensität: Eine hohe Investitionsintensität zwingt ein Unternehmen dazu, eine hohe Auslastung der teuren Kapazitäten anzustreben; häufig müssen die entsprechenden Absatzzahlen durch Kampfpreise und/oder kostenintensive Marketingmaßnahmen gesichert werden, was die Rentabilität beeinträchtigt.

Die nächstliegende Erklärung für die positive Beeinflussung des ROI durch den relativen Marktanteil sind die "economies of scale" (vgl. Buzzell/Gale/Sultan 1975, Neubauer 1980): Ein Wettbewerber mit hohem Marktanteil (dessen Ausbringung folglich auch vergleichsweise groß ist), erlangt in zahlreichen Funktionsbereichen (z.B. Fertigung, Marketing, Vertrieb) eine bessere Kostenposition als ein kleiner Wettbewerber. In enger Beziehung zu diesem Aspekt steht das Modell der Erfahrungskurve (vgl. hierzu Abschnitt 3.2), nach dem SGEs mit großem Marktanteil schneller in den Genuß erfahrungsbedingter (Erfahrung gemessen durch die kumulierte Produktionsmenge) Kostensenkungen kommen. Ein weiterer Erklärungsansatz liegt in der Marktmacht, die mit einem höheren Marktanteil verbunden ist und die sich beispielsweise im Einkauf einsetzen läßt.

Die Relation zwischen relativem Marktanteil und ROI, wie sie von den Vertretern des PIMS-Projekts postuliert wird, ist sehr kontrovers diskutiert worden (vgl. Jacobson 1988 für einen Überblick). Der Gegensatz zu Porters U-Kurve (vgl. Abbildung 1-5) liegt teilweise darin begründet, daß zur Berechnung des Marktanteils jeweils unterschiedliche Bezugsgrößen herangezogen werden (vgl. auch Meffert 1988, S. 12): So hebt Porter auf eine branchenweite Betrachtung ab (z.B. Automobilbranche) und berechnet den Marktanteil einzelner Hersteller (z.B. Mercedes Benz PKW). In dieser Betrachtung hat das (hochprofitable) PKW-Geschäft von Mercedes Benz einen niedrigen Marktanteil (hohe Profitabilität durch Fokussierungsstrategie). Im Rahmen von PIMS wäre der relevante Markt (served market) für Mercedes Benz PKW der Markt für Luxusautomobile, und hier hat Mercedes Benz einen sehr hohen Marktanteil. Der PIMS-Ansatz würde die hohe Profitabilität also durch einen hohen relativen Anteil am "served market" erklären.

Dieser Unterschied in der Marktanteilsdefinition erklärt die divergierenden Auffassungen jedoch nur zum Teil: Untersuchungen von Woo/Cooper (1981, 1982) haben gezeigt, daß es eine Vielzahl von Unternehmen gibt, die mit relativ kleinen Anteilen (an ihrem served market!) über längere Zeit hinweg sehr erfolgreich sind. Nach Woo/Cooper (1981, 1982) können solche Fokussierungsstrategien innerhalb des served market insbesondere in Märkten mit geringer Dynamik (niedriges Marktwachstum, kaum Produktinnovationen) erfolgreich sein.

Neben inhaltlichen wurden gegen den Zusammenhang zwischen Marktanteil und ROI auch zahlreiche methodische Argumente ins Feld geführt. Auf diese werden wir ausführlich in Abschnitt 3.1.4 eingehen. Insgesamt kommt die Meta-Analyse von Szymanski/Bharadwaj/Varadarajan (1993) zu dem Ergebnis, daß tendenziell ein Zusammenhang zwischen Marktanteil und Profitabilität besteht, wobei die Stärke des Zusammenhangs durch das Design der jeweiligen Studie moderiert wird.

Im Gegensatz hierzu ist der positive Einfluß der Produktqualität auf den ROI weniger umstritten (vgl. Capon/Farley/Hoenig 1990, Hildebrandt/Annacker 1996). Abbildung 3-2 verdeutlicht (nach Buzzel/Gale 1987) die zentrale Rolle der Produktqualität. Sie führt einerseits über Marktanteilszugewinne (nach dem Erfahrungskurvenmodell; vgl. Abschnitt 3.2) zu einer günstigeren Kostenposition und erlaubt andererseits höhere Preise. Somit bewegt die Produktqualität im Idealfall beide Bestimmungsgrößen des ROI (Preise und Kosten) in die gewünschte Richtung.

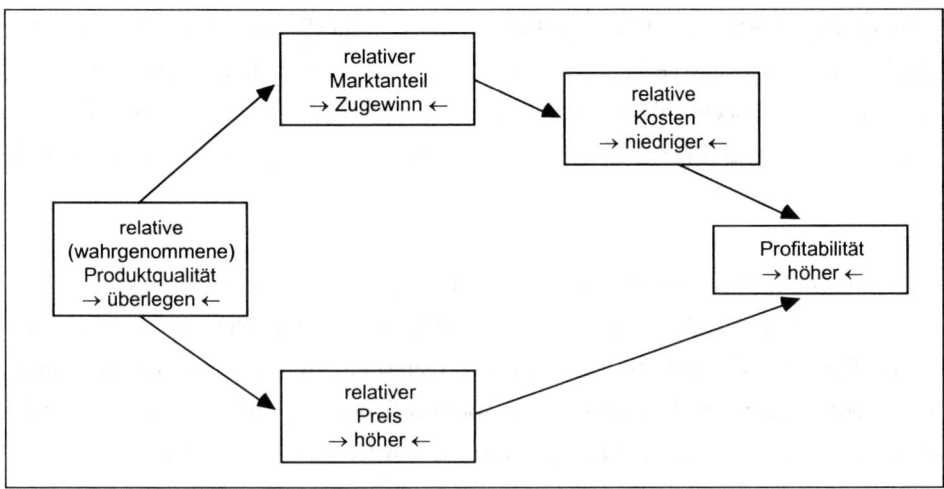

Abbildung 3-2: Der Erfolgsfaktor Produktqualität nach PIMS

Die in Abbildung 3-2 dargestellte Abhängigkeitsstruktur wurde von Phillips/Chang/Buzzell (1983) empirisch fundiert. Sie bestätigten eine ähnliche Modellstruktur mit Hilfe eines kausalanalytischen Ansatzes, fanden dabei jedoch heraus, daß die Intensitäten der einzelnen Abhängigkeiten zum Teil branchenabhängig sind.

Es ist zu betonen, daß die Abhängigkeitsstruktur in Abbildung 3-2 keineswegs einen zwangsläufigen Wirkungsmechanismus impliziert. So legen die Ergebnisse von Anderson/Fornell/Lehmann (1994) nahe, daß der Kausalzusammenhang zwischen Qualität und Profitabilität komplexer ist als dargestellt und auch die Variablen Kundenzufriedenheit und Kundenloyalität einschließt.

Hellofs/Jacobson (1999) unterstellen sogar einen genau gegenteiligen Zusammenhang. Ihre empirische Studie zeigt einen in der Regel negativen Einfluß des Marktanteils auf die Qualitätswahrnehmung durch Kunden. Dieses Ergebnis ist konsistent mit der Aussage von Porter, daß ein großer Marktanteil und Exklusivität unvereinbar sind.

Interessant ist hier insbesondere, daß kein positiver Effekt der Produktqualität auf die Kosten unterstellt wird. Phillips/Chang/Buzzell (1983) waren zwar ursprünglich von einer solchen Beziehung ausgegangen, konnten sie aber im Laufe ihrer Untersuchung nicht bestätigen. Eine mögliche Erklärung hierfür liefert das Konzept der "Qualitätserfahrungskurve" (quality-based learning curve), nach dem der Erfahrungskurveneffekt (vgl. hierzu Abschnitt 3.2) bei der Herstellung qualitativ hochwertiger Produkte stärker ausgeprägt ist als bei Produkten mit niedriger Qualität (vgl. Fine 1983).

Auf der Grundlage der PIMS-Daten sind unzählige Forschungsarbeiten entstanden, die wir in diesem Rahmen nicht berücksichtigen können. Neben der Hauptforschungsrichtung, der Ermittlung wichtiger Determinanten der Profitabilität einer SGE, deren wichtigste Ergebnisse wir vorgestellt haben, sind sechs weitere Forschungsschwerpunkte erkennbar (vgl. Ramanujam/Venkatraman 1984).

- Hier ist zunächst die Untersuchung von Marktanteilen und Marktstrukturen zu nennen. Diesem Bereich ist z.B. die Arbeit von Buzzell (1981) zuzuordnen, in der die Existenz natürlicher Marktstrukturen in Form von typischen Marktanteilsverteilungen nachgewiesen wird. Auch die Untersuchungen von Buzzell/Wiersema (1981a,b) fallen in diesen Themenbereich. Hier werden Faktoren untersucht, die Marktanteilsveränderungen bewirken und somit Ansatzpunkte für Strategien zur Steigerung von Marktanteilen darstellen.

- Ein zweiter Forschungsschwerpunkt behandelt die Beziehungen zwischen Aussagen des PIMS-Konzepts und denen bestimmter Portfolio-Modelle (vgl. hierzu Kapitel 5). Hier sind insbesondere die Artikel von Hambrick/MacMillan (1982) sowie Hambrick/MacMillan/Day (1982) zu erwähnen, deren Ergebnisse in die Behandlung des Portfolio-Konzepts in Kapitel 5 eingeflossen sind.

- Die dritte Forschungsrichtung hat den Einfluß kontextueller Faktoren (z.B. Lebenszyklusphase (vgl. Abschnitt 3.3), unsichere Umweltentwicklung) auf die Beziehung zwischen Strategie und Erfolg zum Gegenstand (vgl. Thorelli/Burnett 1981, Zeithaml/Anderson/Paine 1981, Marshall/Buzzell 1990, Hildbrandt 1992, Hanssmann/Liebl/Brezina 1993, Bowman/Gatignon 1995 und Hildebrandt/Annacker 1996).

- Im Mittelpunkt des vierten Forschungsschwerpunktes steht der Einfluß situativer Faktoren auf die Strategieformulierung. Hier sind z.B. Ein- bzw. Austrittsbarrieren (vgl. Yip 1982a,b), Ansätze für Strategien mit kleinem Marktanteil (vgl. Woo 1981, 1984, Woo/Cooper 1982), Diversifikationsstrategien (vgl. Biggadike 1979) und Vor- und Nachteile vertikaler Integration (vgl. Buzzell 1983) untersucht worden.

- Im Rahmen der fünften Richtung werden (häufig unter Anwendung multivariater Analyseverfahren) Typologien von Strategien erarbeitet (vgl. z.B. Hambrick 1983 und Prescott 1983).

- Die sechste Forschungsrichtung befaßt sich mit Erfolgsfaktoren und Strategieansätzen für Start-Up-Businesses unter Berücksichtigung von Reaktionen der bereits am Markt etablierten Konkurrenz. Hier sind u.a. die Arbeiten von Miller/Guiniven/Camp (1985), Robinson/Fornell (1985), DeSouza (1986), Guiniven (1986), MacMillan/Day (1986) und Robinson (1987) zu nennen.

3.1.3 Die PIMS-Modelle

Die in der PIMS-Datenbank gesammelten Informationen und die gewonnenen Erkenntnisse wurden zur Entwicklung einer Reihe von Modellen herangezogen. Diese sollten die angeschlossenen Unternehmen bei strategischen Entscheidungen durch fundierte Analysen unterstützen. In der Anwendung dieser Modelle lag ohne Zweifel der größte Nutzen der Beteiligung am PIMS-Projekt (vgl. auch Meffert 1988, S. 19). Vier der wichtigsten Modelle sind

- das ParROI-Modell,
- das LIM (Limited Information Model),
- der ROLA (Report on Look-Alikes) und
- das Strategie-Simulationsmodell.

Einen Überblick über weitere PIMS-Modelle findet der Leser bei Chrubasik/Zimmermann (1987) sowie Scheel (1981, S. 385ff.).

Das **ParROI-Modell** ermittelt für eine gegebene SGE denjenigen ROI-Wert, der unter Berücksichtigung der Marktcharakteristika, der Wettbewerbsposition der SGE und weiterer wichtiger Kennzahlen "normal" ("par") ist. Es wird auch aufgezeigt, weshalb der ParROI für eine gegebene SGE hoch oder niedrig ist, d.h. es wird er-

mittelt, welche der Einflußfaktoren für den hohen bzw. niedrigen ParROI verantwortlich sind und wie stark ihr Einfluß ist. Damit liefert das Modell eine fundierte
Analyse der strategischen Stärken und Schwächen einer SGE. Darüber hinaus ist
dieses Modell im Rahmen der Diskussion zwischen dem Management der SGE und
der Unternehmensleitung nützlich: Die Unternehmensleitung erhält eine Information darüber, welche Profitabilität sie von einer bestimmten SGE unter den gegebenen Rahmenbedingungen in etwa erwarten kann. Inwieweit dieses Profitabilitätsni-
veau erreicht (bzw. sogar übertroffen) wird, kann (im Rahmen der gebotenen Vorsicht) als Indikator für die Managementqualität herangezogen werden. Im Mittelpunkt des ParROI-Modells steht eine multiple Regressionsfunktion, in der der ROI
aus 28 erklärenden Variablen abgeleitet wird; hierbei werden auch Interaktionen
zwischen den erklärenden Variablen berücksichtigt. Die vollständige Modellstruktur ist bei Venohr (1988, S. 77ff.) spezifiziert.

Beim **Limited Information Model (LIM)** handelt es sich um eine vereinfachte
Version des ParROI-Modells zur Ermittlung des unter den gegebenen Rahmenbedingungen "normalen" ROI einer SGE. Ein Vorteil des Modells liegt in dem vergleichsweise geringen Dateninput, den es für seine Berechnungen benötigt. LIM
ermittelt nach Eingabe der Daten den ParROI einer SGE und zeigt für jede der be-
rücksichtigten Variablen auf, inwieweit sich ihre Ausprägungen auf das (im Vergleich zur Gesamtheit der in der PIMS-Datenbank gespeicherten SGEs gemessene)
Ertragspotential, d.h. auf den ParROI, der SGE auswirken. Durch Gegenüberstellung des tatsächlich erzielten ROI mit dem durch LIM errechneten ParROI ist eine
partielle Beurteilung der Effizienz des operativen Managements möglich. Die
quantifizierten Auswirkungen der einzelnen Größen auf den ParROI ermöglichen
zudem die Identifikation von Schwächen, deren Behebung zu signifikanten Renta-
bilitätsverbesserungen führen kann.

Der **Report on Look-Alikes (ROLA)** ist ein im Rahmen des PIMS-Projektes ent-
wickeltes Planungsinstrument zur Unterstützung der Strategieformulierung. ROLA
liefert ein detailliertes Protokoll des Verhaltens von SGEs aus der
PIMS-Datenbank, die ein ähnliches strategisches Profil (z.B. im Hinblick auf Kostenstruktur, Kundenstruktur, Wettbewerbsposition usw.) wie die zu untersuchende
SGE aufweisen (sogenannte "look-alikes"). Die Auswahlkriterien sind durch den
Benutzer des Modells unter den in der Datenbank abgespeicherten Variablen frei

wählbar. Anschließend erfolgt eine Einteilung dieser "look-alikes" in Gewinner und Verlierer (z.B. bezogen auf Marktanteilsgewinne und -verluste) sowie die Identifikation der diskriminierenden Variablen. So gewinnt der Benutzer von ROLA einen Eindruck davon, welche strategischen Ansatzpunkte in der gegebenen Konstellation erfolgversprechend sind und welche strategischen Fehler zu vermeiden sind. Gleichzeitig können auch eigene strategische Pläne dahingehend untersucht werden, ob sie eher den Verhaltensmustern von Gewinnern oder Verlierern ähneln. Somit kann ROLA auch einen Beitrag zur Strategiebewertung (vgl. Kapitel 6) leisten.

Die Idee, aus den strategischen Erfolgen und Fehlern anderer Unternehmen in ähnlichen Situationen zu lernen, ist als solche sicherlich ungemein attraktiv. Allerdings ist die Aussagekraft der ROLA-Ergebnisse an gewisse Voraussetzungen gebunden bzw. unterliegt sie bestimmten Restriktionen. Entscheidend für den Wert der Ergebnisse ist, ob es gelingt, wirklich ähnliche SGEs aus der PIMS-Datenbank herauszufiltern. Dies wird umso schwieriger, je mehr Kriterien zur Identifikation vorgegeben werden (vgl. Becker/Müller 1986). Somit kommt der Auswahl der "richtigen" Kriterien zur Identifikation von "look-alikes" entscheidende Bedeutung zu.

Die Anwendbarkeit der ROLA-Ergebnisse wird auch durch die Kritik an den zentralen Prämissen, die dem PIMS-Projekt zugrundeliegen (z.B. Existenz von laws of the market place), in Frage gestellt (vgl. Abschnitt 3.1.4). Desweiteren ist anzumerken, daß die Sichtweise von ROLA vergangenheitsorientiert ist, so daß eine sinnvolle Interpretation der Ergebnisse nur im historischen Kontext möglich ist (vgl. auch Meffert 1988, S. 22). Aufgrund der Zukunftsorientierung der strategischen Planung und angesichts der immensen Bedeutung des frühzeitigen Erkennens von strategisch relevanten Diskontinuitäten muß die Anwendung eines primär vergangenheitsorientierten Instruments der Strategieformulierung grundsätzlich fragwürdig erscheinen.

Insgesamt scheint der Nutzen der ROLA-Ergebnisse für die Strategieformulierung in erster Linie darin zu liegen, daß sie als kreativitätsfördernde Grundlage einer Strategiediskussion dienen können. Wir schließen uns hier der Meinung von Day (1983) an, der das Instrument als "a rich source of ideas about possible strategic options" bezeichnet.

Das **Strategie-Simulationsmodell** schließlich stellt einen komplexen Ansatz zur finanzwirtschaftlichen Bewertung alternativer strategischer Optionen dar. Wir verweisen bzgl. dieses Konzepts auf Meffert (1988, S. 23/24) und die dort zitierte Literatur.

3.1.4 Kritische Beurteilung des PIMS-Projekts

Selbstverständlich hat ein Projekt der Größenordnung von PIMS auch kritische Stimmen geweckt; dementsprechend nimmt die Diskussion über Vorzüge und Nachteile von PIMS in der Literatur zur strategischen Planung breiten Raum ein. Die Kritik an PIMS läßt sich unterteilen in

- Kritik an der Datengrundlage,
- Kritik an der Untersuchungsmethodik und
- Kritik an den Strategieempfehlungen (inhaltliche Kritik).

Bezüglich der **Datengrundlage** wird kritisiert, die Variablen würden zu kurzfristig betrachtet, seien teilweise zu subjektiv in der Bewertung (wie etwa die Produktqualität im Vergleich zur Konkurrenz) und würden durch Aggregation verzerrt. Die ROI-Variable stellt als Kennzahl der externen Rechnungslegung nicht angemessen die Beziehung zwischen Profit und der Investition her, die den Profit hervorgebracht hat (vgl. Jacobson 1988). Darüber hinaus läßt sich der ROI nur für solche SGEs ermitteln, für die bilanzielle Kennzahlen vorliegen. Des weiteren wird moniert, die Datenbank enthalte überwiegend Daten von SGEs erfolgreicher Unternehmen. Darüber hinaus ist darauf hinzuweisen, daß kleinere Unternehmen sowie Unternehmen des Dienstleistungssektors in der Datenbank deutlich unterrepräsentiert sind.

Im Hinblick auf die **Untersuchungsmethodik** haben zahlreiche Beiträge (vgl. Jacobson 1988, Jacobson/Aaker 1985, 1993) angemerkt, daß zu häufig lediglich mit bivariaten und/oder deskriptiven Verfahren gearbeitet wird (Balkendiagramme und/oder Berechnung von Korrelationen) und daß aus solchen Analysen Rückschlüsse auf kausale Beziehungen gezogen werden. Deskriptive Darstellungen lassen aber per se keinerlei Rückschlüsse auf eine Beeinflussung des ROI durch den Marktanteil zu. Gemeinsame erklärende Variablen können für eine solche positive

Relation ebenso gut verantwortlich sein. So fanden Jacobson/Aaker (1985) mittels einer statistisch anspruchsvolleren Analyse heraus, daß die Beziehung zwischen Marktanteil und ROI tatsächlich weitgehend aus Effekten gemeinsamer erklärender Variablen resultiert: Während die Verfechter von PIMS (vgl. z.B. Buzzell/Gale/Sultan 1975) bei einer Zunahme des Marktanteils um 1% von einer mittleren Verbesserung des ROI um 0,5% ausgehen, sprechen Jacobson/Aaker (1985) von einer Erhöhung des ROI um lediglich 0,1%. Wichtige gemeinsame erklärende Variablen sind nach Jacobson/Aaker (1985) die Qualität des Managements, effiziente Forschung und Entwicklung sowie effiziente Marktbearbeitung.

Im Zusammenhang mit der häufig verwendeten, multiplen linearen Regression wird kritisiert, daß dieses Verfahren Abhängigkeiten/Interdependenzen unter den erklärenden Variablen nicht berücksichtigt, was die Ergebnisse stark verzerren kann (Problem der Multikollinearität). Darüber hinaus ist die multiple Regressionsanalyse nicht geeignet, komplexe Abhängigkeitsstrukturen (wie z.B. kausale Ketten) zu untersuchen (vgl. hierzu Homburg 1992c).

An den **Strategieempfehlungen** von PIMS wird u.a. kritisiert, daß der ROI als einziges Erfolgskriterium eine zu einseitige Orientierung verkörpere und daß mögliche Synergieeffekte zwischen den einzelnen SGEs großer Unternehmen unberücksichtigt blieben. Starke Kritik wird daran geübt, daß im Rahmen von PIMS branchenübergreifend gearbeitet wird, ohne den Besonderheiten einzelner Branchen/Industriezweige Rechnung zu tragen.

Sicherlich hat jeder dieser Kritikpunkte eine gewisse Berechtigung; insbesondere bzgl. der Untersuchungsmethodik (Balkendiagramme, Korrelationskoeffizienten, Regression) scheint eine gewisse Skepsis angebracht. Im Rahmen neuerer PIMS-Untersuchungen kommen daher verstärkt allgemeinere, leistungsfähigere statistische Verfahren zur Anwendung. Hier ist insbesondere die kausalanalytische Untersuchung von Phillips/Chang/Buzzell (1983) zu erwähnen. Allerdings ergab die exakte Quantifizierung der Abhängigkeiten gewisse branchenspezifische Besonderheiten; die globale Struktur des Modells konnte jedoch branchenübergreifend verifiziert werden. Dies wirft ein interessantes Licht auf die Praxis der branchenübergreifenden Betrachtung: Branchenspezifische Gegebenheiten scheinen zwar die exakte Quantifizierung der Gesetzmäßigkeiten zu beeinflussen, nicht jedoch deren allgemeine tendenzielle Gültigkeit.

Obwohl natürlich bei der Übertragung solch allgemeiner Gesetzmäßigkeiten auf spezielle Situationen ein gehöriges Maß an Vorsicht angebracht ist, können wir Buzzell/Gale (1987, S. 49) also nicht grundsätzlich widersprechen, wenn sie feststellen "that the main profit influences - such as market share, relative quality, and capital intensity - affect almost all kinds of businesses in similar ways".

Insgesamt liegt das herausragende Verdienst des PIMS-Ansatzes darin, daß er Möglichkeiten zur Systematisierung strategischer Analysen aufgezeigt hat und so zur Versachlichung der Diskussion über strategische Unternehmensplanung beigetragen hat. Während das PIMS-Projekt also die strategische Grundlagenforschung weitergebracht hat, muß der Ansatz, PIMS-Daten direkt zur Entscheidungsfindung heranzuziehen, indes sehr stark in Frage gestellt werden.

3.2 Das Erfahrungskurvenmodell

3.2.1 Modellbeschreibung und -formalisierung

Das Erfahrungskurvenmodell geht auf Beobachtungen (gegen Ende der 60er Jahre) in zahlreichen Unternehmen zurück; Gegenstand der Untersuchungen war das Verhalten der Vollkosten bei zunehmendem Produktionsvolumen. Das Modell postuliert einen Rückgang der Kosten in Abhängigkeit von der im Zeitablauf kumulierten "Erfahrung" (gemessen durch die kumulierte Produktionsmenge). Die Erfahrungskurve ist somit eine Erweiterung der aus der Fertigungswirtschaft bekannten Lernkurve, gemäß der die Fertigungskosten mit wachsender kumulierter Produktionsmenge sinken.

Die Grundversion des Erfahrungsgesetzes läßt sich folgendermaßen formulieren: Mit jeder Verdopplung der im Zeitablauf kumulierten Produktionsmenge eines Produkts besteht ein Stückkostensenkungspotential von 20 bis 30%, bezogen auf alle in der Wertschöpfung des Produkts enthaltenen (inflationsbereinigten) Stückkosten.

Berücksichtigt werden also alle direkt auf ein Produkt (bzw. eine SGE) zurechenbaren Kostenkomponenten; hierzu zählen Kapital-, Entwicklungs-, Fertigungs-, Distributions-, Vertriebs-, Marketing-, Verwaltungs- und sonstige Gemeinkosten. Im Gegensatz hierzu beschränkt sich die Aussage der Lernkurve auf die Fertigungskosten.

Produktgruppe	Kostensenkung in %
Germanium Transistoren	22,8
Sizilium Transistoren	27,8
Integrierte Schaltkreise	27,8
Niederdruck-Polyäthylen	21,4
Polypropylen	14,7
Gas-Herde	17,2
Elektro-Herde	11,7
Viskose Rayon	31,0
Ferngesprächstarife	28,0

Produktgruppe	Kostensenkung in %
Großklimaanlagen	20,0
Elektrorasierer	23,0
Kühlschränke	6,6
Heimklimaanlagen	12,3
Spülmaschinen	11,9
Schwarz/Weiß-Fernsehgeräte	22,3
Wäschetrockner	12,5
Farbfernseher	6,5

Tabelle 3-1: Kostensenkung bei Verdopplung der kumulierten Produktionsmenge für verschiedene Produktionsgruppen (nach Simon 1992, S. 284)

Schon an dieser Stelle möchten wir darauf hinweisen, daß das Gesetz lediglich ein Kostensenkungspotential spezifiziert, dessen Realisierung ein effizientes Kostenmanagement sowie die konsequente Ausnutzung aller wesentlichen Rationalisierungsmöglichkeiten voraussetzt. Tabelle 3-1 zeigt eine Übersicht von in verschiedenen Branchen erzielten Kostensenkungen. Es wird deutlich, daß der im Erfahrungsgesetz angegebene Wert von 20 bis 30% häufig unter- und gelegentlich auch überschritten wird.

Bezeichnen wir mit x die im Zeitablauf kumulierte Produktionsmenge und mit k die Stückkosten, so läßt sich das Erfahrungsgesetz in der Form

$$k(x) = a \cdot x^{-b}$$

ausdrücken. Hierbei sind a und b produktspezifische Konstanten, deren Bedeutung wir in Kürze veranschaulichen werden. Für positives b liefert diese Gleichung eine hyperbolische Kurve (vgl. Abbildung 3-3a). Gehen wir auf beiden Seiten der Gleichung zum (natürlichen) Logarithmus über, so ergibt sich die Beziehung

$$\ln(k(x)) = \ln a - b \cdot \ln x \; .$$

In einem doppeltlogarithmischen Koordinatensystem (logarithmische Skalierung beider Achsen) erhalten wir somit einen linearen Verlauf (Abbildung 3-3b).

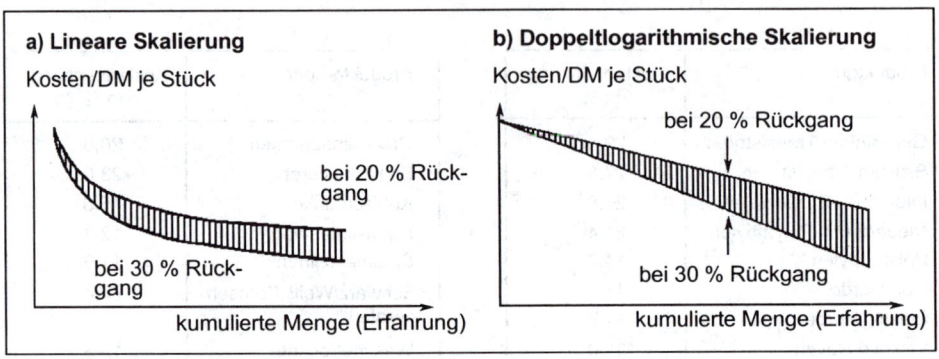

Abbildung 3-3: Die Erfahrungskurve

Die Bedeutung der Konstanten a und b ergibt sich wie folgt:

- Für $x = 1$ ist $k(1) = a$; a ist also lediglich ein Skalierungsparameter, der die Stückkosten der ersten produzierten Einheit angibt.

- Der Quotient $k(2x)/k(x)$, der die Stückkosten bei Verdopplung der kumulierten Produktionsmenge im Verhältnis zu den Stückkosten in der Ausgangssituation ausdrückt, vereinfacht sich zu 2^{-b}; damit beträgt die Kostenreduktion bei Verdopplung der kumulierten Produktionsmenge $(1-2^{-b}) \cdot 100\%$. Die Größe $1-2^{-b}$ bezeichnen wir daher auch als **Lernrate** oder Erfahrungsrate. Sie ist umso größer, je größer b ist, d.h. b gibt die Intensität der Kostenreduktion an. Die Beziehung

$$\left| \frac{dk(x)}{k(x)} \Big/ \frac{dx}{x} \right| = \left| \frac{x}{k(x)} \cdot \frac{dk(x)}{dx} \right| = \left| \frac{x}{a \cdot x^{-b}} \cdot (-b) \cdot a \cdot x^{-b-1} \right| = b$$

zeigt, daß b das Verhältnis zwischen der relativen Veränderung der Stückkosten $(dk(x)/k(x))$ und der relativen Veränderung der kumulierten Produktionsmenge (dx/x) angibt. Somit können wir -b als **Kostenelastizität** interpretieren.

Beispiel 3-1

Für ein interessierendes Produkt wurden folgende kumulierte Produktionsmengen und zugehörige Stückkosten ermittelt:

kumulierte Produktionsmenge x	100	600	1200	8100
Stückkosten k(x)	3000	1000	700	400

Es soll herausgefunden werden, ob diese Daten mit hinreichender Genauigkeit durch ein Erfahrungskurvenmodell beschrieben werden können; ist dies der Fall, so sollen Schätzwerte für die Modellparameter ermittelt werden.

Ausgangspunkt unserer Überlegungen ist die logarithmierte Gleichung des Erfahrungskurvenmodells

$$\ln(k(x)) = \ln a - b \cdot \ln x .$$

Wir unterziehen zunächst die gegebenen Daten einer logarithmischen Transformation:

ln(x)	4,605	6,397	7,090	9,000
ln[k(x)]	8,006	6,908	6,551	5,991

Mit Hilfe des Korrelationskoeffizienten können wir überprüfen, ob die beiden Größen in einer linearen Beziehung zueinander stehen (vgl. z.B. Bamberg/Baur 1996). Man erhält hier einen Wert von

$$r = - 0{,}979 ,$$

der auf eine hervorragende Konsistenz der Daten mit dem Erfahrungskurvenmodell schließen läßt: Ein Wert von r = -1 würde bedeuten, daß alle Zahlenpaare exakt auf einer Geraden (vgl. Abbildung 3-3b) liegen.

Die Parameter des Modells lassen sich ausgehend von der logarithmierten Form der Gleichung mit dem Verfahren der kleinsten Quadrate schätzen (vgl. Bamberg/Baur 1996, S. 42ff.). Wir berechnen

$$b = 0{,}458 \; ;$$

und

$$\ln a = 9{,}966, \text{ d.h. } a = 21290$$

die Abhängigkeit der Stückkosten von der kumulierten Produktionsmenge läßt sich somit durch die Gleichung

$$k(x) = 21290 \, x^{-0{,}458}$$

beschreiben. Die Lernrate ist

$$1 - 2^{-b} = 0{,}272 \; ,$$

d.h. der Kostenrückgang bei Verdopplung der kumulierten Produktionsmenge beträgt im Mittel 27,2%. Ein weiteres Zahlenbeispiel zur Erfahrungskurve findet der Leser in Aufgabe 3-2.

Es drängt sich nunmehr die Frage auf, welche Gründe für das im Erfahrungs-kurvenmodell postulierte (und vielfach empirisch nachgewiesene) Kostensen-kungspotential verantwortlich sind. Hier sind im wesentlichen drei Faktoren zu nennen (vgl. Hutt/Speh 1992):

- **Lerneffekte** bei ausführenden und leitenden Stellen äußern sich in einer Verrin-gerung der Fertigungszeiten und folglich der Lohnkosten je Produkteinheit. Sol-che Lerneffekte sind aber nicht auf den Fertigungsbereich beschränkt, sondern können z.B. auch in der Distribution, im Vertrieb und im Einkauf auftreten.
- Der **technische Fortschritt** ermöglicht ab einer gewissen Ausbringungsmenge die Anwendung kostengünstigerer (im wesentlichen bezogen auf die variablen Kosten) Prozesse, z.B. in den Bereichen Produktion und Distribution.
- Eine weitere Abnahme der Stückkosten wird durch **Skaleneffekte** bewirkt, da z.B. Rüstkosten in der Produktion oder fixe Gemeinkosten auf mehr Produktein-heiten verteilt werden.

3.2.2 Strategische Implikationen

Welche Folgerungen ergeben sich nun aus dem Erfahrungskurvenmodell - unterstellen wir einmal seine "Gültigkeit" - für die Strategieformulierung?

Die nächstliegende Strategieempfehlung ist die, hohe Marktanteile anzustreben, um über hohe Stückzahlen Kostenvorteile gegenüber den Wettbewerbern zu erlangen. Hier liegt die Schnittstelle zwischen einer der zentralen Beobachtungen im Rahmen des PIMS-Projekts (vereinfacht: hohe Rendite durch hohen Marktanteil) und dem Erfahrungskurvenmodell, das wesentlich zur Erklärung dieser Beobachtung beiträgt. Ansatzpunkte zur Erreichung hoher Marktanteile sind das Streben nach frühem Eintritt in wachstumsstarke Märkte und eine konsequente Niedrigpreispolitik ("penetration pricing") in der Einführungsphase eines Produkts (vgl. Kortge et al. 1994).

Das Erfahrungskurvenmodell unterstützt darüber hinaus die Preisfindung auf Basis von Kostenüberlegungen. So kann ein Unternehmen, dessen gegenwärtige Kosten über dem Marktpreis liegen, mithilfe der Erfahrungskurve die zukünftigen Kosten prognostizieren und ermitteln, ob es den Marktpreis langfristig halten kann. Insbesondere bei Ausschreibungen beziehen Lieferanten häufig Erfahrungskurveneffekte in ihre Preisangebote ein.

Die aus der Erfahrungskurve abgeleitete Empfehlung einer kostenorientierten Volumenstrategie ist allerdings in mehrfacher Hinsicht zu relativieren. Die größte Gefahr dieser Strategie liegt in einer zu einseitigen Konzentration auf Maßnahmen zur Kostensenkung, die häufig zu Lasten der Marktorientierung geht, so daß möglicherweise bedeutende Markttrends nicht rechtzeitig erkannt werden (zur Bedeutung von Marktwissen für den Produkterfolg vgl. Li/Calantone 1998). Das nachfolgende (aus Aaker 1998 entnommene) Beispiel verdeutlicht diese Problematik in eindrucksvoller Weise.

Beispiel 3-2
Zwischen 1909 und 1923 konnte Ford die Kosten für sein "Model T" um ca. 75% senken. Dies wurde u.a. durch mehrfache Modernisierung der Ferti-

gungsanlagen, intensive vertikale Integration, drastische Maßnahmen im Personalbereich und weitgehende Produktstandardisierungen erreicht. So wurde z.B. der Anteil der Gehaltsempfänger an der Belegschaft von 5% in 1913 auf weniger als 2% in 1921 reduziert. Das T-Modell wurde nur in schwarz angeboten, weil die schwarze Farbe leichter trocknete und die Karosserie dadurch schneller montiert werden konnte. Die nachfolgende Darstellung zeigt die Preisentwicklung; es liegt eine Erfahrungskurve mit einer Lernrate von ca. 0,15 zugrunde.

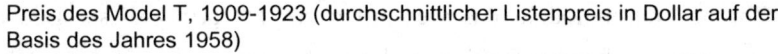

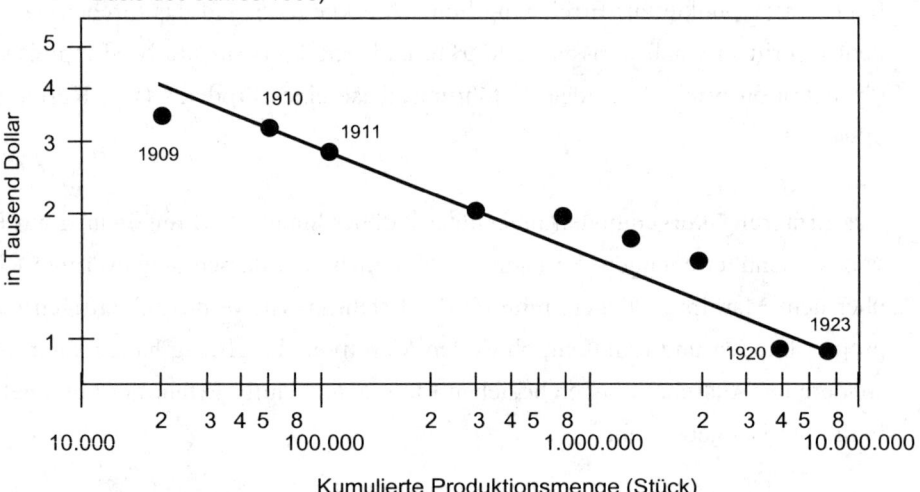

Der Erfolg der Strategie war zunächst überwältigend: Der Marktanteil stieg von 10% auf 55% und Ford realisierte beträchtliche Gewinne. Anfang der 20er Jahre verlagerten sich die Kundenpräferenzen allmählich in Richtung auf schwerere Wagen mit erheblich mehr Komfort und einem großzügigen Raumangebot. Ford versuchte, dieser Entwicklung durch eine Reihe von Variationen des T-Modells Rechnung zu Tragen, um nicht die hohen Investitionen in die T-Modell-Fertigung abschreiben zu müssen. Bis 1927 baute Ford diese immer schwieriger verkäuflichen Modelle. Dann allerdings mußte man sich dem Druck des Marktes beugen. Gut ein Jahr lang blieben die Fabriken geschlossen, bis die Anlagen umgerüstet waren. In dieser Zeit verlor Ford etwa 200 Millionen Dollar und büßte erhebliche Marktanteile ein. Gerade durch die Verfolgung von Erfahrungseffekten hatte Ford also die Fähigkeit verloren, sich an veränderte Wettbewerbsbedingungen anzupassen. Die Organisation hatte sich im Grunde der Erhaltung des Status quo verschrieben und mehr Aufmerksamkeit nach innen als auf den Markt gerichtet.

Das Beispiel hat uns ein weiteres zentrales Problem im Zusammenhang mit der auf der Erfahrungskurve basierenden Strategie der Kostenführerschaft verdeutlicht: Neben der fehlenden Marktorientierung resultiert häufig ein Flexibilitätsverlust aufgrund großer Fixkostenblöcke. Weitere Einwände richten sich gegen die Überbetonung des Preises als Marketinginstrument zu Lasten anderer Komponenten des Marketing-Mix (z.B. Servicepolitik, Produktpolitik). Kritisch anzumerken ist weiterhin, daß die Strategie den problemlosen Absatz des Produktes voraussetzt, der z.B. durch Nischenstrategien (Fokussierungsstrategien) von Wettbewerbern erschwert werden kann; ebenso wird eine weitgehend problemlose Ausweitung der Fertigung unterstellt.

Eine weitere strategische Implikation des Erfahrungskurvenmodells bezieht sich auf die Preispolitik der Anbieter am Markt. Für Henderson (1984) ist es eine gewisse Gesetzmäßigkeit, daß auf stabilen Märkten die Preise den Kosten folgen (vgl. auch die Preisentwicklung des "Model T" in Beispiel 3-2). Wird gegen diese Gesetzmäßigkeit verstoßen, so kann dies zu instabilen Wettbewerbsverhältnissen führen. Einen solchen Mechanismus veranschaulicht Abbildung 3-4.

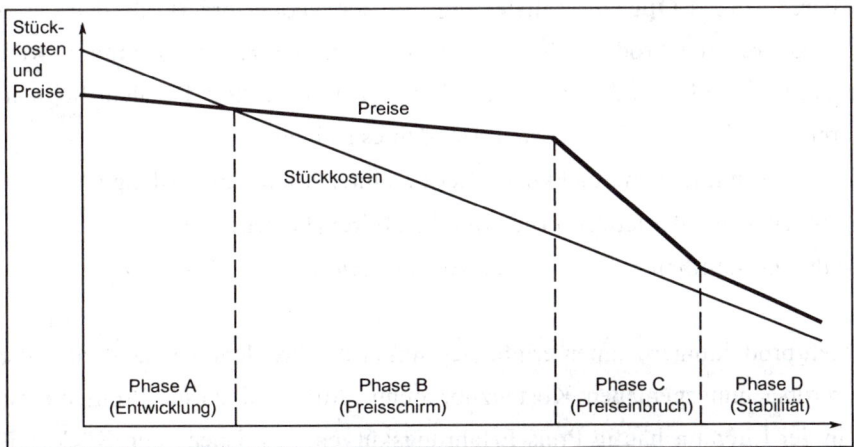

Abbildung 3-4: Preis/Kosten-Verlauf bei instabilen Wettbewerbsbedingungen

In Phase A werden die Preise - um auf zufriedenstellende Stückzahlen zu kommen - unterhalb der Kosten angesiedelt. Mit wachsendem kumulierten Produktionsvolumen sinken die Stückkosten, während das Preisniveau bestehen bleibt (Phase B). Diese Phase ist (insbesondere für den Marktführer) durch sehr hohe Erträge gekennzeichnet. Unter dem Schutz dieses Preisschirms können aber auch Anbieter mit höheren relativen Kosten in den Markt eindringen und ihre Position ausbauen. Orientiert sich der Marktführer zu sehr an kurzfristigen Ergebnissen, so wird er in dieser Phase eigene Marktanteile zugunsten höherer gegenwärtiger Erträge opfern. Phase C wird dadurch ausgelöst, daß ein wesentlicher Anbieter es für günstig hält, die Preise schneller zu senken, als die Kosten fallen. Diese Phase des massiven Preisverfalls kann zur Krisenperiode für die gesamte Branche werden. Sie endet (häufig in Zusammenhang mit dem Verschwinden einiger Anbieter) mit Beginn der Phase D, die durch eine weitgehende Preis/Kosten-Stabilität gekennzeichnet ist. Sollten danach die Preise wiederum langsamer fallen als die Kosten, so kann sich der gesamte auf ein Preis/Kosten-Gleichgewicht ausgerichtete Anpassungsprozeß wiederholen. Auf Dauer kann aufgrund der länger werdenden Verdoppelungszeiten der Kostenrückgang schon durch eine recht schwache Inflationsrate kompensiert werden, so daß auch durch diesen Effekt eine gewisse Stabilisierung bewirkt wird.

3.2.3 Kritische Beurteilung der Erfahrungskurve

Probleme ergeben sich im Zusammenhang mit der Erfahrungskurve insbesondere bzgl. deren exakter **Operationalisierung**: Das Konzept erfordert die Identität eines exakt abgegrenzten Produkts über einen längeren Betrachtungszeitraum, was für viele Produkte (z.B. Modeartikel) schwierig ist. Ein weiteres Problem liegt in der unklaren Definition der Stückkosten: Handelt es sich um

- die durchschnittlichen Stückkosten der gesamten kumulierten Menge,
- die Stückkosten der letzten Produkteinheit (Grenzkosten) oder
- die durchschnittlichen Kosten einer Bezugsperiode?

Für Mehrproduktunternehmen ergibt sich ferner das Problem der sachlich und zeitlich verursachungsgemäßen Kostenzuordnung. Aufgrund dieser Probleme findet man in der Literatur häufig Preis-Erfahrungskurven, aus denen dann Rückschlüsse auf die Kosten gezogen werden (vgl. auch Beispiel 3-1).

Ein weiterer kritischer Aspekt des Erfahrungskurvenmodells ist die Nichtberücksichtigung von **Erfahrungstransfers** zwischen Produkten (vgl. Schmiedeberg 1995), die zum Teil gleiche Ressourcen nutzen (shared experience). Wie
wichtig solche Erfahrungstransfers sein können, verdeutlicht das Beispiel der briti-
schen Motorradindustrie (vgl. auch Pascale 1992): Bei Motorrädern unterschiedlicher Hubraumklassen sind viele Teile und Produktionsverfahren gleich. Als ja-
panische Hersteller mit kleinen Motorrädern auf den Markt drängten, zogen sich die
Briten aus diesem Geschäft zurück. Dadurch erhöhten sich die kurzfristigen Gewinne beträchtlich. Die Japaner nutzten jedoch den Kostenvorteil ihrer starken Position bei kleinen Motorrädern, um die Briten auch bei den großen Motorrädern aus
dem Markt zu drängen. Der Anteil britischer Hersteller am einheimischen Markt
sank zwischen 1968 und 1974 von 34% auf 3%. Es zeigt sich also, daß die Operationalisierung der Erfahrung als kumulierte Produktionsmenge (bezogen auf ein
Produkt) häufig unzureichend ist.

Aus wissenschaftstheoretischer Sicht ist anzumerken, daß das Erfahrungskurvenmodell in dieser Form empirisch nicht **falsifizierbar** ist, da es lediglich ein Kostensenkungspotential spezifiziert. Treten entsprechende Kostensenkungen nicht auf, so
widerlegt dies nicht das Modell: Zur Begründung kann z.B. ein ineffizientes Kostenmanagement herangezogen werden.

Beispiel 3-2 hat bereits verdeutlicht, daß auch die strategischen Implikationen des
Modells mit Vorsicht zu genießen sind. Eine allein auf der Erfahrungskurve basie-
rende strategische Ausrichtung dürfte in den seltensten Fällen empfehlenswert sein.
Vielmehr sollte das Modell als flankierendes Instrument zur Strategieformulierung
verstanden werden. Seine Anwendbarkeit hängt u.a. stark von situativen Faktoren
des Markts ab. Besonders sinnvoll ist die Anwendung des Konzepts

- bei hohem Marktwachstum (denn dann kann auch die kumulierte Produktionsmenge schnell wachsen),
- bei einem hohen Wertschöpfungsanteil bezogen auf das interessierende Produkt,
- in vergleichsweise kapitalintensiven Industriezweigen und
- in Märkten, auf denen der Preis (z.B. im Vergleich zur Produktqualität und zum
  Service) eine dominante Rolle als Erfolgsfaktor spielt.

Für Dienstleistungsunternehmen konnten Erfahrungseffekte bislang kaum nachgewiesen werden. Ein geeignetes Instrument zur Charakterisierung von Marktstrukturen im Hinblick auf die Anwendbarkeit der Erfahrungskurve ist die Wettbewerbsvorteilsmatrix, die wir in Kapitel 5 behandeln werden (vgl. Abbildung 5-4).

Zusammenfassend können wir das Erfahrungskurvenkonzept als stark vereinfachtes Modell bezeichnen, das in idealtypischer Weise die mögliche Kostenentwicklung von Produkten beschreibt. Theoretisch fundierte Prognosen von Kosten- und Preisverläufen sind mit Hilfe des Modells (schon aufgrund der problematischen Operationalisierung) nicht möglich. Der wesentliche Nutzen des Modells ist wohl didaktischer Natur: Es unterstreicht die Notwendigkeit einer permanenten dynamischen Analyse der Kosten im Hinblick auf möglicherweise noch nicht realisierte Kostensenkungspotentiale. Hierin liegt eine Schnittstelle zu „Continuous Improvement"-Ansätzen (japanisch *kaizen*) in der Produktion (vgl. Schonberger/Knod 1994, S. 237f.).

Die wesentliche strategische Implikation des Modells besagt, daß hohe Marktanteile einem Unternehmen beträchtliche Kostenvorteile verschaffen können. Die Anwendbarkeit dieser (in dieser Form unbestrittenen) Aussage auf die Strategieformulierung hängt jedoch im wesentlichen von situativen Faktoren ab. Eine einseitige Ausrichtung der Strategie auf die Erfahrungskurve birgt in der Regel große Risiken.

3.3 Das Lebenszyklusmodell

3.3.1 Modellbeschreibung

Das Lebenszyklusmodell ist ein dynamisches, deterministisches Marktreaktionsmodell. Es beruht auf der generellen Hypothese, daß sich der Absatz eines Produktes über die gesamte Zeit seiner Marktpräsenz nach einer gewissen Gesetzmäßigkeit entwickelt. Die idealtypische Darstellung (vgl. Abbildung 3-5) unterstellt zunächst einen konvexen und dann einen konkaven Verlauf. Hierbei unterscheidet man im allgemeinen die vier Phasen

- Einführung,
- Wachstum,
- Reife und
- Sättigung.

In Abbildung 3-5 und Tabelle 3-2 sind die Charakteristika der verschiedenen Produktlebenszyklusphasen zusammengestellt.

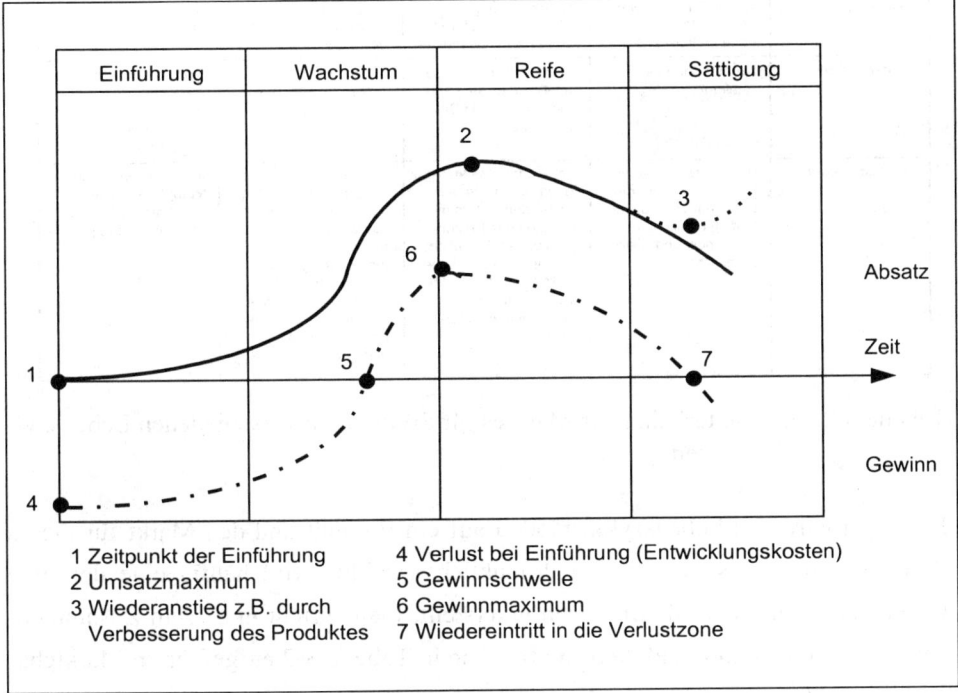

Abbildung 3-5: Absatz und Gewinn im Produktlebenszyklus

Lebenszyklus-phase / Kriterium	Einführung	Wachstum	Reife	Sättigung
Marktwachstum	steigende Wachstums-rate	hohe steigende Wachstumsrate	Stagnation, gegen Ende negative Wachs-tumsrate	negative bis stark negative Wachstums-rate
Marktpotential	nicht überschaubar; Befriedigung eines kleinen Teiles der potentiellen Nachfrage	Unsicherheit in der Be-stimmung des Markt-potentials aufgrund von Preissenkungen (Nutzung von Erfah-rungseffekten)	Überschaubarkeit des Marktpotentials	begrenztes Marktpoten-tial, häufig nur Ersatz-bedarf
Anzahl der Wettbewerber	klein	Höchstwert der Anzahl der Wettbewerber	Ausscheiden der Wett-bewerber ohne Wett-bewerbsvorteil	weitere Verringerung der Anzahl der Wett-bewerber
Marktanteile	starke Schwankungen der Marktanteile – hohe Instabilität	Konsolidierung der Marktanteile aufgrund von Erfahrungseffekten	weitgehende Stabilität, Verschiebungen im we-sentlichen aufgrund des Ausscheidens von Wett-bewerbem	
Kundenverhalten	kaum Bindung an Anbieter	gewisse Kundentreue, häufig unter Beibehal-tung alternativer Be-zugsquellen	festgelegte Einkaufs-politik der Abnehmer	Stabilität des Abneh-merkreises, sinkende Zahl der Anbieter, wenige alternative Be-zugsquellen
Eintrittsbarrieren	im allgemeinen keine Eintrittsbarrieren; Ein-tritt hängt von Kapital-kraft, technischem Know-how und Risiko-bereitschaft ab	schwieriger Marktzu-gang, wenn von den führenden Unterneh-mungen das Kosten-senkungspotential der Erfahrungskurven aus-geschöpft wird; in der Regel Eintritt nur durch Schaffung von Markt-nischen	mit wachsenden "Erfah-rungen" der stärksten Konkurrenten zuneh-mende Schwierigkeit des Markteintritts; wegen des geringen Wachstums müssen außerdem Marktanteile den etablierten Konkur-renten abgenommen werden	im allgemeinen keine Veranlassung, in einen stagnierenden Markt einzudringen

Tabelle 3-2: Charakteristika des Marktes für Produkte in verschiedenen Lebenszyklusphasen

Klassisch wird das Lebenszyklusmodell auf ein Produkt und den Markt für dieses
Produkt bezogen. Neben diesem Produktlebenszyklus wird häufig eine derartige
Gesetzmäßigkeit auch für Branchen unterstellt; man spricht in diesem Zusammenhang auch vom **Branchenlebenszyklus**. Die in Tabelle 3-2 aufgeführten Marktcharakteristika können dabei zur Bestimmung der Lebenszyklusphase herangezogen
werden, in der sich eine Branche befindet. Gegenüber dem auf Branchenebene formulierten Lebenszyklusmodell bestehen jedoch zum Teil erhebliche Vorbehalte,
welche wir in Abschnitt 3.3.3 diskutieren werden.

3.3.2 Strategische Implikationen

Die wichtigsten Folgerungen, die sich aus dem Modell des Produktlebenszyklus
ergeben, sind recht naheliegend: Von grundsätzlicher Bedeutung ist die Aussage,
daß alle Produkte nur eine begrenzte Lebensdauer besitzen. Dies impliziert insbe-

sondere die Notwendigkeit einer dynamischen Neugestaltung der Pro-
dukt/Markt-Kombination (durch Produktinnovation und -differenzierung). Ziel ist
eine Produktpalette, die aus einer ausgewogenen Mischung von Produkten in den
verschiedenen Phasen besteht. Besonders deutlich wird dies in der Chip-Branche,
wo sich die Leistung der aktuellen Mikroprozessorgeneration im Verhältnis zu ihrem Preis alle 18 Monate verdoppelt (vgl. Sheth/Sisodia 1999, S. 77f.).

Eine weitere wesentliche strategische Implikation des Produktlebenszyklus bezieht
sich auf die zentralen Erfolgsfaktoren des Marktes: Ihre Bedeutung variiert in Abhängigkeit von der Lebenszyklusphase, in der sich das Produkt befindet. So spielt
z.B. der Marktanteil in der Einführungsphase kaum eine Rolle, wird aber in der
Reife- und insbesondere in der Sättigungsphase zu einem der wichtigsten Erfolgsfaktoren (vgl. Abbildung 3-6).

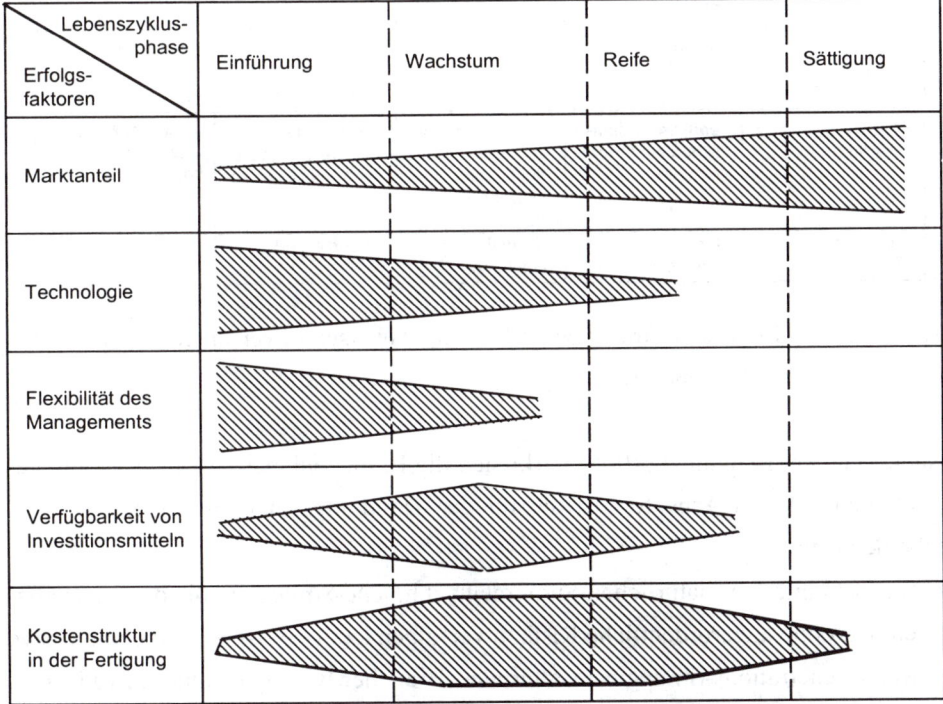

Abbildung 3-6: Die Bedeutung einiger zentraler Erfolgsfaktoren in Abhängigkeit
von der Phase des Lebenszyklus

Aus den unterschiedlichen Erfolgsfaktoren ergeben sich in Abhängigkeit von der Lebenszyklusphase unterschiedliche strategische Verhaltensnotwendigkeiten. Diese sind in Tabelle 3-3 zusammengestellt.

strat. Parameter \ Phasen	Einführung	Wachstum	Reife	Sättigung
Strategisches Ziel	Etablierung am Markt	Marktdurch-dringung	Verteidigung der Marktposition	Position „ausschlachten"
Zielmarkt	im wesentlichen Testmärkte	national / international	multinational	differenziert
Distribution / Vertriebssystem	selektiv; allmäh-licher Aufbau des Vertriebssystems	intensiv	intensiv	selektiv; Aufgabe unwirtschaftlicher Vertriebskanäle
Werbung	intensiv; zielt auf innovatorisch orientierte Käufer ab	intensiv; strebt hohe Bekannt-heit des Pro-dukts an	weniger intensiv; zielt auf Marken-treue ab	minimal
Preis	niedrig	folgt den Kosten	differenziert; ggf. hohe Handelsrabatte	differenziert / niedrig
Produkt-programm	eng; im wesent-lichen ein Grund-modell	eng; im wesent-lichen eine Pro-dukttechnik (+ Service, Ga-rantie)	differenziert; mehrere Modelle und/oder Marken	enger; Aufgabe unwirtschaftlicher Elemente
Kapazität	langsam wachsend	schnell wachsend	stagnierend	Abbau

Tabelle 3-3:   Grundsätze strategischer Verhaltensweisen in verschiedenen Phasen des Lebenszyklus

Nach Laukamm/Steinthal (1985) wirkt sich die Branchenlebenszyklusphase im we-sentlichen auf drei Aspekte aus, die für den Handlungsspielraum einer SGE ent-scheidend sind:

- Sie bestimmt die "natürlichen Strategien", d.h. jene Strategien, die die Geschäfts-einheit ohne außerordentliche Risiken verfolgen kann. So ist z.B. eine aggressive Marktpenetrations-Strategie in alternden Branchen weniger natürlich (d.h. risi-koreicher) als in einer Wachstumsbranche (vgl. hierzu auch das Lebenszy-klus-Portfolio in Abschnitt 5.1.4).

- Sie läßt Aussagen über die zu erwartende Ertragsentwicklung sowie den zukünf-tigen Cash-Flow der Geschäfteinheit zu. So setzen Geschäfte in reifen Branchen normalerweise mehr liquide Mittel frei als Geschäfte in Entstehungs- oder Wachstumsbranchen.

- Sie hat einen entscheidenden Einfluß auf das erforderliche Managementsystem. Beispielsweise sollten stabile, reife Geschäfte nicht in der gleichen Art und mit den gleichen Instrumenten geführt werden wie Geschäfte in der Entstehungsphase.

Beispiel 3-3

Die folgende Tabelle zeigt (nach Hansmann 1984) die Produktionszahlen P_t (in Tausend Stück) des VW-Käfer in den Jahren 1945 (t=0) bis 1980 (t=35). Wir wollen diese Zeitreihe im folgenden gedanklich mit einer Absatzzeitreihe identifizieren, was in diesem Fall sicherlich unbedenklich ist, und sie auf eine lebenszyklusähnliche Struktur untersuchen.

Jahr	Produktion	Jahr	Produktion	Jahr	Produktion	Jahr	Produktion
1945	2	1954	202	1963	838	1972	1221
1946	10	1955	280	1964	948	1973	1206
1947	9	1956	333	1965	1091	1974	791
1948	19	1957	381	1966	1081	1975	441
1949	46	1958	452	1967	926	1976	383
1950	82	1959	575	1968	1186	1977	259
1951	94	1960	739	1969	1220	1978	272
1952	114	1961	828	1970	1196	1979	263
1953	151	1962	876	1971	1292	1980	236

Die graphische Darstellung der Zeitreihe zeigt recht gute Übereinstimmung mit dem Lebenszyklusmodell.

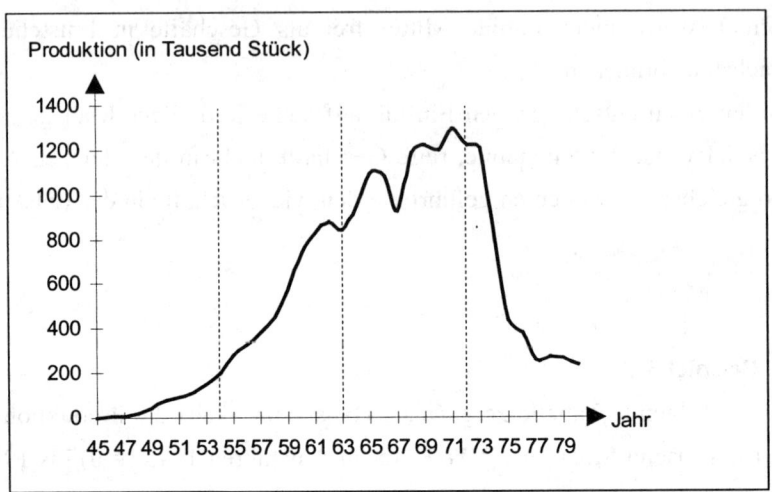

Die einzelnen Phasen lassen sich in etwa wie folgt abgrenzen:

- Einführungsphase (1945 - 1953),
- Wachstumsphase (1954 - 1962),
- Reifephase (1963 - 1971),
- Niedergangsphase (ab 1972).

Zur formalen Untersuchung wird im folgenden von der Beziehung

$$P_t = a_t \cdot t^b \cdot e^{-ct}$$

ausgegangen. Für die drei Parameter a, b und c liegen folgende Schätzwerte vor:

$$a = 3{,}9 \cdot 10^{-7}, \, b = 10{,}299 \, , \, c = 0{,}455 \, .$$

Die folgende Tabelle zeigt die mit Hilfe der Modellgleichung und der angegebenen Parameterwerte berechneten Werte von 1945 (entspricht t=0) bis 1980 (entspricht t=35). Die anschließende graphische Darstellung der tatsächlichen und der vom Modell gelieferten Werte verdeutlicht, daß das Modell die tatsächliche Zeitreihe gut approximiert.

Jahr	Produktion	Jahr	Produktion	Jahr	Produktion	Jahr	Produktion
1945	0	1954	44	1963	917	1972	994
1946	0	1955	82	1964	1015	1973	917
1947	0	1956	139	1965	1092	1974	835
1948	0	1957	216	1966	1145	1975	751
1949	0	1958	312	1967	1173	1976	668
1950	1	1959	425	1968	1177	1977	588
1951	3	1960	549	1969	1157	1978	512
1952	8	1961	677	1970	1118	1979	442
1953	20	1962	802	1971	1062	1980	378

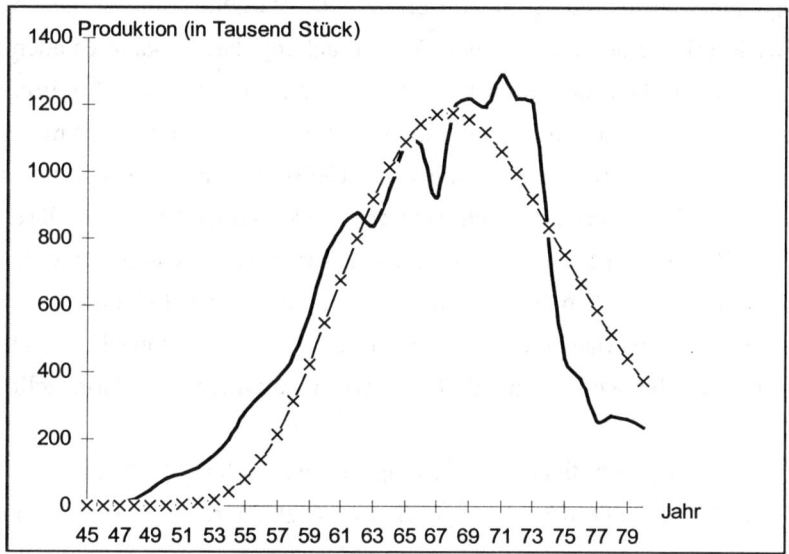

Zur Ermittlung des maximalen P_t-Wertes gemäß der Modellgleichung leiten wir diese ab und setzen die Ableitung zu Null:

$$\frac{dP_t}{dt} = a(-ct^b e^{-ct} + bt^{b-1}e^{-ct}) = at^{b-1}e^{-ct}(-ct + b) = 0$$

Hieraus ergibt sich

$$t = b/c = 10{,}299/0{,}455 = 22{,}6 \ .$$

Auf der Basis des Modells ermitteln wir also den maximalen P_t-Wert zwischen t=22 und t=23, d.h. zwischen 1967 und 1968.

3.3.3 Kritische Beurteilung des Lebenszyklusmodells

Von den drei in diesem Kapitel behandelten Konzepten ist das Lebenszyklusmodell mit Abstand am umstrittensten. In der Literatur findet sich eine beinahe unüberschaubare Zahl an kritischen Bewertungen und an Modifikationsvorschlägen. Wir verweisen in diesem Zusammenhang exemplarisch auf die Beiträge von Mercer (1993), Ryan/Riggs (1996) und Sheth/Sisodia (1999).

Schwere Bedenken gegen das Modell resultieren aus dem unterstellten monokausalen Zusammenhang zwischen der Zeit als erklärender Variable und dem Absatz. Die Nichtberücksichtigung anderer erklärender Variablen stellt in den Augen zahlreicher Kritiker eine kaum haltbare Vereinfachung dar. So kann es auch nicht sonderlich überraschen, daß empirische Untersuchungen von Absatzzeitreihen häufig Ergebnisse liefern, die nicht mit dem Modell konsistent sind. Legt man die Ergebnisse der Validitätstests von Polli/Cook (1969) zugrunde, so läßt sich nur knapp jeder zweite Absatzverlauf durch das Lebenszyklusmodell besser erklären als durch ein Zufallsmodell (d.h. ein Modell ohne strukturelle Komponenten). Insgesamt wurden in empirischen Studien neben dem durch das Lebenszyklusmodell postulierten Absatzverlauf eine Reihe weiterer Strukturen beobachtet (vgl. den Literaturüberblick bei Rink/Swan 1979), die wir in Abbildung 3-7 dargestellt haben.

Zum Teil lassen sich divergierende empirische Resultate durch die unklare Definition der Bezugsgröße des Modells erklären (vgl. Mercer 1993). So finden sich in der Literatur Anwendungen des Lebenszyklus auf

- einzelne Produkte bzw. Marken,
- Produktgruppen (z.B. Farbfernsehgeräte),
- Produktklassen (z.B. elektrische Geräte),
- Branchen sowie
- Geschäftsbeziehungen mit einzelnen Kunden.

Eine eindeutige Aussage zugunsten einer dieser möglichen Bezugsgrößen ist nicht möglich; in allen Kategorien lassen sich sowohl Beispiele finden, die mit dem Lebenszyklusmodell konsistent sind, als auch solche, die ihm widersprechen.

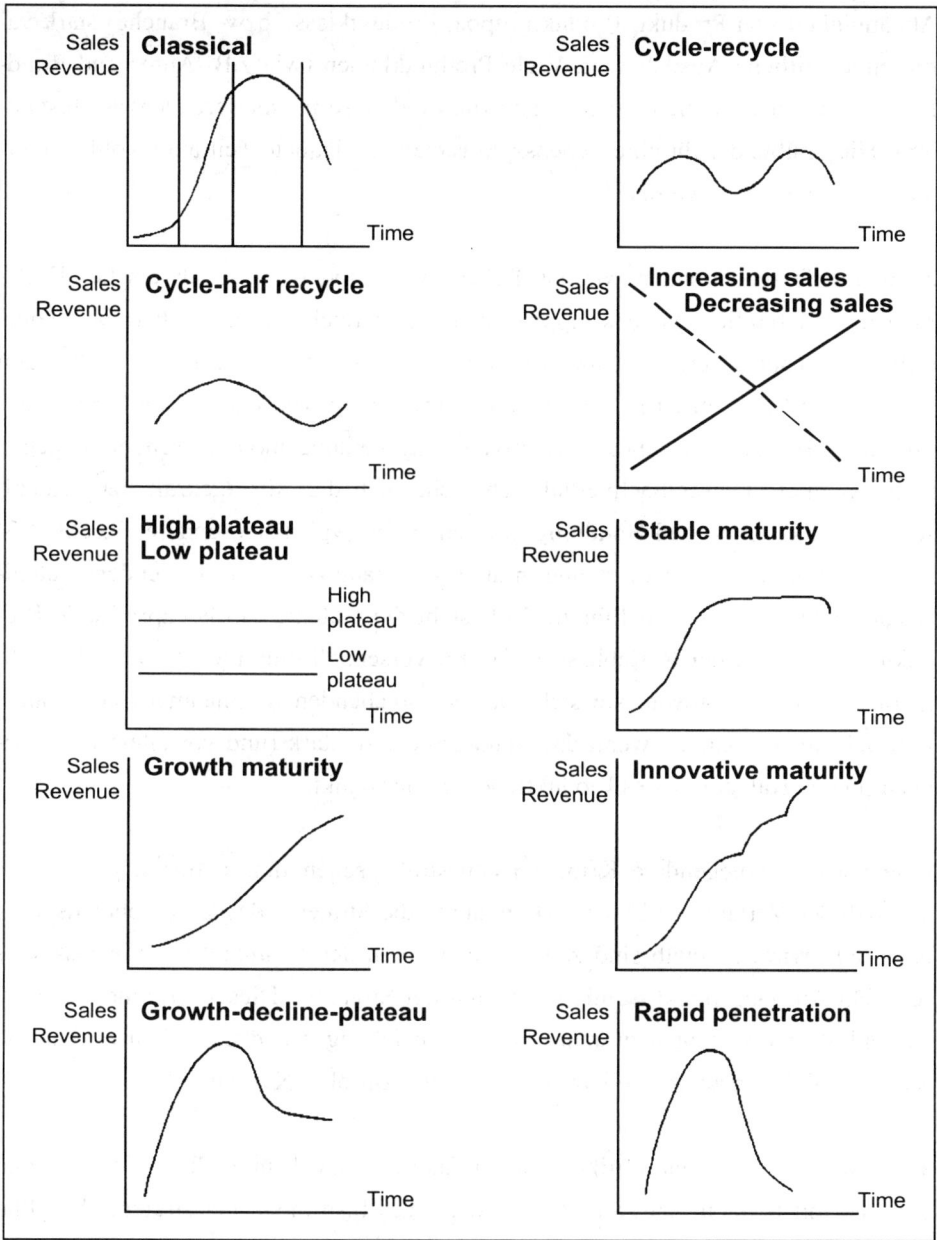

Abbildung 3-7: Typische (in empirischen Studien beobachtete) Lebenszyklusver-
läufe

Weitere problematische Aspekte im Zusammenhang mit der Operationalisierung
des Modells sind die unklare Abgrenzung der einzelnen Phasen sowie deren (in

Abhängigkeit von Produkt, Produktgruppe, Produktklasse bzw. Branche) stark va-
riierende zeitliche Ausdehnung. Viele Produktklassen (wie z.B. Autos und Rund-
funkgeräte) erfreuen sich eines langen (und teilweise prosperierenden) Reifestadi-
ums. Hier müßte der für eine Lebenszyklusanalyse adäquate Zeitraum wohl in Jahr-
hunderten gemessen werden.

Zusammenfassend können wir das Lebenszyklusmodell als idealtypisches Erklärungsmodell bezeichnen, das empirisch nur unzureichend abgesichert ist (wobei
sich bei Konsumgütern tendenziell eine höhere Konsistenz mit dem Modell ergibt
als bei Investitionsgütern). Eine ex-ante Anwendung des Modells im Sinne eines
Prognosemodells oder eines normativen Entscheidungsmodells scheint dagegen
kaum möglich. Dieser Sachverhalt schwächt auch die Aussagekraft der strategischen Implikationen und Handlungsempfehlungen (vgl. insbesondere Tabelle 3-3)
ab. Ihre zu unkritische Umsetzung in die Praxis kann zu schwerwiegenden strategischen Fehlentscheidungen führen. So besteht die Gefahr, daß hochprofitable Produkte, die sich in der Reifephase befinden, vorschnell eliminiert bzw. nicht mehr
gefördert werden, obwohl sie sich (bei entsprechenden Maßnahmen) noch lange
Zeit behaupten könnten, wenn das Management zu stark (und vor allem zu unkri-
tisch) in den Kategorien des Produktlebenszyklus denkt.

Eine noch grundlegendere Kritik an den strategischen Implikationen geht davon
aus, daß der Verlauf des Lebenszyklus durch die Strategie des Unternehmens stark
beeinflußt wird. Deshalb sind zahlreiche Autoren der Meinung, der Lebenszyklus
sei nicht Ausgangspunkt, sondern Resultat der Strategie. Dieser Argumentation ist
zumindest insoweit zuzustimmen, als die Beziehung zwischen Lebenszyklus und
Strategie nicht einseitig, sondern in der Regel reziproker Natur ist.

Trotz dieser zahlreichen Kritikpunkte ist das Lebenszyklusmodell - richtig verstanden und mit Bedacht angewandt - ein wichtiges Instrument der strategischen Planung. Sein wesentlicher Nutzen liegt wohl - wie bei der Erfahrungskurve - im didaktischen Bereich: Das Modell vermittelt die Notwendigkeit einer dynamischen
Neugestaltung der Produkt/Markt-Kombination, um eine zu jedem Zeitpunkt ausgewogene Altersstruktur der Produktpalette zu gewährleisten.

3.4 Übungsaufgaben zu Kapitel 3

Aufgabe 3-1 behandelt ein einfaches Rechenbeispiel in Anlehnung an das PIMS-Projekt. Aufgabe 3-2 enthält ein Rechenbeispiel zum Erfahrungskurvenmodell. In Aufgabe 3-3 geht es um die Interpretation der Parameter einer speziellen Funktion des Lebenszyklusmodells.

Aufgabe 3-1

Im Rahmen einer Marktstudie wurden für 10 Wettbewerber ($i = 1,2,...,10$) in einem Markt die jeweiligen Marktanteile m_i und die Umsatzrenditen u_i ermittelt. Im Sinne der Erfolgsfaktorenforschung soll der Zusammenhang zwischen Marktanteil und Umsatzrendite untersucht werden. Es stehen folgende Daten zur Verfügung:

Hersteller-Nr. (i)	1	2	3	4	5
m_i [%]	30	28	15	10	5
u_i [%]	7	2	-5	-7	-3

Hersteller-Nr. (i)	6	7	8	9	10
m_i [%]	4	3	2	2	1
u_i [%]	-1	1	3	4	8

a) Berechnen Sie den Korrelationskoeffizienten (vgl. Bamberg/Baur 1996) zwischen Marktanteil m_i und Umsatzrendite u_i. Wie hoch ist der durch den Marktanteil erklärte Varianzanteil der Umsatzrendite?

b) Interpretieren Sie das Ergebnis. (Machen Sie sich zusätzlich den Funktionsverlauf zwischen Marktanteil m und Umsatzrendite u klar.)

Lösung

a) Die Berechnung des Korrelationskoeffizienten r(m,u) ergibt:

$$r(m,u) = 0,0765$$

(Zwischenergebnis: $\overline{m} = 10, \overline{u} = 0,9$).

Der Marktanteil kann in diesem linearen Ansatz lediglich $r^2 = (0,0765)^2 = 0,00585$ (d.h. etwa 0,6%) der Varianz der Umsatzrendite erklären (vgl. Bamberg/Baur 1996).

b) Der Korrelationskoeffizient ist sehr nahe bei 0 und somit sehr gering. Daraus wird ersichtlich, daß kein wesentlicher linearer Zusammenhang zwischen m und u existiert. Trägt man die empirischen Daten in einem Diagramm gegeneinander auf, so ergibt sich folgendes Bild:

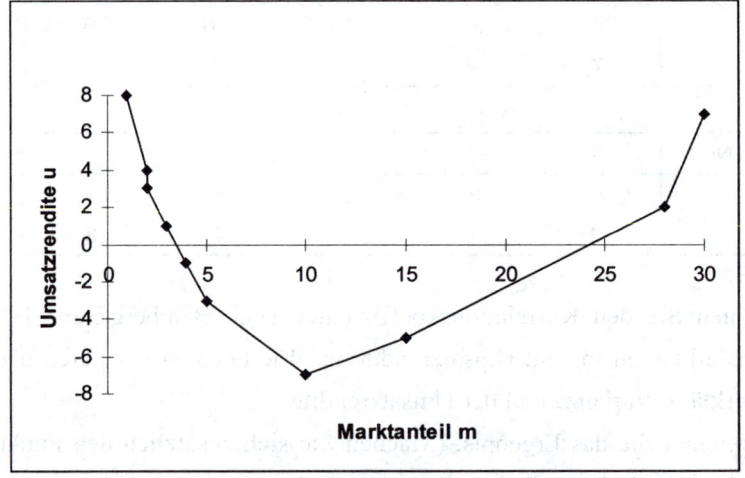

Es wird ersichtlich, daß offenbar ein nichtlinearer Zusammenhang zwischen Marktanteil und Umsatzrendite im betrachteten Markt besteht. Offensichtlich sind nur die Marktführer und kleine (evtl. besonders spezialisierte) Unternehmen am Markt erfolgreich. Dieses Ergebnis verdeutlicht, daß aus der Unkorreliertheit zweier Größen nicht deren Unabhängigkeit folgt; Unkorreliertheit bedeutet lediglich das Nichtvorhandensein einer linearen Beziehung.

Aufgabe 3-2

Ein Unternehmen möchte seine Preispolitik für ein Produkt, das vor fünf Jahren eingeführt wurde, überdenken, wobei insbesondere die jetzige Kostensituation zu berücksichtigen ist. Die kumulierte Stückzahlentwicklung sowie die Entwicklung der Stückkosten seit Markteinführung stellt sich wie folgt dar:

Jahr	1	2	3	4	5
kumulierte Stückzahl x	100	203	498	1961	4892
Stückkosten in GE k(x)	1520	1311	1012	662	486

Der Produktverantwortliche schätzt, daß trotz des verstärkten Preisdrucks am Markt im nächsten Jahr ca. 5.000 Stück produzier- und absetzbar sind, so daß eine kumulierte Stückzahl von 10.000 erreicht würde. Hierzu müßte allerdings der Preis von derzeit 700 GE um 10% gesenkt werden. Der Produktmanager vermutet, daß die Entwicklung der Stückkosten einem Erfahrungskurvenmodell genügt und möchte untersuchen, wie sich der Stückgewinn bei der geplanten Preissenkung ändert.

a) Untersuchen Sie, ob die obigen Daten mit hinreichender Genauigkeit einem Erfahrungskurvenmodell genügen.

b) Schätzen Sie die Modellparameter a und b des Erfahrungsgesetzes
$$k(x) = a \cdot x^{-b} \; .$$

c) Wie hoch ist die Lernrate?

d) Wie verändert sich der Stückgewinn bei Durchführung der geplanten Preissenkung?

Lösung

a) Im ersten Schritt unterziehen wir die Stückzahlen und Stückkosten einer logarithmischen Transformation, um die Linearität der entsprechend transformierten Erfahrungskurvengleichung
$$\ln(k(x)) = \ln a - b \cdot \ln x$$
zu untersuchen.

ln x	4,61	5,31	6,21	7,58	8,50
ln k(x)	7,33	7,18	6,92	6,50	6,19

Der Korrelationskoeffizient (vgl. hierzu Bamberg/Baur 1996) wird als Maß für die Linearität der Beziehung zwischen den beiden Größen herangezogen: Wir berechnen einen Wert von

$$r = -0,998 ,$$

der eine hervorragende Übereinstimmung der Daten mit dem Erfahrungskurven-modell anzeigt.

b) Die Parameter a und b lassen sich mit Hilfe des Verfahrens der kleinsten Quadrate schätzen (vgl. wiederum Bamberg/Baur 1996); wir erhalten

$$b = +0,3 \text{ und}$$
$$\ln a = 8,73, \text{ d.h. } a = 6186.$$

Das Erfahrungskurvengesetz lautet also in unserem Fall

$$k(x) = 6186 \cdot x^{-0,3} .$$

c) Die Lernrate $1 - 2^{-b}$ ergibt sich folglich zu 0,19, was einem Kostenrückgang von 19% bei Verdopplung der kumulierten Produktionsmenge entspricht.

d) Die geplante Preissenkung beträgt 10%. Die Kostensenkung pro Stück durch eine Steigerung der kumulierten Stückzahl von $x_1 = 4892$ Stück auf $x_2 = 10.000$ Stück berechnet sich zu

$$\delta k = k(x_1) - k(x_2) \quad = \quad 486 - (6186 \cdot 10.000^{-0,3})$$
$$= \quad 486 - 390,31 = 95,69 .$$

Das entspricht einer Kostensenkung von ca. 20%. Damit ergibt sich ein neuer Stückgewinn von

$$G_{neu} = 0,90 \cdot 700 \text{ GE} - 390,31 \text{ GE} = 239,69 \text{ GE}.$$

Gegenüber dem Vorjahresstückgewinn von

$$G_{alt} = 700 \text{ GE} - 486 \text{ GE} = 214 \text{ GE}$$

bedeutet dies eine Steigerung um 12 %. Die Preissenkung wird also durch die erfahrungsbedingte Kostensenkung bei weitem kompensiert.

Aufgabe 3-3

Es sei folgende Funktion P(t) zur Beschreibung des Lebenszyklus eines Produktes gegeben:

$$P(t) = at^b \cdot e^{-ct}$$

P(t):   Absatz zum Zeitpunkt t

t: Zeit

a, b, c: Modellparameter > 0 .

a) Bestimmen Sie in Abhängigkeit von a, b und c allgemein die erste Ableitung dP(t)/dt. Wo hat P(t) Extremwerte?

b) In der folgenden Abbildung ist der prinzipielle Funktionsverlauf von P(t) dargestellt. Skizzieren Sie, wie die Parameter a, b und c den Funktionsverlauf beeinflussen.

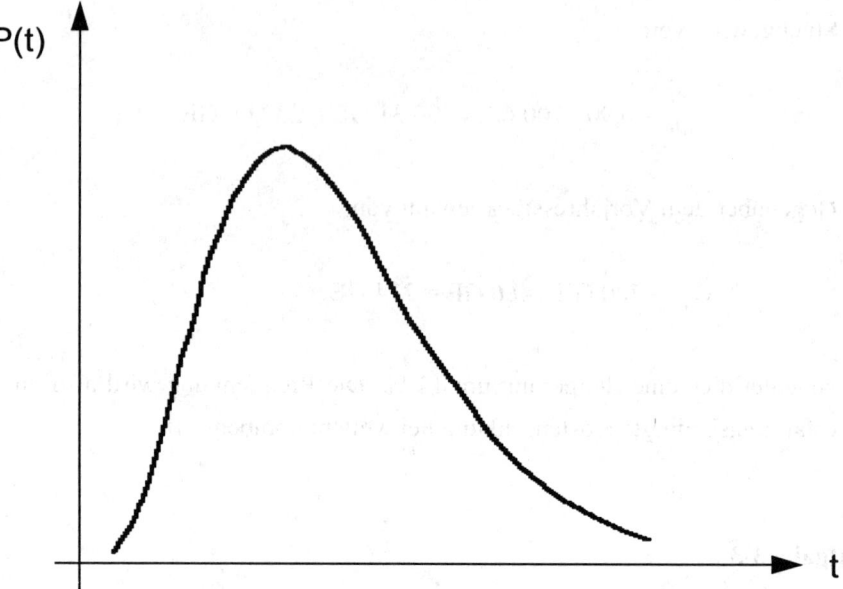

Lösung

a) Durch Anwendung der Produktregel der Differentialrechnung erhält man die
Ableitung der Funktion:

$$dP(t)/dt = a \cdot t^b \cdot (-c) \cdot e^{-ct} + a \cdot b \cdot t^{b-1} \cdot e^{-ct}$$
$$= a \cdot e^{-ct} (-c \cdot t^b + b \cdot t^{b-1})$$
$$= (a \cdot e^{-ct}) (t^{b-1}) (-c \cdot t + b) \quad .$$

Die notwendige Bedingung für ein Extremum lautet: $dP(t)/dt := 0$; hieraus erhält
man:

$$dP(t)/dt = \underbrace{(a \cdot e^{-ct})}_{> 0} \underbrace{(t^{b-1})}_{>0} (-c \cdot t + b) := 0$$

$$<=> -c \cdot t + b = 0$$
$$<=> t = b/c \quad .$$

Ein Extremwert kann nur an der Stelle $t = b/c$ liegen.

b) Die wesentlichen Modellierungsmöglichkeiten sind der Parameter a und der Quotient der Parameter b/c. Je größer der Parameter a gewählt wird, desto steiler wird (bei ansonsten gleichen Parameterwerten) die Funktion, d.h. der Parameter a kann die Funktion in vertikaler Richtung strecken oder stauchen. Der Quotient b/c dagegen verschiebt die Maximumstelle der Funktion, d.h. durch den Quotienten b/c kann die Funktion in horizontaler Richtung gestreckt bzw. gestaucht werden (vgl. die folgenden Abbildungen):

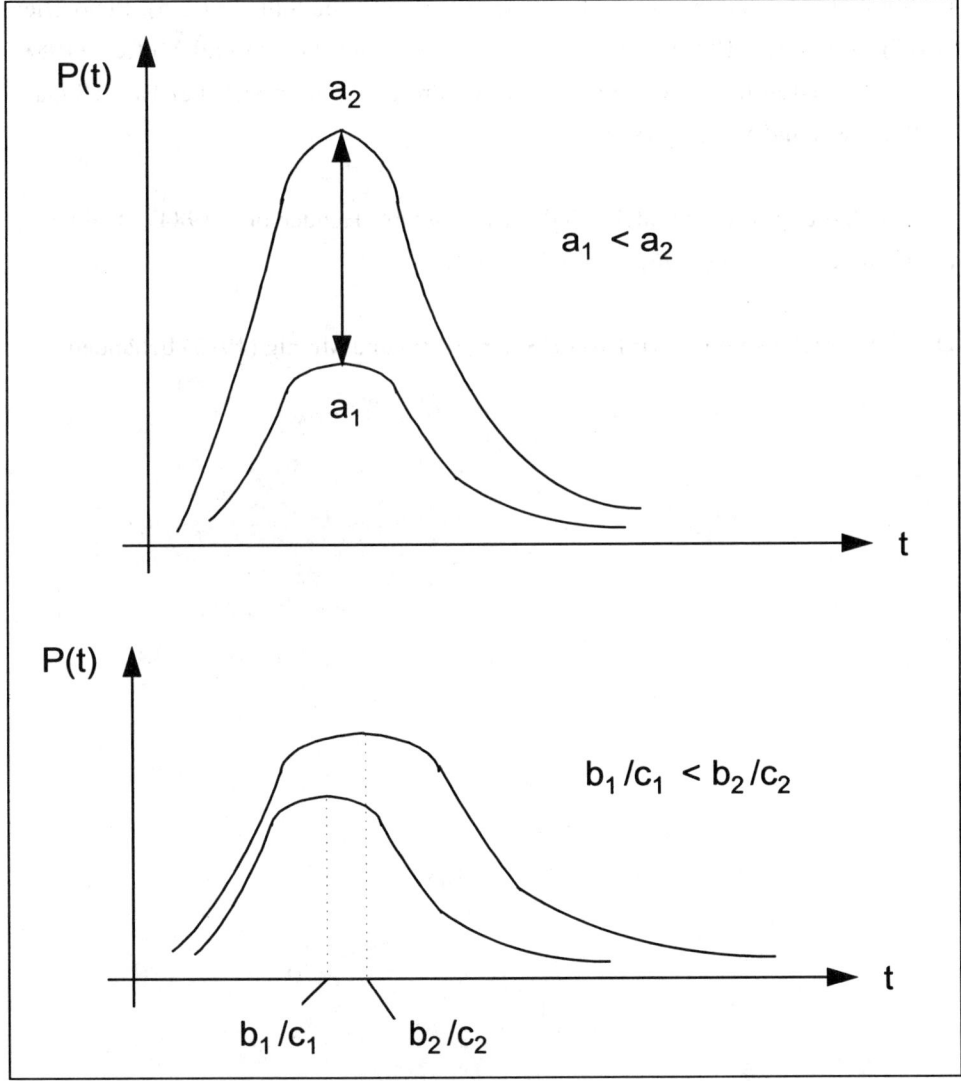

3.5 Literatur zu Kapitel 3

Eine fundierte Diskussion der drei in diesem Kapitel vorgestellten Konzepte findet der Leser bei Chrubasik/Zimmermann (1987). Desweiteren wird in den meisten Lehrbüchern zum strategischen Marketing auf diese Konzepte eingegangen (z.B. Aaker 1998 oder Jain 1993).

Einführende Darstellungen von PIMS sind Buzzell/Gale/Sultan (1975), Schoeffler (1977), Neubauer (1980), Lange (1982), Luchs/Müller (1985) und Meffert (1988, S. 9-27). Ausführliche Beschreibungen des Projekts finden sich bei Buzzell/Gale (1987, 1989) und Venohr (1988).

Zum Erfahrungskurvenmodell sind insbesondere Henderson (1984), Gälweiler (1992) und Laßmann (1996) empfehlenswert.

Das Lebenszyklusmodell wird von Becker (1998) und Meinig (1995) behandelt.

4 Analyse der strategischen Ausgangssituation

Wie Abbildung 1-6 verdeutlicht, muß der Formulierung einer Strategie (bzw. mehrerer Strategiealternativen) eine fundierte Analyse der strategischen Ausgangssituation (sowohl auf Unternehmens- als auch auf SGE-Ebene) vorausgehen. Hierbei können die in Kapitel 3 vorgestellten, allgemeinen Modelle der empirischen Planungsforschung in die Überlegungen einfließen; selbstverständlich können sie situationsspezifische Analysen nicht ersetzen. In diesem Kapitel skizzieren wir ausgewählte Modelle und Instrumente, die im Rahmen der Analyse der Ausgangssituation zur Anwendung kommen können. Hierbei handelt es sich nicht in allen Fällen um quantitative Ansätze. Eine Darstellung der strategischen Planung wäre jedoch zu lückenhaft, wenn man konsequent alle qualitativen Methoden ausklammern würde, die sich bewährt haben.

Im Rahmen der Situationsanalyse empfiehlt sich der Einsatz von Modellen deshalb, weil sie helfen, die Komplexität der Informationen zu strukturieren. Der Informationsbedarf für die Strategieformulierung läßt sich grob in folgende Felder unterteilen:

- Makroumwelt: politisch-rechtliche Entwicklungen, gesamtwirtschaftliche Entwicklungen, sozio-kulturelle Entwicklungen und technologische Entwicklungen
- Mikroumwelt: Lieferanten, Abnehmer, Wettbewerber
- eigenes Unternehmen.

Abbildung 4-1 konkretisiert den Informationsbedarf auf den einzelnen Feldern und kann im Rahmen der strategischen Datenerhebung/Informationsaufbereitung als Checkliste eingesetzt werden. Hierbei sind ggf. unternehmensspezifische Komponenten des Informationsbedarfs zu ergänzen.

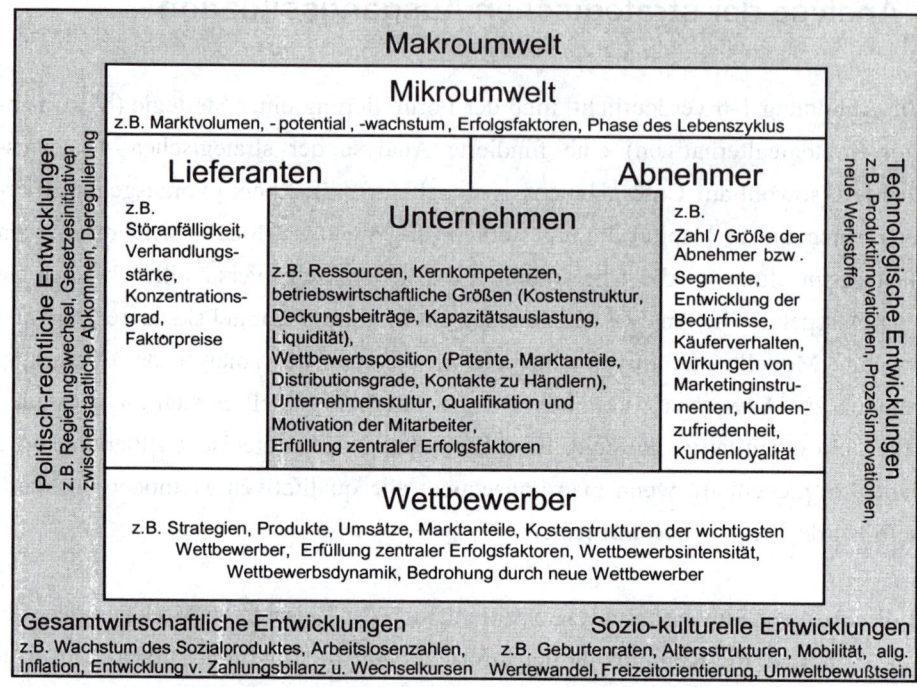

Abbildung 4-1: Informationsbedarf für die Strategieformulierung

4.1 Analyse der Makroumwelt

Ziel der Analyse der Makroumwelt ist vor allem, Trends im politisch-rechtlichen, gesellschaftlichen, gesamtwirtschaftlichen und technologischen Bereich aufzudekken. Deren Entwicklungen sind insgesamt nur sehr schwer vorherzusehen und können für das Unternehmen sowohl Risiken als auch Chancen darstellen. Eine besondere Bedeutung hat dabei die rechtzeitige Erkennung von strategischen Diskontinuitäten, d.h. Strukturbrüchen. Im Rahmen der Analyse der Makroumwelt stellen wir zwei Instrumente vor:

- Prognoseverfahren und
- Szenariotechniken.

4.1.1 Prognoseverfahren

Aufgrund der langfristigen Orientierung der strategischen Planung kommt der Prognose zukünftiger Entwicklungen in der Unternehmensumwelt sowie auf den relevanten Märkten besondere Bedeutung im Rahmen der strategischen Analyse zu. Wir unterscheiden im wesentlichen vier Klassen von Prognoseverfahren:

- naive Verfahren,
- qualitative Verfahren,
- formale Verfahren und } *quantitative Verfahren*
- kausale Verfahren.

Formale und kausale Verfahren werden häufig auch unter dem Oberbegriff "quantitative Prognoseverfahren" zusammengefaßt. Letztere werden im Rahmen dieses Abschnitts aufgrund der stärker quantitativen Orientierung schwerpunktmäßig behandelt.

Bei **naiven Prognoseverfahren** ermittelt man den Prognosewert rein schematisch, z.B. durch Übertragung des Wertes der Vorperiode gemäß (prognostizierte Werte im folgenden jeweils mit '^' gekennzeichnet)

$$\hat{y}_{t+1} = y_t$$

(z.B. geschätztes Marktvolumen 2001 = Marktvolumen 2000) oder - bei Berücksichtigung einer Zuwachsrate - gemäß

$$\hat{y}_{t+1} = (1+\alpha)y_t$$

(z.B. geschätztes Marktvolumen 2001 = 1,05 · Marktvolumen 2000). Im Rahmen dieser Ansätze wird also weder versucht, Regelmäßigkeiten in der zu prognostizierenden Zeitreihe zu erkennen, noch werden Beziehungen zu Zeitreihen erklärender Variablen modelliert.

Von **qualitativen Prognoseverfahren** spricht man, wenn Einschätzungen über zukünftige Entwicklungen aus Erfahrungen und Kenntnissen von Experten abgeleitet

werden. Qualitative Verfahren eignen sich besonders zur Prognose von Umweltfaktoren, für die nicht genügend Vergangenheitsdaten zur Verfügung stehen oder
die nur schwer quantifizierbar sind. Bekanntester Vertreter dieser Gruppe von Verfahren ist die **Delphi-Methode** (vgl. z.B. Götze 1991, Kepper 1996). Bei der
Grundform einer Delphi-Befragung wird eine Gruppe von Experten, denen die anderen Teilnehmer nicht aufgedeckt werden, in mehreren Runden (zumeist schriftlich) über das ausgewählte Prognoseproblem befragt. Nach jeder Runde erhalten
die Teilnehmer die Kommentare aller Befragten in anonymisierter Form und werden um erneute Stellungnahme gebeten. Im Idealfall konvergiert der Prozeß auf
eine Gruppenmeinung.

Charakteristisch für formale und kausale Prognoseverfahren ist das Arbeiten mit
sogenannten Prognosefunktionen. Sie modellieren den Zusammenhang zwischen
der zu prognostizierenden Größe und den zur Prognose herangezogenen Einflußgrößen. Bei **formalen Prognoseverfahren** verzichtet man auf die Einbeziehung
echter erklärender Größen und leitet den Prognosewert ausschließlich aus den vorhergehenden Werten der zu prognostizierenden Größe ab. Solche Modelle lassen
sich in der Form

$$\hat{y}_{t+1} = f(y_t, \ldots, y_1)$$

darstellen, wobei f die Prognosefunktion bezeichnet. Bekannte formale Prognoseverfahren sind u.a.

- das Verfahren der gleitenden Durchschnitte,
- das exponentielle Glätten (erster bzw. höherer Ordnung),
- die Trendextrapolation und
- die Box/Jenkins - ARIMA - Ansätze

(vgl. z.B. Lilien/Kotler 1983, S. 327 ff., Scheer 1983).

Das zentrale Problem bei der Anwendung formaler Prognoseverfahren besteht im
Erkennen der der Zeitreihe zugrunde liegenden Struktur, d.h. in der Identifikation
von

- Trends,
- zyklischen Strukturen (z.B. Konjunkturzyklen) und
- saisonalen Schwankungen.

Hat man eine Zerlegung der Zeitreihe in diese Komponenten gefunden, so können jeder Zeitperiode Werte bzgl. jeder Komponente zugeordnet werden, so daß letztlich die Zeit die einzige erklärende Variable ist, d.h.

$$\hat{y}_{t+1} = f(t) \quad .$$

Von der Identifikation der zugrunde liegenden Struktur ist die sinnvolle Auswahl einer adäquaten Prognosemethode abhängig (vgl. Scheer 1983, S. 91ff.).

Ausgangspunkt des Verfahrens der **gleitenden Durchschnitte** ist ein stationäres Modell. Dies bedeutet, daß man davon ausgeht, daß die zu prognostizierende Größe über die Zeit hinweg im wesentlichen konstant ist (d.h. kein Trend, keine Zyklen und keine saisonalen Effekte). Auftretende Schwankungen sind dann rein zufälliger Art, und die wesentliche Aufgabe des Prognoseverfahrens besteht in der Ermittlung des von Zufallsschwankungen bereinigten Basiswertes der Zeitreihe. Man verwendet zur Prognose für die Periode t+1 den Durchschnitt der Werte der letzten q Perioden (vgl. z.B. Lilien/Kotler 1983, S. 334), d.h.

$$\hat{y}_{t+1} = \frac{1}{q} \sum_{i=t-q+1}^{t} y_i = \hat{y}_t + \frac{1}{q}(y_t - y_{t-q}) \, .$$

Das Verfahren hat die Schwäche, daß sich bei kleinem q Zufallsschwankungen zu stark auswirken, während bei großem q die Reaktion auf Strukturbrüche (z.B. neuer Basiswert) zu langsam erfolgt. Diese Überlegungen führen uns gewissermaßen zwangsläufig zu der Idee, viele Werte in die Prognose einzubeziehen und die Flexibilität des Verfahrens durch eine stärkere Gewichtung der neueren Werte zu gewährleisten. Dies ist genau die Grundidee des **exponentiellen Glättens**. Hier ergibt sich der Prognosewert als gewichtetes Mittel aus dem tatsächlichen Wert der vorhergehenden Periode und dem Prognosewert für die vorhergehende Periode, d.h.

$$\hat{y}_{t+1} = \alpha y_t + (1-\alpha)\hat{y}_t$$

mit

$$0 \le \alpha \le 1 \quad .$$

Offensichtlich reagiert das Verfahren umso flexibler auf neue Situationen (aber auch auf zufällige Schwankungen), je größer α ist. Durch sukzessives Einsetzen erhalten wir die Beziehung

$$\hat{y}_{t+1} = \alpha y_t + \alpha(1-\alpha)y_{t-1} + \alpha(1-\alpha)^2 y_{t-2} + \alpha(1-\alpha)^3 y_{t-3} + ...,$$

die uns auch die Bezeichnung des Verfahrens plausibel macht: Die Folge der Gewichtungen von y_t, y_{t-1}, y_{t-2},... ist (für $\alpha < 1$) eine exponentiell (mit Faktor $1-\alpha$) fallende Nullfolge.

Beispiel 4-1

Ein Unternehmen möchte auf der Grundlage von Vergangenheitsdaten den Umsatz für das Jahr $t = 6$ prognostizieren. Es liegen folgende Umsatzzahlen aus den Jahren $t = 1,2,...,5$ vor:

Jahr t	1	2	3	4	5
Umsatz U_t (in Mio DM)	55	60	70	66	68

Als erstes wird das Verfahren der gleitenden Durchschnitte angewendet, wobei die letzten zwei Perioden in die Durchschnittsbildung einbezogen werden ($q = 2$). Es berechnet sich folgender Prognosewert:

$$\hat{U}_6 = 1/2 \cdot (U_4 + U_5) = 1/2 \cdot (66 + 68) \qquad = 67$$

Als nächstes kommt das Verfahren des exponentiellen Glättens zur Anwendung. Der Parameter α wird auf den Wert 0,3 festgelegt. Als Startwert für $t = 1$ wird $\hat{U}_1 = U_1 = 55$ gesetzt. Es berechnen sich folgende Werte:

$$\hat{U}_2 = 0,3 \cdot U_1 + 0,7 \cdot \hat{U}_1 = 0,3 \cdot 55 + 0,7 \cdot 55 \qquad = 55$$

$$\hat{U}_3 = 56,5$$

$$\hat{U}_4 = 60,55$$

$$\hat{U}_5 = 62,19$$

$$\hat{U}_6 = 63,93$$

Es ist zu erkennen, daß die Prognose mittels exponentiellen Glättens pessimistischer ausfällt. Ein weiteres Beispiel findet der Leser in Aufgabe 4-2.

Weiterführungen der beiden skizzierten Ansätze sind das Verfahren der gleitenden Durchschnitte zweiter Ordnung sowie das exponentielle Glätten zweiter Ordnung. Hierbei wird das Verfahren nochmals auf die aus dem Verfahren erster Ordnung resultierende Reihe angewandt. Mit diesen Ansätzen können auch solche Zeitreihen analysiert werden, denen ein Trend zugrunde liegt (vgl. z.B. Lilien/Kotler 1983, S. 335).

Die **Trendextrapolation** bedient sich in der Regel eines regressionsanalytischen Ansatzes, um eine lineare oder auch nichtlineare Trendfunktion aus empirischen Zeitreihendaten zu ermitteln. Dabei ist die Zeit (z.B. in Jahren) die einzige unabhängige, d.h. erklärende, Variable. Ein grundlegendes Problem bei der Ermittlung der Trendfunktion ist die Auswahl des in die Analyse einfließenden Zeitintervalls. Je nach Größe dieses Intervalls kann es zu stark unterschiedlichen Prognoseergebnissen kommen.

Box/Jenkins-(ARIMA)-Modelle gehen davon aus, daß den Zeitreihen stochastische Prozesse zugrunde liegen. Das bedeutet, daß jeder Zeitreihenwert y_1, y_2, ..., y_t, ..., y_{T-1}, y_T einer Wahrscheinlichkeitsverteilung folgt. Die stochastischen Prozesse, die einer Zeitreihe zugrunde liegen, können allerdings in der Regel nur näherungsweise bestimmt werden.

Zeitreihen können auf unterschiedlichen Arten von stochastischen Prozessen beruhen. Die erste Art von stochastischen Prozessen, die im Rahmen der Box/Jenkins-Modelle betrachtet werden, sind die sogenannten autoregressiven Prozesse (**AR-Prozesse**). Dabei ist die aktuelle Ausprägung y_t der Zeitreihe eine Funktion der Ausprägungen der Zeitreihe in den vergangenen p Perioden sowie einer Zufallsgröße ε_t (vgl. Hüttner 1986, S. 132):

$$y_t = \phi_1 y_{t-1} + \phi_2 y_{t-2} + \dots + \phi_p y_{t-p} + \varepsilon_t$$

mit

y_t: Zeitreihenwert zum Zeitpunkt t

ϕ_p: Autoregressiver Parameter für y_{t-p}

ε_t: Zufallsgröße in der Periode t

Ebenso wie das Verfahren der gleitenden Durchschnitte (1. Ordnung) setzt das AR-Modell die Stationarität der Zeitreihe voraus.

Man unterscheidet AR-Prozesse verschiedener Ordnung. Bei einem AR-Prozeß erster Ordnung, im folgenden als AR(1) bezeichnet, wird beispielsweise die aktuelle Ausprägung der Zeitreihe nur vom Zeitreihenwert der Vorperiode beeinflußt, d.h. alle autoregressiven Parameter für p > 1 sind gleich 0.

Die zweite Art von stochastischen Prozessen, die im Rahmen der Box/Jenkins-Modelle betrachtet werden, sind **Moving-Average-Prozesse (MA-Prozesse)**, bei denen sich die aktuelle Ausprägung y_t der Zeitreihe als gewichteter Durchschnitt der Zufallseinflüsse von q Vorperioden ergibt (vgl. Hüttner 1986, S. 133):

$$y_t = \varepsilon_t - \theta_1 \varepsilon_{t-1} - \theta_2 \varepsilon_{t-2} - \dots - \theta_q \varepsilon_{t-q}$$

mit

θ_q: Moving-Average Parameter für ε_{t-q}

ε_t: Zufallsgröße in der Periode t

Auch bei den MA-Modellen wird davon ausgegangen, daß die Zeitreihe stationär ist. Man unterscheidet MA-Prozesse unterschiedlicher Ordnung. Bei MA(1)-Prozessen wird die Ausprägung des Zeitreihenwertes y_t beipielsweise nur durch die Zufallsgröße der Vorperiode (t-1) beeinflußt.

AR(p)- und MA(q)-Prozesse können durch sogenannte ARMA(p,q)-Prozesse zusammengefaßt werden. Es gelten die Annahmen der AR- und MA-Modelle. Die
funktionale Beziehung in solch einem Modell kann durch folgende Gleichung beschrieben werden:

$$y_t = \phi_1 y_{t-1} + \phi_2 y_{t-2} + \ldots + \phi_p y_{t-p} + \varepsilon_t - \theta_1 \varepsilon_{t-1} - \theta_2 \varepsilon_{t-2} - \ldots - \theta_q \varepsilon_{t-q}$$

In der Praxis erweist sich insbesondere die Annahme der Stationarität als kritisch,
da viele Zeitreihen (z.B. Umsatzentwicklungen) einen Trend aufweisen. In diesem
Fall kann durch einfaches oder mehrfaches Bilden von Differenzen eine Zeitreihe
mit Trend in eine stationäre Zeitreihe umgewandelt werden. Diese Eigenschaft wird
bei **ARIMA(p, d, q)-Modellen** genutzt. Der Buchstabe „I" deutet an, daß es sich
bei ARIMA-Modellen um integrierte, also Differenzen einbeziehende Prozesse
handelt. Die Größe d gibt an, wie häufig die Differenzbildung erfolgen muß, um zu
einer stationären Zeitreihe zu gelangen.

Zur Modellidentifikation (d.h. Bestimmung der Parameter p, d und q) wurden verschiedene, z.T. iterative Ansätze vorgeschlagen, die in der Regel auf Autokorrelati-
onsanalysen des Datenmaterials beruhen (vgl. Hüttner 1986, S. 136ff.). In allgemeinen ARIMA(p, d, q)-Modellen treten nichtlineare Zusammenhänge auf. Daher
kann die Schätzung der Modelle nur durch iterative Algorithmen (z.B. Maximum-
Likelihood) erfolgen.

Formale Prognoseverfahren unterstellen, daß die in den Vergangenheitswerten der
Zeitreihe vorgefundenen Strukturen ohne weiteres auf die zukünftige Entwicklung
übertragbar sind. Existieren aber Einflußfaktoren, deren Ausprägungen die Werte
der zu prognostizierenden Zeitreihe stark beeinflussen (z.B. Preis und Werbemaß-
nahmen als Einflußgrößen des Absatzes eines Produkts), sind formale Verfahren
nicht mehr adäquat. Hier sind **kausale Prognoseverfahren** anzuwenden. Die Analyse solcher zeitabhängigen Abhängigkeitsstrukturen ist eines der wichtigsten The-
men der Ökonometrie. Zur Anwendung kommen hier u.a. die multiple lineare Regression sowie lineare Strukturgleichungsmodelle. Wir verweisen in diesem Zusammenhang auf Lehrbücher der Ökonometrie.

Im Hinblick auf die Eignung quantitativer Verfahrenstypen für die strategische Analyse sind Vorbehalte angebracht (vgl. z.B. Weßner 1988). Ihre Leistungsfähigkeit ist insbesondere durch die fehlende Möglichkeit zur Berücksichtigung starker Diskontinuitäten (z.B. neue Einflußfaktoren, die sich in der bisherigen Entwicklung der zu prognostizierenden Größe noch nicht niedergeschlagen haben) sowie durch die zwangsweise Beschränkung auf quantitative Prognoseobjekte eingeschränkt. Hier liegen entscheidende Vorteile qualitativer Ansätze.

Vor diesem Hintergrund kann es auch nicht überraschen, daß in der Unternehmenspraxis qualitative Prognoseverfahren am häufigsten zur Anwendung kommen - gefolgt von einfachsten formalen Prognoseverfahren (wie z.B. gleitende Durchschnitte und exponentielles Glätten). Eine Bewertung der verschiedenen Prognoseverfahren erfolgt in Aufgabe 4-1.

4.1.2 Szenario-Techniken

Ein kritischer Aspekt, den sowohl quantitative als auch qualitative Prognoseverfahren aufweisen, ist der Versuch, eine einzige Zukunftsentwicklung vorauszusagen. Im Gegensatz hierzu versuchen Szenario-Techniken, mehrere mögliche Zukunftsentwicklungen (Szenarien) aufzuzeigen und Aussagen über deren Eintrittswahrscheinlichkeiten abzuleiten. Szenario-Techniken stehen somit in enger Verwandtschaft zu Prognoseverfahren und werden in der Literatur auch häufig den qualitativen Prognoseverfahren zugerechnet, was jedoch den grundsätzlichen Unterschied zwischen den Zielsetzungen der beiden Methoden etwas verschleiert.

Als Szenarien bezeichnet man alternative Zukunftsbilder, die aus in sich widerspruchsfreien, logisch zusammenpassenden Annahmen bestehen, und die Beschreibung der Entwicklungen, die zu diesen Zukunftsbildern hinführen (vgl. von Reibnitz 1996). Die Denkweise bei der Erstellung von Szenarien verdeutlicht der in Abbildung 4-2 skizzierte Szenariotrichter (vgl. Geschka/Verhagen/Winckler-Ruß 1998). Die Entwicklung der nahen Zukunft ist durch die gegenwärtigen Gegebenheiten weitgehend festgelegt. Je weiter man sich von der Gegenwart entfernt, desto größer wird das Spektrum der möglichen Entwicklungen - es öffnet sich gewissermaßen wie ein Trichter. Durch Extrapolation eines zum jetzigen Zeitpunkt erkennbaren Trends gelangt man beispielsweise zu einem Szenario A. Störereignisse (Diskontinuitäten bzgl. wichtiger Umweltfaktoren) können diesen Trend (vorübergehend oder auch endgültig) außer Kraft setzen bzw. sogar ins Gegenteil umkehren (Szenarien A', A").

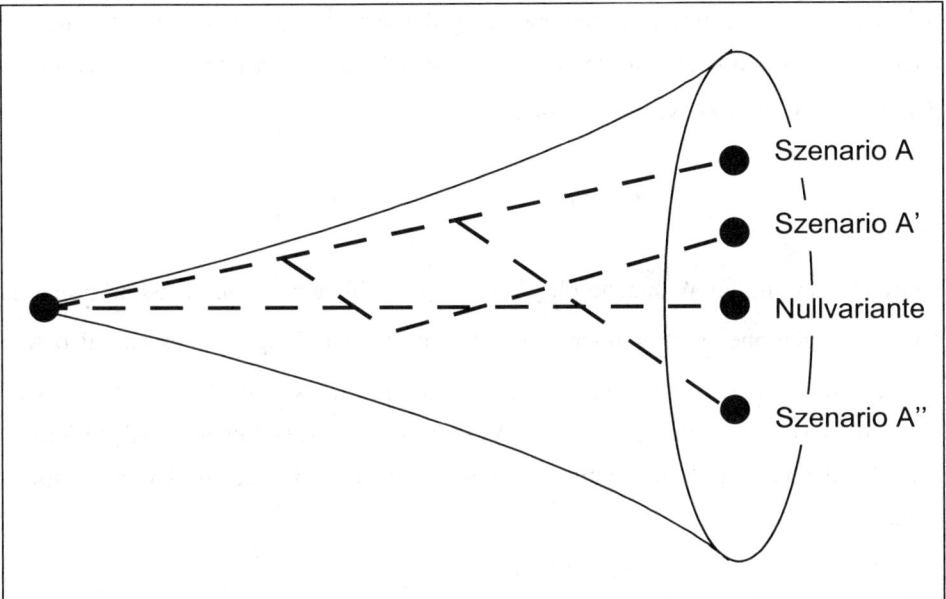

Abbildung 4-2: Der Szenariotrichter

Die Erstellung von Szenarien erfolgt in der Regel in den drei Schritten (vgl. Brauers/Weber 1986)

• Analyse,

• Formulierung von Entwicklungstendenzen und

• Synthese.

Die Analyse umfaßt neben der Eingrenzung und Strukturierung des Untersuchungsgegenstands im wesentlichen die Analyse des Umfelds: Nach der Identifikation der relevanten externen Einflußbereiche (z.B. Rohstoffversorgung, Arbeitsmarkt, Politik) werden für jeden dieser Einflußbereiche relevante Einflußfaktoren als Repräsentanten ausgewählt. Für diese Einflußfaktoren werden dann im zweiten Schritt mögliche Entwicklungen formuliert, und im dritten Schritt erfolgt durch Kombination dieser Entwicklungstendenzen die Erstellung von Szenarien sowie die

Ermittlung ihrer Eintrittswahrscheinlichkeiten. Bei der Durchführung der ersten beiden Schritte kommen insbesondere in der Analysephase verschiedene Kreativitätstechniken zur Anwendung. Der dritte Schritt ist dagegen ein wichtiges Anwendungsfeld für quantitative Modelle.

Sehr bekannt ist in diesem Zusammenhang der Ansatz der Cross-Impact-Analyse. Hier geht man von n Ereignissen e_i (i = 1,...,n) aus, die innerhalb des interessierenden Zeitraums mit der Wahrscheinlichkeit

$$p_i = P(e_i = 1)$$

eintreten und mit der Wahrscheinlichkeit 1 - p_i ausbleiben. Szenarien sind nun einfach Kombinationen eintretender und nichteintretender Ereignisse; es gibt also N = 2^n theoretisch mögliche Szenarien, die sich als n-dimensionale Vektoren von Nullen und Einsen darstellen lassen. Die Verfahren der Cross-Impact-Analyse liefern ausgehend von den Wahrscheinlichkeiten p_i und den bedingten Wahrscheinlichkeiten

$$p(i|j) = P(e_i = 1|e_j = 1)$$

(Wahrscheinlichkeit für das Eintreten von e_i unter der Bedingung, daß e_j eintritt) Eintrittswahrscheinlichkeiten für die N möglichen Szenarien. Eine kurze Darstellung der wichtigsten dieser Cross-Impact-Verfahren sowie weiterführende Literatur findet der Leser bei Brauers/Weber (1986). Häufig führen diese Ansätze zur Bestimmung von Szenariowahrscheinlichkeiten auf Modelle der linearen Optimierung.

Ein Nachteil der Cross-Impact-Verfahren ist darin zu sehen, daß der benötigte Dateninput (Wahrscheinlichkeiten und bedingte Wahrscheinlichkeiten) relativ umfangreich ist. Darüber hinaus haben empirische Untersuchungen von Moskowitz/ Wallenius (1984) ergeben, daß (abhängig von der Fragestellung) bis zu 50% aller Schätzungen dieser Wahrscheinlichkeiten elementaren Axiomen der Wahrscheinlichkeitstheorie widersprechen. Aufbauend auf diesen problematischen Aspekten haben Brauers/Weber (1986) eine Methode zur Erstellung von Szenarien vorgestellt, deren Dateninput deutlich geringer ist, da keine Schätzung für bedingte

Wahrscheinlichkeiten benötigt wird. Diese Methode bestimmt im ersten Schritt (mittels sogenannter Konsistenzzahlen) eine überschaubare Anzahl von in sich widerspruchsfreien Szenarien. Im zweiten Schritt werden Wahrscheinlichkeiten für diese Szenarien berechnet, wobei man sich der linearen Optimierung (vgl. Kapitel 13) bedient, und im dritten Schritt erfolgt mittels der Clusteranalyse (vgl. Büschken/von Thaden 1999) eine Reduktion auf (in der Regel) zwei bis vier Hauptszenarien.

Eine empirische Untersuchung von Linneman/Klein (1985) unter 405 Großunternehmen in den USA hat ergeben, daß knapp über 50% der Unternehmen Szenario-Techniken im Rahmen ihrer strategischen Planung anwenden. Besondere Bedeutung kommt dem Arbeiten mit alternativen Szenarien in solchen Branchen zu, deren strategisches Umfeld starken Diskontinuitäten ausgesetzt ist. Ein gutes Beispiele hierfür ist die Medien- und Telekommunikationsbranche.

Im Hinblick auf die Anwendung der alternativen Szenarien im Rahmen der Strategieentwicklung sind prinzipiell zwei Möglichkeiten denkbar (vgl. von Reibnitz 1996):

- Ableitung von Strategien für das gesamte Szenariobündel, indem gleichartige Probleme und Chancen in allen Szenarien ermittelt werden;
- Aufstellung einer Strategie für ein Leitszenario, die hinreichend flexibel im Hinblick auf die anderen Szenarien ist.

Alternative Szenarien sind auch im Rahmen der Strategieauswahl von Bedeutung (vgl. hierzu Kapitel 6). Die Auswahl einer von mehreren möglichen Strategievarianten ist bei Zugrundelegung mehrerer alternativer Szenarien ein Entscheidungsproblem bei Risiko, falls Wahrscheinlichkeiten für die Szenarien vorliegen, und eine Entscheidung bei Unsicherheit, falls solche Wahrscheinlichkeiten nicht gegeben sind. Die Anwendung entsprechender Entscheidungsmodelle auf die Strategieauswahl bei Vorliegen alternativer Szenarien wird in Beispiel 6-1 veranschaulicht.

4.2 Analyse der Mikroumwelt

Unter der Mikroumwelt des Unternehmens wollen wir die Abnehmer, die Wettbewerber und die Lieferanten zusammenfassen. Aus den vorgestellten Instrumenten
sticht das **Schema von Abell** hervor, da es ein Instrument ist, mit dem eine strategische Geschäftseinheit ihre Geschäftstätigkeit und damit letztlich ihre potentiellen
Abnehmer und Wettbewerber definieren kann. Die anderen Instrumente dagegen
setzen nach erfolgter Definition von Abnehmern, Wettbewerbern und Lieferanten
an. Dabei bezieht sich

- das **Modell der Wettbewerbsstruktur** auf Abnehmer, Wettbewerber und Lieferanten,
- das **Modell der strategischen Gruppen** auf Wettbewerber und
- die **Quantifizierung von Kundenzufriedenheit und Kundenloyalität** auf die
Abnehmer.

4.2.1 Das Schema von Abell

Das **Schema von Abell** (1980) ist ein recht hilfreiches Konzept zur Strukturierung
und Abgrenzung von gegenwärtigen und/oder zukünftigen Betätigungsfeldern eines
Unternehmens. Es thematisiert die grundsätzliche Frage nach dem Geschäft eines
Unternehmens bzw. einer SGE. Grundlage des Schemas sind die drei Dimensionen

- customer groups (Kundengruppen),
- customer function (Funktionserfüllung/Anwendung) und
- technologies (verwendbare Technologien und Produkte).

Im Kern geht es bei der Anwendung des Schemas um die Beantwortung von drei
Fragen:

- Welche Kundengruppen sollen bedient werden?
- Welche Bedürfnisse dieser Kundengruppen sollen befriedigt werden?
- Welche Produkte/Technologien sollen zur Befriedigung der Kundenbedürfnisse
verwendet werden?

Für jede dieser drei Dimensionen kann ein Geschäft eher eng oder eher weit gefaßt werden. Beispielsweise wurde 2000 im Zuge der Fusionsverhandlungen von Mannesmann und Vodafone diskutiert, ob sich das fusionierte Unternehmen bezüglich der Dimension "Technologie und Produkte" auf Mobilfunk beschränken und somit sein Geschäft eher eng fassen solle. Die Alternative bestand darin, Festnetztelefonie und Internetdienste ins Geschäft aufzunehmen (weit gefaßtes Geschäft). Analog läßt sich die Breite eines betriebenen Geschäfts auch für die anderen beiden Dimensionen bestimmen. Abbildung 4-3 zeigt die Anwendung des Schemas von Abell am Beispiel eines Telekommunikationsunternehmens.

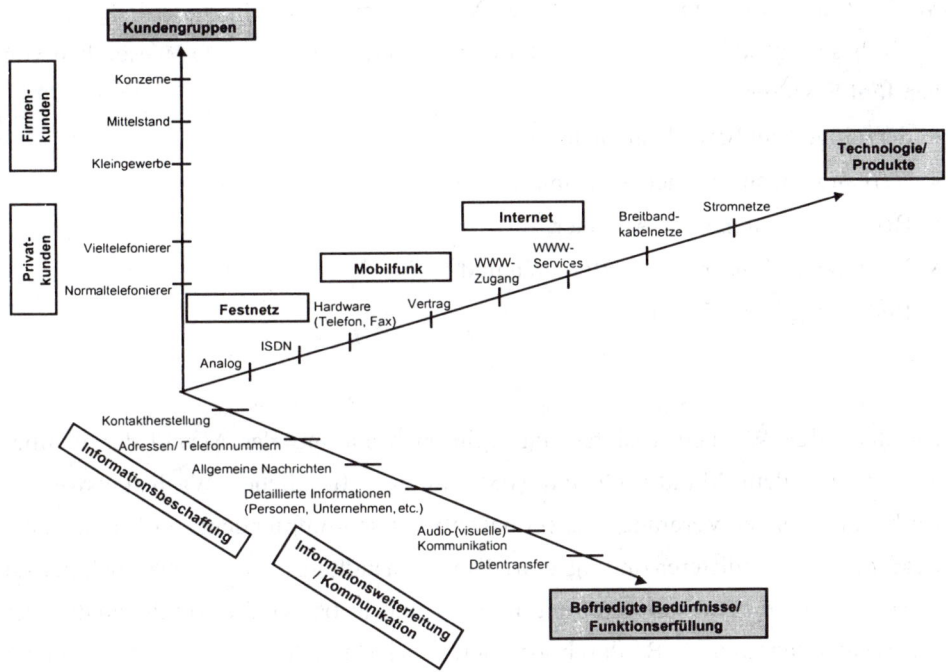

Abbildung 4-3: Das Schema von Abell am Beispiel eines Telekommunikationsunternehmens

Welche Breite für ein Unternehmen richtig ist, kann nur unter Berücksichtigung der Kunden, des Wettbewerbs und der eigenen Leistungsstärke beurteilt werden. Es ist jedoch zu konstatieren, daß insbesondere bezüglich der Dimension Technologien/ Produkte in der Unternehmenspraxis in der Regel zu eng gedacht wird. Beispielsweise werden Festnetzbetreiber nicht nur durch Mobilnetzbetreiber, sondern auch durch Anbieter von Fernsehkabelnetzen und Stromnetzen Konkurrenz bekommen. Einige Festnetzanbieter haben ihr Geschäft in der Vergangenheit zu eng gefaßt und sich zu spät um Allianzen auf den neuen Konkurrenzfeldern gekümmert.

4.2.2 Das Modell der Wettbewerbsstruktur

Das auf Porter (1980) zurückgehende Modell der Wettbewerbsstruktur ist ein Erklärungsansatz für die jetzige und zukünftige Intensität des Wettbewerbs auf einem Markt. Eine erweiterte Version dieses Modells ist in Abbildung 4-4 dargestellt. Nach diesem Modell hängt die Wettbewerbsstruktur eines Marktes wesentlich von den fünf Faktoren

- derzeitige Wettbewerbsintensität,
- Verhandlungsmacht der Abnehmer,
- Bedrohung durch neue Anbieter,
- Verhandlungsmacht der Lieferanten und
- Bedrohung durch Substitute

ab.

Die derzeitige Wettbewerbsintensität ergibt sich u.a. aus der Anzahl der Wettbewerber, aus dem Marktwachstum (Extremfälle: "friedlicher Wachstumswettbewerb", aggressiver Verdrängungswettbewerb auf schrumpfendem Markt), aus dem Grad der Produktdifferenzierung usw. Die Verhandlungsmacht der Abnehmer ist umso größer, je höher die Konzentration ist und je besser die Möglichkeiten der Rückwärtsintegration (z.B. durch Aufkauf eines Anbieters) wichtiger Abnehmer sind. Wie wahrscheinlich eine Verschärfung des Wettbewerbs durch neue Anbieter ist, hängt im wesentlichen davon ab, inwieweit der Markt durch Eintrittsbarrieren abgesichert ist. Die Verhandlungsmacht der Lieferanten ist primär eine Frage der Konzentration sowie der Möglichkeiten zur Vorwärtsintegration. Bedrohungen durch Substitute ergeben sich insbesondere dann, wenn Produkte/Dienstleistungen existieren, die eine ähnliche Anwendung und ein tendenziell günstigeres Preis/Leistungsverhältnis haben. Häufig ergeben sie sich auch als Resultat technologischer Entwicklungen.

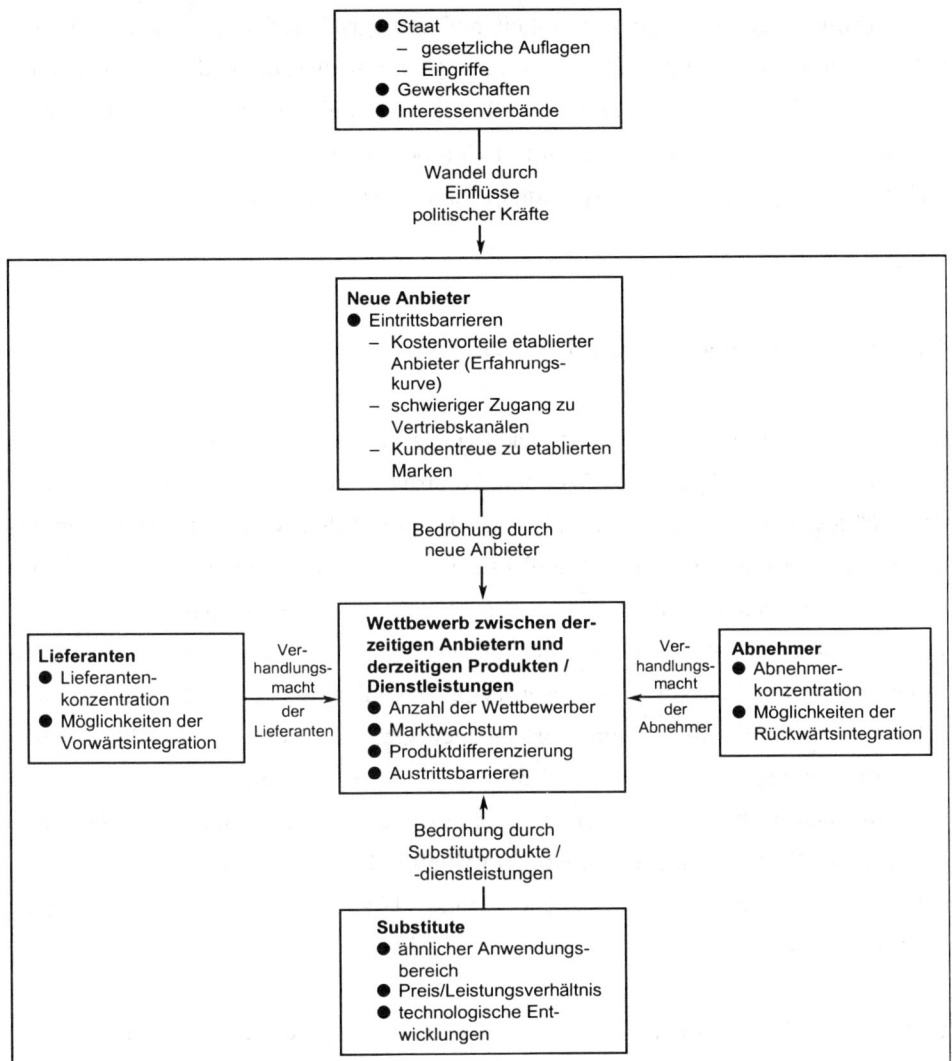

Abbildung 4-4: Modell der Wettbewerbsstruktur

Grundlegende Veränderungen der Wettbewerbsstruktur können sich darüber hinaus durch Einflüsse politischer Kräfte ergeben - ein Aspekt, der in der ursprünglichen Modellversion von Porter (1980) kaum berücksichtigt wird. Neben staatlichen Maßnahmen sind hier insbesondere Aktivitäten von Gewerkschaften und Interessenverbänden (z.B. Umweltschutzorganisationen) zu nennen.

Der wesentliche Vorteil des Modells liegt darin, daß es die Wettbewerbsanalyse nicht auf die derzeitigen Strukturen beschränkt, sondern weitere Basiskräfte einbezieht. Damit wird die Aufmerksamkeit auf strategisch relevante Fragestellungen gelenkt, die häufig zu kurz kommen. Aufbauend auf diesem Modell wurden branchenspezifische Simulationsmodelle, z.B. für die Stahlindustrie und die Petrochemie, entwickelt, die den Effekt der im Modell beschriebenen Wettbewerbskräfte auf die Entwicklung der Ertragsstruktur quantifizieren (vgl. Timmermann 1988).

4.2.3 Das Modell der strategischen Gruppen

Ein weiterer von Porter (1980) entwickelter Ansatz, der wesentlich zum verbesserten Verständnis der derzeitigen Wettbewerbsstruktur beitragen kann, ist das Modell der strategischen Gruppen (nicht zu verwechseln mit dem von Porter 1998 geprägten Begriff der Clusters, die sich auf lokale Kompetenzverbunde beziehen). Unter einer strategischen Gruppe versteht man in diesem Zusammenhang eine Gruppe von Unternehmen, die ähnliche Wettbewerbsstrategien verfolgen und ähnliche strategische Charakteristika aufweisen (vgl. Fiegenbaum/Thomas 1995). Das Modell entstand durch Anwendung vorhandenen Gedankengutes aus der klassischen Industrieökonomik. Letztere kann Profitabilitätsunterschiede zwischen verschiedenen Branchen erklären. Das Kernanliegen des Ansatzes der strategischen Gruppen ist dagegen die Erklärung dauerhafter Profitabilitätsunterschiede zwischen Unternehmen innerhalb einer Branche (vgl. Homburg/Simon 1995, Dranove/Peteraf/Shanley 1998).

Welche Kriterien zur Identifikation/Abgrenzung von strategischen Gruppen herangezogen werden, hängt im wesentlichen vom strategischen Kontext ab. Wichtig ist zum einen, daß die verwendeten Kriterien von entscheidender Bedeutung für die strategische Situation eines Wettbewerbers sind - man könnte von "strategischen Schlüsseldimensionen" sprechen -, und zum anderen, daß sie, bezogen auf die strategischen Gruppen, **Mobilitätsbarrieren** darstellen, so daß die strategische Gruppenstruktur eine gewisse Dauerhaftigkeit aufweist. Im Rahmen einer Übersichtsarbeit von Homburg/Sütterlin (1992) stellte sich heraus, daß Mobilitätsbarrieren sich insbesondere aus

- marktbezogenen Aspekten,
- Rahmenbedingungen der Wertschöpfung in der Branche und
- Strukturmerkmalen des einzelnen Unternehmens

ergeben. Tabelle 4-1 zeigt die wichtigsten Mobilitätsbarrieren in diesen Bereichen.

	Quellen von Mobilitätsbarrieren		
	Marketingbezogene Aspekte	Rahmenbedingungen der Wertschöpfung in der Branche	Strukturmerkmale des einzelnen Unternehmens
Beispiele für Mobilitätsbarrieren	• Breite/Struktur der Produktpalette • Anwendertechnologien • Marktsegmentierung • Vertriebskanäle • Markennamen	• Kostendegressionsmöglichkeiten (economies of scale) in den Bereichen – Fertigung – Marketing/Vertrieb – Verwaltung • Fertigungsverfahren • F&E-Know-how • Marketing- und Vertriebssystem	• Eigentumsverhältnisse • Organisationsstruktur • Management-Know how • Grad der Diversifikation • Grad der vertikalen Integration • Unternehmensgröße • Beziehungen zu Interessenverbänden

Tabelle 4-1: Beispiele für Mobilitätsbarrieren (nach Homburg/Sütterlin 1992)

Strategische Gruppen entstehen aus den unterschiedlichsten Gründen, wie den unterschiedlichen anfänglichen Stärken und Schwächen der Wettbewerber oder den ungleichen Zeitpunkten des Markteintritts. Sobald sich die Gruppen aber gebildet haben, ähneln sich die Unternehmen einer jeden strategischen Gruppe in mehrfacher Art und Weise: Neben ähnlichen Wettbewerbsstrategien werden sie von externen Ereignissen und Wettbewerbsmaßnahmen in nahezu gleicher Weise betroffen und somit zu ähnlichen Reaktionen veranlaßt.

Es empfiehlt sich, bei der Anwendung des Modells der Wettbewerbsstruktur (vgl. Abbildung 4-4) die strategische Gruppenstruktur zu berücksichtigen, da die aufgezeigten Determinanten des Wettbewerbs die einzelnen strategischen Gruppen unterschiedlich beeinflussen. Daher hängt auch das Ertragspotential eines Unternehmens von der strategischen Gruppe ab, zu der es gehört. Mit Hilfe des Modells der strategischen Gruppen kann man also versuchen, dauerhafte Unterschiede der Profitabilität verschiedener Wettbewerber zu erklären. Hierbei handelt es sich natürlich nur um ein partielles Erklärungsmodell, da die Profitabilität sich sicherlich nicht ausschließlich aus der Zugehörigkeit zu einer bestimmten strategischen Gruppe ergibt.

In der Regel stehen Unternehmen der gleichen strategischen Gruppe in sehr intensiver Konkurrenz zueinander. Im Rahmen dieses Intragruppen-Wettbewerbs werden häufig die einzelnen strategischen Parameter durch alle Wettbewerber ähnlich gestaltet. Die Intensität der Konkurrenz zwischen Wettbewerbern unterschiedlicher strategischer Gruppen (Intergruppen-Wettbewerb) hängt stark von der Marktinterdependenz unter den Gruppen ab, d.h. von dem Ausmaß, in dem sich ihre Zielkunden überschneiden (vgl. Houthoofd/Heene 1997).

Im Rahmen der Strategieformulierung sollten Ansatzpunkte gesucht werden, um die Intensität der Konkurrenzbeziehungen zu Unternehmen anderer strategischer Gruppen zu verringern; dies kann z.B. durch eine geschickte Produktdifferenzierung erreicht werden. Ist dieser Intergruppen-Wettbewerb dennoch sehr intensiv, so sollte die Strategie Aussagen darüber enthalten, mit welchen Mitteln man den unterschiedlichen strategischen Gruppen entgegentreten wird. Zu berücksichtigen ist bei der Strategieformulierung auch, daß die Reaktionen der Wettbewerber auf diese Strategie und ggf. die Anwendung von Gegenstrategien für Wettbewerber der gleichen strategischen Gruppe wahrscheinlich in sehr ähnlicher Weise erfolgen werden.

Beispiel 4-2

Die Aussagekraft des dargestellten Ansatzes soll anhand eines kleinen, deskriptiven Beispiels veranschaulicht werden. Es wird eine Branche der deutschen Maschinenbauindustrie untersucht. Wichtigste Mobilitätsbarrieren sind in dieser Branche die Breite der Produktpalette sowie die Fertigungstiefe. Im Zusammenhang mit der Fertigungstiefe ist insbesondere zwischen Herstellern und Monteurunternehmen zu unterscheiden. Letztere agieren am Markt in ähnlicher Weise wie Händler. Sie verfügen nicht über eigene Fertigungseinrichtungen, wohl aber über Montagekapazitäten zur Realisierung kundenspezifischer Anpassungen an zugekauften Produkten. Im Zusammenhang mit Herstellern ist weiter zu differenzieren zwischen solchen Unternehmen, die eine Basistechnologie im Hause haben und solchen Unternehmen, die nicht über eine Basistechnologie verfügen.

| Wettbe-
werber | Breite der
Produkt-
palette | Fertigungstiefe | | | Umsatz-
volumen
(in Mio. DM) | Rentabilität |
		Hersteller mit Basistech- nologie	Hersteller ohne Basis- technologie	Monteur- unter- nehmen		
A	sehr eng	X			90	+
B	breit bis sehr breit			X	30	+
C	mittel	X			50	0/-
D	sehr breit	X			110	-
E	mittel			X	60	0
F	eng	X			75	+/0
G	sehr breit			X	80	+
H	eng		X		40	+
I	breit		X		55	-
J	mittel		X		40	-

Obige Tabelle zeigt die relevanten Daten für die zehn wichtigsten Wettbewerber der Branche. Zusätzlich zur Breite der Produktpalette und zur Fertigungstiefe sind auch Angaben zum Umsatzvolumen (inflationsbereinigter
Durchschnitt der letzten drei Jahre) und zur Rentabilität (approximative Angaben in Form von +, 0 bzw. -) gemacht. Die strategische Gruppenstruktur
dieser Branche, die sich anhand der beiden Mobilitätsbarrieren ergibt, ist in
der folgenden Abbildung dargestellt. Man erkennt im wesentlichen vier strategische Gruppen:

- Monteurunternehmen mit breiter bis sehr breiter Produktpalette
(Gruppe 1),
- Hersteller mit breiter bis sehr breiter Produktpalette (Gruppe 2),
- Hersteller mit Produktpalette mittlerer Breite (Gruppe 3) und
- Hersteller mit enger bis sehr enger Produktpalette (Gruppe 4).

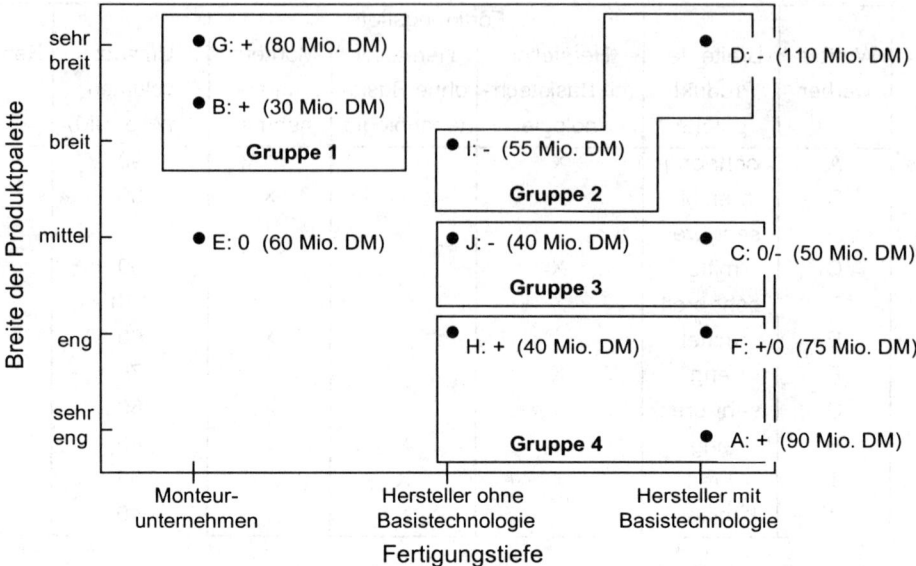

Die unterschiedlichen Rentabilitätssituationen in den strategischen Gruppen zeigen deutlich, daß es im wesentlichen zwei Wettbewerbsstrategien gibt, die in dieser Branche zur Sicherung einer profitablen Position geeignet sind: Entweder man agiert als Monteurunternehmen mit relativ breiter Produktpalette (Gruppe 1), oder die Marktbearbeitung erfolgt mittels einer recht eng eingegrenzten Produktpalette aus eigener Fertigung (Gruppe 4). Hersteller, die diese Fokussierung nicht aufweisen (Gruppen 2 und 3), sind offensichtlich kaum in der Lage, ein zufriedenstellendes Ergebnis zu erwirtschaften.

Diese Aussage gilt unabhängig davon, ob eine Basistechnologie im Hause verfügbar ist (Unternehmen C und D) oder nicht (Unternehmen I und J). Auch das Umsatzvolumen scheint für die strategische Situation und insbesondere das Gewinnpotential der einzelnen Wettbewerber in dieser Branche allenfalls eine untergeordnete Rolle zu spielen.

Das vereinfacht dargestellte und rein deskriptive Beispiel 4-2 sollte dem Leser einen ersten Eindruck von der Aussagekraft des Modells der strategischen Gruppen vermittelt haben (vgl. hierzu auch Homburg 1992a). Dieser Aussagekraft stehen allerdings methodische Probleme gegenüber (vgl. hierzu Dranove/Peteraf/Shanley 1998). Die zentrale Frage ist, welche Variablen zur Bildung strategischer Gruppen herangezogen werden sollen, denn unterschiedliche Variablenkonstellationen liefern in der Regel unterschiedliche strategische Gruppen. Die naheliegende (und häufig empfohlene) Vorgehensweise, die Wettbewerber mehrere Male mit jeweils wechselnden Variablenkonstellationen zu untersuchen, löst das Problem offensichtlich nicht. Vielmehr erfordert eine methodisch fundierte Identifikation strategischer Gruppen die Anwendung multivariater Datenanalyseverfahren (insbesondere Clusteranalyse, Mehrdimensionale Skalierung und Diskriminanzanalyse). Die Anwendung der Clusteranalyse im Rahmen der strategischen Gruppenanalyse wird in Aufgabe 4-3 veranschaulicht.

4.2.4 Quantifizierung von Kundenzufriedenheit und Kundenloyalität

Es ist heute allgemein anerkannt, daß Kundenorientierung ein zentraler Erfolgsfaktor für Unternehmen ist (vgl. Homburg 1998 und die dort verzeichnete Literatur). Der **Kundenanalyse** kommt daher im Rahmen der Analyse der strategischen Ausgangssituation eine große Bedeutung zu. Eine vollständige Darstellung des Instrumentariums zur Kundenanalyse würde allerdings den Rahmen dieses Buches sprengen. Wir verweisen hierfür auf die Fachliteratur (z.B. Homburg/Werner 1998) und wollen uns in diesem Werk auf zwei unter strategischen Aspekten zentrale Gesichtspunkte, die Quantifizierung von Kundenzufriedenheit und Kundenloyalität, konzentrieren.

Unter **Kundenzufriedenheit** verstehen wir nach Homburg/Giering/Hentschel (1999, S. 177) „die kognitive und affektive Evaluierung der gesamten Erfahrungen mit einem bestimmten Anbieter und dessen Produkten." Unter **Kundenloyalität** verstehen wir sowohl das bisherige als auch das beabsichtigte (Zusatz-) Kauf- und Weiterempfehlungsverhalten (vgl. Homburg/Giering/Hentschel 1999).

Die **Erfolgsauswirkungen** von Kundenzufriedenheit und Kundenloyalität sind vielfach nachgewiesen worden (vgl. Homburg/Giering/Menon 1999). Zufriedene Kunden sind loyaler, und loyale Kunden sind profitabler. Wesentliche Gründe hierfür sind:

- eine höhere Wiederkaufsrate von Kunden, die vertraut und zufrieden mit den Leistungen des Anbieters sind,

- niedrigere Marketing- und Vertriebskosten, die zur Koordination eingespielter Kundenbeziehungen notwendig sind,

- geringere Preisempfindlichkeit von Stammkunden im Vergleich zu Neukunden sowie

- positive Mund-zu-Mund Propaganda zufriedener und loyaler Kunden.

Um Kundenzufriedenheit und Kundenloyalität managen zu können, ist es nötig, sie zu quantifizieren. Denn nur meßbare Größen können in das Führungssystem des Unternehmens integriert werden. Immer mehr Unternehmen streben beispielsweise an, die Vergütung ihrer Führungskräfte mit der Zufriedenheit der Kunden zu verknüpfen (vgl. Homburg/Jensen 2000).

Eine Messung von Kundenzufriedenheit und Kundenloyalität läuft üblicherweise in folgenden **Schritten** ab:
1. Festlegung des allgemeinen Meßansatzes und der Zielgruppe
2. Festlegung der Befragungsinhalte
3. Festlegung der Stichprobe und der Form der Befragung
4. Pretest und ggf. Modifikation der Befragungskonzeption
5. Datenerhebung
6. Datenanalyse.
Wir wollen für die Zwecke dieses Buches marktforscherische Details (vgl. Homburg/Werner 1999) und theoretische Aspekte (vgl. Homburg/Rudolph 1998) außen vor lassen und hier nur die Datenanalyse sowie die für deren Verständnis notwendigen Grundlagen ausführen.

Bei der Festlegung der Befragungsinhalte empfiehlt sich die Unterscheidung zwischen Leistungsparametern und Leistungskriterien. **Leistungsparameter** sind die generellen Anknüpfungspunkte des Unternehmens mit den Kunden, die den Gesamteindruck bilden. Für ein Industriegüterunternehmen sind dies beispielsweise die Bereiche Produkte, Dokumentation/Information, Auftragsabwicklung/Lieferung, Vertrieb/Kundenbetreuung und Technischer Service. Die **Leistungskriterien** wiederum sind konkrete Merkmale, die jedem Leistungsparameter zugeordnet sind. Bei einem Industriegüterunternehmen kann sich der Parameter Dokumentation/Information beispielsweise in die Kriterien Regelmäßigkeit, Aufmachung, Verständlichkeit und Vollständigkeit der Informationen unterteilen. Aus den Leistungskriterien leiten sich in der Regel die einzelnen Fragen der Kundenzufriedenheitsmessung her.

Die Festlegung der Befragungsinhalte mündet somit in eine hierarchische Struktur, wie sie am Beispiel einer Bank in Abbildung 4-5 gezeigt wird. An der Spitze stehen die Gesamtzufriedenheit und die Loyalität, die ebenfalls über Kriterien operationalisiert werden.

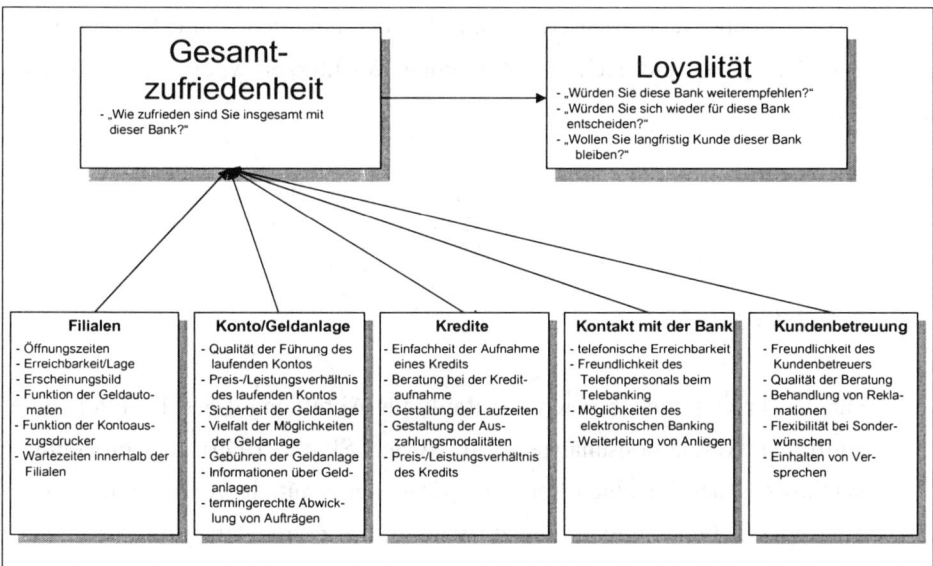

Abbildung 4-5:   Hierarchischer Aufbau der Kundenzufriedenheit am Beispiel der Privatkunden einer Bank (nach Homburg/Werner 1998)

Die Zufriedenheit wird im Rahmen der Befragung üblicherweise auf einer Schulnotenskala von 1 bis 6 gemessen. Um die Ergebnisse anschaulicher zu machen, empfiehlt sich vor der Datenanalyse die **Transformation** auf eine Skala von 100 bis 0 (100 entspricht 1, 80 entspricht 2 usw.).

Die **Datenanalyse** sollte dann top-down ablaufen, beginnend mit der Gesamtzufriedenheit über die Zufriedenheit mit Leistungsparametern bis zur Zufriedenheit
mit den detaillierten Leistungskriterien. Die Kriterien werden dabei durch Mittel-
wertbildung auf die Gesamtzufriedenheit bzw. die Parameter verdichtet.

Durch den Einsatz multivariater dependenzanalytischer Verfahren, wie der Kausalanalyse (vgl. Hildebrandt/Homburg 1998), läßt sich zusätzlich zur Höhe der Zufriedenheit auf Parameter- und Kriterienebene auch deren **Wichtigkeit** ermitteln. In
den meisten Fällen beeinflussen nämlich einige Leistungsparameter die Gesamtzufriedenheit stärker als andere. Hat man beispielsweise t Leistungsparameter und
bezeichnet man den (standardisierten) Einfluß eines Parameters auf die Gesamtzufriedenheit mit β_i, so ergibt sich die prozentuale Wichtigkeit w_i eines Leistungspa-
rameters als

$$w_i = \frac{\beta_i}{\sum\limits_{i=1}^{t} \beta_i}.$$

Beispiel 4-3

Für den Privatkundenbereich der Bank aus Abbildung 4-5 soll mittels einer
multiplen Regressionsanalyse (vgl. Albers/Skiera 1999) die prozentuale
Wichtigkeit der einzelnen Leistungsparameter ermittelt werden. Hierzu wird
die folgende Gleichung geschätzt (wobei x_i die Zufriedenheit mit Parameter i
und y die Gesamtzufriedenheit bezeichnet):

$$y = b_0 + b_1 \cdot x_1 + b_2 \cdot x_2 + b_3 \cdot x_3 + b_4 \cdot x_4 + b_5 \cdot x_5$$

Das folgende Diagramm gibt die standardisierten Regressionskoeffizienten
(β) für jeden Leistungsparameter an.

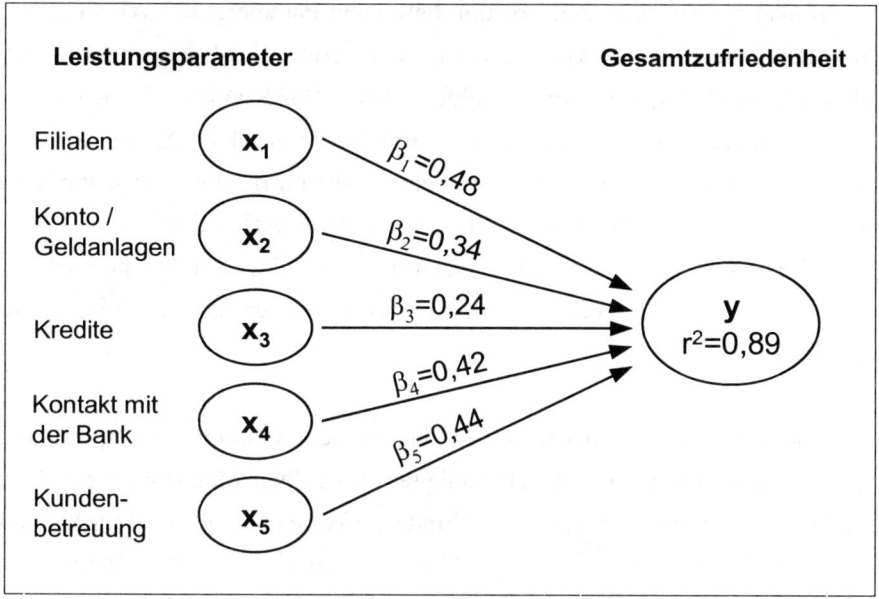

Die Leistungsparameter erklären zusammen 89% der Varianz der Gesamtzufriedenheit. Angesichts dieses recht hohen Erklärungsgehalts wollen wir die
unerklärte Varianz bei der Berechnung der Wichtigkeit vernachlässigen. Die
Wichtigkeit der einzelnen Parameter ergibt sich zu:

Leistungsparameter	$\overline{x}_i$	β_i	Wichtigkeit (in %)
Filialen	64	0,48	25%
Konto/Geldanlage	92	0,34	17,7%
Kredite	67	0,24	12,5%
Kontakt mit der Bank	76	0,42	21,9%
Kundenbetreuung	87	0,44	22,9%
		$\Sigma=1,92$	$\Sigma=100\%$

Die drei Parameter, die sich im weitesten Sinne auf den Kundenkontakt beziehen, sind für die Zufriedenheit also wichtiger als die beiden Parameter,
die sich im weitesten Sinne auf Bankprodukte beziehen. Gleichzeitig zeigt
sich, daß die wichtigsten Parameter nicht gleichzeitig die mit den höchsten
Zufriedenheitswerten sind.

Stellt man die Zufriedenheitsposition bei einem Parameter der Wichtigkeit des Parameters gegenüber, so ergibt sich ein interessantes Analyseinstrument: das **Kundenzufriedenheitsprofil** (vgl. Abbildung 4-6a). Das Kundenzufriedenheitsprofil ist ein zweidimensionales Koordinatensystem, dessen vertikale Achse die Wichtigkeit der einzelnen Parameter wiedergibt, während die horizontale Achse die Kundenzufriedenheit mit dem Parameter erfaßt. Die vertikale Achse der Matrix ist so zu skalieren, daß die Trennlinie für t Parameter bei (100% / t) liegt. Die horizontale Achse ist so zu skalieren, daß die Mitte ein durchschnittliches Zufriedenheitsniveau kennzeichnet.

Aus dem Kundenzufriedenheitsprofil lassen sich **strategische Implikationen** für die einzelnen Leistungsparameter ableiten. So sollten Maßnahmen zur Leistungsverbesserung vor allem auf hohe Kundenzufriedenheit bei wichtigen Parametern abstellen. Unterstellt man, daß ein Unternehmen nicht bei allen Parametern überdurchschnittlich gute Leistungen erbringen kann, wäre eine niedrige Kundenzufriedenheit bei unwichtigen Parametern akzeptabel. Insofern ergibt sich für das Kundenzufriedenheitsprofil ein Idealbereich, der von unten links nach oben rechts verläuft. In Abbildung 4-6b ist das Kundenzufriedenheitsprofil für die Bank aus Beispiel 4-3 eingezeichnet.

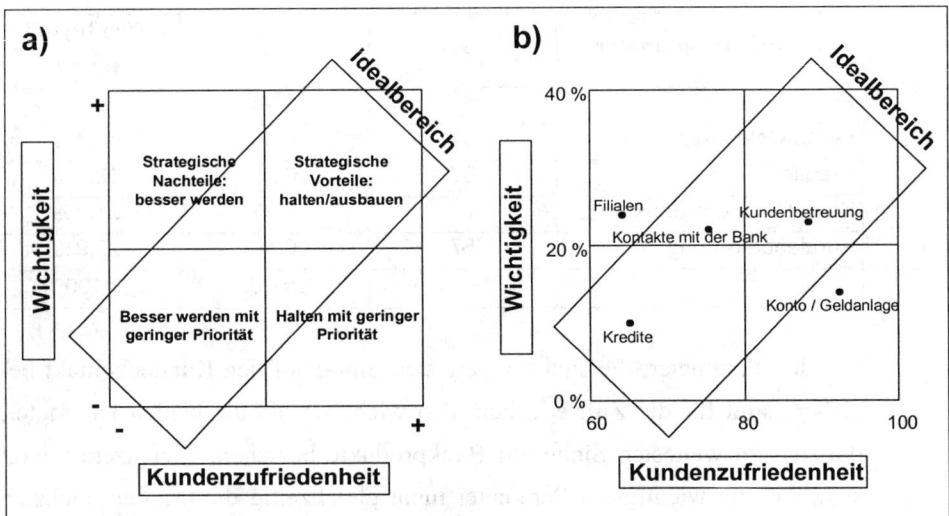

Abbildung 4-6: Das Kundenzufriedenheitsprofil

4.3 Analyse des Unternehmens

Im Rahmen der Analyse des Unternehmens geht es darum, Schwachstellen, aber auch Quellen potentieller Wettbewerbsvorteile in verschiedenen Unternehmensbereichen zu identifizieren. Stellvertretend für eine Vielzahl möglicher Instrumente werden hier vorgestellt:

- die Wertkettenanalyse und

- das Benchmarking.

4.3.1 Wertkettenanalyse

Die Wertkettenanalyse geht ebenfalls auf Porter (1980) zurück. Ihr Anspruch ist es, Quellen potentieller Wettbewerbsvorteile in einzelnen Unternehmensaktivitäten sowie an den Schnittstellen zu anderen Unternehmen zu bestimmen. Darüber hinaus sollen Handlungsempfehlungen zum Auf- und Ausbau dieser Vorteile abgeleitet werden.

Grundidee der Wertkettenanalyse ist, das **Unternehmen als Kombination von wertschöpfenden Aktivitäten** zu betrachten. Dabei wird unterstellt, daß jede dieser Aktivitäten das Potential besitzt, entweder einen Beitrag zur Verbesserung der Kostensituation des Unternehmens zu leisten oder die Basis für einen Differenzierungsvorteil zu bilden. Innerhalb des Wertkettenmodells werden die Aktivitäten in primäre und unterstützende Aktivitäten untergliedert. Zusätzlich wird die Gewinnspanne erfaßt, die sich aus der Differenz zwischen dem geschaffenen Wert und den anfallenden Kosten ergibt (vgl. Abbildung 4-7).

Die **primären Aktivitäten** bilden im wesentlichen den physischen Durchlauf der zu erstellenden Leistungen durch das Unternehmen ab. Diese Aktivitäten dienen letztlich der Versorgung des Marktes mit Produkten oder Dienstleistungen. Zu diesen Aktivitäten zählen bspw. die Eingangslogistik, die Produktion, der Vertrieb oder der Kundenservice.

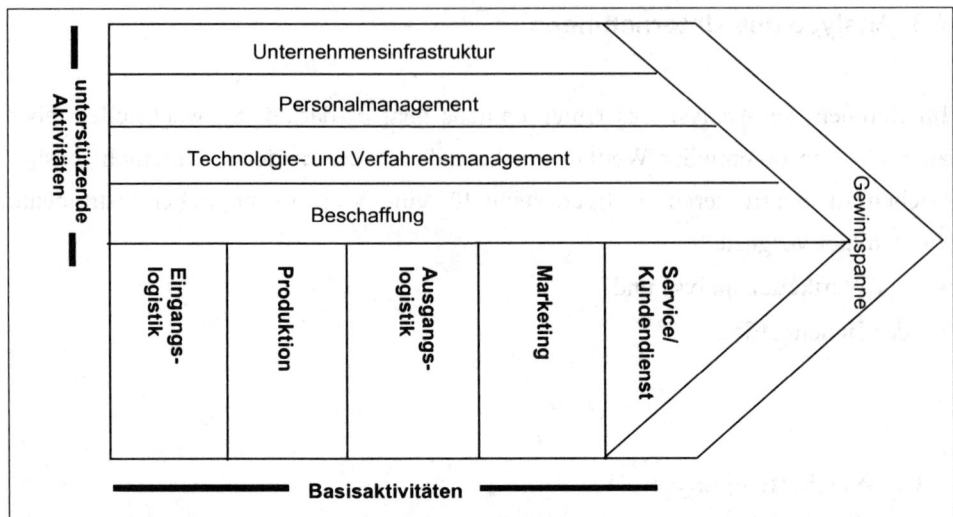

Abbildung 4-7: Wertschöpfungskette nach Porter

Die **unterstützenden Aktivitäten** hängen dagegen nicht unmittelbar mit dem physischen Durchlauf der Leistungen zusammen. Sie dienen der Versorgung des Unternehmens mit Leistungen, die zur Erfüllung der primären Unternehmensfunktionen notwendig sind. Porter definiert diese Aktivitäten nicht klassisch betriebswirtschaftlich, sondern deutlich weiter: So umfaßt die Beschaffung neben dem Einkauf von Roh-, Hilfs-, und Betriebsstoffen auch die Beschaffung von Personal oder marktbezogenen Informationen. Zur Unternehmensinfrastruktur werden u.a. auch die strategische Planung, das Rechnungswesen und die Finanzierung gerechnet.

Im Rahmen der Wertkettenanalyse werden einzelne Aktivitäten dahingehend untersucht, ob sie dem Kunden entweder einen Zusatznutzen bieten oder ob sie durch ihren hohen Gesamtkostenanteil einen beträchtlichen Einfluß auf die Kostenposition des Unternehmens ausüben. Auf diese Weise läßt sich die Wertkettenanalyse zur Systematisierung von Daten nutzen, die z.B. im Rahmen einer klassischen Make-or-Buy-Entscheidung relevant sind. Beispielsweise sollten Aktivitäten mit hohem und nur schwer reduzierbarem Kostenanteil unter Umständen durch **Outsourcing** an externe Dienstleister ausgelagert werden, falls dem hohen Kostenanteil nur ein geringer Wertschöpfungsbeitrag gegenübersteht.

Neben dieser rein internen Betrachtung spielt die Betrachtung der Verknüpfungen mit den Wertketten von Lieferanten und Abnehmern eine wesentliche Rolle bei der

Aufdeckung von Rationalisierungspotentialen an den Unternehmensschnittstellen. Die Idee ist hierbei, daß ein Unternehmen möglichst effizient in das umgebende **Wertsystem** eingegliedert sein sollte. Ein bekanntes Beispiel für diesen Anwendungsbereich ist die Optimierung der Schnittstellen zwischen Herstellern, Logistikdienstleistern und dem Handel im Zuge des **Efficient Consumer Response (ECR)**. Ein Kernbestandteil des ECR ist die Realisierung von Kostensenkungspotentialen durch die elektronische Abwicklung von Informations- und Zahlungsmittelströmen zwischen den Unternehmen. Dies soll zur Vermeidung von aufwendigen Mehrfacherfassungen von Daten führen. Weitere Einsparungen lassen sich durch die Reduktion von Lagerbeständen realisieren, indem der Handel durch sog. Quick Response-Systeme nachfragesynchron beliefert wird (vgl. von der Heydt 1999, Homburg/Grandinger/Krohmer 1999).

Um Aussagen über das Wettbewerbspotential einzelner Aktivitäten treffen zu können, müssen die Wertketten der Wettbewerber ermittelt und mit der eigenen Wertkette verglichen werden. Stärken bzw. Schwächen können sich insbesondere dort ergeben, wo sich die Wertschöpfung oder die Kostenstrukturen der Branchenmitglieder deutlich unterscheiden. Dies ist allerdings in der Regel mit einem großen Aufwand für die Informationsbeschaffung verbunden und setzt umfangreiche Kenntnisse über die internen Strukturen der Wettbewerber voraus. Die **Hauptschwierigkeiten** bei der Gewinnung dieser Kenntnisse liegen häufig in der

- mangelnden Vergleichbarkeit von Kostenrechnungsdaten zwischen den betrachteten Unternehmen,
- der Auswahl und Abgrenzung der zu untersuchenden Aktivitäten und
- der Bestimmung und Zurechnung der Wertschöpfung zu einzelnen Aktivitäten.

Trotz dieser Probleme ermöglicht die Wertkettenanalyse eine geordnete und strukturierte Übersicht über die Stärken und Schwächen eines Unternehmens, wobei der Kundennutzen stets in den Mittelpunkt der Betrachtung gerückt wird.

4.3.2 Benchmarking

Ein weiterer Ansatz zur Erfassung der relativen Stärken oder Schwächen eines Unternehmens wird seit einigen Jahren unter dem Begriff des Benchmarking diskutiert. Unter Benchmarking verstehen wir die gezielte und umfassende Suche nach Vergleichsgrößen und Richtwerten („Benchmarks"), die repräsentativ für die besten Verfahren („Best Practices") zur Realisierung bestimmter Vorhaben sind. Diese Best Practices können konkrete Ansatzpunkte für Leistungsverbesserungen im eigenen Unternehmen aufzeigen. Sie können sowohl branchenspezifische als auch branchenübergreifende Gültigkeit haben.

Nach der Art des Vergleichsobjektes wollen wir folgende **Arten des Benchmarking** unterscheiden:
- Beim internen Benchmarking werden als Vergleichsobjekte dezentrale Abteilungen desselben Unternehmens herangezogen, die im wesentlichen gleiche oder ähnliche Funktionen erfüllen.
- Beim externen Benchmarking können als Vergleichobjekte direkte Konkurrenten, nicht direkt konkurrierende Unternehmen innerhalb der Branche sowie Unternehmen außerhalb der Branche genutzt werden.

Untersuchungsobjekte sind in der Regel nicht einzelne Produkte, sondern vor allem Prozesse und Methoden in sämtlichen Funktionsbereichen des Unternehmens. Wichtige **Vergleichsgrößen** können hierbei z.B. Kosten, Qualität, zeitliche Dauer oder Kundenzufriedenheit sein.

Da es für die Durchführung von Benchmarking-Analysen kein Standardmuster gibt, soll ein möglicher Projektablauf am **Beispiel** eines Automobilherstellers vorgestellt werden (vgl. Jentner 1998). Ziel des Projektes war die drastische Verkürzung der PKW-Auftragsabwicklungs- bzw. Lieferzeiten sowie die Reduzierung der Lagerbestände. Das Projekt lief im wesentlichen in sechs Phasen ab (vgl. Abbildung 4-8).

Benchmarking-Partner waren in diesem Fall Unternehmen aus anderen Branchen, die bzgl. der interessierenden Prozesse als vorbildlich eingestuft wurden. Dieses branchenübergreifende Vorgehen ist in der Praxis aber selten anzutreffen. Trotzdem ist es durchaus vorteilhaft, weil branchenfremde Unternehmen eher bereit sein werden, im Rahmen von gemeinsamen Benchmarking-Projekten Daten auszutauschen (vgl. Homburg/Werner/Englisch 1997).

Die Benchmarking-Idee ist nicht grundlegend neu, da viele Fragestellungen schon seit längerem im Zusammenhang mit Verfahren der klassischen Wettbewerbsanalyse behandelt werden. Dennoch stellt dieser Ansatz einen nützlichen Denkanstoß für die Suche nach Verbesserungspotentialen dar. Da aber keine Standardverfahren für die Durchführung eines Benchmarking-Projektes existieren, ist der Erfolg einer solchen Untersuchung in hohem Maße von den analytischen Fähigkeiten und der Kreativität der Mitglieder des Projektteams abhängig.

Phase 1: Festlegung des Gegenstandsbereichs des Benchmarking
1. Festlegung der Untersuchungseinheiten und der zu erhebenden Daten
(durchschnittliche Prozeßdauer bei der Auftragsabwicklung, Gesamtaufträge/-verkaufsstückzahl pro Jahr, spätestmöglicher Termin für Auftragsänderungen aufgrund von Kundenwünschen vor Beginn der Produktion, durchschnittliche Lagerdauer und durchschnittlicher Lagerwert)
2. Wahl der Benchmarking-Partner
(internationale Hersteller von EDV-Anlagen, Meßtechnik, Klein-Elektrogeräten und Haushaltselektronik)

Phase 2: Erhebung der relevanten Daten
(durch persönliche Gespräche mit Mitarbeitern der Vergleichsunternehmen)

Phase 3: Vergleich der Kennzahlen

Phase 4: Analyse der Erfolgsgründe überlegener Prozesse
Ermittelte Best Practices der Vergleichsunternehmen:
Schnelle, elektronische Auftragsübermittlung vom Point Of Sale zur Produktionsstätte, keine Fertigung ohne Kundenauftrag (zur Vermeidung von hohen Lagerbeständen bei Fertigprodukten), modularer Produktaufbau zur Steigerung der Flexibilität bei der Berücksichtigung von Änderungswünschen, Nutzung von Just-in-time-Logistik (zur Vermeidung hoher Lagerbestände bei Zwischenprodukten), Nutzung hochflexibler Arbeitszeitmodelle

Phase 5: Definition der Soll-Prozesse auf Basis der identifizierten Best Practices

Phase 6: Umsetzung und Kontrolle der Maßnahmen
(Restrukturierung der Wertkette, Einführung vernetzter EDV-Systeme und Entwicklung neuer, modularer Produktkonzepte)

Abbildung 4-8:   Beispiel für einen Benchmarking-Prozeß (nach Jentner 1998)

4.4 Die SWOT-Analyse als integrativer Ansatz

Abschließend soll mit der **SWOT-Analyse** (analysis of strengths, weaknesses, opportunities and threats) ein Instrument vorgestellt werden, das die oben vorgestellten Analysen der Makroumwelt, der Mikroumwelt und des Unternehmens integriert. SWOT-Analysen sind in der Unternehmenspraxis sehr weit verbreitet.

Im Rahmen der SWOT-Analyse werden zunächst die Ergebnisse der Umweltanalysen in Chancen und Risiken strukturiert. Sodann werden die Ergebnisse der Unternehmensanalyse in Stärken und Schwächen getrennt (vgl. Piercy 1992, Sudharshan 1995). Maßgeblich für die Bewertung der Stärken und Schwächen sollte dabei die Sicht der Kunden sein. Im einem letzten Schritt werden die Stärken und Schwächen den Chancen und Risiken gegenübergestellt.

Auf Basis dieser Bestandsaufnahme kann dann eine strukturierte Entwicklung von Strategien stattfinden. Insofern stellt die SWOT-Analyse sowohl ein Instrument der Situationsanalyse als auch ein Instrument der Strategieformulierung (vgl. Kapitel 5) dar. Die SWOT-Analyse kann drei **Arten von Strategien** implizieren:

- Matching-Strategien,
- Umwandlungs-/Neutralisations-Strategien und
- Kreative Strategien.

Matching-Strategien können aus einer **Stärke** und einer **dazu passenden Chance** abgeleitet werden. Dazu muß vorher untersucht werden, ob es Chancen gibt, die gut zu einer Stärke passen. Eine Strategie ergibt sich aus der Überlegung, wie die Stärke im Hinblick auf die Chance umgesetzt werden kann.

Die Berücksichtigung von Schwächen und Risiken erfolgt in der Form von **Umwandlungs-/Neutralisations-Strategien**. Dazu werden Strategien formuliert, die Schwächen in Stärken umwandeln oder zumindest neutralisieren können. Gleiches gilt für Risiken, die sich entweder durch Strategien in Chancen umwandeln oder neutralisieren lassen. Das Prinzip zur Ableitung von Strategien ist in Abbildung 4-9 dargestellt.

Ein großer Vorteil der SWOT-Analyse ist ihre Einfachheit und Strukturiertheit. Die Analyse von Stärken, Schwächen, Chancen und Risiken kann durch Checklisten unterstützt werden. Die Schwäche des Ansatzes liegt darin, daß keinerlei Leitlinien gegeben werden, wie anschließend die strategischen Stoßrichtungen abzuleiten sind. Insofern ist die SWOT-Analyse in erster Linie zur Zusammenfassung der vorausgegangenen Analyseschritte hilfreich; für sich allein genommen, bringt sie dem Anwender eher einen beschränkten Nutzen.

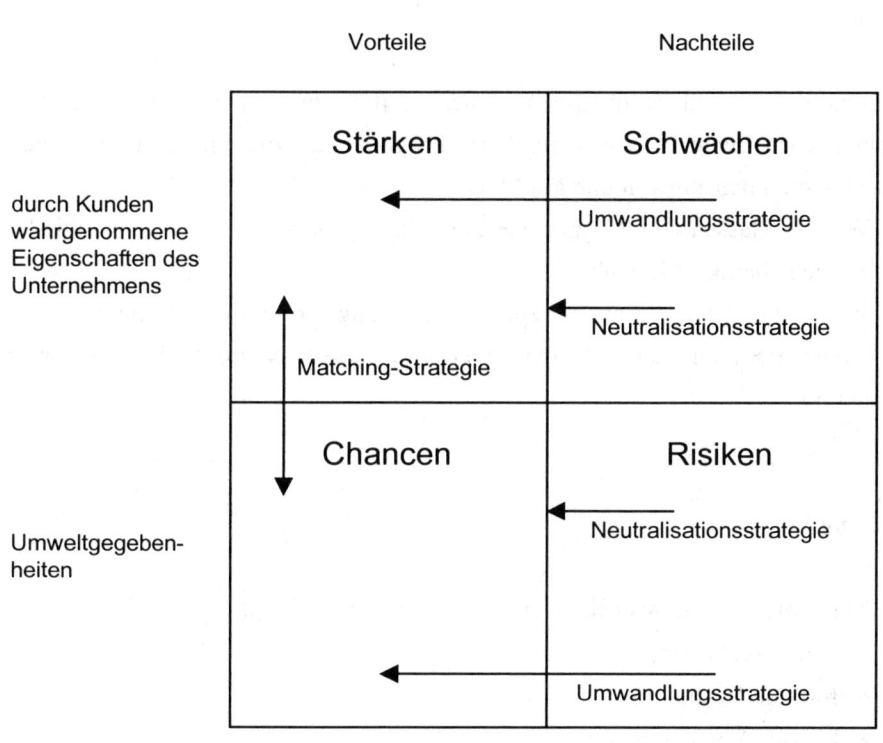

Abbildung 4-9: Strategieentwicklung mit der SWOT-Analyse (in Anlehnung an Piercy 1992, S. 260)

4.5 Übungsaufgaben zu Kapitel 4

Die Aufgabe 4-1 befaßt sich mit der Bewertung von verschiedenen Prognoseverfahren zur Analyse der strategischen Ausgangssituation. Aufgabe 4-2 liefert ein Beispiel zu den Methoden der gleitenden Durchschnitte und des exponentiellen Glättens. Die Durchführung einer Clusteranalyse im Rahmen des Konzeptes der strategischen Gruppen ist Inhalt der Aufgabe 4-3.

Aufgabe 4-1

Wesentliche Grundlage für die Absicherung der langfristigen Ziele innerhalb der strategischen Planung ist eine fundierte Prognose der zukünftigen Entwicklung in der Unternehmensumwelt und am Markt.

a) Welche Klassen von Prognoseverfahren kann man unterscheiden und wie lassen sie sich charakterisieren?

b) Werten Sie diese Verfahren bzgl. ihrer Eignung für die strategische Planung.

c) Grenzen Sie qualitative Prognoseverfahren und Szenario-Techniken voneinander ab.

Lösung

a) Man unterscheidet vier Klassen von Prognoseverfahren:
   - naive Verfahren,
   - formale Verfahren,
   - kausale Verfahren und
   - qualitative Verfahren.

Während bei naiven Verfahren die Prognose für die nächste Periode ausschließlich auf dem entsprechenden Wert der Vorperiode beruht (evtl. unter Berücksichtigung einer Zuwachsrate), berücksichtigen formale Verfahren i.a. mehrere Vorperioden und leiten aus diesen mit Hilfe einer Prognosefunktion Prognosewerte ab. Bei Anwendung eines solchen Verfahrens spielt die unterstellte Struktur der zugrunde liegenden Zeitreihe (Trendkomponente, zyklische bzw.

saisonale Schwankungen) eine entscheidende Rolle. Kausale Verfahren berücksichtigen nicht nur Vergangenheitswerte der zu prognostizierenden Größe, sondern beziehen auch entsprechende Werte von Einflußfaktoren in die Ermittlung der Prognosewerte ein. Bei qualitativen Verfahren werden Einschätzungen und Erfahrungen von Experten zur Ableitung von Prognosen herangezogen. Bekannt ist in diesem Zusammenhang die Delphi-Methode.

b) Während naive, formale und kausale Verfahren auf quantitative Informationen und Einflüsse beschränkt sind, können qualitative Verfahren alle Arten von Einflüssen berücksichtigen. Ein weiterer Nachteil quantitativer Verfahren ist darin zu sehen, daß sie nur sehr beschränkt dazu in der Lage sind, sich andeutende starke Diskontinuitäten adäquat zu berücksichtigen.

Insgesamt erweisen sich also qualitative Verfahren als deutlich geeigneter für die strategische Planung. Quantitative Verfahren sind dagegen eher für kurzfristige Prognosen anwendbar, die sich auf numerische Größen beziehen.

c) Im Gegensatz zu Prognoseverfahren traditioneller Prägung werden bei Szenario-Techniken mehrere mögliche Zukunftsentwicklungen aufgezeigt und die daraus resultierenden Folgen abgeschätzt. Den Szenario-Techniken liegt die Erfahrung zugrunde, daß die Möglichkeiten unterschiedlicher Entwicklungen zunehmen, je weiter man sich in die Zukunft bewegt. Die Methodik zur Erarbeitung von Szenarien weist häufig Ähnlichkeiten mit der Vorgehensweise im Rahmen qualitativer Prognoseverfahren auf. Dennoch ist es aufgrund der unterschiedlichen Zielsetzungen (ein Zukunftsbild bzw. mehrere Zukunftsbilder) nicht gerechtfertigt, Szenario-Techniken den qualitativen Prognoseverfahren zuzuordnen, wie es in der Literatur gelegentlich getan wird.

Aufgabe 4-2

Die Absatzentwicklung eines Produkts (Stückzahlen) läßt sich durch die folgende Zeitreihe beschreiben.

t	1	2	3	4	5	6	7	8
y_t	990	1030	1125	1050	1010	890	970	1025

a) Glätten Sie diese Zeitreihe mit Hilfe des Verfahrens der gleitenden Durchschnitte ($q = 2$, $\hat{y}_1 = y_1$, $\hat{y}_2 = y_2$).

b) Wenden Sie auf die Zeitreihe das exponentielle Glätten erster Ordnung an ($\hat{y}_1 = y_1$; Version 1: $\alpha = 0{,}3$; Version 2: $\alpha = 0{,}7$).

c) Welche Prognosewerte für die Periode $t = 9$ liefern die drei Verfahren?

d) Zur Beurteilung der Anpassungsgüte der drei geglätteten Zeitreihen soll die Größe

$$\delta_y = \sum_{i=1}^{8} \frac{|y_t - \hat{y}_t|}{y_t}$$

herangezogen werden. Ermitteln Sie jeweils den Wert dieser Größe.

e) Stellen Sie die Absatzzeitreihe, die drei geglätteten Zeitreihen sowie die jeweils für $t = 9$ prognostizierten Werte graphisch dar.

Lösung

a) Das Verfahren der gleitenden Durchschnitte (mit $q = 2$) ermittelt geglättete Werte auf der Basis der Gleichung

$$\hat{y}_{t+1} = \frac{1}{2} \sum_{i=t-1}^{t} y_i \, .$$

Es ergibt sich die folgende geglättete Zeitreihe:

t	1	2	3	4	5	6	7	8
$\hat{y}_t$	990	1030	1010	1077,5	1087,5	1030	950	930

b) Ausgehend von der Gleichung

$$\hat{y}_{t+1} = \alpha y_t + (1-\alpha)\hat{y}_t$$

ergeben sich folgende Werte:

t	1	2	3	4	5	6	7	8
$\hat{y}_t$, Vers. 1	990	990	1002	1039	1042	1032	989	983
$\hat{y}_t$, Vers. 2	990	990	1018	1093	1063	1026	931	958

c) Für t = 9 ermitteln wir die nachstehenden Prognosewerte:

- Für das Verfahren der gleitenden Durchschnitte ist

$$\hat{y}_9 = 1/2(y_7 + y_8) = 997,5 \ .$$

- Das exponentielle Glätten liefert für $\alpha = 0,3$

$$\hat{y}_9 = 0,3 \cdot y_8 + 0,7 \cdot \hat{y}_8 = 995,6$$

und für $\alpha = 0,7$

$$\hat{y}_9 = 0,7 \cdot y_8 + 0,3 \cdot \hat{y}_8 = 1004,9 \ .$$

d) Die Berechnung der δ_y-Werte ist im folgenden Tableau dargestellt. Die beste Übereinstimmung mit den ursprünglichen Werten (d.h. der geringste δ_y-Wert) ergibt sich für das exponentielle Glätten gemäß Version 1.

t	3	4	5	6	7	8	δ_y
$\dfrac{\|y_t - \hat{y}_t\|}{y_t}$							
Gleitende Durchschnitte	0,102	0,026	0,077	0,157	0,02	0,093	0,476
Exponentielles Glätten							
- Version 1	0,109	0,010	0,032	0,160	0,020	0,041	0,372
- Version 2	0,095	0,041	0,052	0,153	0,040	0,065	0,446

e)

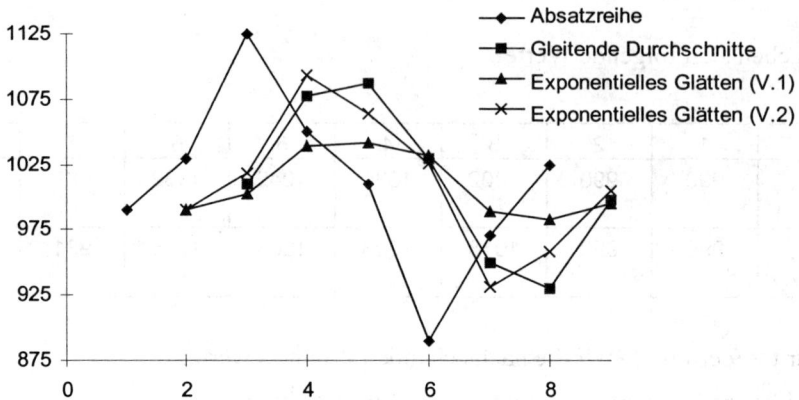

Aufgabe 4-3

In einer Branche sind im wesentlichen sechs Unternehmen (A,...,F) tätig, die in direktem Wettbewerb miteinander stehen. Zur Erarbeitung einer differenzierten Wettbewerbsstrategie möchte Unternehmen A das Konzept der strategischen Gruppen heranziehen. Die Marktforschungsabteilung wird mit der Durchführung beauftragt.

Ausgangspunkt der Analyse ist die Erfüllung der zentralen Erfolgsfaktoren durch die einzelnen Wettbewerber. In einem ersten Schritt werden die strategischen Erfolgsfaktoren am Markt ermittelt und gewichtet:

- Preis   (0,40),
- Qualität   (0,35),
- Internationalität   (0,15) und
- Anzahl der Vertriebspartner   (0,10) .

Anschließend werden die sechs Unternehmen bzgl. dieser Faktoren bewertet, wobei man eine Normierung auf einer Ordinalskala von 1 bis 7 vornimmt (1 = sehr gering, 7 = sehr hoch). Das Ergebnis entnimmt man folgender Matrix:

	Preis	Qualität	Internationalität	Vertriebspartner
A	6	4	1	5
B	2	5	6	2
C	5	3	7	7
D	6	2	4	4
E	1	1	4	3
F	7	4	5	5

Mit Hilfe einer Clusteranalyse soll untersucht werden, ob tatsächlich strategische Gruppen existieren. Dabei wird eine hierarchische Clusteranalyse unter Verwendung der Single-Linkage-Distanz (vgl. zu Vorgehensweise und Notation auch Opitz 1980) benutzt, d.h. ausgehend von sechs Gruppen (= sechs Unternehmen $\sigma_1,...,\sigma_6$) $K_1,...,K_6$ werden diejenigen zwei Gruppen zusammengefaßt, deren Heterogenität bewertet durch

$$v(K_{j_1}, K_{j_2}) = \min\{d_{i_1\,i_2}\} \qquad \sigma_{i_1} \,\varepsilon\, K_{j_1}$$
$$\sigma_{i_2} \,\varepsilon\, K_{j_2}$$

minimal ist. Im nachfolgenden Schritt wird dasselbe mit der um eine Gruppe verminderten Struktur wiederholt. Ausgangspunkt der Clusteranalyse ist die Distanzmatrix $D=(d_{ij})$, $(i=1,...,6$ und $j=1,...,6)$ der sechs Unternehmen, die gemäß der Regel

$$d_{ij} = \sum_{k=1}^{4} p_k \left| a_{ik} - a_{jk} \right|$$

ermittelt wird. Hierbei bezeichnet p_k die Gewichtung des Erfolgsfaktors k ($k=1,...,4$), und a_{ik} die Bewertung des Unternehmens i bzgl. des Erfolgsfaktors k.

a) Führen Sie die entsprechende Clusteranalyse durch. Wieviele strategische Gruppen sind erkennbar?

b) Welche strategischen Implikationen ergeben sich für Unternehmen A?

Lösung

a) Die Distanzmatrix der sechs Unternehmen A,...,F ergibt sich wie folgt:

d_{ij}	A	B	C	D	E	F
A	0	3	1,85	1,25	3,7	1
B		0	2,55	3,15	2,2	2,8
C			0	1,5	3,15	1,65
D				0	2,45	1,35
E					0	3,8
F						0

Die einzelnen Schritte der hierarchischen Clusteranalyse sind im folgenden dargestellt.

1. Schritt: $\min\{d_{ij}\}_{i\neq j} = d_{AF} = 1$, d.h.

$$K^1 = \{\{A,F\}, B,C,D,E\}$$

v^1	{A, F}	B	C	D	E
{A, F}	0	2,8	1,65	1,25	3,7
B		0	2,55	3,15	2,2
C			0	1,5	3,15
D				0	2,45
E					0

2. Schritt: $\min\{v^1(K_i,K_j)\}_{i\neq j} = v^1(\{A,F\},D) = 1,25$, d.h.

$$K^2 = \{\{A,D,F\}, B,C,E\}$$

v^2	{A, D, F}	B	C	E
{A, D, F}	0	2,8	1,5	2,45
B		0	2,55	2,2
C			0	3,15
E				0

3. Schritt: $\min\{v^2(K_i,K_j)\}_{i\neq j} = v^2(\{A,D,F\}, C) = 1,5,$ d.h.

$$K^3 = \{\{A,C,D,F\}, B,E\}$$

v^3	{A, C, D, F}	B	E
{A, C, D, F}	0	2,55	2,45
B		0	2,2
E			0

4. Schritt: $\min\{v^3(K_i, K_j)\}_{i\neq j} = v^3(B,E) = 2,2,$ d.h.

$$K^4 = \{\{A,C,D,F\}, \{B,E\}\}$$

v^4	{A, C, D, F}	{B,E}
{A, C, D, F}	0	2,45
{B,E}		0

5. Schritt: $K^5 = \{\{A,B,C,D,E,F\}\}$

Mit Hilfe eines Dendrogramms (vgl. hierzu Opitz 1980) läßt sich die Folge der Klassenbildung veranschaulichen:

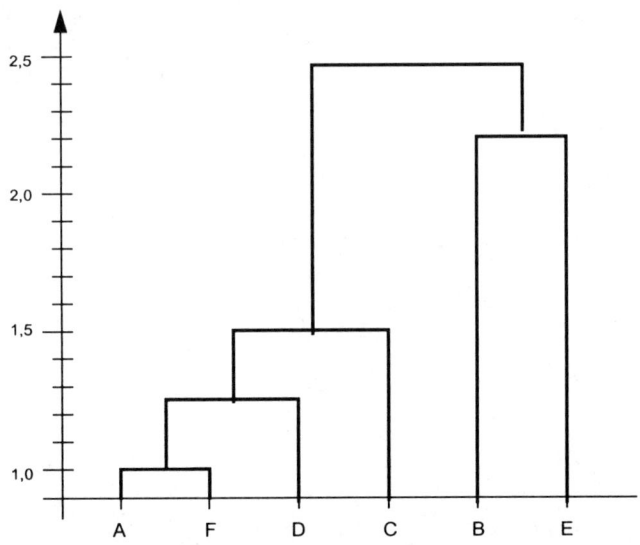

Offensichtlich ist eine Bildung von drei strategischen Gruppen sinnvoll:

1. Gruppe: A,C,D,F   Anbieter mit ausgewogenem Preis/Leistungsverhältnis
                      und breiter Marktabdeckung durch zahlreiche Vertriebs-
                      partner
2. Gruppe: B   Preisbrecher
3. Gruppe: E   LowQuality/LowPrice

b) Unternehmen A befindet sich in einer strategischen Gruppe mit Unternehmen C, D und F, wobei Unternehmen F als am ehesten vergleichbar angesehen wird. Gegenüber diesem Unternehmen hat man den Nachteil geringerer Internationalität. Andererseits besitzt man keinen entscheidenden Vorteil zu C, D oder F, so daß man sich kaum stark und eindeutig differenzieren kann. Die erheblichen Qualitätsvorteile gegenüber Unternehmen E sollte man zur Durchsetzung der eigenen Preise ausspielen. Die größte Gefahr droht A (und auch den anderen Unternehmen in Gruppe 1) durch Unternehmen B, das die höchste Qualität bei einem relativ niedrigen Preis anbietet. Es ist unbedingt zu untersuchen, ob Unternehmen B derzeit unter Selbstkosten verkauft oder ob deutliche Kostenvorteile diese Niedrigpreisstrategie bei hoher Qualität auf Dauer ermöglichen.

4.6 Literatur zu Kapitel 4

Checklisten für den Informationsbedarf für strategische Entscheidungen findet der Leser in Hinterhuber (1980), Aaker (1998), Meffert (1988), Hammer (1992), Jain (1993), Kreikebaum (1997) und Steinmann/Schreyögg (1997).

Im Zusammenhang mit der Rolle von Prognoseverfahren in der strategischen Planung empfehlen wir die Arbeiten von Brockhoff (1977), Wilde (1981, 1982) und Weßner (1988). Methodisch orientierte Darstellungen von (insbesondere quantitativen) Prognoseverfahren findet der Leser u.a. bei Box/Jenkins (1970), Makridakis/Wheelwright (1978), Mertens (1978), Schlittgen/Streitberg (1984) und Hüttner (1986).

Als Einführung in das Arbeiten mit Szenarien empfehlen wir Von Reibnitz (1996); anschauliche Darstellungen von Beispielen aus der Unterneh-menspraxis findet der Leser bei von Ilsemann (1980) und Leemhuis (1985). Im Hinblick auf die Anwendung quantitativer Ansätze im Rahmen von Szenario-Techniken ist die Arbeit von Brauers/Weber (1986) interessant. Empirische Erkenntnisse bzgl. der Anwendung von Szenarien in Großunternehmen findet man bei Linneman/Klein (1985).

Das Modell der Wettbewerbsstruktur erläutern und diskutieren u.a. Porter (1980, 1986), Jain (1993), Henzler (1988a), Meffert (1988, S. 38ff.) und Timmermann (1988). Ausführungen zum Modell der strategischen Gruppen finden sich u.a. bei Dess/Davis (1980), Porter (1980, 1986), McGee/Thomas (1986), Thomas/Venkatraman (1988), Mascarenhas/Aaker (1989), Homburg (1992a) sowie Homburg/Sütterlin (1992).

Mit Messung und Management von Kundenzufriedenheit und Kundenloyalität befassen sich die Werke von Bruhn/Homburg (1999), Homburg/Werner (1998) und Simon/Homburg (1997). Der Zusammenhang zwischen Kundenzufriedenheit und Kundenloyalität wird von Homburg/Giering (1999) untersucht. Einen Überblick über den Stand der Forschung zur Kundenorientierung gibt Homburg (1998).

5 Strategieformulierung

Dieses Kapitel behandelt Modelle, die bei der Strategieformulierung eingesetzt werden können. Die Strategieformulierung basiert auf den im Rahmen der Analyse der Ausgangssituation (vgl. Kapitel 4) erhobenen quantitativen und qualitativen Informationen.

Die Ansätze zur Strategieformulierung lassen sich aufgrund ihrer Struktur in
- qualitativ und
- quantitativ orientierte

Ansätze unterteilen. Die **qualitativ orientierten Ansätze** zeichnen sich durch eine kreative Suche nach strategischen Schlüsselideen aus, wobei die derzeitige Situation nicht im Vordergrund steht. Hierzu gehören Kreativitätstechniken, strategische Kataloge und das strategische Spielbrett von McKinsey. Einen Überblick zu diesen Ansätzen findet man bei Schlicksupp (1988) und Trux/Müller/Kirsch (1989).

Auf die **quantitativ orientierten Ansätze** soll im folgenden ausführlicher eingegangen werden. Das bekannteste Konzept zur Unterstützung der Strategieformulierung sind die Portfolio-Modelle, die wir in Abschnitt 5.1 behandeln. SPACE (Strategic Position and Action Evaluation), ein verallgemeinerter Portfolio-Ansatz, ist Gegenstand von Abschnitt 5.2.

Es soll an dieser Stelle darauf hingewiesen werden, daß die in diesem Kapitel vorgestellten Ansätze die Strategieformulierung lediglich unterstützen sollen und keinesfalls eine fundierte qualitative Analyse der strategisch relevanten Gegebenheiten ersetzen können. Die mit Hilfe der Modelle gewonnenen Aussagen sind situationsspezifisch zu konkretisieren und zu ergänzen.

5.1 Portfolio-Modelle

5.1.1 Einführung zum Portfolio-Konzept

Der Ausdruck "Portfolio" ist aus dem finanzwirtschaftlichen Bereich (Wertpapier-Portefeuille) abgeleitet. Das Problem der Streuung von Investitionen in Wertpapier-anlagen (Markowitz hat den Begriff Portfolioselektion geprägt; vgl. Kapitel 10) weist eine gewisse Ähnlichkeit mit dem Problem der Ressourcenallokation in di-versifizierten Unternehmen auf.

Ausgangspunkt für die Entwicklung der Portfolio-Modelle war die in den sechziger Jahren stark zunehmende Diversifikation amerikanischer Großunternehmen. Das in diesem Zusammenhang aufkommende Profit Center-Konzept erwies sich zwar zur Abwicklung des Tagesgeschäfts als geeignet, auf die strategisch relevante Frage nach sinnvollen Prioritäten bei der Ressourcenallokation konnte es jedoch keine zufriedenstellenden Antworten geben. Vor diesem Hintergrund wurde gegen Ende der sechziger Jahre das Portfolio-Konzept entwickelt. Ziel war es, der Unterneh-mensleitung ein Instrument zur Verfügung zu stellen, mit dessen Hilfe die grund-sätzlichen strategischen Zielsetzungen der einzelnen Geschäftseinheiten sowie die daraus resultierenden Prioritäten bei der Ressourcenallokation auf objektive Weise und losgelöst von kurzfristigen Erfolgsgrößen bestimmt werden konnten.

Grundgedanke des Portfolio-Konzepts ist es, Geschäftseinheiten in einem zweidi-mensionalen Koordinatensystem zu positionieren, dessen eine (zumeist die hori-zontale) Achse sich auf einen (oder mehrere zusammengefaßte) unternehmens-spezifische(n) Faktor(en) bezieht, während die andere Achse durch einen oder meh-rere externe(n) Faktor(en) bestimmt ist. Die "klassische" Version der Portfo-lio-Analyse ist das Marktwachstums/Marktanteils-Portfolio. Hier ist die unterneh-mensbezogene Größe der relative Marktanteil, und das Marktwachstum ist der ex-terne Faktor.

Wir stellen dieses Modell in Abschnitt 5.1.2 vor. Von den mittlerweile zahllosen anderen Portfolio-Modellen werden die beiden wichtigsten in den Abschnitten 5.1.3 bzw. 5.1.4 behandelt. Es folgt ein Überblick über weitere Versionen der Portfolio-

Analyse sowie eine kritische Beurteilung des gesamten Konzepts (Abschnitt 5.1.5). Schließlich stellt Abschnitt 5.1.6 die Vorteils-Matrix vor. Dieses neuere Modell wird häufig als "Portfolio-Ansatz der zweiten Generation" bezeichnet.

5.1.2 Das Marktwachstums/Marktanteils-Portfolio

Im Rahmen dieses Portfolio-Modells - es handelt sich um das "klassische" Portfolio - wird als unternehmensspezifische Größe der relative Marktanteil herangezogen (definiert als Verhältnis des eigenen Marktanteils zum Marktanteil des größten Wettbewerbers). Der berücksichtigte unternehmensexterne Faktor ist das Marktwachstum.

Der Messung der eigenen Marktposition mit Hilfe des relativen Marktanteils liegt im wesentlichen das Erfahrungskurvenmodell (vgl. Abschnitt 3.2) zugrunde. Nach diesem Konzept impliziert ein hoher Marktanteil (bzw. das damit verbundene hohe kumulierte Volumen) ein beträchtliches Kostensenkungspotential, dessen Realisierung deutliche Kostenvorteile gegenüber Konkurrenten mit kleinerem Marktanteil ermöglicht. Auch die aus dem PIMS-Projekt (vgl. Abschnitt 3.1) gewonnene Aussage, daß eine positive Relation zwischen dem relativen Marktanteil (dort allerdings definiert als Verhältnis des eigenen Marktanteils zur Summe der Marktanteile der drei größten Wettbewerber) und der Profitabilität einer SGE besteht, kann zur Begründung der zentralen Rolle des relativen Marktanteils in diesem Portfolio herangezogen werden. Die Beurteilung eines Markts anhand seiner Wachstumsrate basiert im wesentlichen auf dem Modell des Marktlebenszyklus (vgl. Abschnitt 3.3): Unterstellen wir seine Gültigkeit, so ist das Marktwachstum ein geeigneter Indikator für die Lebenszyklusphase, in der sich ein Markt befindet, und somit ein sinnvolles Kriterium zur Beurteilung seiner Attraktivität.

Wir kommen nun zur formalen Struktur des Portfolios: Die Skala der vertikalen Achse ist linear, die der horizontalen Achse (in Anlehnung an die Erfahrungskurve, vgl. Abbildung 3-3) logarithmisch. Eine vertikale und eine horizontale Trennlinie zerlegen das Portfolio in vier Felder. Die vertikale Trennlinie liegt in der Regel bei einem relativen Marktanteil von 1, der nur vom Marktführer überschritten wird. SGEs mit einem relativen Marktanteil zwischen 1 und 1,5 werden durch eine weitere Hilfslinie besonders hervorgehoben. Ihnen sollte im Rahmen der strategischen Überlegungen erhöhte Aufmerksamkeit zukommen, da ihre relativ schwache Marktführerschaft schnell in Gefahr kommen kann. Allgemeingültige Kriterien zur Lokalisierung der horizontalen Trennlinie existieren nicht. Denkbar sind z.B.

- ein durchschnittliches Branchenwachstum (falls alle betrachteten SGEs zur gleichen Branche gehören),

- das Wachstum des Bruttosozialprodukts (falls SGEs unterschiedlicher Branchen betrachtet werden) oder auch

- das Wachstumsziel eines Konzerns, so daß diejenigen SGEs, die positiv zur Erreichung dieses Ziels beitragen, von denen abgegrenzt werden, deren Wachstum unterhalb der Zielgröße liegt.

Der in Abbildung 5-1 gewählte Wert von 5 % ist willkürlich festgelegt.

Die Erfassung der einzelnen SGEs in diesem Portfolio erfolgt in der Regel in Form von Kreisen, deren Durchmesser proportional zum derzeitigen Umsatz der jeweiligen SGE ist. Auf diese Weise erhält man für jede SGE eine Zuordnung zu einem der vier in Abbildung 5-1 dargestellten Bereiche. Die daraus resultierenden strategischen Empfehlungen sollen im folgenden kurz aufgezeigt werden.

- **Stars** (SGEs mit dominantem Marktanteil bei hohem Marktwachstum) sind zumeist sehr profitabel, erfordern aber bedeutende Investitionen, wenn die starke Position auf dem schnell wachsenden Markt gehalten (bzw. sogar noch ausgebaut) werden soll. Der Netto-Cash-Flow dieser Einheiten ist deshalb in der Regel ausgewogen.

- SGEs mit niedrigem Marktanteil bei hohem Wachstum werden als **Fragezeichen** bezeichnet. Wegen ihres geringen Marktanteils benötigen solche Bereiche, deren Profitabilität meistens gering ist, erhebliche finanzielle Mittel, um sich auf dem schnell wachsenden Markt behaupten zu können. Hier ist eine strategische Schlüsselentscheidung erforderlich, ob diese bedeutenden Investitionen getätigt werden sollen, um die SGE zu einem Star zu machen. Hält man dies nicht für sinnvoll, so ist ein Rückzug aus dem Markt die einzige Alternative, denn sonst werden diese Bereiche bei nachlassendem Marktwachstum (in einer späteren Phase des Marktlebenszyklus) zu Sorgenkindern.

- Diese **Sorgenkinder** (Geschäfte mit niedrigem Marktanteil bei schwach wachsendem bzw. sogar schrumpfendem Markt) erweisen sich häufig als "Kapitalfallen" im Unternehmen, da sie zwar leicht positive Gewinne ausweisen, aber andererseits laufend Finanzmittel benötigen, um ihre schwache Position behaupten zu können. Hieraus resultiert dann ein negativer Netto-Cash-Flow. Diese Bereiche sollten so gemanagt werden, daß sie keine Cash-Belastung für das Unternehmen darstellen. Zu denken ist hier an einen allmählichen Rückzug bzw. an die Beschränkung auf einzelne Marktnischen.

- Als **Cash-Kühe** bezeichnet man SGEs, die aufgrund ihrer starken Position auf einem allenfalls schwach wachsenden Markt mehr Kapital freisetzen als vernünftigerweise zu reinvestieren ist. Die Strategie sollte darauf abzielen, nur so viel zu investieren, wie zur Behauptung der Marktposition dieser SGEs - sie stellen die wichtigste Kapitalquelle dar - erforderlich ist.

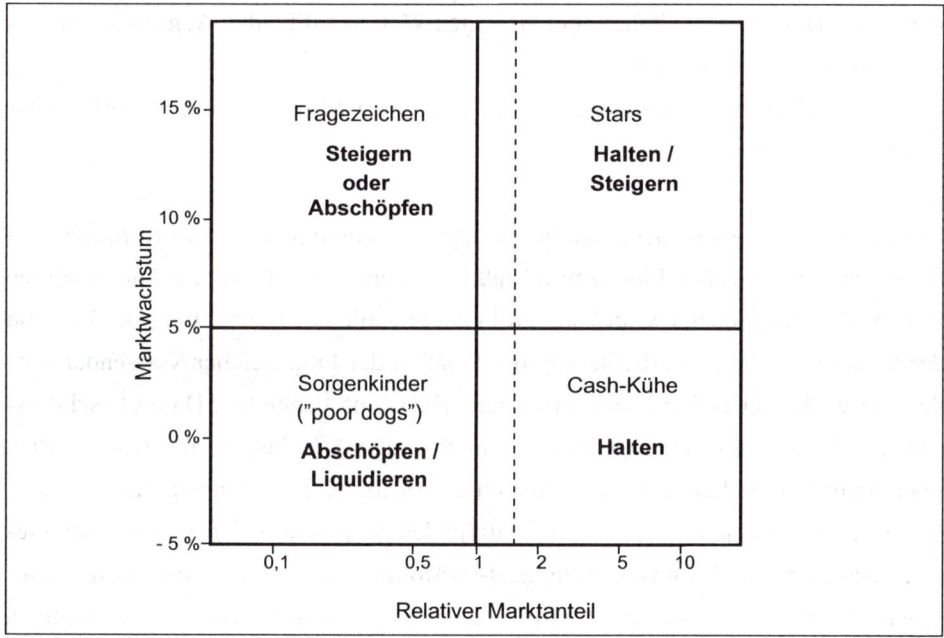

Abbildung 5-1: Das Marktwachstums/Marktanteils-Portfolio

Eine weitere wichtige Aussage, die aus diesem Modell abgeleitet werden kann, bezieht sich auf die Wachstumsmöglichkeiten eines Unternehmens. Existieren genügend "förderungswürdige" Fragezeichen, so kann Wachstum "innerhalb des Portfolios" erreicht werden. Ist dies dagegen nicht der Fall, so muß das Wachstum im wesentlichen außerhalb des jetzigen Portfolios gesichert werden, indem neue aussichtsreiche Betätigungsfelder identifiziert werden. Dies erfordert häufig beträchtliche Investitionen (z.B. in Forschung und Entwicklung oder in Zusammenhang mit einer Akquisition).

Dieses älteste Portfolio-Modell war und ist Gegenstand intensiver Diskussionen. Kritik entzündete sich insbesondere an den theoretischen Grundlagen (PIMS, Erfahrungskurve, Lebenszyklus). Es ist klar, daß die Aussagekraft des Portfolios insbesondere mit der Existenz einer zumindest lebenszyklusähnlichen Marktentwicklung steigt und fällt. Auf die Kritik an den genannten Konzepten, die die theoretische Fundierung des Portfolio-Modells bilden, sind wir schon in Kapitel 3 eingegangen. Weitere kritische Anmerkungen beziehen sich u.a. darauf,

- daß Marktwachstum und Marktanteil stark von der (subjektiven) Marktdefinition abhängen,
- daß die Trennung von hohen und niedrigen Werten auf beiden Achsen letztlich relativ willkürlich sei und
- daß die Informationsgrundlage des Modells zu gering sei, um derart weitreichende Aussagen zu rechtfertigen.

Insgesamt ist hervorzuheben, daß die strategischen Implikationen des Konzepts sich im wesentlichen auf den Finanzmittelfluß im Unternehmen beziehen: Die durch die Cash-Kühe freigesetzten Mittel sollten in erster Linie zur Behauptung der Position der Stars und ggf. zur Verbesserung der Position der Fragezeichen verwendet werden; Sorgenkinder sollten keine finanzielle Belastung darstellen. Damit beschränkt sich das Modell auf einen (natürlich sehr wichtigen) Teilaspekt der strategischen Planung und sollte lediglich als flankierendes Instrument im Rahmen der Strategieformulierung verstanden werden. Bei Zugrundelegung eines solchen Verständnisses kann das Marktwachstums/Marktanteils-Portfolio (vorausgesetzt, daß in methodischer Hinsicht sauber gearbeitet wird) nach wie vor einen sinnvollen und wichtigen Beitrag zur Strategieformulierung leisten. Ein Zahlenbeispiel zu diesem Portfolio-Modell findet der Leser in Aufgabe 5-1.

5.1.3 Das Marktattraktivitäts/Wettbewerbspositions-Portfolio

Ausgangspunkt für die Entwicklung dieses Portfolio-Modells war die aufgrund der limitierten und fest vorgegebenen Datengrundlage begrenzte Aussagekraft des

Marktwachstums/Marktanteils-Portfolios. Es wurde angestrebt, ein ähnlich struktu-
riertes zweidimensionales Modell zu entwerfen, das

- auf der vertikalen Achse die Marktattraktivität mißt (von der das Marktwachstum nur einer unter mehreren Indikatoren ist),
- auf der horizontalen Achse die Wettbewerbsposition der SGE mißt, wobei der
  relative Marktanteil wiederum nur ein Kriterium von vielen ist, und das
- mit Hilfe dieser erweiterten Datengrundlage auch weitergehende (d.h. über die
  Finanzmittelströme hinausgehende) strategische Aussagen ermöglicht.

Gängige Kriterien zur Beurteilung der Marktattraktivität sind z.B. Marktvolumen,
Marktwachstum, durchschnittliche Rentabilität der Anbieter usw. Die Beurteilung
der Wettbewerbsposition sollte natürlich den relativen Marktanteil berücksichtigen.
Darüber hinaus gehen die Stärken und Schwächen der SGE bzgl. der zentralen Erfolgsfaktoren des Markts (z.B. Produktqualität, Vertriebsnetz usw.) ein. Da diese
zum Teil sicherlich marktspezifisch sind, macht es wenig Sinn, hierfür standardi-
sierte Checklisten vorzugeben.

Abbildung 5-2 zeigt das Marktattraktivitäts/Wettbewerbspositions-Portfolio sowie
die daraus abzuleitenden strategischen Empfehlungen. Es lassen sich drei Haupt-
sektoren unterscheiden:

- der Bereich der Mittelbindung (Felder 1, 2, 3), der durch starke bis mittlere Positionen auf Märkten hoher bis mittlerer Attraktivität gekennzeichnet ist; hier
  empfiehlt das Modell (in der Regel investitionsintensive) Wachstumsstrategien;
- der Bereich der selektiven Vorgehensweise (Felder 4, 5, 6);
- der Bereich der Mittelfreisetzung (Felder 7, 8, 9), der durch schwache bis mittlere Positionen auf Märkten niedriger bis mittlerer Attraktivität gekennzeichnet ist;
  hier werden Abschöpfungs- bzw. Desinvestitionsstrategien empfohlen.

Wie beim Marktwachstums/Marktanteils-Portfolio aus dem vorhergehenden Abschnitt werden auch hier die einzelnen SGEs als Kreise eingezeichnet, deren
Durchmesser proportional zum jeweiligen Umsatz ist. Als Resultat erhält man auf
Unternehmensebene das Ist-Portfolio des Unternehmens. Es zeigt für jede einzelne SGE eine Normstrategie auf, die als Ausgangspunkt für die Strategieformulierung dienen kann, die also gewissermaßen die weiteren strategischen Überlegungen "in die richtige Richtung lenkt". Nach der Ausarbeitung der Strategien auf

SGE-Ebene können diese auf Unternehmensebene wiederum zu einem Ziel-Portfolio zusammengefaßt werden, das die angestrebte zukünftige Portfolio-Konstellation verdeutlicht. Wichtig ist bei der Fixierung des Ziel-Portfolios vor allem, auf dessen Ausgewogenheit zu achten: So sollte z.B. verhindert werden,

- daß ein Unternehmen unverhältnismäßig mehr finanzielle Mittel freisetzt, als es in SGEs mit hohem Erfolgspotential investiert, oder

- daß über Fremdfinanzierungen mehr Mittel in erfolgsträchtige SGEs investiert werden, als intern bei anderen SGEs freisetzbar sind bzw. freigesetzt werden.

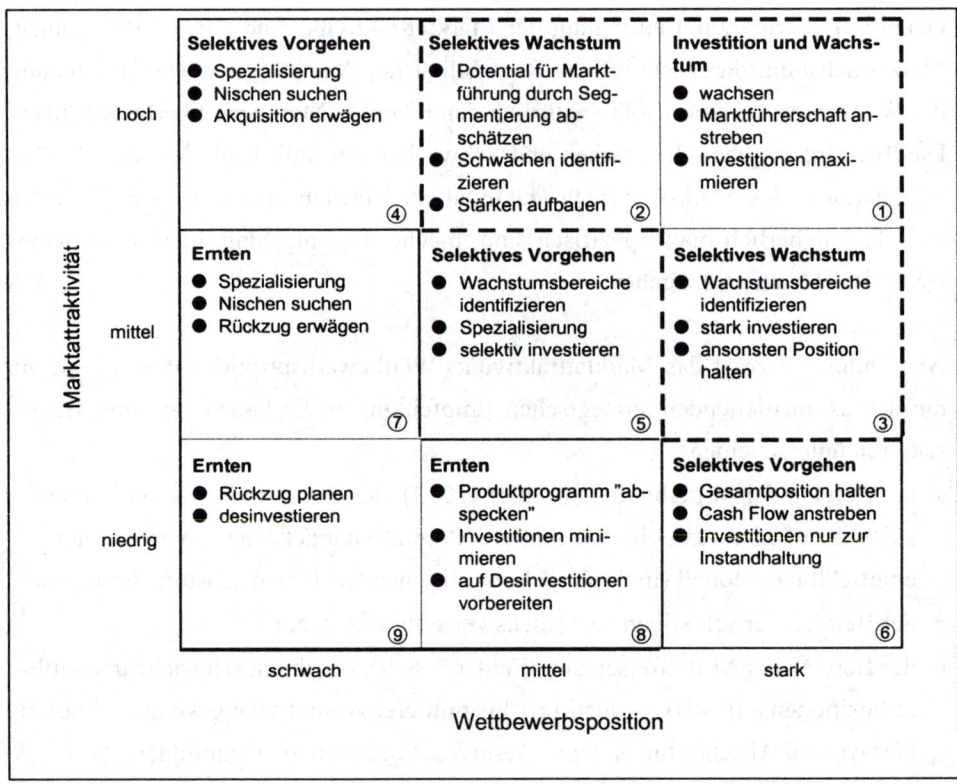

Abbildung 5-2: Das Marktattraktivitäts/Wettbewerbspositions-Portfolio und zuge-
               hörige Normstrategien

Beispiel 5-1

H. Meinhardt (1988), ehemaliger Vorsitzender des Vorstands der Linde AG, Wiesbaden, beschreibt die Anwendung des Marktattraktivitäts/Wettbewerbs-positions-Portfolios bei der Linde AG. Die konsequente Umsetzung der entsprechenden Normstrategien wird durch die beiden folgenden Abbildungen verdeutlicht.

(a) Portfolio-Positionen aufgegebener Linde-Geschäfte
     (Umsätze in Millionen DM), Quelle: Meinhard (1988, S. 143).

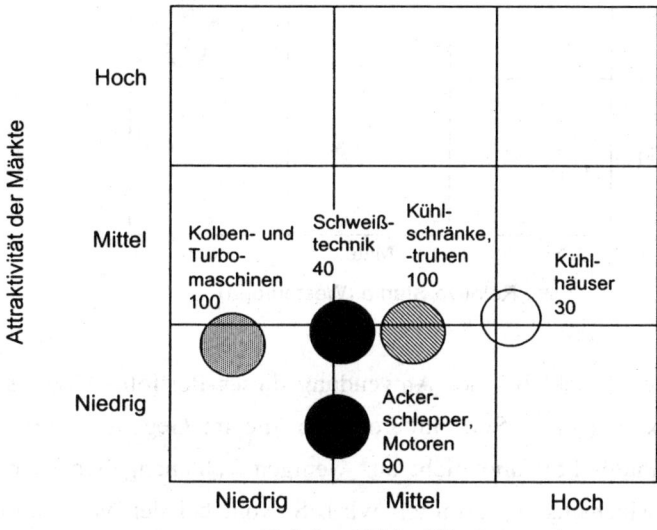

(b) Veränderungen der Portfolio-Positionen geförderter Linde-Geschäfte (Umsätze in Millionen DM, 1970 bzw. 1987), Quelle: Meinhard (1988, S. 144).

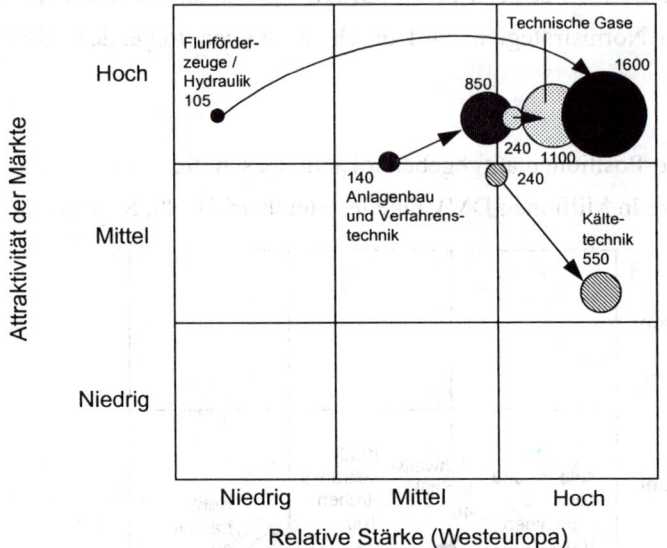

Ein problematischer Aspekt bei der Anwendung dieses Portfolio-Modells ist die Ermittlung der Position einer SGE im Portfolio, die im Gegensatz zum Marktwachstums/Marktanteils-Portfolio nicht aus wenigen Zahlenangaben durch einen vorgeschriebenen Mechanismus ermittelt wird. Sowohl bei der Marktattraktivität als auch bei der Wettbewerbsposition muß in irgendeiner Form eine Aggregation über mehrere Kriterien erfolgen. Dies kann entweder qualitativ oder quantitativ (in der Regel mittels gewichteter Durchschnitte) geschehen.

Weitere Aspekte, die zur Kritik an diesem Portfolio-Modell geführt haben, sind u.a.

- die Subjektivität bei der Auswahl, Gewichtung und Bewertung der Kriterien für Marktattraktivität und Wettbewerbsposition, die z.B. durch persönliche Erfahrungen verzerrt werden können (vgl. Aufgabe 5-2), und
- die Abhängigkeit der Ergebnisse von der Marktabgrenzung.

Diesen kritischen Aspekten steht der große Vorteil des Modells entgegen, daß es Sachverhalte aus den unterschiedlichsten Bereichen (z.B. Technik, Fertigung, Vertrieb, Marketing) zu berücksichtigen vermag, indem es entsprechende Kriterien zur Beurteilung der Wettbewerbsposition heranzieht. Somit stellt dieses Portfolio auch eine hervorragende Diskussionsgrundlage für Manager mit unterschiedlichem Background (Techniker, Kaufleute, Naturwissenschaftler, Juristen usw.) dar.

Insgesamt ist hervorzuheben, daß dieses Portfolio-Modell mit einer viel umfassenderen Datengrundlage arbeitet als das Marktwachstums/Marktanteils-Portfolio (vgl. Abschnitt 5.1.2) und daß die Tragweite der strategischen Aussagen deutlich größer ist. Dieser Aussagekraft des Konzepts steht allerdings eine gewisse (aufgrund des eher qualitativen Charakters unvermeidbare) Subjektivität entgegen, die eine sorgfältige Prüfung der Ergebnisse erforderlich macht. Besonders wichtig bei der Anwendung dieses Modells ist es daher, die Transparenz der Analyse, die zu der Positionierung im Portfolio geführt hat, zu gewährleisten.

5.1.4 Das Lebenszyklus-Portfolio

Dieses Portfolio-Modell leitet Normstrategien ab
- aus der Wettbewerbsposition einer SGE und
- aus der Lebenszyklusphase des Marktes, den sie bearbeitet (vgl. hierzu Abschnitt 3.3).

Bei der Wettbewerbsposition unterscheidet man die fünf Kategorien (vgl. Laukamm/Steinthal 1985)
- dominant (Quasi-Monopol)
- stark (in der Regel weitgehende Unabhängigkeit von Strategien der Konkurrenten),
- günstig (z.B. einer von mehreren Marktführern auf einem fragmentierten Markt ohne herausragenden Wettbewerber),
- haltbar (z.B. bei Spezialisierung auf eine Marktnische) und
- schwach (z.B. Unternehmen, die zu klein für die Wettbewerbsdynamik ihrer Branche sind, oder solche Unternehmen, die in der Vergangenheit schwerwiegende Fehler begangen haben).

Die Einordnung des relevanten Markts in eine der vier Lebenszyklusphasen kann anhand der in Tabelle 3-2 zusammengestellten phasentypischen Ausprägungen wichtiger Kriterien erfolgen.

Eine erste wichtige Aussage, die aus diesem Portfolio-Modell abzuleiten ist, bezieht sich auf die "natürliche strategische Stoßrichtung" einer SGE (vgl. Abbildung 5-3). Man unterscheidet hier die Ausprägungen (vgl. Laukamm/Steinthal 1985)

- progressive Entwicklung (breites Spektrum an strategischen Optionen),
- selektive Entwicklung (Konzentration auf Teilbereiche/Nischen),
- Sanierung/Lebensfähigkeit beweisen (erhebliche Verbesserung der Wettbewerbsposition oder schrumpfen) und
- Rückzug (Aufgabe des Geschäfts bzw. Minimierung der Investitionen).

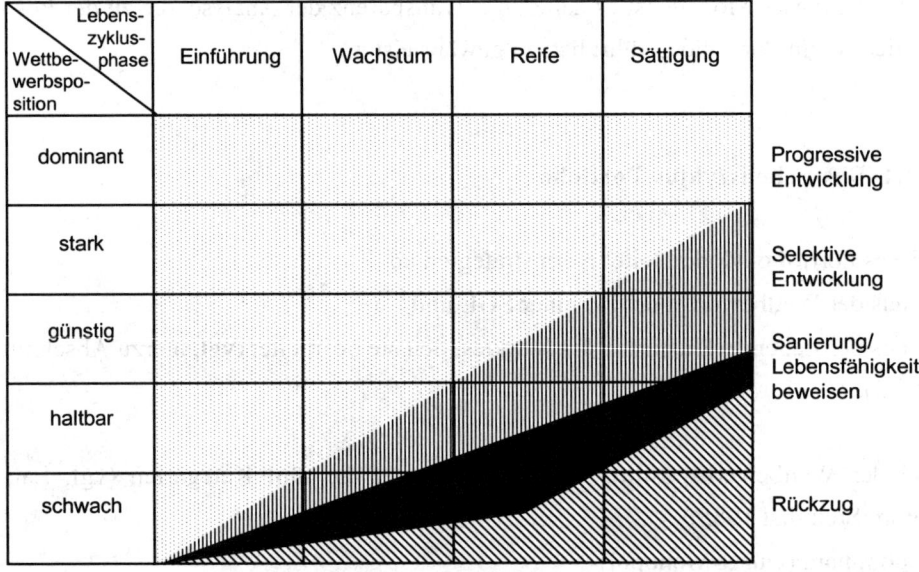

Abbildung 5-3: Natürliche strategische Stoßrichtungen im Lebenszyklus-Portfolio

Wettbewerbsposition \ Lebenszyklusphase	Einführung	Wachstum	Reife	Sättigung
dominant	● rentabel/unrentabel ● meistens Kapitalverbraucher	● rentabel ● meistens Kapitalfreisetzer	● rentabel ● Kapitalfreisetzer	● rentabel ● Kapitalfreisetzer
stark	● eher unrentabel ● Kapitalverbraucher	● meistens rentabel ● meistens Kapitalverbraucher	● rentabel ● Kapitalfreisetzer	● rentabel ● Kapitalfreisetzer
günstig	● unrentabel ● Kapitalverbraucher	● meistens unrentabel ● Kapitalverbraucher	● schwach rentabel ● Kapitalverbraucher	● rentabel ● Kapitalfreisetzer
haltbar	● unrentabel ● Kapitalverbraucher	● unrentabel ● Kapitalverbraucher/ neutraler Cash-Flow	● schwach rentabel ● neutraler Cash-Flow	● schwach rentabel ● neutraler Cash-Flow
schwach	● unrentabel Kapitalverbraucher	● unrentabel ● Kapitalverbraucher/ neutraler Cash-Flow	● unrentabel ● Kapitalverbraucher/ Kapitalfreisetzer	● unrentabel ● (Abschreiben)

Tabelle 5-1: Typische Situationen bezüglich Rentabilität und Cash-Flow im Lebenszyklus-Portfolio (in Anlehnung an Hax/Majluf 1988)

Tabelle 5-1 verdeutlicht die für die einzelnen Felder der Matrix typischen Situationen bzgl. Rentabilität und Cash-Flow (vgl. auch Hax/Majluf 1988). Offensichtlich ist es für ein Unternehmen vorteilhaft, zahlreiche SGEs mit günstiger bis dominanter Wettbewerbsposition zu haben, während bzgl. der Lebenszyklusphase eine gewisse Ausgewogenheit anzustreben ist. Weitergehende Ansätze zur Analyse der Ertragssituation im Rahmen dieses Portfolio-Modells werden bei Laukamm/Steinthal (1985) vorgestellt.

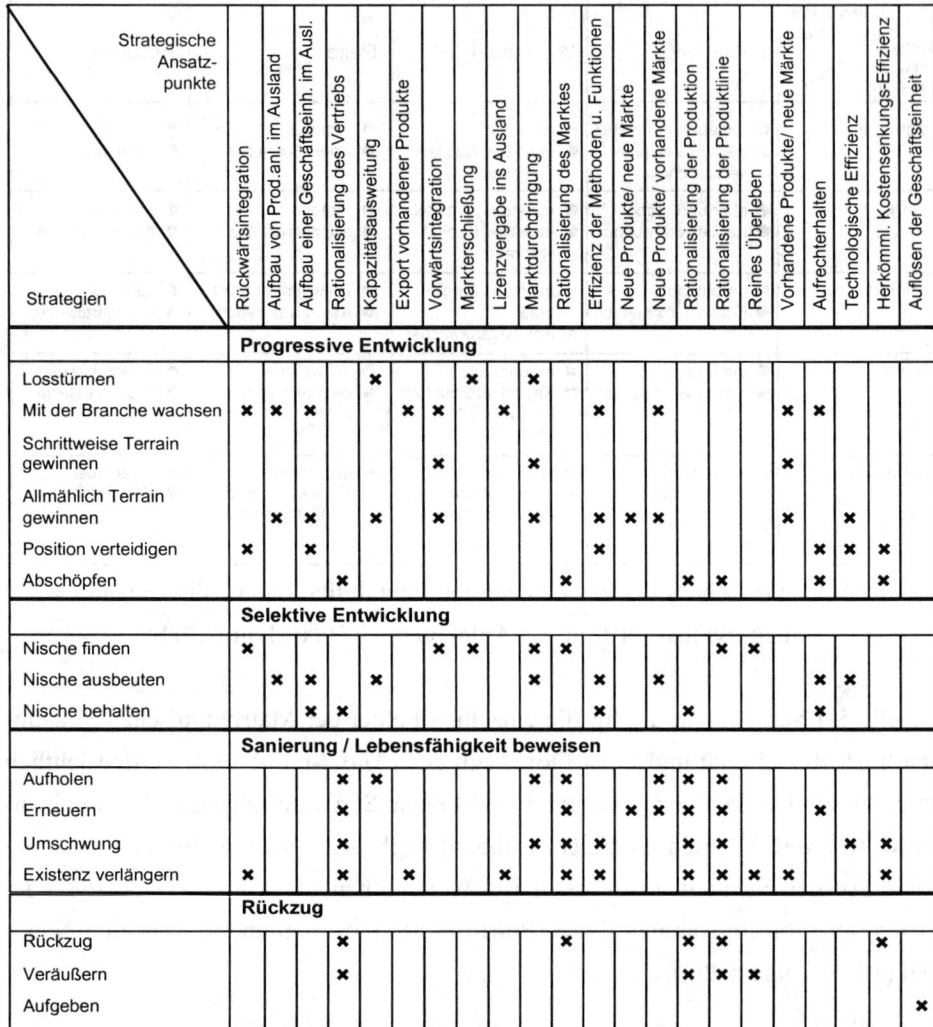

Strategien \ Strategische Ansatzpunkte	Rückwärtsintegration	Aufbau von Prod.anl. im Ausland	Aufbau einer Geschäftseinh. im Ausl.	Rationalisierung des Vertriebs	Kapazitätsausweitung	Export vorhandener Produkte	Vorwärtsintegration	Markterschließung	Lizenzvergabe ins Ausland	Marktdurchdringung	Rationalisierung des Marktes	Effizienz der Methoden u. Funktionen	Neue Produkte/ neue Märkte	Neue Produkte/ vorhandene Märkte	Rationalisierung der Produktion	Rationalisierung der Produktlinie	Reines Überleben	Vorhandene Produkte/ neue Märkte	Aufrechterhalten	Technologische Effizienz	Herkömml. Kostensenkungs-Effizienz	Auflösen der Geschäftseinheit
Progressive Entwicklung																						
Losstürmen					✗			✗		✗												
Mit der Branche wachsen	✗	✗	✗			✗	✗		✗		✗				✗			✗	✗			
Schrittweise Terrain gewinnen							✗			✗								✗				
Allmählich Terrain gewinnen		✗	✗		✗		✗			✗			✗	✗	✗			✗		✗		
Position verteidigen	✗		✗												✗				✗	✗	✗	
Abschöpfen						✗					✗					✗	✗		✗		✗	
Selektive Entwicklung																						
Nische finden	✗						✗	✗		✗	✗							✗	✗			
Nische ausbeuten		✗	✗		✗					✗			✗		✗			✗	✗			
Nische behalten			✗	✗						✗					✗			✗				
Sanierung / Lebensfähigkeit beweisen																						
Aufholen				✗	✗					✗	✗			✗	✗	✗						
Erneuern				✗						✗			✗	✗	✗	✗			✗			
Umschwung				✗						✗	✗	✗			✗	✗				✗	✗	
Existenz verlängern	✗			✗		✗			✗		✗	✗			✗	✗	✗	✗			✗	
Rückzug																						
Rückzug				✗						✗					✗	✗					✗	
Veräußern				✗											✗	✗	✗					
Aufgeben																						✗

Tabelle 5-2:   Strategien und mögliche strategische Ansatzpunkte im Rahmen der strategischen Stoßrichtungen (in Anlehnung an Hax/Majluf 1988)

Auch zu diesem Portfolio findet man in der Literatur Tableaus mit normstrategischen Empfehlungen zu den einzelnen Feldern des Portfolios; diese Empfehlungen beziehen sich im wesentlichen auf sinnvolle Marktanteilsziele und Investitionsneigungen. Ausgehend von den strategischen Stoßrichtungen aus Abbildung 5-3 sind diese Normstrategien jedoch recht naheliegend; wir verweisen daher diesbezüglich auf die Literatur (z.B. Wittek 1980, S. 153, Mauthe/Roventa 1982, Jain 1993, S. 431, Hax/Majluf 1988). Tabelle 5-2 zeigt (in Anlehnung an Hax/Majluf 1988) eine Reihe von Strategien innerhalb der strategischen Stoßrichtungen aus Abbildung 5-3 sowie mögliche strategische Ansatzpunkte.

Die kritische Beurteilung dieses Portfolio-Modells ist eng an die Diskussion des Lebenszyklusmodells gebunden. Es liegt auf der Hand, daß die vielfältigen Einwände gegen den Lebenszyklus (vgl. hierzu Abschnitt 3.3.3) unmittelbar die Aussagefähigkeit des Lebenszyklus-Portfolios in Frage stellen. Diese zum Teil sicherlich gerechtfertigte Kritik am Modell des Lebenszyklus unterstreicht die Notwendigkeit der vorsichtigen Anwendung dieser Portfolio-Variante. Können aber auf einem Markt zumindest lebenszyklusähnliche Entwicklungen beobachtet werden, so stellt das Lebenszyklus-Portfolio ein aussagekräftiges Instrument zur Unterstützung der Strategieformulierung dar. Hier ist auch auf das zugehörige Konzept der strategischen Planung hinzuweisen, dessen wichtigster Baustein das Lebenszyklus-Portfolio ist. Dieses Konzept erlaubt Aussagen zu Problembereichen, die über das gängige Spektrum der strategischen Planung hinausgehen (z.B. Führungssysteme, Organisationsstruktur usw.) und wesentliche Probleme der strategischen Führung aufgreifen. Eine kompakte Darstellung dieses Konzepts findet der Leser bei Hax/Majluf (1988). Das Modell wird in Aufgabe 5-3 anhand eines Beispiels vertieft.

5.1.5 Weitere Portfolio-Modelle und kritische Beurteilung des Konzepts

Neben den drei wichtigsten Portfolio-Modellen, die wir in den Abschnitten 5.1.2 bis 5.1.4 vorgestellt haben, kennt die Fachliteratur zur strategischen Planung eine Vielzahl weiterer Portfolio-Varianten, von denen einige im folgenden noch erwähnt werden sollen.

Recht bekannt ist die im Planungsstab von Shell entwickelte **directional policy matrix**. Es handelt sich um eine leicht abgewandelte Version des Marktattraktivitäts/Wettbewerbspositions-Portfolios aus Abschnitt 5.1.3. Wir verweisen bzgl. dieses Modells auf Rowe/Mason/Dickel (1985) und Jain (1993). Ein recht interessanter Ansatz, dessen Nutzen sich allerdings im wesentlichen auf die Visualisierung bezieht, ist die **Marktanteils/Geschäftsschwung-Matrix**. Hier wird die prozentuale Steigerung des Umsatzes auf einem Markt gegen die Wachstumsrate (üblicherweise jeweils auf die letzten fünf Jahre bezogen) des Markts aufgetragen. Auf diese Weise läßt sich die dynamische Entwicklung von Marktanteilen visualisieren. Für eine Darstellung dieser Matrix verweisen wir den Leser auf das Buch von Hax/Majluf (1988). Weitere Portfolio-Modelle sind z.B.

- das Branchenattraktivitäts/Geschäftsfeldstärken-Portfolio (Albach 1978, Hammer 1992),
- das Geschäftsfeld/Ressourcen-Portfolio (Mauthe/Roventa 1982),
- das "Critical Mass"-Portfolio (Mauthe/Roventa 1982),
- das Portfolio-Modell von Ball und Lorange (Wittek 1980),
- das Portfolio-Modell von Derkinderen (Wittek 1980) und
- verschiedene Versionen von Technologie-Portfolios (Michel 1987, Homburg 1991).

Erwähnenswert erscheinen uns auch die folgenden Modifikationen/Varianten der Portfolio-Analyse:

- Ansoff/Kirsch/Roventa (1981) ersetzen die üblicherweise punktuell erfolgende Positionierung einer SGE durch eine "Unschärfepositionierung", um den deterministischen Charakter der Methode aufzuheben.
- Larréché/Srinivasan (1981, 1982) entwickelten das Entscheidungsunterstützungssystem STRATPORT, das die Portfolio-Analyse in ein komplexes mathematisches Entscheidungsmodell einbindet.
- Hanssmann (1990) schlägt stochastische Portfolio-Modelle zur Berücksichtigung des Risikos vor.
- Weitere Ansätze zur Quantifizierung der Portfolio-Analyse finden sich bei Ruhland (1983) und Weber (1986).

Kein Instrument der strategischen Planung ist so intensiv diskutiert worden wie der Portfolio-Ansatz. Neben bereits angesprochenen (ernst zu nehmenden aber letztlich doch lösbaren) methodischen Problemen wie

- Abgrenzung des relevanten Markts und der SGE,
- Auswahl und Gewichtung der Kriterien,
- Lokalisierung der Trennlinien zwischen den einzelnen Feldern und
- Sensitivität der resultierenden Strategieempfehlungen gegenüber geringfügigen Änderungen des Dateninputs (insbesondere dann, wenn eine SGE nahe bei einer Trennlinie positioniert ist)

erscheinen uns vor allem die folgenden Kritikpunkte an der Portfolio-Analyse erwähnenswert (vgl. auch Varadarajan 1999):

- Häufig kritisiert wurden der statische Charakter und die Vergangenheitsorientierung der Portfolio-Modelle. Diese Eigenschaften schränken die Anwendbarkeit des Portfolio-Konzepts bei einem durch häufige Strukturbrüche/Diskontinuitäten geprägten strategischen Umfeld ein.

- Vorgeworfen wurde den Portfolio-Modellen (insbesondere dem Marktwachstums/Marktanteils-Portfolio) auch, ihre Denkweise spiegele die Wachstumseuphorie der späten 60er und frühen 70er Jahre wider. Die Modelle unterstellen eine tendenzielle Knappheit an Finanzmitteln; in Zeiten stagnierender und schrumpfender Märkte fehlen jedoch weniger die finanziellen Mittel als vielmehr die zündenden Geschäftsideen, die zu finanzieren sich lohnt.

- Die Portfolio-Analyse bezieht sich auf die derzeitigen Aktivitäten und unterstützt nicht die kreative Suche nach neuen unternehmerischen Betätigungsfeldern.

- Die Portfolio-Analyse vernachlässigt mögliche markt-, technologie- oder kostenbezogene Interdependenzen zwischen den einzelnen SGEs.

Unerläßlich für eine sinnvolle Anwendung eines Portfolio-Modells ist es, das Modell als flankierendes Instrument zur Strategieformulierung zu verstehen, das z.B. durch Kreativitätstechniken (vgl. Schlicksupp 1995) zu ergänzen ist. Die resultierenden Normstrategien sind keine generellen Katechismen, sondern situativ zu modifizierende und zu konkretisierende Denkanstöße. Mit diesem Verständnis wird eine stark formalisierte "portfolio-orientierte" strategische Planung vermieden, und der äußerst wichtige kreative Charakter der Strategieformulierung bleibt erhalten. Es steht außer Frage, daß Portfolio-Modelle in einem solchen Kontext einen wichtigen Beitrag zur Strategieformulierung leisten können.

5.1.6 Die Vorteils-Matrix

In diesem Ansatz, den wir in Anlehnung an Timmermann (1988) als Portfolio-Modell der zweiten Generation bezeichnen können, spiegelt sich die zunehmende Wettbewerbsorientierung in der strategischen Planung wider. Zur Charakterisierung des strategischen Umfelds werden hier die Anzahl der möglichen Wettbewerbsvorteile sowie deren Größe herangezogen. Je mehr Parameter es gibt, die zur

Schaffung eines strategischen Wettbewerbsvorteils verwendet werden können, desto breiter ist das Spektrum erfolgversprechender Strategien. Wenn jedoch nur wenige Faktoren den gesamten relativen Vorteil bestimmen (z.B. dominante Rolle des Preises), so schränkt dies den strategischen Handlungsspielraum ein. Grundsätzlich sind solche Geschäfte, bei denen Möglichkeiten zur Schaffung großer Wettbewerbsvorteile existieren, ertragreicher als Geschäfte, in denen nur marginale Wettbewerbsvorteile möglich sind. Anhand dieser beiden Kriterien lassen sich vier "Geschäftstypen" (genauer ausgedrückt handelt es sich um Typen von Wettbewerbsumfeldern) identifizieren (vgl. Abbildung 5-4):

- das Volumengeschäft,
- das Spezialisierungsgeschäft,
- das fragmentierte Geschäft und
- das Patt-Geschäft.

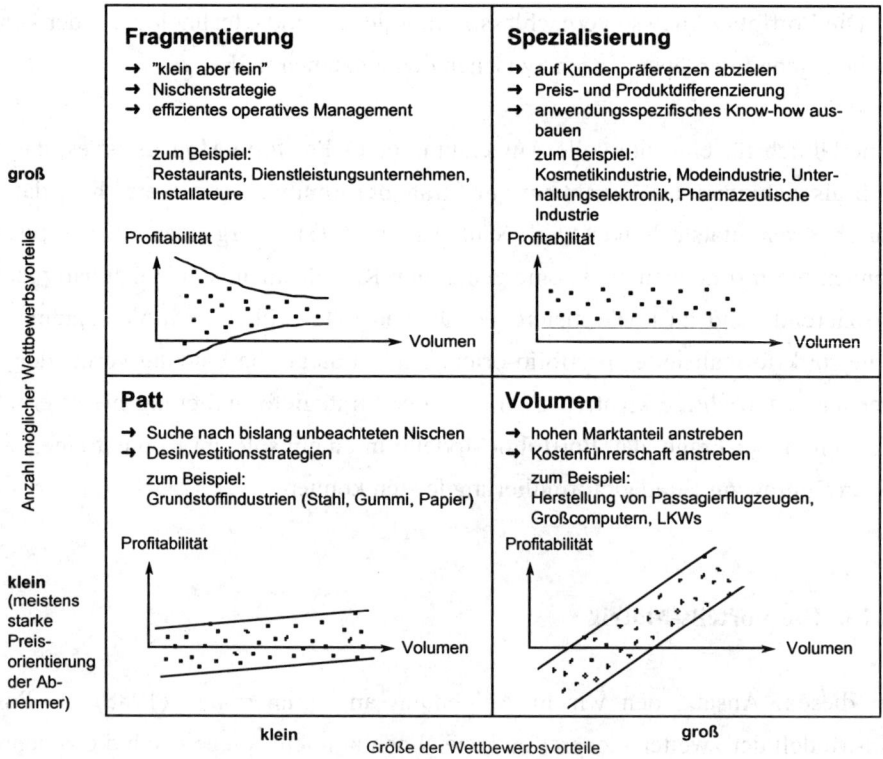

Abbildung 5-4: Die Vorteils-Matrix: Geschäftstypen und grundlegende strategische Verhaltensweisen

Zu jedem Geschäftstyp lassen sich grundlegende strategische Verhaltensweisen angeben, die wir ebenfalls in Abbildung 5-4 zusammengestellt haben. Diese strategischen Empfehlungen sind eng verknüpft mit den unterschiedlichen Abhängigkeitsstrukturen zwischen Volumen (Marktanteil) und Profitabilität (vgl. ebenfalls Abbildung 5-4): Während man im Volumengeschäft von einer (auf dem Erfahrungskurvenmodell basierenden) deutlich positiven Beziehung zwischen den beiden Größen ausgehen kann, besteht im Spezialisierungsgeschäft in der Regel überhaupt keine Beziehung. Beim fragmentierten Geschäft kann die Profitabilität bei geringem Volumen sowohl sehr hoch als auch sehr niedrig sein; mit zunehmendem Volumen pendelt sich die Profitabilität auf eher niedrigem Niveau ein. Im Patt-Geschäft, das tendenziell von geringer Profitabilität ist, kann häufig eine sehr schwach positive Assoziation zwischen den beiden Größen beobachtet werden, die allerdings in der Regel strategisch irrelevant ist.

Es ist hervorzuheben, daß die Kategorisierung in Abbildung 5-4 idealtypischer Natur ist: Selten befindet sich eine ganze Branche in einer einzigen Kategorie. Ein Schwachpunkt der Vorteils-Matrix ist die sehr rudimentäre Abgrenzung der vier Felder, die die Einordnung eines Markts erschwert und bisweilen auch recht willkürlich erscheinen läßt. Hilfreich wäre hier eine Aufstellung von für die einzelnen Felder typischen Marktcharakteristika.

Ein wesentlicher Beitrag der Vorteils-Matrix ist darin zu sehen, daß sie die Aufmerksamkeit auf die Schaffung und konsequente Ausnutzung dauerhafter Wettbewerbsvorteile lenkt und somit eine teilweise Abkehr von der (häufig im Zusammenhang mit dem Marktwachstums/Marktanteils-Portfolio propagierten) ausschließlich volumenorientierten Strategie fordert. Dieser Beitrag ist wichtig und notwendig, denn im Rahmen der volumenorientierten Denkweise werden häufig andere Möglichkeiten zur Schaffung strategischer Wettbewerbsvorteile außer acht gelassen. Ob er allerdings ausreicht, um die Vorteils-Matrix auf Dauer zu einem anerkannten Instrument der Strategieformulierung zu machen, bleibt (insbesondere angesichts der doch sehr rudimentären Struktur der Matrix) abzuwarten.

5.2 SPACE

SPACE (Strategic Position and Action Evaluation) ist ein Modell zur Strategieformulierung, das dem Portfolio-Ansatz gedanklich verwandt ist, aber einige spezifische Mängel gängiger Portfolio-Modelle (vgl. Abschnitt 5.1) behebt. Hier sind vor
allem die strikte Zweidimensionalität und die Sensitivität der resultierenden Strategie gegenüber geringfügigen Verschiebungen bzgl. der Operationalisierung/Gewichtung der einzelnen Beurteilungskriterien zu nennen. SPACE leitet seine Strategieempfehlungen aus den vier Faktoren

- Wettbewerbsposition der SGE,
- Attraktivität des Marktes,
- Stabilität des Marktes und
- finanzielle Position des Unternehmens/der SGE

ab. Während die ersten beiden Faktoren in den meisten gängigen Portfolio-Ansätzen in irgendeiner Form berücksichtigt sind, treten die Faktoren Marktstabilität
und finanzielle Position in der Regel nicht oder nur andeutungsweise auf.

Die Berücksichtigung der Marktstabilität erfolgt, um z.B. die Beurteilung eines sehr
attraktiven Marktes zu relativieren, wenn er sehr stark umkämpft und somit von
geringer Stabilität ist oder wenn die Stabilität aufgrund häufiger Strukturbrüche
(z.B. technologische Veränderungen) gering ist. Andererseits kann ein vergleichsweise unattraktiver Markt angesichts einer relativ hohen Stabilität aufgewertet werden. Die Nichtberücksichtigung der Wettbewerbsintensität ist eine wesentliche
Schwäche des Marktwachstums/Marktanteils-Portfolios (vgl. Abschnitt 5.1.2).

Die Einbeziehung der finanziellen Position als eigenständigen Faktor hat den
Zweck, die finanziellen Möglichkeiten des Unternehmens/der SGE schon bei der
Strategieformulierung zu berücksichtigen. Viele Portfolio-Modelle geben Strategieempfehlungen ab, ohne zu berücksichtigen, ob die verfügbaren finanziellen Ressourcen die Realisierung dieser Strategie überhaupt zulassen (vgl. zu ressourcenorientierten Ansätzen Barney 1997). Dieser Aspekt ist insbesondere im Zusammenhang mit aggressiven, kostenintensiven Wachstumsstrategien relevant.

Ob die finanzielle Position des gesamten Unternehmens oder die der SGE (oder
auch eine Größe, die beide Aspekte umfaßt) in die strategische Beurteilung ein-

fließt, hängt letztendlich von unternehmensinternen Gegebenheiten ab: Bei einer stark ausgeprägten Profit Center-Orientierung wird die Unternehmensleitung erwarten, daß eine SGE ihre Strategien im wesentlichen selbst finanziert. In diesem Fall würde man im Rahmen von SPACE lediglich die finanziellen Mittel der SGE betrachten und so u.U. gewisse Strategiealternativen (z.B. kostenintensive Wachstumsstrategien in attraktiven Märkten) von vornherein nicht in Erwägung ziehen. Wir halten es daher für sinnvoller, in der Phase der Strategieformulierung von den finanziellen Möglichkeiten des gesamten Unternehmens auszugehen. Im Rahmen der Strategieentscheidung hat die Unternehmensleitung immer noch die Möglichkeit, eine Strategiealternative auszuwählen, die allein mit den finanziellen Mitteln der SGE getragen werden kann.

Die Bewertungen im Hinblick auf die einzelnen Faktoren ergeben sich als gewichtete Durchschnitte der ordinal skalierten Bewertungen bzgl. einzelner Kriterien; mögliche Kriterien zu den vier Faktoren findet der Leser bei Homburg (1990). Bei der Bewertung der Wettbewerbsposition und der finanziellen Position sollte der Mittelpunkt der jeweiligen Skala in etwa der durchschnittlichen Position der wichtigsten Konkurrenten entsprechen. Eine ähnliche Zentrierung der Skala empfiehlt sich bei den Kriterien Marktattraktivität und Marktstabilität durch eine Bewertung relativ zu den anderen durch das Unternehmen bearbeiteten Märkten. Auf diese Weise wird die Vergleichbarkeit der Ergebnisse für verschiedene SGEs auf Unternehmensebene gewährleistet.

Die graphische Aufbereitung der Bewertungen erfolgt in einem aus vier Halbachsen bestehenden Koordinatensystem (vgl. Abbildung 5-5). Wir erhalten auf jeder Halbachse einen Punkt und durch Verbindung der Punkte auf benachbarten Halbachsen eine strategische Kennlinie, deren Lage die Ableitung einer strategischen Stoßrichtung ermöglicht.

Wir gehen im folgenden von vier strategischen Stoßrichtungen (vgl. auch Rowe/Mason/Dickel 1985) aus: Es sind dies

- die aggressive,
- die wettbewerbs-/marketingorientierte,
- die vorsichtige, segmentorientierte und
- die defensive Stoßrichtung.

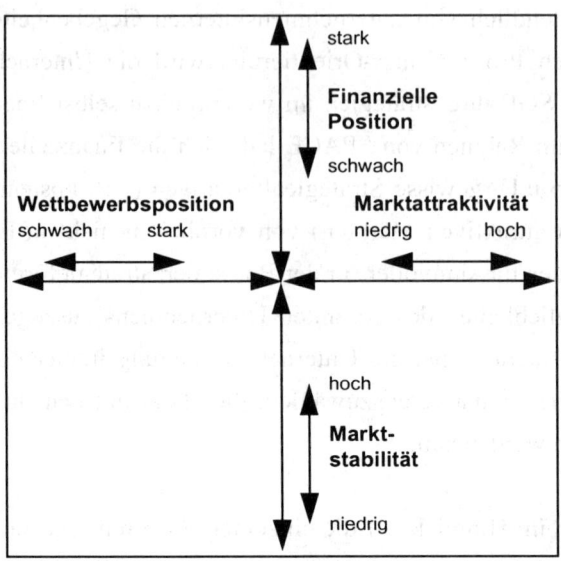

Abbildung 5-5: Schema zur graphischen Aufbereitung
der SPACE-Ergebnisse

Abbildung 5-6 zeigt die (idealtypischen) Kennlinien zu den vier strategischen Stoß-richtungen. Eine Aufstellung jeweils sinnvoller strategischer Ziele sowie geeigneter Maßnahmen findet sich in Tabelle 5-3.

Die **aggressive Stoßrichtung** eignet sich für eine SGE, die auf einem attraktiven, recht stabilen Markt eine starke Wettbewerbsposition hat und auch finanziell gut ausgestattet ist. Hier sollte die Strategie darauf ausgerichtet sein, Marktanteile hin-zuzugewinnen und Eintrittsbarrieren für (potentielle) neue Wettbewerber aufzubau-en, die sicherlich von einem attraktiven Markt mit vergleichsweise niedriger Wett-bewerbsintensität angezogen werden. Kern der strategischen Stoßrichtung ist das Anstreben der umfassenden Kostenführerschaft (vgl. auch Abbildung 1-4), die sich (umgesetzt in eine aggressive Preispolitik) sowohl zur Verdrängung existierender als auch zur Abschreckung neuer Wettbewerber eignet.

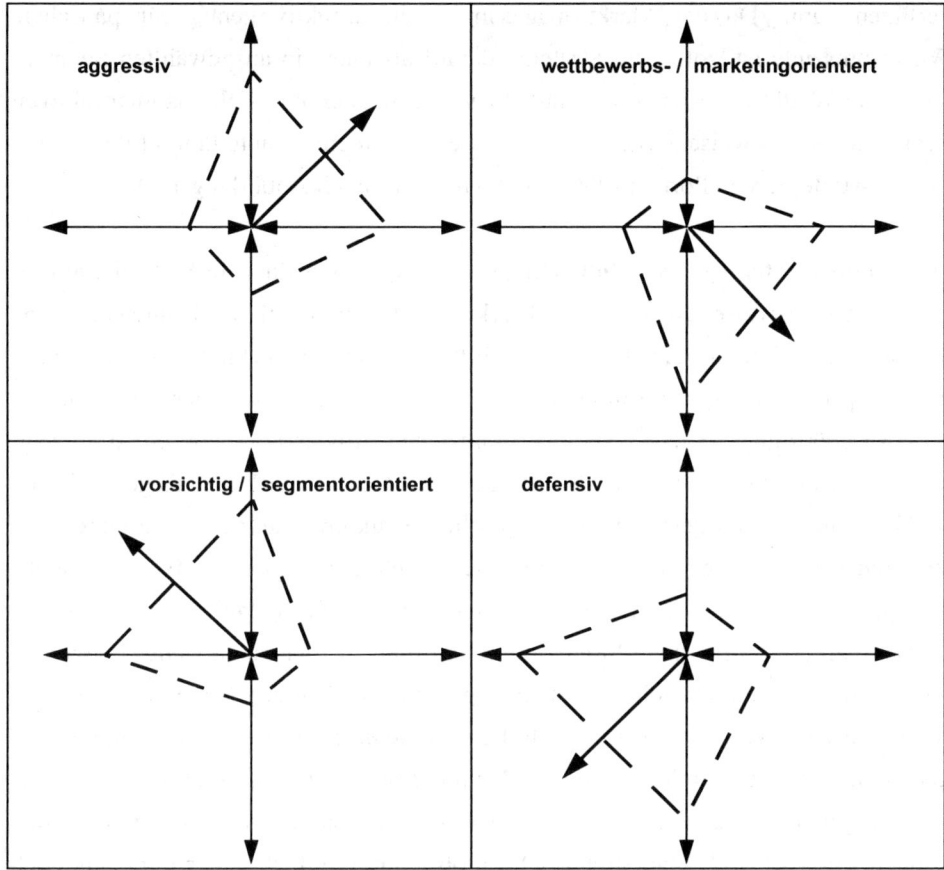

Abbildung 5-6: SPACE-Kennlinien zu den vier Stoßrichtungen

Kennzeichnend für die **wettbewerbs-/marketingorientierte Stoßrichtung** ist ein attraktiver, aber stark umkämpfter Markt, auf dem die SGE zwar über eine starke Wettbewerbsposition verfügt, aber nicht auf umfangreiche finanzielle Ressourcen zurückgreifen kann. Daher sind einige der kostenintensiven Maßnahmen der aggressiven Stoßrichtung (z.B. Akquisition) i.a. nicht realisierbar. Die Strategie sollte stark kundenorientiert sein und mittels geeigneter Marketingmaßnahmen die Kunden längerfristig binden.

Die **vorsichtige, segmentorientierte Stoßrichtung** bezieht sich auf eine SGE, die auf einem weniger attraktiven, aber recht stabilen Markt eine mittelmäßige bis schwache Wettbewerbsposition hat, die aber über umfangreiche finanzielle Mittel verfügen kann. Da der Markt insgesamt nicht attraktiv genug für pauschale Wachstumsziele ist, sollte die Strategie darauf abzielen, in ausgewählten Segmenten starke Wettbewerbspositionen auf- bzw. auszubauen und sich aus unattraktiven Segmenten schrittweise zurückzuziehen. Diese Strategievariante kommt der Fokussierungsstrategie von Porter (1980) recht nahe (vgl. auch Abbildung 1-4).

Die **defensive strategische Stoßrichtung** empfiehlt sich für eine SGE, die auf einem vergleichsweise unattraktiven Markt mit hoher Wettbewerbsintensität eine schwache Position hat und auch finanziell keinen starken Rückhalt hat. Die Strategie entspricht in der Terminologie der Portfolio-Analyse einer Desinvestitions-/Abschöpfungsstrategie. Bei der praktischen Anwendung von SPACE zeigt sich (vgl. Homburg 1990), daß die strategischen Kennlinien in der Regel nicht die in Abbildung 5-6 dargestellten idealtypischen Strukturen aufweisen. Vielmehr resultieren häufig "gemischte" Strategieempfehlungen wie z.B. "vorsichtige/segmentorientierte Strategie mit defensivem Einschlag" oder "wettbewerbs-/marketing-orientierte Strategie mit aggressiven Elementen". Dies betrachten wir als bedeutenden Vorteil von SPACE gegenüber gängigen Versionen der Portfolio-Analyse: Während Portfolio-Modelle eindeutige Strategieempfehlungen abgeben, die - wie die Studie von Wind/Mahajan/Swire (1983) gezeigt hat - schon bei geringfügigen Verschiebungen der Bewertungsmaßstäbe ganz anders ausfallen können, zeigt SPACE eine strategische Stoßrichtung auf, die aber durchaus noch einigen strategischen Spielraum läßt.

Der wesentliche Unterschied zwischen SPACE und den gängigen Portfolio-Modellen ist also darin zu sehen, daß die mit SPACE gewonnenen Aussagen zwar weniger spezifisch, aber dafür viel stabiler gegenüber geringfügigen Änderungen des Inputs sind. Ein kritischer Aspekt von SPACE, den die Methode insbesondere mit dem Marktattraktivitäts/Wettbewerbspositions-Portfolio (vgl. Abschnitt 5.1.3) teilt, ist das Problem der Auswahl und Gewichtung der Kriterien zur Beurteilung der verschiedenen Faktoren. Da hier eine gewisse Subjektivität unvermeidbar ist, muß besonderer Wert auf die Transparenz der Vorgehensweise zur Ermittlung der strategischen Kennlinie gelegt werden. Beispiele, die die Anwendung von SPACE illustrieren, finden sich bei Homburg (1990) sowie in Aufgabe 5-4.

	aggressiv	wettbewerbs- / marketingorientiert	vorsichtig / segmentorientiert	defensiv
mögliche Ziele	● Kostenführerschaft ● Marktanteils-steigerungen ● Aufbau von Eintrittsbarrieren für (potentielle) neue Wettbewerber	● Differenzierung ● Produktimage anstreben / ausbauen ● Kundentreue schaffen / erhöhen ● Preissensibilität der Kunden reduzieren	● Aufbau segment-spezifischer Wettbewerbsvorteile	● Verteidigung profitabler Positionen ● Geld verdienen ● Selektiver Rückzug
mögliche Maßnahmen	● Akquisition ● Vertikale Integration ● Konzentrische Diversifikation ● Gezielte Produktinnovation ● Standortvorteile nutzen und ausbauen ● Verhandlungsmacht gegenüber Käufern und Lieferanten auf- / ausbauen ● Intensive Kostenkontrolle im Unternehmen ● Erfahrungskurveneffekt anstreben	● Marketingaktivitäten intensivieren ● Produktverbesserung / -variation ● Abgrenzung der Produkte zu Konkurrenzprodukten ● Guten Ruf bezüglich Produktqualität auf- / ausbauen ● Vertrieb stärken ● Koordination Unternehmen / Vertrieb verbessern ● Enge Kooperation zwischen F & E, Vertrieb und Marketing ● Verbesserung der finanziellen Position durch Kooperationen	● Identifikation attraktiver Marktsegmente ● Beschränkung auf Segmente / geographische Märkte ● u. U. neue Produktvarianten für attraktive Marktsegmente ● ansonsten Produktprogramm "abspecken" (→ Kostenreduktion) ● F & E-Aktivitäten konzentrieren (→ Kostenreduktion)	● Produkte mit marginaler Rendite aufgeben ● Kosten aggressiv reduzieren ● Kapazitäten abbauen ● Investitionen minimieren ● Bei profitablen Produkten Position halten (u. U. über aggressive Preispolitik)

Tabelle 5-3: Beschreibung der vier strategischen Stoßrichtungen: Ziele und Maßnahmen

5.3 Übungsaufgaben zu Kapitel 5

Im Mittelpunkt der Aufgaben zu Kapitel 5 steht der Portfolio-Ansatz. Aufgabe 5-1 liefert ein Rechenbeispiel für das Marktwachstums/Marktanteils-Portfolio. Die Aufgabe 5-2 behandelt ein Beispiel für das Marktattraktivitäts/Wettbewerbs-positions-Portfolio. Das Lebenszyklus-Portfolio ist Inhalt der Aufgabe 5-3. Die Methode SPACE, eine Verallgemeinerung der Portfolio-Analyse, ist Gegenstand von Aufgabe 5-4.

Aufgabe 5-1

Ein Unternehmen der pharmazeutischen Industrie hat sich neu organisiert. Es wur-den fünf Profit-Center derart eingerichtet, daß jedes Profit-Center ein eigenes Pro-duktprogramm für einen ganz spezifischen Teilmarkt produziert und vermarktet. Eine erste Marktanalyse ergab folgendes Bild:

Profit-Center	Umsatz (Mio. DM)	Markt-volumen (Mio. DM)	Markt-wachstum p.a.	Umsatz des Hauptwett-bewerbers
Kosmetikartikel	54	600	+ 4 %	260
Binden (Mull und elastisch)	110	450	± 0 %	180
Nicht verschreibungspflichti-ge Schmerzmittel	280	800	+ 2 %	270
Verschreibungspflichtige Schmerzmittel	360	1200	+ 1 %	320
Forschungsleistungen	105	450	+ 6 %	200

Die Stabsabteilung "Strategische Planung" möchte das Marktwachstums/Markt-anteils-Portfolio zur Ableitung strategischer Stoßrichtungen benutzen.

a) Stellen Sie die beschriebenen Profit-Center in einem solchen Portfolio dar und erarbeiten Sie mögliche strategische Implikationen.

b) Eine detailliertere Marktanalyse für das größte Segment verschreibungspflichtiger Schmerzmittel hat ergeben, daß sich in den letzten Jahren einige vermeintlich kleine Wettbewerber durch eine sehr aggressive Preispolitik etabliert haben und hohe Zuwachsraten erzielen. Daneben bereitet gerade dieses Geschäftsfeld dem Unternehmen einiges Kopfzerbrechen, da die eigenen Umsatzzahlen stagnieren und durch den rapiden Preisverfall der letzten Jahre erhebliche Profitabilitätsprobleme zu verzeichnen sind. Es gibt Indizien dafür, daß die aggressive Preispolitik des Wettbewerbs auf einer überlegenen Kostenstruktur basiert. Werten Sie die Situation und zeigen Sie anhand dieses Beispiels die Schwächen des Marktwachstum/Marktanteil-Portfolios auf.

Lösung

a) Aus dem Verhältnis der eigenen Umsätze zu den Marktvolumina ergeben sich die Marktanteile für die einzelnen Segmente. Der relative Marktanteil ergibt sich aus dem Verhältnis des eigenen Anteils zum Anteil des Hauptwettbewerbers:

	Marktanteil	Relativer Marktanteil
Kosmetikartikel	9 %	0,21
Binden (Mull und elastisch)	24,4 %	0,61
Nicht verschreibungspflichtige Schmerzmittel	35 %	1,04
Verschreibungspflichtige Schmerzmittel	30 %	1,13
Forschungsleistungen	23,3 %	0,53

Berücksichtigt man das Marktwachstum, so lassen sich die einzelnen Geschäftseinheiten innerhalb des Portfolios positionieren. Als Schwellenwert bzgl. des Marktwachstums wurde der mit den Marktvolumina gewichtete Mittelwert der einzelnen Segmentgrößen gewählt; man berechnet einen Wert von 2,26 %. Die Kreisflächen für die jeweiligen Einheiten sind proportional zum Umsatzvolumen. Insgesamt hat das Portfolio folgendes Aussehen:

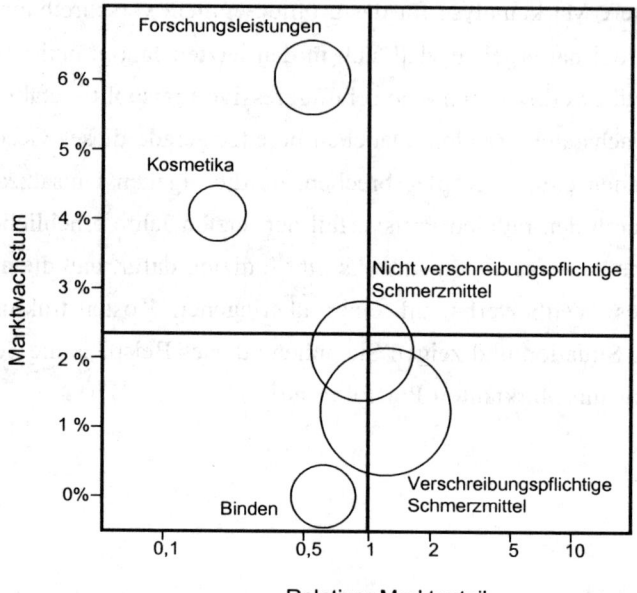

In der in Abschnitt 5.1.2 behandelten Terminologie fallen die einzelnen Geschäftseinheiten in folgende Kategorien:

- Cash-Kühe
  - Verschreibungspflichtige Schmerzmittel
  - Nicht verschreibungspflichtige Schmerzmittel
- Sorgenkind
  - Binden
- Fragezeichen
  - Kosmetika
  - Forschungsleistungen

Beide Segmente für Schmerzmittel besitzen nur eine knappe Überlegenheit gegenüber dem Wettbewerb. Hier empfiehlt es sich, sehr stark wettbewerbsorientiert vorzugehen, um die Position zumindest zu halten. Der Bereich Binden ist sehr kritisch, da man nur eine durchschnittliche Position in einem stagnierenden Markt besitzt. Hier sollte man einen Rückzug in Erwägung ziehen, falls die Rendite ebenfalls nicht zufriedenstellend ist. Die Segmente Kosmetika und Forschungsleistungen sind bzgl. der Zukunftsmöglichkeiten und der Investitionsschwerpunkte sehr genau zu beleuchten. Man sollte hier sicherlich im Bereich

Forschungsleistungen verstärkt aktiv werden, da man sich in einem stark wachsenden Markt einen doch schon beträchtlichen Marktanteil (23 %) erarbeitet hat.

b) Das Portfolio zeigt die Problematik dieses größten Segments nicht an, da lediglich der relative Marktanteil als Maßstab für die Marktposition herangezogen wird. Würde man die Rentabilitäts-/Kostensituation zusätzlich zur Bewertung der Wettbewerbsposition heranziehen, so würde das Segment verschreibungspflichtiger Schmerzmittel sicherlich zum "Sorgenkind" im Portfolio werden. Gerade der einseitige Beurteilungsmaßstab Marktanteil ist ein wesentlicher Schwachpunkt dieses Portfoliotyps. Ebenso unzureichend ist es, die Marktattraktivität allein durch das Marktwachstum zu messen.

Aufgabe 5-2

Die Firma Bauträger GmbH ist als Bauträger ausschließlich im Markt für Bauvorhaben im süddeutschen Raum tätig. Sie hat im letzten Jahr ein Bauvolumen von 1372,5 Mio. DM betreut und dabei einen Gewinn von 87 Mio. DM vor Steuern erwirtschaftet. Dies bedeutet ein Ertragswachstum von 5% gegenüber dem Vorjahr. Die Firma hat die Unternehmensbereiche Einfamilienhäuser (A), Mehrfamilienhäuser (B) und öffentliche Bauvorhaben (C).

Da man sich bisher recht wenig Gedanken über Markt und Wettbewerb gemacht hat, fällt es dem Geschäftsführer sehr schwer, eine vernünftige Planung für die nächsten Jahre zu erstellen. Es wird daher eine Unternehmensberatung mit der Durchführung einer detaillierten Marktanalyse und der Erarbeitung entsprechender Strategievorschläge beauftragt. Die wesentlichen Ergebnisse der Marktbeurteilung für die Unternehmensbereiche A, B und C sind der folgenden Tabelle zu entnehmen:

Kriterien	Bewertung			Skalierung (0 = sehr ungünstig bis 6 = sehr günstig)			Gewichtung der Kriterien
	A	B	C	A	B	C	
Marktvolumen in Mio. DM	2800	2150	3500	2	1	4	20%
Marktwachstum in %	5	4	2	5	4	2	30%
Wettbewerbs- intensität	hoch	hoch	sehr hoch	2	2	1	30%
Durchschnittliche Rentabilität	hoch	hoch	gering	4	4	1	20%

Die Bewertung der Erfolgsfaktoren für die drei Unternehmensbereiche durch die Kunden stellt sich wie folgt dar (Skalierung: 0=sehr ungünstig,...,6=sehr günstig):

Unternehmensbereiche Erfolgsfaktoren	A	B	C
Preisstellung	4	1	3
Betreuungsqualität	1	5	2
Terminzuverlässigkeit	1	4	4
Erfahrung/ Know-how	1	3	2
Marktanteil	**10 %**	**15 %**	**22 %**
Marktanteil des Hauptwett- bewerbers	**21 %**	**16 %**	**20 %**

a) Zur strategischen Grobanalyse möchte die Unternehmensberatung das Marktat- traktivitäts/Wettbewerbspositions-Portfolio heranziehen. Dazu sollen die drei betrachteten Unternehmensbereiche in einem solchen Portfolio dargestellt wer- den, wobei zur Bestimmung der Wettbewerbspositionierung die Erfolgsfaktoren und der relative Marktanteil (mit jeweils gleichen Gewichten) herangezogen werden. Der relative Marktanteil wird wie folgt skaliert:

Relativer Marktanteil	Bewertung
0 - 0,25	0
0,25 - 0,5	1
0,5 - 0,75	2
0,75 - 1	3
1 - 1,25	4
1,25 - 1,5	5
> 1,5	6

Leiten Sie Strategieempfehlungen ab.

b) Der Hauptwettbewerber führt zur gleichen Zeit eine Wettbewerbsanalyse der Bauträger GmbH durch. Man kommt zu den gleichen Ergebnissen, was die Marktbeurteilung und die Wettbewerbsposition betrifft. Bzgl. der Gewichtung der Erfolgsfaktoren geht man aber von anderen Werten aus. Der relative Marktanteil wird nicht in die Bewertung einbezogen.

	Gewichtung
Preisstellung	40 %
Betreuungsqualität	5 %
Terminzuverlässigkeit	50 %
Erfahrung / Know-how	5 %

Im entsprechenden Portfolio wird die Wettbewerbsposition als gewichteter Durchschnitt der Bewertungen bzgl. der Erfolgsfaktoren ermittelt. Erstellen Sie das Portfolio und gehen Sie auf die sich ergebende Problematik bei der Prognose von Wettbewerbsstrategien ein.

c) Zeigen Sie die Problematik der gegenseitigen Kompensation von Faktoren bei diesem Portfoliotyp am Beispiel des Unternehmensbereiches Mehrfamilienhäuser auf.

Lösung

a) Die Marktattraktivität ergibt sich als gewichtetes Mittel aus den Einzelkriterien
   zu 3,3 für den Unternehmensbereich Einfamilienhäuser (A), 2,8 für den Bereich
   Mehrfamilienhäuser (B) und 1,9 für den Bereich öffentliche Bauvorhaben (C).
   Der relative Marktanteil im Vergleich zum Hauptwettbewerber berechnet sich
   für A zu 10% : 21% = 0,48 und wird mit 1 bewertet. Die Wettbewerbsposition
   für A ist also

$$0{,}2\,(4 + 1 + 1 + 1 + 1) = 1{,}6\,.$$

Die Wettbewerbsposition berechnet sich analog für B (3,2) und C (3,0). Die
Kreisflächen im Portfolio sind proportional zu den jeweiligen Umsatzvolumina,
die sich aus Marktanteil und Marktvolumen ermitteln lassen: 280 Mio. DM für
A, 322,5 Mio. DM für B und 770 Mio. DM für C. Das Portfolio läßt sich dann
wie folgt darstellen:

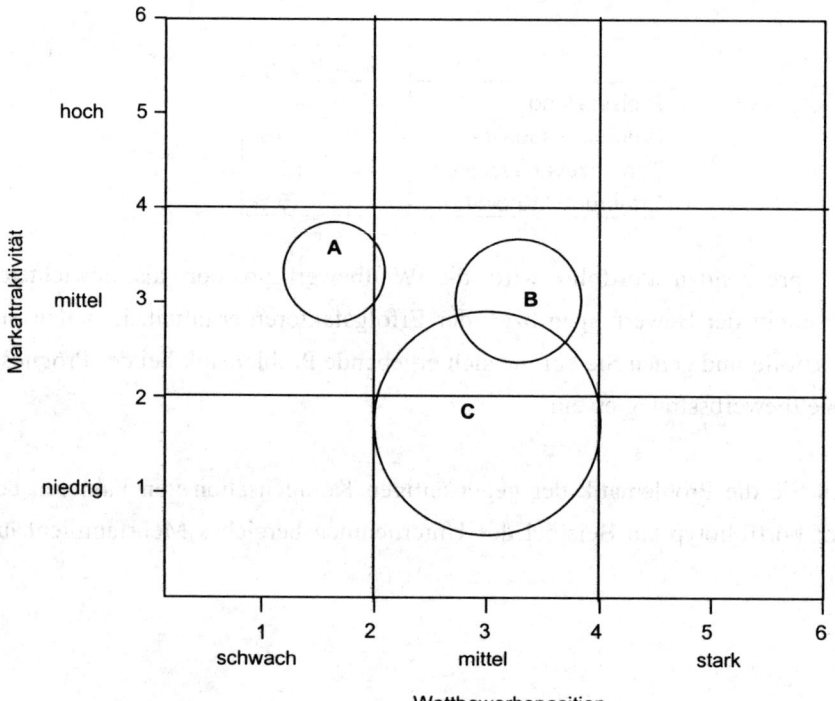

Der Bereich Einfamilienhäuser ist in einer problematischen Situation. Man hat eine schlechte Wettbewerbsposition in einem relativ attraktiven Markt. Insbesondere die Serviceleistungen sind zu verbessern, um in den Wachstumsbereich (rechts) zu gelangen. Der größte Bereich C liegt im Segment "Ernten". Die nur mittlere bis niedrige Marktattraktivität wird hier mittelfristig Desinvestitionen erfordern. Der Unternehmensbereich Mehrfamilienhäuser (B) ist genau auf Wachstumsmöglichkeiten hin zu untersuchen. Hier empfiehlt sich eine selektive Vorgehensweise.

b) Der Hauptwettbewerber kommt aufgrund der unterschiedlichen Gewichtung der Erfolgsfaktoren zu folgender Beurteilung der Wettbewerbspositionen: Unternehmensbereich A verbessert sich auf 2,2, B verschlechtert sich von 3,2 auf 2,8 und C verbessert sich auf 3,4 und erhält damit die beste Bewertung. Das Portfolio ergibt sich nun wie folgt:

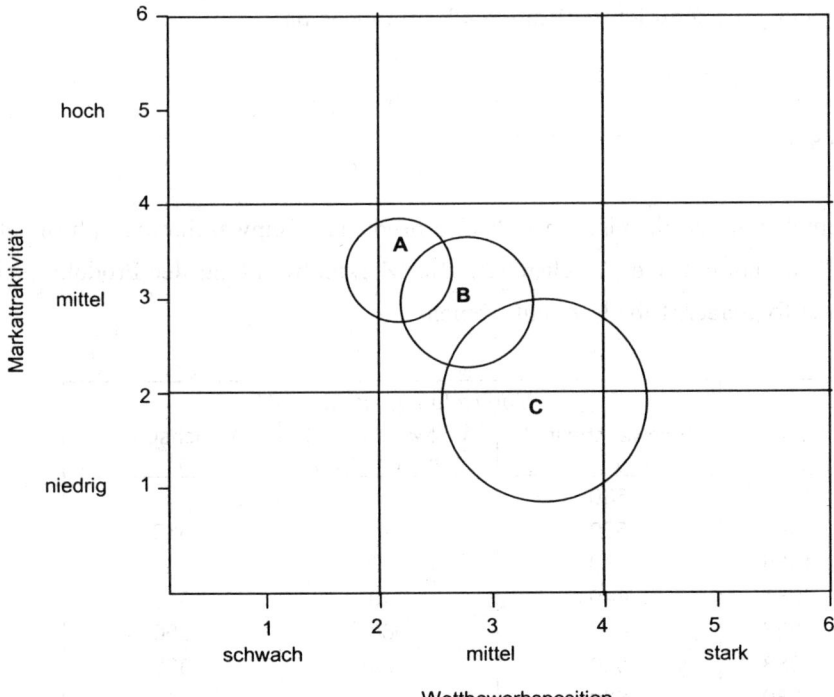

Die Positionen und damit die strategischen Beurteilungen haben sich geändert. C erhält die stärkste Wettbewerbsbeurteilung. Desinvestitionen und Abspecken drängen sich nicht mehr so stark auf. Auch der Bereich Einfamilienhäuser wird

durch seine recht gute Preisstellung (Gewichtung von 40%) erheblich besser bewertet und erscheint nicht mehr so problematisch wie im ersten Portfolio.

Hier zeigt sich eine Schwäche dieses Portfoliotyps, nämlich die Abhängigkeit
der Ergebnisse von der in der Regel subjektiven Gewichtung der Faktoren.

c) Ein weiterer Schwachpunkt des Marktattraktivitäts/Wettbewerbspositions-
Portfolios ist die Kompensation von Schwächen bei bestimmten Faktoren durch
Stärken bei anderen relevanten Kriterien. Im Unternehmensbereich Mehrfamilienhäuser (B) tritt dies deutlich hervor, da eklatante Schwächen bei der Preisstellung durch die Stärken bei der Betreuungsqualität und der Terminzuverlässigkeit
rechnerisch ausgeglichen werden, was sicherlich nicht der Sichtweise der Kunden entspricht. Sowohl im Fall a) als auch bei b) wird eine mittlere Wettbewerbsposition errechnet. Dies verschleiert die Tatsache, daß man bei der
Preisstellung die schwächste Position aller Bereiche hat.

Aufgabe 5-3

Ein Unternehmen der chemischen Industrie produziert Feinwaschmittel, phosphat-
freie Vollwaschmittel und Weichspüler. Die Marktentwicklung der Produkte seit
1983 ist der folgenden Tabelle zu entnehmen:

Jahr	Marktvolumen (in Mio. DM)		
	Feinwaschmittel	Vollwaschmittel (phosphatfrei)	Weichspüler
1983	580	-	370
1984	620	-	385
1985	630	460	360
1986	640	720	340
1987	630	980	350
1988	620	1080	320
1989	620	1120	280

Die Marktposition der einzelnen Produkte ist wie folgt beschreibbar:

Feinwaschmittel: Der Wettbewerb ist in diesem Bereich sehr intensiv, es kommt seit Jahren zu ruinösen Preiskämpfen. Man hat sich aber einen Marktanteil von 15% erhalten und gehört damit zu den drei stärksten Anbietern. Die Deckungsbeiträge haben inzwischen ein kritisches Niveau erreicht. Man will durch eine kleine Produktmodifikation die Umweltverträglichkeit steigern, um das Preisniveau für die nächsten Jahre etwas zu stabilisieren und auch den Umsatz zu halten.

Vollwaschmittel: Das jüngste Produkt der Firma ist der wichtigste Hoffnungsträger. Man war 1985 einer der ersten Anbieter eines phosphatfreien Vollwaschmittels und hat dadurch erhebliche Wachstumsraten verzeichnet. Mittlerweile ist man mit einem Marktanteil von 21% Marktführer. Die Forschungsabteilung hat inzwischen die Umweltverträglichkeit weiter verbessert, was wiederum einen deutlichen Wettbewerbsvorsprung zur Folge hat und weitere kräftige Zuwachsraten verspricht.

Weichspüler: Der Bereich Weichspüler ist sehr schwierig geworden. Die Abwasserbelastung durch das Produkt wird in der Öffentlichkeit intensiv diskutiert. Der Markt ist rückläufig. Zudem hat man dem verschärften Preiskampf Tribut zollen müssen. Das Produkt ist kaum noch rentabel. Der Marktanteil von 15% in 1983 ist auf 7% in 1989 abgesunken.

a) In welcher Lebenszyklusphase befinden sich die Produkte, wenn man das klassische Lebenszyklusmodell zugrundelegt? Stellen Sie die Entwicklung der Marktvolumina graphisch dar.

b) Positionieren Sie die Produkte innerhalb des Lebenszyklus-Portfolios und beschreiben Sie die sich jeweils ergebenden strategischen Stoßrichtungen.

Lösung

a) Die Marktentwicklung stellt sich graphisch wie folgt dar:

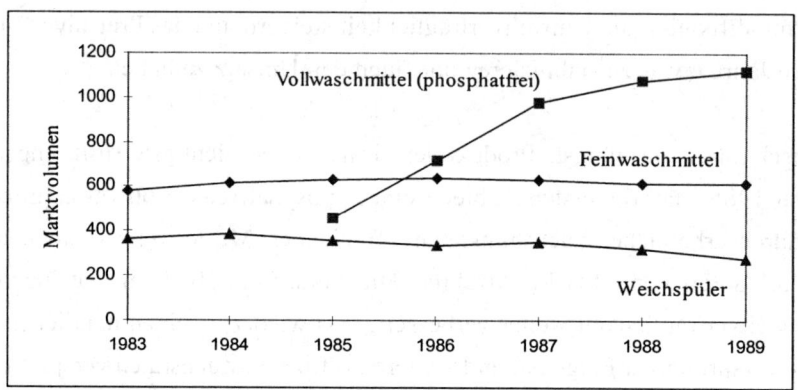

Während sich die Weichspüler offensichtlich in der Sättigungsphase befinden, können die Feinwaschmittel der Reifephase zugeordnet werden. Die phosphatfreien Vollwaschmittel sind sicherlich noch in der Wachstumsphase, jedoch zeigen die fallenden Zuwachsraten an, daß man an der Schwelle zur Reifephase steht.

b) Aufgrund der Situationsbeschreibung für die einzelnen Produkte läßt sich die Wettbewerbsposition der Produkte entsprechend der Skalierung des Lebenszyklus-Portfolios einordnen:

	Feinwaschmittel	Vollwaschmittel (phosphatfrei)	Weichspüler
dominant			
stark		X	
günstig			
haltbar	X		
schwach			X

Das Portfolio stellt sich bei Proportionalität der Kreisflächen zu den Umsätzen (ermittelt aus Marktvolumina und -anteilen) wie folgt dar:

Wettbe- werbspo- sition \ Lebens- zyklus- phase	Einführung	Wachstum	Reife	Sättigung	
dominant					Progressive Entwicklung
stark		⭕	Vollwaschmittel		Selektive Entwicklung
günstig			Feinwaschmittel		Sanierung/ Lebensfähigkeit beweisen
haltbar			⭕		
schwach				⭕ Weichspüler	Rückzug

Aus der Positionierung lassen sich mögliche strategische Ansatzpunkte für die Produkte ableiten. Für Vollwaschmittel ergibt sich ein breites Spektrum an strategischen Optionen. Sinnvolle strategische Ansatzpunkte könnten z.B. Kapazitätserweiterungen sowie weitere Markterschließung und -durchdringung sein. Der Bereich Feinwaschmittel muß seine Lebensfähigkeit beweisen und möglichst saniert werden. Denkbare Ansatzpunkte sind Vertriebsrationalisierung, Optimierung der Funktion des Produkts, Produktionsrationalisierung und aggressive Kostenkontrolle. Bei Weichspülern ist der Rückzug in Erwägung zu ziehen, da man sich in einer schlechten Position auf einem stark rückläufigen Markt befindet.

Aufgabe 5-4

Ein Unternehmen der Gummiindustrie produziert im Unternehmensbereich Groß-/ Sonderreifen Reifen für LKWs, Traktoren und Baumaschinen. Die Unternehmensleitung beauftragt ein Beratungsunternehmen, detaillierte Marktanalysen durchzuführen und strategische Verhaltensweisen aufzuzeigen.

Das Beratungsunternehmen ermittelt in einem ersten Schritt die relevanten strategischen Erfolgsfaktoren für den Markt "Groß-/Sonderreifen". Den befragten Kunden wurde ein Katalog von fünfzig Kaufkriterien vorgelegt mit der Bitte um Angabe der Relevanz bzgl. der Kaufentscheidung.

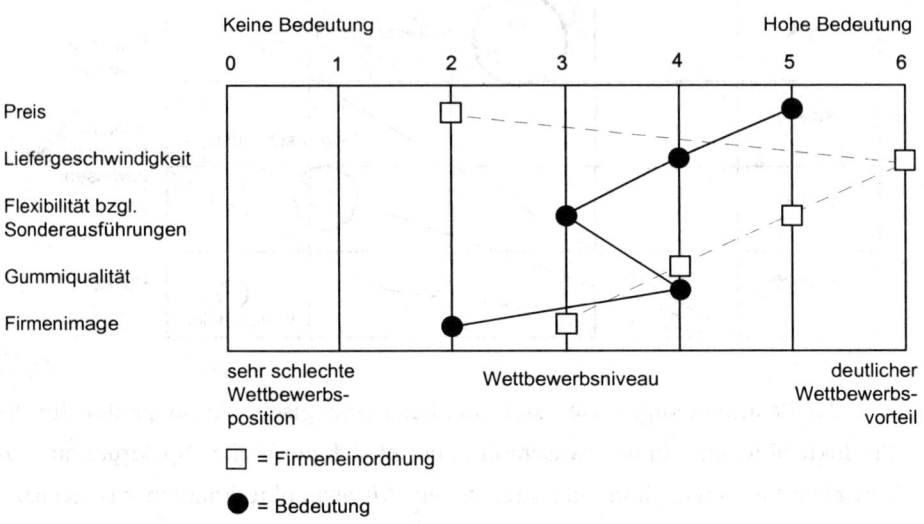

Es stellt sich heraus, daß lediglich fünf Kriterien eine wesentliche Rolle spielen, nämlich der Preis, die Liefergeschwindigkeit, die Flexibilität bzgl. Sonderausführungen, die Gummiqualität und das Firmenimage. Die Bedeutung der Kriterien sowie die Einschätzung der Firma durch die Kunden wird aus dem obigen Profil ersichtlich.

a) Sinvolle strategische Ziele und Maßnahmen sollen mit Hilfe von SPACE ermittelt werden. Die zur Beurteilung herangezogenen Faktoren sowie deren Bewertungen können den folgenden Tabellen entnommen werden. Die Skala wurde so gewählt, daß der maximale Wert von sechs dann erreicht wird, wenn das Kriterium von der Firma wesentlich besser erfüllt wird als vom Wettbewerb bzw. der Markt bzgl. dieses Faktors besonders attraktiv oder stabil ist.

Marktattraktivität:	Gewichte	Bewertungen
Volumen	20 %	4
Wachstum	30 %	3
durchschnittliche Rentabilität	30 %	3
Innovationspotential	20 %	3

Marktstabilität:	Gewichte	Bewertungen
Wettbewerbsintensität	35 %	1
Preiskampf	25 %	1
Häufigkeit technologischer Veränderungen	10 %	3
Markteintrittsbarrieren	10 %	4
Nachfrageschwankungen	20 %	3

Finanzielle Position:	Gewichte	Bewertungen
Umsatz	40 %	4
Rentabilität	40 %	2
Liquidität	20 %	4

Es soll das SPACE-Diagramm erstellt werden, wobei zur Bewertung der Wettbewerbsposition die eingangs aufgeführten Befragungsergebnisse herangezogen werden. Welche strategischen Empfehlungen lassen sich ableiten?

b) Eine Segmentierung des Marktes für "Groß-/Sonderreifen" ergibt, daß die Teilmärkte LKW-Reifen, Reifen für die Landwirtschaft und Reifen für Baumaschinen separat zu betrachten sind. Bezüglich der Wettbewerbsposition und der Marktattraktivität/Marktstabilität ergeben sich folgende segmentspezifische Bewertungen:

	LKW		Landwirtschaft		Baumaschinen	
	Gewicht	Bewer-tung	Gewicht	Bewer-tung	Gewicht	Bewer-tung
Wettbewerbsposition:						
• Preis	40	1	35	3	30	3
• Liefergeschwindigkeit	20	5	20	6	25	6
• Flexibilität	5	5	15	4	15	4
• Gummiqualität	5	4	10	5	25	5
• Marktanteil	30	5	20	3	5	1
	100		100		100	
Marktattraktivität/ Marktstabilität:						
• Volumen	10	5	10	2	10	4
• Wachstum	15	4	15	3	15	6
• Rentabilität	15	2	15	2	15	4
• Innovationspotential	10	2	10	2	10	4
• Wettbewerbsintensität	20	0	20	1	20	2
• Preiskampf	10	0	10	1	10	2
• Technologische Veränderungen	5	2	5	2	5	4
• Eintrittsbarrieren	5	3	5	4	5	4
• Nachfrageschwankungen	10	5	10	1	10	2
	100		100		100	
Umsatz:	150 Mio.		20 Mio.		35 Mio.	

Positionieren Sie die Segmente innerhalb eines Marktattraktivitäts-/Wettbewerbspositions-Portfolios und leiten Sie strategische Empfehlungen ab. Stellen Sie den Bezug zum Ergebnis der SPACE-Darstellung her.

Lösung

a) Die Werte für die Marktattraktivität (3,2), die Marktstabilität (1,9), die finanzielle Position (3,2) und die Wettbewerbsposition (3,9) ergeben sich als gewichtete Mittelwerte der Bewertung der Einzelkriterien. Damit läßt sich die
   SPACE-Kennlinie skizzieren:

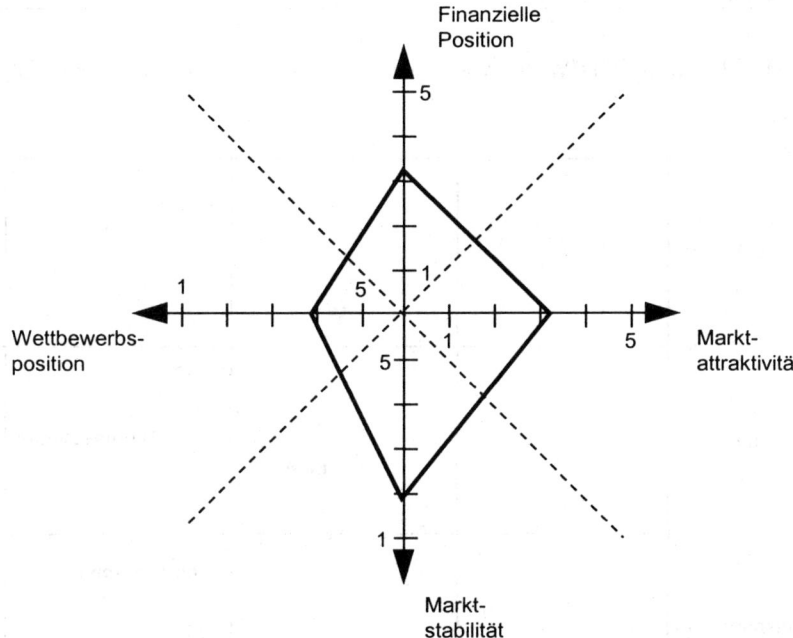

Die Kennlinie weist eine sehr starke wettbewerbs-/marketingorientierte Komponente auf und aufgrund der recht guten finanziellen Position auch eine Option
für aggressives Vorgehen. Mögliche Ziele in einer solchen Situation sind Differenzierung, engere Kundenanbindung, Schaffung von Markteintrittsbarrieren
und Reduktion der Preissensibilität der Kunden. Spezielle Maßnahmen bieten
sich im Bereich der Produktqualität und des Produktumfelds (z.B. Vertriebs-
dienstleistungen) an.

b) Die differenzierte Betrachtung der Segmente LKW, Landwirtschaft und Baumaschinen ergibt folgende Werte:

	LKW	Landwirtschaft	Baumaschinen
Wettbewerbsposition	3,35	3,95	4,3
Marktattraktivität/ Marktstabilität	2,35	1,85	3,5

Das Marktattraktivitäts/Wettbewerbspositions-Portfolio zeigt damit folgende
Struktur:

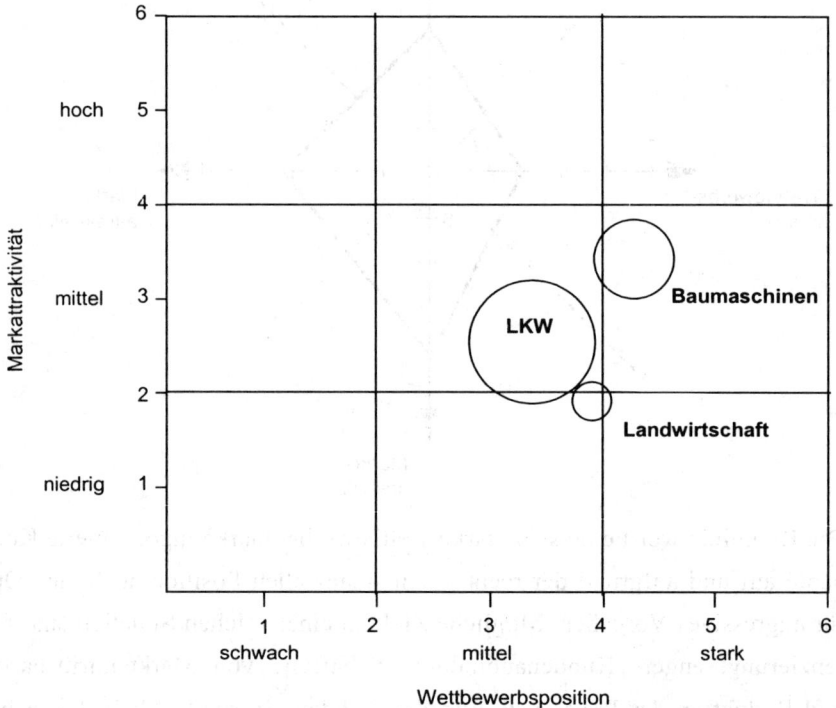

Das Portfolio zeigt auf, daß die Komponenten der SPACE-Darstellung durchaus
identifizierbar sind. Während der größte Bereich LKW eher eine wettbewerbs-
und marketingorientierte Politik (Segmentierung/Differenzierung) erfordert, erscheint es für das Segment Baumaschinen durchaus sinnvoll, eine aggressive
Wachstumspolitik anzustreben. Der Bereich Landwirtschaft dagegen weist
Desinvestitionspotential auf.

5.4 Literatur zu Kapitel 5

Mit Portfolio-Modellen befassen sich mehr oder weniger ausführlich alle in Abschnitt 1.4 zitierten einführenden Lehrbücher zur strategischen Planung. Recht umfassende Ausführungen zu den drei wichtigsten Portfolios (Abschnitte 5.1.2 bis 5.1.4) finden sich z.B. bei Wittek (1980) und Hax/Majluf (1988). Wir empfehlen desweiteren Hammer (1992) zu den Portfolios aus den Abschnitten 5.1.2 und 5.1.3, Hinterhuber (1980) zum Portfolio aus Abschnitt 5.1.3 sowie Laukamm/Steinthal(1985) zum Lebenszyklus-Portfolio aus Abschnitt 5.1.4. Weitere weniger bekannte Portfolio-Modelle werden bei Wittek (1980), Mauthe/Roventa (1982), Hammer (1992) und Macharzina (1999) behandelt.

Im Zusammenhang mit der Diskussion des Portfolio-Ansatzes verweisen wir auf die Arbeiten von Haspeslagh (1982), Hambrick/MacMillan (1982), Hambrick/MacMillan/Day (1982), Wind/Mahajan/Swire (1983), Bennett/Cunningham (1985) sowie Timmermann (1988). Bzgl. der Vorteils-Matrix empfehlen wir Strüven (1981), von Oetinger (1983), Aaker (1998), Rowe/Mason/Dickel (1985), Trux/Müller/Kirsch (1989), Hammer (1988), Timmermann (1988) sowie Strüven/Herp (1989). SPACE wird bei Homburg (1990) sowie ansatzweise bei Rowe/Mason/Dickel (1985) behandelt.

6 Strategiebewertung und -auswahl

Als Resultat der Strategieformulierung liegen in der Regel mehrere Strategiealternativen vor. Mit der Bewertung von Strategiealternativen befaßt sich Abschnitt 1 dieses Kapitels. Überstehen mehrere Strategien diesen kritischen Bewertungsprozeß, so wird die Auswahl einer Strategie zu einem reinen Entscheidungsproblem; hiermit befassen wir uns im zweiten Abschnitt. Im Vordergrund steht dabei die Anwendung von Entscheidungsmodellen auf das Problem der Strategieauswahl.

6.1 Strategiebewertung

Bei der Bewertung einer Strategie sollte zunächst geprüft werden, ob sie gewissen **formalen Kriterien** genügt. Hier sind z.B. die Realitätsnähe der zugrundeliegenden Annahmen sowie die ausreichende Berücksichtigung von Unsicherheiten in der zukünftigen Entwicklung zu untersuchen. Außerdem ist zu prüfen, ob die Informationsgrundlage der Strategie umfassend genug ist, oder ob die Strategieformulierung eher "aus dem hohlen Bauch" erfolgte.

Desweiteren muß eine Strategie einem sorgfältigen **Konsistenztest** unterzogen werden. Dieser bezieht sich auf
- die Konsistenz der Strategie mit dem Unternehmensleitbild und den obersten Unternehmenszielen,
- die Konsistenz der Strategie in sich,
- die Konsistenz der SGE-Strategien untereinander und
- die Konsistenz der SGE-Strategien mit den in einzelnen Funktionsbereichen geplanten strategischen Maßnahmen.

Ein weiterer wichtiger Aspekt bei der Bewertung einer Strategie ist ihre **Realisierbarkeit**. Wir unterscheiden hier zwischen interner und externer Realisierbarkeit. Wesentliche Determinanten der internen Realisierbarkeit sind die vorhandenen (bzw. mittelfristig aufzubauenden) Ressourcen und Fähigkeiten sowie die Unterstützung der Strategie durch das Management (Management Commitment). Die

externe Realisierbarkeit bezieht sich auf die Durchsetzbarkeit der Strategie am
Markt.

Formaler Test
- Sind die der Strategie zugrunde liegenden Annahmen (z.B. im Hinblick auf Marktent-
  wicklung) realistisch?
- Wurde bei stark unsicherer Zukunftsentwicklung in ausreichendem Umfang mit ver-
  schiedenen Szenarien gearbeitet?
- Ist die Informationsgrundlage ausreichend?

Konsistenztest
- Ist die Strategie konsistent mit dem Unternehmensleitbild und mit den obersten Zielen
  des Unternehmens?
- Sind die Ziele konsistent mit der strategischen Stoßrichtung?
- Sind die Maßnahmen konsistent mit den Zielen?
- Berücksichtigt die Strategie die (bei der SGE-Bildung häufig vernachlässigten) wech-
  selseitigen Abhängigkeiten zwischen den SGEs?
- Sind die SGE-Strategien konsistent mit den strategischen Maßnahmen in den einzel-
  nen Funktionsbereichen?

Realisierbarkeitstest
Interne Realisierbarkeit
- Sind die zur Umsetzung der Strategie benötigten Ressourcen und Fähigkeiten vorhan-
  den?
- Ist das erforderliche Management Commitment zur Umsetzung der Strategie vorhan-
  den?
Externe Realisierbarkeit
- Ist die strategische Stoßrichtung vereinbar mit den Marktgegebenheiten und der eige-
  nen Wettbewerbsposition?
- Ist die Strategie am Markt durchsetzbar oder provoziert sie kurz-/mittelfristig Reaktio-
  nen der Wettbewerber, die ihre Realisierbarkeit in Frage stellen?

Wettbewerbsvorteil
- Ermöglicht die Strategie den Aufbau eines nachhaltigen Wettbewerbsvorteils?

Tabelle 6-1: Kritische Fragen zur Bewertung von Strategien

Schließlich sollte eine Strategie den Aufbau eines nachhaltigen **Wettbewerbsvorteils** ermöglichen. Aufgrund unseres teleologischen Verständnisses von strategischer Planung (vgl. Abschnitt 1.2), nach dem letztlich der Zweck der gesamten
strategischen Planung in der Sicherung von Wettbewerbsvorteilen besteht, kommt
diesem Kriterium zentrale Bedeutung im Rahmen der Strategiebewertung zu.

In Tabelle 6-1 ist ein Fragenkatalog zusammengestellt, der die genannten vier Be-
wertungskriterien abdeckt. Hier ist das von Day (1986) entwickelte Konzept der
tough questions eingeflossen, das auf einer ex-post-Analyse strategischer Fehl-
schläge basiert.

Bewertungskriterien	Häufigkeit der Nennung	Bewertungskriterien	Häufigkeit der Nennung
Erreichung vorgegebener Ziele	59,1 %	Angemessenheit für das Handeln auf ausländischen Märkten	28,2 %
Vereinbarkeit mit behördlichen Auflagen und Gesetzen	54,4 %	Übereinstimmung mit den Denk- und Handlungsgewohnheiten des Managements	27,5 %
Operative Umsetzbarkeit der Strategie	51,7 %		
Reaktion der Konkurrenz	49,7 %	Vereinbarkeit mit Bräuchen der Branche	22,8 %
Vereinbarkeit der Strategie mit anderen Strategien des Unternehmens	47,0 %	Berücksichtigung der einzelnen Interessengruppen inner- und außerhalb des Unternehmens	22,8 %
Beachtung erkannter Gefahren / Gelegenheiten	46,3 %	Robustheit der Strategie gegenüber unterschiedlichen Umweltentwicklungen	20,1 %
Verhältnis von Chancen und Risiken	45,0 %		
Einhaltung von Unternehmensgrundsätzen	40,3 %	Nutzung von Kooperationsmöglichkeiten	18,8 %
Konsistenz der Strategie in sich	36,9 %	Auswirkungen auf die ökologische Umwelt	16,1 %
Versorgung mit den notwendigen Ressourcen	30,2 %	Berücksichtigung relevanter gesellschaftspolitischer und sozialer Probleme	12,8 %

Basis: 149 deutsche Unternehmen mit strategischer Planung (Mehrfachnennungen möglich)

Tabelle 6-2: Strategiebewertung in der Unternehmenspraxis

Interessant ist in diesem Zusammenhang auch, welche Kriterien in der Unternehmenspraxis zur Beurteilung von Strategien herangezogen werden. Tabelle 6-2 zeigt
eine entsprechende (von Trux/Müller/Kirsch 1989 veröffentlichte) empirisch erho-
bene Aufstellung.

6.2 Strategieauswahl

Haben mehrere Strategiealternativen den kritischen Bewertungsprozeß "überstan-
den", so stellt sich das Problem der Auswahl einer Strategie. Dieses Entscheidungsproblem gestaltet sich insbesondere aus zwei Gründen recht schwierig:

• Bei der Beurteilung der Auswirkungen einer Strategie sind aufgrund der unsicheren Zukunftsentwicklung häufig mehrere Szenarien (vgl. Abschnitt 4.1.2) zu berücksichtigen.

• Die Auswahl einer Strategie erfolgt beinahe immer vor dem Hintergrund mehrerer Zielsetzungen, wobei in der Regel konkurrierende Ziele auftreten (man denke

etwa an die konkurrierenden Ziele kurzfristiger Gewinn und langfristiges Wachstum).

Letztendlich wird die Strategieauswahl maßgeblich von den Denkweisen und Präferenzen der Entscheidungsgremien im Unternehmen beeinflußt. Zur Unterstützung dieser Entscheidung können einige der in Teil IV dieses Buches vorgestellten Modelle herangezogen werden. Wir wollen dies durch die beiden folgenden Beispiele verdeutlichen.

- In Beispiel 6-1 befassen wir uns mit der Strategieauswahl bei Vorliegen mehrerer Szenarien. Es handelt sich um eine Entscheidung bei Unsicherheit bzw., falls Eintrittswahrscheinlichkeiten für die Szenarien vorliegen, eine Entscheidung bei Risiko. Zur Anwendung gelangen hier entsprechende Entscheidungsmodelle aus Kapitel 11.

- Beispiel 6-2 behandelt die Strategieauswahl bei mehrfacher Zielsetzung; hier kommen Ansätze der Vektoroptimierung (vgl. Kapitel 15) zur Anwendung.

Beispiel 6-1

In einem Unternehmen steht eine Entscheidung für eine von fünf Strategiealternativen (a_1 bis a_5) an. Da die zukünftige Entwicklung des strategischen Umfelds als äußerst unsicher empfunden wird, wurden nicht weniger als sechs Szenarien (s_1 bis s_6) erarbeitet, die nun bei der Strategieauswahl zu berücksichtigen sind. Entscheidungsgrundlage ist die nachfolgende **Payoff-Matrix**. Sie gibt für jede Kombination Strategie/Szenario den (geschätzten) diskontierten Gewinn der nächsten sechs Jahre (in Millionen DM) an. Die Payoff-Matrix entspricht der Entscheidungsmatrix des Problems (vgl. Kapitel 11).

Szenarien / Strategien	s_1	s_2	s_3	s_4	s_5	s_6
a_1	5,7	12,0	– 2,4	17,4	–4,8	–7,9
a_2	11,8	–4,6	9,7	5,2	–7,7	14,2
a_3	23,1	–5,1	16,2	–7,9	–9,3	10,1
a_4	13,8	19,7	–11,3	5,7	–2,6	–3,8
a_5	4,5	3,8	10,9	3,6	–8,1	–6,4

Zunächst können wir feststellen, daß alle fünf Strategien effiziente Alternativen darstellen (vgl. zum Effizienzbegriff Abschnitt 11.1).

Setzen wir voraus, daß für die verschiedenen Szenarien keine Eintrittswahrscheinlichkeiten gegeben sind, so liegt eine **Entscheidung bei Unsicherheit** vor (vgl. Abschnitt 11.2). Von den entsprechenden Entscheidungsregeln sollen im folgenden

- das Maximin-Prinzip,
- das Maximax-Prinzip,
- eine optimistische Version des Hurwicz-Prinzips (Optimismusparameter $\delta = 0,7$),
- eine pessimistische Version des Hurwicz-Prinzips (Optimismusparameter $\delta = 0,3$) und
- die Laplace-Regel

zur Anwendung kommen. Die Werte der Kennzahlen für die einzelnen Entscheidungsregeln sind dem nachfolgenden Tableau zu entnehmen. Der bzgl. einer bestimmten Entscheidungsregel optimale Wert ist jeweils gekennzeichnet. Das Maximin-Prinzip und die Laplace-Regel entscheiden sich also für a_2, während die restlichen drei Entscheidungsregeln Strategie a_3 als optimal ausweisen.

Entscheidungs-regeln / Strategien	Maximin	Maximax	Hurwicz ($\delta = 0,7$)	Hurwicz ($\delta = 0,3$)	Laplace
a_1	− 7,9	17,4	9,81	−0,31	3,33
a_2	− 7,7 *	14,2	7,63	−1,13	4,77 *
a_3	− 9,3	23,1 *	13,38 *	0,42 *	4,52
a_4	−11,3	19,7	10,40	−2,00	3,58
a_5	− 8,1	10,9	5,20	−2,40	1,38

Da der Unternehmensleitung diese Ansätze zur Strategieauswahl doch recht rudimentär erscheinen, sollen zusätzlich die unterschiedlichen Eintrittswahrscheinlichkeiten der einzelnen Szenarien berücksichtigt werden. Durch Expertenbefragungen werden für die Szenarien s_1 bis s_6 Eintrittswahrscheinlichkeiten von 0.08, 0.15, 0.13, 0.21, 0.18 und 0.25 ermittelt. Nun liegt also eine **Entscheidung bei Risiko** vor (vgl. Abschnitt 11.3). Es kommen folgende Entscheidungsregeln zur Anwendung:

- das μ-Prinzip,
- eine risikofreudige Version des (μ,σ)-Prinzips mit $\alpha = 0,2$ und
- eine risikoscheue Version des (μ,σ)-Prinzips mit $\alpha = -0,2$.

Es ergeben sich die Standardabweichungen $\sigma_1 = 10.033$, $\sigma_2 = 8.399$, $\sigma_3 = 11.367$, $\sigma_4 = 9.802$ und $\sigma_5 = 6.633$. Die entsprechenden Kennzahlen für die fünf Strategiealternativen sind im nachfolgenden Tableau zusammengestellt.

Strategie a_2 erweist sich jeweils als optimal. Der Grund für dieses Ergebnis liegt in den recht günstigen Ergebnissen, die diese Strategie unter den drei wahrscheinlichsten Szenarien (s_4, s_5 und s_6) liefert. Im Gegensatz dazu kommt Strategie a_3 - die in der Unsicherheitssituation noch bzgl. drei der fünf Kriterien optimal war - hier nicht zum Zug. Dies ist deshalb der Fall, weil diese Strategie ihre beiden günstigsten Ergebnisse unter den beiden unwahrscheinlichsten Szenarien s_1 und s_3 liefert, während sie bzgl. der beiden Szenarien s_4 und s_5, deren Eintrittswahrscheinlichkeiten recht hoch sind, jeweils am schlechtesten abschneidet.

Entscheidungs- regeln / Strategien	μ-Prinzip	(μ, σ)-Prinzip $(\alpha = 0,2)$	(μ, σ)-Prinzip $(\alpha = -0,2)$
a_1	2,759	4,766	0,752
a_2	4,771 *	6,451 *	3,091 *
a_3	2,381	4,654	0,108
a_4	2,369	4,329	0,409
a_5	0,045	1,372	-1,282

Beispiel 6-2

Es ist über die Strategie einer SGE für die nächsten fünf Jahre zu entscheiden. Die Auswahl einer der sechs vorliegenden Strategiealternativen (a_1 bis a_6) soll auf der Basis der folgenden fünf Ziele erfolgen:

- z_1: durchschnittliche Rentabilität der SGE in den nächsten fünf Jahren (in %),

- z_2: durchschnittliches Umsatzwachstum der SGE in den nächsten fünf Jahren (in %),

- z_3: Sicherheit der Arbeitsplätze (Ordinalskala von 1 (stark gefährdet) bis 7 (ungefährdet)),

- z_4: Konsistenz der Strategie mit dem Unternehmensleitbild (Nominalskala mit den Ausprägungen 0 (Inkonsistenz) und 1 (Konsistenz)) und

- z_5: Übereinstimmung mit den Vorstellungen des Managements (Ordinalskala von 1 (starke Widersprüche) bis 7 (weitestgehende Übereinstimmung)).

Die Ausprägungen der einzelnen Strategiealternativen bzgl. dieser Ziele sind dem nachstehenden Tableau zu entnehmen.

Strategien \ Ziele	z_1 (./.)	z_2 (./.)	z_3 (1 bis 7)	z_4 (0 / 1)	z_5 (1 bis 7)
a_1	17	0	2	0	4
a_2	3	8	4	1	3
a_3	–4	20	6	1	4
a_4	25	–5	1	0	4
a_5	6	4	4	1	5
a_6	10	6	2	1	4

Zur Behandlung der hier vorliegenden **Entscheidung bei mehrfacher Ziel-setzung** sind Ansätze der Vektoroptimierung geeignet (vgl. Abschnitt 15.1). Zur Anwendung der entsprechenden Lösungsansätze transformieren wir die Werte im Tableau zunächst für jedes der Ziele auf eine einheitliche Skala von 0 bis 1. Der jeweils niedrigste auftretende Wert entspricht 0, der höchste Wert 1. Die dazwischenliegenden Werte werden "maßstabsgetreu" transformiert; so ordnen wir z.B. der Strategie a_1 bzgl. des Ziels z_1 (niedrigster Wert -4, höchster Wert 25) den Wert

$$\frac{17 - (-4)}{25 - (-4)} = 0{,}724$$

zu. Auf diese Weise ergibt sich das folgende transformierte Tableau:

Strategien \ Ziele	z_1	z_2	z_3	z_4	z_5
a_1	0,724	0,20	0,2	0	0,5
a_2	0,241	0,52	0,6	1	0
a_3	0	1	1	1	0,5
a_4	1	0	0	0	0,5
a_5	0,345	0,36	0,6	1	1
a_6	0,483	0,44	0,2	1	0,5

Zunächst stellen wir fest, daß alle Strategien effiziente Alternativen im Sinne der Vektoroptimierung (vgl. Abschnitt 15.1) darstellen. Der ideale Zielvektor besteht aus lauter Einsen. Er wird von keiner der Alternativen erreicht; somit existiert keine perfekte Lösung.

Zur Auswahl einer der Strategien soll die Methode der konstanten Zielgewichtung, in Kapitel 15 als skalares Ersatzprogramm (SEP) bezeichnet, herangezogen werden. Hierbei wird mit zwei unterschiedlichen Gewichtungsvektoren gearbeitet:

- Die erste Variante (SEP$_1$) stellt die ökonomischen Ziele in den Vordergrund. Hier sind die Gewichte $t_1 = 0.4$, $t_2 = 0.4$, $t_3 = 0.05$, $t_4 = 0.1$ und $t_5 = 0.05$.

- Die Verfechter des zweiten Ansatzes (SEP$_2$) messen den nicht-ökonomischen Komponenten des Zielsystems höhere Bedeutung bei. Die entsprechenden Gewichte sind gegeben durch $t_1 = 0.25$, $t_2 = 0.05$, $t_3 = 0.3$, $t_4 = 0.2$ und $t_5 = 0.2$.

Die nachfolgende Aufstellung zeigt die Werte der einzelnen Strategiealternativen bzgl. der beiden SEP. In Klammern sind die jeweils resultierenden Präferenzrangfolgen angegeben. SEP$_1$ weist Strategie a_3 als optimal aus; SEP$_2$ schlägt a_5 vor. Recht gut schneidet jeweils noch a_6 ab, während die Strategien a_1, a_2 und a_4 durchweg als nachteilig erkannt werden.

	a_1	a_2	a_3	a_4	a_5	a_6
SEP$_1$	0.405 (6)	0.434 (4)	0.575 (1)	0.425 (5)	0.462 (3)	0.504 (2)
SEP$_2$	0.351 (5)	0.466 (4)	0.650 (2)	0.350 (6)	0.684 (1)	0.503 (3)
KOP (l^2)	2.606 (5)	1.966 (4)	1.250 (2)	3.250 (6)	0.999 (1)	1.471 (3)

In der dritten Zeile des Tableaus sind die Werte der einzelnen Strategiealternativen bzgl. des Kompromißprogramms (KOP) angegeben, das auf der l^2-Distanz zum idealen Zielvektor basiert; die einzelnen Ziele sind hier jeweils mit 1 gewichtet (vgl. Abschnitt 15.1.3). Es ergibt sich die gleiche Präferenzrangfolge wie bzgl. SEP$_2$. Es ist also eine gewisse Tendenz der angewandten Entscheidungsregeln zugunsten von Strategie a_5 erkennbar. Diese Strategie stellt einen ausgewogenen Kompromiß zwischen ökonomischen und nicht-ökonomischen Zielsetzungen dar.

Denkbar sind auch Konstellationen, in denen sowohl mehrere Szenarien als auch mehrere Ziele bei der Strategieauswahl zu berücksichtigen sind (gewissermaßen eine Kombination der Beispiele 6-1 und 6-2). Die Entscheidungssituation läßt sich dann nicht mehr durch eine Matrix, sondern in einem (dreidimensionalen) Kubus erfassen (Abbildung 6-1): Für jede Strategiealternative liegt zu jeder Kombination von Szenario und Ziel eine Beurteilung vor, was in Abbildung 6-1 beispielhaft für a_2 und die Kombination (s_3, z_3) gezeigt ist. In einer solchen Situation ist es sinnvoll, zunächst entweder über die Szenarien oder über die Ziele zu aggregieren und so die Dimensionalität der Entscheidungssituation um eins zu reduzieren. Zur Aggregation können solche Kennzahlen herangezogen werden, wie wir sie in den Beispielen 6-1 bzw. 6-2 zur Entscheidungsfindung verwendet haben. Ein entsprechendes Beispiel findet der Leser in Aufgabe 6-1.

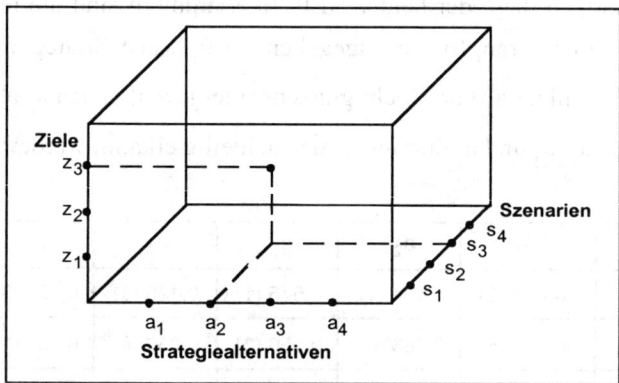

Abbildung 6-1: Strategieauswahl bei mehreren Szenarien und mehreren Zielen

Zahlreiche Lehrbücher zur strategischen Planung empfehlen im Zusammenhang mit der Strategieauswahl die Anwendung von **Scoring-Modellen**. Hierbei beurteilt man die einzelnen Strategiealternativen im Hinblick auf einen vorgegebenen Katalog von Variablen, gewichtet diese Variablen und berechnet für jede Strategiealternati-

ve den gewichteten Durchschnitt der Beurteilungen. Diese Vorgehensweise entspricht exakt

- der Anwendung des μ-Kriteriums in Beispiel 6-1; hier sind die Variablen durch
  die Szenarien und ihre Gewichte durch deren Eintrittswahrscheinlichkeiten gegeben;
- der Anwendung eines SEP in Beispiel 6-2; hier sind die Variablen die Ziele, die
  ja im Rahmen des SEP gewichtet werden.

Ein Scoring-Modell ist also keine eigenständige Entscheidungstechnik. Es handelt
sich lediglich um einen Oberbegriff für spezielle (in formaler Hinsicht ähnliche)
Ansätze im Zusammenhang mit Entscheidungen bei Risiko bzw. bei mehrfacher
Zielsetzung. Weber/Krahnen/Weber (1995) verweisen auf häufige Fehler bei der
Anwendung von Scoring-Verfahren.

6.3 Übungsaufgaben zu Kapitel 6

Gegenstand der Aufgabe 6-1 ist die Strategieentscheidung auf der Grundlage von Entscheidungsmodellen (vgl. Kapitel 11).

Aufgabe 6-1

In einem Unternehmen wird die Strategieentwicklung sehr intensiv betrieben. Bei der Strategiebewertung und -auswahl werden sowohl mehrere Szenarien als auch mehrere Ziele berücksichtigt. Die Entscheidungsgrundlage bilden die folgenden "Payoff-Matrizen", die die geschätzten Gewinne der nächsten fünf Jahre (in GE) angeben:

Szenario 1:

Strategie-alternativen \ Ziele	z_1	z_2	z_3	z_4
a_1	6	4	2	5
a_2	4	5	4	3
a_3	5	4	2	4
a_4	1	7	6	2

Szenario 2:

Strategie-alternativen \ Ziele	z_1	z_2	z_3	z_4
a_1	2	3	5	4
a_2	4	2	4	4
a_3	5	3	3	2
a_4	4	4	3	3

Szenario 3:

Strategie-alternativen \ Ziele	z_1	z_2	z_3	z_4
a_1	7	5	-1	-2
a_2	4	2	1	1
a_3	4	3	2	1
a_4	3	2	2	1

Szenario 4:

Strategie-alternativen \ Ziele	z_1	z_2	z_3	z_4
a_1	2	7	3	4
a_2	3	2	4	2
a_3	7	6	-2	5
a_4	2	1	4	1

a) Ermitteln Sie für jedes Szenario die Strategiealternative, die bezüglich des skalaren Ersatzprogramms (SEP) mit den Gewichten $t_1 = 0,3$, $t_2 = 0,2$, $t_3 = 0,4$ und $t_4 = 0,1$ optimal ist.

b) Ausgehend von den in a) ermittelten Ergebnissen des skalaren Ersatzprogramms soll die optimale Strategie unter Berücksichtigung der vier Szenarien mit dem Maximin-Prinzip, dem Maximax-Prinzip und dem Hurwicz-Prinzip ($\delta = 0,7$ als Optimismusparameter) ermittelt werden.

c) Im Rahmen einer verfeinerten Entscheidungsfindung sollen Eintrittswahrscheinlichkeiten für die Szenarien berücksichtigt werden: Hierbei geht man von folgenden Eintrittswahrscheinlichkeiten aus: 0,4 für s_1, 0,2 für s_2, 0,1 für s_3 und 0,3 für s_4. Bewerten Sie ausgehend von diesen Wahrscheinlichkeiten und der in a) ermittelten Ergebnismatrix die Strategien nach dem (μ, σ)-Prinzip mit

$$\phi(a_i) = \mu_i + \alpha \sigma_i \qquad \text{und} \qquad \alpha = 0,2 \,.$$

Lösung

a) Das skalare Ersatzprogramm ergibt folgende Bewertungen der einzelnen Alternativen. Die bzgl. der einzelnen Szenarien optimalen Strategiealternativen sind jeweils gekennzeichnet.

Szenarien / Strategiealternativen	s_1	s_2	s_3	s_4
a_1	3,9	3,6*	2,5	3,6*
a_2	4,1	3,6*	2,1	3,1
a_3	3,5	3,5	2,7*	3
a_4	4,3*	3,5	2,2	2,5

Strategie a_1 wird für die Szenarien 2 und 4 als optimal betrachtet. Alternative a_2 ist für Szenario 2, a_3 für Szenario 3 und a_4 für Szenario 1 optimal.

b) Die Bewertung der Strategien unter den verschiedenen Entscheidungsregeln ergibt:

	Maximin	Maximax	Hurwicz ($\delta = 0,7$)
a_1	2,5	3,9	3,48
a_2	2,1	4,1	3,5
a_3	2,7*	3,5	3,26
a_4	2,2	4,3*	3,67*

Das eher pessimistisch orientierte Maximin-Kriterium weist Strategie a_3 als optimal aus, während die optimistischere Maximax-Regel und das Hurwicz-Kriterium mit dem Optimismusparameter 0,7 Alternative a_4 bevorzugen.

c) Der Mittelwert μ_i für die Alternative a_i ergibt sich entsprechend der Formel

$$\mu_i = \sum_{j=1}^{4} p_j \cdot z_{ij} \, ,$$

wobei p_j die Eintrittswahrscheinlichkeit von Szenario j ist und z_{ij} die in a) ermittelte Bewertung der Alternative i bzgl. des Szenarios j bezeichnet. Man erhält folgende Werte:

	a_1	a_2	a_3	a_4
μ_i	3,61	3,5	3,27	3,39

Für die Standardabweichungen erhalten wir gemäß

$$\sigma_i = (\sum_{j=1}^{4} (z_{ij} - \mu_i)^2 \cdot p_j)^{1/2}$$

folgende Werte:

	a_1	a_2	a_3	a_4
σ_i	0,396	0,62	0,29	0,84

Daraus ergeben sich die nachstehenden Bewertungen $\phi(a_i)$:

	a_1	a_2	a_3	a_4
$\phi(a_i)$	3,689*	3,624	3,328	3,558

Das (μ,σ)-Prinzip weist somit a_1 als optimale Strategiealternative aus.

6.4 Literatur zu Kapitel 6

Mit Strategiebewertung und -auswahl befassen sich u.a. Hinterhuber (1980), Trux/Müller/Kirsch (1989), Rowe/Mason/Dickel (1985), Day (1986) sowie Wied-mann/Kreutzer (1989). Bei von Ilsemann (1980) und Leemhuis (1985) wird das Problem im Zusammenhang mit verschiedenen Szenarien behandelt.

TEIL III:

PLANUNG IN FUNKTIONSBEREICHEN

Inhalt:

- Marketing

- Logistik

- Produktion

- Investition und Finanzierung

7 Marketing

Im Zusammenhang mit dem starken Bedeutungszuwachs des Marketing im Unternehmen (resultierend aus dem Übergang von Verkäufermärkten zu wettbewerbsintensiven Käufermärkten) erfolgten auch intensive Versuche, den Marketingbereich quantitativen Modellen zugänglich zu machen. Hierbei standen häufig "klassische" OR-Modelle im Vordergrund, wie wir sie in den Kapiteln 12 bis 14 behandeln. Mittlerweile hat sich allerdings die Erkenntnis durchgesetzt, daß diese Modelle für sich allein genommen zur Lösung von Marketingproblemen recht wenig beitragen können.

Hieraus sollte jedoch nicht die Folgerung gezogen werden, daß Marketingprobleme generell quantitativen Analysen nicht zugänglich seien. Vielmehr wird eine gewisse **Sonderstellung des Marketing** unter den betrieblichen Funktionsbereichen deutlich. Sie resultiert im wesentlichen aus der Schwierigkeit, das **Verhalten der Abnehmer**, das ja für das Marketing von entscheidender Bedeutung ist, in einem Modell zu erfassen. In diesem Zusammenhang sind vor allem vier Problembereiche zu nennen (vgl. Lilien/Kotler/Moorthy 1992):

- das Aggregationsproblem (Problem der Aggregation von individuell unterschiedlichen Reaktionen auf Marketingaktivitäten zu einer "Marktreaktion"),
- das Interaktionsproblem (Problem der schwierig zu erfassenden/zu modellierenden Interaktionseffekte zwischen einzelnen Marketinginstrumenten),
- das Problem der zeitlichen Zuordnung der Erfolge von Marketingaktivitäten (verursacht durch verzögerte Reaktionen der Abnehmer (Carry-Over-Effekte) auf Marketingmaßnahmen, z.B. Werbung) und
- das Problem der Konkurrenzaktivitäten (die entscheidenden Einfluß auf den Erfolg der eigenen Marketingmaßnahmen haben).

Diese Punkte verdeutlichen, warum gängige OR-Modelle, deren Struktur ja weitgehend festgelegt ist, in der Regel nicht direkt auf Marketingfragestellungen angewandt werden können. Vielmehr benötigt man problemspezifische Modelle, deren Struktur durch entsprechende Wahl der Modellparameter situationsgerecht gestaltet werden kann. Dies ist auch eine der zentralen Forderungen im Rahmen des von

Little (1970) formulierten Konzepts des Decision Calculus (vgl. hierzu Abschnitt 2.2.3). Weiterhin ist anzumerken, daß der Schwerpunkt der quantitativen Modellierung im Marketing häufig nicht die Optimierung sondern vielmehr die Beschreibung und Erklärung von Phänomenen ist. Innerhalb eines derart gestalteten Modells können natürlich auch Optimierungsmodule zur Anwendung kommen.

Wir behandeln in den folgenden vier Abschnitten ausgewählte Modelle aus den vier Teilbereichen des Marketing-Mix:

- Produktpolitik (Abschnitt 7.1),
- Distributionspolitik (Abschnitt 7.2),
- Preispolitik (Abschnitt 7.3) und
- Kommunikationspolitik (Abschnitt 7.4).

Aus noch zu erläuternden Gründen wird der Schwerpunkt auf der Produktpolitik liegen. Es wurde angestrebt, solche Modelle auszuwählen, die den oben aufgezeigten problematischen Aspekten Rechnung tragen und sich - zumindest in gewissem Umfang - in der Marketingpraxis bewährt haben. Wir verzichten in diesem Kapitel auf die Behandlung von quantitativen Marketing-Mix-Modellen, die sich auf mehrere Komponenten des Marketing-Mix beziehen. Die beiden bekanntesten Vertreter dieser Klasse von Modellen sind BRANDAID und ADVISOR. In diesem Zusammenhang wird auf die entsprechende Literatur (Little 1975 bzw. Lilien 1979 sowie Lilien/Kotler/Moorthy 1992) verwiesen.

7.1 Produktpolitik

Die Produktpolitik ist unserer Einschätzung nach die zentrale Komponente des Marketing-Mix. Ihre große Bedeutung ergibt sich insbesondere aus der Tatsache, daß langfristige Erfolgspotentiale häufig nur über Produktinnovationen gesichert werden können. So ergab eine in Deutschland durchgeführte Untersuchung, daß für 71% aller befragten Unternehmen Produktinnovationen eine hohe Bedeutung als strategische Erfolgsfaktoren haben (vgl. Heppner 1995). Erfolgreiche Produktinnovationen sind auch deshalb von entscheidender Wichtigkeit, weil die Lebenszyklen zahlreicher Produkte in den letzten Jahrzehnten deutlich kürzer geworden sind (vgl. Gemünden 1994).

Wesentliche **Entscheidungsfelder der Produktpolitik** sind

- die Produktgestaltung (funktional-technische Gestaltung des Produktkerns, Positionierung des Produkts im Hinblick auf wesentliche Eigenschaften, Produktdifferenzierung, Produktdesign, Verpackungsgestaltung),
- die Marktpräsenz von Produkten (Neuprodukteinführung, Produktelimination) und
- das Produktprogramm (Zusammensetzung, Breite und Tiefe des Programms).

Zur Unterstützung der Entscheidungen in den einzelnen Feldern existiert mittlerweile eine Vielzahl quantitativer Modelle. Das wohl bekannteste Beispiel aus der "Frühzeit des Marketing" ist der DEMON-Ansatz von Charnes et al. (1966). Es handelt sich um ein graphentheoretisch orientiertes Modell zur Behandlung des Entscheidungsprozesses im Rahmen der Neuproduktentwicklung und -einführung. Bei Opitz/Schader (1975) finden wir Anwendungen von vorgangs- bzw. entscheidungsorientierten Methoden der Netzplantechnik (CPM bzw. GERT, vgl. hierzu Abschnitt 12.3) auf den Prozeß der Neuproduktentwicklung. Wir behandeln im folgenden

- Modelle zur Produktgestaltung (Abschnitt 7.1.1),
- Modelle zur Produktpositionierung (Abschnitt 7.1.2),
- Diffusionsmodelle (Abschnitt 7.1.3) und
- Modelle zur Neuprodukteinführung (Abschnitt 7.1.4).

Auf Modelle zur Produktprogrammentscheidung soll an dieser Stelle nicht eingegangen werden. Wir verweisen in diesem Zusammenhang auf Hruschka (1996) sowie auf Homburg/Daum (1997, Kapitel 5).

7.1.1 Modelle zur Produktgestaltung

Zur Produktgestaltung gehört neben der Ideenfindung die Erstellung und Bewertung von Produktkonzepten. In der Phase der Ideenfindung kommen Kreativitätstechniken zum Einsatz, auf die an dieser Stelle nicht näher eingegangen werden
soll (vgl. z.B. Schlicksupp 1995). Bei der Erstellung und Bewertung von Produktkonzepten sind marktorientierte Vorgehensweisen besonders erfolgsversprechend
(vgl. Homburg/Gruner 1996). In diesem Zusammenhang werden häufig das Quality
Function Deployment (QFD) und die Conjoint-Analyse (CA) genannt. Daher wird
im folgenden auf diese Instrumente zur Produktgestaltung näher eingegangen. Eine
ausführliche Darstellung weiterer Modelle zur Produktgestaltung findet man z.B.
bei Lilien/Kotler/Moorthy (1992, S. 238 ff.).

Das **Quality Function Deployment (QFD)** ist ein Instrument zur strukturierten
Übertragung von Kundenwünschen in Produktmerkmale. Es dient insbesondere zur
Gestaltung von Schnittstellen, wodurch eine fehlerfreie Übertragung von Kundenwünschen in technische Produktmerkmale erreicht werden soll. Das in Japan schon
in den 70-er Jahren entwickelte Verfahren (vgl. Akao 1992) erfuhr in der Folgezeit
große Beliebtheit in der Unternehmenspraxis und wird inzwischen in vielen inter-
nationalen Großunternehmen angewendet.

QFD erfordert interdisziplinäre Teamarbeit und stellt hierfür ein schrittweises Verfahren zur Verfügung. Wichtigster Bestandteil des QFD ist das "House of Quality",
welches einzelne Arbeitsschritte und -ergebnisse enthält (vgl. Abbildung 7-1).

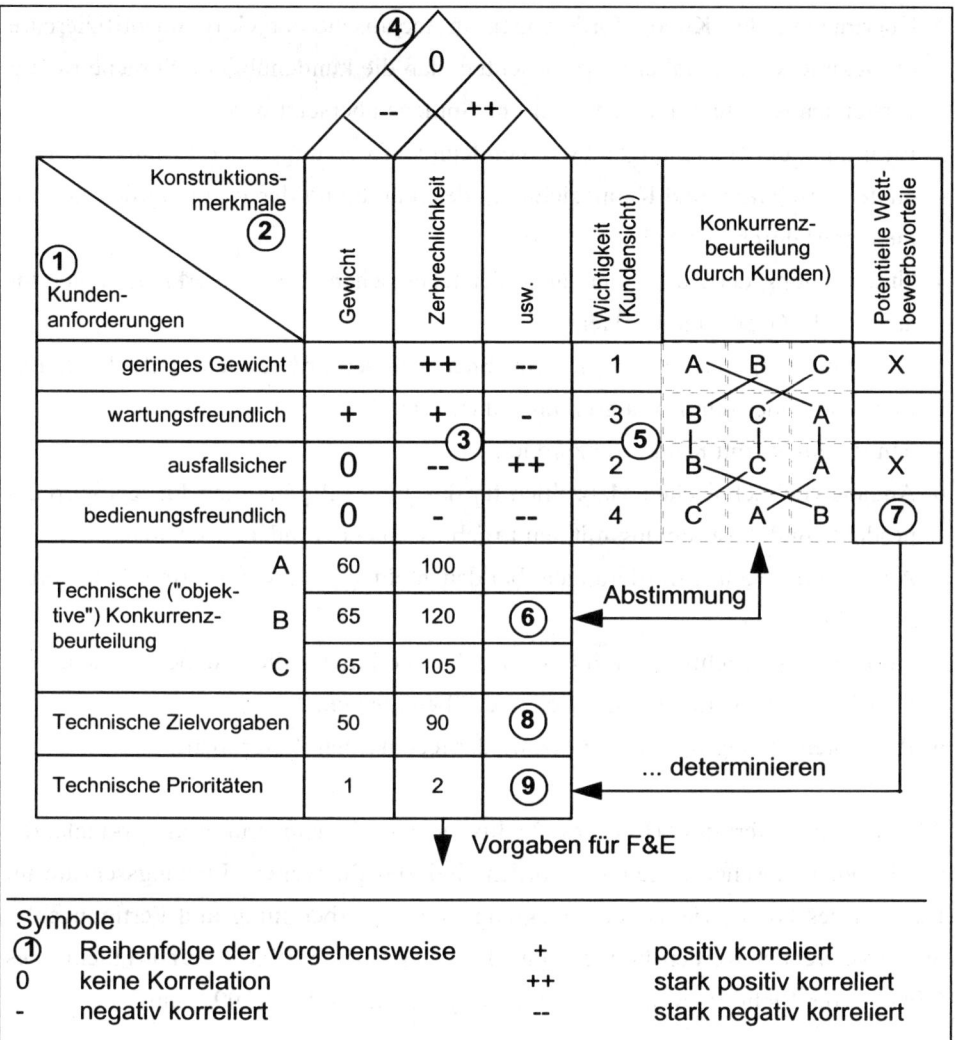

Abbildung 7-1: Das House of Quality als Basismatrix des QFD für ein fiktives
Produkt (in Anlehnung an Hilker 1993)

Es werden neun Arbeitsschritte unterschieden (vgl. Abbildung 7-1):

1. Erfassung und Strukturierung der Kundenanforderungen der relevanten Kunden-
gruppe an ein Produkt. Dabei kann es sich auch um rein qualitative Aussagen
handeln. Wichtig ist jedoch, daß die erfaßten Kundenforderungen kaufentschei-
dend sind.

2. Übertragung der Kundenforderungen in technische, objektiv quantifizierbare Produktmerkmale. Dabei ist zu beachten, daß die kundenübliche Sprache richtig verstanden wird und in eine technische Sprache übersetzt wird.

3. Ermittlung der Beziehungen zwischen Kundenforderungen und technischen Produkteigenschaften und Kennzeichnung der Stärke und der Richtung des Zusammenhangs durch Symbole (++, +, 0, -, --).

4. Untersuchung der Zusammenhänge der technischen Produktmerkmale untereinander (z.B. Größe und Gewicht).

5. Ermittlung der Wichtigkeit der einzelnen Kundenforderungen (z.B. durch Rating-Skala oder durch Rangreihung) durch den Kunden und Vergleich des eigenen Produktes mit Konkurrenzprodukten.

6. Angabe von technischen Maßzahlen für das eigene Produkt und für Konkurrenzprodukte und Abstimmung mit den Ergebnissen der Kundeneinschätzung.

7. Auswahl der Kundenforderungen, bei denen ein Wettbewerbsvorteil erzielt werden sollte.

8. Vorgabe von Richtwerten für technische Merkmale, die Kundenwünsche zur Erzielung von Wettbewerbsvorteilen erfüllen können.

9. Prioritätensetzung für die Umsetzung der technischen Zielgrößen.

Als Ergebnis liefert das "House of Quality" technische Konstruktionsmerkmale, die aus Kundenwünschen abgeleitet worden sind und für weitere Planungsschritte im Rahmen des QFD (wie Teileentwicklung, Arbeitsvorbereitung und Fertigungsplanung) verwendet werden können (vgl. Hauser/Clausing 1988). Auf Probleme des QFD aus der Sicht des Marketing gehen Engelhardt/Freiling (1997) ein.

Die **Conjoint-Analyse** ist eine multivariate Analysetechnik, die seit den 80er Jahren in Forschung und Praxis eine hohe Popularität aufweist. Auf der Basis empirisch erhobener Präferenzurteile kann untersucht werden, wie sich Veränderungen von Produkteigenschaften auf die Präferenz des Kunden auswirken. Dabei werden Gesamtnutzenwerte in dekompositioneller Weise in Teilnutzenwerte heruntergebrochen. Außerdem kann die Wichtigkeit einzelner Produkteigenschaften für einen Kunden ermittelt werden.

Das folgende, schrittweise Vorgehen zur Durchführung einer Conjoint-Analyse kann identifiziert werden:

1. Ermittlung und Auswahl der verwendeten Produkteigenschaften und dazugehöriger Eigenschaftsausprägungen

2. Entwicklung eines Erhebungsdesigns und Datenerhebung

3. Schätzung der Nutzenwerte

An die verwendeten Eigenschaften und dazugehörigen Eigenschaftsausprägungen werden folgende Anforderungen gestellt:

- Die Eigenschaften müssen relevant sein.
- Die Eigenschaften müssen beeinflußbar, d.h. änderbar, sein.
- Die Eigenschaften sollten unabhängig voneinander sein. Dies ist eine zentrale Voraussetzung für die Anwendung des üblichen additiven Nutzenmodells, in dem Interaktionseffekte nicht berücksichtigt werden können.
- Die Eigenschaftsausprägungen müssen realisierbar sein und die Abstufungen der Ausprägungen einer Eigenschaft dürfen weder zu groß, noch zu klein sein (vgl. Aaker/Day 1990, S. 603).
- Die Anzahl der Eigenschaften und ihrer Ausprägungen muß begrenzt sein, damit die Komplexität der Erhebung beherrschbar bleibt.

Die Conjoint-Analyse bietet traditionell zwei Ansätze zur Datenerhebung (sogenannte Erhebungsdesigns) an. Die Trade-Off-Methode (Zwei-Faktor-Methode) bildet für jedes mögliche Paar von Eigenschaften eine Trade-Off-Matrix, die von einer Auskunftsperson sukzessive bewertet werden müssen. Hat ein Produkt n Eigenschaften, so sind $\binom{n}{2} = \frac{n(n-1)}{2}$ Trade-Off-Matrizen zu bewerten. Bei einer großen Zahl von Eigenschaften ist die Zahl der zu bewertenden Trade-Off-Matrizen somit sehr groß. Die Bewertung durch die Auskunftsperson erfolgt, indem Rangplätze abhängig vom Nutzen der einzelnen Paare von Eigenschaftsausprägungen vergeben werden.

In der Praxis wird die Profilmethode häufiger verwendet. Dabei werden einer Auskunftsperson fiktive Produkte (Stimuli) beispielsweise in Form von Produktkärtchen vorgelegt (vgl. Beispiel 7-1). Wurden für ein Produkt n Eigenschaften mit jeweils a_i Ausprägungen (i = 1, ..., n) festgelegt, so lassen sich $a_1 \cdot a_2 \cdot ... \cdot a_n$ verschiedene Stimuli bilden. Bei einem Produkt mit fünf Eigenschaften mit jeweils drei Ausprägungen wären beispielsweise 243 verschiedene Stimuli möglich. Es ist offensichtlich, daß man sehr schnell zu einer unübersichtlichen Zahl verschiedener Stimuli gelangt, was eine Datenerhebung unmöglich macht. Es gibt jedoch Verfahren, die unter gewissen Voraussetzungen aus der Gesamtzahl möglicher Stimuli eine begrenzte repräsentative Menge auswählen. In diesem Zusammenhang spricht man von "reduzierten Designs".

Die Bewertungsaufgabe der Auskunftsperson bei der Profilmethode besteht beispielsweise darin, die Stimuli in eine Rangreihung zu bringen. Dabei ist es sinnvoll, wenn in einem ersten Schritt zwei Stapel gebildet werden, wobei der erste Stapel tendenziell eher positiv beurteilte Stimuli und der zweite Stapel tendenziell eher negativ beurteilte Stimuli enthält. In einem zweiten Schritt wird innerhalb der Stapel die Feinsortierung nach abnehmenden Nutzenwerten vorgenommen. In einem dritten Schritt werden die Stapel zusammengefügt und die Gesamtreihenfolge nochmals kontrolliert. Die auf diese Weise erhaltene Rangreihung bildet die Datengrundlage für die Schätzung der Nutzenwerte.

Die Schätzung der Nutzenwerte erfolgt auf der Grundlage des additiven Nutzenmodells der Conjoint-Analyse:

$$y_k = \sum_{j=1}^{J} \sum_{m=1}^{M_j} \beta_{jm} x_{jmk}$$

mit

k:	Stimulus k
J:	Anzahl der Eigenschaften (j=1, ...,J)
M_j:	Anzahl der Ausprägungen von Eigenschaft j (m=1, ..., M_j, für alle j)
y_k:	geschätzter Gesamtnutzen für Stimulus k
β_{jm}:	Teilnutzenwert für Ausprägung m von Eigenschaft j
x_{jmk}:	ist gleich 1, wenn bei Stimulus k die Eigenschaft j in der Ausprägung m vorliegt (0 sonst)

Ziel des iterativen, mehrstufigen Verfahrens ist es, die empirisch ermittelte Rangreihung p_k durch die ermittelten geschätzten Gesamtnutzenwerte y_k optimal zu re-

produzieren. Dies geschieht in der Regel durch das Verfahren der monotonen Regression, das durch abwechselnde, iterative Anwendung einer monotonen Transformation und eines Gradientenverfahrens zur Minimierung eines Streßkriteriums
gekennzeichnet ist (vgl. Kruskal 1965).

Als Ergebnis der Berechnung ergeben sich die Teilnutzenwerte der Eigenschaftsausprägungen (β_{jm}) und die geschätzten Gesamtnutzenwerte der Stimuli (y_k). Die
Teilnutzenwerte (β_{jm}) sind im Rahmen der Produktgestaltung von großer Bedeutung, da Ausprägungen mit einem hohen Teilnutzen den Gesamtnutzen eines Produktes positiv beeinflussen (vgl. Beispiel 7-1). Außerdem ergibt sich die Bedeutung
der einzelnen Eigenschaften (w_j) aus der Differenz des größten Teilnutzenwertes
und des kleinsten Teilnutzenwertes (vgl. Beispiel 7-1):

$$w_j = \text{Max}_m \left\{ \beta_{jm} \right\} - \text{Min}_m \left\{ \beta_{jm} \right\}$$

Um die so berechneten Werte vergleichbar zu machen, kann eine Normierung vorgenommen werden, beispielsweise durch Angabe der Wichtigkeiten in Prozent.

Beispiel 7-1 (Quelle: Homburg/Daum 1997, S. 116 ff.)
Gegenstand dieses Beispiels ist die Durchführung einer Conjoint-Analyse zur
Bestimmung eines aus Kundensicht nutzenmaximalen Kurierdienstes, welcher
durch vier Eigenschaften gekennzeichnet ist. Die Datenerhebung erfolgt mit
der Profilmethode:

Leistungsangebot 1
- Delivery Time: overnight (bis 10.00 Uhr am Folgetag)
- Preis: 100,- DM (für das erste Kilogramm)
- Lokalisierbarkeit des Auftrags: jederzeit lokalisierbar
- Versicherungsumfang: unbegrenzt

Vergleich

Leistungsangebot 2
- Delivery Time: innerhalb von 24 Stunden
- Preis: 70,- DM (für das erste Kilogramm)
- Lokalisierbarkeit des Auftrags: bedingt lokalisierbar
- Versicherungsumfang: bis 1000,- DM

Nach der Anwendung des Schätzalgorithmus ergeben sich folgende Teil-nutzenwerte für die einzelnen Ausprägungen der vier Eigenschaften:

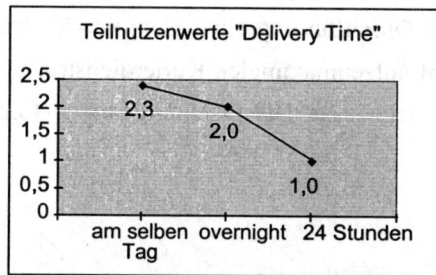

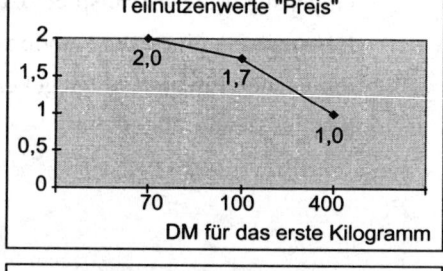

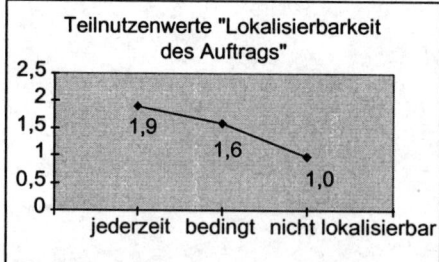

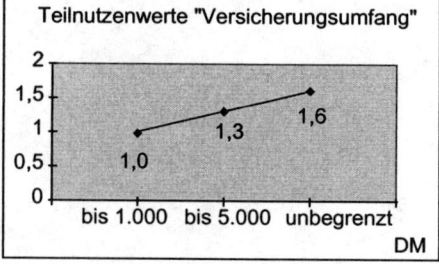

Aus der Darstellung ist beispielsweise zu erkennen, daß für die Eigenschaft

"Delivery Time" die Ausprägung "overnight" einen deutlich höheren Nutzen stiftet als die Ausprägung "24 Stunden" (Nutzendifferenz = 1,0). Andererseits stiftet die Ausprägung "am selben Tag" zwar einen zusätzlichen Nutzen gegenüber der Ausprägung "overnight", allerdings ist der Nutzenunterschied (Nutzendifferenz = 0,3) nicht so hoch wie im ersten Vergleich. Für die Produktgestaltung könnte dies bedeuten, daß die Ausprägung "overnight" unter Berücksichtigung der Kosten des Anbieters am sinnvollsten wäre. Der aus Kundensicht nutzenmaximale Kurierdienst ergibt sich jedoch einfach aus der Kombination der jeweils nutzenmaximalen Eigenschaftsausprägungen:

- Delivery Time: am selben Tag
- Preis: 70,- DM
- Lokalisierbarkeit des Auftrages: jederzeit
- Versicherungsumfang: unbegrenzt

Dieser nutzenmaximale Kurierdienst ist jedoch aufgrund der oben dargestellten Kosten/Nutzen-Überlegung in der Regel nicht optimal aus Herstellersicht.

Die relative Wichtigkeit W für jede Eigenschaft ergibt sich durch Subtraktion des geringsten Teilnutzenwertes vom höchsten Teilnutzenwert (durch anschließende Division dieser Werte durch die Summe, hier 3,8, und Multiplikation mit dem Faktor 100 lassen sich die relativen Wichtigkeiten auch in % angeben, siehe unten):

W(Delivery Time)	$= 2,3 - 1,0 = 1,3$ (34,2 %)
W(Preis)	$= 2,0 - 1,0 = 1,0$ (26,3 %)
W(Lokalisierbarkeit)	$= 1,9 - 1,0 = 0,9$ (23,7 %)
W(Versicherungsumfang)	$= 1,6 - 1,0 = 0,6$ (15,8 %)
Summe	$= 3,8$ (100 %) .

Es ist beispielsweise zu erkennen, daß die Eigenschaft "Delivery Time" mit 34,2 % für den Kunden am wichtigsten ist. Der Versicherungsumfang weist dagegen mit 15,8 % die geringste Wichtigkeit auf.

7.1.2 Modelle zur Produktpositionierung

Kennzeichnend für diese Gruppe von Modellen ist, daß sie Produktkonzepte über ihre Position in (durch Konsumentenpräferenzen bestimmten) **Eigenschaftsräumen** beurteilen. Abbildung 7-2 zeigt ein Beispiel für die Positionierung einiger Zahnpasta-Marken in einem zweidimensionalen Eigenschaftsraum. Solche Darstellungen ermöglichen u.a. die Analyse der Wettbewerbsbeziehungen zwischen einzelnen Marken: Je näher zwei Marken im Eigenschaftsraum beieinander liegen, desto intensiver ist der Wettbewerb zwischen ihnen. Desweiteren kann eine Darstellung wie in Abbildung 7-2 zur Identifikation von Marktnischen herangezogen werden.

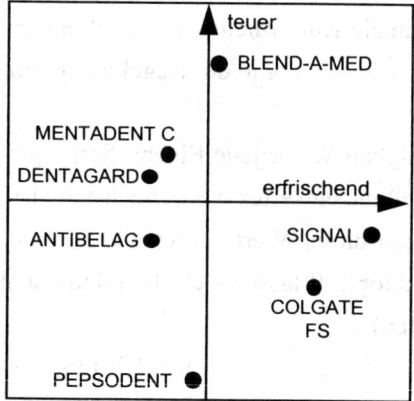

Abbildung 7-2: Positionierung von Zahnpasta-Marken in einem zweidimensionalen Raum (vgl. Schobert 1980)

Das wohl bekannteste Positionierungsmodell ist **PERCEPTOR** (vgl. Urban 1975). Das Modell kann den Marketingmanager beim Design eines neuen, häufig gekauften Konsumguts unterstützen. Es schätzt den langfristigen Marktanteil eines solchen Guts, wobei dessen Positionierung im entsprechenden Eigenschaftsraum eine wesentliche Rolle spielt. Die Grundidee liegt hierbei darin, die Kaufwahrscheinlichkeit für eine Marke aus deren Distanz zu einer imaginären Idealmarke (Idealpunkt im Eigenschaftsraum) abzuleiten.

PERCEPTOR schätzt den langfristigen Marktanteil M einer neuen Marke (in Anlehnung an Parfitt/Collins 1968) über die Beziehung

$$M = T \cdot S \; ;$$

hierbei bezeichnet T den Anteil der Personen der Zielgruppe, die die neue Marke auf lange Sicht mindestens einmal kaufen (Versuchskauf, "ultimate trial"). S ist der Marktanteil der neuen Marke in dieser Gruppe von Personen, die einen Versuchskauf getätigt haben. T und S liegen zwischen 0 und 1. Unter Verwendung der Wahrscheinlichkeiten

- Q (Wahrscheinlichkeit für einen Versuchskauf unter der Bedingung, daß ein Konsument ein Produkt wahrnimmt ("awareness") und daß es für ihn verfügbar ist ("availability")),
- W (Wahrscheinlichkeit für "awareness") und
- V (Wahrscheinlichkeit für "availability")

wird die Versuchskaufrate T definiert als

$$T = Q \cdot W \cdot V \,.$$

Die Werte der beiden Größen W und V hängen im wesentlichen von Marketingmaßnahmen für die neue Marke ab: "Awareness" (W) ist in erster Linie durch gezielte und intensive Werbung zu gewährleisten. "Availability" (V) ist eine Frage der Präsenz der neuen Marke im Handel. Im Gegensatz hierzu hängt die bedingte Versuchskaufrate Q davon ab, inwieweit die Wahrnehmung der neuen Marke den Wünschen und Vorstellungen der potentiellen Käufer gerecht wird. An dieser Stelle wird die Positionierung der neuen Marke im Eigenschaftsraum wichtig.

Wir gehen von m quantifizierbaren Eigenschaften aus, für die positive Gewichte $w_1,...,w_m$ (bezogen auf die Kaufentscheidung der Konsumenten) vorliegen. In diesem m-dimensionalen Eigenschaftsraum ist ein **Idealpunkt** (imaginäre Marke)

$$I = (x_1{}^*,...,x_m{}^*)$$

ausgezeichnet; die Position der neuen Marke (in den Augen der potentiellen Käufer, die die neue Marke wahrnehmen, aber noch keinen Versuchskauf getätigt haben) ist durch den Punkt

$$x^{(n)} = (x_1^{(n)},...,x_m^{(n)})$$

gegeben. Die Größe

$$D^{(n)} = \sum_{i=1}^{m} w_i(x_i^{(n)} - x_i^*)^2$$

gibt die (gewichtete) quadrierte Distanz der beiden Punkte an. PERCEPTOR geht nun davon aus, daß die bedingte Versuchskaufrate Q gemäß der Beziehung

$$Q = \alpha_0 + \alpha_1 D^{(n)}$$

von $D^{(n)}$ abhängt. Hierbei sind α_0 und α_1 zu schätzende Parameter. Plausibel ist natürlich ein negatives α_1; die bedingte Versuchskaufrate sollte ja um so größer sein, je näher die neue Marke am Idealpunkt positioniert ist. Sind die Eigenschaften identisch gewichtet, so haben die Bereiche gleicher bedingter Versuchskaufraten die Form von Kugeln um den Idealpunkt; für m = 2 ergeben sich Kreise (vgl. Abbildung 7-3). Wie die relevanten Eigenschaften, deren Gewichte $w_1,...,w_m$ sowie der Idealpunkt I zu ermitteln sind, wird im folgenden noch zu besprechen sein.

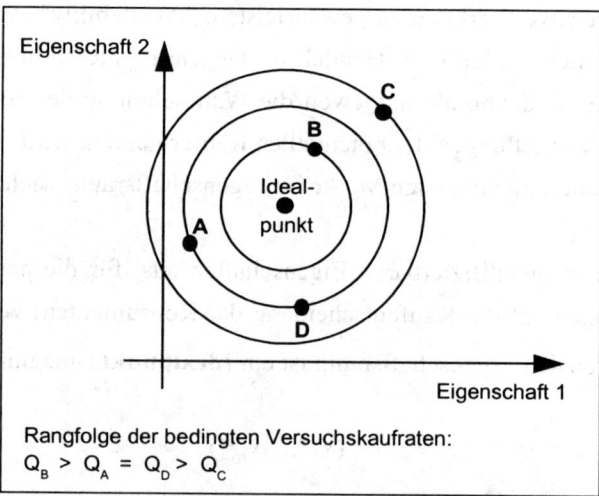

Abbildung 7-3: Idealpunkt und bedingte Versuchskaufraten in PERCEPTOR
(m = 2 identisch gewichtete Eigenschaften)

Bei der Modellierung der Größe S orientiert sich PERCEPTOR an einem einstufigen Markov-Prozeß mit zwei Zuständen (vgl. Abbildung 7-4): Wir bezeichnen mit "1" bzw. "0" die neue Marke bzw. die Gesamtheit der übrigen Marken und mit p_{ij} die Wahrscheinlichkeit, sich nach einer Kaufentscheidung zugunsten von i bei der nächsten Kaufgelegenheit zugunsten von j zu entscheiden (Übergangswahrscheinlichkeiten).

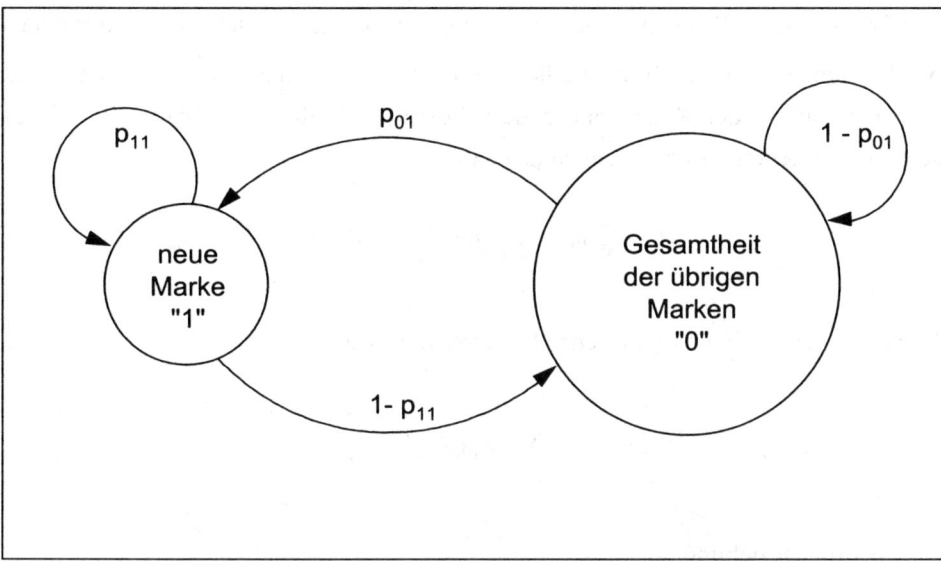

Abbildung 7-4: Übergangswahrscheinlichkeiten im Markov-Prozeß

Hat die neue Marke also zum Zeitpunkt t einen Anteil von S_t (und die Gesamtheit der übrigen Marken einen Anteil von $1-S_t$), so ist der Anteil in der Periode t+1 gegeben durch

$$S_{t+1} = p_{11}S_t + p_{01}(1 - S_t).$$

Die Größe S läßt sich bestimmen, indem man von einen Gleichgewichtszustand des Prozesses ausgeht. Das Gleichgewicht ergibt sich über den Ansatz:

$$S_{t+1} = S_t = S,$$

d.h. von einem Gleichgewicht ist auszugehen, wenn sich der Marktanteil im Zeitverlauf nicht mehr ändert. Durch Gleichsetzen von S_t und S_{t+1} ergibt sich

$$S = p_{11}S + p_{01}(1 - S)$$

und somit im Gleichgewichtszustand des Prozesses für die neue Marke ein Anteil von

$$S = \frac{p_{01}}{1 + p_{01} - p_{11}} \; .$$

Die Wiederkaufwahrscheinlichkeit p_{11} hängt wiederum von der Distanz der neuen Marke zum Idealpunkt ab. Zu berücksichtigen ist allerdings, daß sich nach einem Versuchskauf in der Regel eine andere Position für die neue Marke im Eigenschaftsraum ergibt; wir bezeichnen diese mit

$$\tilde{x}^{(n)} = (\tilde{x}_1^{(n)}, ..., \tilde{x}_m^{(n)}) \; .$$

So erhält man die neue (quadrierte) Distanz zum Idealpunkt

$$\tilde{D}^{(n)} = \sum_{i=1}^{m} w_i (\tilde{x}^{(n)} - x_i^*)^2 \; ,$$

die über die Beziehung

$$p_{11} = \tilde{\alpha}_0 + \tilde{\alpha}_1 \tilde{D}^{(n)}$$

die Wiederkaufwahrscheinlichkeit p_{11} determiniert; $\tilde{\alpha}_0$ und $\tilde{\alpha}_1$ sind wiederum zu schätzende Parameter.

Von Interesse ist insbesondere, wie stark die einzelnen etablierten Marken von der Einführung der neuen Marke betroffen werden, d.h. wie stark ihre Marktanteilsverluste sind. Gehen wir von k etablierten Marken (l = 1,...,k) aus, so ist der Marktanteilsverlust MV_j der j-ten Marke gegeben durch

$$MV_j = M \frac{e_j / D_j^{(n)}}{\sum\limits_{l=1}^{k} e_l / D_l^{(n)}} \; .$$

Hierbei ist $D_1^{(n)}$ die quadrierte Distanz der l-ten Marke zur neuen Marke und e_1 bezeichnet den Anteil der potentiellen Käufer, die die l-te Marke in ihrem **"evoked set"** haben. Hierunter versteht man die Menge derjenigen Marken, die bei der Kaufentscheidung in Erwägung gezogen werden.

Urban (1975) dokumentiert die Ergebnisse einer Reihe von PERCEPTOR-Anwendungen, in denen das Modell Marktanteilsschätzungen lieferte, die die später tatsächlich erzielten Marktanteile recht gut approximierten. Kritik am PERCEPTOR-Ansatz hat sich u.a. am deterministischen Charakter des Modells und an der Modellierung auf Marktebene (und nicht auf der Ebene des einzelnen Konsumenten) entzündet (vgl. Lilien/Kotler 1983, S.374). Auch ist darauf hinzuweisen, daß die Anwendung von PERCEPTOR einen recht umfangreichen Dateninput erfordert, wobei einige der erforderlichen Daten (z.B. Idealpunktkoordinaten) ihrerseits (wie wir in Kürze verdeutlichen werden) das Resultat vorgelagerter Modellrechnungen sind. Einfache Zahlenbeispiele zum PERCEPTOR-Modell findet der Leser in den Aufgaben 7-1 und 7-2.

Offen ist noch, wie die relevanten Eigenschaften, ihre Gewichte und die Idealpunktkoordinaten zu bestimmen sind. Die Bestimmung relevanter Produkteigenschaften ist im wesentlichen ein Problem der multivariaten Datenanalyse, das uns hier nicht weiter beschäftigen soll. Der bekannteste Ansatz zur Ermittlung von Eigenschaftsgewichten und Idealpunktkoordinaten ist **LINMAP** von Shocker/Srinivasan (1974).

Dieses Modell geht ebenfalls von k etablierten Marken und m relevanten Eigenschaften aus. Für die l-te Marke (l = 1,...,k) ist die Position im Eigenschaftsraum gegeben durch den Punkt

$$x^l = (x_1^l, ..., x_m^l) .$$

Weiter ist eine Menge

$$\Omega = \{(l, l')\}$$

von k(k-1)/2 geordneten Paaren gegeben. Sie ist das Resultat von auf individueller Ebene durchgeführten Paarvergleichen zwischen allen k Marken. Ein Paar der

Form (l,l') vermittelt hierbei die Information, daß die entsprechende Person die Marke l der Marke l' vorzieht; Indifferenz ist nicht möglich ("forced choice").

Führen wir nun analog zu PERCEPTOR Eigenschaftsgewichte und Idealpunktkoordinaten ein, so ist die Distanz der l-ten Marke zum Idealpunkt

$$D^l = \sum_{i=1}^{m} w_i (x_i^l - x_i^*)^2 .$$

Das Idealpunktmodell impliziert, daß

$$D^{l'} \geq D^l \quad \text{für alle } (l,l') \ \varepsilon \ \Omega$$

gilt (d.h. daß Marke l der Marke l' genau dann vorgezogen wird, wenn sie näher - oder allenfalls gleich nah - am Idealpunkt liegt). In der Praxis wird diese Beziehung nicht für alle Paare aus Ω erfüllbar sein. LINMAP bestimmt daher die unbekannten Größen w_i und x_i^* ($i = 1,...,m$) so, daß diese Beziehung - über alle Paare hinweg betrachtet - möglichst wenig verletzt wird. Auf diese Weise gelangt man zu einem linearen Optimierungsproblem (vgl. Kapitel 13). In einem späteren Schritt erfolgt die Aggregation der auf Individualebene gewonnenen Ergebnisse. Einen Überblick über weitere Modelle im Rahmen der Produktpositionierung vermittelt die Arbeit von Shocker/Srinivasan (1979).

7.1.3 Diffusionsmodelle

Diffusionsmodelle beschreiben den Verlauf der Lebenszykluskurve eines Produkts. Kennzeichnend für all diese Modelle ist, daß sie sich ausschließlich auf Erstkäufe beziehen und Wiederholungskäufe nicht modellieren. Daher beschränkt sich ihr sinnvoller Anwendungsbereich auf Gebrauchsgüter (durable consumer goods). Modelle zur Behandlung von Verbrauchsgütern (non-durables), bei denen Wiederholungskäufe von entscheidender Bedeutung sind, kommen im nächsten Abschnitt zur Sprache. Man unterscheidet drei **Gruppen von Diffusionsmodellen**:

- Modelle, die sich nur auf innovatorisches Kaufverhalten beziehen,
- Modelle, die ausschließlich imitatorisches Kaufverhalten modellieren, und
- Modelle, die beide Aspekte berücksichtigen (**integrative Diffusionsmodelle**).

Eines der bekanntesten Diffusionsmodelle der ersten Kategorie ist das **Modell von Fourt/Woodlock** (1960). Bezeichnen wir den Absatz in Periode t mit q_t, so hat das Modell die Form

$$q_t = r \, \overline{Q} \, (1-r)^{t-1} \, . \quad t = 1,2,...$$

$\overline{Q}$ ist das Marktpotential des Produkts, und r bezeichnet die Penetrationsrate $(0 < r < 1)$. Sie gibt den (für jede Periode gleichen) Anteil am bislang noch nicht ausgeschöpften Marktpotential $\overline{Q} - Q_{t-1}$ an, der in dieser Periode penetriert wird (vgl. zu dieser Interpretation des Parameters r auch Tabelle 7-1). Hierbei bezeichnen wir mit

$$Q_t = \sum_{\tau=1}^{t} q_\tau$$

den bis zur Periode t kumulierten Absatz. Diese Größe konvergiert für großes t gegen $\overline{Q}$, wie im folgenden gezeigt werden soll. Dazu betrachten wir zunächst allgemein die Summe

$$\sum_{i=0}^{t} \alpha^i = 1 + \alpha + ... + \alpha^t$$

mit $0 < \alpha < 1$. Multiplizieren wir diese mit α, so ergibt sich

$$\alpha \sum_{i=0}^{t} \alpha^i = \alpha + \alpha^2 + ... + \alpha^t + \alpha^{t+1} \, .$$

Die Differenz der beiden Ausdrücke ist

$$\sum_{i=0}^{t} \alpha^i - \alpha \sum_{i=0}^{t} \alpha^i = (1 - \alpha) \sum_{i=0}^{t} \alpha^i = 1 - \alpha^{t+1},$$

da sich die Terme α, α^2, α^3, ..., α^t bei der Subtraktion aufheben. Wir haben also die Beziehung

$$\sum_{i=0}^{t} \alpha^i = \frac{1-\alpha^{t+1}}{1-\alpha}$$

hergeleitet. Hiermit ergibt sich die Größe Q_t zu

$$Q_t = \sum_{\tau=1}^{t} q_\tau = \sum_{\tau=1}^{t} r\overline{Q}\,(1\text{-}r)^{\tau-1} = r\overline{Q} \sum_{i=0}^{t-1} (1\text{-}r)^i$$

$$= r\overline{Q} \cdot \frac{1-(1-r)^t}{r}.$$

Da der Ausdruck $(1\text{-}r)^t$ für große t (man beachte $0 < r < 1$) gegen Null konvergiert, beträgt der Grenzwert von Q_t, wie nachzuweisen war, $\overline{Q}$.

Tabelle 7-1 und Abbildung 7-5 veranschaulichen die Bedeutung der Modellparameter r und $\overline{Q}$. Ein einfaches Übungsbeispiel zu diesem Modell wird in Aufgabe 7-3 behandelt.

Periode: t	zu Beginn der Periode noch nicht ausgeschöpftes Marktpotential: $\overline{Q}$ - Q_{t-1}		Absatz: q_t	kumulierter Absatz: Q_t
1	$\overline{Q}$	$\bullet\, r \longrightarrow$	$r\overline{Q}$	$r\overline{Q}$
2	$\overline{Q}$ - $r\overline{Q}$ = $\overline{Q}(1\text{-}r)$	$\bullet\, r \longrightarrow$	$r\overline{Q}(1\text{-}r)$	$r\overline{Q}(2\text{-}r)$
3	$\overline{Q}(1\text{-}r)^2$	$\bullet\, r \longrightarrow$	$r\overline{Q}(1\text{-}r)^2$	$r\overline{Q}(3\text{-}3r+r^2)$
usw.	konvergiert gegen 0		konvergiert gegen 0	konvergiert gegen $\overline{Q}$

Tabelle 7-1: Bedeutung der Parameter im Modell von Fourt/Woodlock

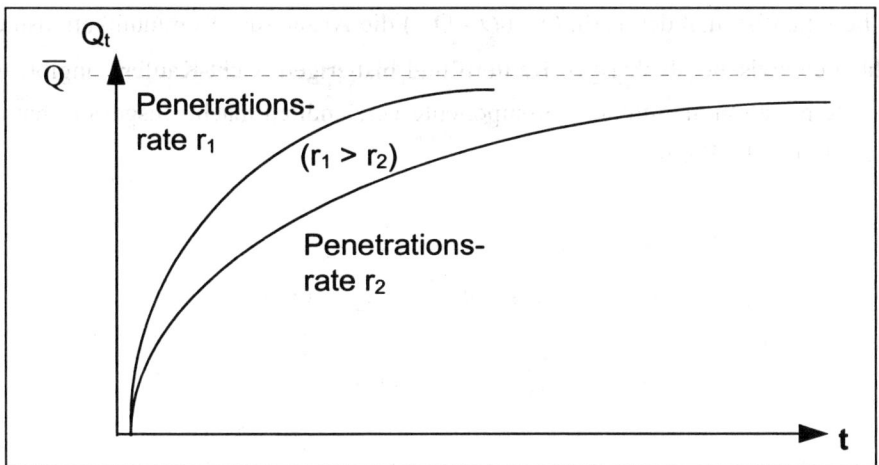

Abbildung 7-5: Verlauf des kumulierten Absatzes bei unterschiedlichen
Penetrationsraten (und gleichen Marktpotentialen)

Auf Diffusionsmodelle der zweiten Kategorie (ausschließlich imitatorisches Kaufverhalten) wollen wir hier nicht eingehen. Ein mittlerweile sehr bekanntes Modell
dieses Typs wurde von Fisher/Pry (1971) vorgestellt. Weitere Modelle aus diesem
Bereich werden bei Lilien/Kotler (1983, S.708 ff.) besprochen.

Wir kommen nun zu den integrativen Diffusionsmodellen. Der bedeutendste Ansatz
in diesem Bereich ist das **Bass-Modell** (vgl. Bass 1969). Wie wir bereits erläutert
haben, verdanken die integrativen Diffusionsmodelle ihren Namen der Tatsache,
daß sie sowohl innovatives als auch imitatives Käuferverhalten berücksichtigen.
Die innovative Komponente des Bass-Modells $q_{1,t}$ entspricht dem Modell von
Fourt/Woodlock, das wir (vgl. Tabelle 7-1) auch in der Form

$$q_{1,t} = \alpha(\overline{Q} - Q_{t-1})$$

schreiben können (α anstelle von r). Die imitative Komponente hat die Form

$$q_{2,t} = \beta \frac{Q_{t-1}}{\overline{Q}} (\overline{Q} - Q_{t-1}) .$$

Zu beachten ist, daß der Term Q_{t-1} ($\overline{Q}$ - Q_{t-1}) die Anzahl der Kommunikationsmöglichkeiten zwischen bisherigen Käufern und bisherigen Nicht-Käufern angibt, was die Interpretation als imitative Komponente verständlich macht. Insgesamt hat das Bass-Modell die Form

$$q_t = q_{1,t} + q_{2,t}$$

$$= \alpha\,(\overline{Q} - Q_{t-1}) + \text{ß}\,\frac{Q_{t-1}}{\overline{Q}}\,(\overline{Q} - Q_{t-1})$$

$$= (\alpha + \text{ß}\,\frac{Q_{t-1}}{\overline{Q}})\,(\overline{Q} - Q_{t-1})\,,$$

wobei die letzte Darstellungsform die in der Literatur übliche ist. Die Parameter α und ß werden als Innovations- bzw. Imitationsrate bezeichnet. Ansonsten haben die einzelnen Größen die gleiche Bedeutung wie im Modell von Fourt/Woodlock.

Der durch das Bass-Modell implizierte Absatzverlauf hängt von den Parametern α und ß ab: Ist ein neues Produkt erfolgreich, so ist die Imitationsrate ß größer als die Innovationsrate α. Der Absatzverlauf entspricht dann in etwa dem Lebenszyklusmodell (vgl. Abschnitt 3.3). Ist dagegen α > ß, so sind die Absatzzahlen von Anfang an rückläufig (vgl. Bass 1969).

Durch Ausmultiplizieren können wir das Bass-Modell in die Form

$$q_t = a_0 + a_1\,Q_{t-1} + a_2\,Q^2_{t-1}$$

überführen mit

$$a_0 = \alpha\,\overline{Q}\,, \quad a_1 = \text{ß} - \alpha$$

und

$$a_2 = -\text{ß}/\overline{Q}\,.$$

Somit läßt sich q_t mittels einer quadratischen Funktion durch Q_{t-1} ausdrücken. Dieser Sachverhalt kann zur Parameterschätzung herangezogen werden: Liegen Zahlen für q_t und Q_{t-1} über mindestens drei Perioden vor, so können a_0, a_1 und a_2 durch Regression geschätzt werden. Hieraus lassen sich dann über die obigen Gleichungen Schätzer für α, β und $\overline{Q}$ ermitteln. Bass (1969) weist allerdings darauf hin, daß die so erhaltenen Schätzer etwas verzerrt sind und gibt korrigierte Schätzer an (vgl. auch Lilien/Kotler 1983, S. 712).

Beispiel 7-2

Für die Absatzzahlen eines Gebrauchsguts ergab sich durch lineare Regression die folgende Form des Bass-Modells:

$$q_t = 470 + 0{,}29\, Q_{t-1} - 1/10^5\, Q^2_{t-1} \,.$$

t	q_t	Q_t	t	q_t	Q_t	t	q_t	Q_t
1	470	470	9	2303	11610	17	1071	27826
2	604	1074	10	2489	14099	18	797	28623
3	770	1844	11	2571	16670	19	578	29201
4	971	2815	12	2525	19195	20	411	29612
5	1207	4022	13	2352	21547	21	289	29901
6	1475	5497	14	2076	23623	22	201	30102
7	1762	7259	15	1740	25363	23	138	30240
8	2048	9307	16	1392	26755	24	95	30335

Das Tableau zeigt die Entwicklung der Absätze q_t und der kumulierten Absätze Q_t von $t = 1$ bis $t = 24$. Es liegt ein lebenszyklusähnlicher Verlauf (vgl. auch nachfolgende graphische Darstellung) mit Spitze bei $t = 11$ vor.

Die Bestimmung der Parameter des Bass-Modells erfolgt aus den drei Gleichungen

$$\alpha\, \overline{Q} = 470, \quad \beta - \alpha = 0{,}29, \quad \beta/\overline{Q} = 1/10^5 \,.$$

Lösen wir die erste bzw. die dritte Gleichung nach α bzw. β auf und setzen diese Ausdrücke in die zweite Gleichung ein, so ergibt sich die Beziehung

$$(\overline{Q}\,/\,10^5) - (470/\overline{Q}\,) = 0{,}29 \,.$$

Durch Multiplikation mit $10^5\, \overline{Q}$ erhält man die quadratische Gleichung

$$\overline{Q}^2 - 29000\,\overline{Q} - 47\,000\,000 = 0$$

mit der positiven Lösung

$$\overline{Q} = 30\,539\,;$$

weiter ergibt sich

$$\alpha = 0{,}01539\,,\quad \text{ß} = 0{,}30539\,.$$

Es ergibt sich also ein Marktpotential von etwas über 30.500 Stück, das - obiges Tableau verdeutlicht es - nach 20 Perioden im wesentlichen ausge-schöpft ist. Weiter ist die Imitationsrate ß deutlich größer als die Innovationsrate α, was den lebenszyklusähnlichen Verlauf der q_t-Kurve er-klärt. Der Leser verdeutliche sich durch eine entsprechende Darstellung der Q_t-Kurve, daß diese nicht die Gestalt wie beim Modell von Fourt/Woodlock hat, sondern sich in der Form einer S-Kurve ihrer Asymptote (gegeben durch das Marktpotential) annähert.

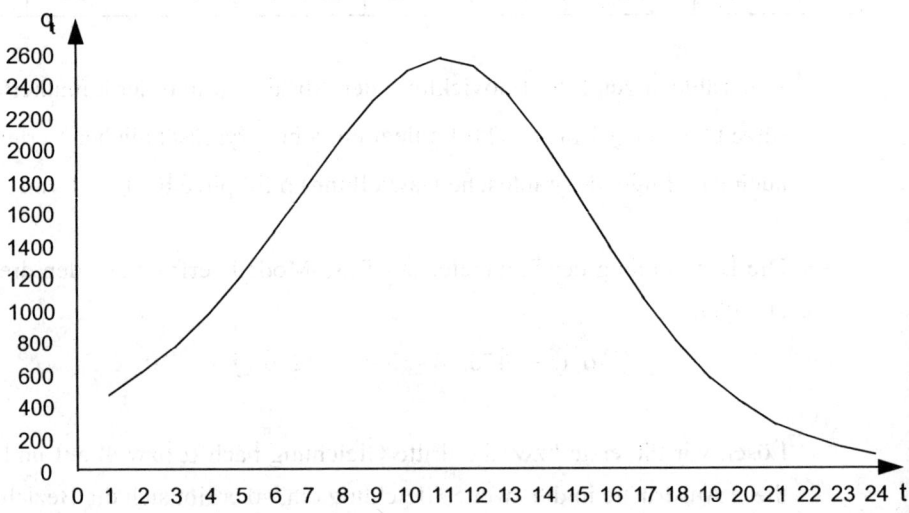

Das Bass-Modell kann auf eine Reihe von erfolgreichen Anwendungen in der Pra-xis verweisen (vgl. auch Lilien/Kotler 1983, S.714). Kritisiert wurde allerdings häu-fig, daß das Modell (wie alle grundlegenden Diffusionsmodelle) den Absatzverlauf ausschließlich durch die Zeit erklärt, wobei z.B. Marketingaktivitäten gänzlich unberücksichtigt bleiben. Ein Ansatz zur Berücksichtigung von Marketingaktivitäten im Rahmen des Bass-Modells wurde von Horsky/Simon (1983) formuliert. Die Autoren modifizieren das Bass-Modell dahingehend, daß die Innovationsrate α entsprechend der Beziehung

$$\alpha = \alpha_0 + \alpha_1 \ln A_t$$

durch die Werbung beeinflußt wird, wobei A_t ein geeignetes Maß für die Intensität der Werbung in der Periode t bezeichnet. Eine weitere Modifikation des Bass-Modells wurde von Easingwood/Mahajan/Muller (1983) vorgestellt: In dieser Variante ist die Imitationsrate ß nicht konstant, sondern wird als Funktion der Marktpenetration modelliert. Für weitere neuere Entwicklungen auf dem Gebiet der Diffusionsmodelle verweisen wir den Leser auf Mahajan/Wind (1986), Lilien/Kotler/Moorthy (1992), sowie Mahajan/Muller/Bass (1993).

Grundsätzlich ist zu konstatieren, daß die naheliegende praktische Anwendung von Diffusionsmodellen zur **Prognose** des Absatzverlaufs eines neuen Produktes (die a priori-Anwendung also) aufgrund der Schwierigkeit der Parameterschätzung problematisch ist. Letztlich wird man im Regelfall darauf angewiesen sein, "historische Daten" von mehr oder weniger vergleichbaren Produkten zu verwenden. Die Probleme dieses Ansatzes liegen auf der Hand. Weniger problematisch ist die rückwirkende (a posteriori) Anwendung solcher Modelle zur Analyse von Diffusionsverläufen, die durchaus ebenfalls mit interessanten Erkenntnissen verbunden sein kann.

7.1.4 Modelle zur Neuprodukteinführung: Wiederkaufmodelle

In diesem Abschnitt befassen wir uns mit solchen Modellen, die den Erfolg eines neuen Produkts/einer neuen Marke prognostizieren, wobei der Schwerpunkt auf der Modellierung der Wiederholungskäufe liegt. Dementsprechend beziehen sich diese Modelle - anders als die Diffusionsmodelle im vorhergehenden Abschnitt - auf Verbrauchsgüter (non-durables), bei denen ja letztlich der regelmäßige Wiederholungskauf für den Erfolg einer Marke ausschlaggebend ist. Das PERCEP-

TOR-Modell aus Abschnitt 7.1.2 könnte man auch dieser Kategorie von Modellen zuordnen; aufgrund seines starken Bezugs zur Produktpositionierung wurde PER-CEPTOR aber an anderer Stelle behandelt.

Grundsätzlich kann zwischen **Testmarkt-Modellen** und **Pre-Testmarkt-Modellen** unterschieden werden. Wesentliche Vorteile von Pre-Testmarkt-Modellen (simulierte Kaufsituation in laborähnlicher Umgebung) sind die deutlich geringeren Kosten, die Geheimhaltung und die vergleichsweise schnelle Verfügbarkeit von Ergebnissen (vgl. Erichson 1997).

Eines der bekanntesten Pre-Testmarkt-Modelle ist **ASSESSOR** von Silk/Urban (1978); dieser Ansatz wurde - zum Teil in modifizierter Form - mittlerweile auch häufig in der Unternehmenspraxis eingesetzt. Das Modell prognostiziert für eine neue Marke (im folgenden mit * bezeichnet) den langfristigen Marktanteil M(*) durch Kombination zweier Teilmodelle (Trial-Repeat-Modell und Präferenzmodell), die im wesentlichen unabhängig voneinander Marktanteilsschätzungen abgeben.

Das **Trial-Repeat-Modell** geht von der (aus PERCEPTOR bekannten) Formel

$$M(*) = T \cdot S$$

zur Schätzung des langfristigen Marktanteils M aus; wie bei PERCEPTOR ist T die Versuchskaufrate und S die Wiederholkaufrate. Die Berechnung von T erfolgt über den Ansatz

$$T = F \cdot K \cdot D + C \cdot U - (F \cdot K \cdot D) \cdot (C \cdot U) \ ,$$

mit den folgenden Bedeutungen der einzelnen Größen:

- F ist die bedingte Versuchskaufwahrscheinlichkeit unter der Bedingung, daß Aufmerksamkeit und Verfügbarkeit vorliegen.
- K und D bezeichnen die Wahrscheinlichkeiten für Aufmerksamkeit bzw. Verfügbarkeit (jeweils im Hinblick auf die neue Marke).

- C steht für die Wahrscheinlichkeit, daß ein Konsument eine Probe der neuen Marke erhält ("couponing").

- U bezeichnet die bedingte Wahrscheinlichkeit, daß ein Konsument einen Versuchskauf tätigt unter der Bedingung, daß er eine Probe erhalten hat.

Die Subtraktion des letzten Terms ist erforderlich, um eine Doppelzählung der Konsumenten zu vermeiden, die sowohl im Anteil F·K·D als auch im Anteil C·U enthalten sind.

Die Berechnung der Wiederkaufrate S erfolgt wiederum (in Anlehnung an den Gleichgewichtszustand in einem entsprechenden Markov-Prozeß, vgl. Abbildung 7-4) gemäß der Formel

$$S = \frac{p_{01}}{1 + p_{01} - p_{11}} \cdot$$

Das **Präferenzmodell** arbeitet mit Daten, die aus paarweisen Vergleichen der einzelnen Marken durch die Probanden resultieren. Üblich sind hierbei Konstantsummen-Vergleiche, bei denen der Proband pro Vergleich eine ungerade Zahl von Punkten (z.B. 11) auf die beiden Marken aufzuteilen hat. Jeder Proband führt solche Vergleiche für alle Marken seines "**relevant set**" (Menge der Marken, die bei der Kaufentscheidung in Erwägung gezogen werden) durch. Aus diesen Daten lassen sich Präferenzwerte und Kaufwahrscheinlichkeiten für die einzelnen Marken ermitteln. Das folgende Beispiel verdeutlicht die Vorgehensweise.

Beispiel 7-3

Für einen Probanden, dessen relevant set die vier Marken A, B, C und D enthält, sind die Vergleichsdaten im folgenden Tableau zusammengestellt. So hat der Proband z.B. beim Vergleich der Marken A und B drei Punkte für A und acht Punkte für B vergeben (Summe = 11). Das Tableau verdeutlicht auch die Berechnung von Präferenzwerten und Kaufwahrscheinlichkeiten.

Marken	A	B	C	D	Summe
	3	8			11
	6		5		11
Punkte beim Vergleich	6			5	11
		7	4		11
		5		6	11
			4	7	11
Präferenzwerte	15	20	13	18	66
Kaufwahrscheinlich-keiten	15/66	20/66	13/66	18/66	1

Nachdem alle N Probanden diese Paarvergleiche durchgeführt haben, liegt für jeden Probanden i (i = 1,...,N) und für jede etablierte Marke l (l = 1,...,k) die Kaufwahrscheinlichkeit $p_i(l)$ vor; gehört eine Marke nicht zum relevant set eines Probanden, so beträgt diese Wahrscheinlichkeit Null. Für diejenigen n^* Probanden, die im Rahmen der simulierten Kaufsituation die neue Marke * gewählt haben, werden anschließend nochmals solche Paarvergleichsdaten erhoben - nun unter Berücksichtigung der neuen Marke. Wir bezeichnen die entsprechenden Kaufwahrscheinlichkeiten mit $\tilde{p}_i(l)$.

Gehen wir davon aus, daß die Probanden so numeriert sind, daß genau die Probanden i = 1,...,n^* die neue Marke gewählt haben, so läßt sich der Prozeß der Marktanteilsschätzung folgendermaßen darstellen:

- Für alle etablierten Marken l (l = 1,...,k) berechnet man die beiden Größen

$$M_1(l) = \frac{1}{n^*} \sum_{i=1}^{n^*} \tilde{p}_i(l) \ ,$$

$$M_2(l) = \frac{1}{N - n^*} \sum_{i=n^*+1}^{N} p_i(l) \ .$$

- Bezeichnen wir mit E^* den Anteil der Konsumenten, die die neue Marke * in ihr relevant set aufnehmen, so ergeben sich die Marktanteilsschätzungen für die etablierten Marken (nach der Einführung der neuen Marke) zu

$$M(l) = E^* \cdot M_1(l) + (1\text{-}E^*) \cdot M_2(l) .$$

Durch Vergleich dieser Schätzungen mit den tatsächlichen (derzeitigen) Marktanteilen lassen sich Aussagen darüber ableiten, wie stark die einzelnen etablierten Marken von der Einführung der neuen Marke betroffen werden.

- Für die neue Marke ergibt sich die Marktanteilsschätzung nach der Formel

$$M(*) = E^* \cdot M_1(*) = E^* \frac{1}{n^*} \sum_{i=1}^{n^*} \widetilde{p}_i(*) .$$

Beispiel 7-4

Die Erfolgsaussichten der neuen Waschmittelmarke "new" sollen mit Hilfe von ASSESSOR abgeschätzt werden. Hierbei sind im wesentlichen die fünf etablierten Marken A, B, C, D und E zu berücksichtigen. Im Rahmen eines entsprechenden Laborexperiments wurden von zehn Probanden (i = 1,...,10) Paarvergleichsdaten erhoben. Nach Bekanntmachung mit "new" entschieden sich in einer simulierten Kaufsituation die Probanden 2, 5, 7 und 8 zum Kauf von "new". Für diese Personen wurden nochmals - diesmal unter Einbeziehung von "new" - Paarvergleichsdaten erhoben. Das folgende Tableau zeigt die Ergebnisse der Paarvergleiche.

Proband	relevant set	Paarvergleiche	Paarvergleiche bei Einbeziehung von "new"
1	A, B, D	A B D 7 4 6 5 5 6	–

2	B, C, E	B C E
		4 7
		7 4
		  8 3
			B C E new
			4 7
			6 5
			6 5
			  7 4
			  7 4
			   5 6

3	D, E	D E 6 5	–
4	A, E	A E 4 7	–
5	B, D	B D 7 4	B D new 7 4 3 8 2 9
6	A, D, E	A D E 4 7 4 7 4 7	–

7	A, C, D	A C D
		5 6
		3 8
		  5 6
			A C D new
			5 6
			4 7
			5 6
			  5 6
			  6 5
			   7 4

8	C, D	C D 7 4	C D new 7 4 6 5 5 6
9	B, D	B D 5 6	–
10	B, C, E	B C E 3 8 6 5 9 2	–

Mit Hilfe des Präferenzmodells von ASSESSOR soll der Marktanteil von "new" prognostiziert werden. Man geht davon aus, daß langfristig 30% der

Personen in der Zielgruppe die neue Marke in ihr relevant set aufnehmen werden (d.h. $E^* = 0,3$). Die folgende Tabelle zeigt die Kaufwahrscheinlichkeiten p_i und $\tilde{p}_i$ für die etablierten Marken sowie für die Marke "new" (vgl. zur Berechnung dieser Kaufwahrscheinlichkeiten Beispiel 7-3).

| | Kaufwahrscheinlichkeiten | | | | | | | | | | | |
| | p_i | | | | | | $\tilde{p}_i$ | | | | | |
Proband	A	B	C	D	E	new	A	B	C	D	E	new
1	0,394	0,273		0,333								
2								0,242	0,318		0,212	0,227
3				0,545	0,455							
4	0,364				0,636							
5								0,303		0,182		0,515
6	0,242			0,333	0,424							
7							0,212		0,258	0,303		0,227
8									0,394	0,273		0,333
9		0,455		0,545								
10		0,273	0,515		0,212							
M_1							0,053	0,136	0,243	0,190	0,053	0,326
M_2	0,167	0,167	0,086	0,293	0,288	-						

Unter Berücksichtigung der Größe E^* berechnen wir nun die folgenden Marktanteilsprognosen:

- 13,3% für A,
- 15,8% für B,
- 13,3% für C,
- 26,2% für D,
- 21,8% für E und
- 9,8% für "new".

Weiter zeigen die Ergebnisse, daß die Marketingaktivitäten für "new" im wesentlichen auf eine hohe Versuchskaufrate abzielen sollten, um so möglicherweise einen höheren Wert E* erzielen zu können: Die Marke wird nämlich, nachdem sie einmal probiert wurde, recht positiv eingeschätzt (vgl. die recht hohen Werte der $\tilde{p}_i$).

Insgesamt liefert ASSESSOR als Marktanteilsschätzung für die neue Marke den Mittelwert der Schätzungen der beiden Teilmodelle (Trial-Repeat-Modell und Präferenzmodell). Diese doppelte Absicherung der Schätzung ist sicherlich ein we-

sentlicher Grund für die (mittlerweile in zahlreichen Anwendungsfällen beobachtete) Treffsicherheit des Modells. ASSESSOR eignet sich allerdings weniger gut bei
starker Instabilität der Marktverhältnisse, da Konsumentenpräferenzen sich dann in
der Regel schnell verlagern. Einen Überblick über eine Reihe von ASSESSOR-An-
wendungen bei bedeutenden Konsumgüterherstellern vermittelt der Artikel von Urban et al. (1983). Ein weiteres Rechenbeispiel zum ASSESSOR-Modell wird in
Aufgabe 7-4 behandelt.

In der entsprechenden Literatur findet man mittlerweile eine Vielzahl weiterer
Pre-Testmarkt-Modelle, auf die wir hier nicht eingehen wollen. Der Leser wird in
diesem Zusammenhang auf Gaul/Baier (1994), Erichson (1996a,b, 1997) und Bök-
kenholt/Gaul (1987) sowie die dort zitierte Literatur verwiesen. ASSESSOR ist unserer Meinung nach dasjenige Modell, von dem mit Sicherheit gesagt werden kann,
daß es sich in der Praxis bewährt hat (vgl. auch Urban et al. 1983). Den an Testmarkt-Modellen interessierten Leser verweisen wir auf den Überblicksartikel von
Narasimhan/Sen (1983).

7.2 Distributionspolitik

Gegenstand der Distributionspolitik sind alle Entscheidungen und Aktivitäten, die im Zusammenhang mit dem Weg eines Produkts zum Endabnehmer stehen. Distributionspolitische Entscheidungen lassen sich unterteilen in

- Entscheidungen über die physischen Distributionssysteme (insbesondere Standort-, Transport- und Lagerhaltungsprobleme) und

- Entscheidungen über die marktgerechte Gestaltung der Absatzkanäle (insbesondere Entscheidungen über Absatzwege, Absatzmittler und Außendienstmitarbeiter).

Den erstgenannten Problembereich umschreibt man auch mit dem Begriff betriebliche **Logistik**; wir befassen uns mit diesen Problemstellungen in Kapitel 8. In diesem Abschnitt stehen Fragestellungen des zweiten Problembereichs im Vordergrund. Ein Schwerpunkt quantitativer Modellbildung in diesem Bereich ist die Gestaltung der Aktivitäten des Vertriebspersonals (insbesondere der Außendienstmitarbeiter). Drei wichtige Entscheidungsfelder sind in diesem Zusammenhang

- die Strukturierung von Verkaufsgebieten,
- die zeitliche Planung der Besuchsaktivitäten und
- die Allokation von Vertriebsressourcen.

Charakteristisch für zahlreiche Modelle zur **Strukturierung von Verkaufsgebieten** ist, daß sie von relativ kleinen geographischen Einheiten ("Elementarflächen") ausgehen (z.B. Stadtbezirke, Städte, Landkreise usw.), die zu Verkaufsgebieten zusammenzufassen sind. Das bekannteste dieser Modelle ist wohl **GEOLINE** von Hess/Samuels (1971).

Ausgangspunkt des Modells sind n geographische Einheiten; für die j-te Einheit (j = 1,...,n) sind das Zentrum (x_j, y_j) in einem zweidimensionalen Koordinatensystem und ein "Aktivitätsmaß" a_j (z.B. das Marktpotential) gegeben. Desweiteren ist die Anzahl m der zu bildenden Verkaufsgebiete vorzugeben.

Die Modellanwendung verläuft iterativ, wobei in jedem Iterationsschritt ein lineares Optimierungsproblem (genauer: ein Transportproblem, vgl. Abschnitt 8.2) zu lösen ist. Gehen wir davon aus, daß zu Beginn des k-ten Iterationsschritts (k = 0,1,2,...) für jedes der m Verkaufsgebiete (i = 1,...,m) ein Zentrum (X_{ik}, Y_{ik}) gegeben ist, so können wir dessen quadrierte Distanz

$$d_{ijk} = (X_{ik} - x_j)^2 + (Y_{ik} - y_j)^2$$

zum Zentrum der j-ten geographischen Einheit berechnen. Das Optimierungsproblem im k-ten Iterationsschritt ermittelt den Anteil X_{ijk} der j-ten geographischen Einheit, der dem i-ten Verkaufsgebiet zugeordnet wird. Ziel ist hierbei die Minimierung der entsprechend gewichteten Distanzen, Nebenbedingung die Gleichheit der pro Verkaufsgebiet erforderlichen Aktivitäten.

Das Optimierungsproblem hat die folgende Form:

$$\sum_{i=1}^{m} \sum_{j=1}^{n} d_{ijk} X_{ijk} a_j \rightarrow \min$$

u.d.N.

$$\sum_{j=1}^{n} X_{ijk} a_j = \frac{1}{m} \sum_{j=1}^{n} a_j \qquad i = 1,...,m$$

$$\sum_{i=1}^{m} X_{ijk} = 1 \qquad j = 1,...,n$$

$$X_{ijk} \geq 0 \qquad i = 1,...,m, j = 1,...,n$$

Resultat des Optimierungsmodells sind die Zugehörigkeitswerte X_{ijk}, die schließlich digitalisiert werden: Hierbei ordnet man jede geographische Einheit ganz derjenigen (bzw. einer) Verkaufsregion zu, für die der maximale Zugehörigkeitswert ermittelt wurde. Die digitalisierten Zugehörigkeitswerte $\overline{X}_{ijk}$ werden zur Berechnung der neuen Zentren der Verkaufsgebiete $(X_{i,k+1}, Y_{i,k+1})$ herangezogen, die ihrerseits in das im (k+1)-ten Iterationsschritt zu lösende lineare Optimierungsproblem einfließen. Abbildung 7-6 verdeutlicht den iterativen Prozeß der Anwendung von GEOLINE. Resultat der Modellrechnung sind m Verkaufsregionen, die sich gemäß den digitalisierten Zugehörigkeitswerten aus den geographischen Einheiten zusammensetzen.

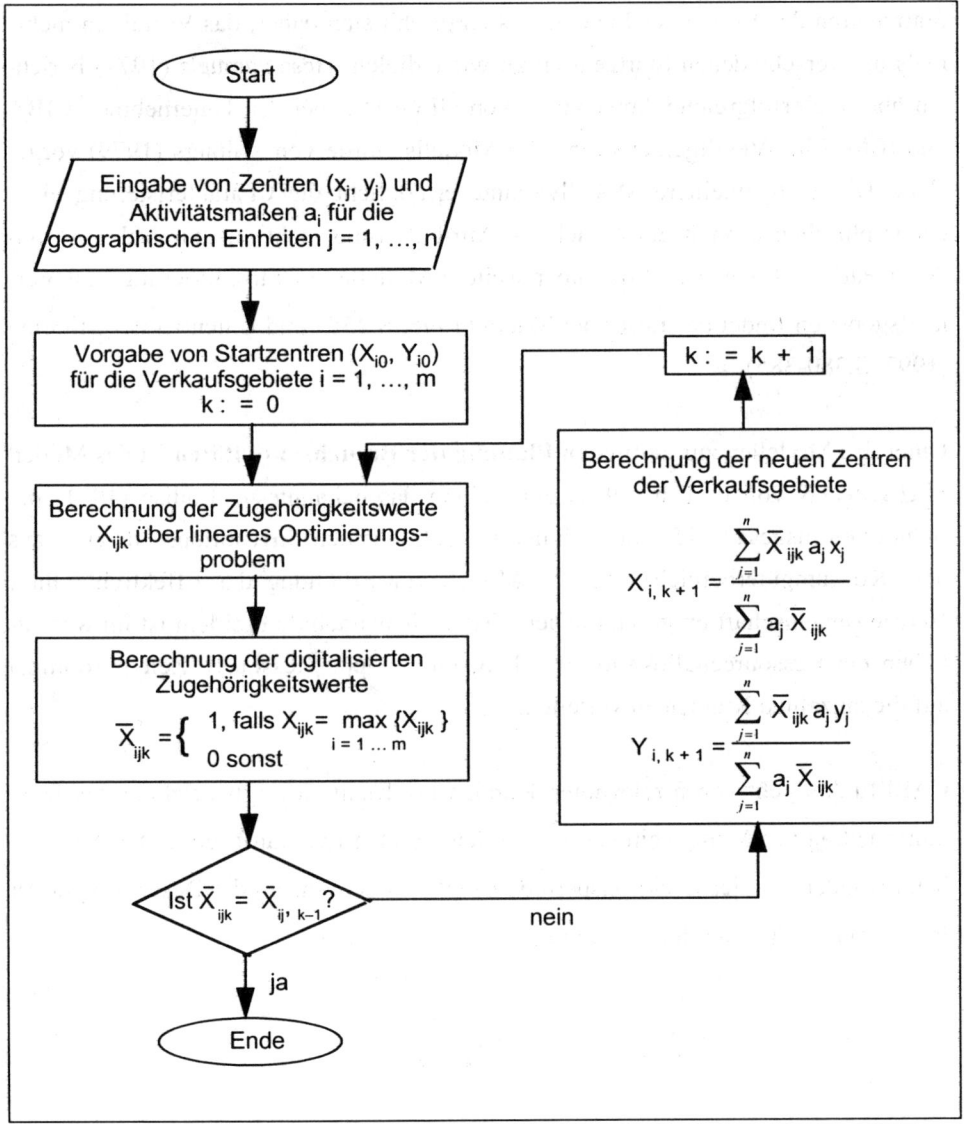

Abbildung 7-6: Strukturierung der Verkaufsgebiete mit dem GEOLINE-Modell

Ein Problem bei der Anwendung von GEOLINE liegt darin, daß die Konvergenz des Iterationsverfahrens gegen ein globales Optimum i.a. nicht gegeben ist. Vielmehr hängt die Lösung von den als Ausgangspunkt der Iteration vorgegebenen Startzentren der Verkaufsgebiete ab. Es empfiehlt sich daher, das Verfahren mehrmals mit verschiedenen Startzentren zu wiederholen. Hess/Samuels (1971) berichten über die erfolgreiche Anwendung von GEOLINE bei den Unternehmen CIBA und IBM. Eine Verallgemeinerung des Modells wurde von Zoltners (1979) vorgestellt. Diese allgemeinere Modellvariante ermöglicht die Charakterisierung einer geographischen Einheit durch mehrere Attribute (und nicht nur durch das Aktivitätsniveau a_j). Einen Überblick über weitere Modelle zur Strukturierung von Verkaufsgebieten findet der Leser bei Skiera (1996, S.25f.) und Lilien/Kotler/Moorthy (1992, S.380-385).

Unter den Modellen zur **zeitlichen Planung der Besuchsaktivitäten** ist das Modell **CALLPLAN** von Lodish (1971) bei weitem das bekannteste. Lodish (1981) berichtet von insgesamt 25 Unternehmen (sowohl aus dem Investitions- als auch aus dem Konsumgüterbereich), die das Modell zur Erhöhung der Effektivität ihrer Vertriebsmannschaft eingesetzt haben. Das zu behandelnde Problem ist im wesentlichen ein Ressourcenallokationsproblem: Die knappe Ressource Zeit ist optimal auf die einzelnen Kunden zu verteilen.

CALLPLAN geht von n relevanten Kunden $i = 1,...,n$ aus; a_i bezeichnet den Deckungsbeitrag pro Mengeneinheit, die an den Kunden i verkauft wird. Der Absatz r_i beim Kunden i in der Reaktionsperiode hängt von der Anzahl der Besuche x_i in der Bezugsperiode gemäß der Beziehung

$$r_i(x_i) = r_0 + (r_1 - r_0)\frac{x_i^k}{s + x_i^k}$$

ab. Die Parameter r_0 und r_1 legen die Bandbreite des Absatzes fest: Es ist

$$r_i(0) = r_0 ,$$

$$r_0 \leq r_i(x_i) \leq r_1 \quad (\text{für } s \geq 0)$$

und

$$\lim_{(x \to \infty)} r_i(x_i) = r_1 .$$

Also ist r_0 der Absatz, der erzielt wird, wenn der Kunde überhaupt nicht besucht wird, und r_1 ist eine Absatzobergrenze, die auch durch noch so intensive Besuchstätigkeit nicht überschritten werden kann. Der Parameter k steuert den Verlauf von r_i (konkav bzw. S-förmig) zwischen r_0 und r_1 (vgl. Abbildung 7-7); dieser Sachverhalt wird in Aufgabe 7-5 verdeutlicht.

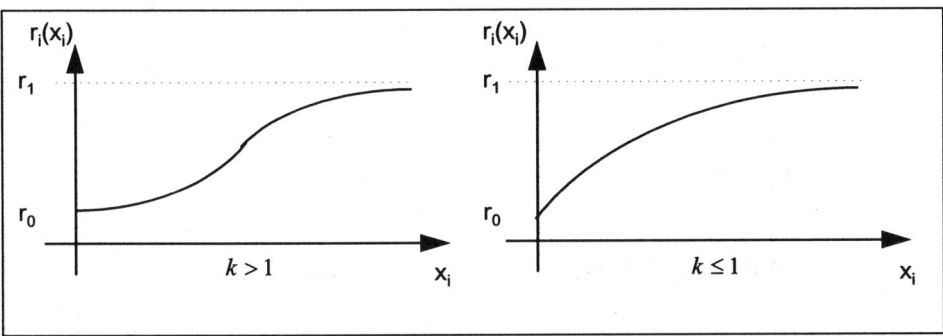

Abbildung 7-7:   Response-Funktion von CALLPLAN für unterschiedliche Werte
                  von k

Das Modell geht davon aus, daß sich die einzelnen Kunden i = 1,...,n in Gebieten G_j (j = 1,...,m) befinden; wir verwenden hierfür die Schreibweise i ε G_j. Bezeichnet man weiter mit

- c_j die Kosten einer Reise nach G_j,
- u_j den Zeitaufwand für eine Reise nach G_j,
- t_i den zusätzlichen Zeitaufwand für einen Besuch beim Kunden i ε G_j und
- L_j die Zahl der Reisen nach G_j in der Bezugsperiode,

so ist der in der Bezugsperiode für ein Gebiet G_j investierte Zeitaufwand

$$\delta_j = \sum_{i \in G_j} t_i x_i + L_j u_j \; .$$

Bezeichnen wir weiter mit e das Verhältnis der Reaktions- zur Bezugsperiode, mit Min_i bzw. Max_i Unter- bzw. Obergrenzen für die Zahl der Besuche beim Kunden i und mit T das verfügbare Zeitbudget, so läßt sich das zu lösende Optimierungsproblem zur Bestimmung der Besuchshäufigkeiten x_i folgendermaßen darstellen:

$$\sum_{i=1}^{n} a_i r_i(x_i) - e \sum_{j=1}^{m} L_j c_j \rightarrow max$$

u. d. N.

$$\sum_{i=1}^{n} t_i x_i + \sum_{j=1}^{m} L_j u_j \leq T$$

$$L_j = max_{(i \in G_j)} \{x_i\} \qquad\qquad j = 1,...,m$$

$$Min_i \leq x_i \leq Max_i \qquad\qquad i = 1,...,n$$

Es handelt sich um ein nichtlineares Optimierungsproblem, das i.a. nicht konvex ist (vgl. hierzu Kapitel 14). Zur Lösung dieses i.a. sehr schwierig zu behandelnden Problems schlägt Lodish (1971) ein heuristisches Verfahren vor, das die Approximation der Funktion r_i (vgl. Abbildung 7-7) durch eine stückweise lineare, konkave Funktion vorsieht. Weiterentwicklungen von CALLPLAN finden sich bei Lodish (1975, 1976).

Beispiel 7-5

Fudge/Lodish (1977) beschreiben die Anwendung von CALLPLAN bei UNITED AIRLINES. In einem sorgfältig angelegten kontrollierten Experiment wurden zwei vergleichbare Gruppen von Vertretern mit zugehörigen Verkaufsgebieten gebildet. Eine dieser Gruppen plante ihre Einsätze mit Hilfe von CALLPLAN. Nach sechs Monaten hatte diese Gruppe einen um 8,1% höheren Umsatz je Vertreter als die andere Gruppe erzielt.

Abschließend möchten wir kurz auf Modelle zur **Allokation von Vertriebsressourcen** eingehen. Hiermit ist im wesentlichen die Verteilung der verfügbaren
Vertriebskapazitäten auf die einzelnen Produkte/Produktgruppen gemeint (das Problem der Allokation dieser Kapazitäten auf verschiedene Kunden wurde ja bereits
durch CALLPLAN behandelt). Das bekannteste Modell in diesem Bereich ist wohl
DETAILER von Montgomery/Silk/Zaragoza (1971). Diesem Ansatz liegt allerdings
die nicht unumstrittene Annahme zugrunde, daß Interdependenzen zwischen den
einzelnen Produkten/Produktgruppen vernachlässigt werden können. Ein weiteres
Modell, das diesem Problembereich zuzuordnen ist, - in formaler Hinsicht handelt
es sich um ein ganzzahliges Optimierungsproblem - wurde von Sinha/Zoltners
(1982) vorgestellt.

Eine weiterführende Verallgemeinerung des Modells der Verkaufsgebietseinteilung
stammt von Skiera (1996). Insbesondere wird die in GEOLINE enthaltene Nebenbedingung gleicher Verkaufsaktivitäten in den verschiedenen Verkaufsgebieten
aufgegeben. Diese kann beispielsweise durch Kopplung von Provisionen an Um-
satzvorgaben in den Verkaufsgebieten aufgehoben werden. Skiera (1996) entwik-
kelt ein deckungsbeitragsmaximierendes Entscheidungsmodell. Prinzipiell geht es
um die Schätzung einer Umsatzreaktionsfunktion, die eine Verschiebung von kleinsten geographischen Einheiten zwischen verschiedenen Verkaufsgebieten beschreiben kann. Es sind weiterhin ein Allokations- und ein Zuordnungsproblem zu lösen.
Das Allokationsproblem betrachtet die Zeitverteilung je Außendienstmitarbeiter auf
die im Verkaufsgebiet vorhandenen Einheiten (z.B. Kunden oder kleinste geographische Einheiten). Das Zuordnungsproblem hat die bestmögliche Zuordnung von
Einheiten zu Verkaufsgebieten zum Ziel (vgl. auch Skiera/Albers 1994). Zur Lösung dieses Problems schlägt Skiera (1996) eine Heuristik vor, die in einer Simula-
tionsstudie deutlich bessere Resultate als bereits existierende Heuristiken liefert.

7.3 Preispolitik

Die Preispolitik als Komponente des Marketingmix umfaßt alle Entscheidungen im Hinblick auf das vom Kunden für ein Produkt oder eine Dienstleistung zu entrichtende Entgelt. Ihr Entscheidungsspektrum erstreckt sich von der eigentlichen Preisfestsetzung über die Festlegung von Liefer-, Zahlungs- und Kreditierungsbedingungen bis hin zu Fragestellungen der Preisdifferenzierung.

In der klassischen mikroökonomischen Theorie wurde dem Preis als Instrument zur Beeinflussung der Nachfrage seit jeher große Bedeutung geschenkt. Außerdem ist ein Bedeutungszuwachs des Preises für die Unternehmenspraxis in den letzten Jahren festzustellen. Dies ergaben empirische Untersuchungen sowohl in den USA als auch in Europa (vgl. Simon 1992, S.7f.).

Ein Unternehmen sollte zur Festsetzung von Preisen die **Preis-Absatz-Funktion** und die Kostenfunktion kennen, falls es eine Gewinnmaximierung anstrebt. Die Preis-Absatz-Funktion gibt die Abhängigkeit des Absatzes x vom Preis p wieder:

$$x = x(p) \, .$$

Zunächst wird dieser Zusammenhang aus der Sicht des individuellen Nachfragers beleuchtet. Es sind prinzipiell zwei Fälle möglich (vgl. Abbildung 7-8):

- Im ersten Fall kauft ein Nachfrager ein Produkt, wenn es einen bestimmten Schwellenpreis nicht überschreitet. Liegt der Preis des Produktes über dem individuellen Schwellenpreis, so kauft der Nachfrger nicht mehr. Dieser Ja/Nein-Fall ist typisch für dauerhafte Gebrauchsgüter.

- Im zweiten Fall kauft ein Nachfrager abhängig vom Preis eine größere oder kleinere Menge. Je teurer ein Produkt ist, desto geringer ist die nachgefragte Menge. Dieser Variable-Mengen-Fall ist typisch für Verbrauchsgüter.

Individuelle Preis-Absatz-Funktionen lassen sich durch Summation der absetzbaren Mengen über jeden Preis für alle Nachfrager aggregieren. Die aggregierte Preis-

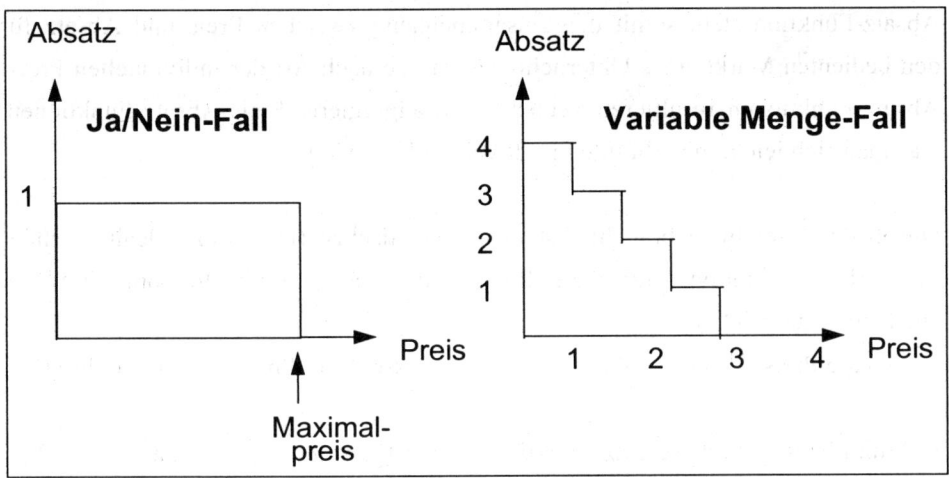

Abbildung 7-8 : Individuelle Preis-Absatz-Funktionen (Quelle: Simon 1992, S.91)

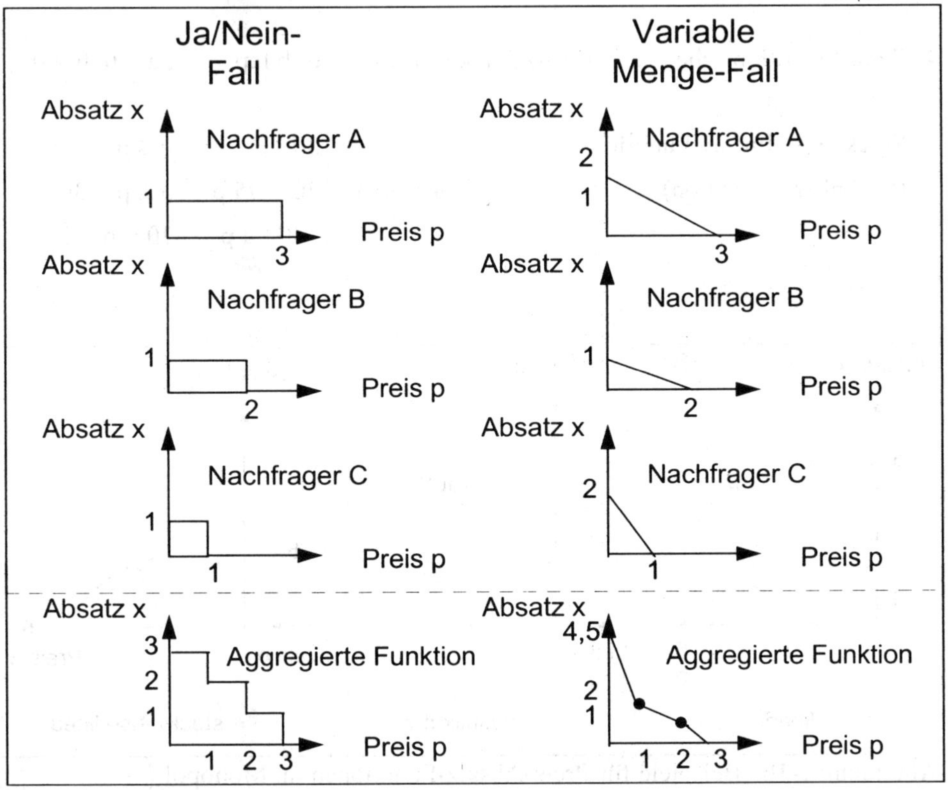

Abbildung 7-9: Aggregation individueller Preis-Absatz-Funktionen

(Quelle: Simon 1992, S.92)

Absatz-Funktion stellt somit den Zusammenhang zwischen Preis und Absatz für den bedienten Markt eines Unternehmens dar. Je nach Art der individuellen Preis-Absatz-Funktionen resultieren verschiedene aggregierte Preis-Absatz-Funktionen, was man sich leicht mit Abbildung 7-9 verdeutlichen kann.

Die in der Literatur gebräuchlichsten mathematischen (und somit idealtypischen) Preis-Absatz-Funktionen für den Fall eines Anbieters (d.h. im Monopol) sind (vgl. auch Abbildung 7-10):

- Lineare Preis-Absatz-Funktion: $\quad\quad\quad\quad\quad\quad x(p) = a - bp \quad\quad\quad\quad , a > 0, b > 0$

- Multiplikative Preis-Absatz-Funktion: $\quad\quad x(p) = ap^b \quad\quad\quad\quad , a > 0, b < 0$

- Exponentielle Preis-Absatz-Funktion: $\quad\quad x(p) = ae^{bp} \quad\quad\quad , a > 0, b < 0$

- Semi-logarithmische Preis-Absatz-Funktion: $x(p) = a - b \ln p \quad\quad , a > 0, b > 0$

- Stückweise lineare Funktion
  (Gutenberg-Funktion): $\quad\quad\quad$ (z.B.) $x(p) = \begin{cases} 30 - p & 0 \leq p < 5 \\ 26 - 1/5\, p & 5 \leq p < 30 \\ 170 - 5\, p & 30 \leq p < 34 \end{cases}$

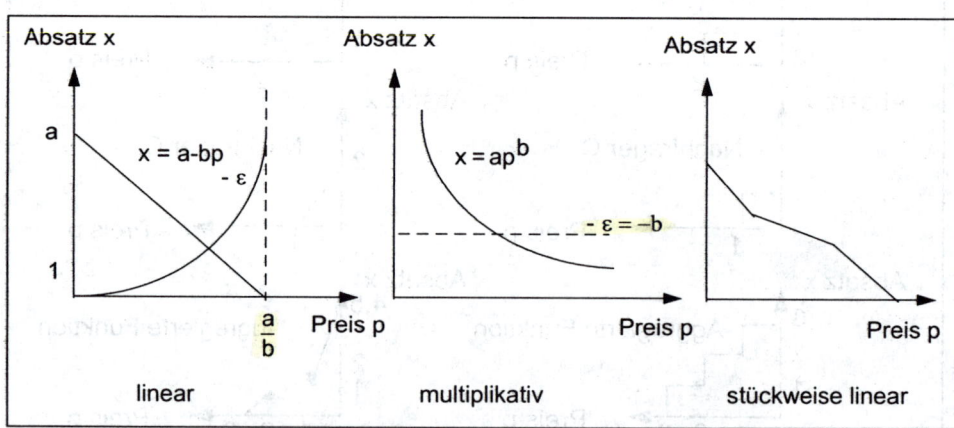

Abbildung 7-10: Beispiele für Preis-Absatz-Funktionen im Monopol
(Quelle: Simon 1992, S.95f.)

Bei der Betrachtung der Abhängigkeit zwischen Preis und Absatz ist der Begriff der **Preiselastizität des Absatzes** (ε) von besonderer Bedeutung. Sie ist definiert als das Verhältnis der relativen Absatzänderung zur relativen Preisänderung. Es handelt sich um eine dimensionslose Größe, deren Vorzeichen in der Regel negativ ist, da Absatz- und Preisänderungen entgegengesetzte Vorzeichen haben. Für den Fall einer differenzierbaren Preis-Absatz-Funktion können wir

$$\varepsilon = \text{relative Absatzänderung} \ / \ \text{relative Preisänderung}$$

$$\Leftrightarrow \qquad \varepsilon = \frac{dx(p) / x}{dp / p} = \frac{dx(p)}{dp} \cdot \frac{p}{x}$$

schreiben und so die Ableitung der Preis-Absatz-Funktion zur Berechnung der Elastizität heranziehen.

Im Falle einer linearen Preis-Absatz-Funktion ergibt sich beispielsweise folgende Preiselastizität:

$$\varepsilon = \frac{dx(p)}{dp} \cdot \frac{p}{x} = -b \cdot \frac{p}{a - bp} = \frac{-b \cdot p}{a - bp} \, .$$

Die Beziehung zwischen ε und p wird also durch eine nichtlineare Funktion beschrieben; eine lineare Preis-Absatz-Funktion hat in jedem Punkt der Gerade eine andere Preiselastizität (vgl. Abbildung 7-10). Bei einem Preis um den Wert von 0 hat eine Preisänderung einen sehr geringen Effekt auf die Absatzänderung (ε nahe bei 0). Je weiter man sich dagegen dem Bereich des Maximalpreises nähert, desto stärker wird die Preiselastizität ($\varepsilon \rightarrow -\infty$). Analog lassen sich auch die Preiselastizitäten der übrigen Preis-Absatz-Funktionen berechnen. Bemerkenswert ist die konstante Preiselastizität von b bei der multiplikativen Preis-Absatz-Funktion, d.h. die Preiselastizität ist in jedem Punkt der Kurve gleich (vgl. Abbildung 7-10). Ein Sonderfall ist die stückweise lineare Preis-Absatz-Funktion, da sie an den "Knickstellen" nicht differenzierbar ist. Je nach Richtung der Preisänderung um diese Knickstellen lassen sich über Grenzwertbetrachtungen jeweils zwei verschiedene Elastizitäten berechnen. Ein Zahlenbeispiel hierzu findet sich in Aufgabe 7-6.

Beispiel 7-6

Gegeben sei die lineare Preis-Absatz-Funktion: $x(p) = 20 - 2p$.

Es läßt sich daraus die Preiselastizität in Abhängigkeit vom Preis berechnen (vgl. obige Formel):

$$\varepsilon = \frac{-2p}{20 - 2p}$$

Für $p = 0$, $p = 5$ und $p = 10$ sollen die Preiselastizitäten bestimmt werden. Für $p = 0$ und $p = 5$ lassen sich die Elastizitäten leicht berechnen:

$$\varepsilon(p = 0) = 0 \quad , \qquad \varepsilon(p = 5) = -10/10 = -1 \quad .$$

Der Absatz ist im Punkt $p = 0$ völlig preisunelastisch, d.h. der Preis hat in diesem Punkt keinen Einfluß auf die Absatzmenge.

Der Fall $p = 10$ ist nicht definiert, da in obiger Formel der Nenner gleich 0 wäre. Über eine Grenzwertbetrachtung wird deutlich, daß bei einer Annäherung an $p = 10$ der Nenner gegen 0 geht und der Zähler gegen -20 konvergiert. Insgesamt ist der Grenzwert somit $\varepsilon(p \rightarrow 10) = - \infty$. Die Absatzreaktion auf eine Preisänderung ist in diesem Punkt also unendlich groß.

Ein zentrales **Problem** stellt die empirische Ermittlung von Preis-Absatz-Funktionen und von Preiselastizitäten dar (vgl. Simon 1992, S. 109). Grundsätzlich kann zwischen Methoden der Beobachtung und Methoden der Befragung unterschieden werden. Bei Beobachtungen lassen sich Preisexperimente und die Analyse von Marktdaten unterscheiden. Befragungen können einerseits auf Experten und andererseits auf Kunden ausgerichtet sein. Insbesondere bei der Kundenbefragung spielt die Conjoint-Analyse eine immer größere Rolle (vgl. auch Abschnitt 7.1). Die Datenerhebung im Rahmen der Conjoint-Analyse erfolgt dergestalt, daß Versuchspersonen verschiedene Produktprofile, welche unterschiedliche Preise aufweisen, im direkten Vergleich bewerten. Durch eine Datenanalyse ist es möglich, daraus Teilnutzenwerte abzuleiten. In einem Aggregationsschritt können daraus Preis-Absatz-Funktionen und Preiselastizitäten ermittelt werden (vgl. Simon 1992, S. 121f.).

Im Rahmen des Preismanagements sind Kenntnisse über die Auswirkung einer Preisentscheidung auf den Umsatz (bzw. die resultierende Umsatzänderung) und insbesondere auf den Gewinn (bzw. die resultierende Veränderung des Gewinns) von entscheidender Bedeutung. Im folgenden werden **Optimalitätsbetrachtungen mit mathematischen Preis-Absatz-Funktionen** durchgeführt, die Interpretationen im ökonomischen Sinne zulassen. Es sollen also normative Aussagen auf der Basis von Preis-Absatz-Funktionen abgeleitet werden. Dabei wird zuerst Optimalität im Hinblick auf den Umsatz und anschließend im Hinblick auf den Gewinn betrachtet.

Der Umsatz (U) ergibt sich aus dem Produkt von Absatz und Preis:

$$U(p) = p \cdot x(p)$$

Der Grenzumsatz ergibt sich somit zu

$$dU/dp = p \, (dx/dp) + x \qquad \text{(Produktregel)}$$
$$= x \, (1 + \frac{dx}{dp} \cdot \frac{p}{x})$$
$$= x \, (1 + \varepsilon).$$

Es ist ersichtlich, daß der Grenzumsatz $dU/dp > 0$ ist, wenn ε betragsmäßig kleiner als 1 ist. Somit läßt sich der Umsatz in diesem Fall durch Preiserhöhungen steigern. Bei einer Preiselastizität von $\varepsilon = -1$ wird der Umsatz optimal. Dieser Sachverhalt ist völlig unabhängig von der gewählten Preis-Absatz-Funktion (sofern diese differenzierbar ist). In Aufgabe 7-6 wird er auch anhand eines Zahlenbeispiels durchgerechnet.

Durch die Hinzunahme von Kosten (K) kann man von einer Umsatzbetrachtung (U) zu einer Gewinnbetrachtung (G) übergehen:

$$G(p) = U(p) - K[x(p)] = p \cdot x(p) - K[x(p)]$$

mit   U: Umsatz

      K: Kosten

      p: Preis

x: Absatzmenge

Die Ableitung der Gewinnfunktion nach dem Preis berechnet sich folgendermaßen:

$$\frac{dG}{dp} = x(p) + \underbrace{p\frac{dx}{dp}}_{\text{Grenzerlös}} - \underbrace{\frac{dK}{dx}\frac{dx}{dp}}_{\text{Grenzkosten}} = 0$$

Zur Bestimmung des optimalen Preises (p^*) wird die Ableitung gleich Null gesetzt. Es ist erkennbar, daß im optimalen Preis Grenzerlös und Grenzkosten gleich sind. Es wird weiterhin deutlich, daß fixe Kosten den optimalen Preis nicht beeinflussen.

Durch Umformung der obigen Gleichung ergibt sich als Bedingung für den optimalen Preis die **Amoroso-Robinson-Relation** (vgl. zur Herleitung Simon 1992, S.162f.), die besonders gut interpretierbar ist:

$$p^* = \frac{\varepsilon}{1+\varepsilon} K'$$

mit p^*: optimaler Preis

K': Grenzkosten

ε: Preiselastizität

Der gewinnoptimale Preis ergibt sich also über einen elastizitätsabhängigen Aufschlag auf die Grenzkosten. Der Aufschlag ist umso geringer, je größer die Elastizität betragsmäßig ist. Aus der Gleichung ist ersichtlich, daß der gewinnoptimale Preis immer im Bereich $\varepsilon < -1$ liegen muß (vgl. Abbildung 7-11). Bei einer preisunelastischen Nachfrage (ε nahe bei -1) ist somit unter der Zielsetzung der Gewinnoptimierung eine Hochpreispolitik zu betreiben. Bei einer starken Elastizität des Absatzes (ε betragsmäßig sehr groß) ist dagegen eine aggressive, volumenorientierte Preispolitik, die sich durch niedrige Preise in der Nähe der Grenzkosten K' auszeichnet, empfehlenswert. Die Grenzwertbetrachtung bestätigt diese Aussage (vgl. auch Abbildung 7-11):

$$\lim_{(\varepsilon \to -\infty)}(p^*) = K'   .$$

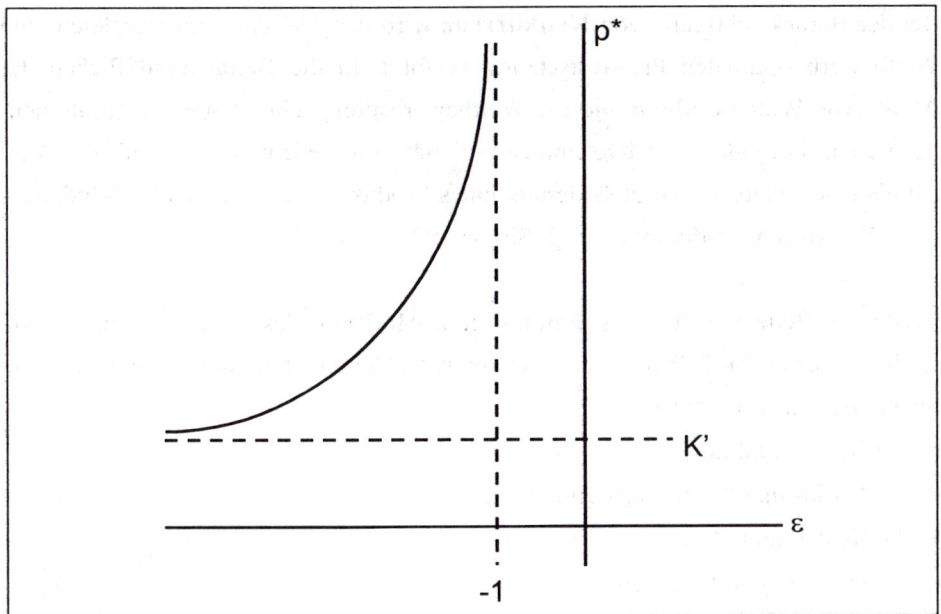

Abbildung 7-11: Abhängigkeit des optimalen Preises p* von der Preiselastizität ε
nach der Amoroso-Robinson-Relation

Weiterhin ist ersichtlich, daß der gewinnoptimale Preis größer ist als der umsatzmaximale Preis, für den ε = -1 gilt (bei Unterstellung positiver Grenzkosten). Ist ε betragsmäßig kleiner als 1, so wirkt sich eine Preissteigerung immer gewinnsteigernd aus.

Ein Spezialfall ist gegeben, wenn sowohl die Preis-Absatz-Funktion als auch die Kostenfunktion linear sind. Der gewinnoptimale Punkt auf der Preis-Absatz-Funktion wird dann als Cournot'scher Punkt (p^*, x^*) bezeichnet. Der gewinnoptimale Preis p^* (Cournot-Preis) berechnet sich in diesem Fall folgendermaßen:

$$p^* = \frac{1}{2}\left(\frac{a}{b} + k\right)$$

Als Verallgemeinerungen der Preis-Absatz-Funktion seien die
- Berücksichtigung von Konkurrenz im statischen Modell sowie
- dynamische Modelle

erwähnt.

Bei der Berücksichtigung von **Konkurrenz** wird das Ziel einer im Vergleich zum Wettbewerb optimalen Preisfestsetzung verfolgt. In die Betrachtung fließen der Absatz von Wettbewerbern und die Wettbewerbspreise ein. In diesem Zusammenhang ist insbesondere die Kreuzpreiselastizität von Bedeutung. Sie gibt das Verhältnis einer relativen Absatzänderung eines Produktes zur relativen Preisänderung eines Konkurrenzproduktes an (vgl. Simon 1992, S.205ff.).

Besondere Bedeutung kommt **dynamischen Modellen** des Preismanagements zu. In dynamischen Modellen können zur realitätsnäheren Modellierung folgende Bereiche dynamisiert werden:
- die Gewinnfunktion,
- die Markt- und Wettbewerbssituation,
- die Kosten und
- die Preis-Absatz-Funktion.

Die Gewinnfunktion wird durch eine Diskontierung aller Gewinne auf den Zeitpunkt $t = 0$ erweitert. Die Marktsituation wird durch Berücksichtigung variabler Absatzmengen im Lebenszyklus eines Produktes modelliert. Die Wettbewerbssituation wird beispielsweise durch eine variable Zahl von Wettbewerbern berücksichtigt. Kostendynamik kann durch Erfahrungskurveneffekte (vgl. Abschnitt 3.2) abgebildet werden. Die Preis-Absatz-Funktion ändert sich dergestalt, daß der Preis zum Zeitpunkt t sowohl den Absatz zum Zeitpunkt t (statisches Modell) als auch indirekt den Absatz in späteren Perioden beeinflußt (vgl. Abb. 7-12). Der Effekt des Absatzes in t auf den Absatz in t+1 wird als Carry-Over-Effekt bezeichnet und kann sowohl positiver (z.B. durch Markentreue) als auch negativer (z.B. durch Vorratskäufe) Art sein. Der Effekt einer Preisänderung wird durch den Vergleich der Preise in t und in t+1 modelliert. Dabei sind unterschiedliche Effekte vorstellbar. Formal läßt sich dieser Wirkungszusammenhang folgendermaßen darstellen (vgl. Simon 1992, S.251ff.):

$$x_t = f(x_{t-1}(p_{t-1}), p_t, (p_t - p_{t-1})).$$

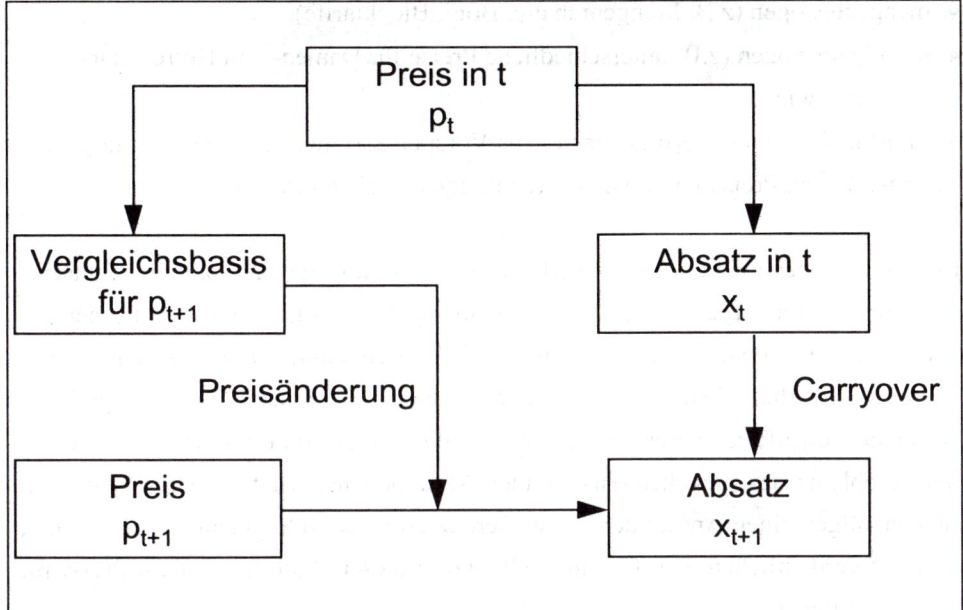

Abbildung 7-12: Dynamische Preis-Absatz-Wirkungen (vgl. Simon 1992, S. 252)

Ein wichtiger Bereich im Rahmen des Preismanagements ist die **Preisdifferenzie-rung**. Insbesondere im Zusammenhang mit einer Marktsegmentierung ist die Preis-differenzierung von großer Bedeutung. Nach Faßnacht (1996, S.25) liegt Preisdiffe-renzierung vor,

- wenn ein Anbieter ein Produkt, das hinsichtlich der räumlichen, zeitlichen, lei-stungs- und mengenbezogenen Dimensionen identisch ist, zu unterschiedlichen Preisen verkauft oder

- wenn ein Anbieter Varianten eines Produktes, die sich zumindest in einer der vier Dimensionen unterscheiden, ohne daß dabei andere Produkte entstehen, zu unterschiedlichen Preisen verkauft.

Es können folgende Formen der Preisdifferenzierung unterschieden werden:

- räumlich (z.B. unterschiedliche Mietwagenpreise eines Anbieters in unter-schiedlichen Ländern),

- zeitlich (z.B. unterschiedliche Telefontarife zu unterschiedlichen Tageszeiten),

- leistungsbezogen (z.B. unterschiedliche Preise für Bahnfahrten 1. oder 2. Klas-se),

- mengenbezogen (z.B. Mengenrabatte, Boni, Blocktarife),
- personenbezogen (z.B. unterschiedliche Preise für Damen- und Herrenhaarschnitt) sowie
- Preisbündelung (z.B. Mittagsmenü aus Vorspeise, Hauptspeise, Dessert und Getränk, dessen Preis kleiner ist als die Summe der Einzelpreise).

Eine Preisdifferenzierung ermöglicht eine insgesamt gewinnoptimale Preisentscheidung, deren Ergebnis (d.h. Gewinn) mindestens so gut ist wie bei einer gewinnoptimalen Preisentscheidung ohne Preisdifferenzierung (vgl. Faßnacht 1996). Dieser Sachverhalt liegt darin begründet, daß das Gewinnmaximierungsproblem des nicht-preisdifferenzierenden Monopolisten ein Spezialfall des Gewinnmaximierungsproblems des preisdifferenzierenden Monopolisten darstellt. Dies kann man sich am allgemeinen Ansatz der Preisdifferenzierung für n Segmente (i = 1, 2, 3,..., n) leicht verdeutlichen. Der Gewinn läßt sich in diesem Fall durch die n Preise p_1, ..., p_n ausdrücken:

$$G(p_1,...,p_n) = \sum_{i=1}^{n} x_i(p_i) \cdot p_i - K(\sum_{i=1}^{n} x_i(p_i)) \to \max$$

Führt man nun einzelne Identitätsrestriktionen zwischen den verschiedenen Preisen ein, beschränkt man also die Möglichkeiten der Preisdifferenzierung, so wird der optimale Zielfunktionswert kleiner (bzw. bleibt allenfalls gleich), da man den zulässigen Bereich des Optimierungsproblems einschränkt. Im Rahmen dieses Modells gilt also: "je mehr Preisdifferenzierung, desto besser". Der gewinnsteigernde Effekt der Preisdifferenzierung soll durch das Beispiel 7-7 illustriert werden.

Beispiel 7-7
Ein Unternehmen hat in zwei Ländern (n=2) folgende Preis-Absatz-Funktionen für eines seiner Produkte ermittelt:

Preis-Absatz-Funktion (Land 1): $x_1(p_1) = 400 - 2p_1$
Preis-Absatz-Funktion (Land 2): $x_2(p_2) = 150 - 0{,}5p_2$

Weiterhin konnte aus der Produktion folgende Kostenfunktion angegeben werden:

$$K = 10.000 + 20x \ .$$

Es wird die Frage gestellt, ob eine Preisdifferenzierung gegenüber einem Einheitspreis günstiger ist.

Die Preisoptimierung ohne Differenzierung geht von folgender aggregierten Preis-Absatz-Funktion aus:

$$x(p) = 550 - 2,5p$$

Die Gewinnoptimierung liefert den Cournot'schen Punkt

$$p^* = \frac{1}{2}\left(\frac{a}{b} + k\right) = \frac{1}{2}\left(\frac{550}{2,5} + 20\right) = 120 \ , \qquad x(p^*) = 550 - 2,5 \cdot 120 = 250$$

$$\Rightarrow \quad (p^*; x(p^*)) = (120; 250)$$

und somit den Gewinn

$$G(p^*) = 120 \cdot 250 - 10.000 - 20 \cdot 250 = 15.000 \ .$$

Die Gewinnoptimierung mit Preisdifferenzierung liefert folgende Cournot'schen Punkte

$$(p_1^*; x_1(p_1^*)) = (110; 180)$$
$$(p_2^*; x_2(p_2^*)) = (160; 70)$$

und somit den Gesamtgewinn

$$G(p_1^*, p_2^*) = 110 \cdot 180 + 160 \cdot 70 - 10.000 - 20 \cdot (180 + 70) = 16.000 \ .$$

Als Ergebnis kann festgehalten werden, daß durch eine länderspezifische Preisdifferenzierung der Gewinn um 1.000 Geldeinheiten erhöht werden konnte.

Ein Problem der Preisdifferenzierung, das bislang nicht berücksichtigt wurde, besteht darin, daß Preisdifferenzierung auch Kosten verursacht. Es ist davon auszugehen, daß bei der Einführung der Preisdifferenzierung Komplexitätskosten anfallen. Es wird zwischen internen und externen Kosten der Preisdifferenzierung unterschieden (vgl. Faßnacht 1996, S.142ff. sowie Homburg/Daum 1997, Kapitel 5). Je höher der Grad der Preisdifferenzierung, desto stärker wachsen diese Kosten. Ab einem gewissen Grad der Preisdifferenzierung können diese Mehrkosten die höheren Umsätze der Preisdifferenzierung überkompensieren. Es ist daher davon auszugehen, daß es einen optimalen Grad der Preisdifferenzierung gibt. Dieser Zusammenhang wird in Abbildung 7-13 dargestellt. Berücksichtigt man also die Kosten der Preisdifferenzierung, so gilt nicht mehr der Zusammenhang "je mehr Preisdifferenzierung, desto besser".

Eine Sonderform der Preisdifferenzierung stellt die **Preisbündelung** dar. Es liegt eine Preisbündelung vor, wenn ein Anbieter mehrere Produkte zu einem Bündel (Paket) zusammenfaßt und dieses zu einem Bündelpreis verkauft. In der Regel ist der Bündelpreis niedriger als die Summe der Einzelpreise der Produkte (vgl. Faßnacht 1996, S.82). Ist der Einzelkauf der Produkte eines Bündels nicht möglich, so spricht man von einer reinen Bündelung. Eine gemischte Bündelung liegt vor, wenn sowohl die Einzelprodukte als auch das Bündel angeboten werden. Das Beispiel 7-8 veranschaulicht die Preisbündelung.

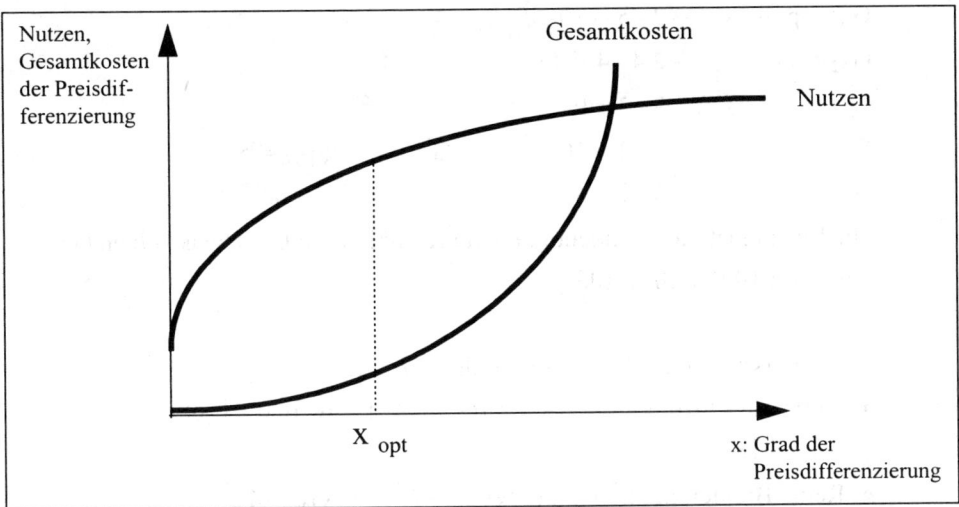

Abbildung 7-13: Nutzen und Gesamtkosten der Preisdifferenzierung in Abhängig-
                 keit vom Grad der Preisdifferenzierung (in Anlehnung an Faß-
                 nacht 1996, S.151)

Beispiel 7-8 (Quelle: Simon 1992, S.446ff.)

Ein Unternehmen hat für die zwei Produkte A und B bei fünf Nachfragern
die Maximalpreise ermittelt. Zusätzlich wurden die Maximalpreise für das
Bündel aus A und B ermittelt:

Nachfrager	Maximalpreise		
	Produkt A	Produkt B	Bündel A+B
1	6	1	7
2	2	5	7
3	5	4	9
4	3	2,5	5,5
5	2,4	1,8	4,2

Es sollen die gewinnoptimalen Einzelpreise, der optimale Preis bei reiner
Bündelung und der optimale Preis bei gemischter Bündelung ermittelt wer-
den. Dabei soll vereinfachend angenommen werden, daß die variablen
Stückkosten gleich 0 sind.

Der gewinnoptimale Preis wird ermittelt, indem für jeden Maximalpreis die
Anzahl der kaufenden Nachfrager ermittelt und der Gewinn bestimmt wird.
Für Produkt A ergibt sich beispielsweise:

$G_{A1} = p_{A1} \cdot x_{A1} \quad = 2 \cdot 5 = 10$

$G_{A2} \qquad\qquad = 2{,}4 \cdot 4 = 9{,}6$

$G_{A3} \qquad\qquad = 3 \cdot 3 = 9$

$G_{A4} \qquad\qquad = 5 \cdot 2 = 10 \qquad => G_A^* = 10 \;\; ; p_A^* = 5$

$G_{A5} \qquad\qquad = 6 \cdot 1 = 6$

Die Lösung ist nicht eindeutig, da die Kombination G_{A1} ebenso einen Gewinn von 10 liefern würde.

Analog lassen sich folgende Ergebnisse ermitteln:

- Optimale Einzelpreise: $p_A^* = 5 \; (G_A^* = 10)$ bzw. $p_B^* = 4 \; (G_B^* = 8)$

$=> G_{ges} = 18$

- Reine Bündelung: $p_{AB}^* = 5{,}5 \; (G_{AB}^* = 22) \; => G_{ges} = 22$
- Gemischte Bündelung: $p_A^* = 2{,}4 \; (G_A^* = 2{,}4)$ bzw. $p_B^* = 4 \; (G_B^* = 0)$

$p_{AB}^* = 5{,}5 \; (G_{AB}^* = 22) \; => G_{ges} = 24{,}4$

Das Ergebnis zeigt, daß die gemischte Bündelung den höchsten Gesamtgewinn liefert.

7.4 Kommunikationspolitik

Die wichtigsten **Komponenten der Kommunikationspolitik** sind

- Werbung,
- Verkaufsförderung,
- Öffentlichkeitsarbeit und
- persönlicher Verkauf.

Wir beschränken uns in diesem Abschnitt auf die Werbung, die zum einen wohl die bedeutendste Komponente der Kommunikationspolitik darstellt und zum anderen auch den Schwerpunkt der Anwendung quantitativer Modelle in der Kommuni-kationspolitik bildet. Bei Lilien/Kotler/Moorthy (1992) findet man allerdings auch einige quantitative Modellansätze zur Gestaltung der Verkaufsförderung und zum persönlichen Verkauf. Im Bereich der Öffentlichkeitsarbeit existieren dagegen un-seres Ermessens keine bedeutenden quantitativen Modelle.

Zentrale **Problembereiche der Werbung** sind neben der Festlegung von

- Werbezielen,
- Werbeadressaten und
- zentraler Werbebotschaft

(diese drei Bereiche werden gelegentlich unter dem Begriff "Werbestrategie" zu-sammengefaßt) Entscheidungen über

- Werbebudgetierung,
- Werbemittelgestaltung und
- Werbestreuung (Mediaselektion).

Ansatzpunkte für die quantitative Modellierung im Rahmen der Werbung sind ne-ben der Formulierung von Werbewirkungsmodellen (d.h. Response-Modelle) die Werbebudgetierung (zur Ermittlung des optimalen Gesamtumfangs des Werbebud-gets) und die Mediaselektion (zur Ermittlung der optimalen Aufteilung des Werbe-budgets). Die Werbemittelgestaltung, als kreativer Bereich der Werbung, bietet da-gegen unseres Ermessens kaum Möglichkeiten einer direkten quantitativen Modellierung. Es ist jedoch andererseits möglich, Werbemittelgestaltung sowie einzelne Gestaltungsprinzipien im Rahmen von Werbewirkungsanalysen zu beurteilen.

Von grundsätzlicher Bedeutung für Fragen der **Werbebudgetierung** sind Werbe-wirkungsmodelle. Man geht von einem positiven Effekt des Werbemitteleinsatzes auf die absetzbare Menge aus. Jedoch ist die Wirkung von Werbung begrenzt, so daß degressive oder s-förmige Funktionsverläufe gegenüber linearen oder progres-siven Funktionen bevorzugt werden (vgl. Abbildung 7-14). Dabei wird in der Regel von einem Basisabsatz ausgegangen, der ohne Werbemitteleinsatz realisierbar ist. Der degressive Ansatz wird in der Regel durch folgende Funktion modelliert (vgl. Schmalen 1992, S.51):

$$x(W) = x_0 + e^{a - \frac{b}{W}}$$

mit	W:	Werbebudget
	$x(W)$:	Absatzmenge
	x_0:	Grundabsatz (für $W \rightarrow 0$)
	$x_0 + e^a$:	Sättigungsmenge (für $W \rightarrow \infty$)
	b:	Skalierungsparameter > 0 .

Der s-förmige Ansatz kann beispielsweise durch folgende Funktion modelliert wer-den (vgl. Schmalen 1992, S. 51f.):

$$x(W) = \frac{\hat{x}}{1 + e^{a - bW}}$$

mit	W:	Werbebudget
	$x(W)$:	Absatzmenge
	$\hat{x}/_{1+e^a}$:	Grundabsatz (für $W = 0$)
	$\hat{x}$:	Sättigungsmenge
	a:	Skalierungsparameter zur Festlegung des Grundabsatzes
	b:	Skalierungsparameter > 0.

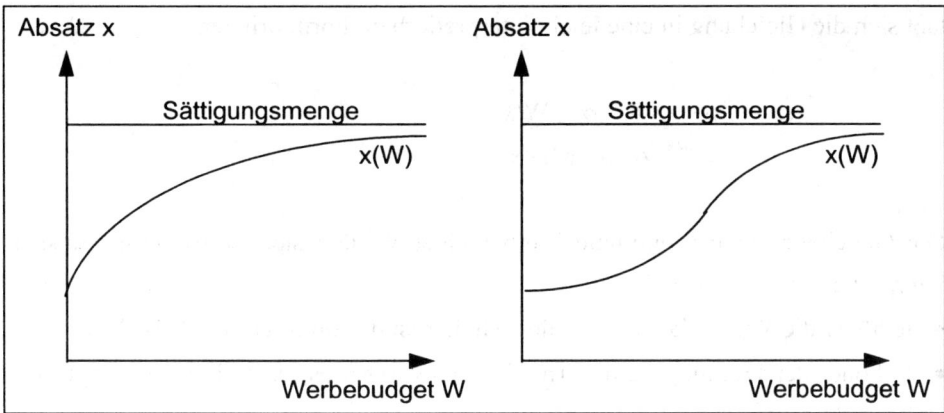

Abbildung 7-14: Degressive und s-förmige Funktionsverläufe von Werbewirkungsmodellen

Auf der Basis einer solchen Werbewirkungsfunktion x(W) kann die Frage nach
dem **optimalen Werbebudget** angegangen werden. Mit Hilfe eines statischen analytischen Ansatzes läßt sich ein optimales Werbebudget bestimmen. Die Gewinnfunktion

$$G(W) = p \cdot x(W) - K[x(W)] - W$$

mit   G(W):   Gewinn

p: Preis des Produktes

x(W):   Absatzmenge des Produktes

K[x(W)]:   Kosten

wird abgeleitet und gleich 0 gesetzt:

$$\frac{\partial G}{\partial W} = p \cdot \frac{\partial x}{\partial W} - \frac{\partial K}{\partial x} \cdot \frac{\partial x}{\partial W} - 1 = 0$$

$$<=> \quad p \cdot \frac{\partial x}{\partial W} \cdot \frac{W}{x} - K' \frac{\partial x}{\partial W} \cdot \frac{W}{x} = \frac{W}{x} \quad .$$

Durch Einführung der Werbeelastizität

$$\alpha = \frac{\partial x}{\partial W} \cdot \frac{W}{x} = \frac{\% \text{Absatz} - \text{Änderung}}{\% \text{Werbebudget} - \text{Änderung}}$$

läßt sich die Gleichung in eine leicht interpretierbare Form bringen:

$$p \cdot \alpha - K' \cdot \alpha = W/x$$
$$\Rightarrow \qquad W^* = \alpha \, (p - K') \cdot x$$

Die Gleichung für das optimale Werbebudget W^* läßt sich in zweierlei Hinsicht interpretieren:

- Je höher die Werbeelastizität α, desto höher ist das optimale Werbebudget.
- Je höher der Deckungsbeitrag $(p - K')$ des Produktes, desto höher das optimale Werbebudget.

Als Beispiel für ein kontinuierliches, **dynamisches Modell** zur Werbebudgetierung ist das mittlerweile klassische **Modell von Vidale/Wolf** (1957) zu nennen. Es beschreibt die Veränderung des Marktanteils im Zeitablauf (dy/dt) in Abhängigkeit von denWerbeausgaben (W):

$$dy/dt = \beta \cdot (1 - y) \cdot W(t) - \lambda \cdot y \qquad , \beta > 0, \lambda < 1 \text{ konstant}$$

Das Modell beinhaltet zwei gegenläufige Entwicklungen (unter der Annahme, daß die Konkurrenzwerbung im Zeitablauf konstant ist):

- Der autonome Rückgang des Marktanteils, der umso größer ausfällt, je größer der Marktanteil (y) bereits ist. Der Parameter λ kann dabei als Vergessensrate interpretiert werden:
  $$dy/dt = - \lambda \cdot y \, .$$
- Die werbeinduzierte Zunahme des Marktanteils, die umso geringer ausfällt, je größer der Marktanteil bereits ist. Der Parameter β kann als Reaktionskonstante interpretiert werden:
  $$dy/dt = \beta \cdot (1 - y) \cdot W(t) \, .$$

Zur Sicherung eines bestimmten Marktanteils (dy/dt = 0) läßt sich das erforderliche Werbeniveau in Abhängigkeit von diesem Marktanteil berechnen. Es zeigt sich, daß ein höherer Marktanteil nur mit überproportional höheren Werbeausgaben gehalten werden kann. Weiterhin können auf der Grundlage des Modells optimale Werbestrategien abgeleitet werden (vgl. Lilien/Kotler/Moorthy 1992 sowie Schmalen

1992, S.89 ff.). In der Aufgabe 7-7 wird ein anderer Typ von dynamischen Werbe-wirkungsmodellen behandelt, bei denen Konkurrenzaktivitäten Berücksichtigung finden (es handelt sich um ein sogenanntes Lancaster-Modell, vgl. Lilien/Kotler 1983).

Als ein weiteres dynamisches Modell zur Bestimmung eines gewinnmaximalen Werbebudgets hat das Modell **ADBUDG** (Little 1970) einige Bedeutung erlangt (vgl. auch Hanssmann 1990, S.143 ff.). Das Modell - es basiert auf der Philosophie des Decision Calculus (vgl. Abschnitt 2.2) - drückt den in einer Periode t erzielten Gewinn als Funktion der Werbeausgaben aus und ermöglicht so die Ableitung eines optimalen Werbebudgets. Die Abhängigkeit des durch Werbung verursachten Marktanteils h'_t von den Werbeausgaben w_t ergibt sich als:

$$h'_t = h_{min} + a(h'_{t-1} - h_{min}) + (h_{max} - h_{min} - a[h'_{t-1} - h_{min}]) \frac{(w_t)^\gamma}{\delta + (w_t)^\gamma}$$

mit: h'_t: Marktanteil (durch Werbung verursacht)

         h_{min}:   langfristig minimaler Marktanteil ohne Werbung

         h_{max}:   mit Werbung maximal erreichbarer Marktanteil (Sättigung)

         a: Beharrungskonstante der Werbung

         w_t: Werbeausgaben

         δ: Konstante

         γ: Konstanter Parameter zur Bestimmung des Funktionsverlaufes

Der in der Periode t-1 durch Werbung erzielte höhere Marktanteil ($h'_{t-1} - h_{min}$) wirkt sich teilweise auf die Periode t aus. Dies wird mittels der Beharrungskonstanten a modelliert. Abgesehen davon handelt es sich um eine Funktion der in Abbildung 7-15 angegebenen Form, deren Verlauf vom Parameter γ abhängt (vgl. auch das Modell CALLPLAN aus Abschnitt 7.2).

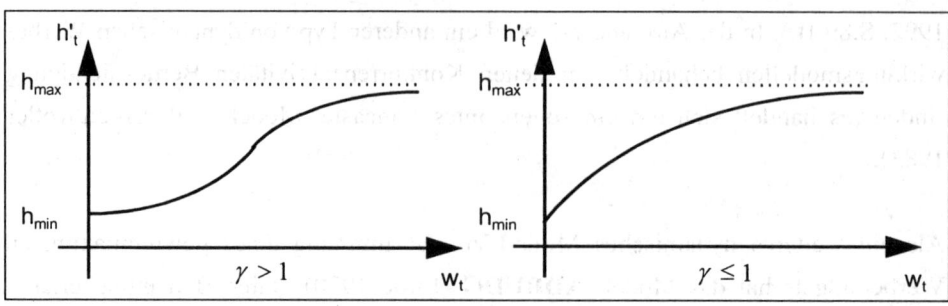

Abbildung 7-15: Responsefunktion des Marktanteils in Abhängigkeit von der Höhe
der Werbeausgaben für verschiedene Parameterwerte γ

Bei der **Mediaselektion** handelt es sich um ein Allokationsproblem auf der Basis
der spezifischen Eignung verschiedener Werbemedien (z.B. Printmedien und elektronische Medien) für die Kommunikation mit der relevanten Zielgruppe (Interme-
diavergleich). Im Rahmen des anschließenden Intramedienvergleichs geht es um die
Selektion spezieller Werbeträger einer bestimmten Gattung (z.B. Auswahl zwischen mehreren Rundfunksendern). Es wird von einem gegebenen Werbebudget
ausgegangen. Ziel der Mediaselektion ist die optimale Aufteilung des Werbebudgets auf verschiedene Werbeträger, so daß der maximale Verkaufserfolg realisiert
wird. Aufgrund einer schwierigen Beschaffung von entscheidungsrelevantem Da-
tenmaterial zur Quantifizierung des Verkaufserfolges werden als alternative Erfolgsgrößen

- die Anzahl und
- die Qualität

der erzielten Kontakte betrachtet.

Die **Anzahl der erzielten Kontakte** läßt sich durch die Reichweite angeben, welche angibt, wie viele Personen mindestens einmal erreicht wurden. Von besonderer
Bedeutung ist der Begriff der kumulierten Reichweite. Er bezeichnet die Reichweite bei mehreren Schaltungen in einem Medium. Weitere Reichweitenbegriffe
findet der interessierte Leser z.B. bei Hruschka (1996).

Die **Berechnung von Reichweiten** kann auf der Basis des Binomialmodells der
Wahrscheinlichkeitsrechnung erfolgen (vgl. Schmalen 1992). Es wird angenommen, daß gewisse Personengruppen bezüglich bestimmter Medien erfahrungsgemäß

gewisse Nutzungswahrscheinlichkeiten aufweisen. Darauf aufbauend läßt sich die Wahrscheinlichkeit berechnen, daß eine Person (aus einer bezüglich der Nutzungswahrscheinlichkeit homogenen Personengruppe i) bei einer Nutzungswahrscheinlichkeit w_i und m Belegungen eines Mediums genau k Kontakte mit der Werbebotschaft hat. Sie beträgt

$$P(x = k) = \binom{m}{k} w_i^k (1 - w_i)^{m-k} \;.$$

Die Wahrscheinlichkeit, keinen Kontakt zu haben, berechnet sich zu

$$P(x = 0) = (1 - w_i)^m$$

und die Wahrscheinlichkeit, mindestens einen Kontakt zu haben, zu

$$P(x > 0) = 1 - (1 - w_i)^m \;.$$

Beispiel 7-9

Ein Unternehmen plant eine Lesergruppe von n= 40.000 Personen durch viermalige Schaltung in einem Werbemedium zu erreichen. Bei den Personen kann man von einer Lesewahrscheinlichkeit von 0,7 (= 70%) ausgehen. Das Unternehmen möchte vor der Aktion ermitteln, wie viele Personen bei dieser Aktion mindesten einmal erreicht werden.

Die Wahrscheinlichkeit, daß eine Person bei viermaliger Schaltung im Werbemedium mindestens einmal erreicht wird, beträgt

$$P(x > 0) = 1 - (1 - 0,7)^4 = 1 - 0,0081 = 0,9919 \;.$$

Die vom Unternehmen gesuchte kumulierte Reichweite berechnet sich aus dem Produkt der Wahrscheinlichkeit $P(x > 0)$ und der Anzahl der Leser in der Lesergruppe n:

$$\text{Kumulierte Reichweite} = P(x{>}0) \cdot n = 0,9919 \cdot 40.000 = 39.676 \;.$$

Die Anzahl der Personen, die bei viermaliger Schaltung im Werbemedium mindestens einmal erreicht werden, beträgt 39.676 (99,19 % von 40.000).

Die **Qualität der erzielten Kontakte** wird im wesentlichen über soziodemographische Merkmale der erreichten Personen beurteilt. Dazu muß allerdings eine Segmentierung der Zielgruppen vorhanden sein. Diese kann mit Merkmalen der durch verschiedene Medien erreichten Personen verglichen werden. Diesbezügliche Informationen sind im umfangreichen Maße, beispielsweise von Zeitungsverlagen, vorhanden (vgl. z.B. Schmalen 1992, S.147f.). Im oben dargestellten Modell wurde die Qualität der Kontakte allerdings nicht berücksichtigt.

Ein zentrales Kriterium zur Mediaselektion ist der **Tausenderkontaktpreis (TKP)**, der den Preis zur Erreichung von 1000 Personen bei einer Schaltung in einem Medium angibt:

$$TKP = \frac{c}{K} \cdot 1000$$

mit   c: Kosten je Belegung des Mediums

        K: Anzahl erreichte Personen pro Ausgabe des Mediums .

Der TKP kann als Maßstab der Wirtschaftlichkeit der in Betracht kommenden Medien angesehen werden. In der Regel wird folgende Vorgehensweise zur Mediaselektion mit dem TKP angewendet: Aus alternativen Medien wird dasjenige mit dem geringsten TKP ausgewählt, um permanente Werbeaktionen zu schalten. Auf diese Weise werden sukzessive Werbemedien ausgewählt, bis die Etatrestriktion erreicht ist. Besonders aussagefähig wird dieses Kriterium, wenn es möglich ist, zielgruppenspezifische TKPe anzugeben. Die auf diese Weise berechneten TKPe können deutlich von einer unsegmentierten Berechnung abweichen.

Beispiel 7-10

Einem Unternehmen stehen drei Zeitschriften (Z_1, Z_2, Z_3) zur Verfügung, auf die das im Vorjahr festgelegte Werbebudget von W = 500.000 DM mit der Zielsetzung der Maximierung der Kontaktzahl aufzuteilen ist.

Die Nutzer pro Ausgabe (K) sowie die Kosten je Belegung (c) der einzelnen Zeitschriften sind wie folgt gegeben:

$K_1 = 2,5$ Mio. $c_1 = 40.000$ DM   (wöchentliches Erscheinen)

$K_2 = 1,248$ Mio. $c_2 = 25.000$ DM   (wöchentliches Erscheinen)

$K_3 = 0,688$ Mio. $c_3 = \ 5.000$ DM   (quartalsweises Erscheinen)

Im ersten Schritt sind die Tausenderkontaktpreise der Zeitschriften zu berechnen:

$TKP_1 = 40.000/2.500.000 \cdot 1.000 = 16,00$

$TKP_2 = 25.000/1.248.000 \cdot 1.000 = 20,03$

$TKP_3 = \ 5.000/ \ 688.000 \cdot 1.000 = \ 7,27$

$\Rightarrow \quad TKP_3 < TKP_1 < TKP_2$

Die Zeitschriften werden also in der Reihenfolge 3, 1, 2 so lange belegt, bis das Werbebudget von 500.000 DM erschöpft ist.

Zuerst wird Zeitschrift 3 voll belegt (4 Belegungen pro Jahr möglich):

$4 \cdot 5.000 = 20.000$ DM   => Restbudget: 480.000 DM .

Nun Zeitschrift 1 belegen (52 Belegungen möglich):

$52 \cdot 40.000 = 2.080.000$ DM   =>   Budgetverletzung: volle

Belegung nicht möglich

=> 480.000 / 40.000 = 12 Belegungen von Zeitschrift 1

=> Budget verbraucht

=> keine Belegung von Zeitschrift 2.

Zu beachten ist, daß über die zeitliche Belegung von Zeitschrift 1 keine Aussage getroffen werden kann.

Beispiel 7-11

Ein Hersteller von qualitativ hochwertigen Terminplanern möchte zur Neuprodukteinführung eine Werbekampagne durchführen. Grundsätzlich stehen nur zwei Zeitschriften zur Wahl: der "Star" und der "Wirtschaftsmonat". Das Kriterium zur Mediaselektion stellt der TKP dar. Da der "Star" mit einem TKP von 8,33 DM wesentlich günstiger ist als der "Wirtschaftsmonat" mit einem TKP von 27,96 DM, ist schnell eine Entscheidung zugunsten des "Star" gefunden.

Ein findiger Marktforscher findet heraus, daß das neue Produkt fast aus-schließlich (zu über 90%) von Personen in leitenden Berufen gekauft wird. In der Veröffenlichung eines namhaften Verlages findet der Marktforscher einen Überblick zu zielgruppenspezifischen TKPen, dem zu entnehmen ist, daß der "Star" einen TKP von 98,85 DM und der "Wirtschaftsmonat" einen TKP von 88,74 DM für die Zielgruppe der Personen mit leitenden Berufen haben. Es ist ersichtlich, daß die durchgeführte Mediaselektion des Unter-nehmens nicht optimal ist.

Ein wesentlicher Nachteil von TKPen ist die Nichtberücksichtigung von Wieder-holungskontakten (externe und interne Überschneidungen). Ein Wiederholungs-kontakt wird genauso gewertet wie ein Erstkontakt.

Erwähnenswert erscheint abschließend das bekannte Modell **MEDIAC** von Litt-le/Lodish (1969) zur Unterstützung der Mediaplanung. Im Modell werden Markt-segmente, Absatzpotentiale, abnehmende Grenzerträge, das Erinnerungsvermögen der Zielgruppe und eine Zeitplanung berücksichtigt. Allerdings ist das Optimie-rungsproblem relativ komplex, was die Anwendbarkeit in vielen Fällen verhindert (vgl. Lilien/Kotler/Moorthy 1992, S.318).

7.5 Übungsaufgaben zu Kapitel 7

Den Schwerpunkt der folgenden Aufgaben zu Modellen des Marketing-Mix bildet die Produktpolitik mit den Aufgaben 7-1 bis 7-4. In den restlichen drei Aufgaben werden spezielle Fragestellungen aus den Bereichen Distributions- (7-5), Preis- (7-6) und Kommunikationspolitik (7-7) behandelt.

Aufgabe 7-1

In einer Marktforschungsstudie wurde eine Produktbewertung für Müsli-Riegel durchgeführt. Es wurden vier verschiedene Produkte (Marken A, B, C, D) bzgl. der Merkmale Geschmack, Nährwert, Füllgewicht und Preis beurteilt.

Merkmale \ Marken	A	B	C	D	Skalierung
Geschmack	4	2	1	3	1 (sehr gut), ..., 6 (unangenehm)
Nährwert	1	2	5	2	1 (sehr hoch), ..., 6 (gering)
Füllgewicht	50	65	75	50	in Gramm
Preis	2,20	2,10	2,35	2,00	in DM

Darüber hinaus wurde in der Studie die Wichtigkeit dieser Merkmale untersucht. Dazu wurden von 100 Personen Paarvergleiche durchgeführt, d.h. für je zwei Merkmale hatten die befragten Personen zu entscheiden, welches Merkmal das wichtigere ist. Das Ergebnis entnehmen Sie der folgenden Matrix. Beispielsweise stuften beim Vergleich der Merkmale Geschmack und Nährwert 34 Personen den Geschmack und 66 den Nährwert als wichtigeres Kriterium ein.

	Geschmack	Nährwert	Füllgewicht	Preis
Geschmack	0	34	81	35
Nährwert	66	0	87	47
Füllgewicht	19	13	0	25
Preis	65	53	75	0

a) Ermitteln Sie die Merkmalsgewichte w_i (i = 1,...,4) nach folgender Regel: Das Gewicht für Merkmal i ergibt sich aus dem Verhältnis der Anzahl aller Entscheidungen für dieses Merkmal zur Anzahl aller durchgeführten Paarvergleiche.

b) Die ideale Marke habe die Merkmalsausprägungen $(x^*_1,...,x^*_4)$ = (1; 1; 50; 1,90). Die Merkmale Füllgewicht und Preis (i = 3, 4) sind gemäß der Beziehung

$$\hat{x}_{ij} = 1 + \frac{x_{ij} - x^*_i}{\max_{j=1,...,4}(x_{ij} - x^*_i)} \cdot 5$$

in das Intervall [1,6] zu transformieren. Hierbei bezeichnet x_{ij} die Bewertung von Merkmal i für Marke j und $\hat{x}_{ij}$ die entsprechende Bewertung nach erfolgter Transformation. Berechnen Sie die Werte $\hat{x}_{ij}$ (Für die Merkmale i = 1,2 gilt natürlich $\hat{x}_{ij}$ = x_{ij}). Wie lauten die transformierten Werte $\hat{x}^*_i$ für die ideale Marke?

Bestimmen Sie die Präferenzrangfolge der untersuchten Marken, wobei die quadrierte l^2-Distanz

$$D_j = \sum_{i=1}^{4} w_i (\hat{x}_{ij} - \hat{x}^*_i)^2$$

als Maß zugrunde gelegt wird.

c) Berechnen Sie nach dem PERCEPTOR-Modell den Anteil T der Versuchspersonen, die einen neuen Müsli-Riegel mindestens einmal kaufen, wenn die Wahrscheinlichkeit für die Markenwahrnehmung W auf 0,46, die Wahrscheinlichkeit für die Verfügbarkeit V auf 0,78 geschätzt wird und die bedingte Versuchskaufrate Q für einen Versuchskauf nach der Formel

$$Q = \alpha_0 + \alpha_1 \cdot D^{(n)}$$

(mit α_0 = 0,6 und α_1 = -0,1) ermittelt wird. Die neue Marke hat die Merkmalsausprägungen $x^{(n)}$ = (2; 2; 60; 1,95).

Lösung

a) Die Merkmalsgewichte w_i ergeben sich wie folgt:

Merkmal	Positive Entscheidung	Merkmalsgewicht
Geschmack	150	0,25
Nährwert	200	0,33
Füllgewicht	57	0,10
Preis	193	0,32
Summe	**600**	**1**

b) Die Merkmalsausprägungen von Füllgewicht und Preis sind zu transformieren. Man berechnet die nachstehenden Werte. Die ideale Marke hat nach erfolgter Transformation die Merkmalsausprägung $(\hat{x}_1^*, ..., \hat{x}_4^*) = (1,1,1,1)$.

Merkmale \ Marken	A	B	C	D
Füllgewicht	1	4	6	1
Preis	4,3	3,2	6	2,1

Damit sind die Distanzen berechenbar:

$$D_A = 0,25\,(4\text{-}1)^2 + 0,33\,(1\text{-}1)^2 + 0,10\,(1\text{-}1)^2 + 0,32\,(4,3\text{-}1)^2 = 5,74$$

$$D_B = 0,25 \cdot 1^2 + 0,33 \cdot 1^2 + 0,10 \cdot 3^2 + 0,32 \cdot 2,2^2 = 3,03$$

$$D_C = 15,78$$

$$D_D = 1,72$$

Die Präferenzrangfolge lautet also

$$D \text{ - } B \text{ - } A \text{ - } C \ .$$

c) Die neue Marke hat nach Transformation der Merkmale die Ausprägungen $\hat{x}^{(n)} = (2; 2; 3; 1,6)$. Man errechnet die Distanz $D^{(n)}$ zum Idealpunkt als

$$D^{(n)} = 0,25 \cdot 1^2 + 0,33 \cdot 1^2 + 0,1 \cdot 2^2 + 0,32 \cdot 0,6^2 = 1,1 \ .$$

Die Versuchskaufwahrscheinlichkeit Q ergibt sich also zu

$$Q = 0,6 - 0,1 \cdot 1,1 = 0,49 \, .$$

Mit W = 0,46 und V = 0,78 ist der Anteil T der Versuchspersonen, die die Marke mindestens einmal kaufen, durch

$$T = W \cdot V \cdot Q = 0,46 \cdot 0,78 \cdot 0,49 = 0,18 \ (18\%)$$

gegeben.

Aufgabe 7-2

a) Für ein bestimmtes Segment des Waschmittel-Marktes wurden die beiden relevanten Eigenschaften (gleiche Wichtigkeit) Waschkraft (WK) und Umweltverträglichkeit (UV) ermittelt. Den Markt teilen sich im wesentlichen drei Marken, deren Marktanteile und Positionen im Eigenschaftsraum der folgenden Übersicht zu entnehmen sind:

| | Position | | Marktanteil |
Marke	WK	UV	
A	3,2	4,5	0,38
B	1,8	4,8	0,27
C	2,3	4,9	0,30
Idealpunkt	3	3	

Folgende Schätzwerte liegen bereits vor:

Marke	Wiederkaufrate S	Awareness W	Availability V
A	0,8	0,9	0,7
B	0,8	0,9	0,7
C	0,8	0,8	0,8

Schätzen Sie hiermit die Parameter α_0 und α_1 des PERCEPTOR-Modells.

b) Der Hersteller der Marke A erwägt die Einführung einer Marke Y mit WK = 0,9
   und UV = 4,6. Man geht davon aus, daß mittels gezielter Marketingaktivitäten
   Awareness W = 0,7, Availability V = 0,8 sowie Wiederkaufrate S = 0,8 erzielbar
   sind. Schätzen Sie den langfristigen Marktanteil der neuen Marke Y mit Hilfe
   des PERCEPTOR-Modells.

c) Es soll nun untersucht werden, wie stark die einzelnen etablierten Marken von
   der Einführung der neuen Marke betroffen sind. Hierzu liegen die Schätzwerte
   e_A = 0,6, e_B = 0,6 und e_C = 0,7 vor. Diese Werte geben jeweils den Anteil der
   potentiellen Käufer an, die die entsprechende Marke in ihrem "evoked set" haben. Schätzen Sie, wieviel Prozent Marktanteil jede der etablierten Marken an
   die neue Marke Y abgeben muß.

d) Interpretieren Sie die Ergebnisse aus b) und c). Wie beurteilen Sie die geplante
   Neuprodukteinführung?

Lösung

a) Wir ermitteln zunächst die quadrierten Distanzen der drei etablierten Marken
   zum Idealpunkt. Da die beiden Eigenschaften WK und UV gleiche Bedeutung
   haben, setzen wir w_1 = w_2 = 0,5. Es ergeben sich folgende Werte:

$$D_A = 0,5 \cdot (0,2^2 + 1,5^2) = 1,145$$
$$D_B = 0,5 \cdot (1,2^2 + 1,8^2) = 2,340$$
$$D_C = 0,5 \cdot (0,7^2 + 1,9^2) = 2,050$$

Die Parameter α_0 und α_1 sind aus der Beziehung

$$Q = \alpha_0 + \alpha_1 \cdot D$$

zu schätzen, wobei Q die bedingte Versuchskaufwahrscheinlichkeit und D die quadrierte Distanz einer Marke zum Idealpunkt bezeichnet. Um α_0 und α_1 aus obiger Beziehung mittels linearer Regression schätzen zu können, benötigen wir die Q-Werte für die drei Marken A, B und C. Aus den beiden PERCEPTOR-Modellgleichungen

$$M = T \cdot S$$

und

$$T = Q \cdot W \cdot V$$

leiten wir die Beziehung

$$Q = M / (W \cdot V \cdot S)$$

ab. Für die drei etablierten Marken kennen wir die Größen, die auf der rechten Seite der Gleichung auftreten, und können folglich die Q-Werte ermitteln:

$$Q_A = 0,754, \quad Q_B = 0,536, \quad Q_C = 0,586 .$$

Die lineare Regression (vgl. z.B. Bamberg/Baur 1996) liefert die Schätzwerte

$$\alpha_0 = 0,9633, \quad \alpha_1 = -0,1832$$

für die beiden Modellparameter. Somit können wir die Abhängigkeit der bedingten Versuchskaufwahrscheinlichkeit Q von der quadrierten Distanz D zum Idealpunkt durch die Beziehung

$$Q = 0,9633 - 0,1832 \, D$$

beschreiben.

b) Die neue Marke Y hat eine quadrierte Distanz von

$$D_Y = 0,5 \cdot (2,1^2 + 1,6^2) = 3,485$$

zum Idealpunkt. Mit Hilfe der in a) aufgestellten Beziehung schätzen wir hieraus die bedingte Versuchskaufwahrscheinlichkeit

$$Q_Y = 0,9633 - 0,1832 D_Y = 0,325$$

für die neue Marke. Aus den PERCEPTOR-Gleichungen für die Versuchskaufrate T und den Marktanteil M folgt weiter:

$$T = Q \cdot W \cdot V = 0,325 \cdot 0,7 \cdot 0,8 = 0,182$$
$$M = T \cdot S = 0,182 \cdot 0,8 = 0,146$$

PERCEPTOR prognostiziert für die neue Marke also einen langfristigen Marktanteil von 14,6%.

c) Wir ermitteln zunächst die quadrierten Distanzen zwischen den einzelnen etablierten Marken und der neuen Marke:

$$D_{AY} = 0,5 \cdot (2,3^2 + 0,1^2) = 2,650$$
$$D_{BY} = 0,5 \cdot (0,9^2 + 0,2^2) = 0,425$$
$$D_{CY} = 0,5 \cdot (1,4^2 + 0,3^2) = 1,025$$

Mit Hilfe der Formel für die Marktanteilsverluste errechnen wir folgende Werte:

$$MV_A = 0,146 \frac{0,6 / 2,650}{0,6 / 2,650 + 0,6 / 0,425 + 0,7 / 1,025} = 0,014 \ (1,4\%)$$
$$MV_B = 0,089 \ (8,9\%)$$
$$MV_C = 0,043 \ (4,3\%)$$

d) Positiv zu beurteilen ist, daß die marktführende Position der eigenen Marke A von der neuen Marke Y kaum tangiert wird. Die Markteinführung geht fast vollständig zu Lasten des Herstellers von Marke B, deren Marktanteil nach der PERCEPTOR-Prognose langfristig von 27% auf 18,1% zurückgeht. Vor diesem Hintergrund müssen eventuelle aggressive Gegenmaßnahmen dieses Konkurrenten von vornherein in die Überlegungen einbezogen werden.

Auf der Basis der PERCEPTOR-Prognose ergibt sich langfristig folgende Marktanteilsverteilung:

Marke	Marktanteil	
	vor der Einführung von Y	nach der Einführung von Y
A	38 %	36,6 %
B	27 %	18,1 %
C	30 %	25,7 %
Y	-	14,6 %
Sonstige	5 %	5 %

Es fällt auf, daß die neue Marke langfristig nur den vierten Rang erreicht, und dies mit deutlichem Rückstand auf die beiden führenden Marken. Daher stellt sich die Frage, ob die Marke Y mit diesem Volumen eine wettbewerbsfähige Kostenstruktur erreichen kann. Entscheidend für die Beurteilung der Markteinführung unter diesem Aspekt kann es sein, inwieweit bei der Herstellung von Y Kostensynergien mit der führenden Marke A realisiert werden können.

Aufgabe 7-3

Wir betrachten das Diffusionsmodell, das durch die Gleichung

$$q_t = r \cdot \overline{Q} \cdot (1 - r)^{t-1} \quad t = 1,2,...$$

beschrieben ist. Hierbei bezeichnet q_t den Absatz in der Periode t. $\overline{Q}$ und r sind Modellparameter, wobei $0 < r < 1$ gilt.

a) Wie wird das Modell in der Literatur genannt?

b) Berechnen Sie für $\overline{Q} = 40.000$ und

b1)   für r = 0,3
    b2)   für r = 0,4

jeweils die Absatzzahlen sowie die kumulierten Absätze für die ersten sechs Perioden und stellen Sie diese graphisch dar. Verdeutlichen Sie anhand dieser Beispiele die Bedeutung der Parameter $\overline{Q}$ und r.

Lösung

a) Es handelt sich um das Modell von Fourt/Woodlock.

b) Die Werte der Absatzzahlen q_t und der kumulierten Absatzzahlen Q_t sind dem folgenden Tableau zu entnehmen:

$\overline{Q}$ = 40.000					
r = 0,3			r = 0,4		
t	q_t	Q_t	t	q_t	Q_t
1	12000	12000	1	16000	16000
2	8400	20400	2	9600	25600
3	5880	26280	3	5760	31360
4	4116	30396	4	3456	34816
5	2881	33277	5	2074	36890
6	2017	35294	6	1244	38143

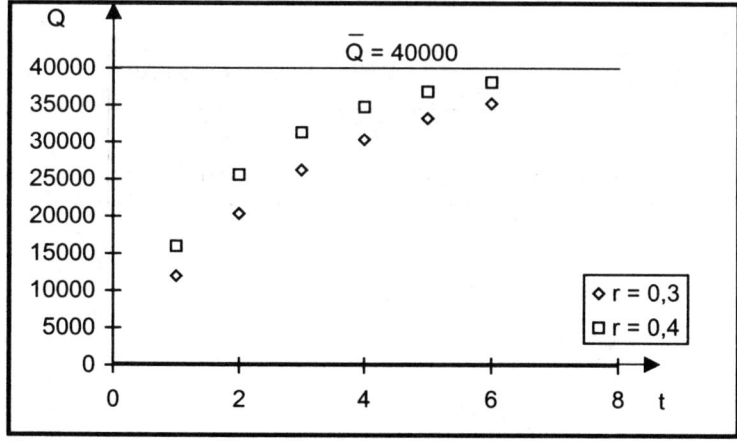

Die Graphik zeigt die jeweilige Entwicklung der kumulierten Verkäufe Q_t. Es ergibt sich jeweils eine Konvergenz gegen den Wert $\overline{Q} = 40.000$ (das Marktpotential). Diese Konvergenz ist offensichtlich um so schneller, je höher r ist; daher wird r als Penetrationsrate bezeichnet.

Aufgabe 7-4

Ein Süßwarenhersteller möchte einen neuen Schokoriegel "Sweet 'N Fat" (S'NF) auf den Markt bringen. Sein derzeit auf dem Markt befindliches Produkt soll durch den neuen Riegel ersetzt werden. Mit Hilfe des ASSESSOR-Modells möchte er den Marktanteil für das neue Produkt schätzen.

a) Mit Hilfe des Trial-Repeat Modells soll der zu erwartende Marktanteil ermittelt werden. Die bedingte Erstkaufwahrscheinlichkeit F wird auf 0,25 geschätzt; aufgrund der umfangreichen Marketingaktivitäten beträgt die Wahrscheinlichkeit K für die Bekanntheit der neuen Marke 0,4 und für die Verfügbarkeit D 0,7. Man geht desweiteren davon aus, daß 60% der Bedarfsträger eine Probepackung versuchen werden und jeder sechste danach das Produkt kaufen wird.

Die Fluktuationsmatrix für die Kaufentscheidung der Konsumenten in Periode t und Periode t+1 hat folgendes Aussehen:

t＼t+1	S'NF	Sonstige Produkte
S'NF	0,7	0,3
Sonstige Produkte	0,1	0,9

b)

Person	Relevant Set	Paarvergleiche	Paarvergleiche nach Kauf von S'NF
(1)	A C	A C 8 3	
(2)	A C	A C 6 5	
(3)	A B D	A B D 4 7 6 5 5 6	
(4)	B C	B C 8 3	B C S'NF 6 5 8 3 3 8
(5)	C D	C D 5 6	C D S'NF 4 7 4 7 7 4
(6)	B C D	B C D 8 3 10 1 8 3	
(7)	B C	B C 3 8	B C S'NF 5 6 6 5 5 6
(8)	A D	A D 7 4	
(9)	A B	A B 9 2	
(10)	A B D	A B D 7 4 5 6 1 10	

Nun soll mit Hilfe des Präferenz-Modells der Marktanteil abgeschätzt werden. Es werden von zehn Personen Paarvergleichsdaten erhoben, die der vorstehenden Tabelle zu entnehmen sind. Mit dem neuen Schokoriegel werden vier etablierte Marken (A, B, C, D) verglichen.

Wie man sieht, haben sich die Versuchspersonen (4) (5) und (7) für das neue Produkt S'NF entschieden. Insgesamt geht man davon aus, daß 15% aller Bedarfsträger den Schokoriegel in ihr relevant set aufnehmen.

c) Welche Marktanteilsschätzung liefert unter Einbeziehung der Ergebnisse aus a) und b) das ASSESSOR-Modell?

Lösung

a) Entsprechend der ASSESSOR-Notation gilt: F = 0,25, K = 0,4, D = 0,7, C = 0,6 und U = 1/6.

Für die Versuchskaufrate T erhält man

$$
\begin{aligned}
T &= F \cdot K \cdot D + C \cdot U - (F \cdot K \cdot D) \cdot (C \cdot U) \\
  &= 0{,}25 \cdot 0{,}4 \cdot 0{,}7 + 0{,}6 \cdot 1/6 - 0{,}25 \cdot 0{,}4 \cdot 0{.}7 \cdot 0{,}6 \cdot 1/6 \\
  &= 0{,}17 - 0{,}007 = 0{,}163 \ .
\end{aligned}
$$

Aus der Fluktuationsmatrix läßt sich die Wiederkaufrate S ermitteln:

$$
S = 0{,}1 \ / \ (1 + 0{,}1 - 0{,}7) = 0{,}1 \ / \ 0{,}4 = 1/4.
$$

Die Marktanteilsschätzung des Trial-Repeat Modells beträgt

$$
M_{TR} = T \cdot S = 0{,}163 \cdot 0{,}25 = 0{,}04075 \approx 4\% \ .
$$

b) Für das Präferenzmodell müssen die Kaufwahrscheinlichkeiten $p_i(1)$ von Proband i für Marke 1 ohne Einbezug von S'NF und $\tilde{p}_i(l)$ unter Berücksichtigung von S'NF berechnet werden:

| | Kaufwahrscheinlichkeiten | | | | | | | | |
| | $p_i(l)$ | | | | $\tilde{p}_i(l)$ | | | | |
Person	A	B	C	D	A	B	C	D	S'NF
1	0,727		0,273						
2	0,545		0,455						
3	0,303	0,364		0,333					
4						0,424	0,242		0,333
5							0,242	0,424	0,333
6		0,545	0,333	0,121					
7						0,333	0,333		0,333
8	0,636			0,364					
9	0,818	0,182							
10	0,364	0,152		0,485					
M_1					0	0,252	0,272	0,141	0,333
M_2	0,485	0,178	0,152	0,186					

Hierbei gilt für die beiden Größen M_1 und M_2:

$$M_1(l) = \frac{1}{3} \sum \tilde{p}_i(l)$$

$$M_2(l) = \frac{1}{10-3} \sum p_i(l)$$

Mit E = 0,15, d.h. 15% der potentiellen Kunden nehmen das neue Produkt in ihr relevant set auf, erhält man die Marktanteile für die etablierten Marken nach Einführung von S'NF gemäß der Formel

$$M(l) = E \cdot M_1(l) + (1-E) \cdot M_2(l) .$$

l	A	B	C	D
M(l)	0,412	0,189	0,17	0,179
in %	41,2%	18,9%	17%	17,9%

Der Marktanteil von S'NF ergibt sich auf der Basis des Präferenzmodells zu

$$M_{\text{Präf.}}(\text{S'NF}) = E \cdot M_1(\text{S'NF}) = 0,15 \cdot 0,333 = 0,05 \quad (5\%) .$$

Der neue S'NF-Riegel wird also lediglich 5% Marktanteil erobern können.

c) Insgesamt liefert ASSESSOR als Markanteilsschätzung für das neue Produkt den Mittelwert der Schätzungen beider Teilmodelle, also

$$M_{ASS}(S'NF) = 1/2 \ (5\% + 4\%) = 4{,}5\% \ .$$

Aufgabe 7-5

Das weitaus bekannteste Modell zur zeitlichen Planung der Besuchshäufigkeit von Kunden durch den Außendienst ist CALLPLAN. Im Rahmen dieses Modells geht man davon aus, daß der Absatz r_i eines Produkts beim Kunden i von der Anzahl x_i der Besuche gemäß der Beziehung

$$r_i(x_i) = r_0 + (r_1 - r_0) \frac{x_i^k}{s + x_i^k}$$

abhängt. Weisen Sie nach, daß diese Reaktionsfunktion konkav bzw. S-förmig verläuft, je nachdem, welchen Wert der Parameter k hat.

Lösung

Zur Untersuchung des Kurvenverlaufs von r_i berechnen wir die ersten beiden Ableitungen nach $x_i (x_i \geq 0)$. Es ist

$$r_i(x_i) = r_0 + (r_1 - r_0) \frac{x_i^k}{s + x_i^k}$$

und somit

$$dr_i(x_i)/dx_i = (r_1 - r_0) \cdot \left[k \cdot x_i^{k-1} \cdot (s + x_i^k)^{-1} - x_i^k \cdot (s + x_i^k)^{-2} \cdot k \cdot x_i^{k-1} \right]$$

$$= (r_1 - r_0)s \cdot k \cdot \frac{x_i^{k-1}}{(s + x_i^k)^2} \quad .$$

Die zweite Ableitung ergibt sich zu

$$d^2 r_i(x_i)/dx_i^2 = (r_1 - r_0) \cdot s \cdot k \cdot \left[(k-1) \cdot x_i^{k-2} (s + x_i^k)^{-2} - 2(s + x_i^k)^{-3} \cdot k \cdot x_i^{k-1} \cdot x_i^{k-1} \right]$$

$$= (r_1 - r_0) \cdot s \cdot k \cdot \frac{x_i^{k-2}}{(s + x_i^k)^3} \left[s(k-1) - x_i^k(k+1) \right] \quad .$$

Das Vorzeichen dieses Ausdrucks ist identisch mit dem Vorzeichen des Ausdrucks in der eckigen Klammer (aufgrund der Voraussetzungen bzgl. der Modellparameter). Gemäß der Regel, daß eine zweimal stetig differenzierbare Funktion genau dann auf einem Intervall konkav (konvex) ist, falls die zweite Ableitung kleiner (größer) oder gleich Null ist, läßt sich folgende Aussage treffen:

- Für $k \leq 1$ gilt: $\left[\underbrace{s(k-1)}_{\leq 0} - \underbrace{x_i^k(k+1)}_{\geq 0} \right] \leq 0$

  für alle $x_i \geq 0$.

  Damit ist $r_i(x_i)$ für $k \leq 1$ konkav.

- Für $k > 1$ gilt: $s(k-1) - x_i^k(k+1) < 0$, falls

  $$x_i^k > s \frac{k-1}{k+1} \quad \text{und}$$

  $s(k-1) - x_i^k(k+1) > 0$, falls

  $$x_i^k < s \frac{k-1}{k+1} \quad .$$

Also ist die Funktion für kleine x_i konvex und für größere x_i konkav, sie hat somit einen S-förmigen Verlauf.

Aufgabe 7-6

Für ein Produkt wurde herausgefunden, daß die Abhängigkeit des Absatzes x vom Preis p sich näherungsweise durch die Beziehung

$$x(p) = \begin{cases} 240.000 - 20.000\,p & \text{für } 0 \le p < 6 \\ 180.000 - 10.000\,p & \text{für } 6 \le p < 12 \\ 300.000 - 20.000\,p & \text{für } 12 \le p \le 15 \end{cases}$$

ausdrücken läßt.

a) Stellen Sie diese Preis-Absatz-Funktion graphisch dar und interpretieren Sie ihren Verlauf.

b) Berechnen Sie für die obige Funktion $x(p)$ die Preiselastizität für $p_1 = 3$, $p_2 = 8$, $p_3 = 10$ und $p_4 = 14$. Warum kann die Preiselastizität für $p = 12$ in dieser Form nicht berechnet werden?

c) Für die weiteren Überlegungen zur Preisfindung möchte man sich auf den Bereich zwischen 6 GE und 12 GE beschränken. Bestimmen Sie den umsatzmaximalen Preis in diesem Intervall. Wie hoch ist die Preiselastizität für diesen umsatzmaximalen Preis?

Lösung

a)

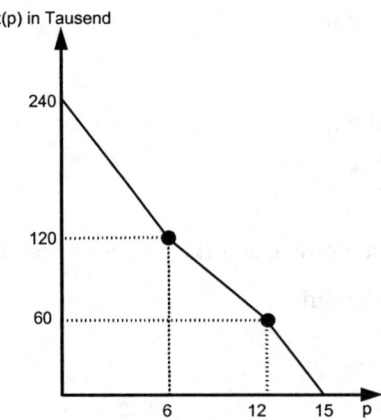

Die Preis-Absatz-Funktion weist insofern einen "normalen" Verlauf auf, als mit steigendem Preis der Absatz zurückgeht. Bei einem Preis zwischen 6 und 12 GE ist eine recht moderate Reaktion des Absatzes auf Preisänderungen zu beobachten. Wird aber der Preis über 12 GE angehoben, so geht der Absatz rapide zurück, und bei einem Preis von 15 GE ist kein Absatz mehr zu erzielen. Senkt man dagegen den Preis unter 6 GE, so wirkt sich dies stark absatzfördernd aus. Der bei einem "Preis" von 0 GE erzielbare Absatz von 240.000 stellt das Marktpotential des Produkts dar.

b) Die Ableitung der Preis-Absatz-Funktion hat folgende Gestalt:

$$dx(p)/dp = \begin{cases} -20.000 & \text{für } 0 < p < 6 \\ -10.000 & \text{für } 6 < p < 12 \\ -20.000 & \text{für } 12 < p < 15 \end{cases}$$

Damit erhalten wir die Preiselastizitäten

$$\varepsilon(p_1) = -20.000 \cdot (3/180.000) = -1/3 \ ,$$

$$\varepsilon(p_2) = -10.000 \cdot (8/100.000) = -0,8 \ ,$$

$$\varepsilon(p_3) = -10.000 \cdot (10/80.000) = -1,25 \quad \text{und}$$

$$\varepsilon(p_4) = -20.000 \cdot (14/20.000) = -14$$

für die Preise $p_1 = 3$, $p_2 = 8$, $p_3 = 10$ und $p_4 = 14$.

Für $p = 12$ ist die Berechnung der Preiselastizität in dieser Form nicht möglich, da die Ableitung $dx(p)/dp$ an der Stelle $p = 12$ nicht definiert ist. Die linksseitige Ableitung beträgt -10.000, die rechtsseitige -20.000 (Knickstelle). Dies bedeutet, daß die Reaktion der Nachfrage auf eine beliebig kleine Preisanhebung stärker ausfällt als auf eine Preisreduktion gleichen Ausmaßes. In einem solchen Fall kann man zwei Elastizitäten angeben:

- $\varepsilon^-(12) = -10.000 \cdot (12/60.000) = -2$ für die Preisreduktion
- $\varepsilon^+(12) = -20.000 \cdot (12/60.000) = -4$ für die Preisanhebung

c) Der Umsatz beträgt bei gegebener Preis-Absatz-Funktion $x(p)$

$$U(p) = x(p) \cdot p \; ;$$

auf dem Intervall zwischen 6 und 12 GE hat diese Funktion die Gestalt

$$U(p) = (180.000 - 10.000p) \cdot p = 180.000p - 10.000p^2 \; .$$

Die Ableitung ist durch

$$dU(p)/dp = 180.000 - 20.000p$$

gegeben, die zweite Ableitung ist

$$d^2U(p)/d^2p = -20.000 < 0 \; .$$

Der umsatzmaximale Preis $p = 9$ ergibt sich als Nullstelle der ersten Ableitung. Die zugehörige Preiselastizität ist

$$\varepsilon(9) = -10.000 \cdot (9/90.000) = -1 \; .$$

Aufgabe 7-7

a) Im Rahmen eines stark vereinfachten Werbewirkungsmodells wird unterstellt, daß der Umsatz u_t der Periode t gemäß der Beziehung

$$u_t = \beta \cdot \ln a_t + \delta \cdot u_{t-1}$$

von den Werbeausgaben a_t der Periode und vom Umsatz u_{t-1} der Vorperiode abhängt. Hierbei bezeichnen β und δ geeignet definierte Parameter. Berechnen Sie die Werbeausgaben, die erforderlich sind, um den Umsatz auf dem konstanten Niveau $\bar{u}$ zu halten.

b) Wir betrachten einen Markt mit Volumen m, den sich zwei Marken 1 und 2 teilen. Die Marktanteilsentwicklungen m_1 und m_2 dieser beiden Marken als Funktion der Zeit hängen von den jeweiligen Werbeausgaben a_1 und a_2 gemäß den
Beziehungen

$$dm_1(t)/dt = \alpha_1 a_1 m_2(t) - \alpha_2 a_2 m_1(t)$$

$$dm_2(t)/dt = \alpha_2 a_2 m_1(t) - \alpha_1 a_1 m_2(t)$$

ab. Hierbei bezeichnen α_1 und α_2 Werbewirkungskoeffizienten. Bestimmen Sie
unter Verwendung der Beziehung

$$m_1(t) + m_2(t) = 1$$

die Marktanteilsverteilung, bei der sich ein Gleichgewicht ergibt, d.h. bei der die
Marktanteile stabil bleiben.

Lösung

a) Ausgehend von der Beziehung

$$u_t = u_{t-1} = \bar{u}$$

erhalten wir die Gleichung

$$\bar{u} = \beta \cdot \ln a_t + \delta \bar{u}$$

und somit

$$a_t = e^{\frac{1-\delta}{\beta}\bar{u}} .$$

b) Die Stabilitätsbedingung können wir in der Form

$$dm_1(t)/dt = dm_2(t)/dt = 0$$

ausdrücken. Ist nämlich die Ableitung des Marktanteils nach der Zeit gleich Null, so ist der Marktanteil konstant. Aus den beiden Gleichungen

$$\alpha_1 a_1 m_2(t) - \alpha_2 a_2 m_1(t) = 0$$
$$\alpha_2 a_2 m_1(t) - \alpha_1 a_1 m_2(t) = 0$$

wird durch Einsetzen von

$$m_1(t) + m_2(t) = 1$$

die Gleichung

$$\alpha_1 a_1 - \alpha_1 a_1 m_1(t) = \alpha_2 a_2 m_1(t) \ .$$

Somit erhalten wir die "Stabilitätsmarktanteile"

$$m_1(t) = \frac{\alpha_1 a_1}{\alpha_1 a_1 + \alpha_2 a_2}$$

und

$$m_2(t) = 1 - m_1(t) = \frac{\alpha_2 a_2}{\alpha_1 a_1 + \alpha_2 a_2}$$

Modelle dieses Typs, die Werbewirkungen im Kontext von Konkurrenzbeziehungen behandeln, werden in der Literatur häufig als Lanchester-Modelle bezeichnet.

7.6 Literatur zu Kapitel 7

Im Zusammenhang mit der Anwendung quantitativer Modelle im Marketingbereich sowie damit verbundenen Problemen verweisen wir auf Bass et al. (1961), Buzzell (1964), Little (1970, 1979), Charnes et al. (1985) und Hruschka (1996). Speziell zu den einzelnen Komponenten des Marketing-Mix empfehlen wir

- für die Produktpolitik Urban/Hauser (1980), Wind/Mahajan/Cardozo (1981), Mahajan/Wind (1986), Mahajan/Muller/Bass (1990), Brockhoff (1993),
- für die Distributionspolitik Bagozzi (1979), Zoltners/Sinha (1980, 1983),
- für die Preispolitik Kaas (1977), Bailey (1978), Monroe/Della Bitta (1978), Monroe (1979), Simon (1979, 1992), Diller (1991), Faßnacht (1996), Hruschka (1996),
- für die Kommunikationspolitik Little (1970), Rao (1970), Schweiger (1975), Comanor (1979), Assmus/Farley/Lehmann (1984), Schmalen (1992) und Bruhn (1997).

Einen hervorragenden Überblick, der alle Komponenten des Marketing-Mix erfaßt, vermittelt das Buch von Lilien/Kotler/Moorthy (1992).

8 Logistik

Der Bereich der betrieblichen Logistik umfaßt alle Transport-, Lager- und Umschlagsvorgänge im Realgüterbereich. Logistische Problemstellungen lassen sich im wesentlichen in die drei Bereiche

- Standortplanung,
- Transportplanung und
- Lagerhaltung

unterteilen. Wir behandeln in diesem Kapitel ausgewählte quantitative Ansätze aus den drei Bereichen. Die große Bedeutung logistischer Probleme im Rahmen der Unternehmensplanung ergibt sich u.a. aus der Höhe der Logistikkosten, die in vielen Branchen einen beträchtlichen Anteil am Unternehmensumsatz ausmachen. Vor diesem Hintergrund behandeln wir im folgenden schwerpunktmäßig Ansätze zur kostengünstigen (d.h. unter gewissen Nebenbedingungen kostenminimalen) Gestaltung von Logistiksystemen.

8.1 Standortplanung

Teilgebiete der Standortplanung sind neben

- volkswirtschaftlichen Standorttheorien
- die betriebliche Standortplanung und
- die innerbetriebliche Standortplanung (Layoutplanung).

Wir skizzieren im weiteren Verlauf (weitgehend in Anlehnung an Domschke/Drexl 1996) die wichtigsten quantitativen Ansätze zur Behandlung von betrieblichen und innerbetrieblichen Standortproblemen. Dies sind

- Warehouse Location Probleme,
- graphentheoretische Ansätze (Zentren und Mediane von Graphen) und
- Ansätze zur Standortbestimmung in der Ebene.

Das einfachste **Warehouse Location Problem** (WLP) ist das **einstufige, unkapazitierte WLP,** das sich folgendermaßen beschreiben läßt: Ein Unternehmen beliefert n Kunden ($j = 1,...,n$) mit einem Gut; der j-te Kunde benötigt von diesem Gut pro Periode b_j ME. Es stehen m potentielle Standorte ($i = 1,...,m$) für Auslieferungsläger zur Verfügung. Wird an einem Standort i ein Lager errichtet, so entstehen fixe Kosten in Höhe von f_i GE. Falls der Kunde j voll (d.h. mit b_j ME) vom Lager im Standort i aus beliefert wird, betragen die entsprechenden Transportkosten c_{ij} GE. Das Entscheidungsproblem besteht nun darin, wieviele Läger zu errichten sind und an welchen potentiellen Standorten diese zu errichten sind, wobei die Zielsetzung die Minimierung der Gesamtkosten (Fixkosten + Transportkosten) ist; die Befriedigung der gesamten Kundennachfrage ist als Nebenbedingung zu berücksichtigen. Abbildung 8-1 verdeutlicht die Struktur des Problems.

Wir definieren nun die Transportvariablen x_{ij} ($i = 1,...,m$, $j = 1,...,n$) mit $0 \le x_{ij} \le 1$ so, daß Kunde j vom Lager am potentiellen Standort i aus genau $b_j x_{ij}$ ME geliefert bekommt. Weiter seien die Zuordnungsvariablen y_i ($i = 1,...,m$) durch

$$y_i = \begin{bmatrix} 1, \text{ falls am potentiellen Standort i ein Lager errichtet wird} \\ \\ 0, \text{ sonst} \end{bmatrix}$$

erklärt. Damit ergibt sich folgende formale Struktur für das einstufige, unkapazitierte WLP:

$$Z(x_{11},...,x_{mn}, y_1,...,y_m) = \sum_{i=1}^{m} \sum_{j=1}^{n} c_{ij}x_{ij} + \sum_{i=1}^{m} f_i y_i \rightarrow \min$$

u. d. N.

$$x_{ij} \le y_i \qquad\qquad i = 1,...,m, \ j = 1,...,n$$

$$\sum_{i=1}^{m} x_{ij} = 1 \qquad\qquad j = 1,...,n$$

$$y_i \ \varepsilon \ \{0,1\} \qquad\qquad i = 1,...,m$$

$$x_{ij} \ge 0 \qquad\qquad i = 1,...,m, \ j = 1,...,n$$

Der Leser mache sich insbesondere die Bedeutung der Nebenbedingung $x_{ij} \le y_i$ klar: Für $y_i = 0$ impliziert sie (zusammen mit der Nebenbedingung $x_{ij} \ge 0$) $x_{ij} = 0$

und sorgt so dafür, daß von einem potentiellen Standort, an dem kein Lager errichtet wurde, auch nichts ausgeliefert wird.

In formaler Hinsicht handelt es sich um ein gemischt-ganzzahliges Optimierungsproblem, das allerdings schon bei halbwegs realistischen Anzahlen von potentiellen Standorten und Kunden beträchtliche Dimensionen annimmt. Daher wurden mehrere auf die spezielle Problemstruktur zugeschnittene Lösungsverfahren entwickelt. Einen Überblick über exakte Lösungsverfahren, die wir hier nicht behandeln, findet der Leser bei Domschke/Drexl (1996, S.77ff.). Neben diesen (häufig recht aufwendigen) exakten Verfahren kennt man eine Reihe einfacher Heuristiken für das einstufige, unkapazitierte WLP. Einer der bekanntesten unter diesen Ansätzen, der **ADD-Algorithmus**, soll im folgenden dargestellt werden.

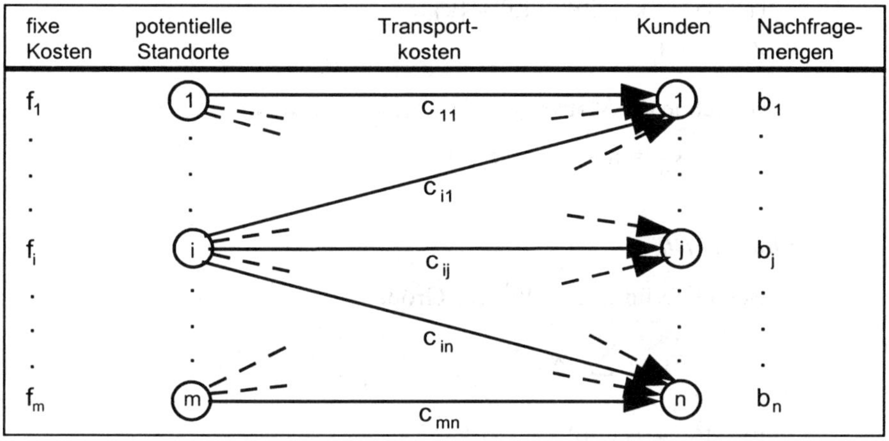

Abbildung 8-1: Das einstufige WLP

Das Verfahren arbeitet mit den drei Mengen

- I1 und I0 (Menge der potentiellen Standorte, an denen endgültig ein Lager bzw. endgültig keines errichtet wird), sowie
- $I0^{vl}$ (Menge der potentiellen Standorte, an denen vorläufig kein Lager errichtet wird).

Ausgangspunkt ist eine Anfangssituation, in der überhaupt kein Lager existiert. In jedem Schritt errichtet das Verfahren an dem Standort ein Lager, der zu einer größtmöglichen Verbesserung der Zielfunktion Z führt. Der Algorithmus bricht ab, sobald durch die Errichtung eines zusätzlichen Lagers keine weitere Verbesserung mehr zu erzielen ist. Nun zu den einzelnen Schritten:

Initialisierung

$$I1 := \emptyset, \quad I0 := \emptyset$$

$$I0^{vl} := \{1,...,m\}$$

Startschritt

Berechne für jeden potentiellen Standort $i = 1,...,m$ die Größe

$$c_i = \sum_{j=1}^{n} c_{ij}$$

Suche $k \, \varepsilon \, I0^{vl}$ mit

$$c_k + f_k = \min_{(i=1,...,m)} \{c_i + f_i\}$$

$$I1 := I1 + \{k\}, \quad I0^{vl} := I0^{vl} - \{k\}$$

$$Z := c_k + f_k$$

Berechne die Matrix $W = (w_{ij})_{(i \, \varepsilon \, I0^{vl}, \, j = 1...n)}$ mit

$$w_{ij} := \max \{c_{kj} - c_{ij}, 0\}$$

Iterationsschritt

Berechne für alle $i \, \varepsilon \, I0^{vl}$ die Größe

$$w_i = \sum_{j=1}^{n} w_{ij}$$

$$I0 := I0 + \{i \, \varepsilon \, I0^{vl}: w_i \le f_i\}$$

$$I0^{vl} := I0^{vl} - \{i \, \varepsilon \, I0^{vl}: w_i \le f_i\}$$

Überprüfe die *Abbruchbedingung*

$$I0^{vl} = \emptyset$$

Ist sie erfüllt, ermittle das Ergebnis

Ist die Abbruchbedingung nicht erfüllt, suche $k \, \varepsilon \, I0^{vl}$ mit

$$w_k - f_k = \max_{(i \, \varepsilon \, I0^{vl})} \{w_i - f_i\}$$

$$I1 := I1 + \{k\}$$

$$I0^{vl} := I0^{vl} - \{k\}$$

$$Z := Z - w_k + f_k$$

Überprüfe die *Abbruchbedingung*

$$I0^{vl} = \emptyset$$

Ist sie erfüllt, ermittle das Ergebnis

Ist die Abbruchbedingung nicht erfüllt, so berechne die Matrix

$$W = (w_{ij})_{(i \,\varepsilon\, I0^{vl}, \, j \,=\, 1...n)} \qquad \text{mit } w_{ij} := \max\{w_{ij} - w_{kj}, 0\}$$

Führe den nächsten Iterationsschritt durch

Ergebnis

$$y_i = \begin{bmatrix} 1, & \text{falls } i \,\varepsilon\, I1 \\ \\ 0, & \text{falls } i \,\varepsilon\, I0 \end{bmatrix}$$

$$x_{ij} = \begin{bmatrix} 1, & \text{falls } c_{ij} = \min_{(h \,\varepsilon\, I1)} \{c_{hj}\} \text{ und falls kein } i'< i \text{ mit } c_{i'j} = c_{ij} \\ & \text{existiert} \\ 0, & \text{sonst} \end{bmatrix}$$

Jeder Kunde $j = 1,...,n$ wird also ganz aus dem Lager $i \,\varepsilon\, I1$ beliefert, für das der Wert c_{ij} minimal ist; existieren mehrere solche Läger, so wählen wir (willkürlich) das mit dem kleinsten Index. Es ist möglich, daß bei dieser Lösung einigen Standorten $i \,\varepsilon\, I1$ kein Kunde zugeordnet wird. In diesem Fall läßt sich die Lösung leicht durch Ausschluß dieses Standorts verbessern: Wir setzen

$$I1: = I1 - \{i \,\varepsilon\, I1: x_{ij} = 0, \ j = 1,...,n\}$$

und vermindern Z um die entsprechenden Fixkosten. Ein Beispiel, in dem diese Situation auftritt, findet der Leser in Aufgabe 8-1.

Beispiel 8-1

Wir betrachten ein einstufiges, unkapaziertes WLP mit $m = 5$ potentiellen Standorten und $n = 8$ Großkunden. Fixkosten f_i und Transportkosten c_{ij} sind (jeweils in GE) dem nachstehenden Tableau zu entnehmen.

		Großkunden								Fixkosten f_i
	i\\j	1	2	3	4	5	6	7	8	
		Transportkosten c_{ij}								
potentielle Standorte	1	3	6	3	5	2	1	4	6	5
	2	5	7	6	9	5	2	1	3	7
	3	1	3	6	2	6	6	4	2	8
	4	6	4	2	1	3	1	5	6	4
	5	4	5	1	6	5	4	2	6	9

Mit dem ADD-Algorithmus soll eine kostengünstige Konstellation von Auslieferungslägern ermittelt werden.

Initialisierung

$$I1:= \emptyset, \; I0:= \emptyset, \; I0^{vl}:= \{1,...,5\}$$

Startschritt

$$(c_1,...,c_5) = (30, 38, 30, 28, 33)$$

$$(c_1 + f_1,...,c_5 + f_5) = (35, 45, 38, 32, 42) \rightarrow k = 4$$

$$I1:= \{4\}, \; I0^{vl}:= \{1, 2, 3, 5\}, \; Z:= 32$$

Matrix W:

$i \in I0^{vl}$\\j	1	2	3	4	5	6	7	8
1	3	0	0	0	1	0	1	0
2	1	0	0	0	0	0	4	3
3	5	1	0	0	0	0	1	4
5	2	0	1	0	0	0	3	0

1. Iterationsschritt

$$(w_1, w_2, w_3, w_5) = (5, 8, 11, 6)$$

$$I0:= \{1, 5\}, I0^{vl}:= \{2, 3\}$$

Abbruchbedingung ist nicht erfüllt

$$(w_2 - f_2, w_3 - f_3) = (1, 3) \rightarrow k = 3$$

$$I1:= \{3, 4\}, \; I0^{vl}:= \{2\}, Z:= 29$$

Abbruchbedingung ist nicht erfüllt

Matrix W:

$i \in I0^{vl}$ \ j	1	2	3	4	5	6	7	8
2	0	0	0	0	0	0	3	0

2. Iterationsschritt

$w_2 = 3$

$I0 := \{1, 2, 5\}, I0^{vl} := \emptyset$

Abbruchbedingung ist erfüllt

Ergebnis

Auslieferungsläger werden an den potentiellen Standorten 3 und 4 errichtet. Die nachfolgende Darstellung zeigt die Zuordnung der Großkunden zu diesen beiden Auslieferungslägern und verdeutlicht das Zustandekommen der Gesamtkosten von 29 GE.

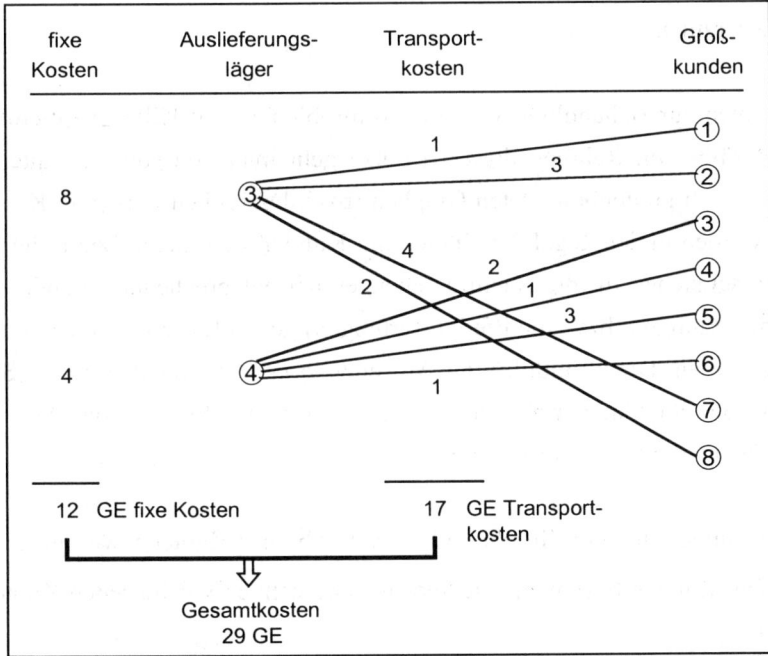

Neben dem ADD-Algorithmus kennt man auch das DROP-Verfahren, das in der umgekehrten Richtung wie ADD arbeitet. Weitere heuristische Verfahren zur Verbesserung der mit ADD oder DROP gefundenen Lösungen findet der Leser bei Domschke/Drexl (1996, S.73 ff.).

Ein weiteres Problem aus diesem Bereich ist das **einstufige, kapazitierte WLP**. Es unterscheidet sich dadurch vom unkapazitierten WLP, daß für die einzelnen potentiellen Standorte maximale Kapazitäten der ggf. dort zu errichtenden Läger vorgegeben sind. Die entsprechende Problemformulierung wird in Aufgabe 8-2 behandelt. Die Lösungsverfahren für den unkapazitierten Fall (z.B. der ADD-Algorithmus) können aber durch entsprechende Modifikationen auf diese Situation angepaßt werden. **Mehrstufige WLP** sind dadurch gekennzeichnet, daß mindestens zwei Transportstufen zu berücksichtigen sind und daß in der Regel Standorte für mehrere Typen von Einrichtungen (z.B. Werke und Auslieferungsläger) zu bestimmen sind. Hier gestaltet sich die Anpassung der entsprechenden Lösungsverfahren allerdings etwas aufwendiger (vgl. Domschke/Drexl 1996, S.57ff. sowie die dort zitierte Literatur).

Wir kommen zur Behandlung von Standortproblemen mit Hilfe **graphentheoretischer Ansätze**. Im Rahmen dieser Ansätze geht man von sowohl kanten- (bzw. pfeil-) als auch knotenbewerteten Graphen (bzw. Digraphen) aus (vgl. Kapitel 12). Hierbei werden in der Regel die Knoten mit Kundenorten identifiziert, die Knotenbewertungen stehen für die Nachfragemengen der entsprechenden Kunden und die Kantenbewertungen (bzw. die Pfeilbewertungen) geben Entfernungen zwischen den Kundenorten an. Die Grundidee der Anwendung der Graphentheorie auf Standortprobleme besteht nun darin, solche Knoten zu ermitteln, die von allen anderen Knoten "nicht zu weit entfernt" sind.

In einem (ungerichteten) Graphen $G = [V,E,d,b]$ mit Kantenbewertungen d_{ij} und Knotenbewertungen b_j (jeweils nichtnegativ) berechnen wir für jeden Knoten $i \varepsilon V$ die Größe

$$r(i) = \max_{(j \varepsilon V)} \{c_{ij} b_j\}$$

und bezeichnen einen Knoten i_Z als **Zentrum des Graphen**, wenn

$$r(i_Z) = \min_{(i \, \varepsilon \, V)} \{r(i)\}$$

gilt. Die Größe $r(i_Z)$ nennen wir den Radius des Graphen. Der Leser beachte die gedankliche Analogie zum Maximin-Kriterium (vgl. Kapitel 11).

Beispiel 8-2

Ein Unternehmen beliefert sechs Großkunden. Die Distanzen zwischen den Kundenorten sowie die Nachfragemengen der Kunden sind im folgenden Graphen durch Kanten- bzw. Knotenbewertungen gegeben.

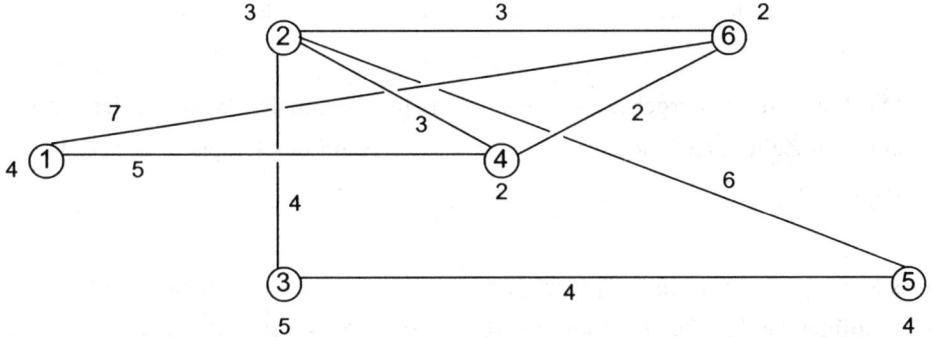

Wir stellen zunächst (ohne Berücksichtigung der Knotenbewertungen) die Distanzmatrix C auf:

i \ j	1	2	3	4	5	6
1	0	8	12	5	14	7
2	8	0	4	3	6	3
3	12	4	0	7	4	7
4	5	3	7	0	9	2
5	14	6	4	9	0	9
6	7	3	7	2	9	0
	4	3	5	2	4	2

In der letzten (abgetrennten) Zeile der Matrix stehen die Knotengewichte b_j. Wir multiplizieren nun die Distanzen c_{ij} mit den Knotenbewertungen b_j und erhalten die folgende Matrix:

i \ j	1	2	3	4	5	6	$r(i)$
1	0	24	60	10	56	14	60
2	32	0	20	6	24	6	32
3	48	12	0	14	16	14	48
4	20	9	35	0	36	4	36
5	56	18	20	18	0	18	56
6	28	9	35	4	36	0	36

Die Werte für $r(i)$ ergeben sich jeweils als die maximalen Werte in der entsprechenden Zeile. Der Knoten $i_Z = 2$ ist also Zentrum des Graphen, der Radius ist $r(i_Z) = 32$.

Das Konzept des Zentrums läßt sich in vielfältiger Weise verallgemeinern (vgl. z.B. Christofides 1975, S.79 ff., Domschke/Drexl 1996, S.141 ff.): Man kann z.B. neben den Knoten des Graphen auch die Punkte auf den Kanten des Graphen berücksichtigen; auf diese Weise gelangt man zum Begriff des **absoluten Zentrums**. Ein weiterer Ansatz ist in diesem Zusammenhang die Übertragung der Optimalitätseigenschaft des Zentrums auf eine Menge von Knoten. Diese Überlegung führt zum Begriff des **Zentrums höherer Ordnung** (vgl. hierzu auch Handler/Mirchandani 1979). Erwähnenswert ist an dieser Stelle auch der **Median** eines Graphen: Hierunter versteht man einen Knoten $i \in V$, der bzgl. der Größe

$$\sigma(i) = \sum_{j \in V} c_{ij}\, b_j$$

unter allen Knoten des Graphen minimal ist. Graphentheoretische Ansätze zur Behandlung von Standortproblemen werden in Aufgabe 8-3 behandelt.

Wir wenden uns nun **Zentren in Digraphen** zu (vgl. zum Begriff des Digraphen Abschnitt 12.1); Ausgangspunkt ist ein Digraph $< V,E,d,b >$ mit Pfeilbewertungen

d_{ij} und Knotenbewertungen b_j (jeweils nichtnegativ). Zu beachten ist nun, daß die Pfeile nicht in beiden Richtungen durchlaufen werden können. Wir haben daher zu unterscheiden zwischen der Distanz von einem Knoten i zu anderen Knoten und der Distanz dieser Knoten zum Knoten i. Daher erklären wir für jeden Knoten i die folgenden drei Größen:

$$r_{out}(i) = \max_{(j \in V)} \{c_{ij}\, b_j\} \; ,$$
$$r_{in}(i) = \max_{(j \in V)} \{c_{ji}\, b_j\} \; ,$$
$$r(i) = \max_{(j \in V)} \{(c_{ij} + c_{ji}) b_j\} \; .$$

Auf diese Weise gelangen wir zu den Begriffen

- Out-Zentrum und Out-Radius,
- In-Zentrum und In-Radius sowie
- Zentrum und Radius

eines gerichteten Graphen. Beispiel 8-3 verdeutlicht diese Begriffe.

Beispiel 8-3

Wir betrachten den nachfolgend dargestellten Digraphen, in dem alle Knoten j die Gewichtung $b_j = 1$ haben.

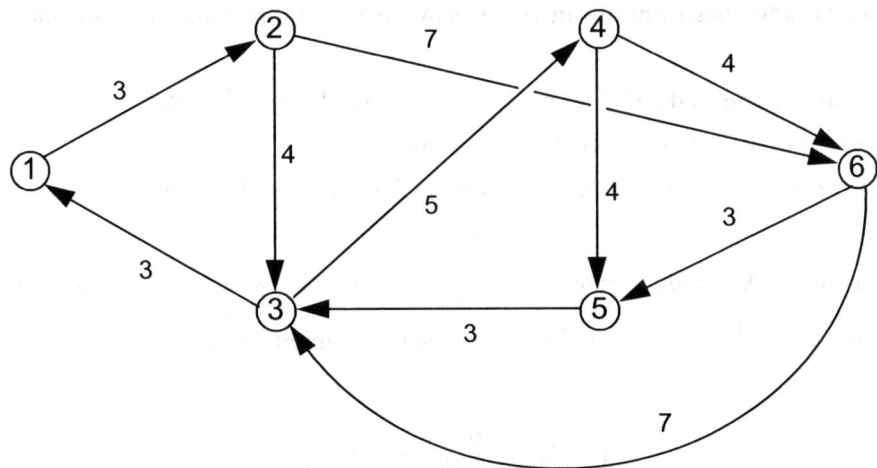

Wir stellen wiederum die Distanzmatrix auf:

nach von	1	2	3	4	5	6	r_{out}
1	0	3	7	12	13	10	13
2	7	0	4	9	10	7	10
3	3	6	0	5	9	9	9
4	10	13	7	0	4	4	13
5	6	9	3	8	0	12	12
6	9	12	6	11	3	0	12
r_{in}	10	13	7	12	13	12	

Da alle Knotenbewertungen 1 betragen, ist schon aus der Distanzmatrix abzulesen, daß der Knoten 3 sowohl Out-Zentrum als auch In- Zentrum ist. Der
Out-Radius beträgt 9, der In-Radius 7. Die Berechnung des Zentrums überlassen
wir dem Leser als leichte Übung.

Ähnlich wie bei Zentren in Graphen kennt man auch für Digraphen eine Reihe
weiterführender Zentrenbegriffe, auf die wir hier nicht eingehen möchten. Der interessierte Leser wird auf Domschke/Drexl (1996, Kapitel 4) verwiesen. Dort findet
sich auch ein Überblick über entsprechende Verfahren zur Ermittlung dieser Zentren.

Bei der **Standortbestimmung in der Ebene** geht man von folgenden Annahmen
aus:

- Die Kundenorte sind auf einer homogenen Fläche (Ebene) verteilt.
- Jeder Punkt der Ebene ist potentieller Standort.
- Zur Messung der Entfernungen liegt eine bestimmte Metrik zugrunde.

Üblich ist die Anwendung einer l^p-Metrik: Für zwei Punkte $a = (a_1,...,a_m)$, $b = (b_1,...,b_m)$ des R^m ist die entsprechende l^p-Distanz definiert durch

$$d^p(a,b) = \left(\sum_{i=1}^{m} |a_i - b_i|^p \right)^{1/p} ,$$

wobei p eine natürliche Zahl bezeichnet. Meistens arbeitet man mit p = 1 (l^1-Metrik) oder p = 2 (l^2-Metrik). Wie Abbildung 8-2 (für m = 2) verdeutlicht, entspricht die Anwendung der l^1-Metrik der Entfernungsmessung in rechtwinkliger (achsenparalleler) Richtung, während die l^2-Metrik die Luftlinienentfernung mißt.

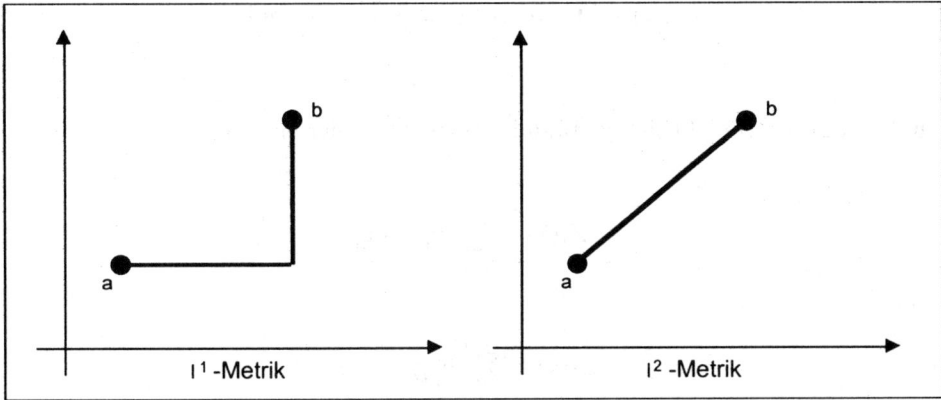

Abbildung 8-2: Entfernungsmessung mittels l^1- und l^2-Metrik

Welches Distanzmaß heranzuziehen ist, hängt letztlich von problemspezifischen Gegebenheiten ab: Bei innerbetrieblichen Standortproblemen wird häufig die rechtwinklige Entfernung die realen Gegebenheiten recht gut beschreiben, während bei außerbetrieblichen Standortproblemen die l^2-Metrik (oder ein ähnliches Distanzmaß, vgl. hierzu Love/Morris 1972) wahrscheinlich adäquater ist.

Das Standortproblem in der Ebene (d.h. m = 2) sei nun durch folgende Daten beschrieben: Die n Kunden j = 1,...,n sind charakterisiert durch Kundenorte (u_j, v_j) und Nachfragemengen b_j. Die Transportkosten pro Mengeneinheit und Längeneinheit betragen c Geldeinheiten. Zu ermitteln ist der Standort (x,y) für ein Auslieferungslager, so daß die gesamten Transportkosten minimiert werden. Formal läßt sich dies in der Form

$$Z(x,y) = c \cdot \sum_{j=1}^{n} b_j \, d^p((x,y), (u_j,v_j)) \rightarrow \min$$

ausdrücken. Der Transportkostensatz c ist offensichtlich nicht entscheidungsrelevant; er wird im folgenden vernachlässigt.

Für den Fall der rechtwinkligen Entfernungsmessung nimmt das Problem die Gestalt

$$Z(x,y) = \sum_{j=1}^{n} b_j (|x - u_j| + |y - v_j|) \rightarrow \min$$

an. Dieses Problem läßt sich partitionieren zur Minimierung von

$$Z_1(x) = \sum_{j=1}^{n} b_j |x - u_j|$$

und

$$Z_2(y) = \sum_{j=1}^{n} b_j |y - v_j| \ .$$

Beide Teilprobleme haben offensichtlich völlig identische Strukturen und können
daher mit dem gleichen Verfahren gelöst werden. Ein solches Verfahren wird im
folgenden - unter Verwendung der Notation zur Minimierung von $Z_1(x)$ - angegeben. Der mit der deskriptiven Statistik vertraute Leser wird unschwer erkennen, daß
das Verfahren auf der Optimalitätseigenschaft des Medians basiert. Nun zu den einzelnen Verfahrensschritten:

- Berechne die Gesamtnachfrage

$$b = \sum_{j=1}^{n} b_j$$

- Ordne die Kundenorte so an, daß gilt:

$$u_{j_1} \leq u_{j_2} \leq ... \leq u_{j_n}$$

- Ist $b_{j_1} \geq 0{,}5b$, so setze $x = u_{j_1}$

  Andernfalls bestimme dasjenige h mit

$$\sum_{i=1}^{h-1} b_{j_i} < 0{,}5b, \ \sum_{i=1}^{h} b_{j_i} \geq 0{,}5b$$

  Setze $x = u_{j_h}$

- Ergebnis: x ist die Abszisse des (bzw. eines) optimalen Standorts
- Die Ordinate y kann völlig analog bestimmt werden

Beispiel 8-4

Ein Unternehmen beliefert Kunden in sechs Großstädten ($j = 1,...,6$). Deren geographische Anordnung (in einem zweidimensionalen Koordinatensystem) sowie die jeweils nachgefragten Mengen sind folgender Tabelle zu entnehmen.

Großstadt j	1	2	3	4	5	6
Ort (u_j, v_j)	(1.5, 1.5)	(7, 6.5)	(8, 3)	(4, 3)	(4.5, 0.5)	(4.5, 7.5)
Nachfrage-menge b_j	2000	5500	3800	4100	5800	4900

Wir bestimmen einen optimalen Standort für ein Auslieferungslager nach obigem Verfahren:

- Die Gesamtnachfrage beträgt
$$b = 26100$$
- Die Anordnung nach aufsteigenden Abszissen ergibt die Reihenfolge
$$(j_1,...j_6) = (1, 4, 5, 6, 2, 3)$$
- Somit ist h = 4 und wir setzen
$$x = u_{j_4} = u_6 = 4{,}5$$

Analog verfahren wir zur Bestimmung der Ordinate:

- Die Anordnung nach aufsteigenden Ordinaten ergibt die Reihenfolge
$$(j_1,...j_6) = (5, 1, 3, 4, 2, 6)$$
- Somit ist h = 4 und wir setzen
$$y = v_{j_4} = v_4 = 3$$

Insgesamt ergibt sich also der optimale Standort
$$(x,y) = (4.5, 3)$$

Bei Verwendung der Luftlinienentfernung (l^2-Metrik) als Distanzmaß ergibt sich das Problem

$$Z(x,y) = \sum_{j=1}^{n} b_j((x - u_j)^2 + (y - v_j)^2)^{1/2} \rightarrow \min \ ;$$

hier ist eine ähnlich einfache Lösung wie im Zusammenhang mit der rechtwinkligen Distanz nicht möglich. Die beiden partiellen Ableitungen der Zielfunktion sind

$$dZ(x,y) / dx = \sum_{j=1}^{n} [b_j(x - u_j)] / N_j(x,y)$$

$$dZ(x,y)/ dy = \sum_{j=1}^{n} [b_j(y - v_j)] / N_j(x,y)$$

mit

$$N_j(x,y) = ((x - u_j)^2 + (y - v_j)^2)^{1/2} \ .$$

Versucht man nun, stationäre Punkte von Z (vgl. hierzu Abschnitt 14.1) zu ermitteln, indem man diese beiden partiellen Ableitungen zu Null setzt, so ergeben sich Gleichungen, die nicht direkt nach x und y auflösbar sind (vgl. z.B. Domschke/Drexl 1996, S.177). Miehle hat daher ausgehend von diesen Gleichungen ein Iterationsverfahren zur Lösung des vorliegenden Standortproblems entwickelt; wir verweisen in diesem Zusammenhang auf Bloech (1970), Ostresh (1978) und Domschke/Drexl (1996, S.178).

Weitere quantitative Ansätze zur Behandlung des Standortproblems in der Ebene (vgl. hierzu Domschke/Drexl 1996, Kapitel 5) beziehen sich auf die Bestimmung mehrerer Standorte bzw. auf die Abgrenzung von Standorteinzugsbereichen. Ein einfaches Zahlenbeispiel zur Behandlung des Standortproblems in der Ebene findet der Leser in Aufgabe 8-4.

8.2 Transportplanung

Quantitative Modelle in der Transportplanung lassen sich größtenteils einem der beiden Bereiche

- graphentheoretische Ansätze oder
- lineare Optimierung (lineare Transport- und Umladeprobleme)

zuordnen. Schon an dieser Stelle sei allerdings darauf hingewiesen, daß für zahlreiche Probleme im Rahmen der Transportplanung sowohl graphentheoretische Methoden als auch Ansätze der linearen Optimierung zur Lösung herangezogen werden können.

Was **graphentheoretische Methoden** betrifft, wollen wir uns an dieser Stelle recht kurz fassen und auf Kapitel 12 verweisen. Relevant für die Transportplanung sind insbesondere

- Verfahren zur Bestimmung von kürzesten Wegen (Algorithmen von Bellman bzw. Dantzig, vgl. Abschnitt 12.2),
- Verfahren zur Bestimmung maximaler Flüsse (Algorithmus von Ford/Fulkerson, vgl. Abschnitt 12.4) und
- Verfahren zur Bestimmung kostenminimaler Flüsse (Algorithmus von Busacker/ Gowen, vgl. Neumann 1986c, S.213 ff.).

Zu den bekanntesten quantitativen Ansätzen in der Transportplanung zählt das **lineare Transportproblem**. Seine Struktur läßt sich folgendermaßen darstellen (vgl. auch Abbildung 8-3): Gegeben sind m Angebotsorte i = 1,...,m (z.B. Werke, Auslieferungsläger usw.) und n Nachfrageorte j = 1,...,n (z.B. Händler, Großkunden usw.). In jedem der Angebotsorte i ist eine Vorratsmenge a_i des relevanten Guts verfügbar; am Nachfrageort j besteht ein Bedarf von b_j ME dieses Guts. Für den Transport einer ME vom Angebotsort i zum Nachfrageort j entstehen Transportkosten von c_{ij} GE. Die Zielsetzung besteht in der kostenminimalen Befriedigung der Nachfrage.

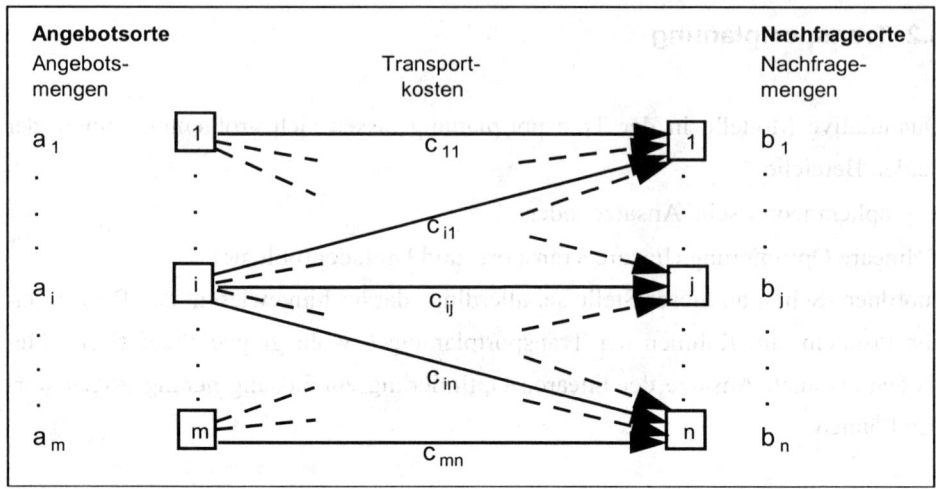

Abbildung 8-3: Struktur des linearen Transportproblems

Wir setzen im folgenden voraus, daß die Summe aller Angebotsmengen gleich der Summe der Nachfragemengen ist, d.h.

$$\sum_{i=1}^{m} a_i = \sum_{j=1}^{n} b_j \; .$$

Wäre die Summe der a_i kleiner als die Summe der b_j, so könnte die Gesamtnachfrage nicht vollständig befriedigt werden. Ist dagegen bei konkreten Problemstellungen die Summe der Angebotsmengen größer als die Summe der Nachfragemengen, so kann die Gleichheit dadurch erreicht werden, daß man einen zusätzlichen (fiktiven) Nachfrageort hinzufügt, dessen Nachfragemenge dann gerade der Differenz der beiden Summen entspricht.

Bezeichnen wir mit x_{ij} die von Angebotsort i zu Nachfrageort j transportierte Menge, so läßt sich das lineare Transportproblem in der Form

$$\sum_{i=1}^{m} \sum_{j=1}^{n} c_{ij} x_{ij} \rightarrow \min$$

u. d. N.

$$\sum_{j=1}^{n} x_{ij} = a_i \qquad i = 1,...,m$$

$$\sum_{i=1}^{m} x_{ij} = b_j \qquad j = 1,...,n$$

$$x_{ij} \geq 0 \qquad i = 1,...,m, \ j = 1,...,n$$

darstellen. Die Transportmengen x_{ij} sind die Entscheidungsvariablen des Problems.

Es handelt sich offensichtlich um ein lineares Optimierungsproblem; folglich könnte man das Simplex-Verfahren (vgl. Kapitel 13) zur Lösung heranziehen. Es existieren mittlerweile allerdings mehrere aus dem Simplex-Verfahren abgeleitete Lösungsmethoden, die auf die spezielle Struktur des linearen Transportproblems zugeschnitten sind. Am bekanntesten sind das **Stepping-Stone-Verfahren** (vgl. z.B. Neumann 1975, Band 1, S. 177 ff.) und die **MODI-Methode** (vgl. z.B. Neumann/Morlock 1993, S. 330ff.), die einander sehr stark ähneln.

Neben diesen beiden exakten Methoden zur Lösung des linearen Transportproblems gibt es noch eine Reihe von **heuristischen Verfahren** (die auch häufig einer der exakten Methoden vorgeschaltet werden). Wir behandeln hier das Matrixminimum-Verfahren; für weitere Heuristiken verweisen wir auf Domschke (1995, S.118ff.) und Neumann/Morlock (1993, S. 328ff.). Ausgangspunkt für das **Matrixminimum-Verfahren** ist die Datenmatrix in Abbildung 8-4.

	b_1 $\cdots$	b_j	$\cdots$ b_n
a_1	c_{11} $\cdots$	c_{1j}	$\cdots$ c_{1n}
$\vdots$	$\vdots$	$\vdots$	$\vdots$
a_i	c_{i1} $\cdots$	c_{ij}	$\cdots$ c_{in}
$\vdots$	$\vdots$	$\vdots$	$\vdots$
a_m	c_{m1} $\cdots$	c_{mj}	$\cdots$ c_{mn}

Abbildung 8-4: Datenmatrix des linearen Transportproblems

Im ersten Schritt bestimmt man das (bzw. ein) c_{i*j*} mit

$$c_{i*j*} = \min_{(i=1\dots m, \, j=1\dots n)} \{c_{ij}\}$$

und setzt

$$x_{i*j*} = \min \{a_{i*}, b_{j*}\} \; .$$

Danach werden sowohl a_{i*} als auch b_{j*} um x_{i*j*} vermindert, d.h.

$$a_{i*} := a_{i*} - x_{i*j*} \; ,$$
$$b_{j*} := b_{j*} - x_{i*j*} \; .$$

Dadurch wird (mindestens) eine der beiden Größen zu Null; die entsprechende Zeile oder Spalte wird aus der Matrix gestrichen. Ausgehend von dieser reduzierten Matrix wird im nächsten Schritt die gleiche Vorgehensweise (beginnend mit der Bestimmung von c_{i*j*}) wiederholt. Dies setzt sich fort, bis alle Zeilen und Spalten gestrichen sind.

Beispiel 8-5

Wir behandeln ein lineares Transportproblem mit $m = 5$ Angebotsorten und $n = 7$ Nachfrageorten. Die Datengrundlage ist im folgenden Tableau zusammengestellt:

Angebots-mengen a_i	Nachfragemengen b_j						
	$b_1 = 8$	$b_2 = 7$	$b_3 = 12$	$b_4 = 8$	$b_5 = 12$	$b_6 = 9$	$b_7 = 14$
	Transportkosten c_{ij}						
$a_1 = 12$	4	3	6	5	3	5	2
$a_2 = 15$	3	5	4	2	1	4	6
$a_3 = 23$	3	4	1	2	3	2	3
$a_4 = 6$	4	6	2	4	5	6	1
$a_5 = 14$	2	1	3	6	4	1	3

Im ersten Schritt des Matrixminimum-Verfahrens setzen wir

$$c_{i*j*} = c_{25} = 1 \ ,$$

wobei die Auswahl unter den Einsen in der Kostenmatrix willkürlich erfolgte. Es ergibt sich

$$x_{25} = \min\{a_2, b_5\} = \min\{15, 12\} = 12 \ ,$$
$$a_2 := 3 \ , \quad b_5 := 0 \ ;$$

somit ist die fünfte Spalte zu streichen. Das folgende Tableau zeigt die durch das Matrixminimum-Verfahren ermittelten Transportmengen x_{ij}; nicht aufgeführte Werte sind Null. Die Reihenfolge der Wertzuweisung ist x_{25}, x_{33}, x_{47}, x_{52}, x_{56}, x_{17}, x_{24}, x_{34}, x_{36}, x_{31}, x_{11}. Bei mehreren minimalen Matrixelementen wurde willkürlich anhand des minimalen Zeilenindex (und innerhalb der Zeile anhand des minimalen Spaltenindex) ausgewählt. Die resultierenden Transportkosten betragen 108 GE.

	8 $\downarrow$ 4 $\downarrow$ 0	7 $\downarrow$ 0	12 $\downarrow$ 0	8 $\downarrow$ 5 $\downarrow$ 0	12 $\downarrow$ 0	9 $\downarrow$ 2 $\downarrow$ 0	14 $\downarrow$ 8 $\downarrow$ 0
				Transportmengen x_{ij}			
$12 \to 4 \to 0$	4						8
$15 \to 3 \to 0$				3	12		
$23 \to 11 \to 6 \to 4 \to 0$	4		12	5		2	
$6 \to 0$							6
$14 \to 7 \to 0$		7				7	

Zur **graphentheoretischen Behandlung des linearen Transportproblems** erweitern wir die "graphenorientierte" Darstellung des Problems aus Abbildung 8-3 um eine Quelle q und eine Senke s (vgl. zu diesen Begriffen Tabelle 12-1). Für jeden Pfeil < i, j > dieses Digraphen gibt man eine Bewertung der Form $(c_{ij}, \delta_{ij}, \pi_{ij})$ vor; hierbei bezeichnet

- c_{ij} die Kosten für den Transport einer ME,

- δ_{ij} die Minimalkapazität und

- π_{ij} die Maximalkapazität .

Abbildung 8-5 zeigt diesen kostenbewerteten Digraphen mit Minimal- und Maximalkapazitäten. Hierbei sind die Angebotsorte mit $A_1,...,A_m$ und die Nachfrageorte mit $N_1,...,N_n$ bezeichnet.

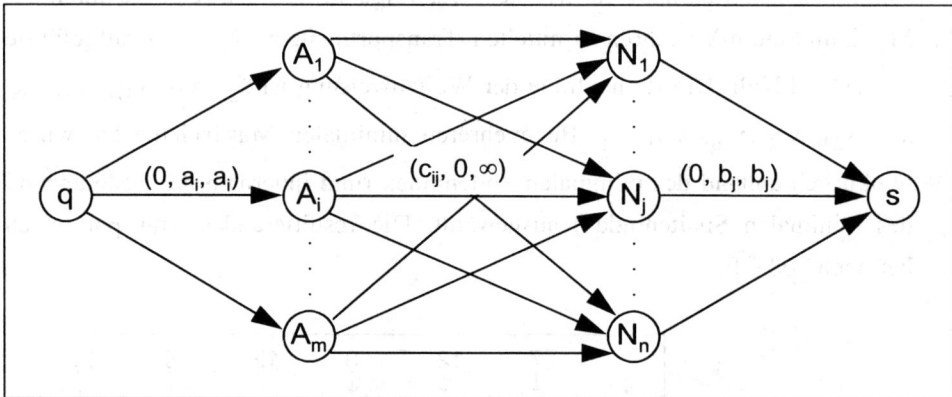

Abbildung 8-5: Graphentheoretische Behandlung des linearen Transportproblems

Für die Pfeile von den Angebotsorten zu den Nachfrageorten stimmen die Kostenbewertungen mit den entsprechenden Kosten des linearen Transportproblems überein; ferner sind die Minimal- bzw. Maximalkapazitäten gegeben durch $\delta_{ij} = 0$ bzw. $\pi_{ij} = \infty$. Für den Pfeil < q, i > von der Quelle q zum Angebotsort A_i setzt man $c_{qi} = 0$, $\delta_{qi} = \pi_{qi} = a_i$, und für den Pfeil < j, s > von N_j zur Senke s legen wir $c_{js} = 0$, $\delta_{js} = \pi_{js} = b_j$. Unser Problem besteht nun darin, in diesem Digraph einen kostenminimalen Fluß von q nach s (vgl. zum Flußbegriff Abschnitt 12.4) der Stärke

$$w = \sum_{i=1}^{m} a_i = \sum_{j=1}^{n} b_j$$

zu ermitteln. Hierzu kann das Verfahren von Busacker/Gowen herangezogen werden (vgl. Neumann/Morlock 1993, S. 282 ff.). Zur graphentheoretischen Behandlung von Transportproblemen verweisen wir den Leser auch auf Aufgabe 8-5.

Von einem **Umladeproblem** spricht man, wenn zwischen den Angebotsorten und den Nachfrageorten Umladeorte liegen, an denen das zu transportierende Gut umgeladen oder zwischengelagert wird. Häufig wird dieses Problem auch als zweistufiges Transportproblem bezeichnet. Es läßt sich ebenfalls auf das Problem der Bestimmung eines kostenminimalen Flusses vorgegebener Stärke zurückführen; wir verweisen in diesem Zusammenhang auf Neumann/Morlock (1993, S. 310ff.).

8.3 Lagerhaltungsprobleme

Ein Lager hat die Funktion eines Puffers innerhalb des Güterstroms, der vom Einkauf über (in der Regel) mehrere Produktionsstufen in das Distributionssystem und schließlich zum Endverbraucher fließt. Läger treten in dieser Kette an den unterschiedlichsten Stellen auf; man unterscheidet z.B. Einkaufs-, Zwischen-, Auslieferungs-, Handels- und Ersatzteilläger.

Eine **Lagerhaltungspolitik** gibt Antwort auf die beiden Fragen, **wann** und **wieviel** bestellt werden soll. Im Hinblick auf den Bestellzeitpunkt ("wann") sind im wesentlichen zwei Möglichkeiten zu unterscheiden:
- Eine Bestellung erfolgt, wenn der Lagerbestand auf einen Wert s oder darunter abgesunken ist.
- Bestellungen werden regelmäßig im zeitlichen Abstand von t Zeiteinheiten vorgenommen.

Bzgl. der Bestellmenge ("wieviel") unterscheiden wir folgende Vorgehensweisen:
- Die Bestellmenge beträgt bei jeder Bestellung q Mengeneinheiten.
- Die Bestellmenge wird so gewählt, daß sich nach Eingang der Bestellung ein Lagerbestand von S ergibt.

Durch Kombination dieser Möglichkeiten lassen sich vier **Typen von Lagerhaltungspolitiken** angeben:

- Ist der Lagerbestand auf s oder darunter abgesunken, wird die feste Menge q bestellt; (s,q)-Politik.

- Im konstanten zeitlichen Abstand von t Zeiteinheiten wird der Lagerbestand auf S Mengeneinheiten angehoben; (t,S)-Politik.

- Ist der Lagerbestand auf s oder darunter abgesunken, so erfolgt die Anhebung auf S Mengeneinheiten; (s,S)-Politik.

- Im konstanten zeitlichen Abstand von t Zeiteinheiten erfolgt eine Bestellung von q Mengeneinheiten; (t,q)-Politik.

Beispielhaft ist in Abbildung 8-6 der Verlauf des Lagerbestands bei Realisierung einer (s,S)-Politik dargestellt.

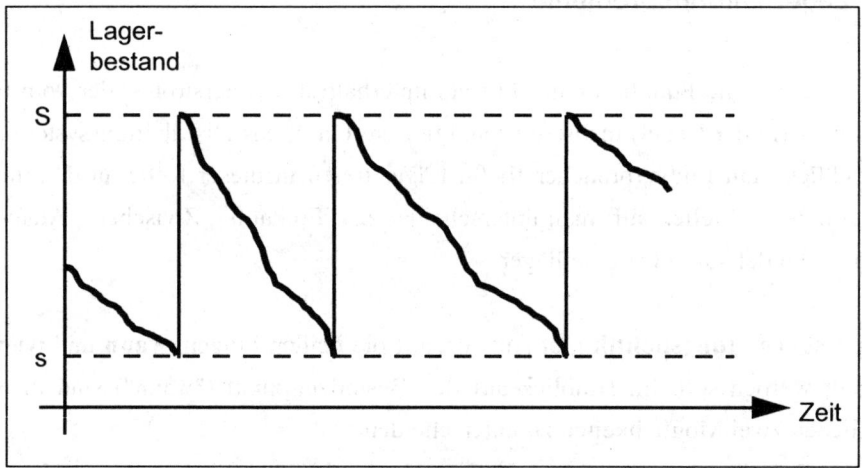

Abbildung 8-6: Verlauf des Lagerbestandes bei einer (s, S)-Lagerhaltungspolitik

Die **Beurteilung einer Lagerhaltungspolitik** erfolgt anhand der Kriterien

- Beschaffungskosten,

- Lagerhaltungskosten,

- Lieferbereitschaft und

- Fehlmengenkosten (falls Fehlmengen auftreten können).

Lieferbereitschaft muß in der Regel durch Lagerhaltungskosten erkauft werden. Das Ziel bei der Formulierung einer Lagerhaltungspolitik besteht letztendlich in der effizienten Abstimmung dieser Kriterien.

Das bekannteste quantitative Modell zur Ableitung einer Lagerhaltungspolitik für ein zu lagerndes Gut ist das **Losgrößenmodell von Harris/Wilson**. Die Größen, die das zugrundeliegende Lagerhaltungsproblem charakterisieren, sind

- die (konstante) Lagerabgangsrate r (gemessen in ME pro ZE),
- die fixen Bestellkosten von K GE (pro Bestellung),
- der Preis k pro ME des zu lagernden Guts und
- die Lagerhaltungskosten von h GE pro ME und ZE.

Eine mögliche Lieferzeit als Zeitspanne zwischen der Bestellung und dem Eintreffen der bestellten Menge bleibt vorerst unberücksichtigt. Fehlmengen sind ebenfalls ausgeklammert, denn sie können bei bekannter Lagerabgangsrate r immer vermieden werden. Unter diesen Rahmenbedingungen besteht die optimale Lagerhaltungspolitik offensichtlich darin, genau dann eine Bestellung zu tätigen, wenn der Lagerbestand auf Null abgesunken ist. Aufgrund der konstanten Lagerabgangsrate ist der zeitliche Abstand t zwischen zwei Bestellzeitpunkten (im folgenden auch als Bestellperiode bezeichnet) immer gleich. Da die Bestellmenge q offensichtlich ebenfalls bei jeder Bestellung gleich ist, liefert das Modell also eine (t,q)-Lagerhaltungspolitik. Abbildung 8-7 zeigt den entsprechenden Verlauf des Lagerbestands ("Sägezahnkurve").

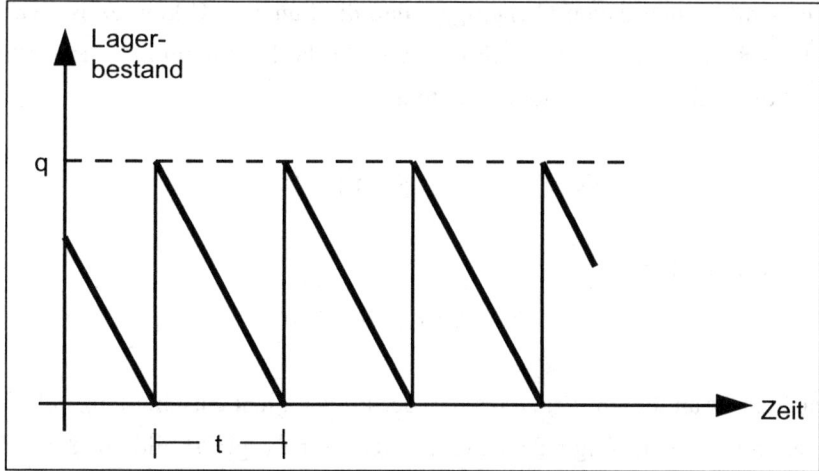

Abbildung 8-7: Lagerbestandskurve im Modell von Harris/Wilson

Die Zielsetzung des Modells besteht nun in der Ermittlung derjenigen Bestellmenge q*, die die Gesamtkosten (d.h. die Summe aus Beschaffungs- und Lagerhaltungskosten) minimiert. Die Beschaffungskosten einer Bestellperiode sind gegeben durch

$$K + kq \;\; ;$$

berücksichtigen wir, daß für die Länge einer Bestellperiode

$$t = q/r$$

gilt, so entfallen auf eine Zeiteinheit Beschaffungskosten in Höhe von

$$[r \, K \, / \, q] + kr \; .$$

Des weiteren beträgt die durchschnittlich gelagerte Menge q/2, so daß die durchschnittlichen Lagerhaltungskosten pro ZE durch hq/2 gegeben sind. Insgesamt resultieren pro ZE Kosten in Höhe von

$$C(q) = [r \, K \, / \, q] + kr + [h \, q \, / \, 2] \; .$$

Der Leser möge sich davon überzeugen, daß die Funktion C konvex ist (vgl. auch Abbildung 8-8). Somit ist (vgl. Abschnitt 14.1) die kostenminimale Bestellmenge q* durch die Nullstelle der ersten Ableitung

$$dC(q) \, / \, dq = - \, [r \, K \, / \, q^2] + [h \, / \, 2] \; .$$

gegeben; wir erhalten

$$q* = [(2 \, r \, K) \, / \, h \,]^{1/2} \quad .$$

Zu beachten ist an diesem Ergebnis, daß der Preis k nicht entscheidungsrelevant ist. Des weiteren verdient folgende Tatsache Beachtung (vgl. Abbildung 8-8): Zerlegt man die Funktion C(q) additiv in ihre drei Komponenten, so stimmen für die kostenminimale Bestellmenge q* der linear anwachsende Ausdruck für die Lagerhaltungskosten (hq/2) und der Ausdruck für die entscheidungsrelevanten Beschaffungskosten (rK/q) überein.

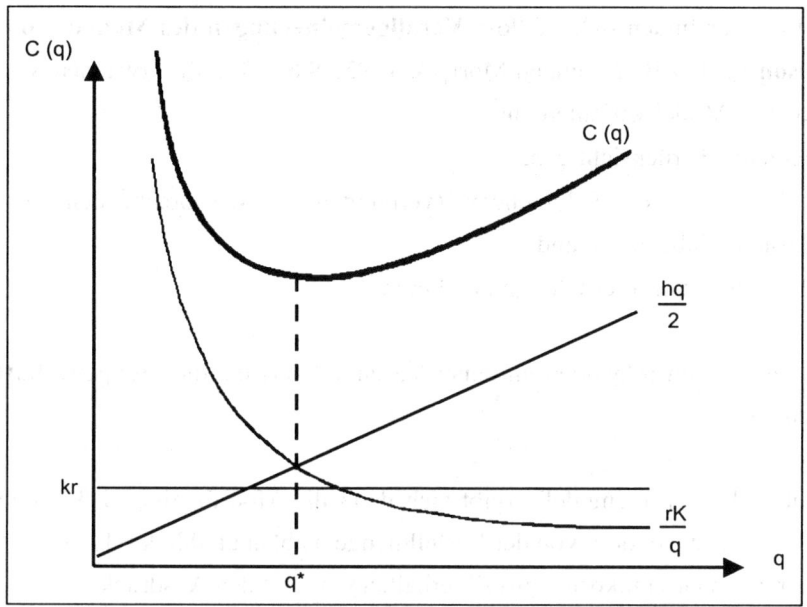

Abbildung 8-8: Kostenfunktion im Modell von Harris/Wilson

Beispiel 8-6

Ein Großhändler möchte seine bislang unsystematische Lagerhaltungspolitik neu konzipieren. Für das zu lagernde Gut wird ein konstanter Bedarf von r = 4000 Stück pro Woche unterstellt. Die bestellfixen Kosten betragen K = 2000 DM pro Bestellung, der Stückpreis ist 25 DM, die Lagerhaltungskosten werden mit h = 0,04 DM pro Stück und Woche veranschlagt.

Mit diesen Daten erhält man eine optimale Bestellmenge von

$$q^* \quad = [(2 \, r \, K) \, / \, h \,]^{1/2}$$

$$= [(2 \cdot 4000 \cdot 2000) \, / 0,04 \,]^{1/2} \quad ME = 20000 \; ME.$$

Die optimale Lagerhaltungspolitik besteht also darin, alle fünf Wochen ($t^* = q^*/r$) 20.000 Stück des zu lagernden Guts zu bestellen.

In der Literatur finden sich zahllose **Verallgemeinerungen des Modells von Harris/Wilson** (vgl. z.B. Neumann/Morlock 1993, S.621ff.). Zu erwähnen sind hier insbesondere Modellvarianten, die

- Lieferzeiten berücksichtigen,
- das Auftreten von Fehlmengen (verbunden mit entsprechenden Fehlmengenkosten) einbeziehen und
- die Lagerung mehrerer Güter modellieren.

Wir wollen uns im folgenden mit einer Variante befassen, die **Mengenrabatte** berücksichtigt.

Gegenüber dem Grundmodell ergibt sich dann die Modifikation, daß der Preis k nicht konstant ist, sondern von der Bestellmenge q abhängt, d.h. $k = k(q)$. Für die zu minimierenden Gesamtkosten pro ZE erhalten wir jetzt den Ausdruck

$$C(q) = [r \, K \, / \, q] + k(q)r + [h \, q \, / \, 2] \quad .$$

Bildet man nun die Ableitung, so entfällt der Preis nicht; in dieser Modellvariante erweist er sich also (im Gegensatz zum Grundmodell) als entscheidungsrelevant.

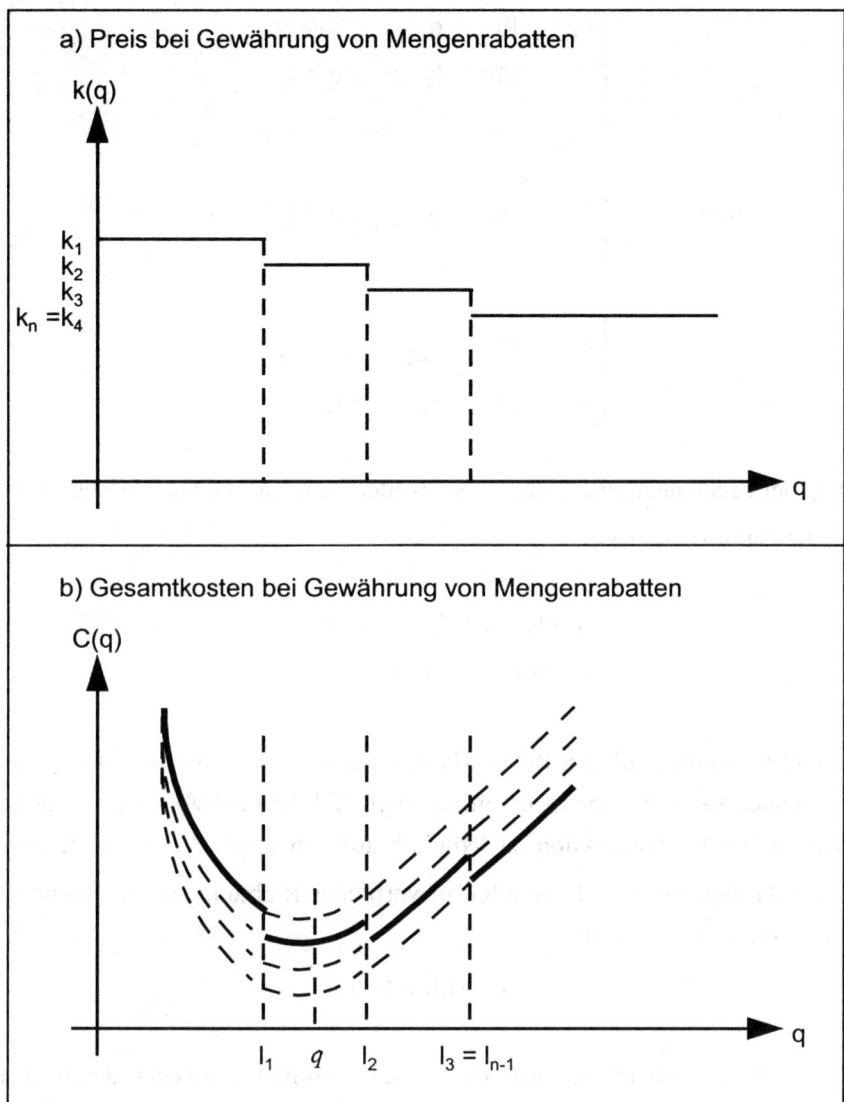

a) Preis bei Gewährung von Mengenrabatten

Abbildung 8-9: Mengenrabatte im Modell von Harris/Wilson

Für die Funktion k(q) unterstellen wir einen stückweise konstanten Verlauf (vgl. auch Abbildung 8-9a), was sicherlich der Praxis der Gewährung von Mengenra- batten am besten entspricht (vgl. auch Simon 1992). Formal drückt man dies in der Form

$$k(q) = \begin{cases} k_1 & \text{für} \quad q < l_1 \\ k_2 & \text{für} \quad l_1 \leq q < l_2 \\ \quad \cdot \\ \quad \cdot \\ k_i & \text{für} \quad l_{i-1} \leq q < l_i \\ \quad \cdot \\ \quad \cdot \\ k_{n-1} & \text{für} \quad l_{n-2} \leq q < l_{n-1} \\ k_n & \text{für} \quad l_{n-1} \leq q \end{cases}$$

aus. Hierbei bezeichnen die Zahlen l_i Schwellenwerte für die Gewährung eines höheren Mengenrabatts; es ist

$$l_1 < l_2 < \ldots < l_{n-1} \quad \text{und}$$
$$k_1 > k_2 > \ldots > k_n \; .$$

Unterstellt man einen solchen Preisverlauf, so gestaltet sich die Ermittlung der kostenminimalen Bestellmenge recht einfach (vgl. Abbildung 8-9b): Die in Abbildung 8-8 dargestellte Kostenfunktion ist lediglich auf den durch die Schwellenwerte l_i ($i = 1,\ldots,n-1$) abgegrenzten Intervallen in vertikaler Richtung zu verschieben. Wir ermitteln zunächst den Wert

$$\hat{q} = ([2r\,K] / h)^{1/2} \; .$$

Abbildung 8-9b verdeutlicht, daß das Kostenminimum entweder durch $\hat{q}$ oder durch einen rechts davon liegenden Schwellenwert realisiert wird. Ist also l_j der auf $\hat{q}$ folgende Schwellenwert, d.h. (mit $l_0 = -\infty$)

$$l_{j-1} < \hat{q} \leq l_j \; ,$$

so gilt

$$C(q^*) = \min\{C(\hat{q}), C(l_j), C(l_{j+1}), \ldots, C(l_{n-1})\} \; .$$

Beispiel 8-6 (1. Fortsetzung)

Das Unternehmen, das den Großhändler aus Beispiel 8-6 beliefert, flexibilisiert im Rahmen der Überarbeitung seiner Vertriebspolitik die Preisgestaltung. In Abhängigkeit von der Bestellmenge q gelten von nun an die Stückpreise

$$k(q) = \begin{bmatrix} 30 \text{ DM} & \text{für} & q < 5000 \\ 28 \text{ DM} & \text{für} & 5000 \leq q < 15000 \\ 25 \text{ DM} & \text{für} & 15000 \leq q < 25000 \\ 22 \text{ DM} & \text{für} & 25000 \leq q < 30000 \\ 20 \text{ DM} & \text{für} & q \geq 30000 \ . \end{bmatrix}$$

Unter diesen veränderten Rahmenbedingungen überdenkt der Großhändler seine Lagerhaltungspolitik erneut. Die Gesamtkosten sind (in Abhängigkeit von der Bestellmenge q) durch

$$\begin{aligned} C(q) &= [rK] / q + k(q)r + [hq] / 2 \\ &= 8.000.000/q + k(q) \cdot 4000 + 0{,}02\, q \end{aligned}$$

gegeben. Mögliche optimale Bestellmengen sind (neben der bisherigen Bestellmenge $\hat{q} = 20000$) q = 25000 und q = 30000. Es ergeben sich Kosten in Höhe von

$$\begin{aligned} C(20000) &= 100800 \ \text{DM}, \\ C(25000) &= 88820 \ \text{DM}, \\ C(30000) &= 80866{,}67 \ \text{DM} \ . \end{aligned}$$

Die kostenminimale Bestellmenge beträgt also 30000 Stück. Dieses Ergebnis läßt sich leicht durch den vergleichsweise niedrigen Lagerhaltungskostensatz erklären: Die durch höhere Bestellmengen bewirkten erhöhten Lagerhaltungskosten sind gegenüber den Einsparungen beim Einkaufspreis nahezu unbedeutend.

Ein weiterer sehr bekannter Ansatz zur quantitativen Behandlung von Lagerhaltungsproblemen ist das **Modell von Wagner/Whitin** (vgl. z.B. Wagner/Whitin

1959, Hochstädter 1979). Hier wird nicht mehr unterstellt, daß die Lagerabgangs-rate über die Zeit hinweg konstant ist. Dementsprechend können auch die Bestell-mengen variieren. Zur Lösung des Kostenminimierungsproblems wird im Rahmen dieses Modells die dynamische Optimierung herangezogen (vgl. hierzu Abschnitt 14.3). Zu erwähnen sind an dieser Stelle auch **stochastische Lagerhaltungsmo-delle**; sie sind dadurch charakterisiert, daß zumindest ein Problemparameter (z.B. die Lagerabgangsrate) nicht deterministisch ist, sondern durch eine Zufallsvariable modelliert wird (vgl. auch Hochstädter 1969, Göppl/Zoller 1981, S.169 ff.). In die-sem Kontext werden Ansätze der stochastischen Optimierung (vgl. Abschnitt 15.2) relevant. Ein Beispiel hierzu findet der Leser in Aufgabe 8-6.

8.4 Übungsaufgaben zu Kapitel 8

Die Aufgaben 8-1 bis 8-4 behandeln Probleme der Standortoptimierung. Das Warehouse Location Problem ist Gegenstand der Aufgaben 8-1 und 8-2. Ein graphentheoretischer Ansatz zur Standortoptimierung wird in Aufgabe 8-3 behandelt. In der Aufgabe 8-4 gehen wir auf die Standortbestimmung in der Ebene ein. Aufgabe 8-5 befaßt sich mit der Transportplanung, und die letzte Aufgabe behandelt ein Lagerhaltungsproblem.

Aufgabe 8-1

Dem Logistikverantwortlichen einer Handelskette stellt sich das Problem, mit dem Ziel der Kostenminimierung die Standorte für Auslieferungsläger in einer Region zu bestimmen, in der sieben Filialen beliefert werden sollen. Es stehen dabei sechs potentielle Standorte zur Auswahl.

Die Transportkosten von den Auslieferungslägern zu den Filialen sowie die Fixkosten für die Läger sind dem folgenden Tableau zu entnehmen. Die Bedeutung der Transportkosten entspricht der Notation in Abschnitt 8.1.

	j / i	Filiale 1	2	3	4	5	6	7	Fixkosten
	1	5	4	7	5	6	8	5	2
potentielle Stand-	2	7	6	8	9	5	7	7	2
orte für Auslie-	3	6	4	5	9	8	2	7	2
ferungsläger	4	6	8	7	5	4	7	3	1
	5	6	7	5	6	7	4	6	5
	6	6	5	6	6	5	3	4	4

a) Welche Art von Optimierungsproblem liegt hier vor?

b) Bestimmen Sie mit Hilfe des ADD-Algorithmus eine kostengünstige Standortplanung für die Auslieferungsläger.

Lösung

a) Das vorliegende Optimierungsproblem ist ein einstufiges, unkapazitiertes Warehouse Location Problem (WLP).

b) Der ADD-Algorithmus beginnt mit der

   Initialisierung

   $I0 := \emptyset; \ I1 := \emptyset; \ I0^{vl} := \{1,2,3,4,5,6\}$.

   Startschritt

   Die Transportkosten c_i ($i = 1,...,6$) ergeben sich zu

   $(c_1,...,c_6) = (40, 49, 41, 40, 41, 35)$;

   durch Hinzurechnen der Fixkosten f_i erhält man die Gesamtkosten der

   Läger

   $(c_1 + f_1,...,c_6 + f_6) = (42, 51, 43, 41, 46, 39)$.

   Der günstigste Standort ist $k = 6$; daher setzen wir

   $I1 := \{6\}; I0^{vl} := \{1, 2, 3, 4, 5\}$ mit einem Zielfunktionswert

   (Gesamtkosten) von $Z := 39$.

   Es wird nun die Matrix $W = (w_{ij})_{i \varepsilon I0^{vl}, j = 1,...,7}$

   mit $w_{ij} = \max\{c_{kj} - c_{ij}, 0\}$ berechnet:

j $i \in I0^{vl}$	1	2	3	4	5	6	7
1	1	1	0	1	0	0	0
2	0	0	0	0	0	0	0
3	0	1	1	0	0	1	0
4	0	0	0	1	1	0	1
5	0	0	1	0	0	0	0

   1. Iterationsschritt

   Der Vektor $w = (w_i)_{i \varepsilon I0^{vl}}$ mit $w_i = \sum_{j=1}^{7} w_{ij}$

   ergibt sich zu $w = (3, 0, 3, 3, 1)$.

Für die Standorte 1, 3, 4 ist $w_i-f_i > 0$, das Maximum $\max_{(i \varepsilon I0^{vl})}\{w_i-f_i\}$

wird für Standort $k = 4$ mit $w_4-f_4 = 2$ angenommen, d.h.

$I1 := \{4,6\}$; $I0 := \{2,5\}$; $I0^{vl} := \{1,3\}$; $Z := 37$.

Die Matrix $W = (w_{ij})_{i \varepsilon I0^{vl}, j = 1,...,7}$ mit

$w_{ij} = \max\{w_{ij} - w_{kj}, 0\}$ ergibt sich wie folgt:

i \ j	1	2	3	4	5	6	7
1	1	1	0	0	0	0	0
3	0	1	1	0	0	1	0

2. Iterationsschritt

$(w_1, w_3) = (2,3)$; $(w_1 - f_1, w_3 - f_3) = (0,1)$, d.h.

$k = 3$

$I1 := \{3,4,6\}$; $I0: = \{1,2,5\}$; $I0^{vl} = \varnothing$

$Z := 36$

Die Abbruchbedingung $I0^{vl} = \varnothing$ ist erfüllt.

Ergebnis

Die Belieferung der Filialen ergibt sich entsprechend der Regel

$$x_{ij} := \begin{cases} 1, & \text{falls } c_{ij} = \min_{(h \varepsilon I1)} \{c_{hj}\} \text{ und} \\ & \text{falls in I1 kein } i'< i \text{ mit } c_{i'j} = c_{ij} \text{ existiert.} \\ 0, & \text{sonst} \end{cases}$$

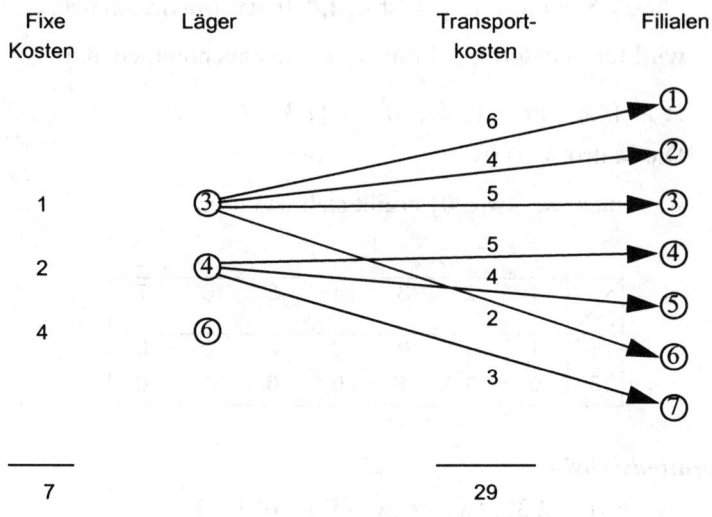

Die Gesamtkosten ergeben sich zu

$$Z = 7 + 29 = 36.$$

Es zeigt sich, daß nach obiger Entscheidungsregel vom Lager $i = 6$ keine Filiale beliefert wird. Das Ergebnis muß also korrigiert werden zu

$$I1 := I1 - \{6\} = \{3, 4\}; I0 := \{1, 2, 5, 6\} \ .$$

Die Gesamtkosten vermindern sich um $f_6 = 4$ auf $Z^* = 32$.

Aufgabe 8-2

In der vorhergehenden Aufgabe wird das einstufige, unkapazitierte WLP (Warehouse Location Problem) behandelt. Das einstufige, kapazitierte WLP unterscheidet sich vom unkapazitierten Problem dadurch, daß für die einzelnen potentiellen Standorte maximale Kapazitäten der ggf. dort zu errichtenden Läger vorgegeben sind. Formulieren Sie dieses Problem als gemischt-ganzzahliges Optimierungsproblem.

Lösung

Für die m potentiellen Standorte i = 1,...,m seien die maximalen Kapazitäten $a_1,...,a_m$ gegeben (in ME). Im Gegensatz zur Formulierung des unkapazitierten Problems in Abschnitt 8.1 bezeichnen wir mit c_{ij} die Transportkosten **für eine ME** (vom Lager am potentiellen Standort i zum Kunden j) und mit x_{ij} die entsprechende Transportmenge **in ME**. Die Größen y_i, f_i (i = 1,...,m) und b_j haben jeweils die gleiche Bedeutung wie im unkapazitierten Problem. Hiermit ergibt sich die folgende Problemformulierung:

$$Z(x_{11},...,x_{mn}, y_1,...,y_m) = \sum_{i=1}^{m} \sum_{j=1}^{n} c_{ij}x_{ij} + \sum_{i=1}^{m} f_iy_i \rightarrow \min$$

u.d.N.

$$\sum_{j=1}^{n} x_{ij} \leq a_iy_i \qquad i = 1,...,m$$

$$\sum_{i=1}^{m} x_{ij} = b_j \qquad j = 1,...,n$$

$$y_i \varepsilon \{0,1\} \qquad i = 1,...,m$$

$$x_{ij} \geq 0 \qquad i = 1,...,m, j = 1,...,n$$

Der Leser mache sich insbesondere die Bedeutung der Nebenbedingung

$$\sum_{j=1}^{n} x_{ij} \leq a_iy_i$$

klar. Für $y_i = 0$ impliziert sie (zusammen mit der Nebenbedingung $x_{ij} \geq 0$) $x_{ij} = 0$ und sorgt so dafür, daß von einem potentiellen Standort, an dem kein Lager errichtet wurde, auch nichts ausgeliefert wird. Für $y_i = 1$ stellt sie die Einhaltung der Kapazitätsrestriktion am Standort i sicher.

Aufgabe 8-3

Ein Unternehmen hat sieben Fertigungsstandorte. An einem dieser Orte soll ein zentrales Ersatzteilversandlager zur Versorgung aller Fertigungsstandorte mit Ersatzteilen eingerichtet werden. Dabei sind zwei Ansätze im Gespräch:

1. Es wird der Standort gewählt, dessen maximale Versandkosten zu einem anderen Standort (gewichtet mit der entsprechenden Nachfrage) unter allen Standorten am geringsten sind.

2. Es wird der Standort gewählt, der in Summe die geringsten Versandkosten (wiederum gewichtet mit der entsprechenden Nachfrage) aller Standorte hat.

Die folgende Matrix gibt die Versandkosten c_{ij} pro ME und die Nachfrage b_j der einzelnen Standorte in ME an.

i \ j	1	2	3	4	5	6	7
1	0	8	2	4	1	3	2
2	8	0	7	6	7	6	8
3	2	7	0	4	2	2	3
4	4	6	4	0	5	3	5
5	1	7	2	5	0	3	2
6	3	6	2	3	3	0	2
7	2	8	3	5	2	2	0
Nachfrage b_j	4	6	3	4	5	3	3

a) Bestimmen Sie den optimalen Standort für beide Ansätze.

b) Vergleichen und werten Sie die Ergebnisse.

Lösung

a) Identifiziert man die Versandkosten zwischen den Standorten mit den Entfernungen zwischen den Knoten eines Graphen, so ist in Ansatz 1 das Zentrum und in Ansatz 2 der Median zu bestimmen. Durch Multiplikation von Nachfrage mit Kosten pro ME erhält man folgende Matrix:

i \ j	1	2	3	4	5	6	7	r(i)	$\Sigma\, c_{ij}b_j$
1	0	48	6	16	5	9	6	48	90
2	32	0	21	24	35	18	24	35	154
3	8	42	0	16	10	6	9	42	91
4	16	36	12	0	25	9	15	36	113
5	4	42	6	20	0	9	6	42	87
6	12	36	6	12	15	0	6	36	87
7	8	48	9	20	10	6	0	48	101

Das Minimum der r(i) ist r(2) = 35, damit ist Standort 2 das Zentrum des Graphen und optimal bezüglich Ansatz 1.

Das Minimum der $\Sigma\, c_{ij}b_j$ erhält man für i = 5 und i = 6 mit 87. Damit sind Standort 5 und Standort 6 Mediane des Graphen und optimal bezüglich Ansatz 2.

b) Das Optimum bzgl. Ansatz 1, d.h. das Zentrum des Graphen, schneidet bzgl. Ansatz 2 am schlechtesten ab. Das bedeutet, daß Standort 2 zwar keine sehr hohen Kosten für den Versand zu einem der übrigen Standorte hat, aber in Summe die Kosten für den Versand am höchsten sind. In diesem Fall liefert also der Median des Graphen die adäquate Lösung des Standortproblems.

Aufgabe 8-4

Ein Unternehmen beliefert Kunden in sechs Großstädten (j = 1,...,6). Deren geographische Anordnung (in einem zweidimensionalen Koordinatensystem) sowie die jeweils nachgefragten Mengen sind folgender Tabelle zu entnehmen:

Großstadt j	1	2	3	4	5	6
Ort (u_j, v_j)	(2, 5)	(3, 3.5)	(6, 1)	(4, 7)	(1, 1)	(2.5, 8)
Nachfrage-menge b_j	2000	5000	4000	8500	6000	1500

Die Belieferung erfolgt derzeit aus einem Zentrallager, das sich im Ort (5,5) befindet. Es steht die Verlegung des Lagers nach (3,3) an. Die Unternehmensleitung macht ihre Zustimmung zu dieser Maßnahme davon abhängig, ob eine Senkung der Transportkosten um mindestens 8% erreicht werden kann. Überprüfen Sie, ob dies der Fall ist. Verwenden Sie zur Entfernungsberechnung die l^2-Metrik ("Luftlinienentfernung").

Lösung

Die heutigen Transportkosten betragen unter Vernachlässigung des Transportkostensatzes pro ME und LE

$$Z(x,y) = \sum_{j=1}^{6} b_j((x - u_j)^2 + (y - v_j)^2)^{1/2},$$

wobei $(x,y) = (5,5)$ der heutige Standort des Lagers ist. Wir errechnen einen Wert von

$$Z(x,y) = 93798 \text{ GE}.$$

Für den möglichen neuen Standort $(x_{neu}, y_{neu}) = (3,3)$ ergeben sich Kosten von

$$Z(x_{neu}, y_{neu}) = 80949 \text{ GE};$$

dies entspricht einer Kostensenkung von 13,7%. Somit ist die Vorgabe der Unternehmensleitung erfüllt.

Aufgabe 8-5

Für die Herstellung einer Maschine müssen insgesamt 25 Arbeitsgänge durchgeführt werden. Diese Arbeiten setzen sich zusammen aus 12 Arbeiten an der Fertigungsstraße, 4 Arbeiten bei der Montage und 9 Arbeitsgängen bei der Farbgebung und Einlagerung.

Zur Verfügung stehen 7 Arbeiter für die Fertigung, 7 Montagearbeiter und 11 Hilfskräfte. Für die Arbeiten fallen je nach Arbeitskraft folgende Kosten an:

	B 1: Fertigung	B 2: Montage	B 3: Farbgebung/Lagerung
A 1: Fertigungsarbeiter	6	8	7
A 2: Montagearbeiter	9	6	5
A 3: Hilfskräfte	7	8	9

a) Formulieren Sie das Problem, die kostengünstigste Zuordnung der Arbeitskräfte zu den drei Arbeitsgängen zu ermitteln, als Transportproblem.

b) Bestimmen Sie eine zulässige Lösung mit der Matrixminimum-Regel.

c) Formulieren Sie das Problem als Flußproblem und geben Sie die in b) ermittelte Lösung als zulässigen Fluß an.

Lösung

a) Definiert man die Arbeiter als Anbieter und die Arbeiten als Nachfrager, so erhält man folgende Matrix:

	$b_1 = 12$ Fertigungs-arbeiten	$b_2 = 4$ Montage-arbeiten	$b_3 = 9$ Farb-/ Lager-arbeiten
$a_1 = 7$ Fertigungsarbeiter	6	8	7
$a_2 = 7$ Montagearbeiter	9	6	5
$a_3 = 11$ Hilfskräfte	7	8	9

Bezeichnet man weiter mit x_{ij} (i=1,...,3; j=1,...,3) die Anzahl der Arbeitskräfte der Qualifikation i, die für eine Tätigkeit der Kategorie j eingesetzt werden, und mit c_{ij} die hierfür anfallenden Kosten, so läßt sich das Problem als Transportproblem darstellen:

$$\sum_{i=1}^{3} \sum_{j=1}^{3} c_{ij} x_{ij} \rightarrow \min$$

u.d.N.

$$\sum_{j=1}^{3} x_{ij} = a_i \qquad i = 1,2,3$$

$$\sum_{i=1}^{3} x_{ij} = b_j \qquad j = 1,2,3$$

$$x_{ij} \geq 0 \qquad i,j = 1,2,3$$

b) Im ersten Schritt wird c_{i*j*} gewählt, mit

$$c_{i*j*} = \min \{c_{ij}\}_{(i=1,2,3\,;\,j=1,2,3)} = 5 = c_{23}.$$

Es ist $x_{i*j*} = \min\{a_{i*},b_{j*}\} = \min\{7,9\} = 7$ und somit $a_2 := 0$, $b_3 := 2$; Zeile 2 wird gestrichen. Die folgende Matrix verdeutlicht das weitere Vorgehen:

b_j a_i	$12 \to 5 \to 0$	$4 \to 0$	$9 \to 2 \to 0$
		Transportmengen x_{ij}	
$7 \to 0$	7		
$7 \to 0$			7
$11 \to 6 \to 2 \to 0$	5	4	2

Die Gesamtkosten ergeben sich zu

$$c^* = 7 \cdot 6 + 7 \cdot 5 + 5 \cdot 7 + 4 \cdot 8 + 2 \cdot 9 = 162 .$$

c) Um das Problem graphentheoretisch zu behandeln, muß eine Quelle q und eine Senke s eingeführt werden. Jeder Pfeil <i,j> des Digraphen erhält die Bewertung $(c_{ij}, \delta_{ij}, \pi_{ij})$, wobei c_{ij} die Transportkosten von i nach j, δ_{ij} die Minimalkapazität und π_{ij} die Maximalkapazität des Pfeils <i,j> bezeichnet.

In unserem Fall werden alle Pfeile <q,i> ausgehend von der Quelle q mit $(0,a_i,a_i)$, alle Pfeile <j,s> ankommend bei der Senke s mit $(0,b_j,b_j)$ und alle Pfeile zwischen Angebots- und Nachfrageorten <i,j> mit $(c_{ij}, 0, \infty)$ markiert. Hierdurch wird gewährleistet, daß eine zulässige Lösung des Transportproblems genau einem zulässigen Fluß von q nach s entspricht. Man erhält folgenden Graphen:

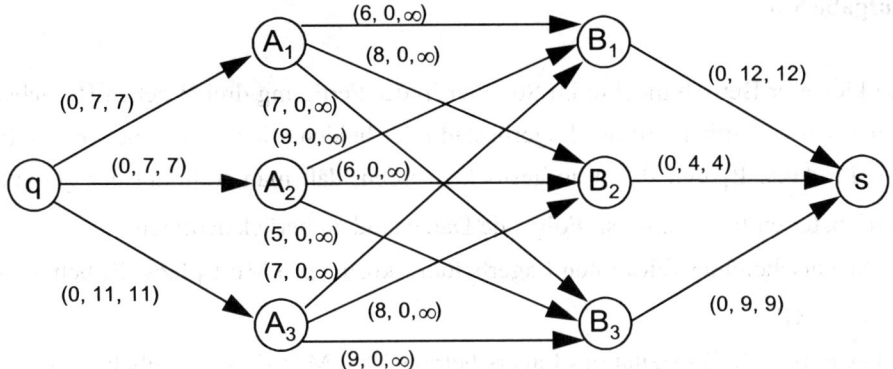

Im folgenden ist die in b) ermittelte Lösung als zulässiger Fluß dargestellt. Pfeile mit einem Flußwert von Null sind nicht eingezeichnet.

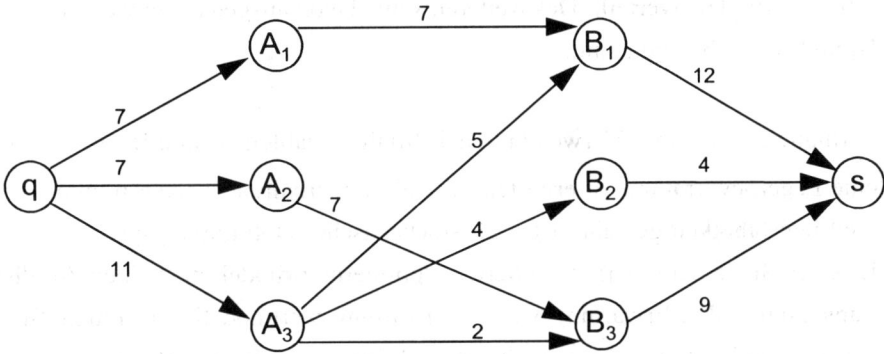

Aufgabe 8-6

Ein kleinerer Betrieb möchte im Sommer in der Fertigung drei Wochen Betriebsferien machen. Vorher soll der Lagerbestand der beiden wichtigsten (beliebig teilbaren) Produkte P_1 und P_2 so aufgestockt werden, daß man während der gesamten Betriebsferien lieferfähig ist. Folgende Daten sind zu berücksichtigen:

- Die entscheidungsrelevanten Lagerhaltungskosten pro ME P_1 bzw. P_2 betragen 3 bzw. 5 GE.

- Die maximale Kapazität des Lagers beträgt 2000 ME; sie kann beliebig zwischen P_1 und P_2 aufgeteilt werden.

- Folgende Schätzungen für die im relevanten Zeitraum auftretenden Nachfragemengen B_1 bzw. B_2 nach P_1 bzw. P_2 werden zugrunde gelegt: B_1 ist normalverteilt mit Mittelwert 1000 und Standardabweichung 250; B_2 ist auf dem Intervall [500, 1000] gleichverteilt. Des weiteren kann davon ausgegangen werden, daß B_1 und B_2 unabhängig sind.

a) Formulieren Sie unter Verwendung der Zufallsvariablen B_1 und B_2 das Problem, eine Lagerbevorratung zu ermitteln, die die Lagerhaltungskosten minimiert und die Lieferfähigkeit gewährleistet, als stochastisches Optimierungsproblem.

b) Ersetzen Sie in dem in a) formulierten Optimierungsmodell die beiden Zufallsvariablen durch ihre Erwartungswerte ("Erwartungswertmodell"). Ermitteln Sie die entsprechende Optimallösung, die zugehörigen Lagerhaltungskosten sowie die Wahrscheinlichkeit, daß das Unternehmen lieferfähig bleibt.

c) Aufgrund der geringen Lieferfähigkeit bei Realisierung der unter b) gefundenen Lösung sollen nun die beiden Zufallsvariablen durch ihre 0,7-Quantile ersetzt werden. Ermitteln Sie wiederum die optimale Lösung, die entsprechenden Lagerhaltungskosten sowie die Wahrscheinlichkeit für Lieferfähigkeit.

d) Den Unternehmensleiter stellen die unter b) und c) aufgezeigten Lösungen nicht zufrieden. Unter dem Aspekt der Kundennähe fordert er, die Lieferfähigkeit in den Mittelpunkt der Überlegungen zu stellen; Lagerhaltungskosten seien in diesem Zusammenhang nicht relevant. Zusätzlich fordert er für P_2 eine 80%-ige Wahrscheinlichkeit für Lieferfähigkeit. Wie wäre unter diesen Prämissen die Lagerbevorratung zu gestalten? Welche Lagerhaltungskosten entstehen und mit welcher Wahrscheinlichkeit ist das Unternehmen lieferfähig?

Lösung

a) Wir bezeichnen mit x_1 bzw. x_2 die gelagerten ME von P_1 bzw. P_2. Das Optimierungsproblem hat folgende Form:

$$3x_1 + 5x_2 \rightarrow \min$$
$$\text{u.d.N.}$$
$$x_1 \geq B_1$$
$$x_2 \geq B_2$$
$$x_1 + x_2 \leq 2000$$
$$x_1, x_2 \geq 0$$

b) Die Erwartungswerte der beiden Zufallsvariablen sind durch $E(B_1) = 1000$ und $E(B_2) = 750$ gegeben. Setzen wir diese Werte anstatt der Zufallsvariablen in das Problem ein, so ergibt sich die optimale Lösung $x_1 = 1000$, $x_2 = 750$. Die Lagerhaltungskosten betragen für diese Lagermenge 6750 GE. Die Wahrscheinlichkeit für Lieferfähigkeit errechnet sich als

$$P(B_1 \leq 1000, B_2 \leq 750) =$$
$$P(B_1 \leq 1000) \cdot P(B_2 \leq 750) =$$
$$0{,}5 \cdot 0{,}5 = 0{,}25 \ ,$$

wobei die Multiplikation der Wahrscheinlichkeiten aufgrund der Unabhängigkeit der Nachfragemengen B_1 und B_2 gestattet ist. Das Unternehmen ist also nur mit 25%-iger Wahrscheinlichkeit lieferfähig.

c) Die 0,7-Quantile von B_1 und B_2 betragen 1131 bzw. 850 (vgl. zur Berechnung solcher Quantile z.B. Bamberg/Baur 1996). Nun erhalten wir die optimale Lösung $x_1 = 1131$, $x_2 = 850$. Die zugehörigen Lagerhaltungskosten betragen 7643 GE, und die Wahrscheinlichkeit für Lieferfähigkeit ist

$$0{,}7 \cdot 0{,}7 = 0{,}49 \ .$$

d) Die Forderung

$$P(B_2 \leq x_2) = 0{,}8$$

liefert $x_2 = 900$. Zur Maximierung der Lieferfähigkeit wird die verbleibende Lagerkapazität mit P_1 bestückt, d.h. $x_1 = 1100$. Die entsprechenden Lagerhaltungskosten sind 7800 GE. Wegen

$$P(B_1 \leq 1100) = 0{,}66$$

beträgt die Wahrscheinlichkeit für Lieferfähigkeit

$$0{,}8 \cdot 0{,}66 = 0{,}53 \ .$$

8.5 Literatur zu Kapitel 8

Ausführungen zur Standortproblematik findet der Leser u.a. bei Bloech (1970), Christofides (1975), Handler/Mirchandani (1979), Warnecke/Dangelmaier (1981), Craig/McLafferty (1984), Foulds (1992), Francis/McGinnis/White (1992), Domschke (1993), Drexl (1993), Schildt (1994), Tempelmeier (1995), Domschke (1996), Domschke/ Drexl (1996) und Neumann (1996).

Im Zusammenhang mit der Transportplanung verweisen wir auf Domschke (1995) sowie auf die Literaturangaben zur Graphentheorie in Abschnitt 12.6.

Weitergehende Ausführungen zu Lagerhaltungsmodellen finden sich z.B. bei Popp (1968), Hochstädter (1969, 1979), Klemm/Mikut (1972), Aggarwal (1974), Schneeweiß (1981, 1982), Robrade (1991), Graves/Rinnooy Kan/Zipkin (1993), Neumann/Morlock (1993), Tempelmeier (1995), Inderfurth (1996) und Neumann (1996).

9 Produktion

Gegenstand dieses Kapitels sind Ansätze zur Unterstützung von Entscheidungen im Produktionsbereich durch quantitative Modelle. Unter Produktion verstehen wir im folgenden die methodische Erstellung von Sachgütern (vgl. auch Blohm et al. 1987). In formaler Hinsicht ist ein Produktionsvorgang eine mehr oder weniger komplex strukturierte Transformation von Inputgrößen (Produktionsfaktoren) zu einem bestimmten Output. Auf der Inputseite unterscheidet man Elementarfaktoren (menschliche Arbeitsleistung, Betriebsmittel und Werkstoffe) und dispositive Faktoren (Geschäfts-/Betriebsleitung, Planung und Betriebsorganisation). Auf der Outputseite fällt neben dem erwünschten Output (dem Produktionsprogramm) häufig noch ein gewisser unerwünschter Output (z.B. Ausschuß, Emissionen) an. Entsprechend dieser Grobstruktur eines Produktionsvorgangs ergeben sich für die Produktionsplanung drei wesentliche Schwerpunkte:

- Planung des Outputs (Produktionsprogrammplanung),
- Planung des Transformationsprozesses (Produktionsprozeßplanung) und
- Planung des Inputs (Produktionsfaktorplanung).

Abbildung 9-1 vermittelt einen Überblick über ausgewählte quantitative Ansätze in den drei Bereichen, von denen einige in den folgenden Abschnitten behandelt werden. Im Rahmen der Produktionsprogrammplanung (Abschnitt 9.1) wird auf die lineare und die nichtlineare Optimierung näher eingegangen. Die Behandlung der Produktionsprozeßplanung (Abschnitt 9.2) umfaßt die Netzplantechnik, dynamische Optimierungsmodelle und (exakte und heuristische) kombinatorische Verfahren. Die Darstellung der Produktionsfaktorplanung (Abschnitt 9.3) beschränkt sich auf Gozinto-Graphen. Aus noch zu erläuternden Gründen steht die Produktionsprozeßplanung im Mittelpunkt dieses Kapitels.

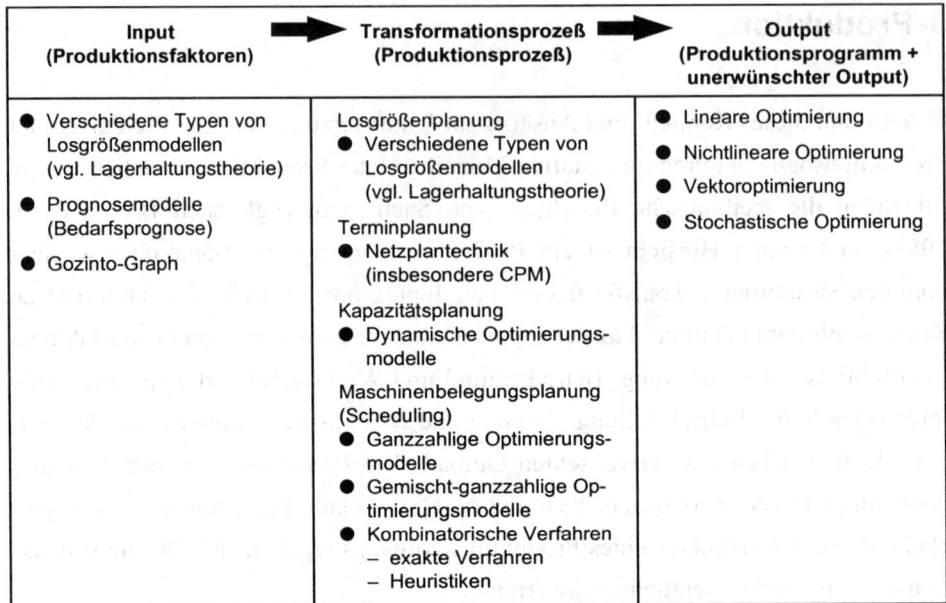

Abbildung 9-1: Schwerpunkte der Produktionsplanung und ausgewählte
                quantitative Ansätze

Das Teilgebiet der Betriebswirtschaft, das sich mit den oben dargestellten Schwerpunkten befaßt, wird in der Regel als **Produktionswirtschaft** bezeichnet (vgl.
Hoitsch 1993). Der im angloamerikanischen Sprachraum weit verbreitete Begriff
des **Operations Management** (vgl. Buffa/Sarin 1987) ist, trotz gewisser Analogi-
en, von dem im deutschsprachigen Raum üblichen Begriff der Produktionswirtschaft zu unterscheiden. Bei letzterem geht es, wie bereits dargestellt, um die Modellierung des Produktionsvorganges bezüglich Input, Tranformationsvorgang und
Output auf der Grundlage von Produktionsfunktionen (vgl. Grothe/Weber 1996,
Kahle 1991). Beim Operations Management werden allgemein Entscheidungssituationen im Produktionsbereich modelliert. Nach neuestem Verständnis umfaßt das
Operations Management nicht nur den Produktionsbereich, sondern auch die Lei-
stungserstellungsprozesse im Dienstleistungsbereich. Im folgenden wird allerdings
die Produktionswirtschaft im klassischen Sinne betrachtet.

9.1 Produktionsprogrammplanung

Im Rahmen der Produktionsprogrammplanung werden Entscheidungen darüber getroffen, welche Produkte in welchen Mengen in definierten Zeiträumen gefertigt werden sollen. Grundsätzlich ist hierzu anzumerken, daß derartige Überlegungen in erster Linie marktorientiert erfolgen sollten. Die nachfolgend dargestellten Ansätze berücksichtigen Aspekte des Markts zwar in Form von maximalen Absatzmengen. Da aber eine weitergehende Berücksichtigung marketingpolitischer Parameter nicht erfolgt, sollte der Leser diesen Modellen durchaus mit einer gewissen Skepsis gegenüberstehen und sich ihrer begrenzten Aussagefähigkeit bewußt sein.

Wir behandeln zunächst ein **grundlegendes lineares Optimierungsmodell zur Bestimmung eines deckungsbeitragsmaximalen Produktionsprogramms** (vgl. hierzu auch Beispiel 13-2): Ausgangspunkt ist ein Unternehmen mit n Produkten (j = 1,...,n), deren Stückdeckungsbeiträge $c_1,....,c_n$ gegeben sind. Für jedes der Produkte ist eine Absatzobergrenze gegeben; sie wird für Produkt j mit h_j bezeichnet. Die Produktion der Produkte erfolgt auf m Produktionseinheiten (i = 1,...,m), deren Kapazitäten $b_1,...,b_m$ (in ZE) betragen. Die Bearbeitungszeit eines Stücks von Produkt j auf der Produktionseinheit i beträgt a_{ij} ZE. Ziel des Modells ist die Bestimmung der deckungsbeitragsmaximalen Konstellation von zu produzierenden Stückzahlen $x_1,...,x_n$. Wir kommen zu folgender Modellformulierung:

$$DB(x_1,...,x_n) = \sum_{j=1}^{n} c_j x_j \rightarrow max$$

u.d.N.

$$\sum_{j=1}^{n} a_{ij} x_j \leq b_i \qquad i = 1,...,m$$

$$0 \leq x_j \leq h_j \qquad j = 1,...,n$$

Ein Beispiel für die Lösung eines solchen linearen Optimierungsproblem findet der Leser in Aufgabe 9-1. Dieses grundlegende Modell kann in vielerlei Hinsicht erweitert werden (vgl. z. B. Zäpfel 1982, Stepan/Fischer 1989): Denkbar sind u.a.

- die Berücksichtigung der Möglichkeit der intensitätsmäßigen Anpassung zur Überwindung von Engpässen,
- die Erweiterung auf mehrere Perioden,
- die Berücksichtigung von Möglichkeiten des (teilweisen) Fremdbezugs,
- die Übertragung des Modells auf die Kuppelproduktion (Anfallen weiterer Güter im Rahmen der Produktion, die entweder ihrerseits marktfähig sind oder als Zwischenprodukte in andere Prozesse einfließen können),
- die Erweiterung des Modells auf mehrere Zielsetzungen (Vektoroptimierung, vgl. auch Beispiel 15-2) und
- die Berücksichtigung von Unsicherheiten bzgl. einzelner Modellparameter (stochastische Optimierung, vgl. auch Beispiel 15-4).

Eine weitere mögliche Erweiterung des Problems liegt in der Berücksichtigung von Schadstoffanfall, der zu entsprechenden Kosten führt. Dieser Ansatz wird in Aufgabe 9-2 vertieft.

Wir wenden uns nun einer Verallgemeinerung des grundlegenden Modells zu, die uns auf ein **nichtlineares Optimierungsproblem** führen wird. Ausgangspunkt ist die Überlegung, daß es u.U. unrealistisch ist, von konstanten Stückdeckungsbeiträgen c_j auszugehen, wie es das grundlegende Modell tut. Vielmehr ist ein Zusammenhang zwischen dem Stückdeckungsbeitrag und der produzierten Menge x_j zu unterstellen, d.h.

$$c_j = c_j(x_j) \; .$$

Die folgenden Ausführungen dienen der Präzisierung des Zusammenhanges zwischen Stückdeckungsbeitrag und produzierter Menge. Der Stückdeckungsbeitrag errechnet sich bekanntlich als Differenz des Stückpreises p_j und der variablen Stückkosten k_j, d.h.

$$c_j = p_j - k_j \; .$$

Gehen wir nun davon aus, daß der am Markt erzielbare Preis mit wachsender produzierter Menge zurückgeht (man denke z.B. an die beiden Extremfälle Volumenstrategie auf der Basis niedriger Preise und Hochpreispolitik in einer Marktnische), so kann man beispielsweise eine lineare Preis-/Mengenbeziehung der Form

$$p_j(x_j) = d_j - e_j x_j$$

mit positiven Parametern d_j, e_j unterstellen (vgl. dazu Abschnitt 7.3 zur Preispolitik). Die variablen Stückkosten k_j wollen wir im Augenblick als mengenunabhängig ansehen, obwohl sich durchaus plausible Argumente gegen diese Annahme finden lassen (z.B. günstigere Einkaufspreise bei großen Einkaufsmengen).

Unter diesen Annahmen ermitteln wir für den Stückdeckungsbeitrag die Beziehung

$$c_j(x_j) = d_j - e_j x_j - k_j \qquad j = 1,\dots,n \qquad .$$

Die Zielfunktion des verallgemeinerten Problems ist durch

$$DB(x_1,\dots,x_n) = \sum_{j=1}^{n} c_j(x_j) x_j$$

$$= \sum_{j=1}^{n} (d_j - k_j) x_j - \sum_{j=1}^{n} e_j x_j^2$$

gegeben. Insgesamt erhält man folgendes Problem:

$$DB(x_1,\dots,x_n) = \sum_{j=1}^{n} (d_j - k_j) x_j - \sum_{j=1}^{n} e_j x_j^2 \to \max$$

u.d.N.

$$\sum_{j=1}^{n} a_{ij} x_j \leq b_i \qquad i = 1,\dots,m$$

$$0 \leq x_j \leq h_j \qquad j = 1,\dots,n$$

Es handelt sich um ein nichtlineares (genauer: ein quadratisches) Optimierungsproblem; bzgl. der Behandlung solcher Probleme verweisen wir auf Abschnitt 14.1 sowie die dort zitierte Literatur. Aufgrund der bereits erläuterten Kritik an diesen Ansätzen zur Bestimmung des Produktionsprogramms, die marketingpolitische Parameter in keiner Weise berücksichtigen, wollen wir uns hier auf diese relativ knappe Behandlung beschränken. Auf die methodische Vertiefung in den Aufgaben 9-1 und 9-2 sei nochmals hingewiesen.

9.2 Produktionsprozeßplanung

Wesentliche Aufgaben im Rahmen der Produktionsprozeßplanung sind u.a.

- die Losgrößenplanung,
- die Terminplanung,
- die Kapazitätsplanung und
- die Maschinenbelegungsplanung (Planung der Auftragsreihenfolge).

Mit der **Losgrößenplanung** wollen wir uns an dieser Stelle nicht befassen. In diesem Bereich kommen häufig Ansätze zur Anwendung, die den Losgrößenmodellen im Bereich der Lagerhaltung (vgl. hierzu Abschnitt 8.3) sehr ähnlich sind bzw. Erweiterungen davon darstellen (vgl. z.B. Hoitsch 1993, S. 383ff., Blohm et al. 1987, S. 264ff.).

Die **Terminplanung** ermittelt in detaillierter Form das Zeitgerüst für den Produktionsprozeß der nächsten Planungsperiode. Hierbei sind insbesondere Anfangs- und Endtermine einzelner Arbeitsgänge unter Berücksichtigung von Nachfolgebeziehungen zwischen diesen Arbeitsgängen von Interesse. In der Regel werden solche Überlegungen mit Hilfe der **Netzplantechnik** (gemäß dem CPM-Ansatz, vgl. Abschnitt 12.3) behandelt. Die Methodik dieses Ansatzes wird in Abschnitt 12.3 erläutert (vgl. auch Beispiel 12-8). Das folgende (an Blohm et al. 1987 angelehnte) Beispiel veranschaulicht die Anwendung von CPM bei der Terminierung eines Produktionsvorgangs (vgl. auch Kern 1992, S.311ff.).

Beispiel 9-1

Ein Maschinenbauunternehmen hat einen lukrativen Auftrag für eine Spezialmaschine in Aussicht. Allerdings macht der Kunde die Auftragsvergabe davon abhängig, ob das Unternehmen die Lieferung der Maschine innerhalb von 70 Arbeitstagen garantieren kann. Zur Untersuchung, ob dies möglich ist, soll das Projekt mit Hilfe des CPM-Ansatzes analysiert werden. Basis ist die folgende

Aufstellung der einzelnen Arbeitsgänge, ihrer geschätzten Dauer sowie der zu berücksichtigenden Nachfolgebeziehungen. Zusätzlich muß beachtet werden, daß die Auslieferung selbst 5 Tage in Anspruch nimmt. Daher stehen für die eigentliche Produktion nur 65 Arbeitstage zur Verfügung.

Mit Hilfe der in Abschnitt 12.3 formulierten Vorgehensweise zur Konstruktion eines CPM-Netzplans erhalten wir den nachstehenden Netzplan zur Beschreibung des Produktionsvorgangs. Hierbei sind die Knoten bereits topologisch sortiert (vgl. Abschnitt 12.1); gestrichelte Pfeile kennzeichnen Scheinvorgänge (vgl. Abschnitt 12.3).

Arbeitsgang		Dauer (in Arbeitstagen)	Vorher abzuschließende Arbeitsgänge
A	Konstruktion	15	–
B	Beschaffung Fremdmaterial	25	A
C	Vorfertigung Eigenteile	13	A
D	Vormontage Baugruppe A, Werkstattgruppe 1	5	B
E	Vormontage Baugruppe B, Werkstattgruppe 2	8	B, C
F	Vormontage Baugruppe C, Werkstattgruppe 1	5	D
G	Montage Baugruppe A und B, Werkstattgruppe 2	4	D, E
H	Justierung Baugruppe A, B	2	G
I	Endmontage	5	H, F
J	Endkontrolle	1	I
K	Schutzanstrich auftragen	1	J

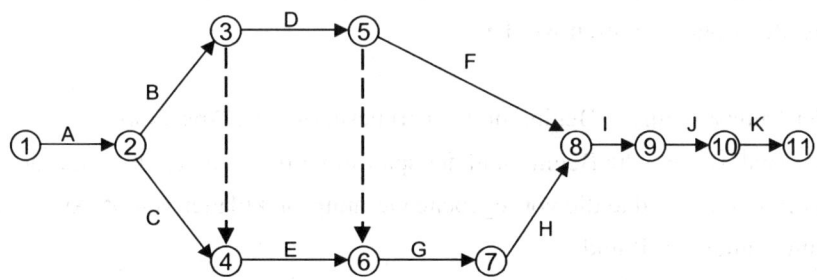

Die in Abschnitt 12.3 angegebenen Rekursionsformeln liefern die im folgenden Tableau zusammengestellten Werte $\underline{D}_j$ und $\overline{D}_i$.

$\underline{D}_1$ = 0	$\overline{D}_1$ = 4
$\underline{D}_2$ = 15	$\overline{D}_2$ = 19
$\underline{D}_3$ = 40	$\overline{D}_3$ = 44
$\underline{D}_4$ = 40	$\overline{D}_4$ = 44
$\underline{D}_5$ = 45	$\overline{D}_5$ = 52
$\underline{D}_6$ = 48	$\overline{D}_6$ = 52
$\underline{D}_7$ = 52	$\overline{D}_7$ = 56
$\underline{D}_8$ = 54	$\overline{D}_8$ = 58
$\underline{D}_9$ = 59	$\overline{D}_9$ = 63
$\underline{D}_{10}$ = 60	$\overline{D}_{10}$ = 64
$\underline{D}_{11}$ = 61	$\overline{D}_{11}$ = 65

Als erstes Ergebnis lesen wir eine kürzestmögliche Gesamtprojektdauer von

$$\underline{D}_{11} = 61$$

Arbeitstagen ab. Die Fertigung der Maschine in 65 Arbeitstagen erweist sich auf der Basis dieser Analyse also als realisierbar. Bei der Rückwärtsrekursion zur Berechnung der $\overline{D}_i$ gehen wir von der vorgegebenen Gesamtprojektdauer von 65 Arbeitstagen aus, d.h.

$$\overline{D}_{11} = T = 65 \ .$$

Zur Abrundung der CPM-Analyse sollen für die einzelnen Arbeitsgänge noch folgende Größen ermittelt werden:

- der frühestmögliche Beginn und der frühestmögliche Abschluß,
- der spätestmögliche Beginn und der spätestmögliche Abschluß (unter der Voraussetzung, daß die vorgegebene Gesamtprojektdauer von 65 Arbeitstagen eingehalten wird) und
- die maximale Pufferzeit.

Die Formeln zur Berechnung dieser Größen werden ebenfalls in Abschnitt 12.3 angegeben. Die nachfolgende Tabelle enthält die entsprechenden Zahlen.

Vorgang	frühestmöglicher Beginn	frühestmöglicher Abschluß	spätestmöglicher Beginn	spätestmöglicher Abschluß	maximale Pufferzeit
A	0	15	4	19	4 *
B	15	40	19	44	4 *
C	15	28	31	44	16
D	40	45	47	52	7
E	40	48	44	52	4 *
F	45	50	53	58	8
G	48	52	52	56	4 *
H	52	54	56	58	4 *
I	54	59	58	63	4 *
J	59	60	63	64	4 *
K	60	61	64	65	4 *

Beispielsweise kann der Arbeitsgang G frühestens 48 und muß spätestens 52 Arbeitstage nach Projektbeginn begonnen werden. Die kleinste auftretende Pufferzeit ist

$$T - \underline{D}_{11} = 65 - 61 = 4$$

Arbeitstage. Alle Vorgänge mit dieser Pufferzeit (in der Tabelle mit * gekennzeichnet) sind kritisch. Der zugehörige kritische Weg ist

$$< 1,2,3,4,6,7,8,9,10,11 > .$$

In diesem Beispiel sind also fast alle Vorgänge kritisch. Dies verdeutlicht, daß die vorgegebene maximale Gesamtprojektdauer von 65 Arbeitstagen doch recht knapp bemessen ist. Ein weiteres Beispiel für die Terminplanung mit Hilfe von CPM findet sich in Aufgabe 9-3.

Im Rahmen der **Kapazitätsplanung** befassen wir uns im folgenden mit einem dynamischen Modell zur Glättung des Personalbestands (vgl. hierzu auch Hanssmann 1990). Über einen Zeithorizont von T Perioden t = 1,...,T hinweg wird eine Situation betrachtet, die durch stark schwankende Nachfragemengen gekennzeichnet ist. Unter Berücksichtigung dieser Nachfrageschwankungen läßt sich für jede Periode t ein Mindestpersonalbestand r_t ableiten; den tatsächlichen Personalbestand in der Periode t bezeichnen wir mit P_t. Die laufenden Lohnkosten der Periode t sind zum Personalbestand proportional, sie betragen $a \cdot P_t$, wobei a als Lohnkostensatz interpretiert werden kann.

Ändert sich von einer Periode zur anderen der Personalbestand (Personalaufstokkung bzw. -reduktion), so ist dies ebenfalls mit Kosten verbunden. Im Fall der Personalaufstockung, d.h.

$$P_t > P_{t-1} \, ,$$

entstehen zusätzliche Kosten in Höhe von

$$g(P_t - P_{t-1}) \, ,$$

und wir unterstellen, daß die Kosten g überproportional zum Umfang der Personalaufstockung anwachsen. Analog ist eine Personalreduktion mit Kosten in Höhe von

$$h(P_{t-1} - P_t)$$

verbunden. Weiter gilt

$$g(0) = h(0) = 0 \quad .$$

Da der Mindestpersonalbestand mit r_t vorgegeben ist, betragen die entscheidungsrelevanten Lohnkosten der Periode t

$$a(P_t - r_t) \, ,$$

und die gesamten entscheidungsrelevanten Kosten in Periode t sind durch

$$C_t(P_t, P_{t-1}) = g([P_t - P_{t-1}]^+) + h([P_{t-1} - P_t]^+) + a(P_t - r_t)$$

gegeben. Hierbei ist

$$[P_t - P_{t-1}]^+ = \max \{P_t - P_{t-1}, 0\} \, .$$

Das Ziel ist die Minimierung der Summe dieser Kosten über die T Perioden. Wir können das Problem in der Form

$$C(P_1,...,P_T) = \sum_{t=1}^{T} C_t(P_t, P_{t-1}) \to \min$$

u.d.N.

$$P_t \geq r_t \qquad t = 1,...,T$$

darstellen. Es handelt sich offensichtlich um ein dynamisches Optimierungsmodell (vgl. Abschnitt 14.3) mit den Entscheidungsvariablen $P_1,...,P_T$; der anfängliche Personalbestand P_0 ist vorgegeben. Als Wertebereich für die Variablen P_t ergibt sich das Intervall

$$[\; r_t, \; \max_{(\tau=1...T)} \{r_\tau\} \;] \quad,$$

denn es kann ökonomisch nicht sinnvoll sein, in einer Periode einen Personalbestand zu haben, der über dem (über alle Perioden) maximalen Mindestbestand liegt.

Es soll an dieser Stelle noch darauf hingewiesen werden, daß der Zustand, der die Periode t charakterisiert (in Abschnitt 14.3 mit z_{t-1} bezeichnet), der Personalbestand P_{t-1} ist. Zur Lösung des Problems, d.h. zur Bestimmung einer kostenminimalen Folge von Personalbeständen $P^*_1,...,P^*_T$, kann das in Abschnitt 14.3 vorgestellte Verfahren (Rückwärtsrechnung mit anschließender Vorwärtsrechnung) herangezogen werden, das auf dem **Optimalitätsprinzip von Bellman** basiert. Das folgende Beispiel veranschaulicht diese Vorgehensweise. Hierbei bezeichnet (vgl. hierzu auch die Notation in Beispiel 14-4) $U_t(P_{t-1})$ die Optimalitätsfunktion ab Periode t, d.h. die vom Personalbestand P_{t-1} ausgehend in den Perioden t,...,T minimal erzielbaren Kosten.

Beispiel 9-2

Als einfaches Zahlenbeispiel zu dem soeben skizzierten Problemtyp betrachten wir ein Problem, das sich über $T = 3$ Jahre erstreckt. Der anfängliche Personalbestand in der relevanten Produktionseinheit beträgt $P_0 = 70$ Arbeiter. Auf der Basis von Nachfrageprognosen ergeben sich für die kommenden drei Jahre Mindestpersonalbestände in Höhe von $r_1 = 50$, $r_2 = 40$ und $r_3 = 60$ (Arbeitern). Der Lohnkostensatz a beträgt 5 GE pro Arbeiter und Jahr. Aus Gründen der Vereinfachung wollen wir davon ausgehen, daß Anpassungen des Personalbestands nur in 5er, 10er, 15er usw. -Schritten möglich sind. Die folgende Tabelle gibt die

Kosten einer solchen Anpassungsmaßnahme (Aufstockung oder Reduktion) in Abhängigkeit von der Höhe der Veränderung δP an.

δP	0	5	10	15	20	25	30	35	40
$g(\delta P)$	0	15	30	50	85	130	200	300	500
$h(\delta P)$	0	5	15	20	30	50	80	120	200

Die Rückwärtsrechnung beginnt im Jahr $T = 3$. Da der Mindestpersonalbestand $r_3 = 60$ der größte über die drei Jahre ist, ergibt sich sofort der optimale Personalbestand

$$P^*_3 = 60 \ .$$

In Abhängigkeit von P_2 entstehen dann im dritten Jahr folgende Kosten $U_3(P_2)$. Hier sind offensichtlich nur etwaige Personalaufstockungskosten zu berücksichtigen.

P_2	40	45	50	55	60
$U_3(P_2)$	85	50	30	15	0

Im nächsten Schritt ermitteln wir in Abhängigkeit von P_1 die minimalen Kosten in den Jahren 2 und 3 (vgl. nachstehende Tabelle). Beispielsweise ergeben sich für $P_1 = 55$ und $P_2 = 45$

- 15 GE Kosten für Personalreduktion ($\delta P = 10$),
- 25 GE Kosten für Personalbestand über dem Mindestpersonalbestand ($P_2 - r_2 = 5$) und
- die Kosten $U_3(45) = 50$ GE.

So kommen wir auf den in der Tabelle aufgeführten Wert von 90 GE. Das Minimum in jeder Zeile liefert den jeweiligen Wert $U_2(P_1)$, der in der letzten Spalte angegeben ist.

P₁ \ P₂	40	45	50	55	60	$U_2(P_1)$
50	100	80	80	105	130	80
55	105	90	85	90	115	85
60	115	95	95	95	100	95

Ausgehend vom anfänglichen Personalbestand $P_0 = 70$ errechnen wir nun die über alle drei Jahre hinweg entstehenden Kosten:

P₀ \ P₁	50	55	60	$U_1(P_0)$
70	110	130	160	110

Es ergeben sich minimale Gesamtkosten in Höhe von

$$U_1(P_0) = U_1(70) = 110 \text{ GE} .$$

Im Rahmen der nun durchzuführenden Vorwärtsrechnung ermitteln wir die optimale Entscheidungsfolge P^*_1, P^*_2, P^*_3, mit der diese minimalen Gesamtkosten zu realisieren sind. Durch Zurückverfolgen der $U_t(P_{t-1})$ stellt man fest, daß es zwei optimale Entscheidungsfolgen gibt:

$$P^*_1 = 50, \ P^*_2 = 45, \ P^*_3 = 60 \quad \text{und}$$

$$P^*_1 = 50, \ P^*_2 = 50, \ P^*_3 = 60 .$$

Die folgende Übersicht verdeutlicht für beide Folgen das Zustandekommen der Gesamtkosten von 110 GE.

	$P_0 = 70$	$P_1 = 50$	$P_2 = 45$	$P_3 = 60$	
Kosten für Personal-aufstockung bzw. -reduktion	h (20) = 30	h (5) = 5	g (15) = 50		$\sum$ = 85
Kosten für Personal-bestand, der über Mindestbestand hinausgeht	–	0	25	0	$\sum$ = 25

$$\sum \sum = 110$$

	$P_0 = 70$	$P_1 = 50$	$P_2 = 50$	$P_3 = 60$	
Kosten für Personal-aufstockung bzw. -reduktion	h (20) = 30	0	g (10) = 30		$\sum$ = 60
Kosten für Personal-bestand, der über Mindestbestand hinausgeht	–	0	50	0	$\sum$ = 50

$$\sum \sum = 110$$

Wir kommen nun zum Bereich der **Maschinenbelegungsplanung**, die sich mit der Festlegung der Reihenfolge der Abarbeitung von vorliegenden Aufträgen befaßt. Im folgenden verwenden wir synonym auch den Begriff "**Scheduling**". Allgemein geht man von n Aufträgen aus, die m Maschinen (allgemeiner: Produktionsstufen) durchlaufen. Die Anzahl der möglichen Reihenfolgen zur Abarbeitung der n Aufträge auf einer speziellen Maschine beträgt n!. Insgesamt existieren daher $(n!)^m$ Möglichkeiten zur Abarbeitung der n Aufträge auf m Maschinen. Bei den hier zu behandelnden Problemen handelt es sich also um kombinatorische Optimierungsprobleme, d.h. die Anzahl der möglichen Lösungen ist endlich. Daher besteht prinzipiell die Möglichkeit, die Probleme mittels vollständiger Enumeration (explizite Bewertung jeder möglichen Lösung bzgl. des Zielkriteriums) zu lösen. Dieser Ansatz ist jedoch schon bei kleinen Scheduling-Problemen aufgrund des immensen Rechenaufwandes nicht realisierbar. So existieren z.B. bei n = 5 Aufträgen und m = 3 Maschinen bereits 1.728.000 Lösungen. Die Abbildung 9-2 zeigt verschiedene Problemtypen des Scheduling, auf die im folgenden näher eingegangen werden soll.

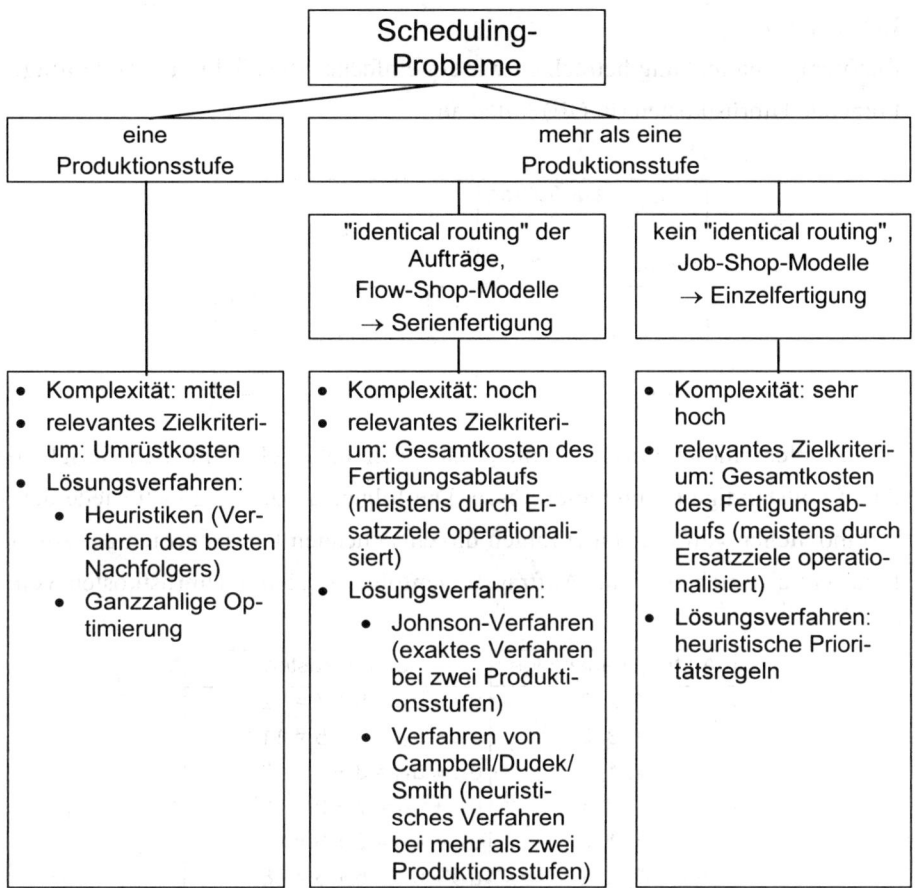

Abbildung 9-2: Übersicht zu verschiedenen Scheduling-Problemen

Wir wenden uns zunächst dem Spezialfall m = 1 (d.h. eine Maschine) zu. Jetzt haben wir es mit n! möglichen Auftragsreihenfolgen auf der einen Maschine zu tun. Die Vorteilhaftigkeit einer solchen Reihenfolge hängt von den anfallenden Umrüstkosten ab. Als Datengrundlage des Problems setzen wir also eine Matrix

$$U = (u_{ij})_{(i=1...n\,;\,j=1...n)}$$

voraus, wobei u_{ij} die Umrüstkosten von Auftrag i auf Auftrag j bezeichnet.

Beispiel 9-3

Zur Veranschaulichung betrachten wir ein einfaches Beispiel mit n=3 Aufträgen. Folgende Umrüstkosten (in GE) fallen an:

von Auftrag \ auf Auftrag	1	2	3
1	0	5	6
2	3	0	7
3	2	5	0

Ein Problem dieser Größenordnung läßt sich natürlich ohne Schwierigkeiten durch vollständige Enumeration lösen. Die folgende Tabelle gibt für jede der 3! = 6 möglichen Auftragsreihenfolgen die entstehenden Umrüstkosten an. Als optimal erweist sich hier die Auftragsreihenfolge 3,1,2 mit Umrüstkosten von 7 GE.

Auftragsreihenfolge	Umrüstkosten
1, 2, 3	$u_{12} + u_{23} = 5 + 7 = 12$
1, 3, 2	$u_{13} + u_{32} = 6 + 5 = 11$
2, 1, 3	$u_{21} + u_{13} = 3 + 6 = \ \ 9$
2, 3, 1	$u_{23} + u_{31} = 7 + 2 = \ \ 9$
3, 1, 2	$u_{31} + u_{12} = 2 + 5 = \ \ 7$
3, 2, 1	$u_{32} + u_{21} = 5 + 3 = \ \ 8$

Auf Probleme von halbwegs realistischer Größenordnung ist die vollständige Enumeration natürlich nicht mehr anwendbar; hier werden geeignete Algorithmen benötigt. Prinzipiell ist es möglich, das Reihenfolgeproblem als ganzzahliges Optimierungsproblem (vgl. Abschnitt 14.2) zu formulieren (vgl. auch Hansmann 1984, S. 188/189) und entsprechende Lösungsverfahren der ganzzahligen Optimierung anzuwenden. Da diese jedoch ebenfalls einen erheblichen Rechenaufwand mit sich bringen können, befassen wir uns im folgenden mit speziell auf das Reihenfolgeproblem zugeschnittenen **Heuristiken**, die vom Rechenaufwand her um ein Vielfaches günstiger sind als exakte Verfahren der ganzzahligen Optimierung.

Ein äußerst einfacher heuristischer Ansatz ist das **Verfahren des besten Nachfolgers**. Hierbei wählt man ausgehend von einem beliebigen Auftrag als Nachfolgeauftrag jeweils denjenigen (bzw. einen) mit den geringsten Umrüstkosten.

Beispiel 9-4

Wir betrachten zur Veranschaulichung des Verfahrens des besten Nachfolgers ein Reihenfolgeproblem mit n = 5 Aufträgen und der folgenden Umrüstkosten-matrix U.

von Auftrag \ auf Auftrag	1	2	3	4	5
1	0	5	7	5	4
2	8	0	7	9	2
3	7	3	0	9	3
4	12	6	7	0	3
5	5	2	9	9	0

Setzen wir willkürlich Auftrag 5 an die erste Stelle der Reihenfolge, so ergibt sich (in diesem Fall eindeutig) die Reihenfolge

$$5,2,3,1,4 \, .$$

Die entsprechenden Umrüstkosten betragen

$$u_{52} + u_{23} + u_{31} + u_{14} = 21 \text{ GE.}$$

Die Unzulänglichkeiten dieses Ansatzes sind ganz offensichtlich: Gegen Ende des Verfahrens, wenn viele Aufträge schon fixiert sind, hat man kaum noch Auswahl-möglichkeiten und ist u.U. gezwungen, ungünstige Kombinationen in die Reihen-folge aufzunehmen. Der Leser möge sich dies an der in Beispiel 9-4 ermittelten Reihenfolge verdeutlichen. Es ist daher empfehlenswert, das Verfahren mit anderen Anfangsaufträgen zu wiederholen.

Beispiel 9-4 (1. Fortsetzung)

Für das Reihenfolgeproblem aus Beispiel 9-4 wollen wir das Verfahren des besten Nachfolgers ausgehend von jedem der Aufträge anwenden. Es ergeben sich die folgenden Reihenfolgen und Umrüstkosten. Die beste Reihenfolge (Umrüstkosten von 15 GE) erhalten wir ausgehend von Auftrag 3.

Auftragsreihenfolge	Umrüstkosten
1, 5, 2, 3, 4	$u_{15} + u_{52} + u_{23} + u_{34} = 22$
2, 5, 1, 4, 3	$u_{25} + u_{51} + u_{14} + u_{43} = 19$
3, 2, 5, 1, 4	$u_{32} + u_{25} + u_{51} + u_{14} = 15$
4, 5, 2, 3, 1	$u_{45} + u_{52} + u_{23} + u_{31} = 19$
5, 2, 3, 1, 4	$u_{52} + u_{23} + u_{31} + u_{14} = 21$

Neben dieser Variation des Anfangsauftrags besteht auch die Möglichkeit, das Verfahren des besten Nachfolgers lediglich zur Ermittlung einer Anfangslösung heranzuziehen und diese Anfangslösung mit Hilfe eines (ebenfalls heuristischen) Verfahrens zu verbessern. Ein entsprechendes Verbesserungsverfahren (es handelt sich um ein Austauschverfahren) wird bei Hansmann (1984, S.188ff.) und Hoitsch (1993, S. 503ff.) behandelt. Hoitsch (1993, S. 505ff.) stellt auch die exakte Lösung des Problems mit Hilfe eines Verfahrens der ganzzahligen Optimierung dar. Ein weiteres Beispiel zum Verfahren des besten Nachfolgers findet der interessierte Leser in Aufgabe 9-4.

Wir kommen nun zur Behandlung des **mehrstufigen Scheduling-Problems** (mit m > 1 Maschinen). Abgesehen von der großen Anzahl möglicher Reihenfolgen wird die Situation gegenüber dem Problem mit einer Maschine dadurch komplizierter, daß die Vorteilhaftigkeit einer bestimmten Reihenfolge nicht mehr allein von den Umrüstkosten abhängig ist. Bei mehrstufiger Fertigung können nämlich Wartezeiten der Aufträge vor den Maschinen und Maschinenstillstandszeiten auftreten, die ebenfalls in die Beurteilung einfließen müssen. Idealerweise wäre bei solchen Problemen die globale Zielsetzung "kostenminimale Gestaltung des Fertigungsablaufs" zugrundezulegen, die in dieser Form meistens aber nicht operationalisiert werden kann (Hansmann 1984, S.191). Daher arbeitet man in der Regel mit geeignet definierten "Ersatzzielen", die sich (vgl. Zäpfel 1982, S. 248ff. oder Kahle 1996, S.2321ff.) u.a. auf

- die Durchlaufzeit,
- die Kapazitätsauslastung und
- die Lieferzeiten

beziehen können.

Für die folgenden Ausführungen ist eine Unterscheidung notwendig zwischen Situationen, in denen die Reihenfolge der zu durchlaufenden Produktionsstufen technisch festgelegt und für jeden Auftrag gleich ist (**identical routing**), und solchen Situationen, in denen diese Restriktion nicht gegeben ist. Der erste Fall ist charakteristisch für die **Serienfertigung**; wir sprechen in diesem Fall von Flow-Shop-Modellen. Für die **Einzelfertigung** ist eher der zweite Fall typisch; hier ist die Bezeichnung Job-Shop-Modelle gebräuchlich (vgl. Abbildung 9-2).

Wir befassen uns zunächst mit **Flow-Shop-Modellen**. Neben der identical-routing-Prämisse sei vorausgesetzt, daß ein Auftrag einen anderen nicht überholen kann (**passing not permitted**). Dadurch reduziert sich die Anzahl der möglichen Auftragsreihenfolgen auf n!.

Für den Spezialfall, daß nur **zwei Produktionsstufen** (Maschinen) zu berücksichtigen sind (d.h. m = 2), hat Johnson (1954) ein sehr einfaches exaktes Verfahren entwickelt. Ziel des **Johnson-Verfahrens** ist die Minimierung der Zykluszeit, d.h. der Durchlaufzeit des langsamsten Auftrags. Dem Verfahren liegt die (durchaus nicht unumstrittene) Prämisse zugrunde, daß die Umrüstkosten nicht von der Reihenfolge der Aufträge abhängen. Datengrundlage des Johnson-Verfahrens ist eine Matrix

$$T = (t_{ij})_{(i=1,\ldots,n\,;\,j=1,2)} \quad ,$$

wobei t_{ij} die Bearbeitungsdauer des Auftrags i auf der Maschine j bezeichnet. Das Verfahren läuft in den folgenden Schritten ab:

Schritt 1: Ermittle die (bzw. eine) insgesamt kleinste Bearbeitungszeit in der Matrix T und bezeichne den zugehörigen Auftrag mit i*.

Schritt 2: Ist die minimale Bearbeitungszeit Produktionsstufe 1 zugeordnet, so setze den Auftrag i* an die erste freie Stelle der Auftragsreihenfolge. Ge-

hört die minimale Bearbeitungszeit dagegen zur zweiten Produktionsstufe, so ist der Auftrag i* an der letzten freien Stelle der Auftragsreihenfolge zu plazieren.

Schritt 3:   Streiche den Auftrag i* und reduziere auch die Matrix T entsprechend.

Schritt 4:   Ist die Auftragsreihenfolge vollständig, so beende das Verfahren;
ansonsten gehe zu Schritt 1.

Ein formaler Nachweis der Optimalität des Johnson-Verfahrens findet sich bei
Conway/Maxwell/Miller (1967, S. 86ff.). Das folgende Beispiel illustriert die Vorgehensweise im Rahmen des Johnson-Verfahrens.

Beispiel 9-5

Für ein zweistufiges Scheduling-Problem sei die folgende Matrix T der Bear-
beitungsdauern gegeben:

Maschinen / Aufträge	1	2
1	3	2
2	4	7
3	5	5
4	3	4
5	5	1

Das Johnson-Verfahren setzt Auftrag 5 (wegen der minimalen Bearbeitungsdauer $t_{52} = 1$) an die letzte (d.h. die fünfte) Stelle der Auftragsreihenfolge.
Danach ergibt sich die folgende Zuordnung: Auftrag 1 an die vierte Stelle, Auftrag 4 an die erste Stelle, Auftrag 2 an die zweite Stelle und Auftrag 3 an die
dritte Stelle. Insgesamt ergibt sich die optimale Reihenfolge

$$4, 2, 3, 1, 5 \, .$$

Die Abarbeitung dieser Auftragsreihenfolge auf den beiden Produktionsstufen
läßt sich mit einem **GANTT-Diagramm** veranschaulichen (schraffierte Zeitab-
schnitte kennzeichnen Maschinenstillstandszeiten):

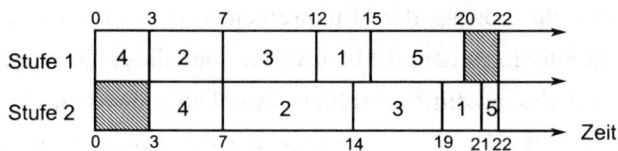

Wir erhalten eine Zykluszeit von 22 ZE. Hätte man die Aufträge z.B. (willkür-lich) in der Reihenfolge

$$1, 2, 3, 4, 5$$

angeordnet, so ergäbe sich das GANTT-Diagramm

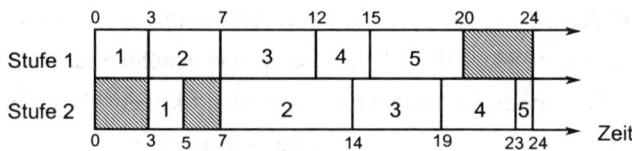

mit einer Zykluszeit von 24 ZE. Sehr ungünstig wäre die Reihenfolge

$$5, 1, 3, 4, 2$$

mit dem GANTT-Diagramm der Form

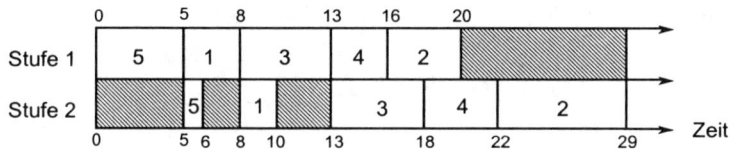

und einer Zykluszeit von 29 ZE.

Ein weiteres Beispiel zum Johnson-Verfahren findet der Leser in Aufgabe 9-5. Die Übertragung des Johnson-Verfahrens auf das **m-stufige Scheduling-Problem** ist prinzipiell möglich; ein entsprechender Ansatz wurde von Campbell/Dudek/Smith (1970) vorgestellt. Die Grundidee dieses Ansatzes besteht darin, aus dem vorliegen-den Problem mit m Maschinen m-1 Hilfsprobleme mit jeweils zwei (fiktiven) Maschinen abzuleiten; die Lösung der Hilfsprobleme erfolgt mit Hilfe des Johnson-Verfahrens. Es ist allerdings darauf hinzuweisen, daß diese Übertragung des Johnson-Verfahrens auf das m-stufige Problem lediglich eine Heuristik darstellt, i.a. also nicht eine Auftragsreihenfolge mit minimaler Zykluszeit liefert.

Datengrundlage des **Verfahrens von Campbell/Dudek/Smith** ist wiederum die Matrix

$$T = (t_{ij})_{(i=1,...,n \, ; \, j=1,...,m)}$$

der Bearbeitungszeiten. Das k-te Hilfsproblem (k = 1,...,m-1) besteht in der Zusammenfassung der ersten k Maschinen zur fiktiven Maschine 1 und der letzten k Maschinen zur fiktiven Maschine 2, wobei die Bearbeitungszeiten zu addieren sind (vgl. auch Hansmann 1984, S.194). Der Leser möge beachten, daß es für die größeren k-Werte zu Überlappungen zwischen den beiden fiktiven Maschinen kommt. Im einzelnen läuft das Verfahren in den folgenden Schritten ab:

Schritt 1: Setze k:= 0 (Initialisierung)

Schritt 2: Setze k:= k + 1

Bestimme für alle Aufträge i = 1,...,n die Größen

$$\tilde{t}_{i1}^{k} = \sum_{j=1}^{k} t_{ij}$$

und

$$\tilde{t}_{i2}^{k} = \sum_{j=m+1-k}^{m} t_{ij}$$

(Bearbeitungszeiten des i-ten Auftrags auf den fiktiven Maschinen 1 bzw. 2)

Schritt 3: Ermittle mit dem Johnson-Verfahren (ausgehend von den Bearbeitungszeiten $\tilde{t}_{i1}^{k}$ und $\tilde{t}_{i2}^{k}$) die optimale Reihenfolge der n Aufträge auf den beiden fiktiven Maschinen

Schritt 4: Berechne für die optimale Auftragsreihenfolge unter Verwendung der tatsächlichen Bearbeitungszeiten t_{ij} die Zykluszeit t_{Z}^{k} auf den m Maschinen (z.B. mit Hilfe eines GANTT-Diagramms)

Schritt 5: Ist k + 1 < m, so gehe zurück zu Schritt 2

Ist k + 1 = m, so beende das Verfahren: Die durch das Verfahren ermittelte Zykluszeit ist

$$t_{Z,min} = min_{(k=1,...,m-1)} \left\{ t^k_Z \right\} .$$

Beispiel 9-6

Wir betrachten ein Scheduling-Problem mit n = 4 Aufträgen und m = 3 Maschinen. Die folgende Matrix T von Bearbeitungszeiten wird zugrundegelegt:

Maschinen Aufträge	1	2	3
1	9	4	5
2	3	8	11
3	5	7	4
4	9	8	7

Für k = 1 sind die beiden fiktiven Maschinen identisch mit Maschine 1 bzw. Maschine 3, d.h.

$$\tilde{t}^1_{i1} = t_{i1} ,$$
$$\tilde{t}^1_{i2} = t_{i3} .$$

Wir haben also lediglich ein zweistufiges Scheduling-Problem mit den beiden Maschinen 1 und 3 zu lösen. Das Johnson-Verfahren liefert die optimale Auftragsreihenfolge

$$2, 4, 1, 3,$$

deren Zykluszeit $t^1_Z = 38$ aus dem GANTT-Diagramm abzulesen ist:

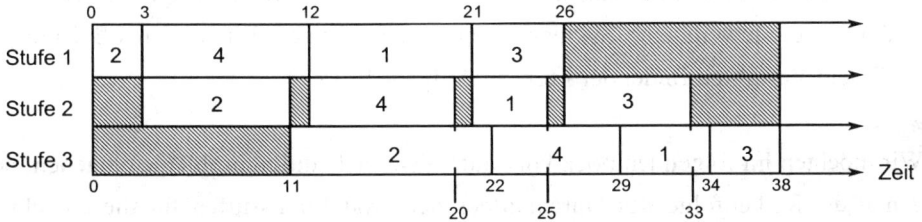

Für k = 2 sind die beiden Maschinen 1 und 2 bzw. 2 und 3 zu fiktiven Maschinen zusammengefaßt, d.h.

$$\widetilde{t}_{i1}^2 = t_{i1} + t_{i2} \, ,$$

$$\widetilde{t}_{i2}^2 = t_{i2} + t_{i3} \, .$$

Wir betrachten also ein zweistufiges Scheduling-Problem mit folgender Matrix der Bearbeitungszeiten:

"fiktive" Maschinen Aufträge	1	2
1	13	9
2	11	19
3	12	11
4	17	15

Mit Hilfe des Johnson-Verfahrens leitet man die Reihenfolge

2, 4, 3, 1

ab. Die zugehörige Zykluszeit $t_Z^2 = 38$ ist wiederum dem GANTT - Diagramm zu entnehmen:

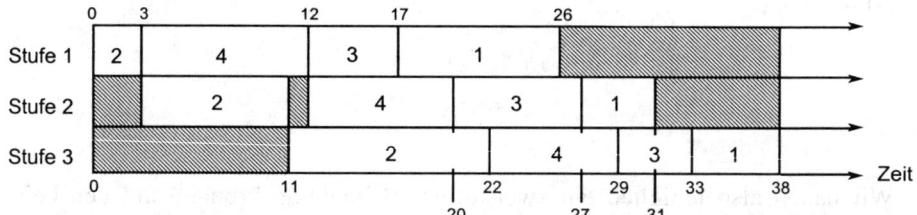

Wegen k + 1 = m = 3 sind keine weiteren Hilfsprobleme zu lösen. Die minimale Zykluszeit ergibt sich als die kleinere der beiden Zahlen t_Z^1 und t_Z^2. In unserem Beispiel sind die beiden Werte identisch. Als Resultat des Verfahrens von Campbell/Dudek/Smith haben wir also die beiden Reihenfolgen 2,4,1,3 und 2,4,3,1, die jeweils eine Zykluszeit von 38 ZE erzielen. Ein weiteres Beispiel zu diesem Verfahren findet der Leser in Aufgabe 9-6.

Wir möchten im folgenden noch kurz auf solche Schedulingprobleme eingehen, bei denen die Reihenfolge des Durchlaufens der Produktionsstufen für die einzelnen Aufträge i.a. nicht identisch ist. Diese sogenannten **Job-Shop-Modelle** sind charakteristisch für die **Einzelfertigung**. Einen Überblick über Lösungsansätze für solche Probleme vermittelt Hoitsch (1993, S. 478ff.). Aufgrund der großen Zahl der möglichen Reihenfolgen kommen allerdings in der Praxis häufig einfache **Prioritätsregeln** zur Anwendung. Tabelle 9-1 enthält eine Zusammenstellung und Erläuterung der wichtigsten Regeln (vgl. hierzu auch Zäpfel 1982).

Bezeichnung	Erläuterung: Priorität erhält der Auftrag ...
KOZ-Regel (**K**ürzeste **O**perations**z**eitregel)	mit der kürzesten Bearbeitungszeit ("Operationszeit") auf der jeweiligen Produktionsstufe
LOZ-Regel (**L**ängste **O**perations**z**eitregel)	mit der längsten Bearbeitungszeit auf der jeweiligen Produktionsstufe
GRB-Regel (**G**rößte **R**est**b**earbeitungszeit-regel)	mit der längsten noch verbleibenden Arbeitszeit auf allen noch benötigten Produktionsstufen
KRB-Regel (**K**ürzeste **R**est**b**earbeitungszeit-regel)	mit der kürzesten noch verbleibenden Arbeitszeit auf allen noch benötigten Produktionsstufen
W-Regel (**W**ert-Regel)	mit dem höchsten Produktendwert
FLT-Regel (**F**rüheste **L**iefer**t**erminregel)	mit dem frühesten Liefertermin
MAA-Regel (Regel der **m**eisten noch **a**uszuführenden **A**rbeitsgänge)	mit den meisten noch auszuführenden Arbeitsgängen
WAA-Regel (Regel der **w**enigsten noch **a**uszuführenden **A**rbeitsgänge)	mit den wenigsten noch auszuführenden Arbeitsgängen

Tabelle 9-1: Prioritätsregeln zur Festlegung von Auftragsreihenfolgen in der Einzelfertigung

All diese Prioritätsregeln sind heuristisch aus einzelnen Ersatzzielen der Ablaufplanung abgeleitet (vgl. Hansmann 1984, S.189) und erfüllen dementsprechend die übrigen Ersatzziele unterschiedlich gut. Daher kann es sich als sinnvoll erweisen, Prioritäten auf der Basis von gewichteten Mittelwerten verschiedener Prioritätsregeln festzulegen. Die Gütebeurteilung von Prioritätsregeln erfolgt häufig im Rahmen von **Simulationsstudien**: In einer Vielzahl von Simulationsläufen werden jeweils die Ergebnisse der unterschiedlichen Prioritätsregeln bzgl. der einzelnen Ersatzziele beobachtet. Auf diese Weise fand man z.B. heraus, daß die KOZ-Regel

- die Ersatzziele "maximale Kapazitätsauslastung" und "minimale Durchlaufzeit" sehr gut,
- das Ersatzziel "minimale Zwischenlagerkosten" gut und
- das Ersatzziel "minimale Terminabweichungen" schlecht

erfüllt. Eine detailliertere Darstellung der Vorgehensweise sowie der wichtigsten Ergebnisse findet der Leser bei Hoitsch (1993, S. 482ff.).

9.3 Produktionsfaktorplanung

Die Produktionsfaktorplanung befaßt sich, wie Abbildung 9-1 verdeutlicht, mit der Planung des Inputs für den Produktionsprozeß. Dieser Themenkomplex weist breite Überlappungen mit dem Gebiet der Lagerhaltungstheorie auf, die wir gesondert in Abschnitt 8.3 behandeln. Wichtig sind hier auch Prognosemodelle zur Vorhersage des Materialbedarfs. Wir verweisen in diesem Zusammenhang auf unsere Ausführungen in Kapitel 4 und die dort zitierte Literatur zur Prognoserechnung. Aus diesen Gründen gehen wir hier nur kurz auf die Produktionsfaktorplanung ein: Es wird lediglich der **Gozinto-Graph** als graphentheoretisches Verfahren zur Stücklistenanalyse behandelt.

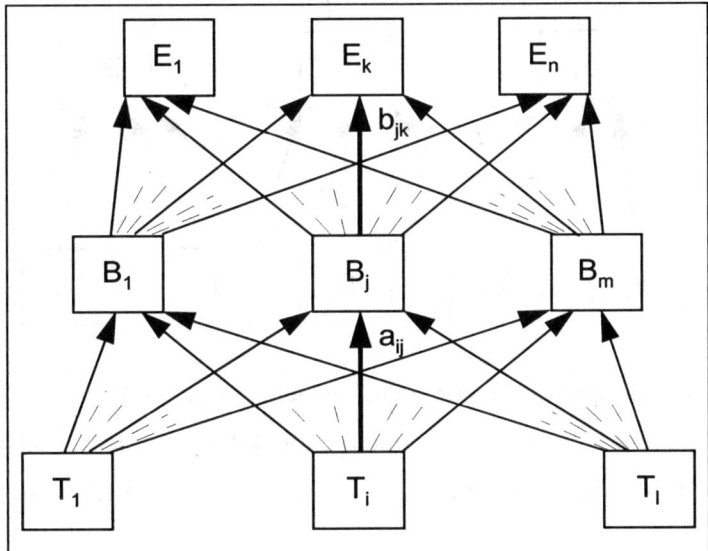

Abbildung 9-3: GOZINTO-Graph für einen zweistufigen Produktionsprozeß

Für die Darstellung des Gozinto-Graphen (der Name basiert auf "the part that goes into") wird von einem zweistufigen Produktionsprozeß ausgegangen: Aus l unterschiedlichen Einzelteilen $T_1,...,T_l$ werden m Baugruppen $B_1,...,B_m$ gefertigt, die ihrerseits zur Fertigung von n Endprodukten $E_1,...,E_n$ herangezogen werden. Wir bezeichnen mit a_{ij} die Anzahl der Einzelteile vom Typ T_i die für eine Einheit der

Baugruppe B_j benötigt werden; für eine Einheit vom Endprodukt E_k werden b_{jk} Stück von Baugruppe B_j benötigt. Diese Verflechtung kann mit Hilfe des Gozinto-Graphen dargestellt werden (vgl. Abbildung 9-3).

Beispiel 9-7:

Der folgende Gozinto-Graph veranschaulicht einen zweistufigen Produktionsprozeß mit $l = 5$, $m = 3$, $n = 2$.

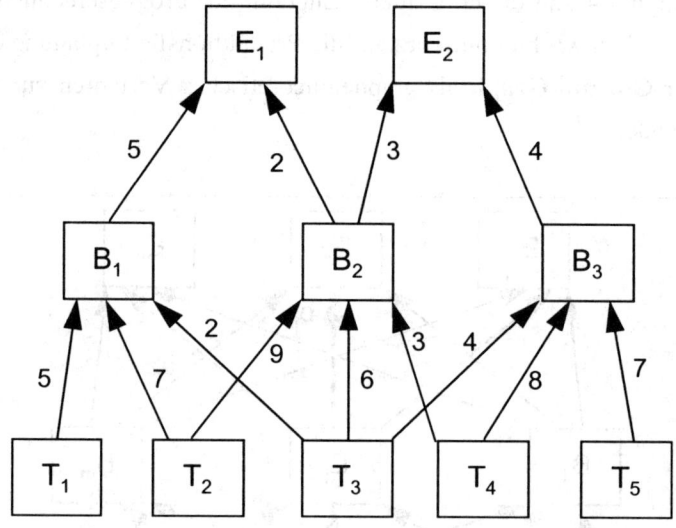

Möchte man beispielsweise ermitteln, wieviele Stücke der Einzelteile $T_1,...,T_5$ in das Endprodukt E_1 einfließen, so sind die Pfeilfolgen, die bei E_1 ankommen, bis zu den jeweiligen Einzelteilen zurückzuverfolgen. Es ergeben sich folgende Zahlen:

T_1, B_1, E_1			$5 \cdot 5 = 25$
T_2, B_1, E_1	und	T_2, B_2, E_1	$7 \cdot 5 + 9 \cdot 2 = 53$
T_3, B_1, E_1	und	T_3, B_2, E_1	$2 \cdot 5 + 6 \cdot 2 = 22$
T_4, B_2, E_1			$3 \cdot 2 = 6$

Somit können wir für die Zusammensetzung einer Einheit des Endprodukts E_1 aus den Einzelteilen $T_1,...,T_5$ den Vektor

$$(25, 53, 22, 6, 0)$$

angeben.

Es liegt auf der Hand, daß die Stücklistenanalyse mit Hilfe des Gozinto-Graphen bei komplexer strukturierten Produktionsprozessen zu unübersichtlich wäre. Daher arbeitet man häufig mit einer matrixorientierten Darstellungsform, die wir im folgenden für einen zweistufigen Produktionsprozeß darstellen. Die Übertragung auf mehrstufige Prozesse ist ohne Probleme möglich. Als Datengrundlage seien die Größen l, m und n sowie die Stückzahlangaben a_{ij} und b_{jk} gegeben; letztere fassen wir in den Matrizen

$$A = (a_{ij})_{(i=1,...,l\,;\,j=1,...,m)}$$

und

$$B = (b_{jk})_{(j=1,...,m\,;\,k=1,...,n)}$$

zusammen. Wir gehen von einem gegebenen Produktionsprogramm $x_1,...,x_n$ aus, wobei x_k die zu produzierende Stückzahl von Endprodukt E_k bezeichnet. Diese Stückzahlen seien im Spaltenvektor

$$x = (x_k)_{(k=1,...,n)}$$

zusammengefaßt. Von Interesse ist nun, welche Stückzahlen y_j der Baugruppen B_j und z_i der Einzelteile T_i aus diesem Produktionsprogramm resultieren. Offensichtlich gelten die Beziehungen

$$y_j = \sum_{k=1}^{n} b_{jk}x_k$$

und

$$z_i = \sum_{j=1}^{m} \sum_{k=1}^{n} a_{ij}b_{jk}x_k \ .$$

Unter Verwendung der Spaltenvektoren

$$y = (y_j)_{(j=1,...,m)}$$

und

$$z = (z_i)_{(i=1,...,l)}$$

können wir diese Gleichungen einfacher in der Form

$$y = Bx$$

und

$$z = Ay = ABx$$

ausdrücken.

Beispiel 9-7 (1. Fortsetzung)

Wir gehen davon aus, daß für den zweistufigen Produktionsprozeß aus Beispiel 9-7 ein Output (bezogen auf E_1 und E_2) von $x_1 = 40$ und $x_2 = 50$ geplant ist. Zu ermitteln sind die benötigten Mengen der Baugruppen sowie der Einzelteile. Aus den im Gozinto-Graph angegebenen Zahlen ergeben sich die Matrizen

$$A = \begin{bmatrix} 5 & 0 & 0 \\ 7 & 9 & 0 \\ 2 & 6 & 4 \\ 0 & 3 & 8 \\ 0 & 0 & 7 \end{bmatrix}$$

und

$$B = \begin{bmatrix} 5 & 0 \\ 2 & 3 \\ 0 & 4 \end{bmatrix}.$$

Aus dem vorgegebenen Vektor

$$x = \begin{bmatrix} 40 \\ 50 \end{bmatrix}$$

errechnet sich der Vektor y der benötigen Mengen an Baugruppen als

$$y = Bx$$

$$= \begin{bmatrix} 5 & 0 \\ 2 & 3 \\ 0 & 4 \end{bmatrix} \begin{bmatrix} 40 \\ 50 \end{bmatrix} = \begin{bmatrix} 200 \\ 230 \\ 200 \end{bmatrix} .$$

Wir benötigen also 200 Stück B_1, 230 Stück B_2 und 200 Stück B_3. Zu deren Herstellung werden Einzelteile $T_1,...,T_5$ gebraucht; die erforderlichen Mengen $z_1,...,z_5$ erhält man über den Ansatz

$$z = Ay$$

$$= \begin{bmatrix} 5 & 0 & 0 \\ 7 & 9 & 0 \\ 2 & 6 & 4 \\ 0 & 3 & 8 \\ 0 & 0 & 7 \end{bmatrix} \begin{bmatrix} 200 \\ 230 \\ 200 \end{bmatrix} = \begin{bmatrix} 1000 \\ 3470 \\ 2580 \\ 2290 \\ 1400 \end{bmatrix} .$$

Es ergibt sich für die Fertigung des geplanten Produktionsprogramms also ein Bedarf von 1000 Stück T_1, 3470 Stück T_2, usw. Ein weiteres Beispiel zum Gozinto-Graphen wird in Aufgabe 9-7 behandelt.

9.4 Übungsaufgaben zu Kapitel 9

Die Aufgaben 9-1 und 9-2 haben die Produktionsprogrammplanung zum Thema. Im Rahmen der Aufgaben 9-3 bis 9-6 wird die Planung des Produktionsprozesses behandelt. Hierbei stehen Scheduling-Probleme im Vordergrund. Eine einfache Aufgabe zur Produktionsfaktorplanung mit Hilfe des Gozinto-Graphen schließt das Kapitel ab.

Aufgabe 9-1

Ein Unternehmen mit zwei Fertigungsengpässen produziert drei Produkte (P1, P2 und P3). Stückpreise, variable Kosten, Belegungszeiten der Engpaßmaschinen und die Absatzobergrenzen sind folgender Tabelle zu entnehmen:

	Produkte		
	P 1	P 2	P 3
Preis (in GE)	60	80	80
Variable Kosten (in GE)	20	30	20
Bearbeitungszeit (in ZE) auf			
- Maschine 1	6	8	10
- Maschine 2	4	3	6
Absatzobergrenze	100	200	100

Maschine 1 hat eine Kapazität von 3.000 ZE, Maschine 2 eine Kapazität von 1.500 ZE.

a) Formulieren Sie ein lineares Optimierungsproblem zur Ermittlung des deckungs-beitragsmaximalen Produktionsprogramms. Gehen Sie davon aus, daß nicht auf Lager produziert werden soll, so daß die Absatzobergrenzen gleichzeitig Obergrenzen für die produzierten Stückzahlen darstellen.

b) Lösen Sie das Problem mit Hilfe des Simplex-Verfahrens (vgl. Kapitel 13).

c) Welche wesentliche Kritik kann man an solchen Ansätzen zur Produktionspro-grammplanung üben?

Lösung

a) Bezeichnet man mit x_i (i=1,2,3) die von P_i produzierte Menge, so ergibt sich folgendes Problem:

$$DB(x_1,x_2,x_3) = (60\text{-}20) \cdot x_1 + (80\text{-}30) \cdot x_2 + (80\text{-}20) \cdot x_3 \rightarrow \max$$

u.d.N.

$$6x_1 + 8x_2 + 10x_3 \leq 3.000$$

$$4x_1 + 3x_2 + 6x_3 \leq 1.500$$

$$0 \leq x_1 \leq 100$$

$$0 \leq x_2 \leq 200$$

$$0 \leq x_3 \leq 100$$

b) Das entsprechende Anfangstableau des Simplex-Algorithmus hat nach Überführung des Problems in die Standardform (L') (vgl. auch Abschnitt 13.3) folgende Gestalt:

	1	2	3			
4	6	8	10	3000	300	
5	4	3	6	1500	250	
6	1	0	0	100	-	
7	0	1	0	200	-	
8	0	0	①	100	100	←
	-40	-50	-60	0		

Pivotzeile und -spalte sind entsprechend gekennzeichnet. Die Abarbeitung der einzelnen Verfahrensschritte ist im folgenden dargestellt:

1. Schritt:

	1	2	8		
4	6	8	-10	2000	250
5	4	3	-6	900	300
6	1	0	0	100	-
7	0	①︎	0	200	200 ←
3	0	0	1	100	-
	-40	-50	60	+6000	

↑

2. Schritt:

	1	7	8		
4	⑥︎	-8	-10	400	200/3 ←
5	4	-3	-6	300	75
6	1	0	0	100	100
2	0	1	0	200	-
3	0	0	1	100	-
	-40	50	60	16000	

↑

3. Schritt:

	4	7	8		
1	1/6	-8/6	-10/6	200/3	-
5	-4/6	14/6	-8/6	200/6	-
6	-1/6	8/6	⑩/6	200/6	20 ←
2	0	1	0	200	-
3	0	0	1	100	100
	+40/6	-20/6	-40/6	112000/6	

↑

4. Schritt:

	4	7	6	
1	0	0	1	100
5	-8/10	34/10	8/10	60
8	-1/10	8/10	6/10	20
2	0	1	0	200
3	1/10	-8/10	-6/10	80
	6	2	4	18800

Das optimale Produktionsprogramm ist also durch

$$(x_1{}^*, x_2{}^*, x_3{}^*) = (100,200,80)$$

gegeben; es liefert einen Deckungsbeitrag von DB* = 18.800.

c) Ein wesentlicher Kritikpunkt an solchen Ansätzen zur Bestimmung des Produktionsprogramms bezieht sich darauf, daß Marktgegebenheiten (abgesehen von maximalen Absatzmengen) und Parameter der Marketingpolitik unberücksichtigt bleiben. Insbesondere in Zeiten wettbewerbsintensiver Märkte hat sich die Produktionsprogrammplanung aber in erster Linie an den Marktgegebenheiten und weniger an internen Kapazitätsrestriktionen zu orientieren.

Aufgabe 9-2

In den bisherigen Ausführungen zur Produktionsprogrammplanung wurde folgende Entscheidungssituation behandelt: Für die n Produkte (j= 1,...,n) eines Unternehmens sind Stückdeckungsbeiträge c_j und Absatzobergrenzen h_j gegeben. Die Fertigung erfolgt auf m Produktionseinheiten (i = 1,...,m) mit Kapazitäten b_i (in ZE). Die Bearbeitungszeit eines Stücks von Produkt j auf der Produktionseinheit i beträgt a_{ij} ZE. Zur Bestimmung eines deckungsbeitragsmaximalen Produktionsprogramms $x_1,...,x_n$ wurde das folgende lineare Optimierungsproblem formuliert:

$$DB(x_1,...,x_n) = \sum_{j=1}^{n} c_j x_j \rightarrow max$$

u.d.N.

$$\sum_{j=1}^{n} a_{ij}x_j \leq b_i \qquad i = 1,.....,m$$

$$0 \leq x_j \leq h_j \qquad j = 1,.....,n$$

Wir betrachten nun (in Anlehnung an Zäpfel 1982) eine Verallgemeinerung dieses Modells, bei der aus dem Produktionsprozeß resultierende Kosten durch Umweltbelastungen in die Optimierungsüberlegungen einbezogen werden. Folgende Konstellation ist gegeben:

- Bei der Herstellung eines Stücks von Produkt j fallen s_j ME eines Schadstoffes an; dieser Schadstoff belastet das industrielle Abwasser des Unternehmens.

- Das Unternehmen verfügt über eine eigene Kläranlage, deren Aufnahmekapazität (bezogen auf den relevanten Planungszeitraum) K ME des Schadstoffs beträgt.

- Bei der Reinigung einer ME fallen Kosten in Höhe von k GE an.

- Der Wirkungsgrad der Kläranlage beträgt μ. (Beispiel: $\mu=0,8$; d.h. von einer ME des Schadstoffes verbleiben 0,2 ME im gereinigten Abwasser.)

- Das Abwasser (gereinigt oder ungereinigt) wird in einen Fluß geleitet; der Gesetzgeber hat eine Belastungsobergrenze von G ME (bezogen auf den relevanten Planungszeitraum) vorgegeben.

- Für eine in den Fluß eingeleitete ME des Schadstoffs ist eine Umweltabgabe in Höhe von g GE zu entrichten; es ist g > k.

Formulieren Sie ein Optimierungsmodell, das den Gesamtdeckungsbeitrag - vermindert um die "Umweltkosten" - maximiert.

Lösung

Als zusätzliche Entscheidungsvariable führen wir die ungereinigt in den Fluß eingeleitete Schadstoffmenge y (in ME) ein. Falls

$$\sum_{j=1}^{n} s_j x_j \leq K$$

(d.h. die entstehende Schadstoffmenge überschreitet die Kapazität der Kläranlage
nicht) gilt, so ist y = 0. Ist dagegen

$$\sum_{j=1}^{n} s_j x_j > K \,,$$

so gilt

$$y = \sum_{j=1}^{n} s_j x_j - K \,;$$

insgesamt können wir daher schreiben

$$y = \max \left\{ \sum_{j=1}^{n} s_j x_j - K, 0 \right\} \,.$$

In der Kläranlage werden dann ($\Sigma \, s_j x_j$ - y) ME des Schadstoffs gereinigt. Unter Berücksichtigung des Wirkungsgrades der Kläranlage ergibt sich aus der Kläranlage
eine Belastung des Flusses mit (1 - μ) ($\Sigma \, s_j x_j$ - y) ME; die gesamte Belastung ist

$$y + (1 - \mu) (\sum_{j=1}^{n} s_j x_j - y) \leq G \,.$$

Insgesamt ergibt sich folgendes Optimierungsproblem:

$$Z(x_1,...,x_n, y) = \sum_{j=1}^{n} c_j x_j - k \cdot (\sum_{j=1}^{n} s_j x_j - y) - g \cdot [y + (1 - \mu) (\sum_{j=1}^{n} s_j x_j - y)] \rightarrow max$$

u.d.N.

$$\sum_{j=1}^{n} a_{ij} x_j \leq b_i \qquad i = 1,...,m$$

$$y = max \{ \sum_{j=1}^{n} s_j x_j - K, 0 \}$$

$$y + (1 - \mu) (\sum_{j=1}^{n} s_j x_j - y) \leq G$$

$$0 \leq x_j \leq h_j \qquad j = 1,...,n$$

Aufgabe 9-3

Ein Textilkonfektionär erhält einen großen Auftrag zur Anfertigung von Wickel-Röcken. Da die Branche diese Mode gerade sehr stark nachfragt, ist der Auftrag möglichst schnell auszuführen. Folgende Arbeitsgänge sind zu durchlaufen:

Arbeitsgang	Dauer (in Wochen)	Vorher abzuschließende Vorgänge
A Materialbeschaffung: Stoffe	3	-
B Beschaffung des sonstigen Materials	1	A
C Musterfestlegung	1	-
D Designfestlegung	1	-
E Qualitätstest	1	A, D
F Zuschnitt / Nähen	3	B, C, E
G Auftragsabwicklung	5	-

Wann können die Wickel-Röcke frühestens ausgeliefert werden? Verwenden Sie einen topologisch sortierten CPM-Netzplan zur Lösung. Welches sind die kritischen Wege?

Lösung

Das Projekt kann durch den nachstehenden Netzplan dargestellt werden. Neben den
Bezeichnungen der Arbeitsgänge ist auch die jeweilige Dauer angegeben.

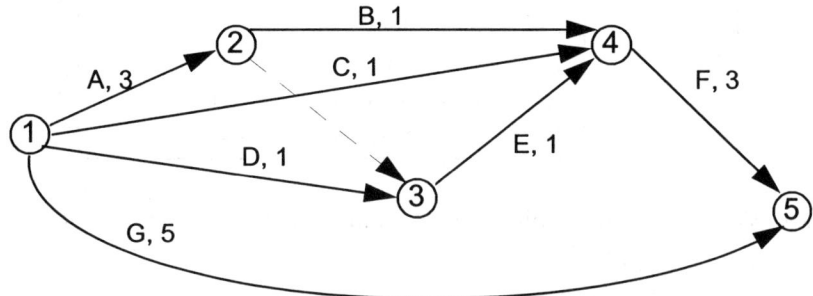

Die folgende Tabelle zeigt die kürzesten Teilprojektdauern $\underline{D}_i$ (zu deren Ermittlung
vgl. Abschnitt 12.3).

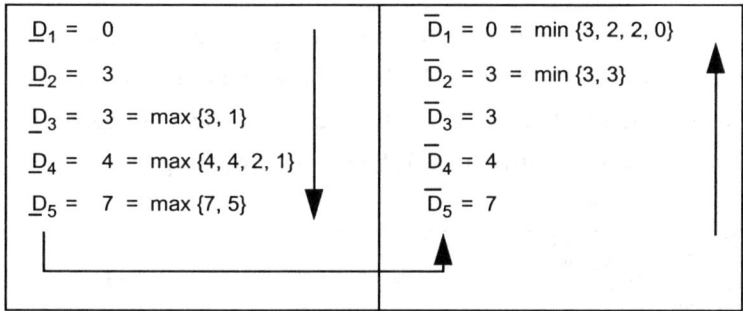

Die kürzeste Gesamtprojektdauer ergibt sich also zu

$$\underline{D}_5 = 7 \ .$$

Über die maximalen Pufferzeiten lassen sich die kritischen Vorgänge berechnen (vgl. folgende Tabelle sowie Abschnitt 12.3).

Arbeitsgang	maximale Pufferzeit	kritischer Vorgang
A	$t_{12}^{max} = 3 - 0 - 3 = 0$	ja
B	$t_{24}^{max} = 4 - 3 - 1 = 0$	ja
C	$t_{14}^{max} = 4 - 0 - 1 = 3$	–
D	$t_{13}^{max} = 3 - 0 - 1 = 2$	–
E	$t_{34}^{max} = 4 - 3 - 1 = 0$	ja
F	$t_{45}^{max} = 7 - 4 - 3 = 0$	ja
G	$t_{15}^{max} = 7 - 0 - 5 = 2$	–

Kritische Vorgänge sind somit A, B, E und F. Die kritischen Wege sind also <1,2,4,5> und <1,2,3,4,5>.

Aufgabe 9-4

Ein Unternehmen der Maschinenbauindustrie fertigt Werkzeugmaschinen verschiedener Leistungsklassen. Daher sind die Umrüstkosten an der Fertigungsstraße von einem auf einen anderen Auftrag unterschiedlich hoch. Derzeit liegen sechs Aufträge vor. Die Umrüstkostenmatrix (in TDM) stellt sich wie folgt dar:

von Auftrag \ auf Auftrag	1	2	3	4	5	6
1	0	4	3	5	2	7
2	5	0	2	6	6	8
3	1	3	0	5	4	3
4	2	3	2	0	4	6
5	4	5	2	4	0	5
6	3	4	3	5	6	0

Zur Reihenfolgeplanung soll das Verfahren des besten Nachfolgers verwendet werden. Hierbei ist nacheinander jeder einzelne Auftrag an den Anfang der Reihenfolge zu setzen.

Lösung

Ausgehend von Auftrag 1 liefert das Verfahren des besten Nachfolgers die Auftragsreihenfolge 1,5,3,2,4,6 mit Umrüstkosten von

$$u_{(1)} = u_{15} + u_{53} + u_{32} + u_{24} + u_{46} = 19 \text{ TDM} .$$

Das Absuchen der Umrüstkostenmatrix ist in folgender Darstellung veranschaulicht.

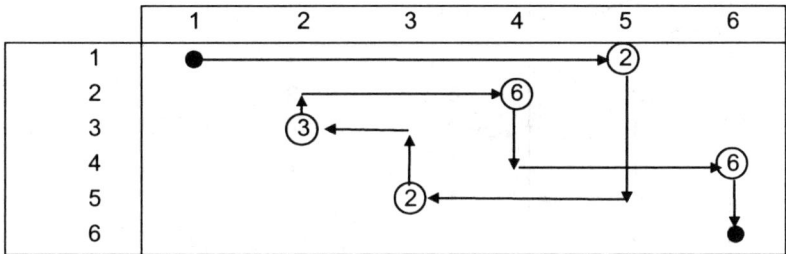

Setzt man einen der Aufträge 2,...,6 an den Anfang, so ergeben sich die nachstehenden Reihenfolgen und Kosten. Die geringsten Umrüstkosten werden erzielt,
wenn man mit Auftrag 2 beginnt.

Reihenfolge	Umrüstkosten
2, 3, 1, 5 ,4, 6	2+1+2+4+6 = 15
3, 1, 5, 4, 2 ,6	1+2+4+3+8 = 18
4, 1 ,5, 3, 2, 6	2+2+2+3+8 = 17
5, 3, 1, 2, 4, 6	2+1+4+6+6 = 19
6, 1, 5, 3, 2, 4	3+2+2+3+6 = 16

Aufgabe 9-5

Ein Unternehmen produziert ein Produkt in zwei Fertigungsstufen (F1, F2). Je nach Umfang und Struktur der abzuarbeitenden Aufträge werden die Fertigungsstufen unterschiedlich lange beansprucht. Derzeit liegen sieben Aufträge vor. Die Abteilung Fertigungsplanung möchte die optimale Auftragsreihenfolge mit Hilfe des Johnson-Verfahrens ermitteln. Die Bearbeitungsdauer (in Tagen) der Aufträge in den beiden Fertigungsstufen stellt sich wie folgt dar:

Fertigungs- stufen / Aufträge	F 1	F 2
1	7	4
2	6	3
3	2	4
4	3	2
5	1	5
6	6	5
7	3	4

a) Auf welchen Prämissen basiert das Johnson-Verfahren?

b) Wie lautet die optimale Bearbeitungsreihenfolge?

c) Zeichnen Sie das entsprechende GANTT-Diagramm.

Lösung

a) Neben den Grundvoraussetzungen, daß lediglich zwei Fertigungsstufen (Maschinen, Prozesse, o.ä.) vorliegen und daß die Reihenfolge der zu durchlaufenden Stufen fest vorgegeben ist (identical routing), liegt dem Verfahren die recht restriktive Prämisse zugrunde, daß die Umrüstkosten nicht von der Reihenfolge der Aufträge abhängen.

b) Die minimale Bearbeitungszeit in der Matrix ist die von Auftrag 5 auf F1 (ein Tag). Da diese minimale Bearbeitungszeit zur ersten Fertigungsstufe gehört, wird der Auftrag an die erste freie Stelle der Reihenfolge (Platz 1) gesetzt. Wäre die Minimalzeit auf F2 gefallen, so wäre der Auftrag der letzten freien Stelle zugeordnet worden, d.h. Platz 7. Dieses Vorgehen liefert die Reihenfolge 5,3,7,6,1,2,4.

c) Mit Hilfe des GANTT-Diagramms läßt sich diese Abfolge veranschaulichen; man liest eine optimale Zykluszeit von 30 Tagen ab.

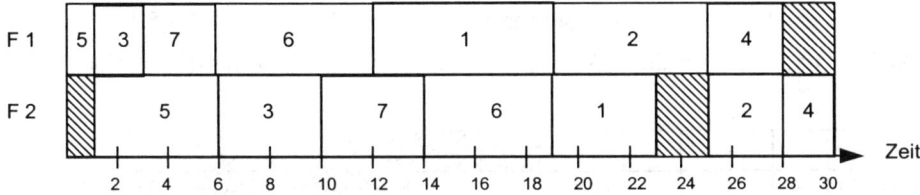

Aufgabe 9-6

Ein chemisches Produkt muß insgesamt vier Synthesestufen durchlaufen, bis es als Fertigprodukt verkauft werden kann. Es liegen fünf Aufträge unterschiedlicher Größenordnung vor. Die Aufträge benötigen in den vier Stufen folgende Verarbeitungszeiten (in Wochen):

Aufträge / Synthesestufen	1	2	3	4
1	3	2	4	1
2	2	3	3	5
3	3	6	4	3
4	1	2	2	2
5	2	2	4	2

Mit Hilfe des Verfahrens von Campbell/Dudek/Smith soll eine Auftragsreihenfolge mit einer günstigen Zykluszeit ermittelt werden.

Lösung

Beim Verfahren von Campbell/Dudek/Smith wird das m=4-stufige Problem in drei fiktive 2-stufige Probleme zerlegt. Dabei werden jeweils die k (=1,2 oder 3) ersten Produktionsstufen zu einer Stufe und die k letzten zur zweiten Stufe additiv zusammengefaßt. Das 2-stufige Problem wird mit Hilfe des Johnson-Verfahrens gelöst.

Für k = 1 entsprechen die beiden fiktiven Stufen den Synthesestufen 1 und 4. Das Johnson-Verfahren liefert die optimale Auftragsreihenfolge 4,2,3,5,1. Aus dem GANTT-Diagramm für diese Abfolge liest man eine Zykluszeit von 25 Wochen ab.

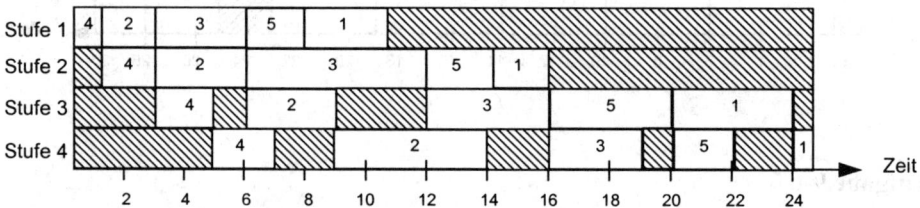

Im zweiten Schritt werden nun die Synthesestufen 1 und 2 bzw. 3 und 4 zu je einer fiktiven Stufe zusammengefaßt, wobei die neuen Bearbeitungszeiten sich additiv aus den ursprünglichen zusammensetzen. So erhalten wir folgende Matrix der Bearbeitungszeiten:

Aufträge \ "fiktive" Stufen	1	2
1	5	5
2	5	8
3	9	7
4	3	4
5	4	6

Das Johnson-Verfahren liefert die Auftragsreihenfolge 4,5,2,3,1. Das GANTT-Diagramm verdeutlicht die Zykluszeit; sie beträgt hier 23 Wochen.

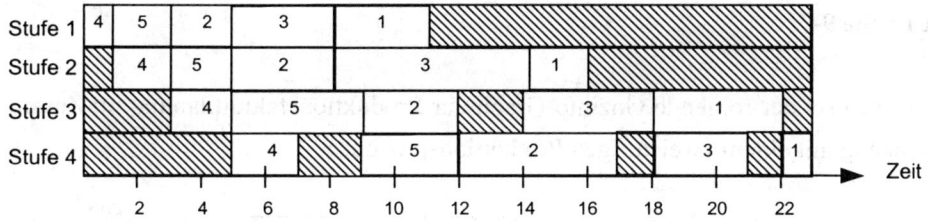

Im letzten Schritt werden jeweils die Synthesestufen 1,2 und 3 bzw. 2,3 und 4 zusammengefaßt:

Aufträge \ "fiktive" Stufen	1	2
1	9	7
2	8	11
3	13	13
4	5	6
5	8	8

Offensichtlich ist hier die optimale Auftragsreihenfolge nicht eindeutig. Eine optimale Auftragsabfolge ist 4,2,3,5,1 mit der Zykluszeit von 25 Wochen. Die beste
Reihenfolge, die das Verfahren von Campbell/Dudek/Smith liefert, ist 4,5,2,3,1 mit
einer Zykluszeit von 23 Wochen.

Aufgabe 9-7

Gegeben sei der folgende Gozinto-Graph zur Produktionsfaktorplanung im Zusammenhang mit einem zweistufigen Produktionsprozeß:

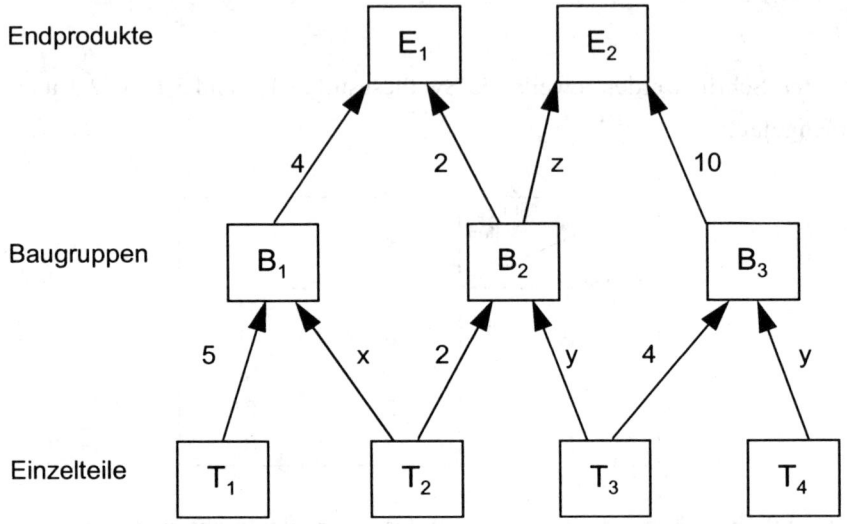

Die Größen x, y und z sind unbekannt. Bekannt ist aber, daß zur Produktion eines Outputs von 800 Stück E_1 und 1.000 Stück E_2 die folgenden Stückzahlen der Einzelteile $T_1,...,T_4$ benötigt werden: 16.000, 15.600, 86.000, 100.000. Bestimmen Sie hieraus die Variablen x, y und z.

Lösung

Zur Bestimmung der Größen x, y und z werden die Gleichungen

$$15.600 = x \cdot 4 \cdot 800 + 2 \cdot 2 \cdot 800 + 2 \cdot z \cdot 1.000 \qquad (T_2)$$

$$86.000 = y \cdot 2 \cdot 800 + y \cdot z \cdot 1.000 + 4 \cdot 10 \cdot 1.000 \qquad (T_3)$$

$$100.000 = y \cdot 10 \cdot 1.000 \qquad (T_4)$$

herangezogen. Die letzte Gleichung liefert y = 10; durch Einsetzen dieses Werts in die zweite Gleichung erhalten wir z = 3, und schließlich liefert die erste Gleichung x = 2.

9.5 Literatur zu Kapitel 9

Eine leicht verständliche Einführung in das Produktionsmanagement findet man bei Zäpfel (1996). Weitergehende Ausführungen zur Produktionsplanung und speziell zur Anwendung quantitativer Modelle in diesem Bereich findet der Leser u.a. in den Werken von Johnson/Montgomery (1974), Ellinger/Haupt (1982), Walther (1982), Hansmann (1984), Weber (1985), Blohm et al. (1987), Zäpfel (1989), Hanssmann (1990), Kahle (1991), Kern (1992), Adam (1993), Hoitsch (1993), Kistner/Steven (1993), Schneeweiß (1993) und Neumann (1996).

Ausführungen zur Produktionsprogrammplanung findet der Leser bespielsweise bei Jacob (1996) sowie in der dort zitierten Literatur.

Weitere Ausführungen zur Produktionsprozeßplanung findet der Leser bei Brucker (1981), Domschke/Scholl/Voß (1993), Haupt (1996), Kahle (1996), Knolmayer (1996), Reese (1996) und Troßmann (1996).

Mit der Produktionsfaktorplanung beschäftigen sich beispielsweise die Artikel von Beuermann (1996) und Witte (1996). Weitere Anhaltspunkte liefert die in diesen Artikeln zitierte Literatur.

Einen Überblick zu neueren Entwicklungen der Produktionswirtschaft findet der interessierte Leser bei Corsten (1994) sowie bei Kern/Schröder/Weber (1996).

10 Investition und Finanzierung

Gegenstand dieses Kapitels ist die Anwendung quantitativer Modelle zur Unterstützung von Investitions- oder/und Finanzierungsentscheidungen. Der Schwerpunkt liegt hierbei auf der im ersten Abschnitt behandelten Investitionsplanung. Im Rahmen der Finanzierungsplanung (Abschnitt 10.2) befassen wir uns in erster Linie mit kurzfristigen Finanzierungsproblemen. Zum Abschluß des Kapitels behandelt der dritte Abschnitt Möglichkeiten zur simultanen Behandlung von Investitions- und Finanzierungsfragestellungen.

10.1 Investitionsplanung

Unter einer Investition verstehen wir (vgl. auch Hanssmann 1990) eine gegenwärtige Bindung erheblicher Ressourcen zum Zweck der Erzielung zukünftiger Erträge. Diese Erträge können zum Zeitpunkt der Investition bekannt sein oder der Ungewißheit unterliegen. Abbildung 10-1 zeigt eine mögliche Klassifikation von Investitionsentscheidungen und entsprechenden quantitativen Ansätzen zur Unterstützung dieser Entscheidungen. Wir behandeln im Abschnitt 10.1.1 traditionelle Bewertungsverfahren für Einzelinvestitionen. Abschnitt 10.1.2 befaßt sich mit Investitionsprogrammen, insbesondere mit dem Problem der Portfolioselektion. Im Abschnitt 10.1.3 werden wir dann auf neuere Ansätze in der Investitionsrechnung bei unsicheren Erträgen eingehen, das Capital Asset Pricing Model und die Realoptionenmethode. Diese Methoden leiten die Bewertung von Einzelinvestitionen aus Portfolioüberlegungen ab. Daher lassen sie sich, wie in Abbildung 10-1 deutlich gemacht, nicht eindeutig dem Bereich der Einzelinvestitionen oder dem Bereich der Investitionsprogramme zuordnen.

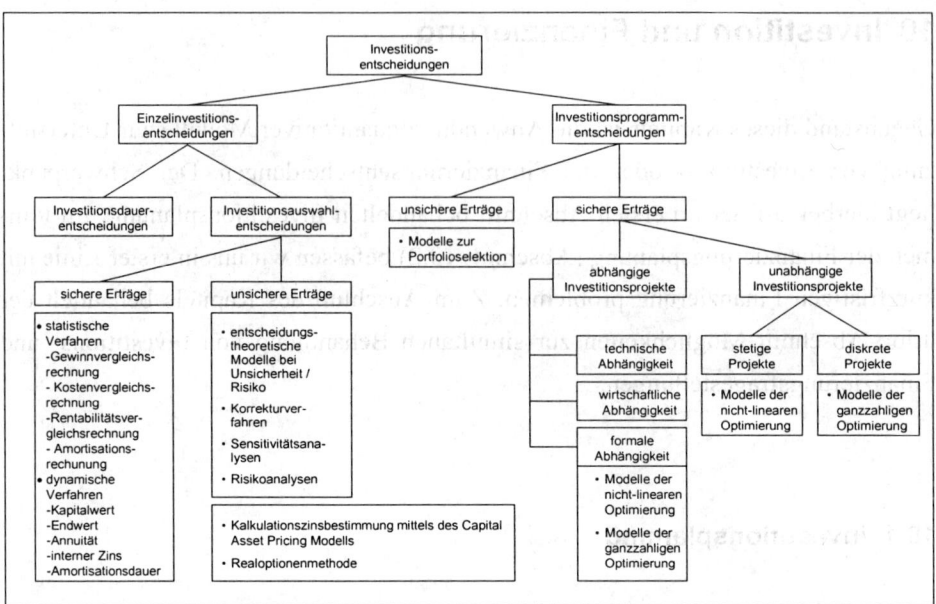

Abbildung 10-1: Klassifizierung von Investitionsentscheidungen und quantitative
Ansätze zu ihrer Unterstützung

10.1.1 Einzelinvestitionsentscheidungen

Abbildung 10-1 zeigt, daß sich Entscheidungen über Einzelinvestitionen in der Investitionsplanung im wesentlichen in Auswahl- und Dauerentscheidungen unterteilen. Mit der letztgenannten Kategorie von Entscheidungen wollen wir uns hier nicht
näher befassen. Der interessierte Leser wird auf Kruschwitz (1993, S. 143ff.) und
Däumler (1988, S. 181ff.) verwiesen. Investitionsauswahlentscheidungen lassen
sich weiter danach klassifizieren, ob die zukünftigen Erträge als sicher betrachtet
werden oder der Unsicherheit unterliegen. Bei den Ansätzen mit sicheren Erträgen
unterscheidet man statische und dynamische Ansätze.

Die bekanntesten statischen Verfahren sind

* die Gewinnvergleichsrechnung,
* die Kostenvergleichsrechnung,
* die Rentabilitätsvergleichsrechnung und
* die statische Amortisationsrechnung.

Beispiel 10-1 verdeutlicht exemplarisch für die statischen Verfahren Vorgehensweise und Schwächen der Gewinnvergleichsrechnung.

Beispiel 10-1

Die vorliegende Investitionsauswahlentscheidung bezieht sich auf den Kauf einer von zwei zur Auswahl stehenden Maschinen X und Y. Der Investor hat einen Planungszeitraum von fünf Jahren. Beide Maschinen liefern Produkte vergleichbarer Qualität; Unterschiede bestehen allerdings bzgl. der fixen und variablen Kosten, der Anschaffungskosten, der Nutzungsdauer sowie bzgl. des jährlichen Outputs. Die relevanten Daten sind dem folgenden Tableau zu entnehmen.

Investitions- alternativen Daten	Maschine X	Maschine Y
Anschaffungskosten [DM]	600.000	800.000
Nutzungsdauer [Jahre]	4	5
Output pro Jahr [Stück]	70.000	50.000
variable Kosten pro Stück [DM]	8	6
fixe Kosten pro Jahr [DM]	100.000	140.000

Neben den im Tableau aufgeführten Kosten sind Abschreibungen sowie kalkulatorische Zinsen entscheidungsrelevant. Gehen wir von linearer Abschreibung aus, so ergeben sich jährliche Abschreibungsbeträge von 150.000 DM bzw. 160.000 DM. Die jährlichen kalkulatorischen Zinsen werden mit 10% auf das durchschnittlich gebundene Kapital (es entspricht der Hälfte der Anschaffungskosten) veranschlagt. Der am Markt erzielbare Stückpreis liegt bei 14 DM. Hiermit ergibt sich die nachfolgend dargestellte Gewinnvergleichsrechnung (bezogen auf ein Jahr); nach diesem Verfahren würde man sich also für Maschine X entscheiden.

	Maschine X	Maschine Y
Umsatzerlöse	980.000 DM	700.000 DM
entscheidungsrelevante Kosten		
• variable Kosten	560.000 DM	300.000 DM
• fixe Kosten	100.000 DM	140.000 DM
• Abschreibungen	150.000 DM	160.000 DM
• kalkulatorische Zinsen	30.000 DM	40.000 DM
Gewinn	140.000 DM	60.000 DM

Auf ähnlich einfache Weise kommen auch die anderen statischen Verfahren zu Investitionsentscheidungen: Die Kostenvergleichsrechnung wählt die Investition mit den minimalen (durchschnittlichen) Kosten; im Rahmen der Rentabilitätsvergleichsrechnung wird die Alternative mit der höchsten Rentabilität präferiert. Die Amortisationsrechnung (pay-off-Rechnung) favorisiert diejenige Alternative, bei der die anfänglich geleistete Auszahlung am schnellsten zurückfließt ("sich amortisiert"). Sie berücksichtigt damit als einzige der genannten statischen Methoden den Zeitpunkt, zu dem die Erträge realisiert werden.

Kritik an der statischen Investitionsrechnung hat sich insbesondere daran entzündet, daß ihre Anwendung nur bei Investitionsalternativen mit gleichen Anschaffungskosten und gleichen Nutzungsdauern wirklich sinnvoll ist. Gehen wir davon aus, daß dem Investor unabhängig von der letztendlich gewählten Alternative ein bestimmtes Startkapital zur Verfügung steht, so implizieren unterschiedliche Anschaffungskosten auch unterschiedlich hohe Restkapitalien. Die Verwendung dieser Mittel beeinflußt offensichtlich den mit dem gegebenen Startkapital letztendlich erzielten Gewinn; dieser Aspekt wird aber bei der Gewinnvergleichsrechnung nicht berücksichtigt. Ähnlich gelagerte Probleme ergeben sich bei Investitionsalternativen mit unterschiedlichen Nutzungsdauern. Insgesamt ist bei der Anwendung von Verfahren der statischen Investitionsrechnung also zu prüfen, ob die vorliegenden Investitionsalternativen auch wirklich echte Alternativen sind. Gründe, die für die Anwendung der statischen Verfahren sprechen, sind insbesondere ihre einfache Handhabung sowie der vergleichsweise geringe Informationsbedarf.

Wir kommen nun zu den **Verfahren der dynamischen Investitionsrechnung**. Ein wesentliches gemeinsames Merkmal dieser Ansätze besteht darin, daß sie die zeitliche Struktur der mit einer Investition verbundenen Einzahlungen und Auszahlungen berücksichtigen. Ausgangspunkt ist jeweils eine **Zahlungsreihe**

$$z_0, z_1, z_2, ..., z_{T-1}, z_T \ .$$

Hierbei ist z_t die Differenz aus Einzahlungen e_t und Auszahlungen a_t der Periode t, d.h.

$$z_t = e_t - a_t \ .$$

Die Grundidee der Verfahren der dynamischen Investitionsrechnung liegt darin, die zu unterschiedlichen Zeitpunkten anfallenden Einzahlungen/Auszahlungen auf einen gemeinsamen Vergleichszeitpunkt abzuzinsen (zu diskontieren) oder aufzuzinsen. Als Resultat ergibt sich eine Kennzahl zur Beurteilung der Vorteilhaftigkeit einer Investition. Wir behandeln im folgenden

- den Kapitalwert (Barwert) und die Kapitalwertrate,
- den Endwert,
- die Annuität,
- den internen Zins und
- die dynamische Amortisationsrechnung.

Die **Kapitalwertmethode** ist sicherlich das bekannteste Verfahren der dynamischen Investitionsrechnung. Unter dem Kapitalwert einer Zahlungsreihe versteht man die Summe der auf den Zeitpunkt t = 0 diskontierten Glieder der Zahlungsreihe. Bei Zugrundelegung eines konstanten periodenbezogenen Zinssatzes von p % (vgl. hierzu die Ausführungen in Abschnitt 10.1.3) ist der Kapitalwert durch

$$C_0 = \sum_{t=0}^{T} z_t(1 + i)^{-t}$$

gegeben; hierbei gilt i = p/100. Eine Investition ist genau dann vorteilhaft, wenn ihr Kapitalwert positiv ist. Unter mehreren Investitionsalternativen ist diejenige mit dem höchsten Kapitalwert zu favorisieren. Unter der **Kapitalwertrate** R versteht man den Quotienten aus dem Kapitalwert und dem Betrag des ersten Glieds der Zahlungsreihe z_0, d.h.

$$R = \frac{C_0}{|z_0|} \ .$$

Hierbei geht man implizit davon aus, daß im Zeitpunkt $t = 0$ nur Auszahlungen und keine Einzahlungen erfolgen, so daß der Nenner von R die Höhe der Anfangsauszahlung angibt. Eng verwandt mit dem Kapitalwert ist der **Endwert** C_T, der den Wert der Zahlungsreihe zum Zeitpunkt T ermittelt. Er errechnet sich als

$$C_T = C_0(1 + i)^T \ .$$

Beispiel 10-2

Für ein Investitionsprojekt, das sich über $T = 4$ Perioden erstreckt, sei die folgende Zahlungsreihe (in DM) gegeben:

z_0	z_1	z_2	z_3	z_4
-50.000	10.000	15.000	20.000	15.000

Die Vorteilhaftigkeit dieser Investition soll mit Hilfe der Kapitalwertmethode beurteilt werden. Hierbei legt der Entscheidungsträger einen Kalkulationszins von 10% (d.h. $i = 0,1$) zugrunde. Damit ergibt sich ein Kapitalwert von

$$C_0 \quad = -50000 + 10000/1,1 + 15000/1,1^2 + 20000/1,1^3 + 15000/1,1^4$$
$$= -3241.$$

Die Investition ist auf der Basis dieses Entscheidungskriteriums also als nachteilhaft einzustufen, da C_0 negativ ist. Der Leser möge sich verdeutlichen, daß letztlich der Zeitpunkt der Rückflüsse zu diesem Ergebnis führt, denn die Summe der Aus- und Einzahlungen

$$\sum_{t=0}^{4} z_t = 10000$$

ist positiv. Dieser Sachverhalt verdeutlicht die "Denkweise" der Verfahren der dynamischen Investitionsrechnung. Eine weiterführende Anwendung der Kapitalwertmethode, die unterschiedliche Zinsniveaus in den einzelnen Perioden berücksichtigt, findet sich in Aufgabe 10-1.

Der **Annuität** liegt die Idee zugrunde, die vorliegende Zahlungsreihe in eine Zahlungsreihe mit gleichem Kapitalwert zu transformieren, die bei $t = 1$ beginnt und aus lauter identischen Gliedern g besteht. Es gilt also die Beziehung

$$\sum_{t=1}^{T} g \cdot (1 + i)^{-t} = \sum_{t=0}^{T} z_t (1 + i)^{-t} = C_0$$

Dem mit der Theorie der geometrischen Summe vertrauten Leser wird die Formel

$$\sum_{t=1}^{T} (1 + i)^{-t} = [(1 + i)^T - 1] / [(1 + i)^T \cdot i]$$

nicht unbekannt sein. Mit ihrer Hilfe erhalten wir für die Annuität g die Formel

$$g = C_0 \cdot [(1 + i)^T \cdot i] / [(1 + i)^T - 1] \ .$$

Der Faktor

$$[(1 + i)^T \cdot i] / [(1 + i)^T - 1]$$

heißt in der Finanzmathematik auch **Wiedergewinnungs-** oder **Annuitätenfaktor**, sein Kehrwert wird als **Rentenbarwertfaktor** bezeichnet. Die Annuität liefert offensichtlich bei der Beurteilung der Vorteilhaftigkeit einer einzelnen Investition kein eigenständiges Kriterium, denn sie ist jeweils äquivalent mit der Aussage des Kapitalwerts. Haben bei einer Investitionsauswahlentscheidung alle Zahlungsreihen die gleiche Dauer T, so ist die Annuität ebenfalls mit dem Kapitalwert äquivalent.

Unter dem **internen Zins** einer Zahlungsreihe versteht man denjenigen Zinssatz i^*, bei dem der Kapitalwert den Wert Null annimmt, d.h.

$$\sum_{t=0}^{T} z_t (1 + i^*)^{-t} = 0 \; .$$

Ein Investitionsprojekt wird dann als günstig eingestuft, wenn sein interner Zins über einem vorgegebenen Kalkulationszins liegt (vgl. hierzu die Ausführungen in Abschnitt 10.1.3); unter mehreren alternativen Investitionen ist diejenige mit dem höchsten internen Zins zu favorisieren.

Der interne Zins ist in der Literatur umstritten. In formaler Hinsicht geht es bei seiner Berechnung um die Ermittlung der Nullstelle(n) der Funktion

$$C_0(i) = \sum_{t=0}^{T} z_t (1 + i)^{-t} \; .$$

Man erkennt unschwer, daß dies äquivalent mit der Berechnung der Nullstelle(n) eines Polynoms T-ten Grades ist. Da aber weder deren Existenz noch ggf. die Eindeutigkeit theoretisch gesichert sind, ist es sowohl möglich, daß eine Zahlungsreihe überhaupt keinen internen Zins hat, als auch, daß eine Zahlungsreihe mehrere interne Zinssätze hat.

Beispiel 10-3

Wir betrachten eine Investition mit der Zahlungsreihe

$$z_0 = 400, \; z_1 = -800, \; z_2 = 800 \; .$$

Der Kapitalwert in Abhängigkeit vom Zinssatz i ist durch

$$C_0(i) = 400 - 800 \cdot [1 \, / \, 1+i] + 800 \cdot [1 \, / \, (1+i)^2]$$

gegeben. Der Ansatz

$$C_0(i) = 0$$

führt auf die Gleichung

$$(1 + i)^2 - 2(1 + i) + 2 = 0 \; ,$$

und nach Vereinfachung der linken Seite ergibt sich die Gleichung

$$i^2 = -1 \, ,$$

die keine (reellwertige) Lösung hat. Die Zahlungsreihe hat also keinen internen Zins.

Beispiel 10-4

Für eine Investition liegt die Zahlungsreihe

$$z_0 = 1000, \quad z_1 = -2300, \quad z_3 = 1320$$

vor. Der Kapitalwert in Abhängigkeit vom Zinssatz i ist durch

$$C_0(i) = 1000 - 2300 \cdot [1 / 1+i] + 1320 \cdot [1 / (1+i)^2]$$

gegeben. Über den Ansatz

$$C_0(i) = 0$$

gelangen wir zu der Gleichung

$$1000(1 + i)^2 - 2300(1 + i) + 1320 = 0$$

und erhalten nach entsprechenden Umformungen die Gleichung

$$i^2 - 0{,}3i + 0{,}02 = 0$$

mit den beiden Lösungen $i_1 = 0{,}2$ und $i_2 = 0{,}1$. Diese Zahlungsreihe hat also zwei interne Zinssätze, nämlich $i_1 = 0{,}2$ (d.h. $p_1\% = 20\%$) und $i_2 = 0{,}1$ (d.h. $p_2\% = 10\%$).

Diese beiden kleinen Beispiele haben die Problematik der Beurteilung von Investitionsprojekten mit dem internen Zins angedeutet. Es stellt sich nun die Frage, ob es bestimmte Strukturen von Zahlungsreihen gibt, bei denen solche Probleme nicht

auftreten. Bei der Identifikation solcher Strukturen spielt die Anzahl der Vorzei-
chenwechsel in der Zahlungsreihe eine wesentliche Rolle.

Wir sprechen von einer **einfachen Investition**, wenn die zugehörige Zahlungsreihe
die Form

$$z_0 < 0, \ z_1 > 0, \ z_2 > 0, \ ..., z_T > 0$$

hat. Auf die zum Zeitpunkt t = 0 zu tätigende Auszahlung folgen also in den Perioden 1 bis T Rückflüsse. Wir wollen im folgenden noch voraussetzen, daß die
Summe der Glieder der Zahlungsreihe positiv ist, d.h.

$$\sum_{t=0}^{T} z_t > 0 \ .$$

Ist dies nicht erfüllt, so ist die Investition von vornherein uninteressant (denn ihr
Kapitalwert wäre immer negativ). Unter den soeben spezifizierten Voraussetzungen
gilt für die Kapitalwertfunktion $C_0(i)$

- $C_0(0) = \sum_{t=0}^{T} z_t > 0$,

- $dC_0(i)/di = -\sum_{t=1}^{T} z_t(1 + i)^{-t-1} < 0$ und

- $\lim_{(i \to \infty)} C_0(i) = z_0 < 0$.

Nach bekannten Sätzen aus dem Gebiet der Analysis folgt hieraus, daß die Funktion
$C_0(i)$ genau eine positive Nullstelle i* hat. Bei einfachen Investitionen sind also
sowohl Existenz als auch Eindeutigkeit des internen Zins gesichert. Abbildung 10-2
veranschaulicht den Verlauf einer entsprechenden Kapitalwertfunktion. Für weitergehende Aussagen bzgl. Existenz und Eindeutigkeit des internen Zins verweisen
wir den interessierten Leser auf Däumler (1988, S. 234ff.) sowie die dort zitierte Literatur.

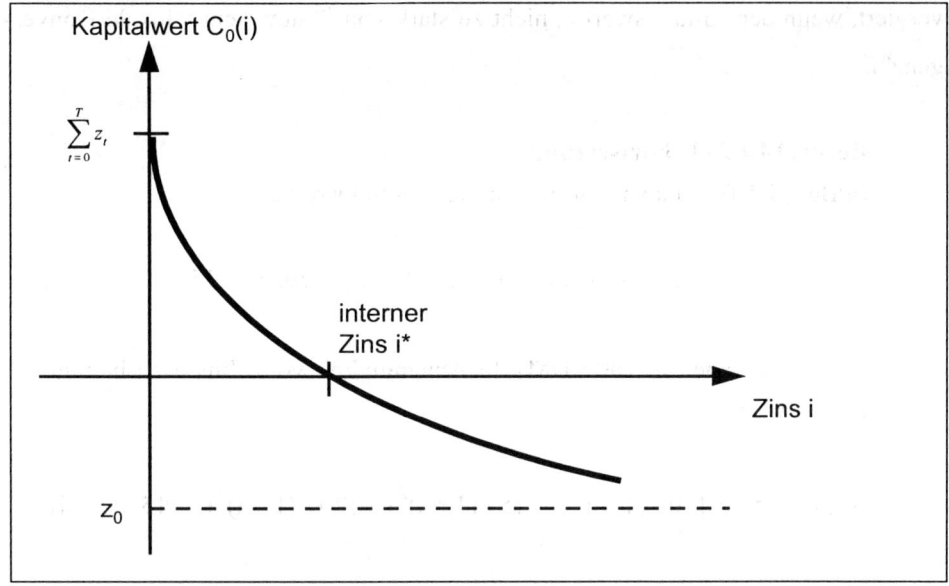

Abbildung 10-2: Verlauf der Kapitalwertfunktion einer einfachen Investition

Selbst wenn bei einer gegebenen Zahlungsreihe Existenz und Eindeutigkeit des internen Zins gesichert sind, verbleibt das Problem seiner **Berechnung**. Numerisch gesehen geht es dabei um die Berechnung der Nullstelle eines Polynoms vom Grad T. Für $T > 2$ existieren keine praktikablen analytischen Ansätze zur Lösung dieses Problems; man wird dann auf approximative Verfahren zurückgreifen müssen. Eines der effizientesten Verfahren für solche Probleme ist das **Iterationsverfahren von Newton**. Ausgehend von einem Anfangswert i_0 ermittelt man hier eine Folge

$$i_0, i_1, i_2, \dots$$

gemäß der Iterationsvorschrift

$$i_{k+1} = i_k - [C_0(i_k) / C'_0(i_k)] \qquad k = 0,1,2,\dots \quad .$$

Hierbei ist

$$C'_0(i_k) = dC_0(i) / di \qquad \big| \; i = i_k$$

die Ableitung der Kapitalwertfunktion an der Stelle i_k. Aus der Theorie der numerischen Mathematik ist bekannt, daß die Folge der i_k gegen den internen Zins i^* konvergiert, wenn der Anfangswert i_0 nicht zu stark von i^* abweicht ("lokale Konvergenz").

Beispiel 10-2 (1. Fortsetzung)

In Beispiel 10-2 haben wir uns mit der Zahlungsreihe

$$z_0 = -50,\ z_1 = 10,\ z_2 = 15,\ z_3 = 20, z_4 = 15$$

befaßt (Angaben in 1000 DM). In Abhängigkeit vom Zinssatz i beträgt der Kapitalwert

$$C_0(i) = -50 + [10 / (1 + i)] + [15 / (1 + i)^2] + [20 / (1 + i)^3] + [15 / (1 + i)^4]\ ;$$

die Ableitung dieser Funktion ist

$$C'_0(i) = -[10 / (1 + i)^2] - [30 / (1 + i)^3] - [60/ (1 + i)^4] - [60 / (1 + i)^5];$$

Für i = 0,05 bzw. i = 0,1 ergeben sich Kapitalwerte von

$$C_0(0,05) = 2,75$$

bzw.

$$C_0(0,1) = -3,24\ .$$

Daher liegt (vgl. die obigen Erläuterungen zum Verlauf der Funktion) der interne Zins i^* zwischen diesen beiden Größen. Als Anfangswert für das Iterationsverfahren von Newton wählen wir deren Mittelwert

$$i_0 = 0,075\ .$$

Das folgende Tableau zeigt die Ergebnisse der ersten Schritte des Newton-Verfahrens. Schon nach zwei Schritten pendelt sich der Wert (bei einer Genauigkeit von drei Dezimalen) bei 0,072 ein. Also liegt der interne Zins der

Zahlungsreihe bei etwa 7,2%. Weitere Ausführungen zur numerischen Ermittlung des internen Zinses findet der Leser in Aufgabe 10-2.

k	0	1	2
i_k	0,075	0,072	0,072
$C_0(i_k)$	-0,386	-0,026	-0,026
$C_0'(i_k)$	-119,5	-120,9	-120,9

Als letztes dynamisches Verfahren der Investitionsrechnung behandeln wir die **dynamische Amortisationsrechnung** (bezogen auf eine einfache Investition). Hierunter verstehen wir denjenigen Zeitpunkt t^A, zu dem die Summe der diskontierten Rückflüsse die anfängliche Auszahlung kompensiert. Es gilt also

$$\sum_{t=0}^{t^A} z_t(1 + i)^{-t} \geq 0$$

und

$$\sum_{t=0}^{t^A-1} z_t(1 + i)^{-t} < 0 \ .$$

Eine Investition wird nach diesem Kriterium um so vorteilhafter eingeschätzt, je kürzer ihre Amortisationsdauer ist - offensichtlich ein sehr risikoscheuer Ansatz. Der einzige Unterschied zur Amortisationsdauer in der statischen Investitionsrechnung besteht in der Diskontierung der Rückflüsse.

Beim Vergleich mehrerer Investitionsalternativen können durchaus Widersprüche zwischen den einzelnen Ansätzen der dynamischen Investitionsrechnung auftreten. Es empfiehlt sich, die dynamische Investitionsrechnung nur auf solche Investitionsalternativen anzuwenden, die sich betragsmäßig und zeitlich nicht zu stark unterscheiden. Bestehen zwischen den einzelnen Alternativen größere Unterschiede, so kann man diesen durch die Bildung von Differenzinvestitionen Rechnung tragen (vgl. hierzu Däumler 1988, S. 242ff.).

Die Vorteilhaftigkeit einer Investition hängt wesentlich von der Höhe der zukünftigen Rückflüsse ab. Viele Entscheidungssituationen sind allerdings dadurch geprägt, daß die Höhe dieser Rückflüsse mit einer gewissen Unsicherheit behaftet ist; häufig handelt es sich von vornherein um subjektive Schätzungen. Aus diesem Grund ist es notwendig, sich mit **Investitionsauswahlentscheidungen bei Unsicherheit** zu befassen (vgl. auch Abbildung 10-1). Im Zusammenhang mit neueren Ansätzen der Investitionsrechnung (Abschnitt 10.1.3) werden wir ausführlich hierauf eingehen. Behandelt werden dort im einzelnen:

- die Bestimmung des Kalkulationszinses mittels des *Capital Asset Pricing Model*
- die Realoptionen-Methode.

Im Rahmen der traditionellen Verfahren wollen wir an dieser Stelle kurz die folgenden Verfahren ansprechen:

- Anwendung entscheidungstheoretischer Modelle bei Unsicherheit bzw. Risiko,
- Korrekturverfahren,
- Sensitivitätsanalysen und
- Risikoanalysen.

Die **Anwendung entscheidungstheoretischer Modelle** bei Unsicherheit bzw. Risiko, wie sie in Kapitel 11 behandelt werden, ist ein sehr naheliegender Ansatz und bedarf kaum weiterer Erläuterung: Gegeben sind m (betragsmäßig und zeitlich vergleichbare) Investitionsalternativen $a_1,...,a_m$. Für jede dieser Alternativen liegen bzgl. n möglicher Umweltentwicklungen $s_1,...,s_n$ Beurteilungen bzgl. eines bestimmten Zielkriteriums (z.B. des Kapitalwerts) vor. Damit sind die Rahmenbedingungen der Entscheidungssituation aus Kapitel 11 gegeben. Je nachdem, ob für die $s_1,...,s_n$ Eintrittswahrscheinlichkeiten $p_1,...,p_n$ bekannt sind oder nicht, handelt es sich um eine Entscheidung bei Risiko bzw. bei Unsicherheit. Ein Beispiel hierzu findet sich in Aufgabe 10-3.

Eine recht beliebte, theoretisch aber höchst bedenkliche Methode (vgl. z.B. die Anmerkungen bei Betge 1998) ist das **Korrekturverfahren**. Hierbei nimmt man an allen Parametern, die in die Investitionsrechnung einfließen, Risikozuschläge oder Risikoabschläge vor. So könnte man beispielsweise bei der Berechnung des Kapitalwerts die Rückflüsse erniedrigen sowie den Kalkulationszins i erhöhen. Die Defizite dieser Methode liegen klar auf der Hand. Trotzdem erfreut sich das Korrekturverfahren - wie die empirische Untersuchung von Bröer/Däumler (1986) zeigt -

in bundesdeutschen Großunternehmen einiger Beliebtheit. Der Grund hierfür mag in dem (z.B. im Vergleich zu den entscheidungstheoretischen Modellen) geringen Aufwand bei der Anwendung des Verfahrens liegen.

Die **Sensitivitätsanalyse** untersucht, wie empfindlich eine Outputgröße der Investitionsrechnung (z.B. der Kapitalwert) auf Änderungen einer oder mehrerer Inputgrößen (z.B. des Kalkulationszinses) reagiert. Solche Ansätze sind zwar nicht dazu geeignet, Entscheidungsprobleme bei Unsicherheit zu lösen. Sie können dem Entscheidungsträger jedoch wichtige Informationen darüber liefern, welche Inputparameter von großer Bedeutung für das Ergebnis der Investitionsrechnung sind und daher besondere Aufmerksamkeit erfahren sollten. Ziel der **Risikoanalyse** ist es, aus Informationen über die relevanten Inputgrößen eine Wahrscheinlichkeitsverteilung der Outputgröße abzuleiten. Beide Verfahren werden z.B. bei Betge (1998) näher erläutert.

10.1.2 Investitionsprogrammentscheidungen

Wir sprechen von Investitionsprogrammentscheidungen, wenn aus einer Grundmenge von möglichen Investitionen ein unter bestimmten Kriterien optimales Programm von zu realisierenden Investitionen zu ermitteln ist. Sind die aus den einzelnen Investitionen resultierenden Erträge sicher, so ist zu unterscheiden, ob die Investitionsprojekte abhängig oder unabhängig sind (vgl. Abbildung 10-1). Wir befassen uns zunächst mit **unabhängigen Investitionsprojekten**.

Hierbei gehen wir von n Investitionsprojekten (i = 1,...,n) aus, denen ein festes Budget B gegenübersteht. Im Fall **stetiger Projekte** ist die Investitionsauszahlung x_i für das i-te Projekt stetig variierbar, und die Einzahlung E_i ist eine Funktion der Investitionsauszahlung, d.h.

$$E_i = f_i(x_i) \qquad i = 1,...,n \qquad .$$

Das zu lösende Optimierungsproblem hat die Form

$$\sum_{i=1}^{n} f_i(x_i) \rightarrow \max$$

u.d.N

$$\sum_{i=1}^{n} x_i \leq B$$

$$x_i \geq 0 \quad i = 1,\dots,n \quad .$$

Es handelt sich offensichtlich - da die Funktionen f_i in aller Regel nichtlinear sind - um ein nichtlineares Optimierungsproblem. Ein möglicher Lösungsansatz ist die Behandlung des Problems als dynamisches Optimierungsproblem (vgl. Kapitel 14), wobei der den ersten t Projekten zugeordnete Budgetbetrag B_t als Zustandsvariable fungiert.

Im Fall **diskreter Projekte** ist die Investitionsauszahlung der einzelnen Projekte fest vorgegeben; wir bezeichnen sie im folgenden für das i-te Projekt mit I_i. Ebenso ist die Einzahlung E_i im Fall der Realisierung des i-ten Projektes fest. Die Entscheidungsvariablen x_i sind dann binäre Auswahlvariablen mit der Bedeutung

$$x_i = \begin{cases} 1, \text{ falls Projekt i realisiert wird} \\ \\ 0, \text{ falls Projekt i nicht realisiert wird} \end{cases}$$

Das entsprechende Optimierungsproblem ist durch

$$\sum_{i=1}^{n} E_i x_i \rightarrow \max$$

u.d.N

$$\sum_{i=1}^{n} I_i x_i \leq B$$

$$x_i \in \{0,1\} \quad i = 1,\dots,n$$

gegeben. In formaler Hinsicht handelt es sich offensichtlich um ein ganzzahliges (spezieller: ein binäres) lineares Optimierungsproblem (vgl. hierzu Abschnitt 14.2). Ein Zahlenbeispiel hierzu findet sich in Aufgabe 10-4. Hanssmann (1990, S. 213ff.) diskutiert die Ermittlung von Näherungslösungen dieses Problems mit Hilfe von Verfahren der dynamischen Investitionsrechnung, wie wir sie im vorhergehenden Abschnitt behandelt haben. Ausgehend von den Kennzahlen, die aus diesen Ansätzen resultieren, wird hierbei eine Rangfolge der Projekte abgeleitet.

Im Fall von **abhängigen Projekten** unterscheiden wir zwischen

- technischer,
- wirtschaftlicher und
- formaler Abhängigkeit.

Von technischer Abhängigkeit spricht man, wenn die Realisierung eines Projekts die Realisierung bestimmter anderer Projekte voraussetzt. Wirtschaftliche Abhängigkeit ist dann gegeben, wenn zwar jedes Projekt für sich realisierbar ist, die jeweiligen Auszahlungen und Einzahlungen aber von der insgesamt ausgewählten Kombination von Projekten abhängen. Formale Abhängigkeiten bestehen, wenn die Investitionsprogrammentscheidung gewissen formalen Restriktionen unterliegt. So ist es z.B. denkbar, daß von einer bestimmten Menge von Projekten höchstens eines realisierbar ist (konkurrierende Projekte). Bzgl. der quantitativen Behandlung von Investitionsprogrammentscheidungen bei abhängigen Projekten verweisen wir den interessierten Leser auf Hanssmann (1990, S. 219ff.) sowie auf Aufgabe 10-4. In der Regel führen solche Überlegungen auf nichtlineare oder/und ganzzahlige Optimierungsprobleme (vgl. Abbildung 10-1).

Der bekannteste Ansatz zur Behandlung von **Investitionsprogrammentscheidungen bei ungewissen Erträgen** ist die **Portfolioselektion**, die auf Markowitz (1952) zurückgeht. Ausgangspunkt waren Überlegungen zur Ermittlung eines unter bestimmten Kriterien optimalen Portfolios von Wertpapieren. Die Theorie der Portfolioselektion hat wesentlichen Einfluß auf die Entwicklung der modernen Kapitalmarkttheorie ausgeübt.

Wir gehen im folgenden davon aus, daß dem Investor zum Entscheidungszeitpunkt ein Betrag von B GE zur Verfügung steht. Dieser Betrag soll auf n (vom Investitionsvolumen her stetig variierbare) Anlagemöglichkeiten i = 1,...,n verteilt werden, wobei eine risikoaverse Einstellung des Investors (vgl. hierzu die Ausführungen zum (μ,σ)-Prinzip in Abschnitt 11.3) vorausgesetzt wird. Die Renditen R_i (bezogen auf den Planungszeitraum) der einzelnen Anlagemöglichkeiten ("Wertpapiere") sind zum Entscheidungszeitpunkt unbekannt. Sie werden als Zufallsvariablen modelliert, deren Wahrscheinlichkeitsverteilungen (bzw. zumindest deren Erwartungswerte und Varianzen) bekannt sind. Für das i-te Wertpapier bezeichnen wir mit μ_i den Erwartungswert und mit σ^2_i die Varianz der Rendite, d.h.

$$\mu_i = E(R_i), \quad \sigma^2_i = Var(R_i) \ .$$

Beispiel 10-5

Einem Investor stehen B = 30 000 DM zur Verfügung. Dieser Betrag soll vollständig auf zwei Wertpapiere verteilt werden, deren Preise 100 DM bzw. 200 DM pro Stück betragen. Die Erträge der beiden Papiere sind unbekannt; der Investor geht von vier Szenarien $s_1,...,s_4$ aus, deren Eintrittswahrscheinlichkeiten $p_1,...,p_4$ er mit hinreichender Genauigkeit schätzen zu können glaubt. Der folgenden Aufstellung sind die Erträge der beiden Wertpapiere bei Eintritt der einzelnen Szenarien zu entnehmen.

	Preis	Erträge bzgl. der Szenarien			
		s_1	s_2	s_3	s_4
		$p_1 = 0.3$	$p_2 = 0.4$	$p_3 = 0.1$	$p_4 = 0.2$
Wertpapier 1	100 DM	125 DM	105 DM	90 DM	100 DM
Wertpapier 2	200 DM	180 DM	240 DM	160 DM	300 DM

Hieraus ergeben sich die folgenden Renditen:

	Renditen bzgl. der Szenarien					
	s_1	s_2	s_3	s_4		
	$p_1 = 0.3$	$p_2 = 0.4$	$p_3 = 0.1$	$p_4 = 0.2$		
Wertpapier 1	0.25	0.05	− 0.10	0	$\mu_1 = 0.085$	$\sigma_1^2 = 0.014$
Wertpapier 2	− 0.10	0.20	− 0.20	0.50	$\mu_2 = 0.130$	$\sigma_2^2 = 0.056$

Beispielsweise erzielt man, falls Szenario s_2 eintritt, mit Wertpapier 1 eine Rendite von 0,05 (d.h. von 5%). Obige Aufstellung zeigt auch die Erwartungswerte μ_i und die Varianzen σ^2_i der einzelnen Renditen. Sie berechnen sich gemäß

$$\mu_i = \sum_{j=1}^{m} p_j r_{ij}$$

und

$$\sigma^2_i = \sum_{j=1}^{m} p_j (r_{ij} - \mu_i)^2 \, ,$$

wobei r_{ij} die Rendite des i-ten Wertpapiers bzgl. des Szenarios s_j ist und m die Anzahl der Szenarien bezeichnet (hier: m = 4). Die erwartete Rendite von Wertpapier 2 ist höher als die von Wertpapier 1, aber Wertpapier 2 weist auch ein höheres Risiko (gemessen durch die Varianz) auf.

Wie sollen nun die 30 000 DM auf die beiden Wertpapiere aufgeteilt werden? Wir betrachten im folgenden exemplarisch drei Portfolios:
- Portfolio 1 setzt sich zu 100% aus Wertpapier 1 zusammen.
- Portfolio 2 besteht zu 100% aus Wertpapieren vom Typ 2.
- Portfolio 3 umfaßt 200 Wertpapiere vom Typ 1 (Wert 20 000 DM) und 50 Wertpapiere vom Typ 2 (Wert 10 000 DM).

Die folgende Aufstellung zeigt die Erträge der Portfolios bzgl. der einzelnen Szenarien. Beispielsweise ergibt sich für Portfolio 3 bzgl. Szenario s_2 ein Ertrag von

$$200 \cdot 105 \text{ DM} + 50 \cdot 240 \text{ DM} = 33\,000 \text{ DM} \, .$$

	Zusammensetzung		Erträge bzgl. der Szenarien			
	Wert- papier 1	Wert- papier 2	s_1 $p_1 = 0.3$	s_2 $p_2 = 0.4$	s_3 $p_3 = 0.1$	s_4 $p_4 = 0.2$
Portfolio 1	300 Stück	–	37 500 DM	31 500 DM	27 000 DM	30 000 DM
Portfolio 2	–	150 Stück	27 000 DM	36 000 DM	24 000 DM	45 000 DM
Portfolio 3	200 Stück	50 Stück	34 000 DM	33 000 DM	26 000 DM	35 000 DM

Aus diesen Werten ermitteln wir die Renditen der drei Portfolios, die erwarteten Renditen und die Risiken der Portfolios (d.h. die Varianzen der Renditen):

	Renditen bzgl. der Szenarien				erwartete Renditen	Risiken
	s_1 $p_1 = 0.3$	s_2 $p_2 = 0.4$	s_3 $p_3 = 0.1$	s_4 $p_4 = 0.2$		
Portfolio 1	0.250	0.050	– 0.100	0	0.085	0.014
Portfolio 2	– 0.100	0.200	– 0.200	0.500	0.130	0.056
Portfolio 3	0.133	0.100	– 0.133	0.167	0.100	0.007

Portfolio 3 in Beispiel 10-5 weist die bemerkenswerte Eigenschaft auf, daß das Risiko kleiner als jedes der beiden Wertpapierrisiken ist ("Risikostreuung"). Diese Beobachtung führt uns auf die Frage nach der Abhängigkeit der Rendite eines Portfolios von den Renditen der darin enthaltenen Wertpapiere. Genauer geht es um die Ermittlung der erwarteten Rendite μ_p sowie des Risikos σ^2_p des Portfolios.

Wir behandeln diese Fragestellung zur Vereinfachung zunächst für ein Portfolio, das aus zwei Wertpapieren besteht. Hierbei seien die wertmäßigen Anteile der beiden Wertpapiere durch w_1 bzw. w_2 gegeben, wobei

$$w_1 + w_2 = 1$$

gilt. Dies bedeutet, daß w_1B GE auf Wertpapier 1 und die restlichen w_2B GE auf Wertpapier 2 entfallen. Aufgrund einfacher Rechenregeln für den Erwartungswert (Linearität des Erwartungswerts) erhalten wir für die erwartete Rendite eines Portfolios die Beziehung

$$\mu_p = w_1\mu_1 + w_2\mu_2 \ .$$

Sie ergibt sich also als gewichtetes Mittel der erwarteten Renditen der einzelnen Wertpapiere.

Etwas schwieriger ist die Situation bei Risiko. Hier haben wir von der Beziehung

$$Var(X + Y) = Var(X) + Var(Y) + 2 \cdot Cov(X,Y)$$

für die Varianz der Summe zweier Zufallsvariablen X und Y auszugehen. In dieser Formel bezeichnet $Cov(X,Y)$ die Kovarianz von X und Y; sie ist erklärt als

$$Cov(X,Y) = E \left[(X - E(X)) \cdot (Y - E(Y)) \right]$$

und stellt ein Maß für die Abhängigkeit der beiden Zufallsvariablen dar (vgl. hierzu Bamberg/Baur 1996 sowie beinahe jedes andere gängige Lehrbuch der Statistik).

Wir bezeichnen im folgenden die Kovarianz der Renditen der beiden Wertpapiere (d.h. die Kovarianz der Zufallsvariablen R_1 und R_2) mit σ_{12}. Sie errechnet sich gemäß obiger Definition als

$$\sigma_{12} = E \left[(R_1 - \mu_1) \cdot (R_2 - \mu_2) \right]$$

$$= \sum_{j=1}^{m} p_j (r_{1j} - \mu_1)(r_{2j} - \mu_2) \, .$$

Für das Risiko des Portfolios ergibt sich die Formel

$$\sigma^2_p = w^2_1 \sigma^2_1 + w^2_2 \sigma^2_2 + 2 w_1 w_2 \sigma_{12} \, .$$

Beispiel 10-5 (1. Fortsetzung)

Für die Kovarianz der Renditen der beiden Wertpapiere aus Beispiel 10-5 errechnen wir den Wert

$$
\begin{aligned}
\sigma_{12} \quad = \quad & 0{,}3(\ 0{,}25 - 0{,}085)\ (-0{,}10 - 0{,}13) + \\
& 0{,}4(\ 0{,}05 - 0{,}085)\ (\ 0{,}20 - 0{,}13) + \\
& 0{,}1(-0{,}10 - 0{,}085)\ (-0{,}20 - 0{,}13) + \\
& 0{,}2(\ 0\quad - 0{,}085)\ (\ 0{,}50 - 0{,}13) \\
= \quad & -0{,}01255 \ \text{(gerundet: } -0{,}013).
\end{aligned}
$$

Portfolio 3 umfaßt Wertpapiere vom Typ 1 für 20 000 DM und vom Typ 2 für 10 000 DM ($200 \cdot 100$ DM bzw. $50 \cdot 200$ DM). Somit ist

$$
w_1 = 2/3 \ , \ w_2 = 1/3 \ .
$$

Gemäß obiger Formel berechnen wir

$$
\sigma^2_p = 0{,}007
$$

und bestätigen somit das über die Definition der Varianz ermittelte Ergebnis.

Wir wenden uns nun dem Problem der Bestimmung eines optimalen Portfolios zu. Aufgrund der Risikoaversion des Investors ist es naheliegend, sich für ein **risikominimales Portfolio** zu interessieren. Gehen wir weiterhin von einem Portfolio mit nur zwei Wertpapieren aus, so läßt sich, wegen $w_2 = 1 - w_1$, die zu minimierende Größe σ^2_p als Funktion von w_1 ausdrücken:

$$
\begin{aligned}
\sigma^2_p(w_1) \quad &= w^2_1\sigma^2_1 + (1 - w_1)^2\ \sigma^2_2 + 2w_1(1 - w_1)\sigma_{12} \\
&= w^2_1\sigma^2_1 + \sigma^2_2 - 2w_1\sigma^2_2 + w^2_1\sigma^2_2 + 2w_1\sigma_{12} - 2w^2_1\sigma_{12}
\end{aligned}
$$

Unser Problem (Bestimmung eines risikominimalen Portfolios) läßt sich nun in der Form

$$\sigma^2_p(w_1) \rightarrow \min$$

$$\text{u.d.N}$$

$$0 \leq w_1 \leq 1$$

darstellen. Über die Bedingung

$$d\sigma^2_p(w_1) / dw_1 = 0$$

(vgl. hierzu Abschnitt 14.1) ermitteln wir

$$w_1 = [\sigma^2_2 - \sigma_{12}] / [\sigma^2_1 + \sigma^2_2 - 2\sigma_{12}] \ .$$

Beispiel 10-5 (2. Fortsetzung)

Für die Daten aus Beispiel 10-5

$$\sigma^2_1 = 0{,}014 \ ,$$

$$\sigma^2_2 = 0{,}056 \ ,$$

$$\sigma_{12} = -0{,}01255$$

ergibt sich

$$w_1 = 0{,}72$$

(und folglich $w_2 = 0{,}28$). Das risikominimale Portfolio enthält also für 21.600 DM Wertpapiere vom Typ 1 und für 8.400 DM Wertpapiere vom Typ 2. Das entsprechende Risiko ist

$$\sigma^2_p = 0{,}0064 \ ,$$

die erwartete Rendite beträgt (gerundet)

$$\mu_p = 0{,}098$$

(also 9,8%). Ein weiteres Beispiel dieser Art findet der Leser in Aufgabe 10-5.

Wir machen hier die Beobachtung, daß die erwartete Rendite des risikominimalen Portfolios (vor dem Hintergrund der Werte μ_1 und μ_2) doch etwas gering ausfällt. Es drängt sich die Frage nach einem Ansatz auf, der ein sowohl unter Rentabilitäts- als auch unter Risikoaspekten "gutes" Portfolio ermittelt. Anhand der Formel für die erwartete Rendite des Portfolios

$$\mu_p = w_1\mu_1 + (1 - w_1)\mu_2$$

(wobei $0 \leq w_1 \leq 1$ gilt) erkennt man unschwer, daß μ_p in Abhängigkeit von der Zusammensetzung des Portfolios (d.h. in Abhängigkeit von w_1) jeden Wert zwischen den beiden erwarteten Renditen der Wertpapiere μ_1 und μ_2 annehmen kann.

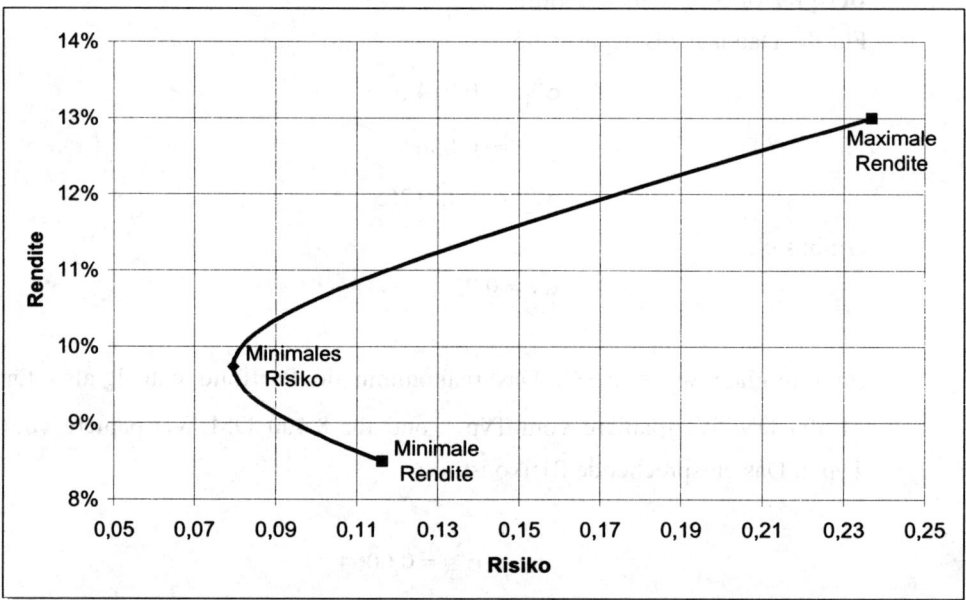

Abbildung 10-3: Veranschaulichung der Effizienzlinie zu Beispiel 10-5

Abbildung 10-3 veranschaulicht den Zusammenhang zwischen Rendite und Risiko für alle Portfoliokombinationen aus den beiden Wertpapieren. Die Portfoliokombinationen auf der Linie zwischen dem Portfolio mit minimalem Risiko und dem Portfolio mit maximaler Rendite werden als **effiziente Portfolios** bezeichnet, da sie die anderen Portfoliokombinationen dominieren. Denn für jedes σ^2_p

(mit $0,0064 \leq \sigma^2_p \leq 0,014$) wird ein Investor das Portfolio auf dieser Effizienzlinie gegenüber einem Portfolio vorziehen, das bei gleichem Risiko eine geringere Rendite bietet (vgl. hierzu die Ausführungen in Abschnitt 11.3). Auf die Beziehung zwischen Risiko und Rendite werden wir im Zusammenhang mit neueren Ansätzen der Investitionsrechnung zurückkommen.

Genauso, wie sich das renditemaximale Portfolio bei fixiertem Risiko ermitteln läßt, kann man durch eine zusätzliche Nebenbedingung der Form

$$\mu_p = \tilde{\mu}$$

auch die erwartete Rendite auf einen Wert μ aus dem zulässigen Bereich fixieren und das risikominimale Portfolio mit dieser erwarteten Rendite ermitteln. Für $n = 2$ Wertpapiere ist dies allerdings nicht durchführbar, denn durch die zusätzliche Nebenbedingung hätte man das Portfolio (und somit natürlich auch das Risiko) schon eindeutig festgelegt. Die formale Betrachtung dieses Sachverhaltes findet der Leser in Aufgabe 10-7.

Beispiel 10-5 (3. Fortsetzung)

Für die beiden Wertpapiere aus Beispiel 10-5 sind die erwarteten Renditen von $\mu_1 = 0.085$ und $\mu_2 = 0.13$ gegeben. Somit kann μ_p jeden Wert aus dem Intervall $[0.085, 0.13]$ annehmen. Fordern wir beispielsweise eine erwartete Rendite von 11% (d.h. von 0,11), so ergibt sich über die Gleichung

$$0.085w_1 + 0.13(1 - w_1) = 0.11$$

das Portfolio mit der Zusammensetzung

$$w_1 = 4/9 \, , \quad w_2 = 5/9 \ .$$

Wir müssen also für die **rendite- und risikoorientierte Betrachtung** den einfachen Sonderfall $n = 2$ verlassen und zum allgemeinen Fall $n > 2$ zurückkehren. Für die erwartete Rendite eines Portfolios, das sich mit den (wertmäßigen) Anteilen $w_1,...,w_n$ aus n Wertpapieren zusammensetzt, gilt

$$\mu_p = \sum_{i=1}^{n} w_i \, \mu_i \, .$$

Die Varianz ist durch

$$\sigma^2_p = \sum_{i=1}^{n} \sum_{k=1}^{n} w_i w_k \sigma_{ik}$$

gegeben, wobei σ_{ik} die Kovarianz der Renditen der Wertpapiere i und k bezeichnet. Hierbei ist zu beachten, daß die Kovarianz einer Zufallsvariable mit sich selbst der Varianz entspricht, d.h.

$$\sigma_{ii} = \sigma^2_i \, .$$

Unter Berücksichtigung dieses Sachverhalts erhalten wir für n = 2 die bereits bekannte Formel für σ^2_p. Die erwartete Rendite μ_p des Portfolios kann alle Werte zwischen

$$\mu_{min} = \min\{\mu_1, ..., \mu_n\}$$

und

$$\mu_{max} = \max\{\mu_1, ..., \mu_n\}$$

annehmen. Wir wählen nun einen Wert

$$\tilde{\mu} \; \varepsilon \; [\mu_{min}, \mu_{max}]$$

und fixieren über die Bedingung

$$\sum_{i=1}^{n} w_i \, \mu_i = \tilde{\mu}$$

die erwartete Rendite μ_p des Portfolios auf diesen Wert.

Das Optimierungsproblem zur **Bestimmung eines risikominimalen Portfolios bei vorgegebener Renditeerwartung** hat somit folgende Form:

$$\sigma^2_p(w_1,...,w_n) = \sum_{i=1}^{n} \sum_{k=1}^{n} w_i w_k \sigma_{ik} \to \min$$

u.d.N.

$$\sum_{i=1}^{n} w_i \mu_i = \tilde{\mu}$$

$$\sum_{i=1}^{n} w_i = 1$$

$$w_i \geq 0 \qquad i = 1,...,n$$

Es handelt sich offensichtlich um ein nichtlineares Optimierungsproblem (vgl. Abschnitt 14.1), genauer um ein quadratisches Optimierungsproblem: Die Entscheidungsvariablen $w_1,...,w_n$ treten in der Zielfunktion ausschließlich in reinen bzw. gemischten quadratischen Termen der Form w^2_i bzw. $w_i w_k$ auf. Bzgl. der Behandlung solcher quadratischer Optimierungsprobleme verweisen wir auf die in Abschnitt 14.5 zitierte Literatur zur nichtlinearen Optimierung. Für den (allerdings nicht sehr realistischen) Sonderfall, daß die Renditen der einzelnen Wertpapiere paarweise voneinander unabhängig sind (d.h. $\sigma_{ik} = 0$ für alle i,k mit $i \neq k$), vereinfacht sich die Zielfunktion des obigen Problems zu

$$\sigma^2_p(w_1,...,w_n) = \sum_{i=1}^{n} w^2_i \sigma^2_i \ .$$

In diesem Fall läßt sich das Problem recht einfach über das Verfahren der Lagrange-Multiplikatoren (vgl. Abschnitt 14.1) lösen. Ein Beispiel hierzu findet der Leser in Aufgabe 10-6.

Es sei erwähnt, daß neben der dargestellten Portfolioselektion auch die stochastische Programmierung (vgl. Abschnitt 15.2) zur Behandlung von Investitionsentscheidungen bei ungewissen Erträgen verwendet werden kann.

10.1.3 Neuere Ansätze der Investitionsrechnung unter Unsicherheit

Zwei zentrale Probleme von traditionellen Ansätze der Investitionsrechnung liegen in

- der Bestimmung des „richtigen" Kalkulationszinses und
- in der Vernachlässigung unternehmerischer Flexibilität.

Bezüglich des Kalkulationszinses wollen wir im folgenden die Grundgedanken des **Capital Asset Pricing Model** (CAPM) skizzieren. Es wurde maßgeblich von Sharpe (1964) und Lintner (1965) auf Basis der Portfoliotheorie (Markowitz 1952) entwickelt.

Der Kalkulationszins ist, wie gezeigt, im Falle des internen Zinsfußes diejenige Rendite, die eine Investitionen mindestens erwirtschaften muß. Bei unsicheren Erträgen läßt sich diese als die faire Vergütung ansehen, die ein $(\mu;\sigma)$-optimierender Investor für das von ihm übernommene Risiko erwartet. Die erwartete Rendite μ_i läßt sich dabei als Summe aus der Rendite einer risikolosen Anlage (r_f) und einem Risikoaufschlag ausdrücken:

$$\mu_i = r_f + Risikoprämie_i$$

Aus den Ausführungen zur Portfolioselektion in Abschnitt 10.1.2 wissen wir, daß das Risiko einer Einzelanlage nicht isoliert zu betrachten ist, sondern im Zusammenhang mit deren Risikobeitrag zum Portfolio gesehen werden muß. Das CAPM zerlegt das Risiko σ_i einer Einzelanlage in eine systematische und eine unsystematische Komponente. Das **unsystematische Risiko** einer Einzelanlage ist deren spezifisches Risiko, das nicht mit dem Risiko der übrigen Anlagen im Portfolio zusammenhängt. Das **systematische Risiko** ist dagegen das Risiko, das mit dem Rest des Portfolios geteilt wird (vgl. z.B. Brealey/Myers 1996, S. 173ff.). Aus der Portfoliotheorie leitet das CAPM nun her, daß unsystematisches Risiko einer Einzelanlage nicht vergütet wird, da es in einem optimal diversifizierten Portfolio verschwindet (vgl. Spremann 1991, S. 468ff.). Die erwartete Risikoprämie hängt somit nur davon ab, welches Risiko die Einzelanlage zum Portfoliorisiko beiträgt.

Weiterhin leitet das CAPM aus der Portfoliotheorie her, daß in einem effizienten Kapitalmarkt alle Investoren das gleiche, optimal diversifizierte Portfolio halten, das sog. **Marktportfolio** (zu den Herleitungen vgl. ausführlich Kruschwitz 1999, S. 155ff.). Das Marktportfolio ist dabei dasjenige Portfolio auf der Effizienzlinie aller Portfoliokombinationen (vgl. Abschnitt 10.1.2), das die höchste erwartete Risikoprämie (μ- r_f) pro Risikoeinheit σ bietet (vgl. Brealey/Myers 1996, S. 179). Bezeichnet man das Risiko des Marktportfolios mit σ_M und dessen erwartete Rendite mit μ_M, so läßt sich der **Marktpreis des Risikos** als (μ_M - r_f) / σ_M ausdrücken (vgl. Spremann 1991, S. 469). Daß die erwartete Risikoprämie einer Einzelanlage von ihrem Risikobeitrag zum Portfoliorisiko abhängt, ist nach dem CAPM also gleichbedeutend damit, daß die erwartete Risikoprämie einer Einzelanlage von ihrem Risikobeitrag zum Marktportfolio abhängt. Die Risikoprämie der Einzelanlage ergibt sich folglich, indem man den Marktpreis des Risikos mit dem Produkt aus dem Risiko der Einzelanlage (σ_i) und der Korrelation der Renditen (der Einzelanlage und des Marktportfolios, φ_{iM}) multipliziert:

$$Risikoprämie_i = \frac{\left(\mu_M - r_f\right)}{\sigma_M} \cdot \varphi_{iM} \cdot \sigma_i$$

Die erwartete Rendite der Einzelanlage ergibt sich also zu:

$$\mu_i = r_f + \frac{\varphi_{iM} \cdot \sigma_i}{\sigma_M} \cdot \left(\mu_M - r_f\right) = r_f + \beta_i \cdot \left(\mu_M - r_f\right)$$

Beta bezeichnet die Sensitivität zwischen der erwarteten Rendite der Einzelanlage und der erwarteten Rendite des Marktportfolios (vgl. Spremann 1991, S. 471). Da das Beta des Marktportfolios per definitionem gleich Eins ist, sind Anlagen mit einem $\beta > 1$ im Marktvergleich als riskant und Anlagen mit einem $\beta < 1$ als weniger riskant einzustufen.

Beispiel 10-6

Eine Aktiengesellschaft möchte ihren Kalkulationszins auf Basis der gewichteten Kapitalkosten bestimmen. Das Gesamtkapital des Unternehmens setzt sich zu 40% aus mit 6% verzinstem Fremdkapital und zu 60% aus Eigenkapital zusammen. Die Rendite am Aktienmarkt beträgt 10%, Bundesschatzbriefe verzinsen sich mit 4%; das β der Aktien des Unternehmens wurde auf 1,07 geschätzt. Die gewichteten Kapitalkosten (GKK) betragen somit:

$$GKK = \frac{EK}{EK + FK} \cdot \mu_{EK} + \frac{FK}{EK + FK} \cdot r_{FK}$$

$$= 0,6 \cdot (0,04 + 1,07 \cdot (0,1 - 0,04)) + 0,4 \cdot 0,06$$

$$= 0,6 \cdot 0,1042 + 0,4 \cdot 0,06$$

$$= 8,7\%$$

Die empirische Validität des CAPM wurde zwar bezweifelt, bislang jedoch nicht widerlegt (vgl. zur Diskussion Brealey/Myers 1996, S. 183ff., Kruschwitz 1999, S. 199ff., Spremann 1991, S. 475ff.). Nach wie vor zählt das CAPM zu den Standardwerkzeugen der Investitionsrechnung.

Die **Realoptionenmethode**, die wir im folgenden vorstellen wollen, ist dagegen ein relativ neues Instrument (vgl. Crasselt/Tomaszewski 1999), das erst seit den 90er Jahren verstärkt in der Investitionsliteratur behandelt wird (vgl. z.B. Brealey/Myers 1996, Dixit/Pindyck 1994, Trigeorgis 1996). Sie begegnet dem Problem, daß in traditionellen Verfahren, wie der Kapitalwertmethode, die Investition gleichsam als schicksalhafter, von der Umwelt vorgegebener Zahlungsstrom behandelt wird, gehalten von einem passiven Unternehmen. In der Realität dagegen kann das Management eines Unternehmens auf Umweltentwicklungen flexibel reagieren. Die Kapitalwertmethode spiegelt somit den Wert aktiven Managements nicht wider (vgl. Brealey/Myers 1996). Die Idee der Realoptionenmethode ist, die Handlungsoptionen des Managements analog zu Finanzoptionen zu bewerten. Einige zentrale Realoptionen bei Investitionsprojekten sind (vgl. Tomaszewski 1999)

- Aufschub,
- Abbruch,
- Änderung oder
- Wachstum.

Am Beispiel einer Abbruchsoption wollen wir hier ein einfaches, binomiales Bewertungsmodell für Realoptionen vorstellen.

Beispiel 10-7

Für einen gerade gegründeten Internet-Startup bestehen zwei mögliche Geschäftsentwicklungen. Bei erfolgreichem Verlauf des ersten Geschäftsjahres wird das Unternehmen am Ende einen Wert von 8,125 Mio. DM haben (erwartete Wahrscheinlichkeit 0,7), bei einem weniger erfolgreichen Verlauf einen Wert von 5,2 Mio. DM (erwartete Wahrscheinlichkeit 0,3). Am Ende des Geschäftsjahres, das ist bereits jetzt absehbar, wird die Möglichkeit bestehen, das Geschäft aufzugeben und die angeschaffte Hardware für 6,5 Mio. DM zu verkaufen. Der erwartete Kapitalwert des Unternehmens läßt sich bei einem angenommenen Kalkulationszins von 10% berechnen als

$$Kapitalwert = \frac{0,7 \cdot 8,125 + 0,3 \cdot 5,2}{1,1} = 6,6 \, \text{Mio. DM.}$$

Dieser erwartete Kapitalwert stellt aber nicht den gesamten Unternehmenswert dar. Denn wie unschwer zu erkennen, ist die Option, das Geschäft im Mißerfolgsfall aufzugeben, wertvoll. Es stellt sich nun die Frage, wie hoch dieser Optionswert zu den Zeitpunkten t_1 und t_0 ist, damit das Unternehmen in Verhandlungen mit Risikokapitalgebern korrekt bewertet werden kann.

Die Abbruchsoption hat im Bereich der Finanzoptionen ihr Pendant in einer (europäischen) **Verkaufs-(oder: Put-) Option**. Ein europäischer Put gewährt das Recht, einen zugrunde liegenden Gegenstand, z.B. eine Aktie, zu einem bestimmten Zeitpunkt zu einem vereinbarten Basispreis zu verkaufen (für einen Überblick über Finanzoptionen vgl. z.B. Kruschwitz 1999, S. 263ff.). Der Wert der Putoption hängt folglich vom Wert des zugrunde liegenden Gegenstands ab. Offensichtlich ist die Putoption zum Ende der Optionsfrist nur dann wertvoll, wenn die Option „im Geld ist", d.h. der Basispreis über dem Marktpreis des zugrunde liegenden Gegenstands liegt. Die Auszahlung am Ende der Optionsfrist läßt sich leicht berechnen:

Wert des Puts am Ende der Optionsfrist = max ([*Basispreis - Marktpreis*];0)

Beispiel 10-7 (1. Fortsetzung)

Mit obiger Formel können wir nun den Wert der Abbruchsoption zum Zeitpunkt t_1 ermitteln. Das Äquivalent zum Basispreis ist der Liquidationserlös des Startups von 6,5 Mio. DM. Den Gegenstandspreis repräsentieren die Geschäftswerte in den beiden möglichen Geschäftsverläufen. Die Abbruchsoption hat nur bei weniger erfolgreichem Geschäftsverlauf einen Wert. Nachfolgende Abbildung faßt die bisherigen Berechnungen zusammen.

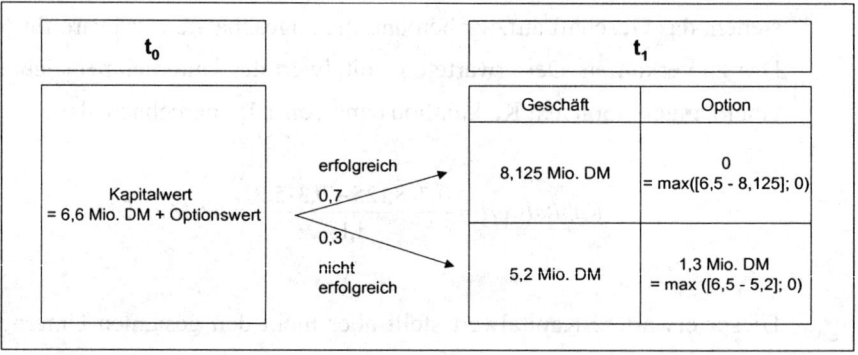

Von zentraler Bedeutung für die Bewertung von Optionen ist die Tatsache, daß während der Optionslaufzeit mit dem Preis des zugrunde liegenden Gegenstands nicht nur der Wert der Option schwankt, sondern auch ihr Risiko. Je weiter eine Option im Geld ist, desto sicherer ist sie (vgl. hierzu ausführlich Brealey/Myers 1996, S. 573). Der Gegenwartswert einer Option läßt sich somit nicht durch Abzinsung zum Kalkulationszins ermitteln, da der Kalkulationszins ständig dem geänderten Risiko angepaßt werden müßte (vgl. zum Verhältnis von Kalkulationszins und Risiko die Ausführungen zum CAPM).

Eine Lösung dieses Problems läßt sich ermitteln, wenn man annimmt, daß alle Investoren risikoindifferent sind. In einer risikoneutralen Welt muß die erwartete Rendite einer Investition der Rendite einer risikolosen Investition entsprechen (vgl. zu den dahinterstehenden Arbitrageüberlegungen z.B. Kruschwitz 1999). Da im Binomialmodell die Renditen im günstigen und im ungünstigen Fall bekannt sind, ergeben sich sog. **Pseudowahrscheinlichkeiten** p für das Eintreten des günstigen und (1 - p) für das Eintreten des ungünstigen Falles:

$$Erwartete\ Rendite = r_f = \text{ p} \times Rendite\ im\ günstigen\ Fall$$
$$+ (1 - p) \times Rendite\ im\ ungünstigen\ Fall.$$

Mit den Pseudowahrscheinlichkeiten kann man nun den Zukunftswert der Option berechnen und in einem letzten Schritt durch Abzinsung mit der risikofreien Rendite den Gegenwartswert der Option berechnen. Wir wollen dies anhand von Beispiel 10-7 verdeutlichen (für ein ausführliches Beispiel vgl. Brealey/Myers 1996, S. 592ff.).

Beispiel 10-7 (2. Fortsetzung)

Nehmen wir eine risikolose Rendite in Höhe von 2,5% an. Die Pseudowahrscheinlichkeiten für die erwartete Rendite des Startups in einer hypothetischen, risikoneutralen Welt betragen damit:

$$0,025 = p \cdot \left(\frac{8,125}{6,6} - 1 \right) + (1 - p) \cdot \left(\frac{5,2}{6,6} - 1 \right),$$

d.h. $p = 0,53$

Multiplizieren wir die Pseudowahrscheinlichkeiten mit den errechneten Werten der Abbruchsoption im günstigen und im ungünstigen Fall, so erhalten wir den erwarteten Wert der Abbruchsoption für t_1 in einem risikoneutralen Umfeld:

$$\text{Erwarteter Wert der Abbruchsoption in } t_1 = 0,53 \cdot 0 + 0,47 \cdot 1,3$$
$$= 0,611 \,\text{Mio. DM.}$$

Aus dem risikoneutralen Wert der Abbruchsoption in t_1 läßt sich nun durch Abzinsung mit der risikofreien Rendite der Gegenwartswert der Abbruchsoption bestimmen:

$$\text{Wert der Abbruchsoption in } t_0 = \frac{0{,}611}{1{,}025} = 0{,}6 \text{ Mio DM.}$$

Durch den „Kunstgriff" der risikoneutralen Methode haben wir somit den Wert der Abbruchsoption in t_0 ermittelt. Der Gesamtwert des Startups beträgt damit 6,6 Mio. DM + 0,6 Mio. DM = 7,2 Mio. DM.

Die hier dargestellte Bewertung für ein zwei Perioden-Beispiel und zwei Zukunftszustände läßt sich erweitern auf ein Modell mit kontinuierlichen Renditen und kontinuierlicher Abzinsung. Derartige Realoptionen können mit dem von Black/Scholes (1973) für Finanzoptionen entwickelten Ansatz bewertet werden. Wir verweisen hierfür auf die entsprechenden Ausführungen bei Brealey/Myers (1996, S. 595ff.).

10.2 Finanzierungsplanung

Unter Finanzierung verstehen wir alle Maßnahmen, die der Versorgung des Unternehmens mit disponiblem Kapital, der optimalen Strukturierung des Kapitals sowie der Kapitalherabsetzung dienen. Hierbei ist der Begriff "Kapital" nicht im Sinne des bilanziellen Kapitalbegriffs zu interpretieren, d.h. eine Finanzierungsmaßnahme muß sich nicht notwendigerweise auf der Passivseite der Bilanz niederschlagen (vgl. z.B. Finanzierung durch Abschreibung). Einem Unternehmen steht - zum Teil in Abhängigkeit von seiner Rechtsform - ein breites Spektrum an Finanzierungsformen zur Verfügung. Häufig (vgl. z.B. Göppl 1988b) unterscheidet man nach der Herkunft des Kapitals zwischen Innen- und Außenfinanzierung. Einen entsprechend verfeinerten Überblick zeigt Abbildung 10-4. Für die folgende Behandlung ausgewählter quantitativer Ansätze in der Finanzierungsplanung erweist sich eine Unterscheidung zwischen kurz- und langfristigen Finanzierungsproblemen als günstig.

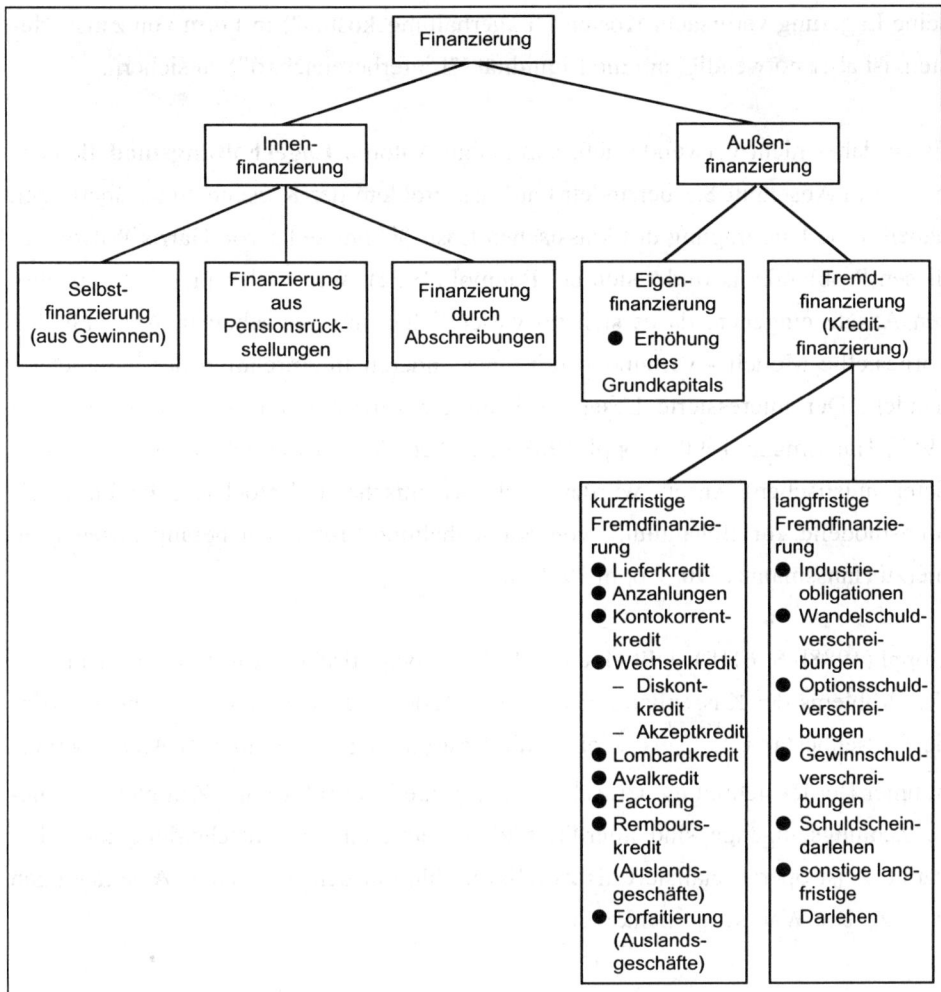

Abbildung 10-4: Finanzierungsformen im Überblick

10.2.1 Kurzfristige Finanzierungsprobleme

Ein zentrales Problem im Rahmen der kurzfristigen Finanzierungsplanung ist die **Planung der Kassenhaltung** (vgl. zu den folgenden Ausführungen auch Göppl 1988b). Grundlage hierfür ist der Finanzplan, in dem die monatlich geplanten Einnahmen und Ausgaben festgehalten werden. Aus diesen Daten läßt sich der Plan-Kassenbestand berechnen. Die Problemstellung weist eine unübersehbare Analogie zur Lagerhaltung (vgl. hierzu Abschnitt 8.3) auf: Das "zu lagernde" Gut ist Bargeld,

seine Lagerung verursacht Kosten ("Lagerhaltungskosten") in Form von Zinsverlu-
sten, ist aber notwendig, um die Liquidität ("Lieferbereitschaft") zu sichern.

Es ist daher nicht verwunderlich, daß einige Autoren **Lagerhaltungsmodelle** (wie
wir sie in Abschnitt 8.3 behandeln) auf das Problem der Kassenhaltung übertragen
haben. Eine Übertragung des klassischen Losgrößenmodells von Harris/Wilson auf
diesen Problemkreis findet sich bei Baumol (1952). Wir wollen hier nicht auf diesen Ansatz eingehen, da es sich im wesentlichen um das schon in Abschnitt 8.3
vorgestellte Modell - verbunden mit einer anderen Interpretation der Parameter -
handelt. Der interessierte Leser wird auf die Literatur verwiesen (z.B. Baumol
1952, Hanssmann 1990, Göppl 1988b). Neben diesem einfachen (statischen und
deterministischen) Ansatz wurden auch dynamische und stochastische Lagerhaltungsmodelle zur Behandlung von Kassenhaltungsproblemen herangezogen (vgl.
hierzu Hanssmann 1990, Göppl 1988b).

Göppl (1988b S. 61ff.) stellt einen einfachen stochastischen Ansatz zur Behandlung
des Problems der Kassenhaltung vor. Das Modell geht von einem gegebenen Min-
destkassenbestand k_{min} aus; Ziel ist die Bestimmung des optimalen Anlagebetrags
m unter Berücksichtigung der Zahlungseingänge Z im relevanten Zeitintervall. Diese Zahlungseingänge sind allerdings zum Zeitpunkt der Entscheidung nicht bekannt: Z ist operationalisiert als Zufallsvariable mit den (diskreten) Ausprägungen
$z_1,...,z_n$. Die Wahrscheinlichkeiten

$$p_i = P(Z = z_i) \qquad i = 1,...,n$$

seien mit hinreichender Genauigkeit bekannt. Die Planung erfolgt ex ante zum
Zeitpunkt t = 0 für ein Zeitintervall [0,T]. Der anfängliche Kassenbestand zum
Zeitpunkt t = 0 sei mit k_0 gegeben. Vorgegebene Parameter sind desweiteren der
Anlagezins von $100 \cdot r$ % und die fixen Transaktionskosten f, die beim Tätigen ei-
ner Anlage anfallen. Die Anlage hat zum Zeitpunkt t = 0 zu erfolgen.

Unter diesen Prämissen ist der Ertrag aus der Anlage von m GE durch

$$g(m) = r \cdot m - f$$

gegeben. Die möglicherweise auftretende Unterschreitung des Mindestkassenbestandes k_{min} errechnet sich als

$$k^- = \max\{m + k_{min} - k_0 - Z - g(m), 0\} \ .$$

Hierbei wird unterstellt, daß der Ertrag g(m) liquiditätswirksam ist. Offensichtlich ist die Größe k^- zum einen von m abhängig (d.h. $k^- = k^-(m)$) und zum anderen (da Z einfließt) eine Zufallsvariable. Mit einer Unterschreitung des Mindestkassenbestandes (d.h. $k^- > 0$) ist in der Regel ein gewisser monetär meßbarer Schaden $s(k^-)$ verbunden, wobei

$$s(0) = 0$$

gilt. Das vorliegende Entscheidungsproblem ist durch

$$G(m) = g(m) - s(k^-(m)) \ \to \ \max$$

gegeben. Aus bereits genannten Gründen handelt es sich um ein stochastisches Optimierungsproblem (vgl. hierzu Abschnitt 15.2): die Zielfunktion G ist (bei gegebenem m) eine Zufallsvariable. Naheliegend ist die Anwendung des μ-Prinzips (vgl. Abschnitt 11.3), d.h. die Maximierung des Erwartungswerts der Funktion G(m).

Beispiel 10-8

Im Rahmen des soeben formulierten Modells seien folgende Daten gegeben:

$$
\begin{aligned}
k_0 &= 500 \text{ GE} , \\
k_{min} &= 200 \text{ GE} , \\
r &= 0{,}12 \text{ und} \\
f &= 5 \text{ GE} .
\end{aligned}
$$

Die Zufallsvariable Z habe folgende Wahrscheinlichkeitsverteilung:

z_i	– 300	– 200	– 100	0	100	200	300
$P(Z = z_i)$	0,05	0,1	0,1	0,3	0,3	0,1	0,05

Der Schaden beim Unterschreiten des Mindestkassenbestandes um k^- GE beträgt (ebenfalls in GE)

$$s(k^-) = 0{,}0005 \, k^-(1 + k^-) \ .$$

Die kurzfristige Anlage zu 12% Zins ist auf maximal 700 GE beschränkt und kann nur in "glatten" Hunderterwerten erfolgen, d.h.

$$m \ \varepsilon \ \{0, 100, 200, ..., 700\} \ .$$

Herauszufinden ist nun der optimale Anlagebetrag aus dieser zulässigen Menge.

Die Größe k^- ergibt sich gemäß

$$k^- = \max\{m + 200 - 500 - Z - 0{,}12\,m + 5, 0\}$$
$$= \max\{0{,}88\,m - Z - 295, 0\} \ .$$

Im folgenden Tableau sind die resultierenden Werte von k^- in Abhängigkeit vom Anlagebetrag m und von der Ausprägung z_i der Zufallsvariable Z zusammengestellt; wir bezeichnen diese Werte im folgenden mit $k^-(m, z_i)$.

z_i m	-300	-200	-100	0	100	200	300
0	5	0	0	0	0	0	0
100	93	0	0	0	0	0	0
200	181	81	0	0	0	0	0
300	269	169	69	0	0	0	0
400	357	257	157	57	0	0	0
500	445	345	245	145	45	0	0
600	533	433	333	233	133	33	0
700	621	521	421	321	221	121	21

Das nächste Tableau zeigt die entsprechenden Werte des Schadens $s(k^-(m,z_i))$ und in der letzten Spalte den Erwartungswert von $s(k^-(m))$. Er errechnet sich als

$$E(s(k^-(m))) = \sum_{i=1}^{7} k^-(m, z_i) \cdot P(Z = z_i) \ .$$

z_i m	-300	-200	-100	0	100	200	300	
0	0,02	0	0	0	0	0	0	0,00
100	4,37	0	0	0	0	0	0	0,22
200	16,47	3,32	0	0	0	0	0	1,16
300	36,32	14,37	2,42	0	0	0	0	3,50
400	63,90	33,15	12,40	1,65	0	0	0	8,25
500	99,24	59,69	30,14	10,59	1,04	0	0	17,43
600	142,31	93,96	55,61	27,26	8,91	0,56	0	32,98
700	193,13	135,98	88,83	51,68	24,53	7,38	0,23	55,75

Es verbleibt die Berechnung der Werte von

$$E(G(m)) = g(m) - E(s(k-(m))) \ .$$

Diese Werte sind in der nachstehenden Tabelle gezeigt. Wir entnehmen ihr einen optimalen Anlagebetrag von $m = 500$ GE.

m	g (m)	E (s (k⁻(m)))	E (G (m))
0	0	0,00	0,00
100	7	0,22	6,78
200	19	1,16	17,84
300	31	3,50	27,50
400	43	8,25	34,75
500	55	17,43	37,57 *
600	67	32,98	34,02
700	79	55,75	23,25

Weitere Modelle zur Planung der Kassenhaltung findet der Leser bei Göppl (1988b, S. 63ff.). Hier ist insbesondere das Modell von Miller/Orr erwähnenswert. Dieser Ansatz geht von stochastischen Ein- und Auszahlungen während der Planperiode aus; sie werden durch eine Bernoulli-Verteilung beschrieben. Die Kassenhaltungspolitik sieht vor, falls der Kassenbestand eine Obergrenze h erreicht hat, ihn durch eine Investition auf die gewünschte Höhe c zurückzuführen. Erreicht der Kassenbestand eine Untergrenze u, so ist er durch Aufnahme von Mitteln auf die Höhe c anzuheben. Ziel des Modells ist die Bestimmung der Größen c, h und u, so daß die erwarteten Gesamtkosten der Kassenhaltung minimal sind.

10.2.2 Langfristige Finanzierungsprobleme

Aufgabe der langfristigen Finanzierungsplanung ist die Abstimmung des langfristigen Kapitalbedarfs des Unternehmens aus seiner Investitionstätigkeit mit dem Finanzierungspotential (Göppl 1988b, S. 122). Man spricht in diesem Zusammenhang von **struktureller Liquiditätssicherung**.

In der Praxis orientiert sich die langfristige Finanzierungsplanung häufig an **bilanziellen Regeln**. Man unterscheidet in diesem Zusammenhang

• Bindungsregeln (horizontale Regeln) und
• Kapitalstrukturregeln (vertikale Regeln).

Bindungsregeln - die Bezeichung "horizontale Regeln" hängt damit zusammen, daß sie sowohl die Aktiv- als auch die Passivseite der Bilanz berücksichtigen - fordern die Kongruenz der Fristen zwischen Kapitalbeschaffung und -rückzahlung einerseits und der Dauer der Kapitalbindung andererseits. Vereinfacht ausgedrückt: Finanzmittel (Kapital) müssen so lange zur Verfügung stehen, wie sie in Vermögensgegenständen (Investitionen) gebunden sind. Mit Hilfe solcher Regeln wird von der Gliederung des Vermögens (Aktivseite der Bilanz) auf die Fristigkeit des aufzunehmenden Kapitals (d.h. auf die Strukturierung der Passivseite) geschlossen. In der betriebswirtschaftlichen Literatur spricht man in diesem Zusammenhang häufig von der "goldenen Bilanzregel" (vgl. Perridon/Steiner 1993, S. 471). Im Gegensatz hierzu beziehen sich Kapitalstrukturregeln ausschließlich auf die Passivseite der Bilanz: Sie enthalten Aussagen über das anzustrebende Verhältnis zwischen Eigen- und Fremdkapital (vgl. Albach 1988).

Die Anwendung solcher bilanzieller Regeln im Rahmen langfristiger Finanzierungsüberlegungen wird in der einschlägigen Literatur kritisiert (vgl. Albach 1988). Insbesondere ist darauf hinzuweisen, daß die langfristige Liquidität weniger von der Vermögens- und/oder Kapitalstruktur als vielmehr von der Qualität zukünftiger Einnahmen abhängt. Außerdem hängt die Struktur der Bilanz von Bewertungsvorgängen ab, die aber nicht liquiditätswirksam sind: Verschiedene Bewertungsansätze können (fälschlicherweise) verschiedenen Kapitalbedarf suggerieren.

Die aus der Theorie der Portfolioselektion (vgl. Abschnitt 10.1.2) hervorgegangene moderne Kapitalmarkttheorie hat sich intensiv mit optimalen, langfristigen Finanzierungsentscheidungen (bei Unsicherheit) beschäftigt. Insbesondere die Frage nach dem optimalen Verhältnis von Eigenkapital und Fremdkapital ist vielfach diskutiert worden. Besonders bekannt sind in diesem Zusammenhang die Thesen von Modigliani und Miller (1958, 1969) zur Irrelevanz der Kapitalstruktur in einem perfekten Kapitalmarkt. Da eine Behandlung der Kapitalstrukturdiskussion den Rahmen dieses Buches sprengen würde, verweisen wir den interessierten Leser auf Brealey/Myers (1996, S. 474ff.) und die dort zitierte Literatur.

10.3 Simultane Investitions- und Finanzierungsplanung

In diesem Abschnitt befassen wir uns kurz mit quantitativen Ansätzen, deren Ge-
staltungsbereich sowohl die Investitions- als auch die Finanzierungsseite umfaßt.
Im einfachsten Fall, d.h. eine Periode und sichere Erwartungen, kann das Modell
von Dean angewendet werden (vgl. Perridon/Steiner 1993, S.130ff.). Dazu werden
alle Investitionsalternativen nach fallenden internen Zinssätzen und alle Finanzie-
rungsalternativen nach steigenden Kapitalkosten sortiert. In einem Diagramm werden Volumen und interner Zins der sortierten Investitions- und Finanzierungsalter-
nativen aufgetragen. Durch den Schnittpunkt von Investitions- und von Finanzie-
rungskurve ist (unter der Annahme der wechselseitigen Unabhängigkeit) die optimale Kombination von Investitionen und Finanzierungen determiniert.

Im folgenden wollen wir einen komplexeren Fall betrachten. Die vorliegende Entscheidungssituation sei (in Anlehnung an Kruschwitz 1993) folgendermaßen charakterisiert: Es stehen m voneinander unabhängige Investitionsprojekte $i = 1,...,m$
und n (ebenfalls voneinander unabhängige) Finanzierungsprojekte $j = 1,...,n$ zur
Auswahl; jedes dieser Projekte kann (zum Entscheidungszeitpunkt $t = 0$) mit einem
stetig variierbaren Investitions- bzw. Finanzierungsvolumen x_i GE bzw. y_j GE getätigt werden. Diese Volumina unterliegen Obergrenzen k_i bzw. l_j, d.h.

$$0 \leq x_i \leq k_i \quad \text{für } i = 1,...,m$$
$$0 \leq y_j \leq l_j \quad \text{für } j = 1,...,n \ .$$

Der Planungshorizont wird mit T bezeichnet. Jedes Investitions- und jedes Finanzierungsprojekt ist durch eine (auf eine GE bezogene) Zahlungsreihe über die Perioden $t = 0, 1,...,T$ beschrieben. Für das i-te Investitionsprojekt bezeichnen wir die
Glieder dieser Zahlungsreihe mit z^I_{ti}, d.h. die Zahlungsreihe hat die Form

$$z^I_{0i} , z^I_{1i} , ..., z^I_{Ti} \ ;$$

analog werden die Glieder der Zahlungsreihe für das Finanzierungsprojekt j mit z^F_{tj} benannt. Investitionen beginnen mit einer Ausgabe, Finanzierungen immer mit einer Einnahme; d.h.

$$z^I_{0i} < 0 \quad \text{für } i = 1,...,m$$

$$z^F_{0j} > 0 \quad \text{für } j = 1,...,n .$$

Desweiteren fallen in jeder Periode t von Investitionen und Finanzierungen unabhängige Basiseinnahmen bzw. -ausgaben in Höhe von B_t an ($B_t > 0$ bzw. $B_t < 0$). Außerdem erfolgt eine Entnahme von E_t GE. Insgesamt ergibt sich in Abhängigkeit von den Investitions- bzw. Finanzierungsvolumina x_i bzw. y_j ein Investitions- und Finanzierungsplan, wie er in Tabelle 10-1 dargestellt ist.

Entscheidungsvariablen des Problems sind die Größen x_i und y_j. Alle anderen Größen des Investitions- und Finanzierungsplans in Tabelle 10-1, insbesondere die Basiszahlungsreihe sowie die Geldentnahmen in den einzelnen Perioden, werden als gegeben angesehen. Ziel ist die Maximierung des Endvermögens C_T (obwohl im Rahmen eines geringfügig modifizierten Modells auch die Maximierung der Entnahmen eine sinnvolle Zielsetzung darstellt; vgl. hierzu Kruschwitz 1993). Wesentliche Nebenbedingung ist die Sicherung der Liquidität in jeder Periode t. Das (zu maximierende) Endvermögen ergibt sich als

$$C_T = B_T + \sum_{i=1}^{m} z^I_{Ti}x_i + \sum_{j=1}^{n} z^F_{Tj}y_j - E_T .$$

Für die t-te Periode ($0 \leq t \leq T-1$) sichern wir die Liquidität durch die Nebenbedingung

$$B_t + \sum_{i=1}^{m} z^I_{ti}x_i + \sum_{j=1}^{n} z^F_{tj}y_j = E_t .$$

Liquidität in Periode T liegt offensichtlich genau dann vor, wenn

$$C_T \geq 0$$

gilt (das Endvermögen darf nicht negativ sein).

Zeitpunkt	0	1	. . .	T
Basiseinnahmen / -ausgaben	B_0	B_1		B_T
Investitionsprojekte 1	$z_{01}^I x_1$	$z_{11}^I x_1$		$z_{T1}^I x_1$
i	$z_{0i}^I x_i$	$z_{1i}^I x_i$		$z_{Ti}^I x_i$
m	$z_{0m}^I x_m$	$z_{1m}^I x_m$		$z_{Tm}^I x_m$
Finanzierungsprojekte 1	$z_{01}^F y_1$	$z_{11}^F y_1$		$z_{T1}^F y_1$
j	$z_{0j}^F y_j$	$z_{1j}^F y_j$		$z_{Tj}^F y_j$
n	$z_{0n}^F y_n$	$z_{1n}^F y_n$		$z_{Tn}^F y_n$
Entnahmen	E_0	E_1		E_T
Endvermögen				C_T

Tabelle 10-1: Struktur eines T-stufigen Investitions- und Finanzierungsplans (nach Kruschwitz 1993)

Bei der Formulierung des Optimierungsproblems können wir in der Zielfunktion die konstanten Größen B_T und E_T vernachlässigen. Insgesamt erhalten wir das folgende **lineare Optimierungsproblem zur Bestimmung eines optimalen Investitions- und Finanzierungsplans**:

$$\tilde{C}_T(x_1,...,x_m, y_1,...,y_n) = \sum_{i=1}^{m} z^I_{Ti}x_i + \sum_{j=1}^{n} z^F_{Tj}y_j \rightarrow \max$$

u.d.N.

$$\sum_{i=1}^{m} z^I_{ti}x_i + \sum_{j=1}^{n} z^F_{tj}y_j = E_t - B_t \quad \text{für } t = 0,...,T\text{-}1$$

$$\sum_{i=1}^{m} z^I_{Ti}x_i + \sum_{j=1}^{n} z^F_{Tj}y_j \geq E_T - B_T$$

$$0 \leq x_i \leq k_i \qquad i = 1,...,m$$

$$0 \leq y_j \leq l_j \qquad j = 1,...,n$$

Das Problem ist mit Hilfe des Simplex-Verfahrens (vgl. Kapitel 13) lösbar. Weitere quantitative Lösungsansätze zur Behandlung simultaner Investitions- und Finanzierungsprobleme findet der Leser bei Berens/Delfmann (1995), Hanssmann (1990) und Kruschwitz (1993).

10.4 Übungsaufgaben zu Kapitel 10

Entsprechend der Gewichtung in diesem Kapitel gehen wir hier nur auf Investitionsprobleme ein. Die Aufgaben 10-1 bis 10-3 beschäftigen sich mit den unterschiedlichen Ansätzen der dynamischen Investitionsrechnung. Aufgabe 10-3 veranschaulicht die Berücksichtigung mehrerer Szenarien im Rahmen der dynamischen Investitionsrechnung. Die Aufgabe 10-4 behandelt eine Investitionsprogrammentscheidung bei sicheren Erträgen. Da es sich um ein Problem mit diskreten Projekten (festes Investitionsvolumen) handelt, kommt die ganzzahlige Optimierung zur Anwendung. Gegenstand der Aufgaben 10-5 bis 10-7 ist die Investitionsprogrammentscheidung bei ungewissen Erträgen (Portfolioselektion).

Aufgabe 10-1

Ein Unternehmen hat für ein Investitionsvorhaben folgende Informationen ermittelt: Die Anschaffungsausgabe ($t = 0$) beträgt $a_0 = 4.500.000$ DM. Die Investition wird in den nächsten fünf Jahren folgende Kosteneinsparungen ermöglichen:

Jahre	1	2	3	4	5
Einsparungen	1.500.000	1.900.000	1.400.000	700.000	550.000

Man geht von einem Zinssatz von 10% (d.h. i=0,1) aus. Da die derzeitige Situation am Kapitalmarkt recht instabil ist, soll die Beurteilung der Investition auch bzgl. eines Zinsniveaus von 15% erfolgen.

a) Berechnen Sie den Kapitalwert für beide Szenarien.

b) Welche Endwerte ergeben sich?

c) Eine detaillierte Zinsprognose für die nächsten fünf Jahre weist folgende Entwicklung aus:

t	1	2	3	4	5
Zins in %	10	12	11	14	13

Welcher Kapitalwert ergibt sich nun für die Investition?

Lösung

a) Für den Zins von 10% (d.h. i=0,1) errechnen wir

$$C_0(0,1) \quad = \quad -4.500.000 + 1.500.000 \cdot 1,1^{-1} + 1.900.000 \cdot 1,1^{-2}$$

$$+ 1.400.000 \cdot 1,1^{-3} + 700.000 \cdot 1,1^{-4} + 550.000 \cdot 1,1^{-5}$$

$$= \quad 305.341 > 0 \, ,$$

d.h. die Investition wird bei diesem Zinssatz positiv beurteilt.

Für ein Zinsniveau von 15% ergibt sich der Kapitalwert zu $C_0(0,15) = -164.782$

< 0, was die Investition als nachteilhaft ausweist. Aufgrund dieser Abhängigkeit der Investitionsbeurteilung von der zukünftigen Zinsentwicklung erscheint es erforderlich, vor der endgültigen Investitionsentscheidung detailliertere Zinsprognosen einzuholen (vgl. Teil c).

b) Der Endwert für die beiden Szenarien berechnet sich nach der Formel

$$C_T = C_0 \cdot (1+i)^T, \text{ d.h.}$$

$$C_T(0,1) = + 305.341 \cdot 1,1^5 = 491.754$$

$$C_T(0,15) = - 164.782 \cdot 1,15^5 = - 331.435 \, .$$

c) Unter Berücksichtigung der Zinsentwicklung kann man nicht mehr von einem einheitlichen Diskontierungsfaktor $(1+i)^{-t}$ ausgehen. Man erhält folgende Diskontierungsfaktoren für die einzelnen Perioden:

t	Diskontierungsfaktor
1	$1,1^{-1}$
2	$(1,1 \cdot 1,12)^{-1} = 1,232^{-1}$
3	$(1,1 \cdot 1,12 \cdot 1,11)^{-1} = 1,368^{-1}$
4	$(1,1 \cdot 1,12 \cdot 1,11 \cdot 1,14)^{-1} = 1,559^{-1}$
5	$(1,1 \cdot 1,12 \cdot 1,11 \cdot 1,14 \cdot 1,13)^{-1} = 1,762^{-1}$

Der Kapitalwert berechnet sich nun als

$$C_0 \quad = \quad -4.500.000 + 1.500.000 \cdot 1{,}1^{-1} + 1.900.000 \cdot 1{,}232^{-1}$$

$$+ 1.400.000 \cdot 1{,}368^{-1} + 700.000 \cdot 1{,}559^{-1} + 550.000 \cdot 1{,}762^{-1}$$

$$= \quad 190.387 \; ;$$

die Investition wird also vorteilhaft beurteilt.

Aufgabe 10-2

a) Eine Investition weist folgende Zahlungsreihe auf:

t	0	1	2
z_t	-30.000	1.200	32.436

Bestimmen Sie den internen Zinssatz i* der Zahlungsreihe.

b) Eine andere Investition bringt Einsparungen in den nächsten vier Perioden. Die entsprechende Zahlungsreihe hat folgende Form:

t	0	1	2	3	4
z_t	-65	20	24	19	9

Hat die Zahlungsreihe einen eindeutigen internen Zins? Nähern Sie diesen durch das Newton-Verfahren an (Anfangswert $i_0 = 0{,}05$).

c) Die Berechnung des internen Zinssatzes über eine **fortgesetzte Intervallhalbierung** läuft wie folgt ab: Es wird der Kapitalwert für zwei Zinssätze berechnet, von denen einer einen negativen und der andere einen positiven Kapitalwert aufweist. Danach wird für den Mittelwert der beiden Zinssätze der Kapitalwert berechnet. Ist dieser negativ, so wird der Mittelwert aus diesem Zinssatz und demjenigen Satz betrachtet, der einen positiven Kapitalwert aufweist. Ist der Kapitalwert des mittleren Zinssatzes dagegen positiv, so betrachtet man die andere Hälfte des Intervalls. Man arbeitet also mit immer kleineren Intervallen, wobei die Kapitalwerte der beiden Endpunkte stets unterschiedliche Vorzeichen haben.

Dieses Verfahren wird wiederholt, bis der Kapitalwert hinreichend nahe bei Null liegt.

Wenden Sie das Verfahren auf folgende Zahlungsreihe an. Gehen Sie dabei von dem Anfangsintervall [5%,10%] aus.

t	0	1	2	3	4	5
z_t	-95	35	33	29	11	5

Lösung

a) Der interne Zins der Zahlungsreihe kann bei $T = 2$ exakt durch Lösung der Gleichung

$$z_0 + z_1(1+i)^{-1} + z_2(1+i)^{-2} = 0$$

bzw.

$$z_0(1+i)^2 + z_1(1+i) + z_2 = 0$$

berechnet werden. Es ergibt sich die Gleichung

$$-30.000 \cdot (1+i)^2 + 1.200 \cdot (1+i) + 32.436 = 0$$

bzw. nach Substitution von $1 + i$ durch q

$$q_{1/2} = 0,02 \pm (0,004 + 1,0812)^{1/2} = 0,02 \pm 1,04 \ .$$

Wir vernachlässigen die negative Lösung und erhalten $q^* = 1,06$, d.h. $i^* = 0,06$. Der interne Zins beträgt somit 6%.

b) Die Zahlungsreihe hat einen eindeutigen internen Zins, da sie eine einfache Investition repräsentiert, d.h. daß $z_0 < 0$ und $z_t \geq 0$ für $t = 1,...,T$ gilt und die Bedingung $\Sigma z_t > 0$ erfüllt ist. Das Newton-Verfahren iteriert nach folgender Vorschrift:

$$i_{k+1} = i_k - [C_0(i_k) / C'_0(i_k)] \ , \quad k=0,1,2,.....$$

In unserem Beispiel gilt

$$C_0(i) = -65 + [20/(1+i)] + [24/(1+i)^2] + [19/(1+i)^3] + [9/(1+i)^4] \quad \text{und}$$

$$C'_0(i) = d\, C_0(i)/d\, i = -[20/(1+i)^2] - [48/(1+i)^3] - [57/(1+i)^4] - [36/(1+i)^5].$$

Ausgehend von $i_0 = 0{,}05$ erhalten wir

$$C_0(0{,}05) = -0{,}366$$
$$C'_0(0{,}05) = -134{,}71$$

d.h.

$$i_1 = 0{,}05 - [-0{,}366/-134{,}71] = 0{,}047 \ .$$

Der zweite Schritt ergibt analog

$$C_0(0{,}047) = 0{,}0398$$
$$C'_0(0{,}047) = -136{,}11 \ ,$$

d.h.

$$i_2 = 0{,}047 - [0{,}0398/-136{,}11] = 0{,}0473 \ .$$

Der Zinssatz von 4,7% erweist sich als stabil. Daher kann man das Verfahren an dieser Stelle abbrechen.

c) Die Kapitalwerte für die Zinssätze $i_1 = 0{,}05$ und $i_2 = 0{,}1$ ergeben sich zu $C_0(0{,}05) = 6{,}3$ und $C_0(0{,}1) = -3{,}5$. Für den Mittelwert berechnet man $C_0(0{,}075) = 1{,}2$; im folgenden wird daher das Intervall [0,075;0,1] betrachtet. Der Mittelwert dieses Intervalls ($i = 0{,}0875$) ist der nächste Näherungswert für den internen Zins. Wegen $C_0(0{,}0875) = -1{,}2$ ist der nächste Wert durch $1/2(0{,}0875 + 0{,}075) = 0{,}0813$ gegeben. Hier ist $C_0(0{,}0813) = -0{,}04$; diese Zahl liegt hinreichend nahe bei Null. Der interne Zins beträgt also etwa 8,1%.

Aufgabe 10-3

Ein Unternehmen möchte eine Fertigungsinvestition tätigen. Zwei Lieferanten von Maschinen ergeben sich als relevante Gesprächspartner. Je nach Wahl der Maschine (M1 oder M2) unterscheiden sich die Rückflüsse in den nächsten fünf Jahren. Darüber hinaus ist man unsicher bezüglich der Marktentwicklung in den nächsten Jahren und betrachtet daher drei Szenarien. Die Zahlungsreihen (in TDM) für die Investitionsalternativen und Szenarien entnimmt man folgendem Tableau:

Alternativen/Szenarien	t	0	1	2	3	4	5
Szenario 1	M1	-900	150	400	300	120	90
	M2	-850	200	390	300	60	50
Szenario 2	M1	-900	120	190	240	250	350
	M2	-850	140	200	220	220	270
Szenario 3	M1	-900	50	100	140	450	420
	M2	-850	70	110	160	380	380

a) Berechnen Sie die jeweiligen Kapitalwerte bei einem Kalkulationszins von 7% (d.h. $i=0{,}07$) und stellen Sie eine entsprechende Ergebnismatrix auf.

b) Für welche Investition entscheidet man sich nach dem Maximin-Kriterium bzw. nach dem Hurwicz-Kriterium ($\delta = 0{,}4$) (vgl. zu beiden Kriterien Abschnitt 11.2)?

c) Man möchte die Entscheidungssituation noch etwas differenzierter betrachten. Für die unterschiedlichen Szenarien bzgl. der Marktentwicklung wurden in einer Expertenbefragung die nachstehenden Eintrittswahrscheinlichkeiten ermittelt. Wie lautet die optimale Investitionsentscheidung, wenn man das μ-Kriterium (vgl. Abschnitt 11.3) zugrunde legt?

Szenarien	s_1	s_2	s_3
Eintrittswahrscheinlichkeiten	0,2	0,45	0,35

Lösung

a) Die Kapitalwerte der Investitionsalternativen für die drei Szenarien ergeben sich wie folgt:

	s_1	s_2	s_3
M1	-9,83	14,28	-8,89
M2	3,87	-4,54	2,94

b) Die Maximin-Regel bewertet eine Alternative anhand des schlechtestmöglichen Ergebnisses. Die Hurwicz-Regel orientiert sich am gewichteten Mittelwert zwischen best- und schlechtestmöglichem Ergebnis, wobei das bestmögliche Ergebnis mit dem Optimismusparameter δ (hier:0,4) zu gewichten ist (vgl. hierzu auch Abschnitt 11.2). Es ergeben sich folgende Werte:

	Maximin	Hurwicz
M1	-9,83	-0,17 *
M2	-4,54 *	-1,18
Entscheidung für	M2	M1

Die Entscheidungsregeln liefern also unterschiedliche Empfehlungen.

c) Das μ-Kriterium (vgl. Abschnitt 11.3) ermittelt mit Hilfe der Eintrittswahrscheinlichkeiten der Szenarien für jede Alternative den Erwartungswert des Ergebnisses:

$$\mu_1 = 0{,}2 \cdot (-9.83) + 0{,}45 \cdot 14{,}28 + 0{,}35 \cdot (-8{,}89) = 1{,}35$$

$$\mu_2 = 0{,}2 \cdot 3{,}87 + 0{,}45 \cdot (-4{,}54) + 0{,}35 \cdot 2{,}94 = -0{,}24$$

Diese Entscheidungsregel weist M1 als optimale Alternative aus. Hierin schlägt sich sehr stark die Tatsache nieder, daß M1 bzgl. des Szenarios s_2, das die höchste Eintrittswahrscheinlichkeit aufweist, ein sehr gutes Ergebnis liefert.

Aufgabe 10-4

Es soll ein optimales Investitionsprogramm aus vier Investitionsalternativen (i = 1,...,4) zusammengestellt werden. Der folgenden Tabelle sind die Investitionsauszahlungen I_i sowie die Einzahlungen E_i der einzelnen Alternativen zu entnehmen (jeweils in TDM).

i	I_i	E_i
1	300	800
2	500	900
3	1200	1400
4	700	800

Als Restriktion für die Investitionsaufwendungen ist ein Budget von 1,8 Millionen DM gegeben. Weiter ist zu berücksichtigen, daß

- von den Alternativen 2 und 3 höchstens eine und
- von den Alternativen 3 und 4 mindestens eine

realisiert werden soll.

a) Formulieren Sie das entsprechende Optimierungsproblem. Um welchen Typ eines Optimierungsproblems handelt es sich?

b) Bestimmen Sie mit Hilfe der vollständigen Enumeration alle zulässigen Investitionsprogramme sowie das optimale Investitionsprogramm.

Lösung

a) Wir definieren die binäre Entscheidungsvariable x_i (i = 1,...,4) wie folgt:

$$x_i = \begin{cases} 1, \text{ falls Investitionsalternative i realisiert wird} \\ \\ 0, \text{ sonst} \end{cases}$$

Das Optimierungsproblem hat dann folgende Form:

$$800x_1 + 900x_2 + 1400x_3 + 800x_4 \to \max$$

u.d.N

$$300x_1 + 500x_2 + 1200x_3 + 700x_4 \leq 1800 \qquad (N_1)$$

$$x_2 + x_3 \leq 1 \qquad (N_2)$$

$$x_3 + x_4 \geq 1 \qquad (N_3)$$

$$x_i \, \varepsilon \, \{0,1\} \qquad i = 1,\ldots,4$$

Es handelt sich um ein ganzzahliges (genauer: ein binäres) Optimierungsproblem.

b) Mögliche Investitionsprogramme sind zunächst einmal alle vierstelligen Kombinationen von Einsen und Nullen. Im folgenden Tableau wird für diese 16 Investitionsprogramme dargestellt, ob sie den Nebenbedingungen N_1, N_2 und N_3 genügen. Für die zulässigen Investitionsprogramme ist der Wert der Zielfunktion angegeben. Das optimale Investitionsprogramm besteht also darin, die Investitionsalternativen 1, 2 und 4 zu realisieren. Der optimale Zielfunktionswert (Ertrag) ergibt sich zu 2.500 TDM.

Investitionsprogramm				Erfüllung der Nebenbedingungen			Wert der Zielfunktion
x_1	x_2	x_3	x_4	N_1	N_2	N_3	
0	0	0	0	ja	ja	nein	-
1	0	0	0	ja	ja	nein	-
0	1	0	0	ja	ja	nein	-
0	0	1	0	ja	ja	ja	1400
0	0	0	1	ja	ja	ja	800
1	1	0	0	ja	ja	nein	-
1	0	1	0	ja	ja	ja	2200
1	0	0	1	ja	ja	ja	1600
0	1	1	0	ja	nein	ja	-
0	1	0	1	ja	ja	ja	1700
0	0	1	1	nein	ja	ja	-
1	1	1	0	nein	nein	ja	-
1	1	0	1	ja	ja	ja	2500*
1	0	1	1	nein	ja	ja	-
0	1	1	1	nein	nein	ja	-
1	1	1	1	nein	nein	ja	-

Aufgabe 10-5

Ein Investor steht vor der Entscheidung, einen bestimmten Betrag auf zwei Wertpapiere zu verteilen. Die Renditen der Wertpapiere unterliegen der Ungewißheit, wobei man von vier möglichen Szenarien $(s_1,...,s_4)$ ausgeht. Das folgende Tableau zeigt die Renditen der beiden Wertpapiere bzgl. der vier Szenarien sowie die Eintrittswahrscheinlichkeiten $p_1,...,p_4$ der Szenarien. Beispielsweise erzielt man, falls Szenario s_3 eintritt, mit Wertpapier 2 eine Rendite von 0.2 (d.h. von 20%).

	Renditen bzgl. der Szenarien			
	s_1	s_2	s_3	s_4
	$p_1 = 0{,}2$	$p_2 = 0{,}3$	$p_3 = 0{,}4$	$p_4 = 0{,}1$
Wertpapier 1	0,2	-0,1	0,4	0
Wertpapier 2	0,3	-0,3	0,2	0,2

a) Berechnen Sie die Erwartungswerte sowie die Varianzen der Renditen der beiden Wertpapiere.

b) Berechnen Sie die Kovarianz der Renditen.

c) Ermitteln sie nun ein risikominimales Portfolio aus diesen beiden Wertpapieren. Geben Sie die wertmäßigen Anteile w_1 bzw. w_2 der beiden Wertpapiere in diesem Portfolio an $(w_1 + w_2 = 1)$.

Wie hoch sind bei diesem Portfolio das Risiko und die erwartete Rendite?

d) Geben Sie die Zusammensetzung des Portfolios an, dessen erwartete Rendite bei 14% liegt.

Lösung

a) Die Erwartungswerte und Varianzen ergeben sich aus den in Abschnitt 10.1.2 angegebenen Formeln:

$$\mu_1 = 0.17, \quad \mu_2 = 0.07, \quad \sigma^2_1 = 0.0461, \quad \sigma^2_2 = 0.0601$$

b) Für die Kovarianz erhalten wir

$$\sigma_{12} = 0{,}0411 \ .$$

c) Das Risiko (d.h. die Varianz der Rendite) eines Portfolios aus zwei Wertpapieren läßt sich, wie wir in Abschnitt 10.1.2 gezeigt haben, durch w_1 ausdrücken:

$$\sigma^2_p(w_1) = w^2_1\sigma^2_1 + \sigma^2_2 - 2w_1\sigma^2_2 + w^2_1\sigma^2_2 + 2w_1\sigma_{12} - 2w^2_1\sigma_{12}$$

Minimales Risiko ergibt sich für

$$w_1 = [\sigma^2_2 - \sigma_{12}] / [\sigma^2_1 + \sigma^2_2 - 2\sigma_{12}] \ .$$

In unserem Beispiel errechnet man $w_1 = 0{,}792$ und folglich $w_2 = 0{,}208$. Das Risiko dieses Portfolios ist

$$\sigma^2_p(0{,}792) = 0{,}0451 \ ;$$

die erwartete Rendite beträgt

$$\mu_p = w_1\mu_1 + w_2\mu_2 = 0{,}149 \ \text{(d.h. 14,9\%)} \ .$$

d) Wir gehen aus von der Beziehung

$$\mu_p = w_1\mu_1 + w_2\mu_2$$

für die erwartete Rendite eines Portfolios aus zwei Wertpapieren. Das Einsetzen der hier vorliegenden Zahlen ergibt (unter Berücksichtigung von $w_2 = 1 - w_1$)

$$0{,}14 = w_1 \cdot 0.17 + (1 - w_1) \cdot 0.07$$

und somit $w_1 = 0.7$ (folglich $w_2 = 0.3$).

Aufgabe 10-6

In Abschnitt 10.1.2 wurde ein Optimierungsproblem zur Bestimmung eines risikominimalen Portfolios bei vorgegebener Renditeerwartung $\tilde{\mu}$ behandelt. Wir
wollen nun zusätzlich zu den bereits formulierten Voraussetzungen davon ausgehen, daß die Renditen der einzelnen Wertpapiere paarweise voneinander unabhängig sind (d.h. $\sigma_{ik} = 0$ für alle i,k mit i≠k).

a) Wie lautet das entsprechende Optimierungsproblem?

b) Wir gehen nun von drei Wertpapieren mit den erwarteten Renditen $\mu_1=0.10$, $\mu_2 =$
0.12, $\mu_3 = 0.06$ und den Risiken $\sigma^2_1 = 0.04$, $\sigma^2_2 = 0.06$ und $\sigma^2_3 = 0.01$ aus. Die
erwartete Rendite des Portfolios soll $\tilde{\mu} = 0.1$ betragen. Bestimmen Sie mit Hilfe
des Verfahrens der Lagrange-Multiplikatoren (vgl. Kapitel 14) das risikominimale Portfolio.

Lösung

a) Das Optimierungsproblem hat folgende Form:

$$\sigma^2_p(w_1,...,w_n) = \sum_{i=1}^{n} \sum_{k=1}^{n} w_i w_k \sigma_{ik} \to \min$$

u.d.N.

$$\sum_{i=1}^{n} w_i \mu_i = \tilde{\mu}$$

$$\sum_{i=1}^{n} w_i = 1$$

$$w_i \geq 0 \qquad i = 1,...,n$$

Unter der zusätzlichen Voraussetzung der Unabhängigkeit der Renditen vereinfacht sich die Zielfunktion zu (der Leser beachte die Beziehung $\sigma_{ii} = \sigma^2_i$)

$$\sigma^2_p(w_1,...,w_n) = \sum_{i=1}^{n} w^2_i \sigma^2_i \ .$$

Die Nebenbedingungen des Optimierungsproblems bleiben unverändert.

b) Wir betrachten zunächst das Problem ohne die Nebenbedingung

$$\sum_{i=1}^{3} w_i = 1 \ .$$

Dann hat die Lagrange-Funktion die Form

$$L(\tilde{w}_1,\tilde{w}_2,\tilde{w}_3,\delta) = \sum_{i=1}^{3} \tilde{w}^2_i \sigma^2_i - \delta \cdot (\sum_{i=1}^{3} \tilde{w}_i \mu_i - \tilde{\mu}) \ .$$

Entsprechend der Theorie des Lagrange-Ansatzes setzen wir die partiellen Ableitungen der Funktion L zu Null:

$$dL \ / \ d\tilde{w}_i = 2\sigma^2_i \ \tilde{w}_i - \delta\mu_i = 0 \qquad i = 1,2,3$$

$$dL \ / \ d\delta = \sum_{i=1}^{3} \tilde{w}_i \mu_i - \tilde{\mu} = 0$$

Die ersten drei Gleichungen bringen wir in die Form

$$\tilde{w}_i = \delta\mu_i \ / \ 2\sigma^2_i \ ; \qquad i = 1,2,3$$

durch Einsetzen dieser Ausdrücke in die vierte Gleichung erhält man

$$\sum_{i=1}^{3} (\delta\mu^2_i) / (2\sigma^2_i) = \tilde{\mu}$$

bzw.

$$\delta = \frac{\tilde{\mu}}{\displaystyle\sum_{i=1}^{3} \frac{\mu_i^2}{2\sigma_i^2}}$$

Hieraus folgt weiter

$$\tilde{w}_i = \frac{\mu_i \tilde{\mu}}{2\sigma_i^2 \displaystyle\sum_{j=1}^{3} \frac{\mu_j^2}{2\sigma_j^2}} = \frac{\mu_i \tilde{\mu}}{\sigma_i^2 \displaystyle\sum_{j=1}^{3} \frac{\mu_j^2}{\sigma_j^2}} \qquad i = 1,2,3 \ .$$

Für die vorgegebenen Werte erhalten wir $\tilde{w}_1 = 0.294$, $\tilde{w}_2 = 0.235$ und $\tilde{w}_3 = 0.706$. Es ist

$$\sum_{i=1}^{3} \tilde{w}_i = 1.235 \ ;$$

um die anfänglich außer Acht gelassene Nebenbedingung

$$\sum_{i=1}^{3} w_i = 1$$

zu erfüllen, normieren wir gemäß

$$w_i = \tilde{w}_i \ / \ 1.235 \qquad\qquad i = 1,2,3 \ .$$

Es ergibt sich $w_1 = 0.238$, $w_2 = 0.190$ und $w_3 = 0.572$.

Aufgabe 10-7

Unter dem Korrelationskoeffizient K zweier Zufallsvariablen X und Y versteht man die Größe

$$K(X,Y) = [Cov(X,Y)] \ / \ [(Var(X))^{1/2} \cdot (Var(Y))^{1/2}] \ ,$$

wobei "Cov" für Kovarianz und "Var" für Varianz steht. Es gilt

$$- 1 \leq K(X,Y) \leq 1 \ .$$

Wir gehen im folgenden von zwei Wertpapieren aus, deren Renditen R_1 und R_2 perfekt negativ korreliert sind, d.h. $K(R_1,R_2) = -1$. Zeigen Sie, daß es in diesem Fall möglich ist, ein risikoloses Portfolio aus den beiden Wertpapieren zu bilden. Geben Sie die Zusammensetzung dieses Portfolios an. (Anmerkung: Dieser Ansatz zur Konstruktion risikoloser bzw. fast risikoloser Portfolios wird in der Theorie der Portfolioselektion auch als **Hedging** bezeichnet.)

Lösung

Aus $K(R_1,R_2) = -1$ folgt (mit den bereits eingeführten Bezeichnungen) für die Kovarianz σ_{12} der beiden Renditen

$$\sigma_{12} = - \sigma_1 \sigma_2 \ .$$

Das Risiko eines Portfolios aus zwei Wertpapieren (mit den wertmäßigen Anteilen w_1 bzw. w_2) beträgt bekanntlich

$$\sigma_p^2 = w_1^2 \sigma_1^2 + w_2^2 \sigma_2^2 + 2w_1 w_2 \sigma_{12} \ .$$

Ersetzen wir σ_{12} durch $-\sigma_1 \sigma_2$, so ergibt sich

$$\sigma_p^2 = w_1^2 \sigma_1^2 + w_2^2 \sigma_2^2 - 2w_1 w_2 \sigma_1 \sigma_2$$
$$= (w_1 \sigma_1 - w_2 \sigma_2)^2 \ .$$

Für

$$w_1 / w_2 = \sigma_2 / \sigma_1$$

nimmt dieser Ausdruck offensichtlich den Wert Null an. Wir gelangen also zu einem risikolosen Portfolio, indem wir das Verhältnis der wertmäßigen Anteile der beiden Wertpapiere mit dem Kehrwert des Verhältnisses der Standardabweichungen der Renditen gleichsetzen. Unter Berücksichtigung von $w_2 = 1-w_1$ ergibt sich hieraus

$$w_1 = [\sigma_2/\sigma_1] / [1 + \sigma_2/\sigma_1] .$$

10.5 Literatur zu Kapitel 10

Zur vertieften Behandlung des Investitionsbereichs empfehlen wir die Bücher bzw. Artikel von Albach (1975), Betge (1998), Däumler (1988), Göppl (1988a), Hanssmann (1990), Kruschwitz (1993, 1996), Schmidt (1986), Schneider (1980), Spremann (1991) und von Nitzsch (1997). Im Zusammenhang mit Realoptionen verweisen wir insbesondere auf das Werk von Trigeorgis (1996). Zum Thema Finanzoptionen sind die Bücher von Hull (2000), Kruschwitz (1999) und Merton (1990) empfehlenswert.

Ausgewählte Bücher, die sich mit Finanzierung befassen, sind Schneider (1980), Swoboda (1981), Schmidt (1986), Weston/Copeland (1986), Göppl (1988b), Hanssmann (1990), Spremann (1991), Perridon/Steiner (1993), Süchting (1995) und Brealey/Myers (1996).

Ansätze zur simultanen Investitions- und Finanzierungsplanung werden u.a. bei Berens/Delfmann (1995), Hanssmann (1990) und Kruschwitz (1993) behandelt.

TEIL IV:

GRUNDLAGEN ZUR QUANTITATIVEN MODELLBILDUNG

Inhalt:

- Entscheidungsmodelle

- Graphentheorie und Netzplantechnik

- Lineare Optimierung

- Komplexere Optimierungsmodelle

- Ansätze zur Überwindung der Restriktionen "klassischer" Optimierungsmodelle

TEIL IV

GRUNDLAGEN ZUR QUANTITATIVEN MODELLBILDUNG

Inhalt:

11 Entscheidungsmodelle

Dieses Kapitel behandelt grundlegende Ansätze zur Formalisierung von ökonomischen Entscheidungen. Unter einer **Entscheidung** wollen wir hier die mehr oder weniger bewußte Auswahl einer von mehreren Alternativen durch einen Entscheidungsträger bzw. durch ein Gremium von Entscheidungsträgern verstehen. Es soll allerdings schon an dieser Stelle darauf hingewiesen werden, daß wir uns nicht mit Gruppenentscheidungen beschäftigen werden. In diesem Zusammenhang sei auf Bamberg/Coenenberg (1996) und Saliger (1981) verwiesen. Die Entscheidungstheorie als wissenschaftliche Disziplin zur Behandlung von Entscheidungen läßt sich untergliedern in

- die normative Entscheidungstheorie und
- die deskriptive Entscheidungstheorie.

Die **normative Entscheidungstheorie** befaßt sich mit der Frage, wie in einer konkreten Entscheidungssituation aus der Menge der möglichen Alternativen diejenige zu ermitteln ist, die in bezug auf das Ziel bzw. die Ziele des Entscheidungsträgers am vorteilhaftesten ist. Da hier keine an gewissen Wertvorstellungen orientierte Beurteilung der Ziele selbst erfolgt, spricht man in diesem Zusammenhang auch von formaler Rationalität.

Im Gegensatz hierzu stellt sich die **deskriptive Entscheidungstheorie** die Aufgabe, tatsächliche Entscheidungen in konkreten Situationen zu erklären. Hier steht also nicht die Rationalität als Norm sondern das tatsächliche Problemlösungsverhalten eines Entscheidungsträgers bzw. eines Gremiums im Mittelpunkt. Die deskriptive Entscheidungstheorie steht somit in unmittelbarer Beziehung zu entsprechenden Ansätzen aus den Verhaltenswissenschaften.

Gegenstand der nachfolgenden Ausführungen ist die normative Entscheidungstheorie. Wir behandeln in diesem Kapitel ausschließlich Entscheidungssituationen mit einem einzigen Zielkriterium. Ansätze zur Alternativenauswahl bei Vorliegen mehrerer Zielkriterien werden in Kapitel 15 unter dem Begriff "Vektoroptimierung" behandelt.

11.1 Grundlegende Charakterisierung von Entscheidungssituationen

Wir gehen von einer Entscheidungssituation der folgenden Form aus: Es ist eine von m Alternativen $a_1,...,a_m$ auszuwählen. Die Menge der möglichen Alternativen wird häufig auch als Aktionsraum bezeichnet. Desweiteren sind n mögliche Zustände $s_1,...,s_n$ (Umweltsituationen, Szenarien; vgl. hierzu Abschnitt 4.1.2) gegeben.

Dem Entscheidungsträger ist zum Zeitpunkt der Entscheidung nicht bekannt, welcher Umweltzustand eintreten wird. Er kennt allerdings für jede der möglichen Aktionen das Ergebnis, das sie bei Eintreten eines der möglichen Zustände bewirkt. Wir haben also Werte

$$z_{ij} = z(a_i, s_j), \qquad i = 1,...,m , \ j = 1,...,n$$

die uns angeben, welcher Wert bzgl. des Zielkriteriums z bei Auswahl der Alternative a_i und Eintreten des Zustandes s_j erreicht wird. Diese Werte lassen sich in der **Ergebnismatrix**

$$Z = (z_{ij}) \ _{(i = 1,...,m; j = 1,...,n)}$$

zusammenfassen. Wir setzen voraus, daß ein Ergebnis um so günstiger für den Entscheidungsträger ist, je höher der Ergebniswert ausfällt.

Beispiel 11-1

In der Marketingplanungsabteilung eines Unternehmens ist man dabei, die Marketingpolitik für die nächste Planperiode zu konzipieren. Hierbei werden die folgenden alternativen Handlungsmöglichkeiten in Betracht gezogen:

a_1: Marketingpolitik wie bisher

a_2: gezielte intensive Werbekampagne

a_3: Sonderpreisaktion

a_4: intensive Marketingkampagne

a_5: Erweiterung der Produktpalette durch kleinere
        Produktvariationen

Es stehen hier also m = 5 Handlungsalternativen zur Auswahl. Da die kurzfristige volkswirtschaftliche Entwicklung einerseits unsicher erscheint und andererseits als relevant für die Kaufbereitschaft der Verbraucher angesehen wird,
soll sie in die Planungsüberlegungen einbezogen werden. Hierbei wird mit 3
Szenarien gearbeitet:

A: ungünstige Entwicklung
B: Entwicklung wie bisher
C: günstige Entwicklung

Eine Rolle sollen auch die Marketingaktivitäten des Hauptkonkurrenten spielen, wobei man von zwei möglichen Konstellationen ausgeht:

I: Marketingaktivitäten wie bisher
II: Intensivierung der Marketingaktivitäten

Insgesamt gibt es also 6 mögliche Zustände $s_1,...,s_6$, deren Bedeutung der folgenden Übersicht zu entnehmen ist.

	A	B	C
I	s_1	s_2	s_3
II	s_4	s_5	s_6

So bedeutet z.B. der Zustand s_5, daß die volkswirtschaftliche Entwicklung wie
bisher verläuft und daß der Hauptkonkurrent seine Marketingaktivitäten intensiviert.

Das relevante Zielkriterium ist der Gewinn in der nächsten Planperiode. Die
entsprechenden (von Mitarbeitern der Marktforschungsabteilung geschätzten)
Werte (in Mio. DM) sind der nachfolgenden Ergebnismatrix zu entnehmen.

	s_1	s_2	s_3	s_4	s_5	s_6
a_1	0,9	1,2	2,1	0,4	0,2	1,5
a_2	1,0	1,5	2,4	0,8	0,4	1,3
a_3	1,0	1,4	2,2	0,7	−0,2	1,2
a_4	−0,3	1,3	3,1	−1,1	1,1	2,1
a_5	−0,5	1,0	3,0	−0,8	0,8	1,9

Auf der Basis dieser Ergebnismatrix soll nun eine "beste" Marketingpolitik ermittelt werden.

Bevor wir uns konkreten Kriterien zur Auswahl einer Handlungsalternative zuwen-
den, soll ein Kriterium zur Ermittlung "ungünstiger" Alternativen aufgezeigt werden. Offensichtlich ist eine Alternative a_i dann nicht weiter zu berücksichtigen,
wenn es eine Alternative a_k gibt, die bzgl. aller möglichen Zustände mindestens
ebenso gute Ergebnisse wie a_i liefert und bzgl. mindestens eines Zustands besser
abschneidet. In diesem Fall sagen wir, daß die Alternative a_k die Alternative a_i **dominiert**. Formal ausgedrückt dominiert a_k die Alternative a_i, wenn für alle $j = 1,...,n$

$$z_{kj} \geq z_{ij}$$

ist und für mindestens ein j^*

$$z_{kj^*} > z_{ij^*}$$

gilt. Eine Alternative heißt **effizient,** wenn sie von keiner anderen Alternative dominiert wird. Ein erster sinnvoller Schritt bei der Behandlung eines konkreten Entscheidungsproblems besteht also in der Elimination ineffizienter Alternativen. Hilfreich bei der Auffindung solcher Alternativen ist die Tatsache, daß eine Alternative
sicherlich dann effizient ist, wenn sie bzgl. eines Zustands unter allen Alternativen
eindeutig optimal ist (vgl. auch die Behandlung des Effizienzbegriffs im Rahmen
der Vektoroptimierung in Kapitel 15).

Beispiel 11-1 (1. Fortsetzung)

In der Ergebnismatrix sind alle bzgl. der einzelnen Zustände optimalen Werte mit * gekennzeichnet:

	s_1	s_2	s_3	s_4	s_5	s_6
a_1	0,9	1,2	2,1	0,4	0,2	1,5
a_2	1,0 *	1,5 *	2,4	0,8 *	0,4	1,3
a_3	1,0 *	1,4	2,2	0,7	−0,2	1,2
a_4	−0,3	1,3	3,1 *	−1,1	1,1 *	2,1 *
a_5	−0,5	1,0	3,0	−0,8	0,8	1,9

Damit sind sicherlich a_2 und a_4 effizient, denn a_2 ist z.B. bzgl. s_4 eindeutig optimal und kann daher nicht von einer anderen Alternative dominiert werden. Für a_1, a_3 und a_5 ist die Effizienz noch zu prüfen. Man sieht, daß a_3 von a_2 dominiert wird, während a_1 und a_5 nicht dominiert werden. Damit sind die Alternativen a_1, a_2, a_4 und a_5 effizient.

Wir wollen im folgenden unterscheiden zwischen Situationen, in denen keine Informationen über die Wahrscheinlichkeit des Eintretens der einzelnen Umweltzustände vorliegen (**Entscheidung bei Unsicherheit**), und solchen Situationen, wo derartige Wahrscheinlichkeiten vorliegen (**Entscheidung bei Risiko**). In der Risikosituation haben wir also neben der Ergebnismatrix Z als zusätzliche Entscheidungsgrundlage Wahrscheinlichkeiten $p_1,...,p_n$, wobei p_j die (in der Regel geschätzte) Wahrscheinlichkeit für das Eintreten des Zustands s_j bezeichnet. Für die Eintrittswahrscheinlichkeiten gilt

$$\sum_{j=1}^{n} p_j = 1 \ .$$

Allgemein läßt sich eine **Entscheidungsregel** nun folgendermaßen formalisieren: Wir ordnen jeder Alternative a_i eine Kennzahl $\phi(a_i)$ zu und entscheiden uns für diejenige (bzw. eine) Alternative a_{i*} mit

$$\phi(a_{i*}) = \ \underset{(i=1,...,m)}{\text{opt}} \ \{\phi(a_i)\} \ .$$

Je nachdem, ob man sich für die (bzw. eine) Alternative mit maximalem oder für eine mit minimalem ϕ-Wert entscheidet, ist hierbei

$$\text{opt} = \max \quad \text{oder} \quad \text{opt} = \min .$$

Eine **Klassifikation von Entscheidungsregeln** (vgl. auch Bitz 1981) können wir nun auf der Basis der jeweils verwendeten Kennzahlen durchführen. Hierbei sind drei Typen von Kennzahlen zu unterscheiden:

- Bei Kennzahlen des Typs A errechnet sich $\phi(a_i)$ allein aus den für a_i möglichen Ergebniswerten, d.h.

$$\phi(a_i) = \phi(z_{i1},...,z_{in}) .$$

- Kennzahlen vom Typ B berücksichtigen zusätzlich Ergebniswerte anderer Alternativen, d.h.

$$\phi(a_i) = \phi(z_{11},...,z_{mn}) .$$

- Bei Kennzahlen vom Typ C ist

$$\phi(a_i) = \phi(z_{i1},...,z_{in} , p_1,...,p_n) .$$

Hier werden also auch Eintrittswahrscheinlichkeiten für die Zustände berücksichtigt; daher sind solche Kennzahlen nur in Risikosituationen anwendbar.

In den beiden folgenden Abschnitten wollen wir die wichtigsten Entscheidungsregeln für die beiden Situationen (Unsicherheit bzw. Risiko) vorstellen. Im wesentlichen geht es hierbei um die Angabe der jeweils verwendeten Kennzahlen. Wir haben uns an den Ausführungen von Bamberg/Coenenberg (1996) und Bitz (1981) orientiert.

11.2 Entscheidung bei Unsicherheit

Wir behandeln zunächst vier Entscheidungsregeln, denen Kennzahlen vom Typ A zugrundeliegen. Es sind dies

- das Maximin-Kriterium,
- das Maximax-Kriterium,
- das Hurwicz-Kriterium und
- das Laplace-Kriterium .

Für alle vier Kriterien ist

$$\text{opt} = \max .$$

Das **Maximin-Kriterium**, das auf Wald (1950) zurückgeht, ist eine sehr pessimistische Entscheidungsregel; sie bewertet eine Alternative ausschließlich auf der Basis des schlechtestmöglichen Ergebnisses. Die entsprechende Kennzahl ist durch

$$\phi(a_i) = \min_{(j=1,\ldots,n)} \{z_{ij}\}$$

gegeben. Diese Entscheidungsregel hat einige Kritik auf sich gezogen (vgl. z.B. Hax 1974, S.56, Bitz 1981, S.74ff.). Insbesondere ist anzumerken, daß eine derart pessimistisch geprägte Handlungsmaxime einerseits dem wirklichen menschlichen Verhalten nicht entspricht und andererseits jede unternehmerische Aktivität unterbinden würde.

Das extrem optimistische Gegenstück zur Maximin-Regel ist das **Maximax-Kriterium**. Hier orientiert man sich an der Kennzahl

$$\phi(a_i) = \max_{(j=1,\ldots,n)} \{z_{ij}\} .$$

Angesichts der ebenfalls sehr einseitigen Orientierung dieses Kriteriums läßt sich die für das Maximin-Kriterium formulierte Kritik in ähnlicher Form auf die Maximax-Regel übertragen.

Eine Kombination der beiden genannten Entscheidungsregeln stellt das **Hurwicz-Kriterium** dar. Die entsprechende Kennzahl hat die Form

$$\phi(a_i) = \delta \cdot \max_{(j=1,\ldots,n)} \{z_{ij}\} + (1 - \delta) \cdot \min_{(j=1,\ldots,n)} \{z_{ij}\} \quad ,$$

wobei $\delta \; \varepsilon \; [0,1]$ als Optimismusparameter interpretiert werden kann, da dieser Parameter die Gewichtung des Maximums angibt.

Das **Laplace-Kriterium** schließlich zieht alle Ergebniswerte einer Alternative zur Berechnung der entsprechenden Kennzahl heran. Man arbeitet hier mit der Kennzahl

$$\phi(a_i) = 1/n \sum_{j=1}^{n} z_{ij} \quad .$$

Zur Rechtfertigung dieses Kriteriums kann man darauf hinweisen, daß diese Kennzahl - falls man (nach dem auf Laplace zurückgehenden "Prinzip des unzureichenden Grundes") davon ausgeht, daß alle möglichen Zustände als gleich wahrscheinlich angesehen werden können - den Erwartungswert des Ergebnisses im Fall der Realisation von a_i angibt. Damit weist das Laplace-Kriterium eine gewisse Analogie zum μ-Kriterium (vgl. Abschnitt 11.3) auf.

Beispiel 11-1 (2. Fortsetzung)
Wir wollen die vier behandelten Entscheidungsregeln
(I)   Maximin,
(II)   Maximax,
(III)   Hurwicz (mit Optimismusparameter $\delta = 0,4$)   und
(IV)   Laplace
zur Auswahl einer Marketingpolitik heranziehen. Hierbei werden nur die effizienten Alternativen a_1, a_2, a_4 und a_5 berücksichtigt. Im nachfolgenden Tableau sind die Kennzahlen für diese Alternativen bzgl. der einzelnen Entscheidungsregeln aufgeführt. Gleichzeitig ist die bzgl. eines bestimmten Kriteriums optimale Kennzahl mit * gekennzeichnet.

	z_{ij}						$\phi(a_i)$ nach			
	s_1	s_2	s_3	s_4	s_5	s_6	(I)	(II)	(III)	(IV)
a_1	0,9	1,2	2,1	0,4	0,2	1,5	0,2	2,1	0,96	1,05
a_2	1,0	1,5	2,4	0,8	0,4	1,3	0,4 *	2,4	1,20 *	1,23 *
a_4	−0,3	1,3	3,1	−1,1	1,1	2,1	−1,1	3,1 *	0,58	1,03
a_5	−0,5	1,0	3,0	−0,8	0,8	1,9	−0,8	3,0	0,72	0,90

Drei der vier Entscheidungsregeln sprechen für a_2 (gezielte intensive Werbekampagne). Diese Alternative zeichnet sich dadurch aus, daß sie auch bei Eintreten ungünstiger Zustände noch Gewinne verspricht. Lediglich die sehr optimistische Maximax-Regel entscheidet sich für a_4 (intensive Marketingkampagne). Die Realisierung dieser Alternative verspricht zwar bei günstiger
volkswirtschaftlicher Entwicklung (s_3 bzw. s_6) hohe Gewinne, führt aber bei
ungünstiger Entwicklung (s_1 bzw. s_4) zu Verlusten. Letztlich hängt auf der Basis dieser Informationsgrundlage die Entscheidung also vom Optimismus des
Entscheidungsträgers bzgl. der zukünftigen Entwicklung ab.

Wir kommen nun noch kurz auf Entscheidungsregeln zu sprechen, die zu Kennzahlen vom Typ B führen. Hierbei behandeln wir ausschließlich Entscheidungsregeln auf der Basis von "Bedauerns-Werten". Diese Regeln basieren auf der
Überlegung, daß der Entscheidungsträger möglicherweise nachträglich bedauert,
"falsch" entschieden zu haben. Als Maß für dieses Bedauern kann die Diskrepanz
zwischen dem bei der Alternative a_i und dem eingetretenen Zustand s_j erzielten Ergebnis z_{ij} und dem Ergebnis, das bei Eintreten dieses Zustandes im günstigsten Fall
hätte erzielt werden können, herangezogen werden. Dementsprechend gehen diese
Regeln von einer Transformation

$$\hat{z}_{ij} = \max_{(k=1,\dots,m)} \{z_{kj}\} - z_{ij}$$

der Ergebniswerte z_{ij} in Bedauerns-Werte $\hat{z}_{ij}$ aus. Diese Werte reflektieren also die
vor dem Hintergrund des eingetretenen Zustands "verpaßten" Gewinnchancen. Für
alle auf diesen Bedauerns-Werten basierenden Entscheidungsregeln gilt

$$opt = min .$$

Das wichtigste dieser Kriterien ist die **Savage-Niehans-Regel**. Sie wählt diejenige (bzw. eine) Alternative aus, deren maximaler Bedauerns-Wert unter allen Alternativen minimal ist:

$$\phi(a_i) = \ \max_{(j=1,\dots,n)} \ \{\hat{z}_{ij}\}$$

Die gedankliche Analogie zum Maximin-Kriterium ist unübersehbar.

Beispiel 11-1 (3. Fortsetzung)

Für die (durch Streichung der ineffizienten Alternative a_3 reduzierte) Ergebnismatrix erhält man folgende Bedauerns-Werte:

	z_{ij}						$\hat{z}_{ij}$						$\phi(a_i)$
	s_1	s_2	s_3	s_4	s_5	s_6	s_1	s_2	s_3	s_4	s_5	s_6	
a_1	0,9	1,2	2,1	0,4	0,2	1,5	0,1	0,3	1,0	0,4	0,9	0,6	1,0
a_2	1,0	1,5	2,4	0,8	0,4	1,3	0	0	0,7	0	0,7	0,8	0,8 *
a_4	–0,3	1,3	3,1	–1,1	1,1	2,1	1,3	0,2	0	1,9	0	0	1,9
a_5	–0,5	1,0	3,0	–0,8	0,8	1,9	1,5	0,5	0,1	1,6	0,3	0,2	1,6

In der letzten Spalte sind die Werte der einzelnen Alternativen bzgl. der Savage-Niehans-Regel eingetragen. Bzgl. dieser Regel ist wiederum a_2 optimal.

Ein naheliegender Gedanke wäre nun, das Maximax-Kriterium, die Hurwicz-Regel und die Laplace-Regel auf die Bedauerns-Werte zu übertragen. Für das Maximax-Kriterium würde man demnach das minimale Bedauern minimieren. Dieses Entscheidungskriterium ist jedoch wenig sinnvoll, da i.a. eine Vielzahl von Alternativen den bestmöglichen Bedauerns-Wert von Null für mindestens einen Zustand erreichen; diese wären somit alle optimal. Für die entsprechend modifizierte Laplace-Regel überzeugt man sich leicht davon, daß sie die gleichen Entscheidungen liefert wie die ursprüngliche Laplace-Regel. Die Übertragung des Hurwicz-Kriteriums liefert dagegen eine neue Entscheidungsregel.

Kritik an der Savage-Niehans-Regel ist insbesondere dahingehend geäußert worden, daß die Entscheidung zwischen zwei Alternativen von der Existenz einer dritten abhängen kann, die ihrerseits für keinen Zustand optimal ist (Hax 1974, S.56). Bezüglich des Konzepts der "Frohlockens - Werte"

$$\tilde{z}_{ij} = z_{ij} - \min_{(k=1,\ldots,m)} \{z_{kj}\}$$

sowie der entsprechenden Entscheidungsregeln sei auf die Literatur (z.B. Bitz 1981) verwiesen. Weitere Beispiele zu den in diesem Abschnitt behandelten Entscheidungsregeln bei Unsicherheit findet der Leser in den Aufgaben 11-1 und 11-2.

Als Grundlage für eine weitere Klasse von Entscheidungsregeln sei das **Krelle-Prinzip** erwähnt. Danach wird zusätzlich eine typische Unsicherheitspräferenzfunktion des Entscheidungsträgers bestimmt, welche zur Transformation der Ergebnismatrix herangezogen wird. Der Vorteil dieser Möglichkeit ist die individuelle Modellierung von Ergebnismatrizen. Allerdings ist die zusätzliche Messung der Unsicherheitspräferenzfunktion relativ aufwendig (kardinale Messung). Das Krelle-Prinzip beschreiben Bamberg/Coenenberg (1996, S.111ff.).

11.3 Entscheidung bei Risiko

Wie bereits erwähnt wurde, sind Entscheidungen bei Risiko dadurch gekennzeichnet, daß neben den Daten der Unsicherheitssituation noch Wahrscheinlichkeiten p_j für das Eintreten jedes möglichen Zustands s_j gegeben sind. Prinzipiell könnte man alle im vorhergehenden Abschnitt angegebenen Entscheidungsregeln auch auf die Risikosituation anwenden. Dies ist aber offensichtlich nicht sinnvoll, da dann ein Teil der verfügbaren Information bei der Entscheidung unberücksichtigt bliebe.

Ein sehr naheliegendes Entscheidungskriterium besteht darin, für jede Alternative den Erwartungswert des Ergebnisses zu berechnen und sich für die (bzw. eine) Alternative mit maximalem - im folgenden ist

$$\text{opt} = \max$$

zugrunde gelegt - Erwartungswert zu entscheiden. Dieser Ansatz ist im **µ-Kriterium** realisiert. Die zu berechnende Kennzahl ist

$$\phi(a_i) = \mu_i = \sum_{j=1}^{n} p_j z_{ij} \ .$$

Beispiel 11-1 (4. Fortsetzung)

Im Marketingplanungsbeispiel soll nun bei der Entscheidungsfindung berücksichtigt werden, daß die möglichen volkswirtschaftlichen Entwicklungen nicht alle gleich wahrscheinlich sind. Nach sorgfältiger Analyse von Expertenmeinungen kommt man zu folgenden Wahrscheinlichkeiten: 20% für A, 50% für B und 30% für C. Unabhängig von der volkswirtschaftlichen Entwicklung geht man davon aus, daß der Hauptkonkurrent seine Marketingaktivitäten mit 60%-iger Wahrscheinlichkeit intensiviert.

Hiermit erhalten wir folgende Datengrundlage:

	s_1 $p_1 = 0,08$	s_2 $p_2 = 0,2$	s_3 $p_3 = 0,12$	s_4 $p_4 = 0,12$	s_5 $p_5 = 0,3$	s_6 $p_6 = 0,18$	$\phi(a_i) = \mu_i$
a_1	0,9	1,2	2,1	0,4	0,2	1,5	0,942
a_2	1,0	1,5	2,4	0,8	0,4	1,3	1,118
a_4	–0,3	1,3	3,1	–1,1	1,1	2,1	1,184 *
a_5	–0,5	1,0	3,0	–0,8	0,8	1,9	1,006

Beispielsweise errechnet sich p_1 durch Multiplikation der entsprechenden Wahrscheinlichkeiten als

$$p_1 = (1-0,6) \cdot 0,2 = 0,08 \ .$$

Entsprechend werden die anderen Wahrscheinlichkeiten berechnet. Die Erwartungswerte μ_i ergeben sich nach obiger Formel; z.B. ist

$$\phi(a_1) = \mu_1 = 0,9 \cdot 0,08 + 1,2 \cdot 0,2 + 2,1 \cdot 0,12 + 0,4 \cdot 0,12 + 0,2 \cdot 0,3 + 1,5 \cdot 0,18$$
$$= 0,942 \ .$$

Nach dem μ-Kriterium würde man sich also für a_4 entscheiden. In diesem Ergebnis schlägt sich die Tatsache nieder, daß a_4 bei den Zuständen mit sehr hoher Eintrittswahrscheinlichkeit tendenziell sehr gute Ergebnisse liefert, während sich die Verlustergebnisse auf Situationen mit deutlich geringeren Eintrittswahrscheinlichkeiten beziehen.

Eine deutliche Schwäche des μ-Kriteriums ist darin zu sehen, daß die **Streuung** des Ergebnisses um den Erwartungswert nicht berücksichtigt wird. Die Einbeziehung von Aspekten der Risikofreude bzw. Risikoscheu des Entscheidungsträgers ist daher nicht möglich. Führt man die Diskussion auf der Basis von Nutzenfunktionen (vgl. hierzu insbesondere Schneeweiß 1967), so setzt das μ-Kriterium eine lineare Nutzenfunktion voraus (Hax 1974, S.64).

Ein verallgemeinertes Konzept, das dieser Kritik Rechnung trägt, stellt das **(μ,σ)-Prinzip** dar. Hier wird zur Berechnung von $\phi(a_i)$ neben μ_i auch die Varianz

$$\sigma_i^2 = \sum_{j=1}^{n} (z_{ij} - \mu_i)^2 \cdot p_j$$

bzw. die Standardabweichung

$$\sigma_i = (\sigma_i^2)^{1/2}$$

herangezogen.

Beispiel 11-2

Wir betrachten ein Entscheidungsproblem bei Risiko mit $m=2$ Alternativen und $n=4$ Zuständen. Die Werte der z_{ij} und p_j sind wie folgt gegeben:

	s_1 $p_1 = 0{,}4$	s_2 $p_2 = 0{,}1$	s_3 $p_3 = 0{,}1$	s_4 $p_4 = 0{,}4$
a_1	7	5	8	6
a_2	5	7	6	8

Wir berechnen zuerst die Erwartungswerte

$$\mu_1 = \sum_{j=1}^{4} p_j z_{1j} = 6,5$$

und

$$\mu_2 = \sum_{j=1}^{4} p_j z_{2j} = 6,5 \ .$$

Das μ-Kriterium bewertet die beiden Alternativen also gleich. Zur näheren Analyse ermitteln wir die Varianzen

$$\sigma_1^2 = \sum_{j=1}^{4} (z_{1j} - \mu_1)^2 \cdot p_j = 0,65$$

und

$$\sigma_2^2 = \sum_{j=1}^{4} (z_{2j} - \mu_2)^2 \cdot p_j = 1,85 \ .$$

Es ist also

$$\sigma_2^2 > \sigma_1^2 \ ,$$

d.h. die Ergebnisse, die bei der Realisation von a_2 auftreten, sind stärker ge-streut als die bzgl. der Realisation von a_1. Eine kleine Skizze verdeutlicht die-sen Sachverhalt.

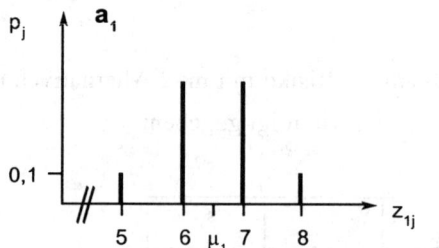 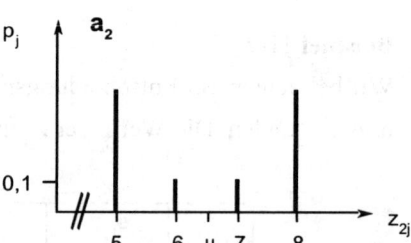

Welche der Alternativen nun vorzuziehen ist, hängt von der Einstellung des Entscheidungsträgers zum Risiko ab:

• Ein risikofreudiger Entscheidungsträger entscheidet sich für a_2.

• Ein risikoscheuer Entscheidungsträger wählt dagegen a_1.

Allgemein berechnet sich die entscheidungsrelevante Kennzahl bei (μ,σ)-Kriterien als Funktion von Erwartungswert und Standardabweichung. Es gilt also

$$\phi(a_i) = \pi(\mu_i, \sigma_i) \ .$$

Hierbei kann davon ausgegangen werden, daß π um so größer ist, je größer μ ist, d.h. (unter der Voraussetzung, daß π differenzierbar ist) daß die partielle Ableitung von π nach μ positiv ist:

$$d\,\pi(\mu, \sigma) \,/\, d\mu \ > 0$$

Bzgl. der Abhängigkeit von σ sind dagegen die Fälle

$$d\,\pi(\mu, \sigma) \,/\, d\sigma \ > 0 \ \ \text{(Risikofreude)}$$

und

$$d\,\pi(\mu, \sigma) \,/\, d\sigma \ < 0 \ \ \text{(Risikoscheu)}$$

denkbar. Mögliche Formen von (μ,σ)-Prinzipien sind

(a) $\phi(a_i) = \mu_i + \alpha\,\sigma_i$

(b) $\phi(a_i) = \mu_i + \alpha\,\sigma_i^2$.

Desweiteren existieren Ansätze, in denen μ mit einer anderen Kennzahl der Verteilung des Ergebnisses kombiniert wird. Dies können beispielsweise das jeweils schlechtestmögliche Ergebnis oder gewisse Quantilswerte sein (vgl. hierzu Hax 1974, S.66ff., Bitz 1981, S.105ff.).

Beispiel 11-1 (5. Fortsetzung)

Wir wollen anhand des Entscheidungsproblems aus Beispiel 11-1 die Anwendung von (μ,σ)-Prinzipien verdeutlichen. Hierbei sollen zwei unterschiedliche Versionen gegenübergestellt werden:

- eine risikofreudige Version X mit

  $\phi_X(a_i) = \pi_X(\mu_i, \sigma_i) = \mu_i + 0{,}2\,\sigma_i$ und

- eine risikoscheue Version Y mit

  $\phi_Y(a_i) = \pi_Y(\mu_i, \sigma_i) = \mu_i - 0{,}2\,\sigma_i$.

Die entsprechenden Werte für die vier effizienten Alternativen sind im folgenden zusammengestellt:

	μ_i	σ_i^2	σ_i	$\phi_x (a_i)$	$\phi_Y (a_i)$
a_1	0,942	0,426	0,652	1,072	0,812
a_2	1,118	0,400	0,633	1,245	0,991 *
a_4	1,184	1,399	1,183	1,421 *	0,947
a_5	1,006	1,207	1,098	1,226	0,786

Ein risikofreudiger Entscheidungsträger würde sich also für a_4 entscheiden, bei
Risikoscheu würde man a_2 vorziehen.

Es sollen noch einmal kurz alle Ergebnisse in Zusammenhang mit Beispiel 11-1
betrachtet werden. Diese Betrachtung verdeutlicht eine sinnvolle Konvergenz
der Ergebnisse der verschiedenen Entscheidungsregeln. Gleichzeitig wird deutlich, daß man nicht von einem "besten" Entscheidungskriterium sprechen kann.

Entscheidung für / Kriterium	a_1	a_2	a_4	a_5
Minimax		✖		
Maximax			✖	
Hurwicz		✖		
Laplace		✖		
Savage-Niehans		✖		
μ-Kriterium			✖	
(μ, σ)-Kriterien: ϕ_x			✖	
ϕ_Y		✖		

Weitere Entscheidungsregeln gehen nicht von der Ergebnismatrix, sondern von ei-
ner aus ihr berechneten Nutzenmatrix (vgl. Bamberg/Coenenberg 1996, S.33) aus.
In diesem Zusammenhang ist insbesondere das Bernoulli-Prinzip zu erwähnen (vgl.
Bamberg/Coenenberg 1996, S.70ff.), das als "auf die Nutzenmatrix übertragenes

μ-Prinzip" bezeichnet werden kann. Das entscheidende Charakteristikum dieses Ansatzes liegt daher weniger in der Entscheidungsregel selbst, als vielmehr in der Möglichkeit, über die Wahl einer speziellen Nutzenfunktion Risikopräferenzen des Entscheidungsträgers zu berücksichtigen. Eine sehr ausführliche Diskussion dieses Ansatzes findet man bei Schneeweiß (1967). Ein entsprechendes Beispiel findet der Leser in Aufgabe 11-3. Desweiteren ist noch auf Ansätze zur Entscheidungsfindung bei variabler Informationsstruktur sowie auf Entscheidungen bei bewußt handelnden Gegenspielern (Spieltheorie) zu verweisen. Beide Ansätze werden von Bamberg/Coenenberg (1996) behandelt.

11.4 Übungsaufgaben zu Kapitel 11

Die Aufgabe 11-1 behandelt anhand eines einfachen Zahlenbeispiels die Entscheidungsregeln bei Unsicherheit bzw. Risiko. Eine Entscheidungssituation bei Unsicherheit mit unendlich vielen Alternativen ist Gegenstand von Aufgabe 11-2. In der letzten Aufgabe wird die Entscheidungsfindung mit Hilfe von Nutzenfunktionen behandelt.

Aufgabe 11-1

Gegeben ist eine Entscheidungssituation mit fünf Alternativen a_i, fünf möglichen Zuständen s_j und der nachstehenden Ergebnismatrix $Z = (z_{ij})_{(i=1,...,5;\ j=1,...,5)}$.

	s_1	s_2	s_3	s_4	s_5
a_1	2	7	2	4	4
a_2	5	2	4	7	3
a_3	6	5	3	6	4
a_4	4	1	4	6	3
a_5	3	4	2	7	2

a) Eliminieren Sie alle ineffizienten Alternativen.

b) Wenden Sie

   - die Maximin-Regel,
   - die Maximax-Regel,
   - das Hurwicz-Kriterium mit $\delta = 0,6$,
   - das Laplace-Kriterium und
   - die Savage-Niehans Regel

   jeweils zur Auswahl einer Alternative an.

c) Berechnen Sie den Optimismusparameter δ^* so, daß die Alternativen a_1 und a_3 durch das Hurwicz-Kriterium als gleichwertig eingestuft werden.

d) Man geht nun davon aus, daß eine Entscheidungssituation unter Risiko vorliegt. Folgende Beziehungen zwischen den Eintrittswahrscheinlichkeiten der Zustände s_j sind bekannt:

$$p_1 = p_4 = 0,5 \; p_5 = 0,5 \; p_3$$

$$p_2 = 0,5 \cdot (p_3 + p_5)$$

Ermitteln Sie hieraus die Eintrittswahrscheinlichkeiten $p_1, ..., p_5$. Für welche Alternative entscheidet man sich nach dem

- μ-Prinzip ,

- (μ, σ)-Prinzip, mit $\phi(a_i) = \mu_i + 0,8\sigma_i$?

Lösung

a) Eine Alternative heißt effizient, wenn sie von keiner anderen Alternative dominiert wird. In unserem Fall wird Alternative a_4 von a_2 dominiert; a_4 ist somit nicht effizient. Ansonsten sind alle Alternativen effizient. Es ergibt sich die folgende reduzierte Ergebnismatrix:

	s_1	s_2	s_3	s_4	s_5
a_1	2	7	2	4	4
a_2	5	2	4	7	3
a_3	6	5	3	6	4
a_5	3	4	2	7	2

b) Die Anwendung der Entscheidungsregeln ergibt folgende Werte (Entscheidungskennzahlen). Die bzgl. des jeweiligen Kriteriums optimalen Alternativen sind mit * gekennzeichnet.

	Maximin	Maximax	Hurwicz	Laplace	Savage-Niehans
a_1	2	7*	5*	3,8	4
a_2	2	7*	5*	4,2	5
a_3	3*	6	4,8	4,8*	2*
a_5	2	7*	5*	3,6	3

c) Die zu lösende Gleichung lautet

$$\delta^* \cdot \max{}_{(j)} \{z_{1j}\} + (1-\delta^*) \cdot \min{}_{(j)} \{z_{1j}\} = \delta^* \cdot \max{}_{(j)}\{z_{3j}\} + (1-\delta^*) \cdot \min{}_{(j)} \{z_{3j}\} \; ,$$

d.h.

$$\delta^* \cdot 7 + (1-\delta^*) \cdot 2 = \delta^* \cdot 6 + (1-\delta^*) \cdot 3 \; .$$

Löst man diese Gleichung nach δ^* auf, so ergibt sich

$$\delta^* = 0,5 \ .$$

d) Im ersten Schritt werden die Wahrscheinlichkeiten p_j berechnet. Es ergeben sich folgende Werte:

p_1	p_2	p_3	p_4	p_5
1/8	1/4	1/4	1/8	1/4

Das μ-Prinzip ermittelt die Kennzahl $\phi(a_i) = \mu_i = \sum_{j=1}^{5} p_j z_{ij}$. Alternative a_3 wird als optimal ausgewählt.

a_i	a_1	a_2	a_3	a_5
$\phi(a_i) = \mu_i$	4	3,75	4,5*	3,25

Die Datengrundlage zur Anwendung des (μ,σ)-Prinzips ist der nachstehenden Tabelle zu entnehmen. Hier erweist sich a_1 als optimal.

	μ_i	σ_i	$\phi(a_i) = \mu_i + 0,8\sigma_i$
a_1	4	1,94	5,55*
a_2	3,75	1,56	5,00
a_3	4,5	1,12	5,40
a_5	3,25	1,64	4,56

Aufgabe 11-2 (in Anlehnung an Bamberg/Coenenberg 1981)

Ein Unternehmen fertigt im wesentlichen zwei Produkte P_1 und P_2. Im Rahmen ihrer Fertigung belegen die Produkte zwei Maschinen $M_1(P_1:1$ ZE/ME, P_2: 2 ZE/ME) und $M_2(P_1$: 1 ZE/ME, P_2: 6 ZE/ME). Die beiden Maschinen stehen im relevanten Zeitraum für 1500 ZE bzw. 2100 ZE zur Verfügung. Die variablen Stückkosten von P_1 bzw. P_2 betragen 160 GE bzw. 200 GE. Für P_2 kann ein Stückpreis von 300 GE erzielt werden. Der für P_1 erzielbare Stückpreis p läßt sich aufgrund intensiver

Preiskämpfe am Markt derzeit nicht genau abschätzen; man kann lediglich sagen, daß p im Intervall [160, 220] liegt.

Das Unternehmen steht nun vor dem Problem, einen deckungsbeitragsmaximalen Produktionsplan (d.h. die von P_1 bzw. P_2 zu produzierenden Stückzahlen x_1 und x_2) zu bestimmen. Ermitteln Sie die Lösung
a) nach der Maximin-Regel,
b) nach der Maximax-Regel,
c) nach dem Hurwicz-Kriterium mit Optimismus-Parameter $\delta = 2/3$.

Lösung

Allgemein hat das lineare Optimierungsproblem zur Bestimmung eines deckungsbeitragsmaximalen Produktionsprogramms (vgl. Abschnitt 9.1) folgende Form:

$$DB(x_1,x_2) = (p\text{-}160)x_1 + 100x_2 \rightarrow max$$
$$u.d.N.$$
$$x_1 + 2x_2 \leq 1500$$
$$x_1 + 6x_2 \leq 2100$$
$$x_1, x_2 \geq 0$$

Die folgende kleine Skizze zeigt den zulässigen Bereich des Problems, wobei die Eckpunkte hervorgehoben sind. Die Zielfunktion hängt von dem für p gewählten Wert ab.

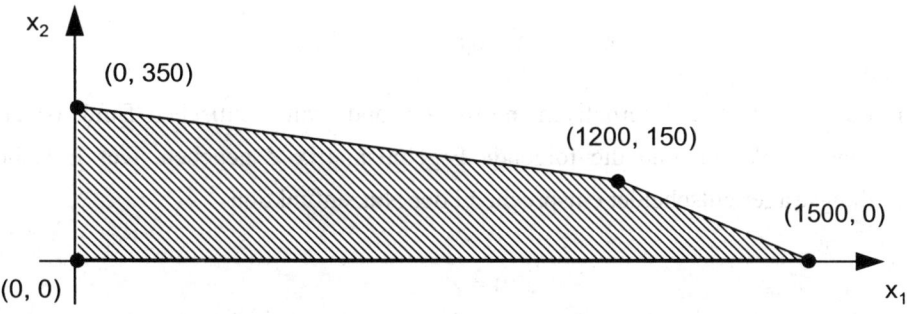

a) Die Maximin-Regel orientiert sich bekanntlich an dem schlechtestmöglichen Zustand, d.h. $p = 160$. In diesem Fall ist die Lösung des Optimierungsproblems durch $(x_1, x_2) = (0, 350)$ gegeben (die Anwendung des graphischen Lösungsverfahrens, vgl. Abschnitt 13.2, überlassen wir dem Leser als einfache Übung).

b) Zur Anwendung des Maximax-Kriteriums orientieren wir uns am günstigsten Zustand $p = 220$. Man erhält nun den optimalen Produktionsplan $(x_1, x_2) = (1500, 0)$.

c) Im Rahmen des Hurwicz-Kriteriums ergibt sich der zu unterstellende Preis als
$$p = 2/3 \cdot 220 + 1/3 \cdot 160 = 200 \; .$$
Jetzt ist das deckungsbeitragsmaximale Produktionsprogramm durch $(x_1, x_2) = (1200, 150)$ gegeben.

Aufgabe 11-3

Das Entscheidungsproblem unter Risiko bei Vorliegen von m Alternativen $a_1, ..., a_m$ und n Zuständen $s_1, ..., s_n$ wurde in den bisherigen Ausführungen mit dem μ-Kriterium und dem (μ, σ)-Kriterium behandelt. Diese Entscheidungsregeln gehen von der Ergebnismatrix Z aus. Daneben gibt es eine Reihe von Regeln, die von einer aus dieser Matrix berechneten Nutzenmatrix ausgehen. Hierbei werden die Ergebnisse z_{ij} mittels einer reellwertigen Funktion u, der sogenannten **Nutzenfunktion**, in Nutzenwerte $u(z_{ij})$ transformiert.

Ein sehr bekanntes Prinzip zur Entscheidungsfindung in diesem Zusammenhang ist das **Bernoulli-Prinzip**, das unter zwei Alternativen a_k und a_l diejenige auswählt, deren erwarteter Nutzen der Ergebnisse (Auszahlungen) der größere ist. Die entscheidungsrelevante Kennzahl zur Beurteilung einer Alternative a_i ist also

$$\phi(a_i) = \sum_{j=1}^{n} p_j u(z_{ij}) \; .$$

a) Es seien $m = 2$ Alternativen, $n = 4$ Zustände mit identischen Eintrittswahrscheinlichkeiten und die folgende Ergebnismatrix Z gegeben. Der Entscheidungsträger entscheidet entsprechend der Nutzenfunktion

$$u(z) = z^2 - 3 \; .$$

Bestimmen Sie die optimale Alternative nach dem Bernoulli-Prinzip.

	s_1	s_2	s_3	s_4
a_1	6	4	7	6
a_2	2	6	5	9

b) Man definiert nun eine sichere Auszahlung S als **Sicherheitsäquivalent** einer zufälligen Auszahlung X (einer Zufallsvariable also), wenn gilt:

$$u(S) = E(u(X))$$

Ein Entscheidungsträger heißt risikoavers, wenn das Sicherheitsäquivalent kleiner als der Erwartungswert E(X) ist; er heißt risikofreudig, wenn E(X) kleiner als das Sicherheitsäquivalent ist.

Zeigen Sie für den Fall, daß die Zufallsvariable X nur zwei Werte x_1, x_2 mit den Wahrscheinlichkeiten $p = P(X=x_1)$ und $1-p = P(X=x_2)$ annehmen kann, daß die Risikoeinstellung des Entscheidungsträgers sich eindeutig aus dem Krümmungsverhalten seiner Nutzenfunktion (Konvexität bzw. Konkavität) ergibt. Gehen Sie davon aus, daß die Nutzenfunktion u stetig und streng monoton wachsend ist. Verdeutlichen Sie den Sachverhalt auch graphisch.

c) Ein Unternehmer ist risikoavers eingestellt. Ein Produkt, bei dem er jeweils mit Wahrscheinlichkeit 1/2 den Gewinn x bzw. keinen Gewinn erzielt, schätzt er so hoch ein wie ein Produkt, bei dem er mit Sicherheit den Gewinn 1/4 x bekommt. Sein Unternehmen verkauft eine Maschine, die eine sichere Marktposition besitzt. Er kann 600 Stück zu einem Stückpreis von 6.000 DM verkaufen. Fixe Kosten entstehen in Höhe von 200.000 DM, variable Kosten von 4.000 DM je Maschine sind einzukalkulieren. Eine neue Maschine wurde entwickelt, die die alte Maschine substituieren soll. Die Marktforschung hat ermittelt, daß mit Wahrscheinlichkeit 1/4 das Produkt erfolgreich sein wird. Es wird dann mit einem Absatz von 900 Stück gerechnet. Im Fall des Scheiterns des Produkts würden nur 100 Stück verkauft werden. Fixe Kosten von 500.000 DM, variable Stückkosten von 2.000 DM und ein Verkaufspreis von 7.000 DM sind im Zusammenhang mit der neuen Maschine in die Überlegungen einzubeziehen. Wird sich der Unternehmer für oder gegen die neue Maschine entscheiden?

Lösung

a) Die Nutzenmatrix U ergibt sich durch Transformation der Auszahlungsmatrix Z
    nach der Regel $u_{ij} = z^2_{ij} - 3$. Man erhält also folgende Matrix U:

	s_1	s_2	s_3	s_4
a_1	33	13	46	33
a_2	1	33	22	78

Die Erwartungswerte der Alternativen a_1 und a_2 berechnen sich nach

$$\phi(a_i) = 1/4 \sum_{j=1}^{4} u(z_{ij})$$

zu $\phi(a_1) = 31,25$ und $\phi(a_2) = 33,5$.

Die Alternative a_2 wird demnach als vorteilhaft bewertet.

Interessant ist in diesem Zusammenhang, daß das μ-Kriterium ohne Berücksichtigung einer Nutzenfunktion Alternative a_1 als vorteilhafter ausweist, denn
der Erwartungswert von a_1 $\mu_1 = 5,75$ ist größer als $\mu_2 = 5,5$. Der Einbezug der
Nutzenfunktion zeigt also eine höhere Risikobereitschaft (größere Streuung bei
Alternative a_2) des Entscheiders an. Dieses Phänomen soll in Teil b) näher untersucht werden.

b) Wir betrachten den Fall eines risikofreudigen Entscheidungsträgers:

$$S > E(X)$$

Anschaulich bedeutet dies, daß der Entscheidungsträger erst bereit ist, eine sichere Auszahlung zu akzeptieren, wenn sie höher ist als der Erwartungswert
der zufälligen Auszahlung.

Aufgrund der strengen Monotonie von u folgt weiter

$$u(S) > u(E(X))$$

und (wegen $u(S) = E(u(X))$)

$$E(u(X)) > u(E(X)).$$

Setzen wir in dieser Gleichung

$$E(u(X)) = p \cdot u(x_1) + (1-p) \cdot u(x_2)$$

und

$$u(E(X)) = u(px_1 + (1-p) \cdot x_2) \, ,$$

so ergibt sich die Ungleichung

$$p \cdot u(x_1) + (1-p) \cdot u(x_2) > u(p \cdot x_1 + (1-p) \cdot x_2).$$

Sie bedeutet die strenge Konvexität der Nutzenfunktion u (vgl. Abschnitt 14.1). Analog läßt sich zeigen, daß risikoscheues Verhalten durch streng konkave Nutzenfunktionen zu modellieren ist (vgl. auch Schneeweiß 1991). Die folgende Skizze veranschaulicht den Fall eines risikofreudigen Entscheidungsträgers.

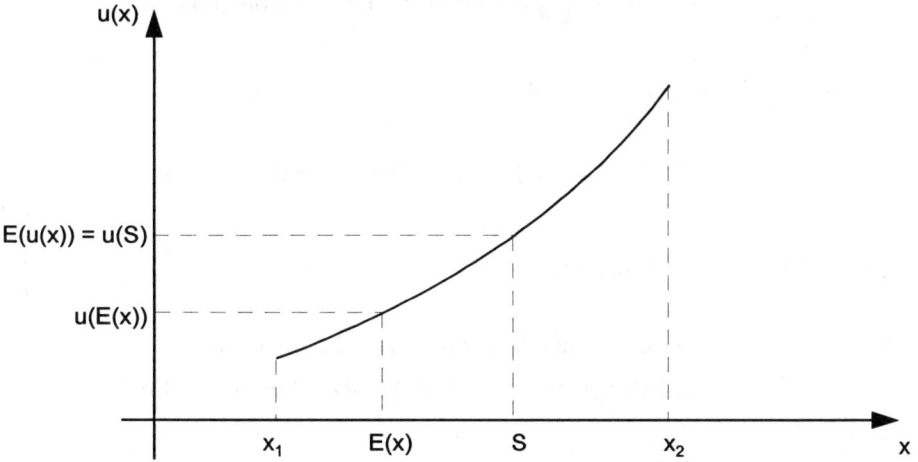

c) Nach dem Bernoulli-Prinzip gilt in diesem Fall

$$1/2\ u(x) + 1/2\ u(0) = u(x/4)\ .$$

Man kann ohne Beschränkung der Allgemeinheit die Normierung

$$u(0) = 0 \text{ und}$$
$$u(600(6.000\text{-}4.000)\text{-}200.000) = u(1.000.000) = 1$$

wählen.

Für die alte Maschine ist der Gewinn G_1

$$G_1 = 600(6.000\text{-}4.000)\text{-}200.000 = 1.000.000$$

und somit

$$u(G_1) = u(1.000.000) = 1.$$

Für die neue Maschine ist der Gewinn G_2 mit Wahrscheinlichkeit 1/4

$$G_2^{(1)} = 900(7.000\text{-}2.000)\text{-}500.000 = 4.000.000$$

und mit Wahrscheinlichkeit 3/4

$$G_2^{(2)} = 100(7.000\text{-}2.000)\text{-}500.000 = 0.$$

Mit obiger Normierung gilt:

$$1/2\ u(x) = u(x/4), \text{ somit } u(x) = 2\ u(x/4), \text{ d.h.}$$
$$u(4.000.000) = 2\cdot u(4.000.000/4) = 2\cdot u(1.000.000) = 2$$

Der Nutzen $u(G_2)$ der neuen Maschinen ergibt sich nun wie folgt:

$$u(G_2) = 1/4\ u(G_2^{(1)}) + 3/4\ u(G_2^{(2)})$$

$$= 1/4\ u(4.000.000) + 3/4\ u(0) = 1/4 \cdot 2 + 3/4 \cdot 0 = 1/2$$

Insgesamt ist also

$$u(G_1) = 1 > u(G_2) = 1/2 \ .$$

Der Unternehmer wird die alte Maschine vorziehen.

11.5 Literatur zu Kapitel 11

Grundlagen der betriebswirtschaftlichen Entscheidungstheorie behandeln u.a. die folgenden Bücher: Wald (1950), Chernoff/Moses (1959), Krelle (1968), Gottinger (1974), Hax (1974), Menges (1974), Ferschl (1975), Bitz (1977, 1981), Sieben/Schildbach (1980), Saliger (1981), Schneeweiß (1991), Bea (1992), Berens/Delfmann (1995), Adam (1996) und Bamberg/Coenenberg (1996).

12 Graphentheorie und Netzplantechnik

In diesem Kapitel behandeln wir die für unsere Zwecke wichtigsten Aspekte aus den Bereichen Graphentheorie und Netzplantechnik. Die graphentheoretischen Ansätze kommen im wesentlichen im Rahmen von Fragestellungen aus der Logistik (vgl. Kapitel 8) zur Anwendung. Nach der Einführung der Grundbegriffe kommen Probleme wie die Bestimmung von kürzesten Wegen und maximalen Flüssen in Graphen zur Sprache. Im Rahmen der Netzplantechnik befassen wir uns mit der CPM-Methode. Dieser Ansatz zur zeitlichen Planung eines Projekts kommt in den unterschiedlichsten Planungsproblemen zur Anwendung, wobei Probleme der Produktionsplanung (vgl. Kapitel 9) einen Schwerpunkt bilden.

12.1 Grundlagen der Graphentheorie

Die Graphentheorie ist eines der wichtigsten Teilgebiete des OR. Dies ist u.a. daraus ersichtlich, daß es mittlerweile einige Fachzeitschriften gibt, die ausschließlich Arbeiten zu graphentheoretischen Fragestellungen veröffentlichen. Ein **Graph** $G = [V,E]$ ist gegeben durch

- eine endliche Menge von Knoten $V = \{1,...,n\}$,
- eine endliche Menge von Kanten $E = \{e_1,...,e_m\}$ und
- eine Inzidenzabbildung $e \rightarrow \{i,j\}$, die jeder Kante $e \in E$ zwei (verschiedene) Knoten $i,j \in V$ zuordnet.

Wir setzen im folgenden voraus, daß zwei verschiedenen Kanten aus E nicht die gleichen beiden Knoten zugeordnet werden. Dann können wir eine Kante $e \in E$ schreiben als

$$e = [i,j]$$

und nennen die Knoten i und j Endknoten von e. Ist die Kante [i,j] in E, so nennen wir die Knoten i und j benachbart. Für einen Knoten $i \in V$ sei $N(i)$ die Menge seiner Nachbarn. Ein Knoten heißt isoliert, wenn er keine Nachbarn hat.

Beispiel 12-1

Wir betrachten folgenden Graphen G = [V,E] mit V = {1,...,7} und E = {e_1,...,e_{10}}:

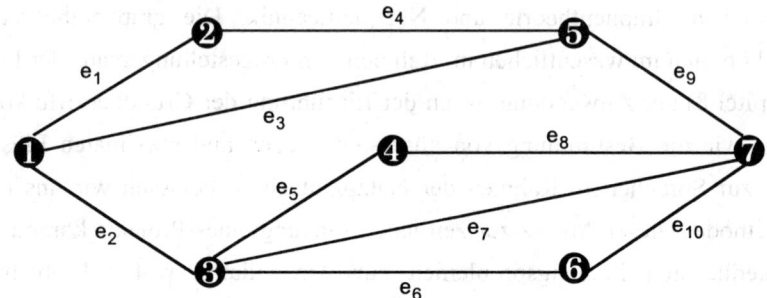

Hier ist beispielsweise e_3 = [1,5], die Knoten 1 und 5 sind benachbart, es ist N(5) = {1,2,7}, und kein Knoten ist isoliert.

In einem Graph G nennen wir eine Folge der Form

$$i_0 , [i_0 ,i_1], i_1 ,..., i_{k-1}, [i_{k-1} , i_k], i_k$$

eine Kantenfolge mit den Endknoten i_0 und i_k. Eine solche Kantenfolge schreiben wir auch in der Form

$$[i_0, i_1 ,..., i_k] \; .$$

Man nennt eine Kantenfolge offen, wenn $i_0 \neq i_k$ ist. Gilt i_0 = i_k, so heißt die Kantenfolge geschlossen. Eine Kette ist eine offene Kantenfolge, in der kein Knoten zweimal vorkommt. Unter einem Kreis verstehen wir schließlich eine geschlossene Kantenfolge, in der - bis auf i_0 = i_k - kein Knoten zweimal vorkommt. Ein Graph, in dem kein Kreis auftritt, heißt kreisfrei.

Zwei Knoten i und j aus V nennen wir verbunden, wenn es in E eine Kantenfolge mit den Endknoten i und j gibt. Ein Graph G heißt zusammenhängend, wenn zwei beliebige Knoten i, j ε V verbunden sind. Einen zusammenhängenden und kreisfreien Graphen nennen wir einen **Baum**.

Beispiel 12-1 (1. Fortsetzung)

Im Graphen G aus Beispiel 12-1 ist [1,5,7,4] eine (offene) Kantenfolge, [1,2,7,3,6] ist keine Kantenfolge, weil es keine Kante [2,7] gibt. Die Kantenfolge [1,5,7,4] ist auch eine Kette, dagegen ist [1,5,7,3,4,7,6] zwar eine Kantenfolge, aber keine Kette. Ein Kreis ist z.B. durch die geschlossene Kantenfolge [3,1,5,7,4,3] gegeben. Also ist dieser Graph nicht kreisfrei (und somit auch kein Baum). Weiter sieht man, daß alle Knoten des Graphen paarweise verbunden sind; der Graph ist also zusammenhängend.

Beispiel 12-2

Im nachfolgend dargestellten Graphen sind alle Knoten paarweise verbunden; der Graph ist also zusammenhängend. Weiterhin ist der Graph kreisfrei. Es handelt sich also um einen Baum.

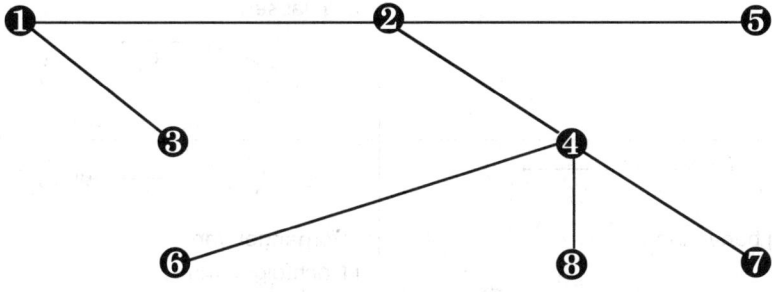

Bisher hatten die Kanten eines Graphen keine "Richtung". Im folgenden wollen wir uns mit Graphen befassen, bei denen die Kanten gerichtet sind. Wir sprechen dann von **gerichteten Graphen (Digraphen)**, die Bezeichnung Kante wird durch **Pfeil** ersetzt. Gerichtete Graphen stellen wir in folgender Form dar:

$$G = <V,E> \quad .$$

Graph G = [V, E]	Digraph G = <V, E>
Kante	Pfeil
$e = [i, j]$	$e = <i, j>$
nicht zugelassen:	nicht zugelassen:
Schlinge	Schlinge
e_1 e_2 parallele Kanten	e_1 e_2 parallele Pfeile
—	zugelassen: e_1 e_2
i und j benachbart	i Vorgänger von j
	j Nachfolger von i
N(i): Menge der Nachbarn von i	P(i): Menge der Vorgänger von i
	S(i): Menge der Nachfolger von i
i isoliert $\Leftrightarrow$ N(i) = $\varnothing$	i isoliert $\Leftrightarrow$ P(i) = $\varnothing$ und S(i) = $\varnothing$
—	i Quelle $\Leftrightarrow$ P(i) = $\varnothing$
	i Senke $\Leftrightarrow$ S(i) = $\varnothing$
Beispiel:	Beispiel:
offene Kantenfolge [1, 2, 5, 6, 1, 3]	offene Pfeilfolge <1, 2, 4, 2, 3>

Fortsetzung auf der nächsten Seite

Graph G = [V, E]	Digraph G = <V, E>
—	offene Semipfeilfolge <1, 3, 6, 2, 3>
geschlossene Kantenfolge [1, 2, 5, 6, 1, 3, 1]	geschlossene Pfeilfolge <2, 4, 5, 6, 7, 4, 2>
—	geschlossene Semipfeilfolge <1, 3, 6, 2, 3, 1>
Kette [1, 2, 3, 4, 5]	Weg <2, 4, 5, 6, 7>
—	Semiweg <3, 2, 4, 7, 6>
Kreis [1, 3, 6, 5, 2, 1]	Zyklus <2, 3, 6, 7, 4, 2>
—	Semizyklus <1, 3, 6, 5, 4, 2, 1>
G = [V, E] kreisfrei	G = <V, E> zyklenfrei
i, j verbunden, wenn es eine Kantenfolge mit Endknoten i und j gibt	i, j verbunden, wenn es eine Semipfeil-folge mit Endknoten i und j gibt
—	j von i aus erreichbar, wenn es eine Pfeilfolge von i nach j gibt
G zusammenhängend, wenn zwei beliebige Knoten i, j immer verbunden sind	G schwach zusammenhängend, wenn zwei beliebige Knoten i, j immer verbunden sind
—	G stark zusammenhängend, wenn für zwei beliebige Knoten i, j j von i aus und i von j aus erreichbar ist

Tabelle 12-1: Wichtige Grundbegriffe für Graphen und Digraphen

Die Definition des (ungerichteten) Graphen läßt sich leicht auf diese Situation übertragen. Wir modifizieren lediglich die Inzidenzabbildung dahingehend, daß sie jedem e ε E ein **geordnetes Paar** (i,j) zweier verschiedener Knoten zuordnet. Zusätzlich sei vorausgesetzt, daß es nicht zwei Pfeile gibt, denen das gleiche Knotenpaar zugeordnet wird (keine parallelen Pfeile), so daß wir die Pfeile in der Form

$$e = < i,j >$$

darstellen können.

Alle für Graphen behandelten Begriffe lassen sich nun sinngemäß auf Digraphen übertragen. Wir wollen an dieser Stelle jedoch nicht nochmals formale Definitionen anführen. Daher sind die wesentlichen Begriffe in Tabelle 12-1 zusammengestellt und erläutert.

Zur Verdeutlichung der für Digraphen eingeführten Begriffe dient Beispiel 12-3.

Beispiel 12-3

Wir betrachten den nachfolgend dargestellten Digraphen.

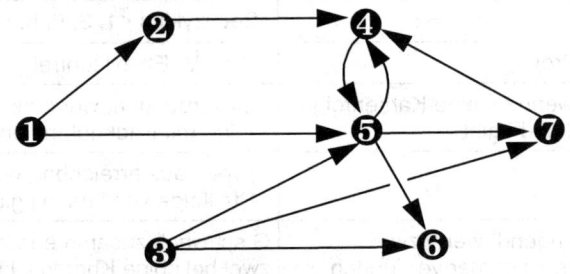

Hier gilt beispielsweise für den Knoten 5:

- Menge der Vorgänger $P(5) = \{1,3,4\}$,
- Menge der Nachfolger $S(5) = \{4,6,7\}$.

Keiner der Knoten ist isoliert, denn jeder hat mindestens einen Vorgänger oder Nachfolger. Die Knoten 1 und 3 sind Quellen (Knoten ohne Vorgänger), Knoten 6 ist Senke (Knoten ohne Nachfolger).

Ein Weg von 1 nach 7 ist durch $< 1,2,4,5,7 >$ gegeben. Bei einem Weg müssen die Pfeile "in die gleiche Richtung" weisen, was bei einem Semiweg nicht erforderlich ist. Beispielsweise ist durch $< 1,5,3,7 >$ ein Semiweg von 1 nach 7 gegeben. Der Digraph ist nicht zyklenfrei, z.B. ist $< 7,4,5,7 >$ ein Zyklus.

Alle Knoten des Digraphen sind paarweise verbunden, denn zwischen zwei beliebigen Knoten findet man immer (mindestens) eine Semipfeilfolge. Der Digraph ist also schwach zusammenhängend. Er ist nicht stark zusammenhängend, denn z.B. ist Knoten 2 nicht von Knoten 5 aus erreichbar.

Für einen Digraph $G = <V,E>$ mit Knotenmenge

$$V = \{1,...,n\}$$

sprechen wir von **topologischer Sortierung der Knoten**, wenn gilt: Wenn Knoten j von Knoten i aus erreichbar ist (mit $j \neq i$), so ist $j > i$. Die Knoten des Digraphen aus Beispiel 12-3 sind nicht topologisch sortiert, denn z.B. ist Knoten 5 von Knoten 7 aus erreichbar (Weg $<7,4,5>$), aber es ist $7 > 5$. Offensichtlich ist es wegen der auftretenden Zyklen nicht möglich, die Knoten so umzunumerieren, daß topologische Sortierung vorliegt.

Bei Anwendungen der Graphentheorie in der Logistik bezeichnen die Knoten i.a. Orte und die Kanten bzw. Pfeile Verbindungen zwischen diesen Orten. Daher ist es sinnvoll, die Kanten bzw. Pfeile mit reellen Zahlen zu bewerten, die dann in konkreten Anwendungen z.B. die Längen der entsprechenden Verbindungen bezeichnen. Auf diese Weise gelangen wir zum Konzept des **bewerteten Graphen**

$$G = [V,E,d]$$

bzw. des **bewerteten Digraphen**

$$G = <V,E,d> .$$

Hierbei ist jedem $e \, \varepsilon \, E$ eine nichtnegative reelle Zahl $d(e)$ zugeordnet. Für $e = [i,j]$ bzw. $e = <i,j>$ schreiben wir für $d(e)$ auch d_{ij}. Unter einem **Netzwerk** versteht man einen bewerteten Digraphen ohne isolierte Knoten. Einer Kantenfolge $F = [i_0,...,i_k]$ bzw. einer Pfeilfolge $F = <i_0,...,i_k>$ ordnen wir die Länge

$$d(F) = \sum_{r=1}^{k} d_{i_{r-1}i_r} = d_{i_0i_1} + d_{i_1i_2} + ... + d_{i_{k-1}i_k}$$

zu.

Beispiel 12-4

Wir betrachten das folgende Netzwerk, bei dem die Pfeilbewertungen an den Pfeilen eingetragen sind:

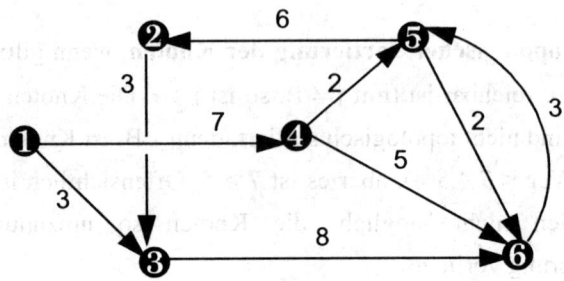

Hier hat z.B. die Pfeilfolge $F_1 = <1,4,5,6>$ die Länge

$$d(F_1) = d_{14} + d_{45} + d_{56} = 7 + 2 + 2 = 11,$$

die Pfeilfolge $F_2 = <2,3,6,5,2,3,6>$ hat die Länge

$$d(F_2) = d_{23} + d_{36} + d_{65} + d_{52} + d_{23} + d_{36}$$
$$= 3 + 8 + 3 + 6 + 3 + 8 = 31.$$

Mit diesem Längenmaß können wir nun **Entfernungen zwischen den Knoten** eines Graphen bzw. eines Digraphen messen: Für zwei Knoten i und j aus V ist die Entfernung (Distanz) c_{ij} die Länge der kürzesten Kantenfolge (Pfeilfolge) mit Endknoten i und j (mit Anfangsknoten i und Endknoten j), falls eine solche existiert; ansonsten ist $c_{ij} = \infty$. Die Distanzen kann man zusammengefaßt in der Distanzmatrix

$$C = (c_{ij})_{(i = 1,...,n; \, j = 1,...,n)}$$

darstellen. Eine solche Distanzmatrix ist für Graphen immer symmetrisch (es ist $c_{ij} = c_{ji}$), da Kanten ja "in beiden Richtungen" durchlaufen werden können. Bei Digraphen ist dagegen i.a. $c_{ij} \neq c_{ji}$.

Beispiel 12-5

Für den nachfolgend dargestellten Graphen ist die Distanzmatrix zu erstellen.

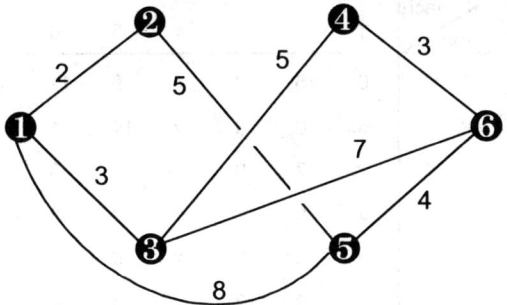

Man erhält folgende Matrix:

	1	2	3	4	5	6
1	0	2	3	8	7	10
2	2	0	5	10	5	9
3	3	5	0	5	10	7
4	8	10	5	0	7	3
5	7	5	10	7	0	4
6	10	9	7	3	4	0

Beispielsweise betrachtet man für die Knoten 2 und 6 die vier Kantenfolgen F_1 = [2,1,5,6], F_2 = [2,1,3,6], F_3 = [2,1,3,4,6] und F_4 = [2,5,6] mit $d(F_1)$ = 14, $d(F_2)$ = 12, $d(F_3)$ = 13 und $d(F_4)$ = 9. So ergibt sich c_{26} = c_{62} = 9.

Beispiel 12-4 (1. Fortsetzung)

Für das Netzwerk aus Beispiel 12-4 erhalten wir folgende Distanzmatrix:

nach von	1	2	3	4	5	6
1	0	15	3	7	9	11
2	∞	0	3	∞	14	11
3	∞	17	0	∞	11	8
4	∞	8	11	0	2	5
5	∞	6	9	∞	0	2
6	∞	9	12	∞	3	0

Im Rahmen der Anwendungen der Graphentheorie in der Logistik (Kapitel 8) befassen wir uns auch mit Graphen, deren Knoten bewertet sind. Wir behandeln dann also Graphen bzw. Digraphen der Form

$$G = [V,E,d,b] \;\; bzw. \;\; G = < V,E,d,b > ,$$

wobei die Knotenbewertung b jedem Knoten j aus V eine nichtnegative Zahl b_j zuordnet. Die grundlegenden Begriffe der Graphentheorie werden in Aufgabe 12-1 veranschaulicht.

12.2 Kürzeste Wege

Bei der Bestimmung der Distanz zweier Knoten sind wir in den Beispielen 12-4 (1. Fortsetzung) und 12-5 auf das Problem gestoßen, zwischen zwei Knoten eine kürzeste Kantenfolge bzw. eine kürzeste Pfeilfolge zu finden. In den genannten Beispielen war dieses Problem sehr leicht nach der "Methode des scharfen Hinsehens" zu lösen. Bei Graphen mit einigen hundert Knoten ist dies natürlich nicht mehr möglich. Wir wollen uns daher im folgenden mit Verfahren zur Lösung dieses Problems befassen.

Zunächst legen diese Beispiele die Vermutung nahe, daß man sich auf kürzeste Ketten bzw. Wege beschränken kann. Dies ist deshalb der Fall, weil wir mit nichtnegativen Kanten- bzw. Pfeilbewertungen arbeiten, so daß es keinen Sinn macht, einen Knoten mehrmals zu durchlaufen. Wir befassen uns im folgenden mit der Bestimmung kürzester Wege in Digraphen. Es wird sich zeigen, daß wir dann auch kürzeste Ketten in Graphen finden können.

Wir gehen von einem Netzwerk (bewerteter Digraph ohne isolierte Knoten) $<V,E,d>$ aus. Zur Bestimmung kürzester Wege unterscheiden wir zwischen

- zyklenfreien Netzwerken (Verfahren von Bellman) und
- Netzwerken mit Zyklen (Verfahren nach Dantzig).

Wir behandeln zunächst den Fall zyklenfreier Netzwerke. In diesem Fall ist es immer möglich, die Knoten topologisch zu sortieren; wir gehen daher davon aus, daß die Knotenmenge $V = \{1,...,n\}$ topologisch sortiert ist. Die Aufgabe, die wir uns stellen, besteht darin, von einem bestimmten Knoten $r \, \varepsilon \, V$ kürzeste Wege zu allen von r aus erreichbaren Knoten zu finden.

Das **Verfahren von Bellman** besteht aus folgenden Schritten:

(1) *Initialisierung*

Setze $D_r = 0$ und $q_r = r$

Falls $r \neq 1$, setze $D_j = \infty$ und $q_j = 0$ für $j = 1,...,r-1$

(2) *Durchlaufen der Knoten in der Reihenfolge der topologischen Sortierung*

Für $j = r+1,...,n$ setze

$$D_j = \begin{cases} \min_{(k \, \varepsilon \, P(j))} \{D_k + d_{kj}\} & \text{, falls } P(j) \neq \emptyset \\ \infty & \text{, sonst} \end{cases}$$

$$q_j = \begin{cases} q \, \varepsilon \, P(j) \text{ mit } D_j = D_q + d_{qj} & \text{, falls } P(j) \neq \emptyset \\ 0 & \text{, sonst} \end{cases}$$

(3) *Ergebnis*

D_j ist die Länge des kürzesten Weges von r nach j, falls ein solcher existiert. Den kürzesten Weg erhält man durch Zurückverfolgen der q's von q_j ausgehend, bis man auf r stößt.

Das zu bestimmende q_j ist im Fall $P(j) \neq \emptyset$ nicht unbedingt eindeutig. Interessiert man sich für alle kürzesten Wege, so hat man sich hier alle q_j zu merken, die der genannten Bedingung genügen.

Beispiel 12-6

Im nachfolgend dargestellten Netzwerk sollen kürzeste Wege vom Knoten r=2 zu allen anderen Knoten bestimmt werden.

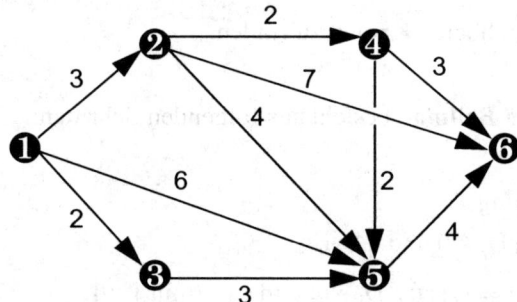

Wir überzeugen uns zunächst von der topologischen Sortierung der Knoten: Von jedem Knoten i aus sind ausschließlich Knoten j mit j > i erreichbar. Daher ist das Verfahren von Bellman anwendbar:

(1)   Initialisierung

$D_2 = 0 \quad q_2 = 2$

$D_1 = \infty \quad q_1 = 0$

(2)   Das Durchlaufen der Knoten haben wir in der nachfolgenden Übersicht dargestellt:

j	P (j)	Berechnung von D_j	D_j	q_j
1		Initialisierung	∞	0
r = 2		Initialisierung	0	2
3	{1}	min $\{D_1 + d_{13}\}$	∞	1
4	{2}	min $\{D_2 + d_{24}\}$	2	2
5	{1, 2, 3, 4}	min $\{D_1 + d_{15}, D_2 + d_{25}, D_3 + d_{35}, D_4 + d_{45}\}$	4	2, 4
6	{2, 4, 5}	min $\{D_2 + d_{26}, D_4 + d_{46}, D_5 + d_{56}\}$	5	4

(3)   Damit haben wir folgendes Ergebnis:

j	kürzester Weg von r = 2 nach j
1	1 ist von 2 aus nicht erreichbar
2	–
3	3 ist von 2 aus nicht erreichbar
4	< 2, 4 > Länge: 2
5	< 2, 5 >, < 2, 4, 5 > Länge: 4
6	< 2, 4, 6 > Länge: 5

Ein weiteres Beispiel findet der Leser in Aufgabe 12-2.

Anhand dieses einfachen Beispiels dürfte die Vorgehensweise des Bellman-Verfahrens klar geworden sein. Offensichtlich ist auch, daß dieses Verfahren bei Netzwerken mit Zyklen nicht anwendbar ist, da hier eine topologische Sortierung der Knoten nicht möglich ist. In solchen Fällen kann das Verfahren von Dantzig zur Anwendung kommen. Wiederum möchten wir von einem Knoten $r \in V = \{1,...,n\}$ kürzeste Wege zu allen anderen Knoten finden, falls solche existieren.

Das **Verfahren von Dantzig** besteht aus folgenden Schritten:

(1) *Initialisierung*

Markiere r mit $D_r = 0$ und $q_r = r$

(2) *Abbruchbedingung*

Bestimme die Menge

$M = \{< i,j > : i \text{ ist markiert, } j \text{ ist nicht markiert}\}$

$M = \emptyset \Rightarrow$ Abbruch des Verfahrens (Gehe zu (4))

(3) *Neue Markierung*

Bestimme $< i^*, j^* > \varepsilon\, M$ mit

$D_{i^*} + d_{i^*j^*} = \min_{(<i,j> \varepsilon\, M)} \{D_i + d_{ij}\}$

Markiere Knoten j^* mit $D_{j^*} = D_{i^*} + d_{i^*j^*}$, $q_{j^*} = i^*$

Gehe zu (2)

(4) *Ergebnis*

Für alle markierten Knoten j ist D_j die Länge des kürzesten Weges

von r nach j. Den kürzesten Weg findet man durch Zurückverfolgen

der q's von q_j ausgehend, bis man auf r stößt. Nicht markierte Knoten

sind von r aus nicht erreichbar.

Beispiel 12-7

Wir wenden das Verfahren von Dantzig auf das nachfolgend dargestellte (nicht

zyklenfreie) Netzwerk an. Hierbei sei $r = 1$.

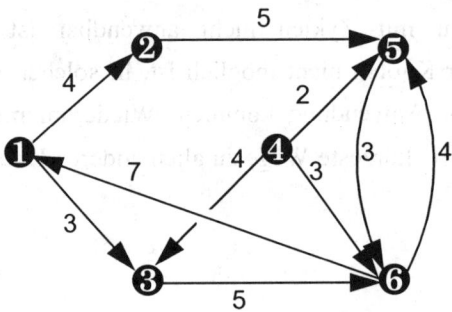

(1) $D_1 = 0$, $q_1 = 1$

(2), (3)   Die schrittweise Abarbeitung von (2) und (3) ist in der nachfolgenden

Übersicht dargestellt.

Markierung	$<i, j> \in M$	
	$D_i + d_{ij}$	
$D_1 = 0$ $q_1 = 1$ (Initialisierung)	$<1, 2>$ 4	$<1, 3>$ 3
$D_3 = 3$ $q_3 = 1$	$<1, 2>$ 4	$<3, 6>$ 8
$D_2 = 4$ $q_2 = 1$	$<3, 6>$ 8	$<2, 5>$ 9
$D_6 = 8$ $q_6 = 3$	$<2, 5>$ 9	$<6, 5>$ 12
$D_5 = 9$ $q_5 = 2$	$M = \{ \} \Rightarrow$ Abbruch	

(4)   Damit haben wir folgendes Ergebnis:

j	kürzester Weg von r = 1 nach j	
1	–	
2	$<1, 2>$	Länge: 4
3	$<1, 3>$	Länge: 3
4	4 ist von 1 aus nicht erreichbar	
5	$<1, 2, 5>$	Länge: 9
6	$<1, 3, 6>$	Länge: 8

Ein weiteres Beispiel zum Verfahren von Dantzig findet der Leser in Aufgabe 12-3.

Wir wollen uns an dieser Stelle auf diese beiden Verfahren beschränken, da sie für unsere Zwecke ausreichend sind. Umfassendere Behandlungen der Problematik kürzester Wege findet der Leser bei Neumann/Morlock (1993) und Domschke (1995).

Es sei abschließend noch darauf hingewiesen, daß wir das Problem, kürzeste Ketten in (ungerichteten) Graphen zu finden, mit den hier behandelten Verfahren ebenfalls lösen können. Hierzu führen wir den Graphen in einen Digraphen über, der die gleiche Knotenmenge hat. Aus einer Kante

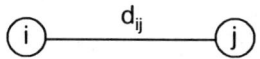

werden zwei Pfeile:

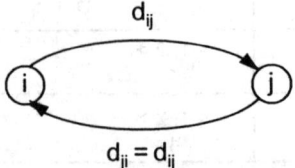

$$d_{ij}$$

$$d_{ji} = d_{ij}$$

Danach bestimmen wir kürzeste Wege in diesem Digraphen. Hierbei ist das Verfahren von Dantzig anzuwenden, da der entstehende Digraph immer Zyklen aufweist. Jeder kürzeste Weg in diesem Digraphen vermittelt eine kürzeste Kette im ursprünglichen Graphen, dessen Kanten ja in beiden Richtungen durchlaufen werden können.

12.3 Netzplantechnik

Methoden der Netzplantechnik basieren auf graphentheoretischen Verfahren und werden zur Planung komplexer Projekte verwendet. Eines der wichtigsten Anwendungsgebiete der Netzplantechnik ist die Produktionsplanung (vgl. Kapitel 9). Wir wollen im folgenden lediglich das bekannteste Verfahren der Netzplantechnik **CPM (Critical Path Method)** behandeln. Gegenstand des CPM-Ansatzes ist die Zeitplanung von Projekten. Das folgende Beispiel lehnt sich an Opitz/Schader (1975, S. 30ff.) an.

Beispiel 12-8
Im Rahmen der Einführung eines neuen Produkts fallen verschiedene Tätigkeiten wie z.B. Generierung der Produktidee, Planung der Produktion und Markttests an. Hierbei ist zu berücksichtigen, daß zwischen den Tätigkeiten verschiedene Nachfolgebeziehungen bestehen. So kann beispielsweise ein Markttest erst dann begonnen werden, wenn das Produkt zumindest in begrenzter Menge hergestellt wurde. Die nachfolgende Aufstellung zeigt die anfallenden Tätigkeiten sowie die zu berücksichtigenden Nachfolgebeziehungen. Daneben sind die voraussichtlichen Zeitdauern aufgeführt.

Vorgangsbezeichnung	Dauer (in Monaten)	vorher abzuschließende Vorgänge
Generierung und Konkretisierung der Produktidee (PI)	3	–
Bestimmung der Produktfunktion (PF)	5	–
Konzeption des Produktkerns (PK)	4	PI, PF
Konzeption der Produktform (PFo)	2	PI, PF
Produktionsplanung, 1. Phase (PP 1)	6	PK
Produkttest (PT)	3	PK
Konzeption der Produktgestalt (PG)	2	PFo, PT
Produktionsplanung, 2. Phase (PP 2)	10	PFo, PT
Versuchsserien (VS)	3	PP 1, PG
Konzeption der Werbemaßnahmen (W)	10	PP 1, PG
Markttest (MT)	3	VS
Serienfertigung (SF)	6	PP 2, MT

Wir wollen nun ein solches Projekt durch einen Digraphen darstellen, dessen Pfeile die einzelnen Vorgänge des Projekts darstellen (Vorgangspfeilnetz). Die Knoten stehen dann für bestimmte Ereignisse im Ablauf des Projekts. Bzgl. der Konstruktion eines solchen CPM-Netzplans sind folgende Situationen relevant (in Anlehnung an Neumann/Morlock 1993, S.230ff.):

(1) Die Vorgänge A_3 und A_4 können erst begonnen werden, sobald die Vorgänge A_1 und A_2 abgeschlossen sind:

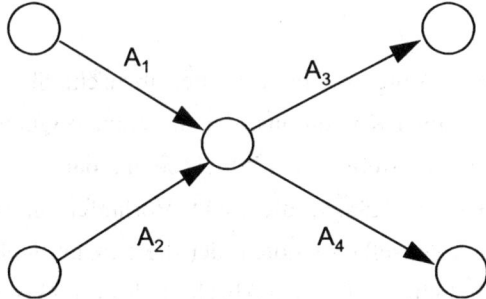

(2) A_3 kann begonnen werden, sobald A_1 und A_2 abgeschlossen sind; A_4 kann begonnen werden, sobald A_2 abgeschlossen ist:

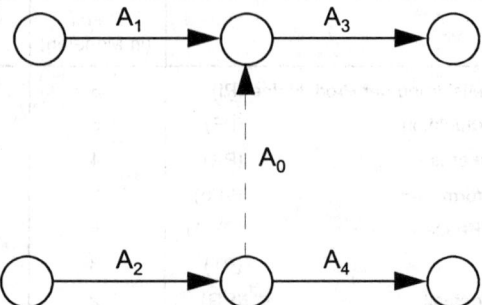

Wir haben hier einen sogenannten Scheinvorgang A_0 eingeführt. Dieser Scheinvorgang hat keine zeitliche Dauer und stellt lediglich sicher, daß A_3 nicht begonnen wird, bevor A_2 abgeschlossen ist.

(3) Ergibt sich nach Anwendung von (1) und (2) eine Konstruktion mit zwei parallelen Pfeilen, so lösen wir durch Einführung eines Scheinvorgangs die parallelen Pfeile auf. Dies kann z.B. so aussehen:

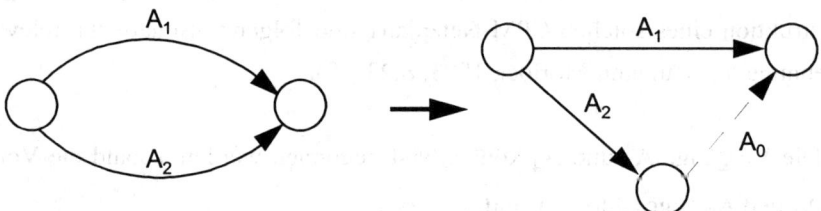

(4) Alle Startvorgänge (Vorgänge ohne vorher abzuschließende Vorgänge) gehen von ein und demselben Knoten aus, der die einzige Quelle des Netzplans ist. Als Ereignis aufgefaßt, stellt er den Projektbeginn dar.

(5) Alle Endvorgänge (Vorgänge, die nicht Vorläufer anderer Vorgänge sind) münden in ein und denselben Knoten, der die einzige Senke des Netzplans ist. Als Ereignis aufgefaßt, stellt er den Abschluß des Projekts dar.

Ein nach diesen Regeln zu einem bestimmten Projekt erstellter Netzplan ist i.a. nicht eindeutig, da die Einarbeitung von Scheinvorgängen auf verschiedene Arten möglich ist. Diese Mehrdeutigkeit ist jedoch für die spätere Analyse des Projekts mit Hilfe eines Netzplans nicht relevant.

Beispiel 12-8 (1. Fortsetzung)

Für das Projekt der Neuprodukteinführung erhalten wir folgenden Netzplan:

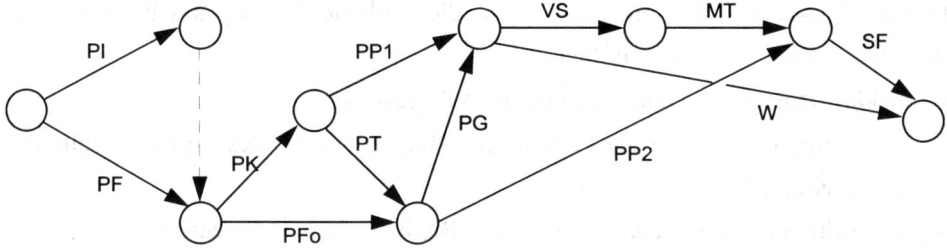

Der Scheinvorgang sorgt hierbei dafür, daß die Vorgänge PK (Konzeption des Produktkerns) und PFo (Konzeption der Produktform) erst begonnen werden, nachdem der Vorgang PI (Generierung und Konkretisierung der Produktidee) abgeschlossen ist.

Wir ordnen nun jedem Vorgangspfeil $< i,j >$ als Bewertung d_{ij} die Zeitdauer des entsprechenden Vorgangs zu. Ein **CPM-Netzplan** ist somit ein bewerteter Digraph mit folgenden Eigenschaften:

- Er ist schwach zusammenhängend und zyklenfrei.
- Die Knoten sind topologisch sortiert (bei zyklenfreien Digraphen immer möglich).
- Es gibt genau eine Quelle und genau eine Senke; aufgrund der topologischen Sortierung der Knoten ist Knoten 1 die Quelle und Knoten n die Senke.

Beispiel 12-8 (2. Fortsetzung)

Für das vorliegende Projekt ergibt sich folgender CPM-Netzplan. Man beachte die topologische Sortierung der Knoten.

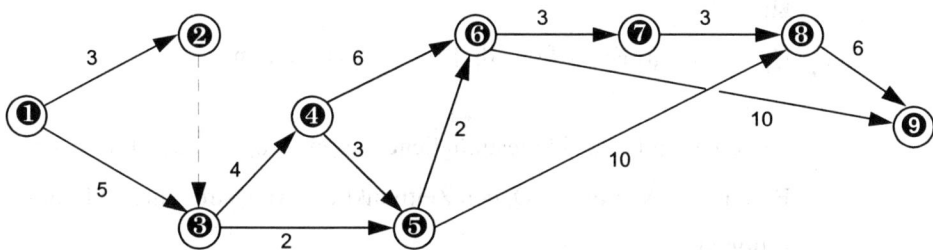

Wie bereits erwähnt wurde, repräsentieren die Knoten Ereignisse. Ein Ereignis j ε V bezeichnen wir als realisiert, wenn alle vorgelagerten Vorgänge < i,j > mit i ε P(j) durchgeführt sind. Von Interesse für die zeitliche Planung des Projekts sind nun insbesondere folgende Größen:

- die kürzestmögliche Dauer des gesamten Projekts,
- der Zeitpunkt des frühestmöglichen Beginns und des frühestmöglichen Abschlusses einzelner Vorgänge,
- der Zeitpunkt des spätestmöglichen Beginns bzw. Abschlusses einzelner Vorgänge unter der Bedingung, daß die kürzestmögliche Projektdauer eingehalten werden soll,
- Pufferzeiten, die für jeden Vorgang angeben, um wieviel die Vorgangsdauer überschritten werden darf, ohne daß sich die Projektdauer verlängert.

Die CPM-Methode basiert auf der Tatsache, daß die kürzestmögliche Zeitdauer bis zur Realisierung eines bestimmten Ereignisses j der Länge des längsten Weges von Knoten 1 nach Knoten j entspricht. Als kürzestmögliche Projektdauer ergibt sich also die Länge des längsten Weges von Knoten 1 nach Knoten n. Im vorhergehenden Abschnitt haben wir Verfahren zur Bestimmung kürzester Wege behandelt. Diese Verfahren lassen sich auch auf die hier benötigte Bestimmung längster Wege übertragen. Da ein CPM-Netzplan zyklenfrei ist, können wir das Verfahren von Bellman anwenden. Es ist lediglich in der Rekursionsformel "min" durch "max" zu ersetzen. Im einzelnen läuft dann eine **CPM-Analyse** wie folgt ab:

(1) *Vorwärtsrekursion*

Wir ermitteln kürzeste Teilprojektdauern $\underline{D}_1, \underline{D}_2, ..., \underline{D}_n$ gemäß

$$\underline{D}_1 = 0$$

$$\underline{D}_j = \max_{(i\, \varepsilon\, P(j))} \{\underline{D}_i + d_{ij}\} \qquad j = 2,...,n$$

und erhalten $\underline{D}_n$ als kürzestmögliche Gesamtprojektdauer. Für jedes Ereignis j ε V gibt uns $\underline{D}_j$ den Zeitpunkt der frühestmöglichen Realisation an.

(2) *Rückwärtsrekursion*

Den spätestmöglichen Zeitpunkt $\overline{D}_i$ zur Realisation des Ereignisses i
(unter der Maßgabe der Projektdauer $\underline{D}_n$) berechnen wir gemäß

$$\overline{D}_n = \underline{D}_n$$
$$\overline{D}_i = \min_{(j\,\varepsilon\,S(i))} \{\overline{D}_j - d_{ij}\} \qquad i = n\text{-}1,\dots,1 \ .$$

(3) *Ergebnis*

Für jeden Vorgang < i,j > erhalten wir

- den frühestmöglichen Beginn $\underline{D}_i$,

- den frühestmöglichen Abschluß $\underline{D}_i + d_{ij}$,

- den spätestmöglichen Abschluß $\overline{D}_j$ und

- den spätestmöglichen Beginn $\overline{D}_j - d_{ij}$.

Als maximale Pufferzeit eines Vorgangs <i,j> ergibt sich

$$t_{ij}^{max} = \overline{D}_j - \underline{D}_i - d_{ij} \ .$$

Wir nennen einen Vorgang < i,j > kritisch, wenn

$$t_{ij}^{max} = 0$$

gilt. Ein längster Weg von Knoten 1 nach n besteht offensichtlich aus lauter
kritischen Vorgängen und heißt daher **kritischer Weg** (critical path). Damit ist
auch erklärt, wie die CPM-Methode zu ihrem Namen kommt.

Beispiel 12-8 (3. Fortsetzung)

Wir wollen im folgenden das Projekt der Neuprodukteinführung aus Beispiel
12-8 einer CPM-Analyse unterziehen.

(1), (2)   Der Ablauf der Vorwärts- und Rückwärtsrekursion wird im folgenden
dargestellt.

$$\underline{D}_1 = 0$$
$$\underline{D}_2 = 3$$
$$\underline{D}_3 = 5 = \max\{5, 3\}$$
$$\underline{D}_4 = 9$$
$$\underline{D}_5 = 12 = \max\{7, 12\}$$
$$\underline{D}_6 = 15 = \max\{15, 14\}$$
$$\underline{D}_7 = 18$$
$$\underline{D}_8 = 22 = \max\{22, 21\}$$
$$\underline{D}_9 = 28 = \max\{25, 28\}$$

$$\overline{D}_1 = 0$$
$$\overline{D}_2 = 5$$
$$\overline{D}_3 = 5 = \min\{5, 10\}$$
$$\overline{D}_4 = 9 = \min\{9, 10\}$$
$$\overline{D}_5 = 12 = \min\{14, 12\}$$
$$\overline{D}_6 = 16 = \min\{16, 18\}$$
$$\overline{D}_7 = 19$$
$$\overline{D}_8 = 22$$
$$\overline{D}_9 = 28$$

(3)   Als erstes Ergebnis haben wir somit eine kürzestmögliche Gesamtprojektdauer von 28 Monaten ermittelt. Für die einzelnen Vorgänge können wir nun die interessierenden Größen zusammenstellen (vgl. nachstehende Tabelle). Also kann beispielsweise der Vorgang PP1 (Produktionsplanung 1. Phase) frühestens nach 9 Monaten begonnen werden und muß spätestens nach 10 Monaten begonnen werden, damit die Gesamtprojektdauer von 28 Monaten nicht überschritten wird. Wir verfügen hier also über eine maximale Pufferzeit von einem Monat.

Die in der Tabelle mit * gekennzeichneten Vorgänge PF, PK, PT, PP2 und SF sind kritisch. Bei diesen Vorgängen darf die voraussichtliche Dauer nicht überschritten werden (maximale Pufferzeit = 0), wenn das Projekt pünktlich nach 28 Monaten abgeschlossen werden soll. In diesem Beispiel ist

$$< 1,3,4,5,8,9 >$$

der einzige kritische Weg.

Vorgang	< i, j >	frühester Beginn $\underline{D}_i$	spätester Beginn $\overline{D}_j - d_{ij}$	frühester Abschluß $\underline{D}_i + d_{ij}$	spätester Abschluß $\overline{D}_j$	maximale Pufferzeit $\overline{D}_j - \underline{D}_i - d_{ij}$
PI	< 1, 2 >	0	2	3	5	2
PF	< 1, 3 >	0	0	5	5	0 *
Schein-vorgang	< 2, 3 >	3	5	3	5	2
PK	< 3, 4 >	5	5	9	9	0 *
PFo	< 3, 5 >	5	10	7	12	5
PT	< 4, 5 >	9	9	12	12	0 *
PP 1	< 4, 6 >	9	10	15	16	1
PG	< 5, 6 >	12	14	14	16	2
PP 2	< 5, 8 >	12	12	22	22	0 *
VS	< 6, 7 >	15	16	18	19	1
W	< 6, 9 >	15	18	25	28	3
MT	< 7, 8 >	18	19	21	22	1
SF	< 8, 9 >	22	22	28	28	0 *

Neben der hier vorgestellten Version der CPM-Analyse besteht auch die Möglichkeit, die Planung nicht auf der Basis der kürzestmöglichen Gesamtprojektdauer $\underline{D}_n = \overline{D}_n$ vorzunehmen, sondern eine größere Gesamtprojektdauer T vorzugeben. In der quantitativen Analyse hat man lediglich im Rahmen der Rückwärtsrekursion

$$\overline{D}_n = \underline{D}_n$$

durch

$$\overline{D}_n = T$$

zu ersetzen. Auf diese Weise erreicht man, daß jeder Vorgang eine gewisse Pufferzeit hat. Als kritische Vorgänge bezeichnet man dann solche Vorgänge, die eine minimale Pufferzeit haben.

CPM-Netzpläne gehören zur Gruppe der **vorgangsorientierten Netzpläne**. Daneben kennt man in der Literatur **Entscheidungsnetzpläne**, die sich dadurch

auszeichnen, daß der Projektablauf nicht streng determiniert ist. Man hat sich
während der Durchführung des Projekts für eine von i.a. mehreren Alternativen zu
entscheiden. Damit treten auch stochastische Aspekte in den Vordergrund, die beim
CPM-Ansatz nicht berücksichtigt werden. Ein bekanntes Beispiel für
Entscheidungsnetzpläne sind GERT (Graphical Evaluation and Review
Technique)-Netzpläne. Wir verweisen in diesem Zusammenhang auf
Neumann/Morlock (1993). Dort werden auch weitere Ansätze der Netzplantechnik
wie MPM (Metra Potential Method) und PERT (Program Evaluation and Review
Technique) behandelt.

12.4 Flußprobleme

Bei Transportproblemen im Rahmen der Logistik hat man es in der Regel mit
Transportwegen von beschränkter Kapazität zu tun. Bei einem Netz von Transportwegen stellt sich dabei u.U. das Problem, aus Kapazitätsbeschränkungen der
einzelnen Komponenten die Kapazität des gesamten Netzes zu ermitteln. Wie
solche Probleme mit Hilfe graphentheoretischer Verfahren angegangen werden
können, ist Gegenstand dieses Abschnitts.

Wir gehen im folgenden von einem Digraphen $< V,E >$ ohne isolierte Knoten aus,
wobei jedem Pfeil $< i,j >$ eine Maximalkapazität $\pi_{ij} > 0$ zugeordnet ist. Falls auf
einem bestimmten Pfeil die Kapazität nicht beschränkt ist, setzen wir $\pi_{ij} = \infty$. Im
vorliegenden Digraphen zeichnen wir nun zwei spezielle Knoten

- r als Flußquelle und
- s als Flußsenke

aus; r braucht hierbei keine Quelle des Digraphen zu sein und s keine Senke. Für
einen **Fluß von r nach s** wollen wir folgende Eigenschaften festlegen:

- Aus r fließt genauso viel aus, wie in s einfließt. Diese Menge nennen wir auch
  die **Stärke des Flusses**.
- Für jeden Knoten i des Digraphen (bis auf r und s) sind Einfluß und Ausfluß
  gleich.

Ein Fluß der Stärke w ist also formal gesehen eine Bewertung der Pfeile $< i,j >$ mit
Flußmengen

$$\phi_{ij} \geq 0 \; ,$$

so daß die folgende **Flußbedingung** gilt:

$$\sum_{j \in S(i)} \phi_{ij} \; - \; \sum_{k \in P(i)} \phi_{ki} \; = \; \begin{bmatrix} w & \text{für } i = r \\ -w & \text{für } i = s \\ 0 & \text{für } i \in V - \{r,s\} \end{bmatrix}$$

$$\underbrace{\phantom{\sum_{j \in S(i)} \phi_{ij}}}_{\substack{\text{Ausfluß aus} \\ \text{Knoten } i}} \qquad \underbrace{\phantom{\sum_{k \in P(i)} \phi_{ki}}}_{\substack{\text{Einfluß in} \\ \text{Knoten } i}}$$

Beispiel 12-9

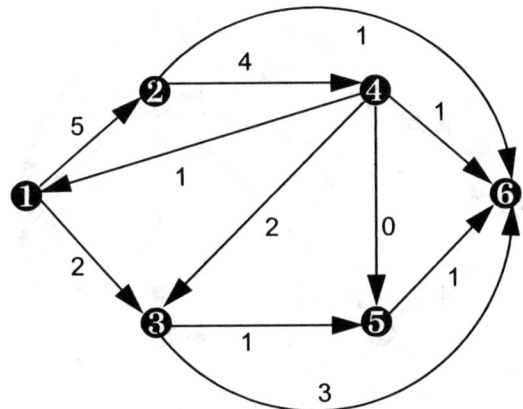

Die Abbildung zeigt einen Fluß von $r = 1$ nach $s = 6$. Man überzeugt sich leicht,
daß für jeden Knoten außer 1 und 6

$$\text{Ausfluß - Einfluß} = 0$$

gilt.

Für die Flußquelle $r = 1$ ist

$$\text{Ausfluß - Einfluß} = 7 - 1 = 6 \; ,$$

für die Flußsenke $s = 6$ haben wir

$$\text{Ausfluß - Einfluß} = 0 - 6 = -6 \; .$$

Also hat der eingezeichnete Fluß die Stärke 6.

Einen Fluß nennen wir zulässig, wenn auf keinem Pfeil die vorgegebene Maximalkapazität π_{ij} überschritten wird, d.h. wenn

$$\phi_{ij} \;\leq\; \pi_{ij}$$

für alle $< i,j >$ aus E gilt. Wir befassen uns im folgenden mit dem Problem, in einem
Digraphen mit vorgegebenen Maximalkapazitäten π_{ij} einen (zulässigen) **Fluß
maximaler Stärke** von einem Knoten r zu einem Knoten s zu finden.

Beispiel 12-9 (1. Fortsetzung)

Im Digraphen aus Beispiel 12-9 seien die folgenden (fett eingezeichneten)
Maximalkapazitäten π_{ij} gegeben. Außerdem ist der Fluß ϕ der Stärke $w_\phi = 6$
eingetragen.

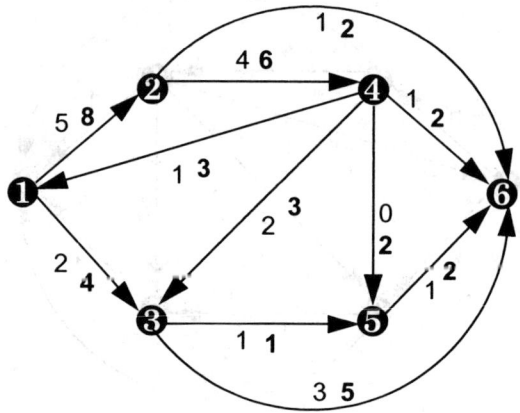

Dieser Fluß überschreitet an keiner Stelle die Maximalkapazität, er ist also
zulässig. Seine Stärke ist aber offensichtlich nicht maximal, denn man kann
einen Fluß ϕ' konstruieren, indem man ϕ_{12} und ϕ_{26} um 1 erhöht und alle
sonstigen ϕ_{ij} unverändert läßt. Der auf diese Weise konstruierte Fluß ϕ' hat die
Stärke $w_{\phi'} = 7$. Man sieht leicht, daß auch ϕ' noch nicht maximale Stärke hat.

Wir wollen im folgenden einen Algorithmus behandeln, der in einem Digraph mit
gegebenen Maximalkapazitäten π_{ij} einen Fluß maximaler Stärke von einem Knoten

r (Flußquelle) zu einem Knoten s (Flußsenke) bestimmt. Es handelt sich um das **Verfahren von Ford/Fulkerson**. Es läuft in folgenden Schritten ab:

(0) *Ausgangsfluß*

Ausgangsfluß ist der Nullfluß mit

$$\phi_{ij} = 0$$

für alle $< i,j >$ oder ein anderer zulässiger Fluß ϕ.

(1) *Anfangsmarkierung*

Markiere die Flußquelle r mit

$$(+, \tau_r) \ ,$$

wobei $\tau_r = \infty$ ist.

(2) *Markierungsprozeß*

Sei i ein bereits markierter Knoten (Markierung $(1^+, \tau_i)$ oder $(1^-, \tau_i)$).

Betrachte alle noch nicht markierten Nachfolger und Vorgänger von i:

(a) $i \rightarrow j$

j ε S(i) noch nicht markiert und $\phi_{ij} < \pi_{ij}$;

markiere j mit (i^+, τ_j), wobei

$$\tau_j = \min \{\tau_i , \pi_{ij} - \phi_{ij} \} \ ;$$

(b) $k \rightarrow i$

k ε P(i) noch nicht markiert und $\phi_{ki} > 0$;

markiere k mit (i^-, τ_k), wobei

$$\tau_k = \min \{\tau_i , \phi_{ki} \} \ .$$

Abbruch des Markierungsprozesses:

Fall A: Flußsenke s wurde markiert; Flußvergrößerung; gehe zu (3);

Fall B: Flußsenke s ist unmarkiert, und es ist kein weiterer Knoten markierbar; Abbruch: ϕ ist optimaler Fluß.

(3)   *Flußvergrößerung* (neuer Fluß ϕ')

- Betrachte die Markierung der Flußsenke s:

    (a)   Markierung (q^+, τ_s)

        $q \to s$

        Setze $\phi'_{qs} = \phi_{qs} + \tau_s$

    (b)   Markierung (q^-, τ_s)

        $s \to q$

        Setze $\phi'_{sq} = \phi_{sq} - \tau_s$

- Betrachte die Markierung von q:

    (a)   Markierung (p^+, τ_q)

        $p \to q$

        Setze $\phi'_{pq} = \phi_{pq} + \tau_s$

    (b)   Markierung (p^-, τ_q)

        $q \to p$

        Setze $\phi'_{qp} = \phi_{qp} - \tau_s$

- Fahre so fort, bis die Flußquelle r erreicht ist.

Auf diese Weise erhält man einen Fluß ϕ' der Stärke

$$w_{\phi'} = w_\phi + \tau_s \ .$$

Gehe zu (1) (erneute Markierung).

(4)   *Ergebnis*

Das Verfahren liefert einen optimalen Fluß (d.h. einen Fluß maximaler Stärke) von r nach s.

Ein Beispiel zum Verfahren von Ford/Fulkerson findet der Leser in Aufgabe 12-4. Wir wollen an dieser Stelle noch kurz anmerken, daß wir hier das Ford/Fulkerson-Verfahren etwas vereinfacht dargestellt haben. In der allgemeineren Version sind die Pfeile $< i,j >$ auch mit Minimalkapazitäten δ_{ij} versehen und ein Fluß heißt zulässig, wenn

$$\delta_{ij} \leq \phi_{ij} \leq \pi_{ij}$$

für alle $< i,j >$ in E ist. In diesem Fall ist die hier vorgestellte Version des Verfahrens lediglich im Markierungsprozeß zu modifizieren. Die modifizierte Passage ist:

(b) $k \rightarrow i$

   $k \ \varepsilon \ P(i)$ noch nicht markiert und $\phi_{ki} > \delta_{ki}$;

   markiere k mit (i^-, τ_k), wobei

$$\tau_k = \min \{\tau_i, \phi_{ki} - \delta_{ki}\} .$$

Für $\delta_{ki} = 0$ ergibt sich unsere vereinfachte Version. Es ist allerdings darauf hinzuweisen, daß in der allgemeineren Version der Nullfluß i.a. nicht zulässig ist, so daß man ggf. vor dem Problem der Bestimmung eines zulässigen Anfangsflusses steht. Wir verweisen in diesem Zusammenhang auf Neumann/Morlock (1993, S.256ff.). Dort finden sich auch Algorithmen zu weiteren Problemen im Zusammenhang mit Flüssen in Digraphen.

12.5 Übungsaufgaben zu Kapitel 12

In der ersten Aufgabe soll der Leser die wichtigsten Grundbegriffe im Zusammenhang mit Graphen und Digraphen auf ein einfaches Beispiel anwenden. Die Aufgaben 12-2 und 12-3 behandeln Verfahren zur Bestimmung kürzester Wege in Digraphen. Zur Anwendung gelangen die Verfahren von Bellman und Dantzig. Das Verfahren von Ford/Fulkerson zur Ermittlung maximaler Flüsse ist Gegenstand der letzten Aufgabe.

Aufgabe 12-1

Bei einem Digraphen mit der Knotenmenge $V = \{1,...,5\}$ kennen wir für jeden Knoten i die Mengen $P(i)$ (Menge der Vorgänger) und $S(i)$ (Menge der Nachfolger):

i	P (i)	S (i)
1	$\emptyset$	{2,3}
2	{1}	{4, 5}
3	{1}	{4}
4	{2, 3}	$\emptyset$
5	{2}	$\emptyset$

a) Zeichnen Sie den Digraphen.

b) Gibt es isolierte Knoten?

c) Nennen Sie alle Quellen und Senken.

d) Treten in dem Digraphen Zyklen auf?

e) Sind die Knoten topologisch sortiert?

f) Ist der Digraph schwach bzw. stark zusammenhängend?

Lösung

a)

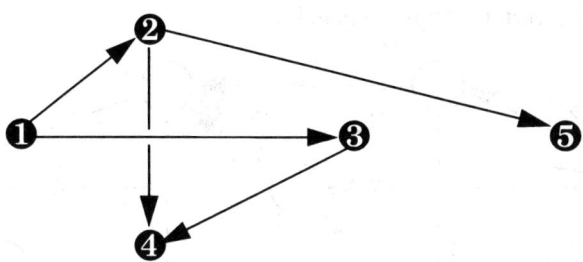

b) Als isoliert bezeichnet man einen Knoten, der keinen Vorgänger und keinen Nachfolger hat; solche Knoten treten im vorliegenden Digraphen nicht auf.

c) Eine Quelle ist ein Knoten ohne Vorgänger; Knoten 1 ist einzige Quelle des Digraphen. Unter einer Senke versteht man einen Knoten ohne Nachfolger; die Knoten 4 und 5 sind Senken des vorliegenden Digraphen.

d) Unter einem Zyklus versteht man einen Weg, der wieder beim Ausgangsknoten ankommt. Dieser Digraph ist zyklenfrei.

e) Wir sprechen von topologischer Sortierung der Knoten, wenn gilt: Ist Knoten j von Knoten i aus erreichbar, so ist j > i. Dies ist im vorliegenden Digraphen der Fall.

f) Der Digraph ist nicht stark zusammenhängend, denn dann müßte jeder Knoten von jedem anderen aus erreichbar sein; z.B. ist Knoten 3 nicht von Knoten 2 aus erreichbar. Der Digraph ist allerdings schwach zusammenhängend, denn zwei beliebige Knoten sind immer verbunden, d.h. wir finden zwischen ihnen immer eine Semipfeilfolge.

Aufgabe 12-2

Es sei folgender bewerteter Digraph gegeben.

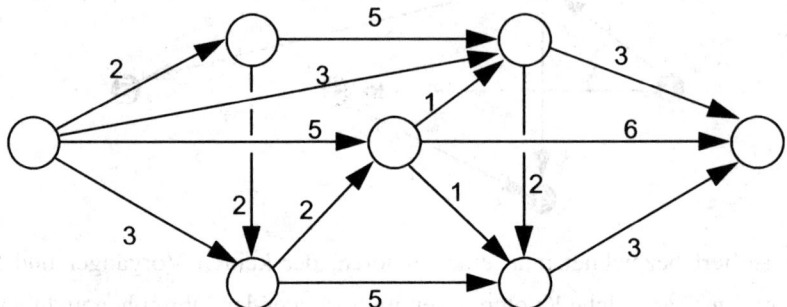

a) Markieren Sie die Knoten so, daß der Graph topologisch sortiert ist.

b) Bestimmen Sie mit Hilfe des Verfahrens von Bellman kürzeste Wege vom
    Knoten r=2 zu allen übrigen Knoten.

Lösung

a) Der topologisch sortierte Graph hat folgendes Aussehen:

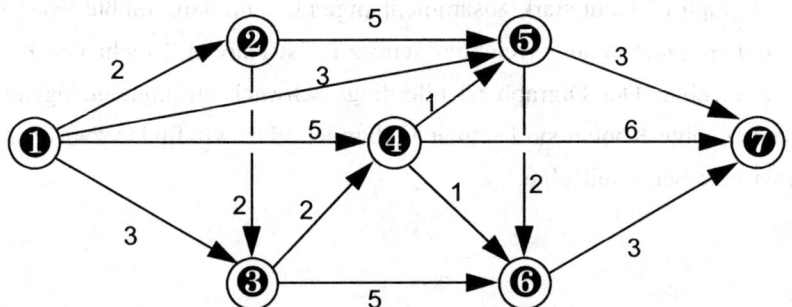

b) Das Verfahren von Bellman beginnt mit der Initialisierung:

$$D_2 = 0 \qquad q_2 = 2$$
$$D_1 = \infty \qquad q_1 = 0$$

Das Durchlaufen der Knoten ist in der nachfolgenden Übersicht dargestellt:

j	P (j)	Berechnung von D_j	D_j	q_j
1	-	Initialisierung	∞	0
2	-	Initialisierung	0	2
3	{1, 2}	min $\{D_1 + d_{13}; D_2 + d_{23}\}$	2	2
4	{1, 3}	min $\{D_1 + d_{14}; D_3 + d_{34}\}$	4	3
5	{1, 2, 4}	min $\{D_1 + d_{15}; D_2 + d_{25}; D_4 + d_{45}\}$	5	2, 4
6	{3, 4, 5}	min $\{D_3 + d_{36}; D_4 + d_{46}; D_5 + d_{56}\}$	5	4
7	{4, 5, 6}	min $\{D_4 + d_{47}; D_5 + d_{57}; D_6 + d_{67}\}$	8	5, 6

Damit erhalten wir folgendes Ergebnis:

j	kürzester Weg von r = 2 nach j	
1	1 ist von 2 aus nicht erreichbar	
2	–	
3	< 2, 3 >	Länge: 2
4	< 2, 3, 4 >	Länge: 4
5	< 2, 5 >, < 2, 3, 4, 5 >	Länge: 5
6	< 2, 3, 4, 6 >	Länge: 5
7	< 2, 5, 7>, < 2, 3, 4, 5, 7>, < 2, 3, 4, 6, 7>	Länge: 8

Aufgabe 12-3

Im folgenden ist die Distanzmatrix eines Digraphen mit sieben Knoten gegeben.

von \ nach	1	2	3	4	5	6	7
1	-	-	-	-	3	-	-
2	-	-	-	5	-	-	-
3	-	2	-	-	4	-	-
4	-	-	5	-	3	3	-
5	-	5	-	-	-	2	7
6	6	-	-	-	-	-	2
7	-	2	-	-	-	-	-

a) Zeichnen Sie den entsprechenden Digraphen.

b) Läßt sich eine topologische Sortierung der Knoten vornehmen?

c) Ermitteln Sie kürzeste Wege von Knoten 1 zu allen übrigen Knoten?

Lösung

a)

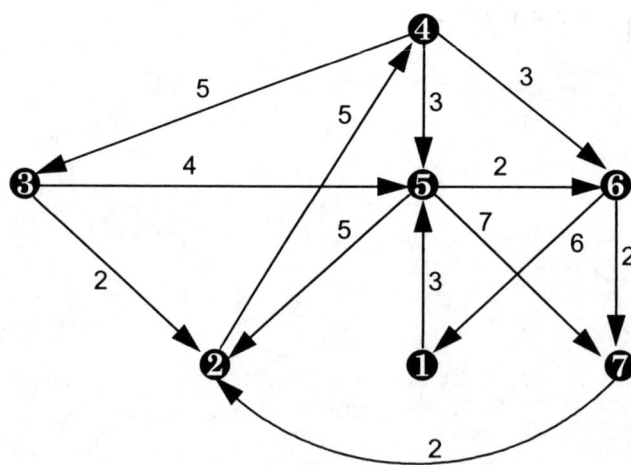

b) Der Digraph ist nicht zyklenfrei; ein Zyklus ist beispielsweise durch die Pfeilfolge <2,4,5,2> gegeben. Eine topologische Sortierung der Knoten ist daher nicht möglich.

c) Da der Digraph nicht zyklenfrei ist, kommt das Verfahren von Dantzig zur Anwendung:

Markierung	$<i, j> \in M$ $D_i + d_{ij}$		
$D_1 = 0$ $q_1 = 1$ (Initialisierung)		$< 1, 5 >$ 3	
$D_5 = 3$ $q_5 = 1$	$< 5, 2>$ 8	$< 5, 6 >$ 5	$< 5, 7>$ 10
$D_6 = 5$ $q_6 = 5$	$< 5, 2>$ 8	$< 5, 7>$ 10	$< 6, 7>$ 7
$D_7 = 7$ $q_7 = 6$	$< 5, 2>$ 8		$< 7, 2>$ 9
$D_2 = 8$ $q_2 = 5$		$< 2, 4>$ 13	
$D_4 = 13$ $q_4 = 2$		$< 4, 3>$ 18	
$D_3 = 18$ $q_3 = 4$	$M = \{\ \} \Rightarrow$ Abbruch		

Somit haben wir folgendes Ergebnis.

j	kürzester Weg von r = 1 nach j	
1	—	
2	$< 1, 5, 2 >$	Länge: 8
3	$< 1, 5, 2, 4, 3 >$	Länge: 18
4	$< 1, 5, 2, 4 >$	Länge: 13
5	$< 1, 5 >$	Länge: 3
6	$< 1, 5, 6 >$	Länge: 5
7	$< 1, 5, 6, 7 >$	Länge: 7

Aufgabe 12-4

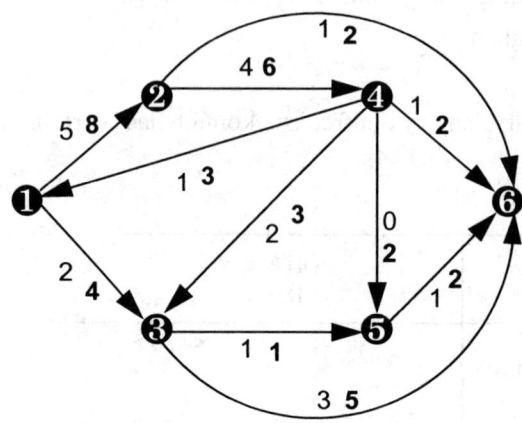

Die Skizze zeigt einen Digraphen, für dessen Pfeile $<i,j>$ Maximalkapazitäten π_{ij} (fett eingezeichnet) sowie die Werte ϕ_{ij} eines Flusses ϕ von $r = 1$ nach $s = 6$ vorgegeben sind.

a) Überzeugen Sie sich davon, daß es sich bei ϕ tatsächlich um einen Fluß von 1 nach 6 handelt und geben Sie dessen Stärke w_ϕ an.

b) Bestimmen Sie ausgehend von ϕ einen maximalen Fluß von 1 nach 6 mit Hilfe des Verfahrens von Ford/Fulkerson.

Lösung

a) Für alle Knoten außer der Flußquelle $r = 1$ und der Flußsenke $s = 6$ gilt

$$\text{Ausfluß - Einfluß} = 0 \; ;$$

für $r = 1$ ist

$$\text{Ausfluß - Einfluß} = 7 - 1 = 6,$$

und für $s = 6$ gilt

$$\text{Ausfluß - Einfluß} = 0 - 6 = -6 \; .$$

Also ist ϕ ein Fluß von 1 nach 6 mit der Stärke $w_\phi = 6$.

b) Die Numerierung der einzelnen Schritte orientiert sich an der Darstellung des Verfahrens im Abschnitt 12.4.

1) Anfangsmarkierung

$$r = 1 \text{ wird mit } (+, \infty) \text{ markiert.}$$

2) Markierungsprozeß

Knoten	1	2	3	4	5	6
Markierung	$(+, \infty)$	$(1^+, 3)$	$(1^+, 2)$	$(1^-, 1)$	-	$(2^+, 1)$

Erläuterung: Man geht vom markierten Knoten $i = 1$ aus. Unmarkierte Nachfolger sind die Knoten 2 und 3 und es ist $\phi_{12} < \pi_{12}$ und $\phi_{13} < \pi_{13}$; beide bekommen die Markierung 1^+.

Weiter ist

$$\tau_2 = \min\{\tau_1, \pi_{12} - \phi_{12}\} = \min\{\infty, 8 - 5\} = 3$$

und

$$\tau_3 = \min\{\tau_1, \pi_{13} - \phi_{13}\} = \min\{\infty, 4 - 2\} = 2 \ .$$

Unmarkierter Vorgänger von $i = 1$ ist Knoten 4; also wird 4 mit 1^- markiert und es ist

$$\tau_4 = \min\{\tau_1, \phi_{41}\} = \min\{\infty, 1\} = 1 \ .$$

Nun gehen wir von dem markierten Knoten $i=2$ aus (man könnte auch einen anderen jetzt markierten Knoten nehmen) und markieren hiervon ausgehend den Knoten 6. Damit ist die Flußsenke $s = 6$ markiert und wir können eine Flußvergrößerung vornehmen (Fall A). Ob (und ggf. wie) Knoten 5 markiert werden kann, ist nicht von Interesse.

3) Flußvergrößerung

Es ist $\tau_s = \tau_6 = 1$, also können wir die Stärke des Flusses um 1 erhöhen. Wir verfolgen dazu den Prozeß, der zur Markierung der Flußsenke geführt hat, bis zur Flußquelle zurück:

Knoten	s = 6	⌐→ 2
Markierung	$(2^+, 1)$	$(1^+, 3)$
Flußvergrößerung	$\phi'_{26} = \phi_{26} + 1 = 2$	$\phi'_{12} = \phi_{12} + 1 = 6$

Das folgende Bild zeigt den vergrößerten Fluß ϕ' mit $w_{\phi'} = 7$.

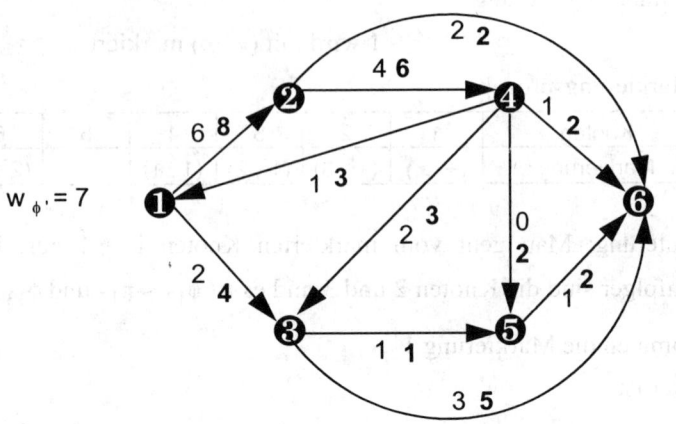

$w_{\phi'} = 7$

Der weitere Ablauf des Verfahrens wird nun verkürzt dargestellt:

(1,2) Markierung

Knoten	1	2	3	4	5	6
Markierung	$(+, \infty)$	$(1^+, 2)$	$(1^+, 2)$	$(1^-, 1)$	-	$(3^+, 2)$

(3) Flußvergrößerung

Knoten	s = 6	3
Markierung	$(3^+, 2)$	$(1^+, 2)$
Flußvergrößerung	$\phi''_{36} = \phi'_{36} + 2 = 5$	$\phi''_{13} = \phi'_{13} + 2 = 4$

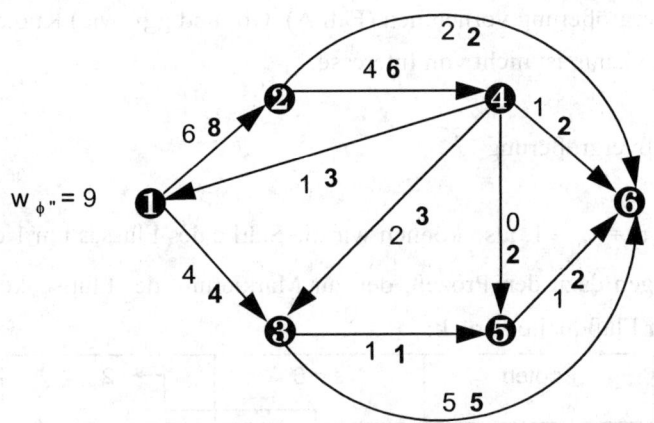

$w_{\phi''} = 9$

(1,2) Markierung

Knoten	1	2	3	4	5	6
Markierung	$(+, \infty)$	$(1^+, 2)$	$(4^+, 1)$	$(1^-, 1)$	$(4^+, 2)$	$(4^+, 1)$

(3) Flußvergrößerung

Knoten	s = 6	4
Markierung	$(4^+, 1)$	$(1^-, 1)$
Flußvergrößerung	$\phi'''_{46} = \phi''_{46} + 1 = 2$	$\phi'''_{41} = \phi''_{41} - 1 = 0$

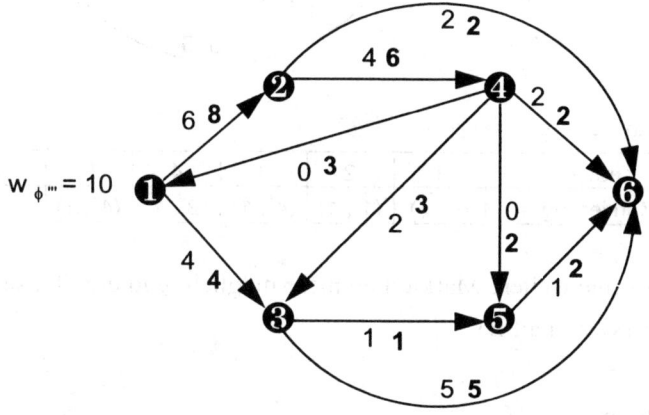

(1,2) Markierung

Knoten	1	2	3	4	5	6
Markierung	$(+, \infty)$	$(1^+, 2)$	$(4^+, 1)$	$(2^+, 2)$	$(4^+, 2)$	$(5^+, 1)$

(3) Flußvergrößerung

Knoten	s = 6	5	4	2
Markierung	$(5^+, 1)$	$(4^+, 2)$	$(2^+, 2)$	$(1^+, 2)$
Flußvergrößerung	$\phi''''_{56} = \phi'''_{56} + 1 = 2$	$\phi''''_{45} = \phi'''_{45} + 1 = 1$	$\phi''''_{24} = \phi'''_{24} + 1 = 5$	$\phi''''_{12} = \phi'''_{12} + 1 = 7$

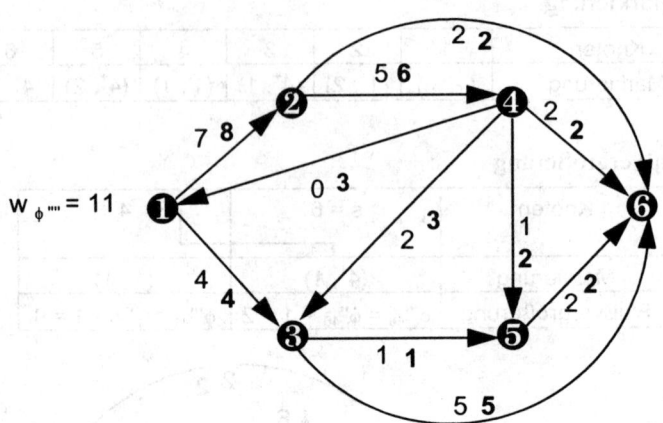

(1,2) Markierung

Knoten	1	2	3	4	5	6
Markierung	$(+, \infty)$	$(1^+, 1)$	$(4^+, 1)$	$(2^+, 1)$	$(4^+, 1)$	-

Hier ist keine weitere Markierung mehr möglich, und die Flußsenke $s = 6$ ist nicht markiert (Fall B).

4) Ergebnis

Der Fluß ϕ'''' ist maximaler Fluß von $r = 1$ nach $s = 6$; seine Stärke ist $w_{\phi''''} = 11$.

12.6 Literatur zu Kapitel 12

Das Literaturspektrum zur Thematik von Kapitel 12 ist so vielfältig, daß wir an dieser Stelle auf die Angabe von Originalarbeiten verzichten und dem Leser lediglich eine Reihe von Lehrbüchern und Überblicksartikeln empfehlen. Es sind dies Busacker/Saaty (1968), Domschke (1972), Ford/Fulkerson (1974), Christofides (1975), Minieka (1978), Gondran/Minoux (1979), Kennigton/Helgason (1980), Foulds (1992), Neumann/Morlock (1993), Balakrishnan (1995), Daskin (1995) und Domschke/Drexl (1995, 1996). Weitergehende Literaturverweise findet der Leser in diesen Büchern.

13 Lineare Optimierung

Die lineare Optimierung ist nach wie vor das bedeutendste Teilgebiet des OR. Wir veranschaulichen zunächst die Struktur linearer Optimierungsprobleme und stellen danach in Abschnitt 13.2 ein graphisches Lösungsverfahren für Probleme mit zwei Variablen dar. Hier ist natürlich kaum Praxisrelevanz gegeben, denn entsprechende Probleme aus der Unternehmenspraxis weisen häufig einige hundert Variablen auf. Da aber zahlreiche Übungsaufgaben (z.B. aus den Bereichen der Vektoroptimierung und der stochastischen Optimierung) zu linearen Optimierungsproblemen mit zwei Variablen führen, ist die Behandlung des graphischen Verfahrens aus didaktischen Gründen sinnvoll. Im dritten Abschnitt befassen wir uns mit dem Simplex-Verfahren zur Lösung allgemeiner linearer Optimierungsprobleme.

13.1 Problembeschreibung

Wir behandeln zunächst ein stark vereinfachtes Beispiel, das den Leser mit einigen Merkmalen der linearen Optimierung vertraut machen soll.

Beispiel 13-1

Ein Unternehmen stellt zwei Produkte (P_1 und P_2) her, zu deren Herstellung drei Rohstoffe (R_1, R_2 und R_3) benötigt werden. Der nachfolgenden Aufstellung ist zu entnehmen, wieviele Mengeneinheiten eines jeden Rohstoffes zur Herstellung eines Stücks von P_1 bzw. P_2 benötigt werden und wieviele Mengeneinheiten von jedem Rohstoff zur Verfügung stehen.

Produkte / Rohstoffe	P_1	P_2	verfügbare Mengeneinheiten
R_1	2	8	7 200
R_2	10	5	11 500
R_3	0	4	3 200

Weiterhin ist zu berücksichtigen, daß von P_1 maximal 1.000 Stück abgesetzt werden können und daß nicht auf Lager produziert werden soll. Desweiteren ist bekannt, daß die Stückdeckungsbeiträge für P_1 150 DM und für P_2 200 DM betragen.

Das Unternehmen steht nun vor dem Problem, das Produktionsprogramm (d.h. die Produktionsmengen für P_1 und P_2) so zu bestimmen, daß der gesamte Deckungsbeitrag möglichst hoch ausfällt. Bezeichnen wir mit x_1 bzw. x_2 die Produktionsmengen von P_1 bzw. P_2, so ist der Gesamtdeckungsbeitrag

$$150x_1 + 200x_2 \ .$$

Diese Funktion heißt **Zielfunktion** des Optimierungsproblems, und wir schreiben

$$150x_1 + 200x_2 \ \rightarrow \ \max \ .$$

Die Gewinnmaximierung unterliegt gewissen **Nebenbedingungen**, die durch die verfügbaren Mengen der Rohstoffe R_1, R_2 bzw. R_3 sowie durch die maximale Absatzmenge für P_1 gegeben sind:

$$
\begin{array}{rclcrl}
2x_1 & + & 8x_2 & \leq & 7200 & \quad (R_1) \\
10x_1 & + & 5x_2 & \leq & 11500 & \quad (R_2) \\
& & 4x_2 & \leq & 3200 & \quad (R_3) \\
x_1 & & & \leq & 1000 & \quad (A)
\end{array}
$$

Natürlich wird man noch voraussetzen, daß x_1 und x_2 nicht negativ sind. Insgesamt hat unser Problem also die Form

$$150x_1 + 200x_2 \rightarrow \max$$

u.d.N.

$$
\begin{array}{llll}
2x_1 & + & 8x_2 & \leq & 7200 & (R_1) \\
10x_1 & + & 5x_2 & \leq & 11500 & (R_2) \\
 & & 4x_2 & \leq & 3200 & (R_3) \\
x_1 & & & \leq & 1000 & (A) \\
x_1, x_2 & & & \geq & 0 \, , \\
\end{array}
$$

wobei die Abkürzung "u.d.N." für " unter den Nebenbedingungen" steht.

Die Größen x_1 und x_2 heißen **Entscheidungsvariablen** des Optimierungs-problems. Charakteristisch für ein lineares Optimierungsproblem ist, daß diese Variablen sowohl in der Zielfunktion als auch in den Nebenbedingungen nur in der ersten Potenz (also nicht etwa als x^2_1 oder $1/x_2$) auftreten und nur additiv miteinander verknüpft sind (also nicht etwa in der Form $x_1 \cdot x_2$).

Eine starke Vereinfachung der Situation ergibt sich in Beispiel 13-1 dadurch, daß das Problem nur zwei Variablen aufweist. Diese Tatsache bewirkt, daß das Problem graphisch gelöst werden kann (vgl. Beispiel 13-1 (1. Fortsetzung)). Das folgende Beispiel 13-2 ist eine Verallgemeinerung von Beispiel 13-1.

Beispiel 13-2

Ein Unternehmen stellt n Produkte $(P_1,...,P_n)$ her, zu deren Herstellung m Roh-stoffe $(R_1,...,R_m)$ benötigt werden. Die nachfolgende Aufstellung enthält in Analogie zu der entsprechenden Tabelle aus Beispiel 13-1 benötigte und ver-fügbare Rohstoffmengen.

Produkte / Rohstoffe	$P_1 \ldots \quad P_j \ldots \quad P_n$	verfügbare Mengeneinheiten
R_1	a_{11} .... a_{1n}	b_1
$\vdots$	$\vdots$	$\vdots$
R_i	a_{ij}	b_i
$\vdots$	$\vdots$	$\vdots$
R_m	a_{m1} .... a_{mn}	b_m

Zur Verdeutlichung sei nochmals erwähnt, daß zur Herstellung eines Stücks von P_j a_{ij} Mengeneinheiten des Rohstoffes R_i benötigt werden. Maximale Absatzmengen für einzelne Produkte sollen in diesem Beispiel nicht berücksichtigt werden.

Bezeichnen wir mit $c_1, c_2, \ldots, c_n$ die Stückdeckungsbeiträge der Produkte und mit $x_1, x_2, \ldots, x_n$ die produzierten Stückzahlen, so hat unser lineares Optimierungsproblem folgende Form:

$$c_1 x_1 + c_2 x_2 + \ldots + c_n x_n \rightarrow \max$$

u.d.N.

$$a_{11} x_1 + a_{12} x_2 + \ldots + a_{1n} x_n \leq b_1 \qquad (R_1)$$
$$a_{21} x_1 + a_{22} x_2 + \ldots + a_{2n} x_n \leq b_2 \qquad (R_2)$$
$$\ldots$$
$$a_{m1} x_1 + a_{m2} x_2 + \ldots + a_{mn} x_n \leq b_m \qquad (R_m)$$
$$x_1, x_2, \ldots, x_n \geq 0$$

Unter Verwendung des Summenzeichens schreibt man kürzer:

$$\sum_{j=1}^{n} c_j x_j \rightarrow \max$$

u.d.N.

$$\sum_{j=1}^{n} a_{ij} x_j \leq b_i \qquad i = 1, \ldots, m$$

$$x_1, x_2, \ldots, x_n \geq 0$$

Diese beiden Beispiele haben die wesentlichen Charakteristika linearer Optimierungsprobleme verdeutlicht. Im folgenden wollen wir von einem linearen Optimierungsproblem der Form (L) ausgehen:

$$\sum_{j=1}^{n} c_j x_j \rightarrow \min$$

(L)   u.d.N.

$$\sum_{j=1}^{n} a_{ij} x_j \leq b_i \qquad i = 1,...,m$$

$$x_1, x_2, ..., x_n \geq 0$$

bzw. (unter Verwendung der Vektor- und Matrixnotation)

$$c\, x \rightarrow \min$$

(L)   u.d.N

$$A\, x \leq b$$

$$x \geq 0$$

mit den Bezeichnungen

$$c = (c_1, ..., c_n)\,,$$

$$A = (a_{ij})_{i=1,...,m\;;\;j=1,...,n}$$

$$b = (b_1, ..., b_m)'$$

und

$$x = (x_1, ..., x_n)'\;.$$

Wir setzen zusätzlich voraus, daß die rechten Seiten der Nebenbedingungen nichtnegativ sind, d.h. daß

$$b_i \geq 0 \qquad i = 1,...,m$$

gilt. Es ist schon an dieser Stelle darauf hinzuweisen, daß diese Formulierung des
linearen Optimierungsproblems nicht allgemein genug ist, um alle möglichen Formen darstellen zu können. Insbesondere die Voraussetzung, daß alle b_i nichtnegativ
sind, kann sich als restriktiv erweisen.

Das Problem

$$\sum_{j=1}^{n} c_j x_j \rightarrow \min$$

(L')   u.d.N.

$$\sum_{j=1}^{n} a_{ij} x_j = b_i \qquad i = 1,...,m$$

$$x_1, x_2,...,x_n \geq 0$$

ist allgemeiner als das Problem (L) und wird als **Standardproblem der linearen Optimierung** bezeichnet. Es lassen sich alle möglichen linearen Optimierungsprobleme in der Form (L') darstellen (vgl. Neumann/Morlock 1993, S.42). So kann beispielsweise die Ungleichung

$$2x_1 - x_2 + 4x_3 \leq 5$$

durch Einführung einer sogenannten "Schlupfvariablen" x_4 mit

$$x_4 = 5 - 2x_1 + x_2 - 4x_3$$

in die Gleichung

$$2x_1 - x_2 + 4x_3 + x_4 = 5$$

überführt werden. Andererseits kann man eine Nebenbedingung der Form

$$3x_1 - x_2 + 3x_3 = 7$$

zwar in die beiden Ungleichungen

$$3x_1 - x_2 + 3x_3 \leq 7$$

und

$$3x_1 - x_2 + 3x_3 \geq 7$$

überführen. Bringt man die zweite Ungleichung jedoch in die $\leq$ -Form

$$-3x_1 + x_2 - 3x_3 \leq -7 \, ,$$

so ist die rechte Seite negativ, was gegen die Voraussetzungen des Problems (L) verstößt. Keine Einschränkung der Allgemeinheit bedeutet dagegen die Formulierung von (L) als Minimierungsproblem: Die Maximierung von

$$\sum_{j=1}^{n} d_j x_j$$

ist äquivalent mit der Minimierung von

$$- \sum_{j=1}^{n} d_j x_j = \sum_{j=1}^{n} -d_j x_j = \sum_{j=1}^{n} c_j x_j$$

mit

$$c_j = -d_j \, .$$

Auf die Standardform (L') werden wir im Abschnitt 13.3 zurückkommen.

13.2 Graphisches Lösungsverfahren

Für den einfachen Spezialfall, daß das vorliegende lineare Optimierungsproblem nur zwei Variablen hat, kann man ein graphisches Verfahren zur Lösung heranziehen. Wir veranschaulichen die Vorgehensweise an dem Problem aus Beispiel 13-1.

Beispiel 13-1 (1. Fortsetzung)
Das lineare Optimierungsproblem in Beispiel 13-1 hat die Form

$$150x_1 + \quad 200x_2 \rightarrow max$$

u.d.N.

$$
\begin{array}{llll}
2x_1 & + & 8x_2 & \leq & 7200 & (R_1) \\
10x_1 & + & 5x_2 & \leq & 11500 & (R_2) \\
& & 4x_2 & \leq & 3200 & (R_3) \\
x_1 & & & \leq & 1000 & (A) \\
x_1, x_2 & & & \geq & 0 & .
\end{array}
$$

Zur graphischen Aufbereitung des Problems betrachten wir zunächst die Ne-benbedingungen: Für die Nebenbedingung

$$2x_1 + 8x_2 \leq 7200 \; ,$$

die die beschränkte Verfügbarkeit des Rohstoffes R_1 ausdrückt, schreiben wir

$$x_2 \leq - (1/4)x_1 + 900 \; .$$

Zeichnet man nun in einem (x_1, x_2)-Koordinatensystem die Gerade mit der Gleichung

$$x_2 = - (1/4)x_1 + 900 \; ,$$

so sind die Produktionsprogramme (x_1, x_2), die diese Nebenbedingung erfüllen, gerade durch diejenigen Punkte dargestellt, die unterhalb oder auf der Geraden liegen. Auf diese Weise erhält man den **zulässigen Bereich** des Problems, d.h. die Menge aller Punkte (x_1, x_2), die alle Nebenbedingungen erfüllen: Es ist das in der nachfolgenden Zeichnung schraffierte Vieleck. Hierbei ist jeweils kennt-lich gemacht, zu welchen Nebenbedingungen die Geraden, die den zulässigen Bereich begrenzen, im einzelnen gehören.

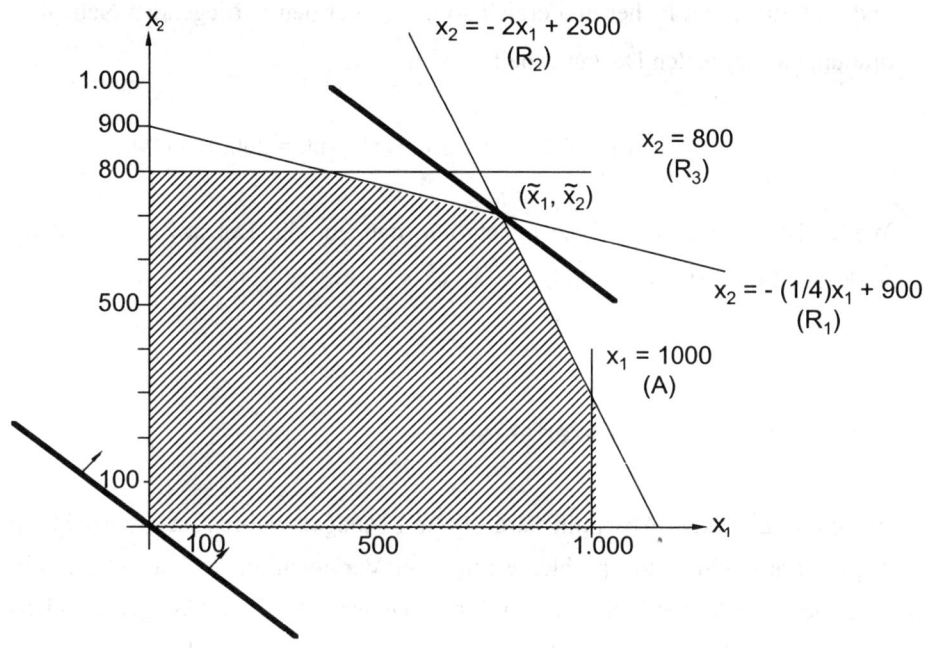

Wir gehen nun das eigentliche Problem der Optimierung an. Für einen festen Gesamtdeckungsbeitrag DB gilt

$$DB = 150x_1 + 200x_2$$

oder

$$x_2 = -(3/4)\,x_1 + (1/200)\,DB \ .$$

Dies ist die Gleichung einer Gerade mit Steigung -3/4, die die x_2 - Achse im Punkt (0, 1/200 DB) schneidet. Berücksichtigen wir nun, daß der Deckungsbeitrag maximiert werden soll, so geht es offensichtlich darum, eine Gerade mit der Steigung -3/4 zu finden, die die x_2 - Achse "möglichst weit oben" schneidet. Aufgrund der vorliegenden Nebenbedingungen muß diese Gerade mit dem zulässigen Bereich mindestens einen Punkt gemeinsam haben.

Wir haben dieses graphische Verfahren in der obigen Zeichnung realisiert (vgl. die fett eingezeichneten Geraden). Als deckungsbeitragsoptimal erweist sich der Punkt $(\tilde{x}_1,\tilde{x}_2) = (800,700)$. Das Unternehmen stellt also 800 Stück von P_1

und 700 Stück von P_2 her und erzielt so den (unter den vorliegenden Nebenbedingungen) optimalen Deckungsbeitrag von

$$150 \text{ DM} \cdot 800 + 200 \text{ DM} \cdot 700 = 260.000 \text{ DM} \, .$$

Weiter ist aus dieser Analyse ersichtlich, daß nur die Rohstoffe R_1 und R_2 wirkliche Engpaßfaktoren sind.

13.3 Allgemeines Lösungsverfahren

Das im vorhergehenden Abschnitt dargestellte Lösungsverfahren ist offensichtlich nur für lineare Optimierungsprobleme mit zwei Variablen anwendbar. Die Beobachtung aber, daß das Optimum in (mindestens) einer Ecke des zulässigen Bereichs angenommen wird, war nicht zufällig, sondern spiegelt einen allgemeingültigen Sachverhalt wider (der Beweis läßt sich bei Neumann/Morlock 1993, S.43ff. nachlesen). Auf diesem Sachverhalt basiert das bekannteste Verfahren zur Lösung linearer Optimierungsprobleme, der **Simplex-Algorithmus**.

Mit dem Simplexverfahren erhält man eine Folge von Ecken des zulässigen Bereiches des Optimierungsproblems. Der zulässige Bereich wird durch die Nebenbedingungen determiniert. Die letzte Ecke dieser Folge liefert die optimale Lösung des linearen Optimierungsproblems. Der Übergang von einer Ecke zur nächsten wird als **Austauschschritt** bezeichnet.

Zur Durchführung des Simplexverfahrens muß das lineare Optimierungsproblem in die Standardform (L') gebracht werden. Dazu werden Schlupfvariablen eingeführt. Die Anzahl der einzuführenden Schlupfvariablen richtet sich nach der Anzahl der Nebenbedingungen. Für die weitere Darstellung ist eine präzisere Version der Standardform (L') in der Vektordarstellung erforderlich:

$$\text{Min. } F(x) = cx$$

(L')   u.d.N.

$$Ax = b$$

$$x \geq 0$$

Die Matrizen und Vektoren gestalten sich folgendermaßen (q = Anzahl der Variablen des ursprünglichen Problems (L), m = Anzahl der Nebenbedingungen (= Anzahl der einzuführenden Schlupfvariablen)):

$$c = (c_1, c_2, ..., c_q, \underbrace{0, ..., 0}_{m}) = (c, 0_m) \qquad \text{Zeilenvektor}$$

$$x = \begin{pmatrix} x_1 \\ x_2 \\ ... \\ x_q \\ x_{q+1} \\ ... \\ x_{q+m} \end{pmatrix} \qquad \text{Vektor der q Variablen und m Schlupfvariablen}$$

$$b = \begin{pmatrix} b_1 \\ b_2 \\ ... \\ b_m \end{pmatrix} \qquad \text{Vektor der m Kapazitäten}$$

$$A = \begin{pmatrix} a_{11} & ... & a_{1q} & 1 & ... & 0 \\ ... & & ... & ... & ... & ... \\ a_{m1} & ... & a_{mq} & 0 & ... & 1 \end{pmatrix} \qquad \text{Matrix der Produktionskoeffizienten}$$

Jede Schlupfvariable tritt nur in einer Nebenbedingung auf, daher ist die rechte Seite der Produktionskoeffizientenmatrix A mit der Einheitsmatrix identisch.

Im Hinblick auf den zulässigen Bereich von (L') sind die beiden Begriffe konvexes Polytop und konvexes Polyeder relevant. Wie aus Abbildung 13-1 ersichtlich ist, ist letzteres im Gegensatz zu ersterem nicht beschränkt.

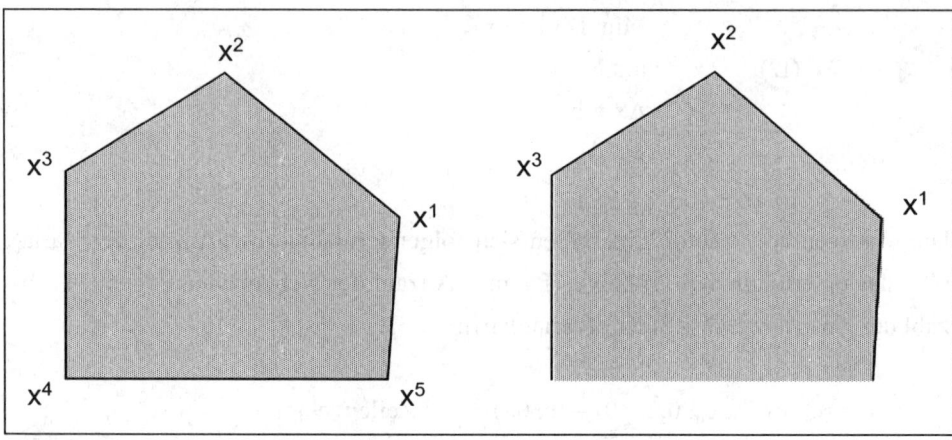

Abbildung 13-1: Konvexes Polytop und konvexes Polyeder

Bezogen auf die Standardform (L') läßt sich zeigen (vgl. Neumann/Morlock 1993, S.43ff.):

- Der zulässige Bereich von (L') ist ein konvexes Polyeder.

- Besitzt (L') eine optimale Lösung, dann nimmt die Zielfunktion ihr Minimum in mindestens einer Ecke des zulässigen Bereiches an.

- Einer Ecke können m (linear unabhängige) Spaltenvektoren aus A zugeordnet werden, die eine sogenannte **Basis** der Ecke bilden (d.h. zur "Identifizierung" der Ecke erforderlich und ausreichend).

Es wird eine sogenannte **Basisindexmenge B** erzeugt, die zu jeder Ecke die erforderlichen Indizes der m Basisvariablen liefert. Die restlichen q Variablen bilden dementsprechend die Nicht-Basisvariablen der **Nicht-Basisindexmenge N**.

Es läßt sich zeigen, daß eine **zulässige Basislösung** von (L') eine Ecke des zulässigen Bereiches ist. Somit muß nach einer Ecke des zulässigen Bereiches gesucht werden.

Zur Durchführung des Simplex-Verfahrens mit den bereits erwähnten Austauschschritten ist das sogenannte **Simplextableau** aufzustellen (vgl. Abbildung 13-2). Dieses bildet die Grundlage für den Algorithmus. Im Tableau werden sieben Felder unterschieden:

- Feld 1 enthält die Basisindexmenge und gibt an, welche Variablen die Basis der aktuellen Ecke des zulässigen Bereiches liefern.
- Feld 2 enthält die Nicht-Basisindexmenge und gibt an, welche Variablen nicht zur Basis der aktuellen Ecke des zulässigen Bereiches gehören.
- Feld 3 enthält die Koeffizienten der Basisvariablen der Nebenbedingungen von (L').
- Feld 4 enthält die aktuellen Größen der Basisvariablen (x_j).
- Feld 5 enthält die sogenannten reduzierten Zielfunktionskoeffizienten, die angeben, inwieweit ein Verbesserungsschritt möglich ist. Es dient zur Ermittlung der **Pivotspalte** (zur Identifizierung der Nicht-Basisvariablen, die im folgenden Austauschschritt in die Basis aufgenommen werden soll).
- Feld 6 enthält den aktuellen Wert der Zielfunktion (mit negativem Vorzeichen).
- Feld 7 enthält die Quotienten aus den aktuellen Größen der Basisvariablen (Feld 4) und den Elementen der Pivotspalte (Feld 3) und dient zur Ermittlung der **Pivotzeile** (zur Identifizierung der Basisvariablen, die im folgenden Austauschschritt die Basis verlassen soll) und somit des **Pivotelementes** im Feld 3 (Dreh- und Angelpunkt des Austauschschrittes).

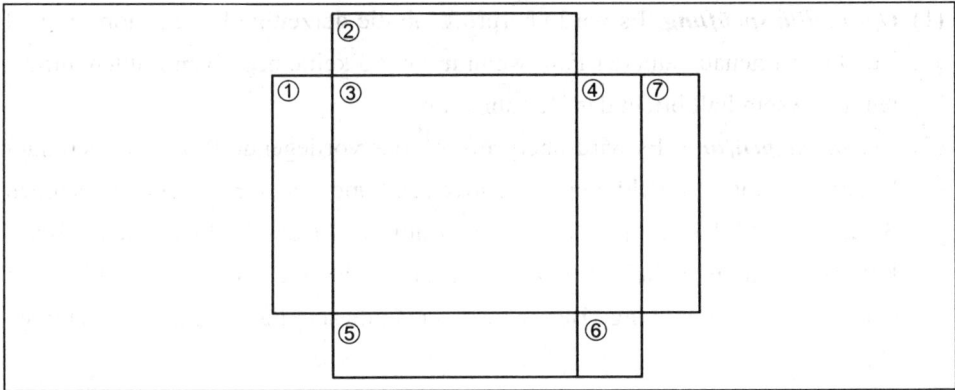

Abbildung 13-2: Das Simplextableau

Zur Aufstellung des Starttableaus muß eine Ecke des zulässigen Bereiches ermittelt werden. In der Regel erhält man eine solche Ecke, indem sämtliche Schlupfvariablen mit maximaler Größe in die Basis aufgenommen und sämtliche eigentliche Problemvariablen nicht in die Basis aufgenommen werden. Der Zielfunktionswert dieser Ecke ist gleich 0, da die Zielfunktionskoeffizienten der Schlupfvariablen gleich 0 sind und die eigentlichen Problemvariablen ebenfalls gleich 0 sind ($x_1 = x_2$ = ... = x_q = 0). Die Abbildung 13-3 sowie Beispiel 13-1 (2. Fortsetzung) verdeutlichen die Aufstellung des Starttableaus.

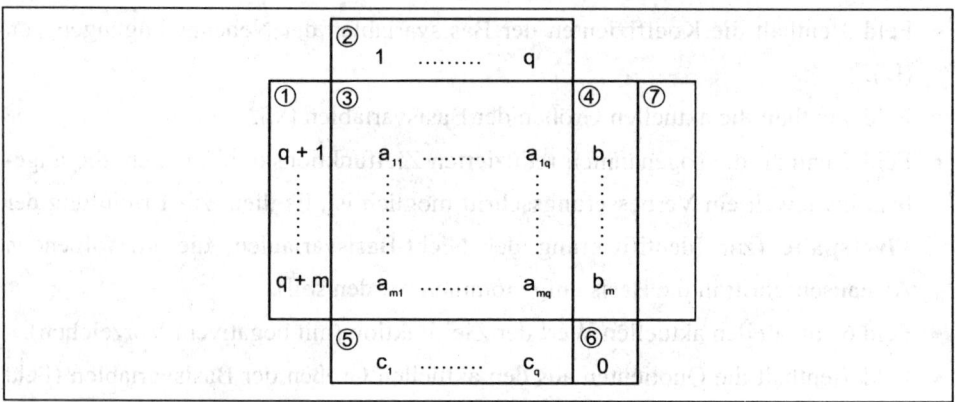

Abbildung 13-3: Aufstellung des Starttableaus

Das **Simplex-Verfahren** läuft - ausgehend von der Startecke (vom Starttableau) - in folgenden Schritten ab:

(1) *Optimalitätsprüfung*: Es wird überprüft, ob die derzeitige Ecke schon optimal ist. Dies ist genau dann der Fall, wenn in Feld 5 keine negativen Zahlen auftreten. In diesem Fall bricht das Verfahren ab.

(2) *Konsistenzprüfung*: Es wird überprüft, ob das vorliegende Problem überhaupt lösbar ist. Gibt es in Feld 5 eine negative Zahl und treten in der entsprechenden Spalte in Feld 3 keine positiven Zahlen auf, so ist das Problem nicht lösbar. Entweder kann man die Zielfunktion auf dem zulässigen Bereich beliebig klein machen, oder der zulässige Bereich ist leer. In diesem Fall bricht das Verfahren ab.

Haben wir nach Durchführung der Schritte (1) und (2) herausgefunden, daß die vorliegende Ecke noch nicht optimal und das Problem lösbar ist, so ermitteln wir eine neue Ecke mit einem besseren Zielfunktionswert. Der Simplex-Algorithmus sucht unter allen mit der vorliegenden Ecke benachbarten Ecken diejenige heraus, die die stärkste Verbesserung (d.h. Verringerung) des Zielfunktionswerts bewirkt:

(3) *Eckenaustauschschritt*:

(a) Wir suchen in Feld 5 unter den negativen Zahlen die (bzw. eine) kleinste heraus. Sie legt die sogenannte Pivotspalte fest.

(b) Man teilt die einzelnen Werte in Feld 4 durch den jeweiligen zugehörigen Wert der Pivotspalte in Feld 3 (falls dieser positiv ist) und trägt die Resultate in Feld 7 ein.

(c) Man sucht die kleinste Zahl in Feld 7. Sie legt die sogenannte Pivotzeile fest. An der Schnittstelle von Pivotzeile und Pivotspalte finden wir das Pivotelement.

(d) Wir vertauschen in Feld 1 und 2 die zum Pivotelement gehörenden Indizes.

(e) Wir transformieren die Felder 3 bis 6 nach folgenden Transformationsregeln (vgl. Abbildung 13-4):

- Ersetze das Pivotelement a durch $1/a$.
- Ersetze alle Elemente b der Pivotzeile durch b/a.
- Ersetze alle Elemente c der Pivotspalte durch $-c/a$.
- Ersetze alle übrigen Elemente d durch (Rechtecksregel)

$$d - [(b \cdot c)/a] .$$

(f) Gehe zurück zu (1).

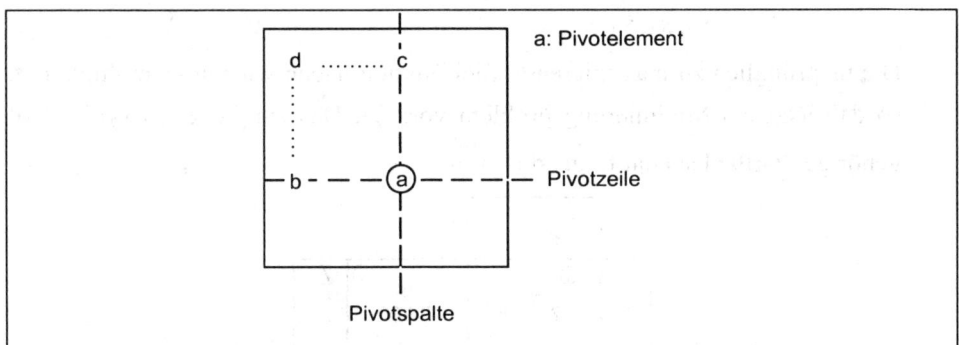

Abbildung 13-4: Zusammenhang zwischen Pivotzeile, Pivotspalte und Pivotelement

Nach Durchführung des Eckenaustauschschritts haben wir also eine neue (verbesserte) Ecke, die wir einer Optimalitätsprüfung unterziehen und ggf. weiter verbessern. Dem Simplex-Tableau sind, wie bereits erwähnt, folgende Informationen zu entnehmen:

- Für alle j, die in Feld 1 stehen, findet man in der entsprechenden Zeile von Feld 4 den Wert von x_j. Alle x_j, deren Indizes nicht in Feld 1 stehen, haben den Wert $x_j = 0$. Wir können also aus dem Simplex-Tableau die Koordinaten der neuen Ecke ablesen.

- In Feld 6 steht das Negative des zur gefundenen Ecke gehörigen Wertes der Zielfunktion.

Wir wollen die Vorgehensweise des Simplex-Verfahrens an unserem kleinen Produktionsplanungsproblem aus Beispiel 13-1 verdeutlichen.

Beispiel 13-1 (2. Fortsetzung)

Das lineare Optimierungsproblem hat nach der Überführung in die Standardform (L') folgendes Aussehen:

$$-150x_1 - 200x_2 \rightarrow \min$$

(L')   u.d.N.

$$
\begin{aligned}
2x_1 + 8x_2 + x_3 && && = && 7200 \\
10x_1 + 5x_2 && + x_4 && = && 11500 \\
4x_2 && + x_5 && = && 3200 \\
x_1 && + x_6 && = && 1000 \\
x_1, x_2, x_3, x_4, x_5, x_6 && && \geq && 0
\end{aligned}
$$

Die ursprünglich zu maximierende Zielfunktion haben wir mit -1 multipliziert, so daß jetzt ein Minimierungsproblem vorliegt. Das zur Ecke $(x_1, x_2) = (0,0)$ gehörige Starttableau hat folgende Form:

	② 1	2		④ ⑦
①	③			
3	2	8	7 200	
4	10	5	11 500	
5	0	4	3 200	
6	1	0	1 000	
	⑤ −150	−200	⑥ 0	

Die Optimalitätsprüfung ergibt, daß diese Ecke nicht optimal ist (da in Feld 5 noch negative Werte auftreten). Anhand des Kriteriums für die Konsistenzprüfung erkennen wir, daß das Problem lösbar ist. Somit hat ein Eckenaustauschschritt zu erfolgen: Die zweite Spalte ist Pivotspalte; nach Ermittlung der Werte für Feld 7 ergibt sich die dritte Zeile als Pivotzeile und somit das Pivotelement 4:

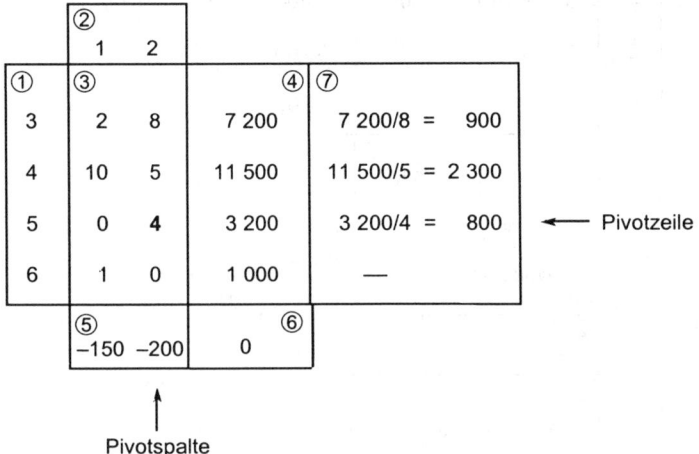

Nach Durchführung der Operationen aus Schritt (d) und (e) ergibt sich das Tableau

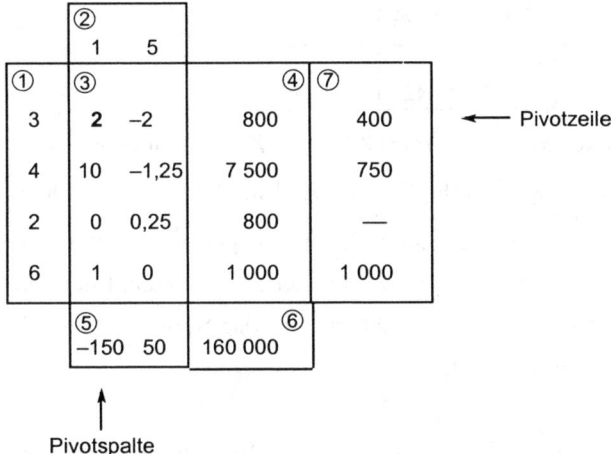

das zur Ecke $(x_1, x_2) = (0,800)$ gehört; als Zielfunktionswert lesen wir -160.000 ab. Die nächsten beiden Schritte sind in den nachfolgenden beiden Tableaus dargestellt:

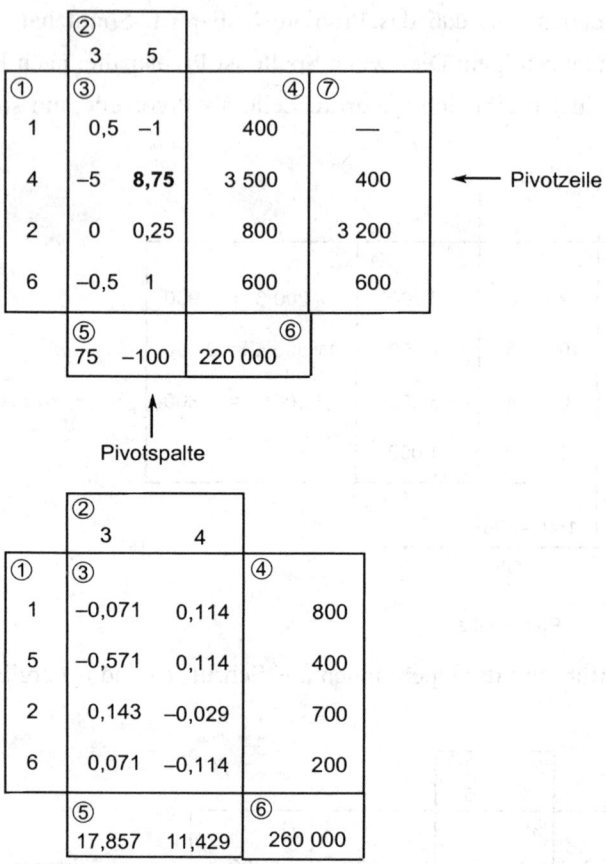

Über die Ecke (x_1, x_2) = $(400,800)$ mit Zielfunktionswert - 220000 gelangen wir zur Ecke (x_1, x_2) = $(800,700)$ mit Zielfunktionswert - 260000. Hier zeigt der Optimalitätstest, daß die optimale Lösung gefunden ist: In Feld 5 treten nur noch positive Werte auf. Der Leser sollte sich anhand der Skizze in Beispiel 13-1 (1. Fortsetzung) verdeutlichen, wie der Simplex-Algorithmus die Ecken des zulässigen Bereichs durchläuft.

Im Rahmen des Verfahrens kann es vorkommen, daß ein Austauschschritt in einer sogenannten **entarteten Ecke** endet. Eine entartete Ecke ist dadurch charakterisiert, daß verschiedene Basen für diese Ecke existieren. Daher kann es vorkommen, daß die nächsten Austauschschritte lediglich einen Tausch der Basis jedoch keinen Eckentausch liefern. Dieses "Kreisen" kann durch die sogenannte **Kleinste-Index-Regel** umgangen werden. Danach ist bei der Auswahl von Pivotspalte und -zeile jeweils diejenige mit dem kleinsten Index zu wählen, wobei die anderen Anforderungen des Verfahrens eingehalten werden müssen.

Jedem linearen Optimierungsproblem kann ein sogenanntes **duales lineares Optimierungsproblem** zugeordnet werden. Dieser Sachverhalt ist von großer Bedeutung, da es die Herleitung spezieller Lösungsverfahren ermöglicht und das Verständnis von linearen Optimierungsproblemen vertieft. Das zum linearen (primalen) Optimierungsproblem in Standardform

$$\text{Min. } F(x) = c^T x$$

(L') $\quad$ u.d.N.

$$Ax = b$$

$$x \geq 0, \dim(x) = n$$

duale Problem hat die Form

$$\text{Max. } G(u) = b^T u$$

(L*) $\quad$ u.d.N.

$$A^T u \leq c$$

$$\dim(u) = m \quad.$$

Die Überführungsvorschriften vom primalen zum dualen Problem sind in Tabelle 13-1 dargestellt.

Primales Problem (L')	Duales Problem (L*)
Minimumproblem	Maximumproblem
Maximumproblem	Minimumproblem
Variable	Echte Nebenbedingung
Vorzeichenbeschränkte Variable	Ungleichung ($\geq$ bei Minimumproblemen, $\leq$ bei Maximumproblemen)
Nicht vorzeichenbeschränkte Variable	Gleichung
Koeffizient der Variablen in der Zielfunktion	Rechte Seite der echten Nebenbedingung
Echte Nebenbedingung	Variable
Ungleichung ($\geq$ bei Minimumproblemen, $\leq$ bei Maximumproblemen)	Vorzeichenbeschränkte Variable
Gleichung	Nicht vorzeichenbeschränkte Variable
Rechte Seite der echten Nebenbedingung	Koeffizient der Variablen in der Zielfunktion
Koeffizientenmatrix	Transponierte der Koeffizientenmatrix

Tabelle 13-1: Gegenüberstellung von primalem und dualem Problem (Quelle: Neumann/Morlock 1993, S.77)

Zur **Interpretation der Dualität** muß zuvor auf das Konzept des **Schattenpreises** (Opportunitätskosten) genauer eingegangen werden. Dieser bezeichnet den "Preis" für eine weitere Einheit einer Ressource (b_i). Ein primales Problem hat beispielsweise zum Ziel, den Gewinn zu maximieren und gleichzeitig Ressourcenrestriktionen (Nebenbedingungen) einzuhalten. Werden Nebenbedingungen voll ausgeschöpft, so kann eine weitere Einheit der Ressource den Gewinn erhöhen. Der entgangene Gewinn pro Einheit einer Ressource stellt den Schattenpreis dar. Das dem primalen Problem zugeordnete duale Problem hat dann die Zielsetzung, die Gesamtopportunitätskosten aller Ressourcen möglichst gering zu halten. Gleichzeitig sollen keine negativen Schattenpreise auftreten. Außerdem werden nur Lösungen zugelassen, bei denen die Opportunitätskosten der zur Herstellung benötigten Faktoren mindestens gleich groß sind dem durch den Verkauf der Produktion entstehenden Gewinn.

Abschließend sei noch erwähnt, daß eine Reihe von Sonderformen der linearen Optimierung existiert. Beispielsweise können für Variablen Vorzeichenbeschränkungen aufgehoben oder Unter- und Obergrenzen gleichzeitig berücksichtigt werden. Weiterhin gibt es auf spezielle Problemtypen zugeschnittene Methoden wie beispielsweise die duale Simplexmethode. Der interessierte Leser findet eine Darstellung dieser Aspekte bei Neumann/Morlock (1993).

13.4 Übungsaufgaben zu Kapitel 13

In der ersten Aufgabe ist ein in Textform vorliegendes Problem in ein lineares Optimierungsproblem umzusetzen. Die folgende Aufgabe dient zum Einüben des Simplex-Verfahrens. In Aufgabe 13-3 behandeln wir ein lineares Optimierungsproblem, dessen spezielle Struktur eine Lösung ohne Anwendung des Simplex-Verfahrens ermöglicht.

Aufgabe 13-1

Die Leitung eines Chemiekonzerns möchte das Image des Unternehmens in der Öffentlichkeit verbessern. Dazu sollen verschiedene Marketingaktivitäten realisiert werden. Die Marktforschungsabteilung hat für die möglichen Werbeträger die folgenden Wirkungskoeffizienten ermittelt. Sie sind normiert auf den Einsatz einer Mio. DM für den entsprechenden Werbeträger.

Nr.	Werbeträger	Wirkungskoeffizient
1	Zeitungsanzeigen (Tageszeitungen, Zeitschriften)	10
2	Direktwerbeaktion	20
3	Werbespot im Rundfunk	15
4	Werbespot im Fernsehen	25
5	Herausgabe einer Umweltschutzzeitschrift	10
6	Sonstige Aktivitäten	10

Bei der Planung der Marketingkampagne sind folgende Rahmenbedingungen zu berücksichtigen:

- Das Budget beträgt 10 Mio. DM.
- Aus Gründen der Ausgewogenheit sollen die Ausgaben für Werbespots in Rundfunk und Fernsehen 40% der Ausgaben für alle anderen Aktivitäten nicht überschreiten.
- Direktwerbeaktionen und die Umweltschutzzeitschrift dürfen maximal 25% des Budgets ausmachen.
- Für sonstige Aktivitäten sollen maximal 500.000 DM ausgegeben werden.

a) Formulieren Sie ein lineares Optimierungsproblem zur Ermittlung einer Marketingkampagne mit maximaler Wirkung.

b) Überführen Sie dieses Problem durch Einführung von Schlupfvariablen in ein
Problem der Form (L'), vgl. Abschnitt 13.1:

Lösung

a) Bezeichnet man mit x_i (i=1,...,6) die Ausgaben für den i-ten Werbeträger (in
Mio. DM), so ergibt sich folgendes Optimierungsproblem:

$$10x_1 + 20x_2 + 15x_3 + 25x_4 + 10x_5 + 10x_6 \rightarrow \max$$

u.d.N.

$$
\begin{array}{rcl}
x_1 + x_2 + x_3 + x_4 + x_5 + x_6 & \leq & 10 \\
x_3 + x_4 & \leq & (x_1 + x_2 + x_5 + x_6) \cdot 0{,}4 \\
x_2 + x_5 & \leq & 2{,}5 \\
x_6 & \leq & 0{,}5 \\
x_1, x_2, x_3, x_4, x_5, x_6 & \geq & 0
\end{array}
$$

Die zweite Nebenbedingung würde man im Rahmen der üblichen Notation in der
Form

$$-0{,}4x_1 - 0{,}4x_2 + x_3 + x_4 - 0{,}4x_5 - 0{,}4x_6 \leq 0$$

ausdrücken.

b) Um die Ungleichungs- in Gleichungsrestriktionen zu überführen, definiert man
folgende Schlupfvariablen:

$$x_7 = 10 - x_1 - x_2 - x_3 - x_4 - x_5 - x_6$$

$$x_8 = 0{,}4x_1 + 0{,}4x_2 - x_3 - x_4 + 0{,}4x_5 + 0{,}4x_6$$

$$x_9 = 2{,}5 - x_2 - x_5$$

$$x_{10} = 0{,}5 - x_6$$

Unter Verwendung dieser Größen läßt sich das Problem folgendermaßen in der Form (L') darstellen:

$$-10x_1 - 20x_2 - 15x_3 - 25x_4 - 10x_5 - 10x_6 \to \min$$

u.d.N.

$$x_1 + x_2 + x_3 + x_4 + x_5 + x_6 + x_7 = 10$$

(L') $\qquad -0{,}4x_1 - 0{,}4x_2 + x_3 + x_4 - 0{,}4x_5 - 0{,}4x_6 + x_8 = 0$

$$x_2 + x_5 + x_9 = 2{,}5$$

$$x_6 + x_{10} = 0{,}5$$

$$x_1,....,x_{10} \geq 0$$

Aufgabe 13-2

Ein Unternehmen produziert drei Farbstoffe aus drei Grundstoffen. Einsatzmengen der Grundstoffe für die Produktion der Farbstoffe, maximal verfügbare Mengen der Grundstoffe und Absatzpreise der Farbstoffe (pro Tonne) sind aus folgendem Tableau ersichtlich.

		Farbstoffe			Maximal verfügbare Menge (in Tonnen)
		1	2	3	
		Einsatzmengen (in Tonnen pro produzierter Tonne eines Farbstoffes)			
	1	4	-	1	500
Grundstoffe	2	5	10	-	500
	3	1	5	-	100
		25	3	4	
		Absatzpreis je Tonne in TDM			

Die Unternehmensleitung möchte den Umsatz maximieren.

a) Formulieren Sie das Optimierungsproblem.

b) Lösen Sie das Problem mit dem Simplex-Algorithmus.

Lösung

a) Bezeichnen wir mit x_i $(i = 1,2,3)$ die produzierten Mengen der drei Farbstoffe (in Tonnen), so erhalten wir folgendes Optimierungsproblem zur Bestimmung eines umsatzmaximalen Produktionsprogramms:

$$25x_1 + 3x_2 + 4x_3 \to max$$

u.d.N.

$$4x_1 + x_3 \leq 500$$
$$5x_1 + 10x_2 \leq 500$$
$$x_1 + 5x_2 \leq 100$$
$$x_1, x_2, x_3 \geq 0$$

Durch Transformation der Zielfunktion (Multiplikation mit (-1)) und Einführung von Schlupfvariablen erhält man das Standardproblem (L').

b) Die Abarbeitung der einzelnen Schritte des Simplex-Verfahrens ist in den folgenden Tableaus dargestellt.

	1	2	3			
4	4	0	1	500	125	
5	5	10	0	500	100	
6	①	5	0	100	100	←
	-25	-3	-4	0		

↑

	6	2	3			
4	-4	-20	①	100	100	←
5	-5	-15	0	0	-	
1	1	5	0	100	-	
	25	122	-4	2500		

↑

	6	2	4	
3	-4	-20	1	100
5	-5	-15	0	0
1	1	5	0	100
	9	44	4	2900

Wir erhalten somit das optimale Produktionsprogramm $(x_1{}^*, x_2{}^*, x_3{}^*) = (100, 0, 100)$. Es werden 100 Tonnen von Farbstoff 1 und 100 Tonnen von Farbstoff 3 produziert. Der Umsatz beträgt dann 2,9 Mio. DM.

Aufgabe 13-3

Ein Unternehmen fertigt die Produkte P_1, P_2 und P_3, wozu im wesentlichen der Rohstoff R benötigt wird. Es soll das Produktionsprogramm (d.h. die Produktions-mengen x_1, x_2, x_3 der einzelnen Produkte) für den kommenden Monat geplant wer-den, in dem nur 800 ME von R verfügbar sind. Zielsetzung ist die Maximierung des insgesamt erzielten Deckungsbeitrags. Desweiteren liegen folgende Daten vor:

Produkte	P_1	P_2	P_3
Stückpreise (in GE)	100	70	60
variable Stückkosten (in GE)	80	30	20
Verbrauch von R pro Stück (in ME)	4	5	10
maximal absetzbare Stückzahlen	50	100	190

Zu berücksichtigen ist, daß das Unternehmen derzeit keine freien Lagerkapazitäten hat, so daß nicht über die jeweils maximal absetzbare Stückzahl hinaus auf Lager produziert werden kann.

a) Formulieren Sie ein lineares Optimierungsproblem zur Ermittlung eines dek-kungsbeitragsmaximalen Produktionsprogramms.

b) Ermitteln Sie die Lösung des Optimierungsproblems, ohne den Sim-plex-Algorithmus anzuwenden.

Lösung

a) Das gesuchte Optimierungsproblem hat folgende Form:

$$20x_1 + 40x_2 + 40x_3 \rightarrow \max$$

u.d.N.

$$4x_1 + 5x_2 + 10x_3 \quad \leq 800$$

$$x_1 \qquad\qquad\qquad \leq 50$$

$$x_2 \qquad\qquad\qquad \leq 100$$

$$x_3 \qquad\qquad\qquad \leq 190$$

$$x_1, x_2, x_3 \qquad\quad \geq 0$$

b) Dieses lineare Optimierungsproblem weist eine solch einfache Struktur auf, daß die Lösung ohne Anwendung des Simplex-Verfahrens ermittelt werden kann: Im wesentlichen geht es hier darum, die verfügbaren 800 ME von R optimal auf die drei Produkte P_1, P_2 und P_3 aufzuteilen. Dies führt uns zu der Frage, wieviele GE Deckungsbeitrag eine ME von R erwirtschaftet, wenn sie zur Herstellung von P_1, von P_2 bzw. von P_3 verwendet wird. Auskunft darüber gibt die Größe

$$\frac{\text{Stückdeckungsbeitrag des Produkts}}{\text{Verbrauch von R pro Stück}} \quad,$$

die man auch als spezifischen Deckungsbeitrag bezeichnet. Wir errechnen im einzelnen folgende Zahlen: 20GE/4ME = 5GE/ME für P_1, 40GE/5ME = 8GE/ME für P_2, 40GE/10ME = 4GE/ME für P_3. Damit hat P_2 den höchsten spezifischen Deckungsbeitrag und ist unter dem Aspekt der Deckungsbeitragsmaximierung zu präferieren. Also produziert man von P_2 die maximal absetzbaren 100 Stück. Von R verbleiben dann noch

$$800 \text{ ME} - 100 \cdot 5 \text{ ME} = 300 \text{ ME} .$$

Das zweitgünstigste Produkt ist P_1, so daß wir hiervon ebenfalls die maximale Stückzahl von 50 produzieren. Es sind dann noch

$$300 \text{ ME} - 50 \cdot 4 \text{ ME} = 100 \text{ ME}$$

von R vorhanden. Diese 100 ME werden zur Produktion von P_3 verwendet; sie reichen allerdings nicht zur Produktion der maximal absetzbaren 190 Stück aus. Wir können von P_3 lediglich 10 Stück herstellen.

Insgesamt ergibt sich also das optimale Produktionsprogramm

$$(x_1, x_2, x_3) = (50, 100, 10),$$

mit dem ein Gesamtdeckungsbeitrag von 5.400 GE erzielt wird.

13.5 Literatur zu Kapitel 13

Eine frühe Originalarbeit zum Simplex-Verfahren ist Dantzig (1948). Von den mittlerweile zahllosen Lehrbüchern zur linearen Optimierung empfehlen wir Dantzig (1966), Bol (1980) Gal (1991), Neumann/Morlock (1993) und Domschke/ Drexl (1995).

14 Komplexere Optimierungsmodelle

In diesem Kapitel skizzieren wir Optimierungsprobleme, die sowohl im Hinblick auf ihre Struktur als auch im Hinblick auf entsprechende Lösungsverfahren um einiges komplexer als lineare Optimierungsprobleme sind. Im einzelnen befassen wir uns mit

- nichtlinearen,
- ganzzahligen und
- dynamischen Problemen.

Ziel der nachfolgenden Ausführungen ist es lediglich, dem Leser eine Vorstellung von der Struktur dieser Probleme zu vermitteln, ihn mit den Grundideen einiger elementarer Lösungsverfahren vertraut zu machen und ihm das Verständnis der weiterführenden Spezialliteratur zu erleichtern.

14.1 Nichtlineare Optimierung

Häufig lassen sich betriebswirtschaftliche Entscheidungsprobleme nicht ausreichend exakt durch lineare Modelle beschreiben, wie sie in Kapitel 13 behandelt werden. Läßt man im Zielsystem und in den Nebenbedingungen auch nichtlineare Strukturen zu, so erschwert dies sowohl die theoretische Behandlung (z.B. Untersuchung der Lösbarkeit von Problemen) als auch die Formulierung von Lösungsverfahren erheblich. Die folgenden Seiten können dem Leser daher lediglich einen ersten Eindruck vom Gebiet der nichtlinearen Optimierung vermitteln.

Wir befassen uns zunächst mit **unrestringierten Problemen**, d.h. mit Problemen, die keine Nebenbedingungen aufweisen. Wir können ein solches Problem in der Form

$$(UP) \qquad f(x) = f(x_1, ..., x_n) \; \rightarrow \; min$$

darstellen; hierbei sei vorausgesetzt, daß die Funktion f bzgl. aller Variablen zweimal stetig differenzierbar ist (vgl. auch Heuser 1981, Kap. 20). Unter dem **Gradienten** von f im Punkt $(x_1,...,x_n)$ verstehen wir den Vektor

$$\text{grad } f(x_1,...,x_n) = \left(\frac{df(x_1,...,x_n)}{dx_1},...,\frac{df(x_1,...,x_n)}{dx_n} \right)$$

der n partiellen Ableitungen von f. Die **Funktionalmatrix** (Hesse-Matrix)
von f im Punkt $(x_1,...,x_n)$ ist erklärt als

$$H_f(x_1,...,x_n) = \left(\frac{df(x_1,...,x_n)}{dx_i dx_j} \right)_{\substack{i=1,...,n \\ j=1,...,n}} ,$$

d.h. als Matrix aller zweiten Ableitungen von f. Unter den genannten Voraussetzungen ist die Funktionalmatrix symmetrisch. Eine notwendige Bedingung für das
Vorliegen eines (lokalen) Minimums in einem Punkt $(x_1,...,x_n)$ ist durch

$$\text{grad } f(x_1,...,x_n) = 0$$

gegeben. Wir werden also zum Auffinden einer (bzw. mehrerer) Minimalstelle(n)
zunächst den Gradienten zu Null setzen; die so ermittelten Punkte sind "Kandidaten
für Minimalstellen" und werden als **stationäre Punkte** bezeichnet.

Wie können wir nun beurteilen, ob ein über diesen Ansatz gefundener stationärer
Punkt Minimalstelle der Funktion f ist? Hierzu ziehen wir die Funktionalmatrix im
entsprechenden Punkt heran: Ist diese positiv definit, so liegt eine Minimalstelle
vor.

Zur Erläuterung des Begriffs der positiven Definitheit betrachten wir eine quadratische Matrix

$$A = (a_{ij})_{i=1,...,n; j=1,...,n} .$$

Diese Matrix nennen wir genau dann positiv definit, wenn alle (von links oben gesehen) quadratischen Teilmatrizen positive Determinanten haben, d.h. wenn gilt:

$$a_{11} > 0, \quad \begin{vmatrix} a_{11} & a_{12} \\ a_{21} & a_{22} \end{vmatrix} = a_{11}a_{22} - a_{12}a_{21} > 0 \quad \text{usw.}$$

$$\text{bis} \quad \begin{vmatrix} a_{11} & \cdots & a_{1n} \\ \cdots & & \cdots \\ a_{n1} & \cdots & a_{nn} \end{vmatrix} = |A| > 0$$

Beispiel 14-1

Wir betrachten das Problem

$$f(x_1, x_2) = x^3_1 + x^3_2 - 3x_1x_2 \rightarrow \min ;$$

der Gradient hat die Form

$$\text{grad } f(x_1, x_2) = (3x^2_1 - 3x_2, 3x^2_2 - 3x_1),$$

und die Funktionalmatrix ist gegeben durch

$$H_f(x_1, x_2) = \begin{pmatrix} 6x_1 & -3 \\ -3 & 6x_2 \end{pmatrix}.$$

Stationäre Punkte von f sind $(x_1, x_2) = (0,0)$ und $(x_1, x_2) = (1,1)$; die entsprechenden Funktionalmatrizen sind gegeben durch

$$H_f(0,0) = \begin{pmatrix} 0 & -3 \\ -3 & 0 \end{pmatrix} , H_f(1,1) = \begin{pmatrix} 6 & -3 \\ -3 & 6 \end{pmatrix} .$$

Mit dem Determinantenkriterium überzeugt man sich davon, daß die zweite Funktionalmatrix (im Gegensatz zur ersten) positiv definit ist; somit ist (1,1) lokale Minimalstelle von f.

Ein problematischer Aspekt im Zusammenhang mit diesem Ansatz liegt darin, daß wir einer Minimalstelle i.a. nicht ansehen, ob ein globales oder lediglich ein lokales Minimum vorliegt. Bei der Funktion aus Beispiel 14-1 erkennt man unschwer, daß sie nicht nach unten beschränkt ist; somit kann (1,1) nur lokale Minimumstelle sein. Bei komplexer strukturierten Entscheidungsproblemen mit vielen Variablen läßt sich diese Frage dagegen häufig nur sehr schwer beantworten.

Das Problem tritt allerdings nicht auf, wenn die Zielfunktion f von UP **konvex** ist. Man nennt eine Funktion f: $R^n \rightarrow R$ konvex, wenn für beliebige $x^1, x^2 \in R^n$ und beliebiges δ mit $0 \le \delta \le 1$ die Beziehung

$$f(\delta x^1 + (1-\delta)x^2) \le \delta f(x^1) + (1-\delta)f(x^2)$$

erfüllt ist. Für eine Funktion einer Variablen (d.h. n = 1) bedeutet dies anschaulich, daß das Schaubild der Funktion (von links nach rechts durchlaufen) eine Linkskurve beschreibt, d.h. daß es linksgekrümmt ist. Gilt in obiger Ungleichung das $\ge$-Zeichen, so bezeichnen wir die Funktion als **konkav**. Im Fall der Konvexität der Zielfunktion ist jede lokale Minimalstelle auch globale Minimalstelle. Dieser Sachverhalt vereinfacht die Behandlung des Optimierungsproblems erheblich.

Die Konvexität einer Funktion f von n Variablen läßt sich über deren Funktionalmatrix $H_f(x)$ überprüfen: Ist diese für jedes $x \in R^n$ positiv definit (oder zumindest positiv semidefinit), so ist f auf R^n konvex. Offensichtlich ist dies für die Funktion aus Beispiel 14-1 nicht der Fall.

Hiermit hat der Leser einen ersten Eindruck von der Problematik im Bereich der nichtlinearen Optimierung erhalten, ohne daß wir allerdings explizit auf allgemein anwendbare Lösungsverfahren eingegangen sind. Die bekanntesten Lösungsansätze für unrestringierte Probleme sind die **Gradienten-Verfahren**. Hierbei bewegt man sich iterativ (ausgehend von einem beliebigen Startpunkt) in jedem Schritt in Richtung des negativen Gradienten weiter. Ein Nachteil dieses Ansatzes ist seine häufig sehr langsame Konvergenz. Wesentlich schneller konvergiert das **Newton-Verfahren**, das sich allerdings häufig als sehr rechenintensiv erweist. Ein "Kompromiß" zwischen beiden Verfahren (und ihren jeweils spezifischen Nachteilen) stellen **Verfahren der konjugierten Richtungen** dar (vgl. Bazaraa/Shetty 1979, S.297 ff.).

Von größerer ökonomischer Relevanz sind natürlich solche nichtlinearen Optimierungsprobleme, bei denen die Variablen Nebenbedingungen unterliegen (**restringierte Probleme**). Ein solches Problem stellen wir in der Form

$$f(x_1, ..., x_n) \rightarrow \min$$

(RP)   u.d.N

$$x \, \varepsilon \, X$$

dar, wobei X eine Teilmenge des R^n ist. Wir nennen eine Teilmenge X des R^n **konvex**, wenn für beliebige x^1, $x^2 \, \varepsilon \, X$ auch die gesamte Verbindungsstrecke von x^1 und x^2 in X liegt (vgl. Abbildung 14-1). Setzen wir in RP voraus, daß sowohl die Zielfunktion f als auch der zulässige Bereich X konvex sind, so erhalten wir ein **konvexes Optimierungsproblem**. Im folgenden gehen wir von einer solchen Problemstruktur aus.

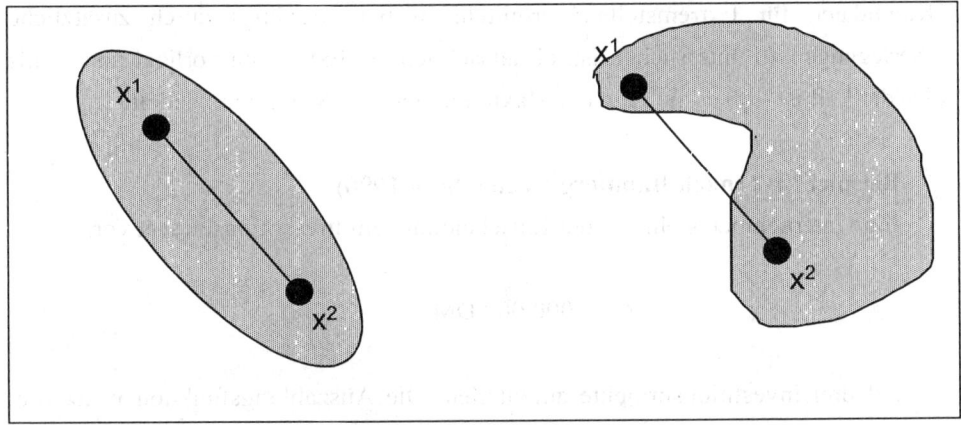

Abbildung 14-1: Konvexe und nicht konvexe Mengen

In einfachsten Fällen kann die Lösung direkt über ein **analytisches Lösungsverfahren** (vgl. z.B. Zimmermann 1986, S.209 ff.) bestimmt werden. Eine bekannte analytische Methode ist das **Verfahren der Lagrange-Multiplikatoren**. Hier geht man davon aus, daß die Nebenbedingungen, die den zulässigen Bereich X festlegen, in Gleichungsform gegeben sind, d.h.

$$X = \{x \, \varepsilon \, R^n\colon g_j(x) = 0 \, , \, j = 1,...,m\} \, ,$$

wobei die Funktionen $g_j : R^n \rightarrow R$ stetig differenzierbar sind. Zur Ermittlung der Extrema von f unter diesen Nebenbedingungen bildet man die **Lagrange-Funktion**

$$L(x_1, ..., x_n, \delta_1, ...,\delta_m) = f(x_1, ..., x_n) - \sum_{j=1}^{m} \delta_j g_j(x_1, ..., x_n) \, ,$$

wobei die Zahlen δ_j ($j = 1,...,m$) als Lagrange-Multiplikatoren bezeichnet werden. Eine notwendige Bedingung für das Vorliegen eines lokalen Extremums (Minimum oder Maximum) von f in einem Punkt $x = (x_1,...,x_n)$ ist, daß es Lagrange-Multiplikatoren $\delta_1,...,\delta_m$ gibt, so daß $(x_1,...,x_n, \delta_1,...,\delta_m)$ stationärer Punkt der Funktion L ist. Wir können also über den Ansatz

$$grad \, L(x_1, ..., x_n, \delta_1, ...,\delta_m) = 0$$

"Kandidaten für Extremstellen" ermitteln, wobei allerdings durch zusätzliche Überlegungen zu untersuchen ist, ob tatsächlich ein Extremum vorliegt und - falls dies der Fall ist - ob es sich um ein Maximum oder ein Minimum handelt.

Beispiel 14-2 (nach Bamberg/Coenenberg 1996)

Ein Unternehmen steht vor der Entscheidung, ein Investitionsbudget von

$$B = 1.000.000 \text{ DM}$$

auf drei Investitionsprojekte aufzuteilen. Die Auszahlungsfunktionen der drei Projekte sind

$$a_1(x_1) = 100x_1^{1/2} \, ,$$
$$a_2(x_2) = 120x_2^{1/2} \, ,$$
$$a_3(x_3) = 80x_3^{1/2} \, ,$$

wobei die x_i die jeweils investierten Beträge (in DM) sind. Es ist die optimale (d.h. auszahlungsmaximale) Aufteilung des Investitionsbudgets zu ermitteln.

Das entsprechende Optimierungsproblem hat die Form

$$f(x_1,x_2,x_3) = 100x_1^{1/2} + 120x_2^{1/2} + 80x_3^{1/2} \rightarrow max$$

u. d. N.

$$g(x_1, x_2, x_3) = x_1 + x_2 + x_3 - 1.000.000 = 0$$

$$x_1, x_2, x_3 \geq 0 .$$

Der Leser mache sich klar, daß es sich um ein konvexes Optimierungsproblem handelt: Die Maximierung von $f(x_1, x_2, x_3)$ ist äquivalent mit der Minimierung der konvexen (Nachweis als Übungsaufgabe) Funktion $-f(x_1, x_2, x_3)$, und der zulässige Bereich ist offensichtlich ebenfalls konvex.

Die zugehörige Lagrange-Funktion ist

$$L(x_1, x_2, x_3, \delta) = 100x_1^{1/2} + 120x_2^{1/2} + 80x_3^{1/2} - \delta(x_1 + x_2 + x_3 - 1.000.000) .$$

Der Gradienten-Ansatz

$$grad\ L(x_1, x_2, x_3, \delta) = 0$$

liefert die vier Gleichungen

$$dL(x_1, x_2, x_3, \delta)\ /\ dx_1\ =\ [50\ /\ x_1^{1/2}] - \delta\ =\ 0\quad ,$$

$$dL(x_1, x_2, x_3, \delta)\ /\ dx_2\ =\ [60\ /\ x_2^{1/2}] - \delta\ =\ 0\quad ,$$

$$dL(x_1, x_2, x_3, \delta)\ /\ dx_3\ =\ [40\ /\ x_3^{1/2}] - \delta\ =\ 0\quad \text{und}$$

$$dL(x_1, x_2, x_3, \delta)\ /\ d\delta\ =\ -x_1 - x_2 - x_3 + 1.000.000 = 0\ .$$

Mittels der ersten drei Gleichungen können wir x_1, x_2 und x_3 jeweils durch δ ausdrücken:

$$x_1 = 2500\ /\ \delta^2, \quad x_2 = 3600\ /\ \delta^2\ , \quad x_3 = 1600\ /\ \delta^2\quad .$$

Durch Einsetzen dieser Ausdrücke in die vierte Gleichung ergibt sich

$$[7700 / \delta^2] - 1.000.000 = 0$$

bzw.

$$\delta^2 = 0,0077 \ .$$

Hieraus errechnet sich die optimale Lösung

$$x_1 = 324675 \text{ DM} \ ,$$
$$x_2 = 467533 \text{ DM} \ \text{ und}$$
$$x_3 = 207792 \text{ DM} \ .$$

Ein weiteres Beispiel für den Ansatz der Lagrange-Multiplikatoren findet sich in Aufgabe 14-1. Aufgabe 14-2 zeigt ein Beispiel für einen analytischen Lösungsansatz, der sich aus der speziellen Struktur des Optimierungsproblems ergibt.

Eine Übertragung des Lagrange-Prinzips auf konvexe Optimierungsprobleme mit Ungleichungen als Restriktionen stellen die **Kuhn-Tucker-Optimalitäts-bedingungen** dar (vgl. z.B. Bazaraa/Shetty 1979, S.136 ff.). Sie ermöglichen in bestimmten Situationen ebenfalls die analytische Lösung nichtlinearer (konvexer) Optimierungsprobleme. Selbstverständlich können solche analytisch-exakten Ansätze nur in einfachsten Sonderfällen zum Ziel führen. In der Regel wird man daher auf **iterative Verfahren** zurückgreifen müssen, die das Optimum nicht exakt berechnen, sondern eine Folge von Punkten liefern, die gegen den/einen optimalen Punkt konvergiert. In der Literatur kennt man eine Vielzahl solcher Verfahren, von denen wir im folgenden einige wichtige aufzählen.

Zu den bekanntesten iterativen Verfahren gehört die von Rosen (1960) entwickelte **Methode der projizierten Gradienten**, die auf nichtlineare Probleme mit linearen Nebenbedingungen anwendbar ist. Das Verfahren basiert auf der Idee der Übertragung der Gradientenverfahren auf restringierte Probleme. Da man bei der Bewegung in Richtung des negativen Gradienten aber Gefahr läuft, den zulässigen Bereich zu verlassen, verwendet man eine Projektion des Gradienten, die die Verbesserung der Zielfunktion bei gleichzeitiger Erhaltung der Zulässigkeit sicherstellt (vgl. auch Bazaraa/Shetty 1979, S.389 ff.). Ebenfalls zur Familie der (modifizierten) Gradientenverfahren gehört die **Methode der reduzierten Gradienten** von Wolfe (1960), die - zunächst für Probleme mit linearen Nebenbedingungen konzipiert - von Abadie und Carpentier (1969) auf Probleme mit nichtlinearen Nebenbedingungen verallgemeinert wurde.

Ein ganz anderer gedanklicher Ansatz liegt den **Verfahren der Straffunktionen (penalty functions)** und der **Barrierefunktionen (barrier functions)** zugrunde. Hier wird das zu lösende restringierte Problem in ein unrestringiertes (bzw. in eine Folge von unrestringierten) Problem(en) transformiert.

Beim Verfahren der Straffunktionen wird der Zielfunktion ein additiver Term (Straffunktion) hinzugefügt, der das Verletzen der Nebenbedingungen so stark "bestraft", daß das Verfahren schließlich in den zulässigen Bereich "gezwungen" wird. Zur Verdeutlichung der Grundidee gehen wir von einem Problem der Form

$$f(x) = f(x_1, ..., x_n) \rightarrow min$$

u. d. N.

$$g_i(x) \leq 0 \qquad i = 1,...,m$$

$$h_j(x) = 0 \qquad j = 1,...,q$$

aus. Eine mögliche Straffunktion $s: R^n \rightarrow R$ ist z.B.

$$s(x) = \sum_{i=1}^{m} (g^+_i(x))^p + \sum_{j=1}^{q} |h_j(x)|^p \; ,$$

wobei

$$g^+_i(x) = max \{0, g_i(x)\}$$

gilt und p eine natürliche Zahl bezeichnet. Offensichtlich gilt $s(x) \geq 0$ für alle $x \in R^n$ und $s(x) = 0$ genau dann, wenn x allen Nebenbedingungen des Problems genügt. Damit verstehen wir, wie eine solche Straffunktion das Verletzen von Nebenbedingungen "bestraft".

Verfahren der Straffunktionen lösen nun iterativ eine Folge von unrestringierten Optimierungsproblemen der Form

$$f(x) + r_k s(x) \rightarrow \min, \quad k = 1, 2, \dots$$

wobei die Folge reeller Zahlen (r_k) streng monoton wachsend gegen ∞ konvergiert, so daß mit wachsender Dauer des Verfahrens das Verletzen von Nebenbedingungen immer stärker bestraft wird. Die im k-ten Schritt ermittelte Optimallösung x^k wird anschließend als Ausgangslösung zur Ermittlung von x^{k+1} herangezogen. Unter einer Reihe von Nebenbedingungen ist dann jeder Häufungspunkt der Folge (x^k) optimale Lösung des restringierten Optimierungsproblems. Ein einfaches Zahlen-beispiel zu dieser komplexen Optimierungsmethode findet der Leser in Aufgabe 14-3.

Im Rahmen der Verfahren der Barrierefunktionen erfolgt die Transformation eines restringierten Optimierungsproblems in eine Folge von unrestringierten Problemen: Der (zu minimierenden) Zielfunktion wird eine Funktion überlagert, die auf dem Rand des zulässigen Bereichs derart große Werte annimmt, daß sie praktisch eine "Barriere" errichtet. Dies verhindert, daß das Verfahren den zulässigen Bereich verläßt (vgl. z.B. Bazaraa/Shetty 1979, S.342 ff.).

14.2 Ganzzahlige (lineare) Optimierung

Häufig ist es aufgrund spezifischer Gegebenheiten eines Entscheidungsproblems erforderlich, daß in einem entsprechenden linearen Optimierungsproblem die (bzw. ein Teil der) Entscheidungsvariablen nur ganzzahlige Werte annehmen können (z.B. Stückzahlen bei unteilbaren Gütern). Ist dies für alle Variablen gefordert, so spricht man von einem ganzzahligen Optimierungsproblem; unterliegen dagegen nur einige der Variablen Ganzzahligkeitsrestriktionen, bezeichnen wir das Problem als gemischtganzzahlig.

Beispiel 14-3

Wir gehen von dem Problem

$$z(x_1, x_2) = 2x_1 + 3x_2 \rightarrow \max$$

u. d. N.

$$x_1 + 2x_2 \leq 10$$

$$2x_1 + x_2 \leq 9{,}5$$

$$x_1 \leq 4$$

$$x_1, x_2 \geq 0$$

$$x_1, x_2 \text{ ganzzahlig}$$

aus und betrachten zur Veranschaulichung die folgende kleine Skizze:

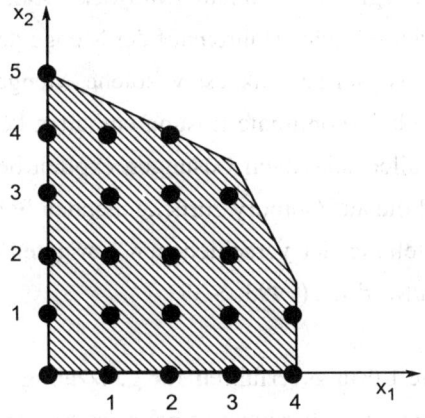

Schraffiert ist der zulässige Bereich des linearen Optimierungsproblems, das sich ergibt, wenn man die Ganzzahligkeitsrestriktionen ignoriert. Somit sind für obiges Problem genau die ganzzahligen Punkte zulässig, die in diesem Bereich liegen. Da dies nur endlich viele sind, können wir zu allen zulässigen Lösungen den Zielfunktionswert ermitteln und so die optimale Lösung ablesen. Dieser Ansatz wird auch als **vollständige Enumeration** bezeichnet. Die entsprechenden Werte sind in der nachfolgenden Übersicht aufgeführt. Optimale Lösung ist also $(x_1, x_2) = (2,4)$ mit $z(x_1, x_2) = 16$.

(x_1, x_2)	$z\,(x_1, x_2)$	(x_1, x_2)	$z\,(x_1, x_2)$	(x_1, x_2)	$z\,(x_1, x_2)$
(0, 0)	0	(1, 2)	8	**(2, 4)**	**16**
(0, 1)	3	(1, 3)	11	(3, 0)	6
(0, 2)	6	(1, 4)	14	(3, 1)	9
(0, 3)	9	(2, 0)	4	(3, 2)	12
(0, 4)	12	(2, 1)	7	(3, 3)	15
(0, 5)	15	(2, 2)	10	(4, 0)	8
(1, 0)	2	(2, 3)	13	(4, 1)	11
(1, 1)	5				

Natürlich ist die vollständige Enumeration schon bei Problemen mittlerer Größenordnung nicht mehr mit vertretbarem Aufwand durchführbar. Ein bekannter Lösungsansatz für ganzzahlige Optimierungsprobleme sind die sogenannten **Branch and Bound-Verfahren** (vgl. z.B. Neumann/Morlock 1993, S.393ff.). Hierbei handelt es sich um strukturierte Suchverfahren auf der Menge der zulässigen Lösungen. Während des Verfahrens werden sukzessiv solche Mengen von zulässigen Lösungen identifiziert, die keine optimale Lösung enthalten können. Auf diese Weise muß nur ein Bruchteil aller zulässigen Lösungen explizit berechnet werden. Ebenfalls recht bekannt sind die auf Gomory zurückgehenden **Schnittebenenverfahren**. Eine umfassende Darstellung der verschiedenen Varianten dieses Konzepts findet der Leser bei Neumann/Morlock (1993, S.391ff.).

Generell haben sich die Lösungsverfahren für ganzzahlige Optimierungsprobleme als sehr aufwendig erwiesen. Daher kann es bei größeren Problemen durchaus empfehlenswert sein, zunächst (z.B. mit dem Simplex-Verfahren) ohne Berücksichtigung der Ganzzahligkeitsrestriktionen eine Lösung zu ermitteln und diese anschließend auf ganze Zahlen zu runden. Natürlich gelangt man so i.a. nicht zu einer optimalen Lösung des ganzzahligen Problems.

Spezielle Bedeutung kommt im Rahmen der ganzzahligen Optimierung den sogenannten **binären Optimierungsproblemen** zu. Hier können die Entscheidungsvariablen nur die Werte 0 und 1 annehmen. Solche Probleme treten insbesondere im Zusammenhang mit ja/nein-Entscheidungen auf (z.B. Entscheidung für/gegen ein Investitionsprojekt). Für binäre Optimierungsprobleme sind spezielle

Lösungsmethoden vorgeschlagen worden, so z.B. das **Verfahren von Balas** (vgl. z.B. Zimmermann 1986, S.148 ff.).

Ein einfaches Zahlenbeispiel zur ganzzahligen Optimierung wird in Aufgabe 14-4 behandelt.

14.3 Dynamische Optimierung

Die bisher behandelten Optimierungsmodelle befassen sich mit Problemen, bei denen das Optimum für alle Variablen unter Berücksichtigung aller Nebenbedingungen auf einmal zu bestimmen ist. Im Gegensatz hierzu befaßt sich die dynamische Optimierung mit der sequentiellen Lösung eines in mehrere Stufen aufgeteilten Entscheidungsprozesses, wobei auf jeder Stufe des Prozesses lediglich die dort existierenden Entscheidungsalternativen betrachtet werden. Wie die Bezeichnung "dynamisch" schon vermuten läßt, befaßt man sich in diesem Bereich des OR in erster Linie mit Entscheidungen, die sich über mehrere Zeitperioden hinweg erstrecken. Allerdings gibt es auch andere Ansätze zur Aufteilung eines Entscheidungsprozesses in mehrere Stufen. Daher kommt in der Literatur gelegentlich auch der Begriff der sequentiellen Optimierung zur Anwendung (vgl. z.B. Zimmermann 1986, S.184).

Im folgenden betrachten wir einen Entscheidungsprozeß, der sich über T Zeitperioden erstreckt und in jeder Periode $t = 1,...,T$ eine Entscheidung a_t erforderlich macht. Der Prozeß startet zu Beginn der ersten Periode mit einem Anfangszustand z_0. Die Stufe t ist charakterisiert durch

- den Anfangszustand z_{t-1}
- den Steuerbereich $A_t(z_{t-1})$, aus dem a_t zu wählen ist,
- den Folgezustand $z_t = f_t(z_{t-1}, a_t)$ und
- die Stufenauszahlung $u_t(z_{t-1}, a_t)$.

Im einzelnen bedeutet diese Charakterisierung, daß der Anfangszustand z_{t-1} der Periode t die Menge der Entscheidungsalternativen der Periode t sowie - zusammen mit a_t - den Anfangszustand z_t der Periode t+1 und die Auszahlung u_t der Periode t

bestimmt (vgl. auch Opitz/Schader 1975, S.122, Bamberg/Coenenberg 1996, S.221). Abbildung 14-2 verdeutlicht die Struktur dieses mehrstufigen Entscheidungsprozesses.

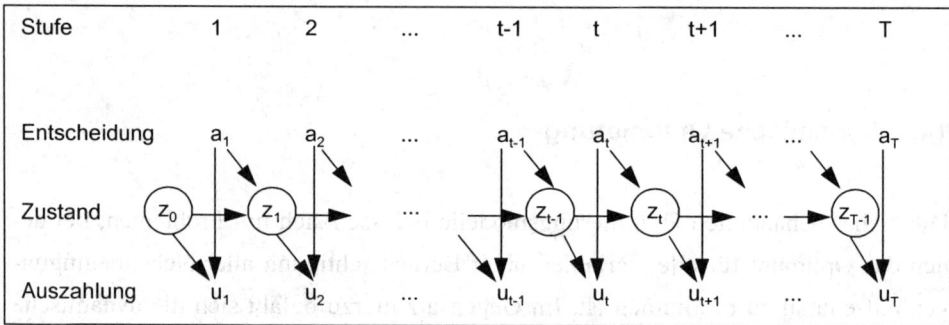

Abbildung 14-2: Struktur eines T-stufigen Entscheidungsprozesses

Nunmehr können wir die **Standardaufgabe der dynamischen Optimierung** (Maximierung der über T Stufen summierten Auszahlungen) in der Form

$$\sum_{t=1}^{T} u_t(z_{t-1}, a_t) \rightarrow \max$$

(D)   u. d. N.

$$z_t = f_t(z_{t-1}, a_t)$$

$$a_t \ \varepsilon \ A_t(z_{t-1})$$

darstellen, wobei der Anfangszustand z_0 als fest vorgegeben vorausgesetzt wird. Eine Lösung $(a^*_1, a^*_2, ..., a^*_T)$ von D bezeichnen wir als optimale Entscheidungsfolge.

Beispiel 14-4 (nach Opitz/Schader 1975)

Ein Unternehmen steht vor der Entscheidung, wann ein auf dem Markt befindliches Produkt A, das zu Beginn des Planungszeitraumes (t=1) die Sättigungsphase seines Lebenszyklus (vgl. hierzu Kapitel 3) erreicht hat, durch das Nachfolgeprodukt B zu ersetzen ist. Der mit Produkt A in den einzelnen Planperioden erzielbare Umsatz ist

$$v(\tau) = 6\tau^4 \, e^{-\tau} \, ,$$

wobei τ das Alter des Produkts (d.h. die Dauer seiner Marktpräsenz) bezeichnet. Produkt B kann Produkt A ab $t = 1$ ablösen; der mit B erzielbare Umsatz
(in Abhängigkeit vom Alter τ des Produkts) ist

$$w_i(\tau) = \tau^8 \, e^{-2\tau} + i - 1 \quad ,$$

falls die Einführung von B in Periode i erfolgt.

Der für die Periode t relevante Zustand z_t ist das Alter des auf dem Markt befindlichen Produkts; hierbei sei das anfängliche Alter von Produkt A $z_0 = 4$,
und man geht von dem Planungshorizont T=5 aus. Die Entscheidung a_t in Periode t erfolgt zwischen den beiden Alternativen "Ersetzen von Produkt A durch
Produkt B" ($a_t = 1$) und "Fortsetzen der Marktbearbeitung mit dem derzeit auf
dem Markt befindlichen Produkt" ($a_t = 0$).

Mit diesen Bezeichnungen ergibt sich der Umsatz der Periode t zu

$$u_t(z_{t-1}, a_t) = \begin{bmatrix} v(z_{t-1} + 1), & \text{falls } z_{t-1} = 3+t, \, a_t = 0 \\ w_t(1), & \text{falls } z_{t-1} = 3+t, \, a_t = 1 \\ w_{t-z_{t-1}} \, (z_{t-1}+1), & \text{falls } z_{t-1} < 3+t \end{bmatrix} \quad ;$$

weiter ist

$$A_t(z_{t-1}) = \begin{bmatrix} \{0\}, & \text{falls } z_{t-1} < 3 + t \\ \{0,1\}, & \text{falls } z_{t-1} = 3 + t \end{bmatrix}$$

und

$$z_t = f_t(z_{t-1}, a_t) = \begin{cases} 1, & \text{falls } a_t = 1 \\[2em] z_{t-1}+1, & \text{falls } a_t = 0 \end{cases}$$

Ein geeignetes Lösungsverfahren für Probleme der Form (D) läßt sich aus dem **Optimalitätsprinzip von Bellman** ableiten: Es besagt in etwa, daß bei einer optimalen Entscheidungsfolge $(a^*_1,...,a^*_T)$ unabhängig von der ersten Entscheidung a^*_1 die restlichen T-1 Entscheidungen $(a^*_2,...,a^*_T)$ eine optimale Entscheidungsfolge bzgl. des aus der ersten Entscheidung resultierenden Zustands bilden. Vereinfacht ausgedrückt: Teilfolgen optimaler Entscheidungsfolgen sind wiederum optimale Entscheidungsfolgen. Dieser Sachverhalt ermöglicht uns die Reduktion eines T-stufigen Entscheidungsproblems auf T einstufige Entscheidungsprobleme.

Im ersten Schritt bestimmen wir die Entscheidung $a_T \ \varepsilon \ A_T$ in Abhängigkeit von z_{T-1} so, daß die Stufenauszahlung $u_T(z_{T-1}, a_T)$ maximiert wird; wir bezeichnen diese Entscheidung mit $a_T(z_{T-1})$. Damit ist vom Zustand z_{T-1} aus in der T-ten Stufe eine maximale Auszahlung

$$u_T(z_{T-1}, a_T(z_{T-1}))$$

erzielbar. Im zweiten Schritt bestimmen wir die Entscheidung $a_{T-1} \ \varepsilon \ A_{T-1}$ in Abhängigkeit von z_{T-2} so, daß die Summe

$$u_{T-1}(z_{T-2}, a_{T-1}) + u_T(z_{T-1}, a_T(z_{T-1}))$$

maximal wird, wobei im zweiten Summanden z_{T-1} mittels

$$z_{T-1} = f_{T-1}(z_{T-2}, a_{T-1})$$

durch z_{T-2} und a_{T-1} auszudrücken ist. Diese Entscheidung wird mit $a_{T-1}(z_{T-2})$ bezeichnet. Auf diese Weise bestimmt man sukzessiv Entscheidungen

$$a_T(z_{T-1}), \ a_{T-1}(z_{T-2}), \ ...,a_2(z_1), \ a_1(z_0) \ ,$$

wobei zu berücksichtigen ist, daß $a_t(z_{t-1})$ zusammen mit z_{t-1} den Zustand z_t festlegt und wir im vorhergehenden Schritt schon festgestellt haben, welche Entscheidungsfolge von z_t aus optimal ist.

Als Resultat dieser **Rückwärtsrechnung** liegen die Zustände einer optimalen Entscheidungsfolge implizit (nämlich in Abhängigkeit vom jeweiligen Anfangszustand) vor. Im Rahmen der anschließenden **Vorwärtsrechnung** ermittelt man ausgehend von z_0 (das ja fest vorgegeben ist) die (bzw. eine) optimale Entscheidungsfolge explizit: z_0 liefert $a^*_1 = a_1(z_0)$, hieraus ergibt sich $z^*_1 = f_1(z_0, a^*_1)$, daraus erhalten wir $a^*_2 = a_2(z^*_1)$ usw.

Beispiel 14-4 (1. Fortsetzung)

Der Ablauf der Rückwärtsrechnung ist im folgenden tabellarisch dargestellt, wobei wir mit $U_t(z_{t-1})$ den vom Zustand z_{t-1} aus in den Stufen t, t+1,...,T maximal erzielbaren Umsatz bezeichnen. Die Vorwärtsrechnung ergibt als optimale Entscheidungsfolge

$$a^*_1 = 0 \ (\text{somit } z_1 = 5) \ ,$$

$$a^*_2 = 1 \ (\text{somit } z_2 = 1) \ ,$$

$$a^*_3 = 0 \ (\text{somit } z_3 = 2) \ ,$$

$$a^*_4 = 0 \ (\text{somit } z_4 = 3) \ ,$$

$$a^*_5 = 0 \ .$$

Also ist Produkt A in t = 2 durch Produkt B zu ersetzen.

	z_4	1	2	3	4	8
Stufe 5	$a_5(z_4)$	0	0	0	0	0
	$U_5(z_4)$	7,7	18,3	23	17,7	4,9
	z_3	1	2	3	7	
Stufe 4	$a_4(z_3)$	0	0	0	0	
	$U_4(z_3)$	25	40,2	39,7	13,1	
	z_2	1	2	6		
Stufe 3	$a_3(z_2)$	0	0	1		
	$U_3(z_2)$	45,9	56	27,1		
	z_1	1	5			
Stufe 2	$a_2(z_1)$	0	1			
	$U_2(z_1)$	60,7	47,1			
	z_0	4				
Stufe 1	$a_1(z_0)$	0				
	$U_1(z_0)$	72,3				

Ein ähnliches Beispiel findet der Leser in Aufgabe 14-5.

Abschließend möchten wir darauf hinweisen, daß die Theorie der dynamischen Optimierung zahlreiche allgemeinere Problemstrukturen behandelt (z.B. Probleme mit unendlichem Planungshorizont, Probleme mit stetigen Stufenübergängen). Wir verweisen diesbezüglich auf die im Abschnitt 14.5 zusammengestellte Literatur.

14.4 Übungsaufgaben zu Kapitel 14

Der Schwerpunkt der Übungsaufgaben liegt auf der nichtlinearen Optimierung; ihr sind die ersten drei Aufgaben gewidmet. In Aufgabe 14-1 kommt das Verfahren der Lagrange-Multiplikatoren zur Anwendung. Aufgabe 14-2 behandelt sowohl die graphische als auch die analytische Lösung. In Aufgabe 14-3 veranschaulichen wir anhand eines einfachen Beispiels die Methode der Straffunktionen. Die ganzzahlige bzw. die dynamische Optimierung werden in den Aufgaben 14-4 bzw. 14-5 behandelt.

Aufgabe 14-1

Ein Hersteller von Computern produziert Geräte der Kategorie A und B. Eine Marktstudie, die die zentralen Erfolgsfaktoren für den Verkaufserfolg der PCs untersuchen sollte, hat ergeben, daß der Preis die entscheidende Rolle spielt. Eine daraufhin durchgeführte Sensitivitätsanalyse hat folgende Abhängigkeit zwischen Preis p (in TDM) und Absatzmenge x ergeben:

$$2x_1 + 8p_1 = 240 \qquad \text{(A)}$$
$$3x_2 + 18p_2 = 1800 \qquad \text{(B)}$$

Die variablen Kosten setzen sich im wesentlichen zusammen aus Personalkosten für die Bedienung der Maschinen und für die Montage sowie Materialkosten. Die Kostensätze betragen bei der Maschinenbedienung 0,7 TDM/Stunde und bei der Montage 0,3 TDM/Stunde. Die einzelnen Produkte belasten die Fertigung unterschiedlich (jeweils auf ein Stück bezogen):

	A	B
Montage [h]	3	4
Maschinenbedienung [h]	1	2
Materialkosten [TDM]	8,4	17,4

Für die Maschinenbedienung steht eine Kapazität von 450 Stunden zur Verfügung. Die Kapazität soll voll ausgeschöpft werden. Montagekapazität ist kein Engpaß-faktor.

a) Man bestimme mit dem Ansatz der Lagrange-Multiplikatoren (obwohl hier auch ein einfacherer Lösungsweg möglich wäre) das Produktionsprogramm, das den maximalen Deckungsbeitrag liefert.

b) Welche Montagekapazität muß geplant werden?

Lösung

a) Wir ermitteln zunächst die variablen Kosten (pro Stück) in TDM.

$$A: k_v^1 = 3 \cdot 0,3 + 1 \cdot 0,7 + 8,4 = 10$$
$$B: k_v^2 = 4 \cdot 0,3 + 2 \cdot 0,7 + 17,4 = 20$$

Die Preise lassen sich durch die jeweiligen Absatzmengen ausdrücken.

$$A: p_1 = 30 - 1/4\, x_1$$
$$B: p_2 = 100 - 1/6\, x_2$$

Damit ergibt sich der zu maximierende Deckungsbeitrag als

$$\begin{aligned} DB \quad &= (p_1 - k_v^1) \cdot x_1 + (p_2 - k_v^2) \cdot x_2 \\ &= 20x_1 - 0,25x_1^2 + 80x_2 - 1/6\, x_2^2 . \end{aligned}$$

Nebenbedingungen des Problems sind

$$x_1 + 2x_2 \quad = 450$$
$$x_1, x_2 \quad \geq 0 .$$

Das Optimierungsproblem läßt sich wie folgt formulieren:

$$f(x_1, x_2) = 20x_1 - 0{,}25x_1^2 + 80x_2 - 1/6\, x_2^2 \rightarrow \max$$

u.d.N.

$$g(x_1, x_2) = x_1 + 2x_2 - 450 = 0$$

$$x_1, x_2 \geq 0$$

Es wäre ebenfalls möglich, das Optimierungsproblem mit den Preisen p_1, p_2 als Entscheidungsvariablen zu formulieren. Aufgrund der für beide Produkte eindeutigen Beziehung zwischen Preis und Absatzmenge ist dieser Ansatz natürlich völlig äquivalent, wovon sich der Leser leicht überzeugen mag.

Die Lagrange-Funktion lautet

$$L(x_1, x_2, \delta) = 20x_1 - 0{,}25x_1^2 + 80x_2 - 1/6\, x_2^2 - \delta(x_1 + 2x_2 - 450)\,.$$

Der Gradientenansatz *grad* $L(x_1, x_2, \delta) = 0$ liefert die folgenden drei Gleichungen:

$$dL(x_1, x_2, \delta)\,/\,dx_1 = 20 - 0{,}5x_1 - \delta = 0$$

$$dL(x_1, x_2, \delta)\,/\,dx_2 = 80 - 1/3\, x_2 - 2\delta = 0$$

$$dL(x_1, x_2, \delta)\,/\,d\delta = -(x_1 + 2x_2 - 450) = 0$$

Mit Hilfe der ersten beiden Gleichungen lassen sich x_1 und x_2 durch δ ausdrücken:

$$x_1 = 40 - 2\delta$$

$$x_2 = 240 - 6\delta$$

Diese beiden Beziehungen setzen wir in die dritte Gleichung ein und erhalten $\delta = 5$. Hieraus ergibt sich die optimale Lösung

$$(x_1^*, x_2^*) = (30, 210)\,.$$

Der maximale Deckungsbeitrag ergibt sich zu

$$DB^* = 9.852 \text{ TDM}\,.$$

b) Die entsprechende Montagekapazität beträgt

$$3x_1^* + 4x_2^* = 930 \text{ Stunden}\,.$$

Aufgabe 14-2

Wir betrachten das folgende konvexe Optimierungsproblem:

$$f(x_1, x_2) = [1/4] x_1 + [1/4] x_2 \rightarrow \max$$

u.d.N.

$$3x_2 \leq 6x_1$$

$$[1/2] x_2 \leq - [x_1^2/200] + 50$$

$$30 \leq x_1 \leq 90$$

$$x_1, x_2 \geq 0$$

Verdeutlichen Sie das Problem graphisch und ermitteln Sie die Lösung mit Hilfe eines analytischen Ansatzes.

Lösung

Die folgende Skizze stellt das Problem graphisch dar.

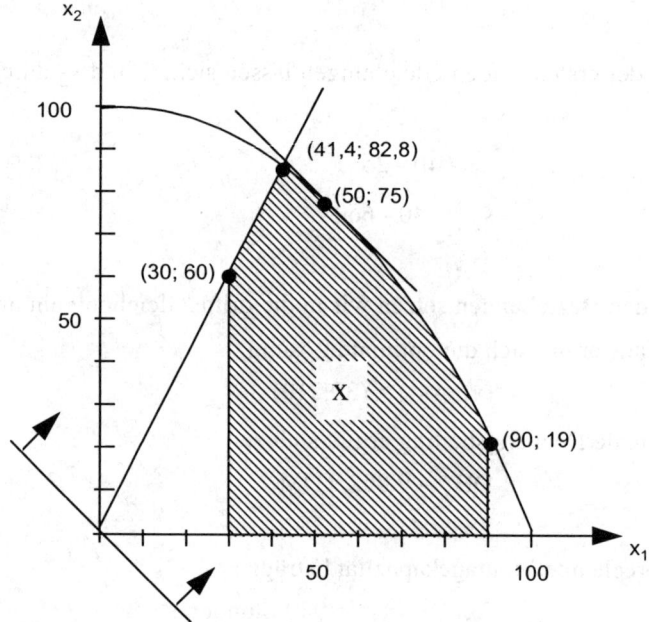

Da die Zielfunktion linear ist, können wir analog zum graphischen Lösungsverfahren für lineare Optimierungsprobleme (vgl. Abschnitt 13.2) vorgehen und eine Gerade mit Steigung -1 möglichst weit nach oben schieben (vgl. die beiden eingezeichneten Geraden in der Skizze). Dies führt uns allerdings nicht zu einer Ecke des zulässigen Bereichs X sondern zu dem Punkt auf dem Parabelstück zwischen (41.4, 82.8) und (90, 19), in dem die Tangente an die Parabel die Steigung -1 hat.

Zur analytischen Bestimmung dieses Punktes leiten wir die Funktion

$$x_2(x_1) = - [x_1^2/100] + 100 \quad ,$$

die die Parabel beschreibt, nach x_1 ab:

$$dx_2(x_1) / dx_1 = - 1/50 \; x_1$$

Der Ansatz

$$dx_2(x_1) / dx_1 = - 1$$

liefert $x_1 = 50$. Somit ist $(x_1, x_2) = (50, 75)$ optimale Lösung des konvexen Optimierungsproblems.

Aufgabe 14-3

Anhand des nichtlinearen Optimierungsproblems

$$f(x_1, x_2) = x_1^2 + x_2^2 \to min$$

u.d.N.

$$h(x_1, x_2) = x_1 + x_2 - 1 = 0$$

wollen wir uns die Arbeitsweise des Verfahrens der Straffunktionen klar machen.

a)   Bestimmen Sie die optimale Lösung des Problems.

b)   Stellen Sie in Anlehnung an den bereits skizzierten Ansatz die Straffunktion $s(x_1, x_2)$ auf. Hierbei ist $p = 2$ zu setzen.

c)   Welche Funktionenfolge wird nun im Rahmen des Verfahrens der Straffunktionen optimiert? Bestimmen Sie die optimale Lösung in Abhängigkeit von der

Gewichtung r_k, $k = 1,2,...$ der Straffunktion s und untersuchen Sie das Konvergenzverhalten der optimalen Lösung für $k \to \infty$.

Lösung

a) Die Nebenbedingung des Problems liefert die Beziehung

$$x_2 = 1 - x_1 \ ;$$

wir substituieren x_2 entsprechend in der Zielfunktion:

$$f(x_1, x_2) = f(x_1) \quad = x_1{}^2 + (1 - x_1)^2$$
$$= 2x_1{}^2 - 2x_1 + 1$$

Die Minimalstelle dieser Funktion mit einer Variablen läßt sich sehr leicht über die Ableitung ermitteln. Es ist

$$df(x_1) / dx_1 = 4x_1 - 2$$

und

$$d^2 f(x_1) / dx_1{}^2 = 4 > 0 \qquad \text{für alle } x_1 \ .$$

Als optimale Lösung (Nullstelle der ersten Ableitung) erhalten wir $x_1 = 1/2$. Optimale Lösung des nichtlinearen Optimierungsproblems ist der Punkt

$$(x^*{}_1, x^*{}_2) = (1/2, 1/2) \ .$$

b) Die Straffunktion ergibt sich wie folgt:

$$s(x_1, x_2) = |h(x_1, x_2)|^P = (h(x_1, x_2))^2 = (x_1 + x_2 - 1)^2$$

Offensichtlich ist $s(x_1, x_2) \geq 0$ für alle x_1, x_2 und $s(x_1, x_2) = 0$ genau dann, wenn x_1 und x_2 die Nebenbedingung des Problems erfüllen.

c) Im Rahmen des Verfahrens der Straffunktionen wird die Funktionenfolge

$$f(x_1, x_2) + r_k s(x_1, x_2) = x_1{}^2 + x_2{}^2 + r_k (x_1 + x_2 - 1)^2 \qquad k = 1,2,...$$

minimiert. Die Folge der r_k strebt gegen unendlich.

Die Minimierung der konvexen Funktion

$$x_1^2 + x_2^2 + r_k(x_1 + x_2 - 1)^2$$

liefert über den Gradientenansatz die optimale Lösung

$$(x_1^k, x_2^k) = (r_k / (1+2r_k) \, ; \, r_k / (1+2r_k)) \ .$$

Für $k \to \infty$ gilt wegen $r_k \to \infty$

$$r_k / (1+2r_k) \to 1/2 \ ,$$

d.h.

$$(x_1^k, x_2^k) \to (x_1^*, x_2^*) = (1/2, \, 1/2) \ .$$

Die Folge der optimale Lösungen, die im Rahmen des Verfahrens der Straffunktionen ermittelt werden, konvergiert also gegen die optimale Lösung des
ursprünglichen Optimierungsproblems.

Aufgabe 14-4

Wir betrachten das folgende ganzzahlige lineare Optimierungsproblem (wobei $c \geq 0$
ein Parameter ist):

$$z(x_1, x_2) = cx_1 + x_2 \to \max$$

u.d.N.

$$x_1 + 2x_2 \quad \leq 10$$

$$2x_1 + x_2 \quad \leq 9{,}5$$

$$x_1 \quad \leq 4$$

$$x_1, x_2 \quad \geq 0$$

$$x_1, x_2 \text{ ganzzahlig}$$

a) Skizzieren Sie den zulässigen Bereich des Problems.

b) Ermitteln Sie die Lösungsmenge in Abhängigkeit vom Wert des Parameters c.

Lösung

a) In der folgenden Skizze ist der zulässige Bereich des entsprechenden linearen Optimierungsproblems (d.h. ohne Berücksichtigung der Ganzzahligkeitsbedingung) schraffiert. Der zulässige Bereich des ganzzahligen Problems ist die Menge der gekennzeichneten Punkte mit ganzzahligen Koordinaten.

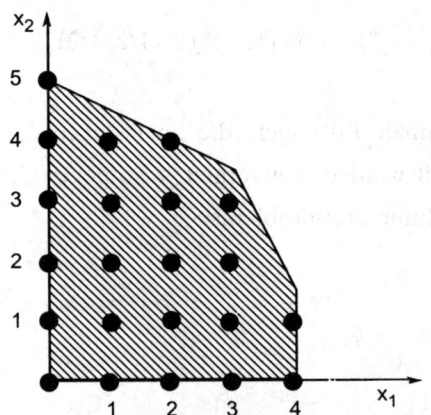

b) Entscheidend für die Lösungsmenge ist die Steigung der Geraden (Zielfunktion), die wir im Rahmen des graphischen Lösungsverfahrens (vgl. Abschnitt 13.2) im zulässigen Bereich "nach oben schieben". Für einen festen Wert

$$z(x_1, x_2) = z$$

gilt

$$x_2 = -cx_1 + z\,;$$

also hat die Gerade die (negative) Steigung -c. Aussagen über die Lösungsmenge lassen sich nun ableiten, indem man die Steigung -c in Beziehung setzt zu den Steigungen, die in der folgenden Skizze eingetragen sind.

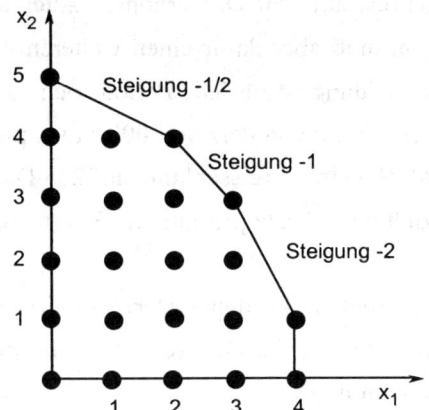

- Für - 1/2 < - c ≤ 0 (d.h. 0 ≤ c < 1/2) ist die Lösungsmenge der Punkt (0,5).

- Für - 1/2 = - c (d.h. c = 1/2) besteht die Lösungsmenge aus den beiden Punkten (0,5) und (2,4).

- Für - 1 < - c < - 1/2 (d.h. 1/2 < c < 1) ist der Punkt (2,4) einzige optimale Lösung.

- Für - 1 = - c (d.h. c = 1) besteht die Lösungsmenge aus den beiden Punkten (2,4) und (3,3).

- Für - 2 < - c < - 1 (d.h. 1 < c < 2) ist der Punkt (3,3) einzige optimale Lösung.

- Für - 2 = - c (d.h. c = 2) bilden die beiden Punkte (3,3) und (4,1) die Lösungsmenge.

- Für - c < - 2 (d.h. c > 2) besteht die Lösungsmenge aus dem Punkt (4,1).

Aufgabe 14-5

Der Verkaufsleiter eines Maschinenbauunternehmens hat vom Vorstand die Aufgabe erhalten, den Gewinn in den nächsten 3 Jahren zu erhöhen. Derzeit erwirtschaftet man mit dem Schlüsselprodukt weder Gewinn noch Verlust. Der Preis für das Produkt beträgt 240 DM, insgesamt sind 16 Außendienstmitarbeiter angestellt. Die Kostenrechnung hat ermittelt, daß die Preisuntergrenze für das Produkt 235 DM beträgt und ein Außendienstmitarbeiter 60.000 DM pro Jahr kostet. Die obere Preisgrenze beträgt laut Untersuchung der Marketingabteilung 250 DM. Der Verkaufsleiter erhält die Auflage, in jedem Fall sechs Außendienstmitarbeiter sofort abzubauen. Er soll den Preis auf 250 DM erhöhen. Alternativ kann er auch den Preis auf 235 DM senken, muß aber dafür einen weiteren Außendienstmitarbeiter abbauen. Diese Preisentscheidung ist für jede Periode neu zu fällen. Er schätzt, daß bei der Preiserhöhung der Absatz von derzeit 4.000 Stück pro Jahr in der Folgeperiode um 2% sinken wird. Bei einer Preissenkung auf 235 DM glaubt er trotz geringerer Außendienstkapazität den Absatz pro Jahr um 3% steigern zu können.

a) Formulieren Sie das Problem als dynamisches Optimierungsproblem. Die zu maximierende Zielfunktion ist die Differenz aus Umsatz und Außendienstkosten (über drei Jahre summiert).

b) Berechnen Sie die optimale Politik mit Hilfe des Bellmanschen Optimalitätsprinzips.

Lösung

a) Sei z_t die Absatzstückzahl in t, $a_t = (a_{t1}; a_{t2}) = $ (Preis in t; Außendienstkosten in t) und u_t der Gewinn in t. Dann ergibt sich das folgende Optimierungsproblem:

$$\sum_{t=1}^{3} u_t\,(z_{t-1}, a_t) \rightarrow \max$$

u.d.N.

$$u_t = z_t \cdot a_{t1} - a_{t2}$$

$$z_0 = 4.000$$

$$z_t = \begin{cases} 1,03\ z_{t-1}\ ;\ a_t = \quad (235;\ 540.000) \\[2mm] 0,98\ z_{t-1}\ ;\ a_t = \quad (250;\ 600.000) \end{cases} \quad \text{für t=1,2}$$

b) Für t = 0,1 und 2 erhält man:

$$t = 0:\ \ z_0 = 4000$$

$$t = 1: z_1 = \begin{cases} 1{,}03 \ z_0 = 4.120 \ ; \ a_1 = (235; \ 540.000) \\ \\ 0{,}98 \ z_0 = 3.920 \ ; \ a_1 = (250; \ 600.000) \end{cases}$$

$$t = 2: z_2 = \begin{cases} 4.243{,}6; \quad a_2 = a_1 = (235; \ 540.000) \\ 4.037{,}6; \quad a_2 = (250; \ 600.000) \\ \qquad\qquad a_1 = (235; \ 540.000) \\ \qquad\qquad\text{oder} \\ \qquad\qquad a_1 = (250; \ 600.000) \\ \qquad\qquad a_2 = (235; \ 540.000) \\ 3.841{,}6; \quad a_2 = a_1 = (250; \ 600.000) \end{cases}$$

Der Ablauf der Rückwärtsrechnung wird (analog zum Vorgehen in Beispiel 14-4) im folgenden tabellarisch dargestellt. Mit $U_t(z_{t-1})$ bezeichnen wir den von Zustand z_{t-1} aus in den Stufen t, t+1,...,T maximal erzielbaren Zielfunktionswert. Wir beginnen die Rückwärtsrechnung in Stufe 4 mit $U_4(z_3) = 0$.

Stufe 3	z_2	4.243,6	4.037,6	3.841,6
	$a_3(z_2)$	(250; 600.000)	(250; 600.000)	(235; 540.000)
	$U_3(z_2)$	460.900	409.400	362.776
Stufe 2	z_1	4.120	3.920	
	$a_2(z_1)$	(235; 540.000)	(235; 540.000)	
	$U_2(z_1)$	889.100	790.600	
Stufe 1	z_0	4.000		
	$a_1(z_0)$	(235; 540.000)		
	$U_1(z_0)$	1.289.100		

Die Vorwärtsrechnung liefert somit folgende optimale Politik: In Periode 1 und 2 hält man den Preis an der Untergrenze von DM 235, erst in Periode 3 erhöht man den Preis auf DM 250.

14.5 Literatur zu Kapitel 14

Aufgrund des Umfangs der vorliegenden Literatur führen wir lediglich empfehlenswerte Lehrbücher sowie einige Übersichtsartikel an. Hier findet der Leser zum Teil umfassende Hinweise auf Originalarbeiten und Spezialliteratur. Mit verschiedenen Typen von Optimierungsmodellen befassen sich u.a. Hillier/Liebermann (1974), Zimmermann (1986), Neumann/Morlock (1993) und Domschke/Drexl (1995).

Zur nichtlinearen Optimierung empfehlen wir die Bücher von Hadley (1969), Bazaraa/Shetty (1979), Horst (1979) und Krabs (1983), Aubin (1993), Puu (1993) sowie den Übersichtsartikel von Ritter (1988). Einblick in das Gebiet der ganzzahligen Optimierung vermitteln u.a. das Buch von Salkin (1975) sowie der Artikel von Geoffrion/Marsten (1972). Einige Lehrbücher zur dynamischen Optimierung sind Bellman (1957), Hadley (1969), Schneeweiß (1974), Denardo (1982) und Chiang (1992).

15 Ansätze zur Überwindung der Restriktionen "klassischer" Optimierungsmodelle

In Kapitel 2 wurde verdeutlicht, daß Optimierungsmodelle außerhalb des Hochschulbereichs häufig als praxisfremd empfunden und daher abgelehnt werden. Dieses Kapitel stellt zwei Typen von Optimierungsmodellen vor, die wichtige Restriktionen von "klassischen" Optimierungsmodellen (vgl. die Kapitel 12 bis 14) überwinden und sich daher besser zur Beschreibung von betriebswirtschaftlichen Entscheidungssituationen eignen.

15.1 Vektoroptimierung

15.1.1 Einführung und grundlegende Beispiele

Die zahlreichen OR-Ansätzen zugrundeliegende Annahme, daß ein Entscheidungsträger lediglich eine Zielsetzung unter gewissen Nebenbedingungen optimieren möchte, ist sicherlich häufig zu restriktiv zur Beschreibung konkreter betriebswirtschaftlicher Entscheidungssituationen. Schwierig wird die Behandlung solcher Entscheidungssituationen dann, wenn unter mehreren Zielen konkurrierende Zielsetzungen auftreten, so daß es zu Zielkonflikten kommt. Dies ist bei betriebswirtschaftlichen Problemen häufig der Fall - man denke z.B. an Zielsetzungen wie niedrige Lagerhaltungskosten und hohe Lieferbereitschaft. Auch die pauschale Zielsetzung der Gewinnmaximierung kann Zielkonflikte mit sich bringen, wenn man die Fristigkeit berücksichtigt, denn die Sicherung langfristiger hoher Gewinne kann umfassende Investitionen erforderlich machen, die den kurzfristigen Gewinn schmälern.

Vor diesem Hintergrund kommt Methoden zur Entscheidungsfindung bei mehrfacher Zielsetzung eine besondere Bedeutung für die Betriebswirtschaft zu (vgl. auch Bamberg/Coenenberg 1996, S.43). Solche Ansätze werden in der Regel unter dem Begriff "Vektoroptimierung" zusammengefaßt. Wir behandeln im folgenden die wichtigsten Grundbegriffe und Lösungsansätze der Vektoroptimierung. Zunächst wollen wir jedoch die grundsätzliche Problematik solcher Entscheidungsmodelle anhand von zwei Beispielen verdeutlichen.

Beispiel 15-1 (in Anlehnung an Dinkelbach 1982)

Ein Unternehmen bekommt nahezu gleichzeitig drei Großaufträge, die aus produktionstechnischen Gründen nacheinander abgewickelt werden müssen. Die nachfolgende Aufstellung enthält die relevanten Informationen.

Auftrag n	vom Kunden gewünschter Liefertermin l_n (in Monaten)	Abwicklungsdauer h_n (in Monaten)
1	3	4
2	6	2
3	2	3

Das Unternehmen strebt an, die gewünschten Liefertermine "möglichst gut" einzuhalten. Klar ist jedoch von vornherein, daß Kunde 1 in jedem Fall länger als gewünscht warten muß: Er möchte das Produkt, zu dessen Herstellung vier Monate benötigt werden, schon in drei Monaten geliefert bekommen.

Das Entscheidungsproblem des Unternehmens besteht nun darin, die Reihenfolge der Bearbeitung der drei Aufträge festzulegen. Alternativen sind somit alle möglichen Reihenfolgen der drei Aufträge, d.h.

$$X = \{x^1, x^2, x^3, x^4, x^5, x^6\}$$

mit

$$x^1 = (1,2,3), x^2 = (1,3,2), x^3 = (2,1,3),$$
$$x^4 = (2,3,1), x^5 = (3,1,2), x^6 = (3,2,1).$$

Bezeichnen wir mit $t_n(i,j,k)$ den Termin für die Fertigstellung des Produkts für den Kunden n bei der Reihenfolge (i,j,k), so ist die (unerwünschte) Verzögerung für den Kunden n gegeben durch

$$V_n(i,j,k) = \begin{cases} t_n(i,j,k) - l_n, & \text{falls } t_n(i,j,k) > l_n \\ 0, & \text{sonst} \end{cases}.$$

Mögliche Zielkriterien zur Beurteilung einer Reihenfolge $x = (i,j,k)$ sind

- die Gesamtverzögerung

$$z_1(x) = \sum_{n=1}^{3} V_n(i,j,k) \ ,$$

- die maximale Verzögerung

$$z_2(x) = \max_{n=1..3} \{V_n(i,j,k)\} \ \text{und}$$

- die Anzahl der nicht termingerecht lieferbaren Produkte

$$z_3(x) = \sum_{n=1}^{3} W_n(i,j,k)$$

mit

$$W_n(i,j,k) = \begin{cases} 1 & , \quad \text{falls } t_n(i,j,k) > l_n \\ 0 & , \quad \text{sonst} \end{cases}$$

Bei jeder dieser Zielfunktionen ist ein möglichst niedriger Wert angestrebt. Entscheidungsgrundlage sind die im folgenden zusammengestellten Werte der drei Zielfunktionen für die sechs möglichen Reihenfolgen.

Reihenfolge	V_1	V_2	V_3	z_1	z_2	z_3
$x^1 = (1, 2, 3)$	1	0	7	8	7	2 *
$x^2 = (1, 3, 2)$	1	3	5	9	5	3
$x^3 = (2, 1, 3)$	3	0	7	10	7	2 *
$x^4 = (2, 3, 1)$	6	0	3	9	6	2 *
$x^5 = (3, 1, 2)$	4	3	1	8	4 *	3
$x^6 = (3, 2, 1)$	6	0	1	7 *	6	2 *

In der Aufstellung sind alle bzgl. einzelner Zielfunktionen optimalen Resultate gekennzeichnet:

- x^6 ist bzgl. z_1 optimal ,

- x^5 ist bzgl. z_2 optimal und

- x^1, x^3, x^4 und x^6 sind bzgl. z_3 optimal.

Schon hieraus ist ersichtlich, daß es keine eindeutig beste Alternative gibt. Andererseits kann man aber Alternativen identifizieren, die man auf keinen Fall wählen würde: So erzielt z.B. die Alternative x^1 bei keiner Zielfunktion einen besseren Wert und ist bzgl. z_1 und z_2 schlechter als x^6; man sagt "x^6 dominiert x^1". Im vorliegenden Beispiel werden auch x^3 und x^4 von x^6 dominiert, x^2 wird von x^5 dominiert. Das Entscheidungsproblem reduziert sich also auf die Entscheidung zwischen den Alternativen x^5 und x^6.

Kennzeichnend für dieses Beispiel ist, daß die Alternativenmenge endlich ist; wir sprechen dann von einem **diskreten Problem**. Im folgenden Beispiel existieren dagegen unendlich viele Alternativen; solche (als **stetig** bezeichneten) Vektoroptimierungsprobleme stehen im weiteren Verlauf im Vordergrund des Interesses.

Beispiel 15-2

Ein Unternehmen, das im wesentlichen zwei Produkte herstellt, hat folgende Abhängigkeiten des Umsatzes (U) bzw. des Gewinns (G) von den jeweiligen Produktionsmengen x_1 bzw. x_2 ermittelt:

$$U(x_1,x_2) = z_1(x_1,x_2) = 6x_1 + 18x_2$$
$$G(x_1,x_2) = z_2(x_1,x_2) = 3x_1 + 4x_2$$

Das Unternehmen möchte sowohl einen hohen Umsatz als auch hohe Gewinne realisieren. Somit sind die beiden Zielfunktionen z_1 und z_2 zu maximieren. Aus produktionstechnischen Gründen sind folgende Nebenbedingungen zu berücksichtigen:

$$1,5x_1 + 3x_2 \leq 210$$
$$2,5x_1 + 2x_2 \leq 200$$

$$x_2 \le 60$$

$$x_1, x_2 \ge 0$$

Die nachfolgende Skizze zeigt den zulässigen Bereich des Problems:

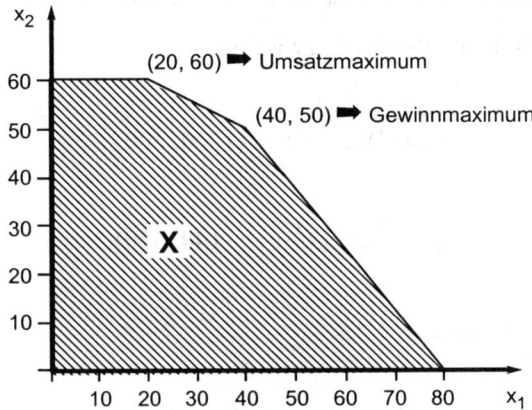

Mit dem graphischen Lösungsverfahren für lineare Optimierungsprobleme aus Abschnitt 13.2 (die Durchführung überlassen wir dem Leser) ermitteln wir folgende Optimallösungen für die einzelnen Zielfunktionen:

- Der größtmögliche Umsatz $U_{max} = 1200$ wird für $(x_1, x_2) = (20,60)$ erreicht; der Gewinn beträgt hier $G(20,60) = 300$.
- Der größtmögliche Gewinn $G_{max} = 320$ wird für $(x_1, x_2) = (40,50)$ erzielt; der Umsatz beträgt hier $U(40,50) = 1140$.

Die beiden individuellen Optimallösungen fallen also nicht zusammen; somit liegt ein Zielkonflikt zwischen den beiden Zielen "maximaler Umsatz" und "maximaler Gewinn" vor.

15.1.2 Grundbegriffe der Vektoroptimierung

Wir wollen folgende Notation zum Vergleich zweier k-dimensionaler Vektoren

$$z = (z_1, ..., z_k)$$

und

$$\tilde{z} = (\tilde{z}_1, ..., \tilde{z}_k)$$

vereinbaren:

$$z \leq \tilde{z} \iff z_i \leq \tilde{z}_i \qquad \text{für } i = 1,...,k \ .$$

Das Problem beim Vergleich von Vektoren mit Hilfe dieser Relation besteht darin, daß nicht alle Vektoren vergleichbar sind. So können wir in Beispiel 15-2 ($x^1 = (20,60)$, $x^2 = (40,50)$) keine Präferenz zwischen

$$(z_1(x^1), z_2(x^1)) = (1200, 300)$$

und

$$(z_1(x^2), z_2(x^2)) = (1140, 320)$$

ermitteln, denn es gilt weder

$$(1200, 300) \geq (1140, 320)$$

noch

$$(1140, 320) \geq (1200, 300) \ .$$

Die beiden Vektoren sind bzgl. der vorgegebenen Relation nicht vergleichbar.

Im folgenden sei X eine kompakte (d.h. eine beschränkte und abgeschlossene) Teilmenge des R^n mit der Eigenschaft, daß

$$x \geq 0 \quad \text{für alle } x \ \varepsilon \ X$$

gilt. Weiter seien auf X k stetige, reellwertige Funktionen

$$z_i : \begin{bmatrix} X \to R \\ \\ x \to z_i(x) \end{bmatrix} \qquad i = 1, ..., k$$

gegeben. Fassen wir diese im Vektor

$$z(x) = (z_1(x),...,z_k(x))$$

zusammen, so können wir ein **Vektormaximierungsproblem** (VMP) in der Form

$$z(x) \rightarrow \text{"max"}$$

(VMP) u. d. N.

$$x \ \varepsilon \ X$$

darstellen. Die Anführungszeichen erinnern daran, daß es sich bei $z(x)$ um einen k-dimensionalen Vektor handelt, auf den (aufgrund der aufgezeigten Problematik der Vergleichbarkeit von Vektoren) der eindimensionale Maximalitätsbegriff nicht ohne weiteres übertragbar ist. Die Beschränkung auf Maximierungsprobleme bedeutet keine Einschränkung, da eine zu minimierende Zielfunktion durch Multiplikation mit -1 in eine zu maximierende Zielfunktion transformiert werden kann (vgl. auch Kapitel 13 und 14).

Setzen wir zusätzlich voraus, daß alle z_i konkav sind und daß X konvex ist, so sprechen wir von einem konvexen Vektormaximierungsproblem (KVMP). Diese Bezeichnungsweise ist konsistent mit Kapitel 14, wo wir für ein konvexes Optimierungsproblem mit zu minimierender Zielfunktion (!) deren Konvexität gefordert hatten. Multiplizieren wir eine konvexe, zu minimierende Zielfunktion mit -1, so erhalten wir eine konkave, zu maximierende Zielfunktion.

Ein wichtiger Spezialfall dieses Problemtyps ist das lineare Vektormaximierungsproblem (LVMP). Hier haben die Zielfunktionen z_i die Gestalt, die wir von den gewöhnlichen linearen Optimierungsproblemen her kennen (vgl. Kapitel 13):

$$z_i(x) = \sum_{j=1}^{n} c_j^i x_j \qquad i = 1,...,k$$

Desweiteren ist der zulässige Bereich X durch lineare Gleichungen bzw. Ungleichungen spezifiziert. Offensichtlich handelt es sich bei dem Problem aus Beispiel 15-2 um ein LVMP.

Im folgenden wollen wir mit $\hat{z}_i$ den "individuellen" Optimalwert für die i-te Ziel-funktion z_i bezeichnen, d.h.

$$\hat{z}_i = \max_{x \, \varepsilon \, X} \{z_i(x)\} \, . \quad i = 1,...,k$$

Weiter sei

$$\hat{X}_i = \{x \, \varepsilon \, X : z_i(x) = \hat{z}_i\} \quad i = 1,...,k$$

die Menge der bzgl. z_i optimalen Lösungen. Die Größen $\hat{z}_i$ und $\hat{X}_i$ ergeben sich also, wenn man z_i unter den Nebenbedingungen des VMP ohne Berücksichtigung der übrigen Ziele optimiert. Den Vektor

$$\hat{z} = (\hat{z}_1,..., \hat{z}_k)$$

nennen wir **idealen Zielvektor**. Unter einer **perfekten Lösung** von VMP verstehen wir ein $\hat{x} \, \varepsilon \, X$, das den idealen Zielvektor realisiert, d.h.

$$z(\hat{x}) = \hat{z}.$$

Solche perfekten Lösungen existieren in Anwendungssituationen in der Regel je-doch nicht. Von einem **Zielkonflikt** zwischen den Zielen z_i und $z_{i'}$ sprechen wir, wenn der Durchschnitt der individuellen Optimallösungen leer ist, d.h. wenn

$$\hat{X}_i \cap \hat{X}_{i'} = \emptyset$$

gilt. Offensichtlich existiert genau dann eine perfekte Lösung von VMP, wenn un-ter den Zielfunktionen des Problems nicht ein einziger Zielkonflikt auftritt.

Ein weiterer wichtiger Begriff in der Vektoroptimierung ist die Dominanz: Eine zulässige Lösung $\tilde{x} \, \varepsilon \, X$ dominiert eine andere zulässige Lösung $x \, \varepsilon \, X$, wenn

$$z(\tilde{x}) \geq z(x)$$

und

$$z_{i'}(\tilde{x}) > z_{i'}(x) \quad \text{für mindestens ein } i' \; \varepsilon \; \{1,...,k\}$$

gilt. Wir nennen eine zulässige Lösung $x \; \varepsilon \; X$ **effizient**, wenn es kein $\tilde{x} \; \varepsilon \; X$ gibt, das x dominiert. Die Menge

$$E(X,z) = \{x \; \varepsilon \; X : x \text{ ist eine effiziente Lösung von VMP}\}$$

heißt **vollständige Lösung** von VMP; wir werden sie gelegentlich auch vereinfachend mit E bezeichnen. Schließlich nennen wir eine zulässige Lösung x bzgl. des Anspruchsvektors

$$a = (a_1,...,a_k)$$

befriedigend, wenn

$$z(x) \geq a$$

gilt.

In Abbildung 15-1 sind die verschiedenen Lösungsbegriffe im Zusammenhang mit Vektoroptimierungsproblemen für den Fall zweier Zielfunktionen (d.h. k=2) veranschaulicht. Hierzu haben wir jeweils die Menge

$$Z = z(X) = \{z(x) : x \; \varepsilon \; X\}$$

der Zielwertvektoren dargestellt; allgemein ist Z eine Teilmenge des R^k. Wir wollen im folgenden im Rahmen eines Beispiels die einzelnen Begriffe nochmals verdeutlichen.

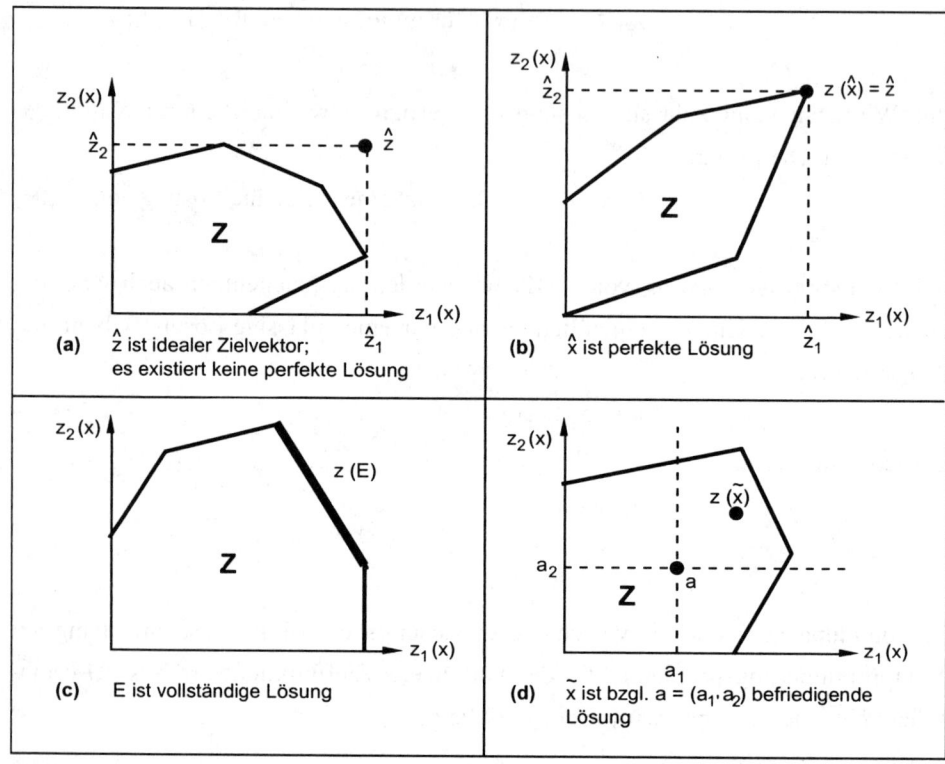

Abbildung 15-1: Verschiedene Lösungsbegriffe im Zusammenhang mit Vektoroptimierungsproblemen (für $k = 2$ Zielfunktionen)

Beispiel 15-3

Wir betrachten das LVMP

$$(z_1(x_1,x_2), z_2(x_1,x_2)) = (3x_1 + x_2, x_1 + 2x_2) \rightarrow \text{"max"}$$

u. d. N.

$$1/3x_1 + x_2 \quad \leq \quad 5$$

$$2x_1 + x_2 \quad \leq \quad 10$$

$$x_1 \quad\quad\quad \leq \quad 4$$

$$x_1, x_2 \quad \geq \quad 0 \; .$$

Wir skizzieren zunächst den zulässigen Bereich X des Problems, wobei die
Eckpunkte hervorgehoben sind:

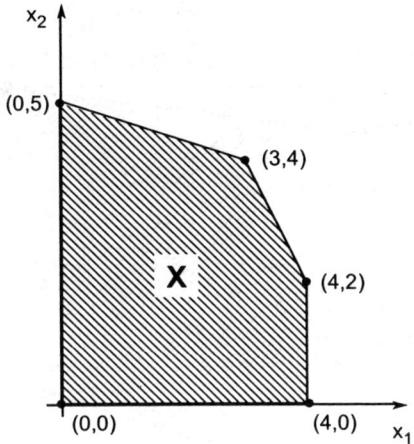

Mit Hilfe des graphischen Lösungsverfahrens für lineare Optimierungsprobleme (Kapitel 13) ermittelt man die individuellen Optimallösungen: Es sind

$$\hat{X}_1 = \{(4,2)\} \text{ mit } \hat{z}_1 = 14$$

und

$$\hat{X}_2 = \{(3,4)\} \text{ mit } \hat{z}_2 = 11 \; ;$$

somit haben wir den idealen Zielvektor

$$\hat{z} = (14,11) \; .$$

Zur Ermittlung der vollständigen Lösung zeichnen wir die Menge der Zielwertvektoren Z (vgl. Abbildung 15-1). Bei einem LVMP genügt es offensichtlich, die Zielwertvektoren zu den Eckpunkten des zulässigen Bereichs X zu berechnen und diese entsprechend zu verbinden.

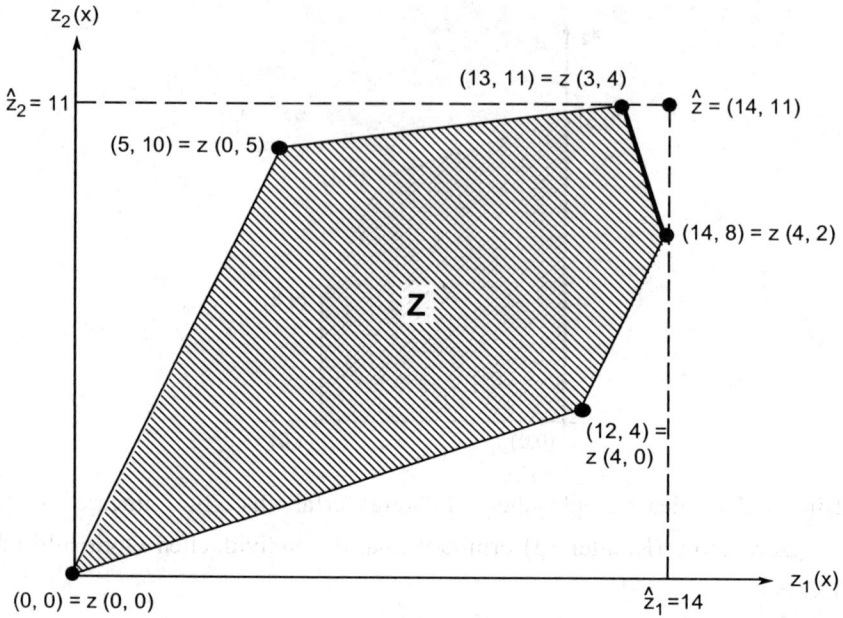

Die Zeichnung verdeutlicht, daß eine perfekte Lösung nicht existiert, denn der ideale Zielvektor $\hat{z}$ wird nicht erreicht. Desweiteren erkennen wir, daß genau diejenigen zulässigen Lösungen $x \in X$ effizient sind, deren Zielwertvektoren $z(x)$ auf der Kante zwischen $(13,11)$ und $(14,8)$ liegen; dies sind genau die Punkte, die auf der Kante zwischen $(3,4)$ und $(4,2)$ liegen. Also ist in diesem Beispiel

$$E(X,z) = \{(x_1,x_2) : x_2 = -2x_1 + 10, 3 \le x_1 \le 4\} \ .$$

Ein weiteres Beispiel zur Einführung in die Vektoroptimierung liefert Aufgabe 15-1.

15.1.3 Lösungsansätze der Vektoroptimierung

Wie die bisherigen Ausführungen verdeutlicht haben, spielt der Begriff der effizienten Lösung bei der Behandlung von Vektoroptimierungsproblemen eine zentrale Rolle. Wir behandeln in diesem Zusammenhang drei Problemstellungen:

(a) Wie kann man überprüfen, ob eine gegebene Lösung $x \in X$ effizient ist?

(b) Wie kann man eine effiziente Lösung ermitteln?

(c) Wie kann man alle effizienten Lösungen (d.h. die vollständige Lösung) bestimmen?

Im Hinblick auf Problemstellung (a) ist der folgende Sachverhalt von Bedeutung: Eine zulässige Lösung $\tilde{x}$ ε X ist genau dann effiziente Lösung von VMP, wenn $\tilde{x}$ optimale Lösung des Optimierungsproblems

$$\sum_{i=1}^{k} z_i(x) \rightarrow \max$$

(TEST($\tilde{x}$))   u. d. N.

$$x \in X_{\tilde{x}} = \{x \in X : z(x) \geq z(\tilde{x})\}$$

ist (vgl. Dinkelbach 1982, S.174). Man beachte, daß die Zielfunktion von TEST($\tilde{x}$) reellwertig ist und daß der zulässige Bereich eine Teilmenge des zulässigen Bereichs X von VMP ist. Die Struktur von TEST($\tilde{x}$) hängt von der Struktur des zugrundeliegenden VMP ab. Ist dieses z.B. linear, so ist TEST($\tilde{x}$) ein gewöhnliches lineares Optimierungsproblem. Ein Anwendungsbeispiel zu diesem Ansatz der Effizienzprüfung findet der Leser in Aufgabe 15-2.

Wir konnten somit also eine umfassende und vergleichsweise einfache Antwort auf die Fragestellung (a) geben. Im Gegensatz hierzu erweist sich die Behandlung von Problemstellung (c) als so schwierig, daß wir uns im Rahmen dieser anwendungsorientierten Darstellung nicht damit befassen werden. Allgemein anwendbare Lösungsansätze liegen unseres Wissens bislang nicht vor. Lediglich für das lineare Vektoroptimierungsproblem sind praktikable Verfahren zur Bestimmung der vollständigen Lösung bekannt (vgl. z.B. Gal 1977).

Aus diesem Grund befassen wir uns hier in erster Linie mit der Problemstellung (b), d.h. mit Ansätzen zur Bestimmung **einer** effizienten Lösung eines gegebenen VMP. Man unterscheidet in diesem Zusammenhang im wesentlichen vier Konzepte:
- skalare Ersatzprogramme (Zielgewichtung),
- Kompromißprogramme,
- lexikographische Verfahren und
- interaktive Verfahren.

Skalare Ersatzprogramme basieren auf der intuitiv einleuchtenden (und in der Praxis weit verbreiteten) Idee, die einzelnen Zielfunktionen zu gewichten und die gewichtete Summe der Zielfunktionen unter den Nebenbedingungen von VMP zu maximieren. Man ordnet also jeder Zielfunktion z_i ein Gewicht

$$t_i \geq 0$$

zu, wobei die Summe der Gewichte auf 1 normiert sein soll, d.h.

$$\sum_{i=1}^{k} t_i = 1 \ .$$

Das zu lösende Optimierungsproblem wird als **skalares Ersatzprogramm** (SEP) bezeichnet. Es hat die Form

$$\sum_{i=1}^{k} t_i \, z_i(x) \ \rightarrow \ max$$

(SEP)   u. d. N.

$$x \ \varepsilon \ X \ .$$

Beispiel 15-3 (1. Fortsetzung)

Wir wollen für das LVMP aus Beispiel 15-3 den Ansatz des skalaren Ersatzprogramms verdeutlichen. Das behandelte Problem hat die Form

$$(z_1(x_1,x_2), z_2(x_1,x_2)) = (3x_1 + x_2, x_1 + 2x_2) \ \rightarrow \ "max"$$

u. d. N.

$$
\begin{aligned}
1/3x_1 + x_2 &\leq 5 \\
2x_1 + x_2 &\leq 10 \\
x_1 &\leq 4 \\
x_1, x_2 &\geq 0 \ .
\end{aligned}
$$

Es sollen die skalaren Ersatzprogramme für drei unterschiedliche Zielgewichtungen untersucht werden:

(a) $t_1 = 1/3$, $t_2 = 2/3$,

(b) $t_1 = 3/4$, $t_2 = 1/4$ und

(c) $t_1 = 1$, $t_2 = 0$.

Die jeweils resultierenden Zielfunktionen

$$t_1 z_1(x_1, x_2) + t_2 z_2(x_1, x_2)$$

haben die Form

(a) $5/3\, x_1 + 5/3\, x_2$,

(b) $5/2\, x_1 + 5/4\, x_2$ bzw.

(c) $3\, x_1 + x_2$.

Sie sind jeweils unter den oben aufgeführten Nebenbedingungen zu maximieren. Mit Hilfe des (mittlerweile hinlänglich bekannten) graphischen Lösungsverfahrens für lineare Optimierungsprobleme erhalten wir folgende Optimallösungen für die einzelnen skalaren Ersatzprogramme:

(a) $(x_1, x_2) = (3,4)$,

(b) $\{(x_1, x_2) : x_2 = -2x_1 + 10, 3 \leq x_1 \leq 4\}$ bzw.

(c) $(x_1, x_2) = (4,2)$.

Weitere Beispiele zum skalaren Ersatzprogramm findet der Leser in den Aufgaben
15-3 und 15-4. An obigem Beispiel fällt auf, daß der Zielgewichtungsansatz in
Form des skalaren Ersatzprogramms ausschließlich effiziente Lösungen von VMP
liefert (im Fall (b) sogar die gesamte vollständige Lösung E(X,z)). Es drängt sich
die Vermutung auf, daß dies keine zufällige Beobachtung ist. Tatsächlich bestehen
enge Beziehungen zwischen Optimallösungen eines skalaren Ersatzprogramms und
effizienten Lösungen des zugrundeliegenden Vektoroptimierungsproblems VMP.
Im einzelnen gelten folgende Zusammenhänge (vgl. hierzu Dinkelbach 1969, S.159
ff., Isermann 1991, S.438/439):

• Eine optimale Lösung eines SEP, in dem jedes Ziel eine positive Gewichtung
  hat, ist auch effiziente Lösung des zugrundeliegenden VMP.

• Eine eindeutig optimale Lösung eines SEP ist auch effiziente Lösung des zugrundeliegenden VMP (unabhängig davon, ob einzelne Ziele mit Null gewichtet
  sind).

Wir halten also fest, daß der Ansatz der Zielgewichtung unter recht allgemeinen Bedingungen eine (oder auch mehrere) effiziente Lösung(en) des zugrundeliegenden VMP liefert. Dies mag (neben der Plausibilität) als ziemlich solide theoretische Rechtfertigung dieses Ansatzes angesehen werden. Isermann (1979, S.6 ff., 1991, S.456 ff.) hat allerdings mehrfach auf eine Reihe problematischer Aspekte im Zusammenhang mit der Zielgewichtung hingewiesen. Zu nennen ist hier insbesondere die kompensatorische Wirkung einer Zielgewichtung: Man unterstellt, daß die einzelnen Ziele einander in beliebigem Ausmaß kompensieren können, was in konkreten Entscheidungssituationen in der Regel nicht den Vorstellungen des Entscheidungsträgers entspricht. So fanden auch Steuer/Schuler (1978) bei einer konkreten Anwendung dieses Ansatzes heraus, daß häufig für den Entscheidungsträger nicht akzeptable Lösungen resultierten (obwohl die Zielgewichtung im Rahmen dieser Studie im wesentlichen von den Entscheidungsträgern selbst vorgenommen wurde).

Es erscheint uns daher notwendig, neben dem Ansatz der konstanten Gewichtung auch andere Möglichkeiten zu behandeln, ein Vektoroptimierungsproblem in ein Optimierungsproblem mit eindimensionalem Zielsystem zu transformieren. Wir behandeln im folgenden die sogenannten **Kompromißprogramme**. Im Rahmen dieser Methoden geht man von einer (Präferenz-)Abbildung

$$F: \begin{bmatrix} Z \rightarrow R \\ \\ z \rightarrow F(z) \end{bmatrix}$$

aus, die in geeigneter Weise die Zielvorstellungen des Entscheidungsträgers spezifiziert. Wir werden in Kürze erläutern, wie solche Abbildungen konstruiert werden können. Unter Zugrundelegung der Funktion F hat ein Kompromißprogramm (KOP) die Form

$$
\begin{aligned}
&F(z(x)) \rightarrow \min \\
\text{(KOP)} \quad &\text{u. d. N.} \\
&x \, \varepsilon \, X.
\end{aligned}
$$

Ist F auf der Menge Z der Zielwertvektoren streng monoton fallend, so liefert KOP unter recht allgemeinen Bedingungen eine effiziente Lösung von VMP (vgl. hierzu Isermann 1991).

Wie kann die Funktion F nun konkret aussehen? Ein einleuchtender Gedanke besteht darin, unter den effizienten Lösungen eines VMP diejenige zu präferieren, deren Zielwertvektor dem idealen Zielvektor (der ja - außer bei Existenz einer perfekten Lösung - unerreichbar ist) am nächsten kommt. Verwenden wir zur Entfernungsmessung das gewöhnliche Distanzmaß im R^k (die l^2-Metrik), so hat F die Form

$$F(z(x)) = [\sum_{i=1}^{k} t_i(\hat{z}_i - z_i(x))^2]^{1/2} \quad ,$$

wobei die t_i positive Gewichtungen der Distanzen bzgl. der einzelnen Zielfunktionen sind. Diese Funktion F erfüllt offensichtlich die Forderung der streng fallenden Monotonie auf Z.

Beispiel 15-3 (2. Fortsetzung)
Für das LVMP aus Beispiel 15-3 hatten wir die vollständige Lösung

$$E(X,z) = \{(x_1,x_2) : x_2 = -2x_1 + 10, 3 \le x_1 \le 4\}$$

(die Kante zwischen den Punkten (3,4) und (4,2)) sowie den idealen Zielvektor

$$\hat{z} = (14,11)$$

ermittelt. Aus der Menge E(X,z) der effizienten Lösungen soll nun dasjenige x* ermittelt werden, dessen Zielwertvektor z(x*) die geringste Distanz ($t_1 = t_2 = 1$) zu $\hat{z}$ aufweist. Wir können uns von vornherein auf die Menge E(X,z) beschränken, da ja bekannt ist, daß dieser Ansatz ohnehin eine effiziente Lösung liefert. Die nachfolgende Skizze veranschaulicht den Sachverhalt.

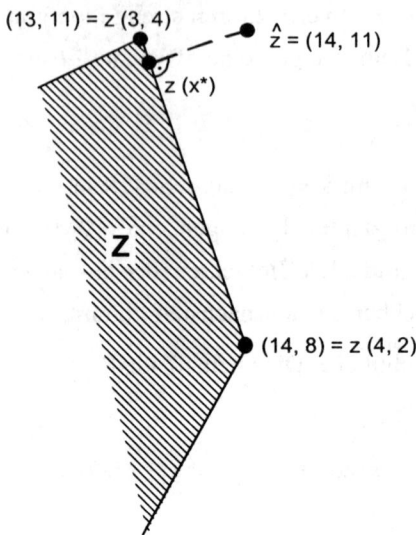

Wie die Skizze zeigt, finden wir $z(x^*)$ als Projektion von $\hat{z}$ auf die Kante zwischen $(13,11)$ und $(14,8)$. Die Gerade g durch $(13,11)$ und $(14,8)$ hat die Gleichung

$$g: z_2 = -3z_1 + 50 \; ;$$

die Lotgerade auf g durch den Punkt $\hat{z}$ ist gegeben durch

$$l: z_2 = 1/3z_1 + 19/3 \; .$$

Als Schnittpunkt von g und l erhält man

$$z(x^*) = (13.1, 10.7) \; .$$

Zur Ermittlung von

$$x^* = (x^*_1, x^*_2)$$

lösen wir das Gleichungssystem

$$\begin{bmatrix} z_1(x^*_1, x^*_2) \\ \\ z_2(x^*_1, x^*_2) \end{bmatrix} = \begin{bmatrix} 3x^*_1 + x^*_2 \\ \\ x^*_1 + 2x^*_2 \end{bmatrix} = \begin{bmatrix} 13.1 \\ \\ 10.7 \end{bmatrix} \; .$$

Als Lösung des Kompromißprogramms erhalten wir

$$(x^*_1, x^*_2) = (3.1, 3.8) .$$

Es soll noch kurz das Kompromißprogramm bei Verwendung der rechtwinkligen Distanz (l^1-Metrik) behandelt werden. Hier hat die Funktion F die Gestalt

$$F(z(x)) = \sum_{i=1}^{k} t_i | \hat{z}_i - z_i(x) |$$

$$= \sum_{i=1}^{k} t_i(\hat{z}_i - z_i(x))$$

$$= \sum_{i=1}^{k} t_i\hat{z}_i - \sum_{i=1}^{k} t_iz_i(x) .$$

Da der erste Term in der dritten Darstellung konstant ist, entspricht die Minimierung von F der Maximierung von

$$\sum_{i=1}^{k} t_iz_i(x) .$$

Dies ist genau die Zielfunktion eines skalaren Ersatzprogramms (SEP); somit ist dieses lediglich ein spezielles Kompromißprogramm.

Ein recht einfacher Ansatz zur Ermittlung einer effizienten Lösung eines VMP ist die **lexikographische Anordnung** der Ziele. Hierbei werden die Ziele gemäß ihrer Wichtigkeit für den Entscheidungsträger in eine Rangreihenfolge

$$(z_{i_1}, z_{i_2}, ..., z_{i_k})$$

$$\uparrow \qquad \qquad \uparrow$$

wichtigstes   unwichtigstes
Ziel   Ziel

gebracht. Im ersten Schritt erfolgt die Optimierung der wichtigsten Zielfunktion unter den Nebenbedingungen von VMP; d.h. wir lösen das Optimierungsproblem

$$z_{i_1}(x) \ \to \ \max$$

u. d. N.

$$x \ \varepsilon \ X \ ,$$

dessen Lösungsmenge mit $\text{Opt}(z_{i_1})$ bezeichnet wird. Enthält $\text{Opt}(z_{i_1})$ nur ein Element, so ist das Verfahren beendet. Ansonsten maximieren wir z_{i_2} auf der Menge $\text{Opt}(z_{i_1})$:

$$z_{i_2}(x) \ \to \ \max$$

u. d. N.

$$x \ \varepsilon \ \text{Opt}(z_{i_1})$$

So kommen wir zur Menge $\text{Opt}(z_{i_2})$ und machen das weitere Vorgehen (in analoger Weise) davon abhängig, ob diese Menge ein- oder mehrelementig ist. Diese Vorgehensweise wird fortgesetzt, bis man zu einer einelementigen Optimalmenge gelangt ist oder man bei der (in der Rangfolge) letzten Zielfunktion angelangt ist. Nach Isermann (1982) liefert das lexikographische Verfahren unter recht allgemeinen Bedingungen eine effiziente Lösung von VMP. Ein Anwendungsbeispiel zu diesem Lösungsansatz findet sich in Aufgabe 15-4.

Der Vollständigkeit halber wollen wir noch die Gruppe der **interaktiven Verfahren** zur Bestimmung von effizienten Lösungen erwähnen. Im Rahmen dieser Ansätze erfolgt die Suche nach einer Kompromißlösung durch einen interaktiven Prozeß zwischen dem Algorithmus und dem Entscheidungsträger. Das Verfahren schlägt sukzessiv Kompromißlösungen vor. Der Entscheidungsträger hat die Möglichkeit, diese abzulehnen. Hiermit verbunden ist die Bereitstellung weiterer Informationen über sein Zielsystem, die dann in die Suche nach einer neuen Kompromißlösung einfließen. Wir verweisen im Zusammenhang mit interaktiven Verfahren auf Isermann (1979, 1982).

Ein weiteres bekanntes Lösungsverfahren für Vektoroptimierungsprobleme ist das **Goal-Programming**, das auf Charnes/Cooper (1961) zurückgeht. Dieser Lösungsansatz geht im Gegensatz zu den bisher dargestellten Konzepten nicht von Extremierungszielen, sondern von der Vorstellung aus, daß dem Entscheidungsträger bestimmte numerische Zielvorgaben vorliegen und daß er diejenige Lösung anstrebt, die den Zielvorgaben "insgesamt am nächsten kommt" (vgl. auch Bamberg/Coenenberg 1996, S.52). Nach dem Standardansatz des Goal-Programming gilt diejenige Lösung als optimal, bei der die Summe der absoluten Abweichungen (Über- und Unterschreitungen) von den Zielvorgaben minimal ist. Für ausführlichere Behandlungen des Goal-Programming verweisen wir den Leser auf Lee (1972) sowie Isermann (1991).

15.2 Stochastische Optimierung

15.2.1 Problembeschreibung

Ausgangspunkt für die Behandlung der Vektoroptimierung war die Tatsache, daß bei Entscheidungen in der Betriebswirtschaft in der Regel mehrere Ziele relevant sind. Im Rahmen der stochastischen Optimierung soll dagegen die häufig unrealistische Annahme aufgehoben werden, daß die Daten, die das Problem bestimmen, feste und bekannte Größen sind. Zur Verdeutlichung der Problematik dient das nachfolgende Beispiel.

Beispiel 15-4

Ein Unternehmen der Kfz-Zulieferindustrie fertigt im wesentlichen zwei Produkte P_1 und P_2 und beliefert damit die beiden Großkunden A und B. Die Nachfragemengen (im Planungszeitraum) von A nach den beiden Produkten sind $N_{A,1} = 70$ ME und $N_{A,2} = 130$ ME, die entsprechenden Mengen von B sind dagegen Zufallsschwankungen unterworfen, wobei man auf der Basis langjähriger Erfahrungen von folgenden Verteilungen ausgeht:

- $N_{B,1}$ ist normalverteilt mit Mittelwert 80 ME und Standardabweichung 10 ME;
- $N_{B,2}$ ist normalverteilt mit Mittelwert 70 ME und Standardabweichung 12 ME;
- $N_{B,1}$ und $N_{B,2}$ sind unabhängig.

Die Stückdeckungsbeiträge für die beiden Produkte sind (in DM pro ME) DB_1 = 1000 und DB_2 = 2000. Beide Produkte nehmen im Rahmen ihrer Fertigung eine Maschine in Anspruch, die insgesamt nur 900 ZE zur Verfügung steht (P_1 3 ZE pro ME, P_2 2 ZE pro ME). Das Unternehmen möchte ein deckungsbeitragsmaximales Produktionsprogramm (d.h. die herzustellenden Mengen von P_1 und P_2) bestimmen, das es ermöglicht, den Bedarf beider Großkunden nach beiden Produkten zu befriedigen.

Bezeichnen wir mit x_1 und x_2 die Produktionsmengen von P_1 bzw. P_2, so können wir das Problem in der Form

$$1000x_1 + 2000x_2 \rightarrow \max$$
u. d. N.
$$
\begin{array}{rcll}
3x_1 + 2x_2 & \leq & 900 & \\
x_1 & \geq & 70 & + \quad N_{B,1} \\
x_2 & \geq & 130 & + \quad N_{B,2} \\
x_1, x_2 & \geq & 0 &
\end{array}
$$

darstellen.

Die allgemeine Behandlung stochastischer Optimierungsprobleme führt auf sehr komplexe mathematische Fragestellungen, für deren Behandlung wir auf die entsprechende Fachliteratur verweisen (vgl. Abschnitt 15.4). Die nachfolgende Diskussion dieser Probleme ist stark vereinfacht. Im einzelnen beschränken wir uns auf stochastische Optimierungsprobleme mit nichtnegativen Entscheidungsvariablen,

• die (sowohl in der Zielfunktion als auch in den Nebenbedingungen) linear sind, und

• bei denen Zufallsvariablen lediglich in den Nebenbedingungen auftreten.

Desweiteren wollen wir voraussetzen, daß die Verteilungen der Zufallsvariablen bekannt sind. Die Bestimmung dieser Verteilungen aus vorliegenden Daten ist eine statistische Problemstellung, die uns an dieser Stelle nicht beschäftigen soll. Der Leser sollte sich verdeutlichen, daß das in Beispiel 15-4 behandelte Problem die aufgeführten Restriktionen erfüllt. Für die Behandlung allgemeinerer stochastischer

Optimierungsprobleme (z.B. mit Zufallsvariablen in der Zielfunktion) verweisen wir auf das Buch von Dinkelbach (1982).

Auf der Basis der genannten Voraussetzungen können wir ein stochastisches Optimierungsproblem (SOP) in der Form

$$\sum_{i=1}^{n} c_i x_i \rightarrow \min$$

(SOP) u. d. N.

$$A_w \, x \leq b_w$$

$$x \geq 0$$

darstellen. Die Indizierung w der (m x n)-Matrix A und des Vektors b deutet an, daß hier einzelne Komponenten Zufallsvariablen sein können.

15.2.2 Lösungsansätze: Erwartungswertmodell und Chance Constrained Programming

Wie können wir nun ein solches stochastisches Optimierungsproblem behandeln, wie können wir es "lösen"? Erinnern wir uns an die Behandlung von Vektoroptimierungsproblemen, so bestanden dort die formulierten Lösungsansätze darin, das VMP in ein Optimierungsproblem mit nur einer Zielfunktion zu transformieren. Dementsprechend wollen wir uns im folgenden damit befassen, für ein stochastisches Optimierungsproblem SOP ein geeignetes nichtstochastisches "Ersatzproblem" zu konstruieren.

Ein intuitiv einleuchtender und i.a. recht einfach zu realisierender Ansatz besteht darin, die auftretenden Zufallsvariablen durch ihre Erwartungswerte zu ersetzen. Das so entstehende Optimierungsmodell bezeichnen wir in Anlehnung an Dinkelbach (1982) als **Erwartungswertmodell**. Wir wollen diese Vorgehensweise (und zugleich ihre wesentliche Schwachstelle) an dem Produktionsplanungsproblem aus Beispiel 15-4 verdeutlichen.

Beispiel 15-4 (1. Fortsetzung)

Die beiden Zufallsvariablen $N_{B,1}$ und $N_{B,2}$ haben die Erwartungswerte 80 ME

bzw. 70 ME. Setzen wir diese anstelle der Zufallsvariablen in das Optimie-

rungsproblem ein, so erhalten wir das Problem

$$1000x_1 + 2000x_2 \rightarrow \max$$

u. d. N

$$\begin{array}{rcl} 3x_1 + 2x_2 & \leq & 900 \\ x_1 & \geq & 150 \\ x_2 & \geq & 200 \\ x_1, x_2 & \geq & 0 \quad . \end{array}$$

Dies ist ein gewöhnliches lineares Optimierungsproblem, dessen optimale Lö-

sung

$$x^*_1 = 150 , \ x^*_2 = 225$$

leicht (z.B. mit Hilfe des graphischen Lösungsverfahrens aus Kapitel 13) zu

ermitteln ist.

Wie groß ist nun aber die Wahrscheinlichkeit, daß diese optimale Lösung des

Erwartungswertmodells überhaupt die Nebenbedingungen des stochastischen

Optimierungsproblems erfüllt? Wir erhalten

$$P(N_{B,1} \leq 80, N_{B,2} \leq 95) =$$

$$P(N_{B,1} \leq 80) \cdot P(N_{B,2} \leq 95) =$$

$$\phi\left(\frac{80-80}{10}\right) \cdot \phi\left(\frac{95-70}{12}\right) =$$

$$\phi(0) \cdot \phi(2,08) = 0,5 \cdot 0,981 \approx 0,49 .$$

Die Multiplikation der einzelnen Wahrscheinlichkeiten ist wegen der Unabhän-

gigkeit der beiden Zufallsvariablen erlaubt; ϕ bezeichnet die Verteilungsfunk-

tion der standardisierten Normalverteilung, deren Werte in beinahe jedem Stati-

stiklehrbuch tabelliert sind.

Wir haben also herausgefunden, daß das über das Erwartungswertmodell ermittelte optimale Produktionsprogramm es dem Unternehmen nur mit einer Wahrscheinlichkeit von etwa 49% ermöglichen wird, die Nachfrage beider Kunden zu befriedigen.

Dieses Beispiel zeigt uns zum einen, daß der Erwartungswertansatz - obwohl intuitiv einleuchtend - völlig unbrauchbare Ergebnisse liefern kann, und verdeutlicht zum anderen, wie wichtig es ist, darauf zu achten, daß eine (wie auch immer ermittelte) "Lösung" eines SOP mit hinreichend großer Wahrscheinlichkeit auch zulässig ist. Diese Überlegung ist Ausgangspunkt des **Chance Constrained Programming** (CCP). Wie der Name schon andeutet, restringiert man im Rahmen dieses Ansatzes die Wahrscheinlichkeit für das Erfülltsein der Nebenbedingungen: Wir fordern, daß eine Lösung von (SOP) die stochastischen Nebenbedingungen mit einer Wahrscheinlichkeit von mindestens α erfüllt, wobei α ein Wert zwischen null und eins (i.a. nahe bei eins) ist. Formal ausgedrückt hat ein Chance Constrained Programming Problem (CCPP) somit die Gestalt

$$\sum_{i=1}^{n} c_i x_i \rightarrow \min$$

(CCPP)   u. d. N.

$$P(A_w \, x \le b_w) \ge \alpha$$

$$x \ge 0 \ .$$

Wir wollen wiederum auf das Produktionsplanungsproblem aus Beispiel 15-4 zurückgreifen, um diesen Ansatz zu verdeutlichen.

Beispiel 15-4 (2. Fortsetzung)

Es soll gefordert werden, daß das zu bestimmende Produktionsprogramm mit mindestens 80%-iger Wahrscheinlichkeit die Befriedigung der Nachfragemengen der beiden Großkunden ermöglicht. Hierzu liest man aus einer entsprechenden Tabelle das 0,8-Quantil der standardisierten Normalverteilung ab, d.h. denjenigen Wert q mit

$$\phi(q) = 0,8 \ .$$

Wir ermitteln $q = 0,84$ und davon ausgehend die 0,8-Quantile der Verteilungen von $N_{B,1}$ bzw. $N_{B,2}$. Man erhält

$$80 + 10 \cdot 0,84 = 88,4 \quad \text{für } N_{B,1} \text{ und}$$

$$70 + 12 \cdot 0,84 = 80,1 \quad \text{für } N_{B,2} \ .$$

(Der Leser, der mit diesen Standardisierungsmechanismen im Zusammenhang mit der Normalverteilung nicht vertraut ist, mag diese z.B. bei Bamberg/Baur 1996 nachlesen.)

Mit den berechneten Werten ergibt sich das Optimierungsproblem

$$1000x_1 + 2000x_2 \ \rightarrow \ \max$$

$$\text{u. d. N}$$

$$3x_1 + 2x_2 \quad \leq \quad 900$$

$$x_1 \qquad\quad \geq \quad 158,4$$

$$x_2 \ \geq \quad 210,1$$

$$x_1, x_2 \ \geq \quad 0 \qquad ,$$

das die Optimallösung

$$x^*_1 = 158,4 \ , \quad x^*_2 = 212,4$$

hat.

Der Chance Constrained Programming Ansatz stellt dem Entscheidungsträger ein sinnvolles Konzept zur Verfügung, um sich gegen (mit "zu hoher" Wahrscheinlichkeit) unzulässige Lösungen abzusichern. Bei komplizierteren Problemstrukturen (vgl. z.B. Kall 1976) kann allerdings das Problem auftreten, daß der zulässige Bereich von CCPP nicht konvex ist. Ein weiteres Beispiel zu diesem Ansatz findet sich in Aufgabe 15-5.

Ein Extremfall des CCP-Ansatzes ist das sogenannte Fat-Solution-Modell, bei dem der Entscheidungträger fordert, daß die Lösung mit Wahrscheinlichkeit 1 zulässig ist (vgl. Dinkelbach 1982, S.103 ff.). Dieses rigorose Konzept, das Problem der Zulässigkeit bei stochastischen Nebenbedingungen zu lösen, kann dazu führen, daß der Entscheidungsträger überhaupt nicht handeln kann, da der resultierende zulässige Bereich leer ist.

15.3 Übungsaufgaben zu Kapitel 15

Die ersten vier Aufgaben befassen sich mit Ansätzen der Vektoroptimierung. Aufgabe 15-1 behandelt einführend ein einfaches diskretes Vektoroptimierungsproblem. In Aufgabe 15-2 prüfen wir eine zulässige Lösung eines linearen Vektoroptimierungsproblems auf Effizienz. Die Anwendung des skalaren Ersatzprogramms auf lineare Vektoroptimierungsprobleme ist Gegenstand der folgenden Aufgabe. Ein nichtlineares Problem wird in Aufgabe 15-4 behandelt. Die verbleibende Aufgabe 15-5 behandelt Fragestellungen aus dem Gebiet der stochastischen Optimierung.

Aufgabe 15-1

Im Rahmen eines logistischen Planungsproblems ist im nachfolgend dargestellten Digraphen der Transport eines zerbrechlichen Guts von Knoten 1 nach Knoten 6 zu planen.

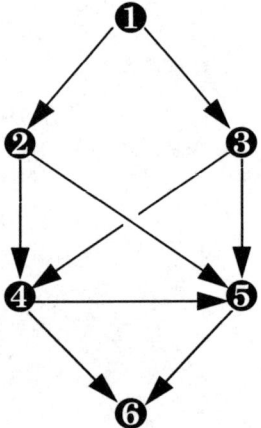

Für die Pfeile <i,j> liegen Bewertungen der Form (d,p) vor: d bezeichnet die Entfernung von i nach j und p die Wahrscheinlichkeit, das Gut unversehrt von i nach j zu bringen.

Fassen Sie das Problem, einen "besten" (d.h. einen möglichst kurzen und möglichst sicheren) Weg von 1 nach 6 zu finden, als Vektoroptimierungsproblem auf. Geben Sie alle effizienten Lösungen an.

Pfeile $< i, j>$	Bewertungen (d, p)
$<1, 2>$	(2; 0,96)
$<1, 3>$	(3; 0,99)
$<2, 4>$	(3; 0,95)
$<2, 5>$	(6; 0,94)
$<3, 4>$	(5; 0,97)
$<3, 5>$	(4; 0,93)
$<4, 5>$	(2; 0,95)
$<4, 6>$	(6; 0,95)
$<5, 6>$	(3; 0,90)

Lösung

Alternativen sind alle möglichen Wege von Knoten 1 nach Knoten 6. Zielfunktionen sind die Länge des Weges (z_1), die sich als Summe der einzelnen Längen ergibt, und die Sicherheit des Weges (z_2), d.h. die Wahrscheinlichkeit, das Gut auf diesem Weg unversehrt zu transportieren. Diese Wahrscheinlichkeit ergibt sich als Produkt der den einzelnen Pfeilen des Weges zugeordneten Wahrscheinlichkeiten. Für die sechs möglichen Wege von 1 nach 6 ergeben sich somit folgende Bewertungen:

	Wege von 1 nach 6	z_1: Dauer ($z_1 \to$ min)	z_2: Sicherheit ($z_2 \to$ max)
1	$<1, 2, 4, 6>$	11	0,866
2	$<1, 2, 4, 5, 6>$	10	0,780
3	$<1, 2, 5, 6>$	11	0,812
4	$<1, 3, 5, 6>$	10	0,829
5	$<1, 3, 4, 6>$	14	0,912
6	$<1, 3, 4, 5, 6>$	13	0,821

Die Wege 2, 3 und 6 werden jeweils von Weg 4 dominiert, denn Weg 4 ist kürzer und sicherer. Weitere Dominanzbeziehungen liegen nicht vor; somit sind die Wege 1, 4 und 5 effiziente Lösungen.

Aufgabe 15-2

Für das lineare Vektormaximierungsproblem

$$(z_1(x_1,x_2), z_2(x_1,x_2)) = (4x_1 + x_2, x_1 + 3x_2) \rightarrow \text{"max"}$$

u.d.N.

$$x_1 + 3x_2 \quad \leq 15$$

$$2x_1 + x_2 \quad \leq 10$$

$$x_1 \qquad\qquad \leq 5$$

$$x_1, x_2 \qquad\quad \geq 0$$

ist zu überprüfen, ob die zulässige Lösung $\tilde{x} = (3,3)$ eine effiziente Lösung ist.

Lösung

Wir beantworten diese Frage mit Hilfe des behandelten Optimierungsproblems TEST($\tilde{x}$). Es ist

$$z(\tilde{x}) = (15, 12) ;$$

also treten bei TEST($\tilde{x}$) zusätzlich die beiden Nebenbedingungen

$$4x_1 + x_2 \geq 15 \qquad (z_1(x) \geq z_1(\tilde{x}))$$

und

$$x_1 + 3x_2 \geq 12 \qquad (z_2(x) \geq z_2(\tilde{x}))$$

auf. Insgesamt hat TEST($\tilde{x}$) die Form

$$z_{TEST}(x_1,x_2) = 5x_1 + 4x_2 \to \max$$

u.d.N.

$$x_1 + 3x_2 \quad \le 15$$

$$2x_1 + x_2 \quad \le 10$$

$$x_1 \qquad \le 5$$

$$4x_1 + x_2 \quad \ge 15$$

$$x_1 + 3x_2 \quad \ge 12$$

$$x_1, x_2 \qquad \ge 0 \ .$$

Mit Hilfe des graphischen Lösungsverfahrens für lineare Optimierungsprobleme (vgl. Abschnitt 13.2 des Lehrbuchs) ermitteln wir (die Durchführung bleibt dem Leser als einfache Übungsaufgabe überlassen) x = (3,4) als optimale Lösung von TEST($\tilde{x}$) mit einem Zielfunktionswert von

$$z_{TEST}(3,4) = 31 \ .$$

Für $\tilde{x}$ = (3,3) ergibt sich dagegen nur ein Zielfunktionswert von

$$z_{TEST}(3,3) = 27 \ ;$$

somit ist $\tilde{x}$ = (3,3) nicht optimal bzgl. TEST($\tilde{x}$) und daher auch nicht effiziente Lösung des Vektormaximierungsproblems.

Aufgabe 15-3

Ein Unternehmen bietet ein Produkt an, für das die Nachfragefunktion

$$x = 50 - p$$

gilt. Hierbei ist x die beim Preis p abgesetzte Menge. Die Kostenfunktion ist durch

$$K = 150 + 5x$$

gegeben. Zielsetzungen des Unternehmens sind die Gewinnmaximierung und die Umsatzmaximierung.

a) Formulieren Sie das entsprechende Vektoroptimierungsproblem und bestimmen Sie die individuellen Optimallösungen, d.h. den gewinn- und den umsatzmaximalen Preis.

b) Bestimmen Sie den optimalen Preis unter Zugrundelegung eines skalaren Ersatzprogramms, wobei der Gewinn im Verhältnis 4:1 zum Umsatz gewichtet wird.

Lösung

a) Der Umsatz in Abhängigkeit vom Preis ist durch

$$U(p) = x \cdot p = (50\text{-}p) \cdot p = 50p - p^2$$

gegeben; der Gewinn ist

$$\begin{aligned} G(p) \ &= U(p) - K \\ &= 50p - p^2 - 150 - 5(50\text{-}p) \\ &= 55p - p^2 - 400 \ . \end{aligned}$$

Das Vektoroptimierungsproblem hat somit die Form

$$(U(p), G(p)) = (z_1(p), z_2(p)) = (50p - p^2, \ 55p - p^2 - 400) \rightarrow \text{"max"}$$

u.d.N.

$$p \geq 0 \ .$$

Mit Hilfe der Ableitungen ermitteln wir die individuellen Optimallösungen: Es ist $dU(p)/dp = 50 - 2p$ und $dU^2(p)/dp^2 = -2 < 0$; damit ist $p = 25$ (Nullstelle der ersten Ableitung) umsatzmaximaler Preis mit einem Umsatz von 625 und einem Gewinn von 350. Weiter ist $dG(p)/dp = 55 - 2p$ und $d^2G(p)/dp^2 = -2 < 0$;

somit erhalten wir den gewinnmaximalen Preis p = 27,5. Hier ergibt sich ein Umsatz von 618,75 und ein Gewinn von 356,25.

b) Die in der Summe auf eins normierten Gewichte der beiden Zielfunktionen sind t_1 = 1/5 und t_2 = 4/5. Die Zielfunktion des skalaren Ersatzprogramms ist

$$z(p) = 54p - p^2 - 320;$$

über den Ansatz

$$dz(p) / dp = 54 - 2p = 0$$

ermitteln wir den Preis p = 27 als optimale Lösung des skalaren Ersatzprogramms. Hier ergibt sich ein Umsatz von 621 und ein Gewinn von 356.

Aufgabe 15-4

Wir betrachten das Vektormaximierungsproblem

$$(z_1(x_1,x_2), z_2(x_1,x_2)) = (x_1, x_2) \rightarrow \text{"max"}$$

u.d.N.

$$3x_2 \leq 6x_1$$

$$1/2\, x_2 \leq - [x_1^2 / 200] + 50$$

$$30 \leq x_1 \leq 90$$

$$x_1, x_2 \geq 0 .$$

a) Skizzieren Sie den zulässigen Bereich X. Von welchem Typ ist das Problem?

b) Bestimmen Sie die vollständige Lösung sowie den idealen Zielvektor.

c) Bestimmen Sie mit Hilfe des lexikographischen Verfahrens Kompromiß-lösungen unter der Annahme, daß

    c1) z_1 wichtiger als z_2 ist und

    c2)   die umgekehrte Situation vorliegt.

d) Es soll nun eine effiziente Lösung mittels eines skalaren Ersatzprogramms (SEP) ausgewählt werden, wobei beide Zielfunktionen gleich zu gewichten sind. Formulieren Sie das SEP und bestimmen Sie die optimale Lösung.

Lösung

a) Die nachfolgende Skizze zeigt den zulässigen Bereich des Problems. Es handelt sich um ein konvexes Vektoroptimierungsproblem.

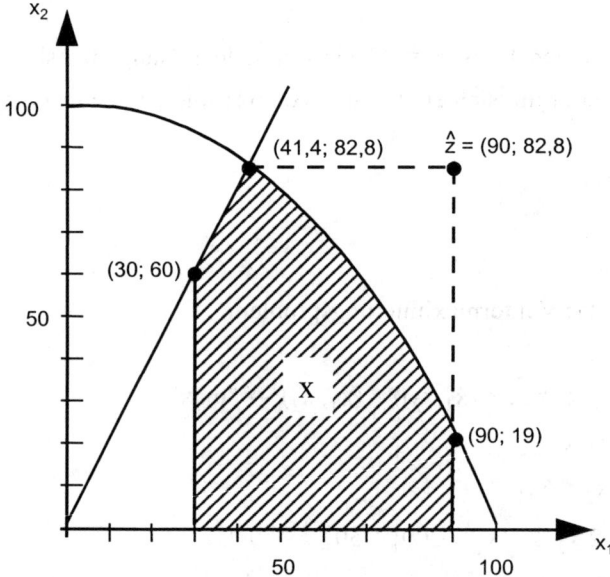

b) Die vollständige Lösung E entspricht dem Parabelbogen zwischen den Punkten (41,4; 82,8) und (90, 19); d.h.

$$E = \{(x_1, x_2): 41.4 \leq x_1 \leq 90; \ 1/2 \ x_2 = (-x_1^2 / 200) + 50\} \ .$$

Der ideale Zielvektor ist

$$\hat{z} = (90; 82,8) \ .$$

c)

c1)　Ist $z_1(x_1,x_2) = x_1$ wichtiger als $z_2(x_1,x_2) = x_2$, so erhalten wir im ersten Schritt des lexikographischen Verfahrens die Menge

$$\text{Opt}(z_1) = \{(90, x_2): 0 \le x_2 \le 19\}$$

und im zweiten Schritt

$$\text{Opt}(z_2) = \{90, 19\};$$

somit ist (90, 19) die Optimallösung des lexikographischen Verfahrens.

c2)　In diesem Fall ergibt sich schon im ersten Schritt die einelementige Menge

$$\text{Opt}(z_2) = \{(41,4; 82,8)\} \ .$$

d)　Das skalare Ersatzprogramm hat die Form

$$1/2 \ x_1 + 1/2 \ x_2 \rightarrow \max$$

u.d.N.

$$3x_2 \le 6x_1$$

$$1/2 \ x_2 \le - [x_1^2 / 200] + 50$$

$$30 \le x_1 \le 90$$

$$x_1, x_2 \ge 0 \ \ .$$

Es ist äquivalent mit dem konvexen Optimierungsproblem aus Aufgabe 14-2; wir haben dafür die optimale Lösung $(x_1,x_2) = (50,75)$ ermittelt.

Aufgabe 15-5

Ein Unternehmen produziert zwei Produktgruppen (A,B) mit folgenden Plandaten:

	Produktgruppe A	Produktgruppe B
Deckungsbeitrag pro ME	2	4
Maximaler Absatz (in ME)	16	8
Verbrauch von Rohstoff R1 pro gefertigter ME	4	6
Verbrauch von Rohstoff R1 pro gefertigter ME	1,5	4

Es werden also zwei Rohstoffe benötigt, die als Engpässe gelten. Die verfügbare Menge von Rohstoff R1 beträgt 72 ME. Bzgl. der Bezugsmöglichkeit von Rohstoff R2 geht man von einer Normalverteilung mit Mittelwert 40 ME und Standardabweichung 6 ME aus.

a) Formulieren Sie das Problem der Bestimmung eines deckungsbeitragsmaximalen Produktionsprogramms als stochastisches lineares Programm.

b) Das Problem soll mit Hilfe des Chance Constrained Programming Ansatzes (CCPP) gelöst werden, wobei eine Wahrscheinlichkeit für die Erfüllung der stochastischen Nebenbedingungen von mindestens 85% gefordert wird.

Lösung

a) Das Problem hat die Form

$$2x_1 + 4x_2 \to \max$$

u.d.N.

$$4x_1 + 6x_2 \leq 72$$

$$1{,}5x_1 + 4x_2 \leq R2$$

$$x_1 \leq 16$$

$$x_2 \leq 8$$

$$x_1, x_2 \geq 0 \ ,$$

wobei x_1 und x_2 die produzierten Mengen der Produkte A und B bezeichnen und die Zufallsvariable R2 die verfügbare Menge von Rohstoff R2 ist.

b) Diejenige Menge, die von R2 mit 85%iger Wahrscheinlichkeit mindestens zur Verfügung steht, d.h. die Zahl K mit

$$P(R2 \geq K) = 0,85 \quad \text{oder} \quad P(R2 \leq K) = 0,15$$

wird im ersten Schritt berechnet. Das 0,15-Quantil der Standardnormalverteilung ist -1,03; damit erhalten wir K über die Beziehung (vgl. Bamberg/Bauer 1996)

$$(K - 40) / 6 = -1,03 \ , \quad \text{d.h.}$$
$$K = 40 - 6,18 = 33,82 \quad .$$

Damit hat das CCPP die Form

$$2x_1 + 4x_2 \rightarrow \max$$

u.d.N.

$$4x_1 \ + 6x_2 \ \leq 72$$
$$1,5x_1 + 4x_2 \ \leq 33,82$$
$$x_1 \qquad\quad \leq 16$$
$$x_2 \ \leq 8$$
$$x_1, x_2 \ \geq 0 \ .$$

Dieses lineare Optimierungsproblem läßt sich graphisch lösen. Man erhält das optimale Produktionsprogramm $(x_1{}^*, x_2{}^*) = (12,15; 3,9)$. Der entsprechende maximale Deckungsbeitrag beträgt 39,9 GE.

15.4 Literatur zu Kapitel 15

Die Bücher von Dinkelbach (1982) und Dinkelbach/Kleine (1996) decken das gesamte Stoffgebiet von Kapitel 15 ab und behandeln weiterführende Ansätze. In diesem Zusammenhang ist auch auf das Übungsbuch von Dinkelbach/Lorschneider (1994) hinzuweisen.

Zur Vektoroptimierung existiert mittlerweile ein solches Spektrum an Literatur, daß eine sinnvolle Auswahl einiger wichtiger Arbeiten sehr problematisch erscheint. Wir verweisen den Leser daher auf die Bibliographien von Achilles/Elster/Nehse (1979) und Nehse (1982) sowie auf die Überblicksartikel von Isermann (1979, 1991) und Evans (1984).

Zur stochastischen Optimierung verweisen wir insbesondere auf Kall (1976), Marti/Kall (1995) und Kibzun/Kan (1996).

Literaturverzeichnis

A

Aaker, D. (1998), Strategic Market Management, 5. Aufl., New York.

Aaker, D., Day, G. (1990), Marketing Research, 4. Auflage, New York.

Abadie, J., Carpentier, J. (1969), Generalization of the Wolfe Reduced Gradient Method to the Case of Nonlinear Constraints,in: Fletcher, R. (Hrsg.), Optimization, London.

Abdel-Malek, L. et al. (1999), OR Practice: Survey Results and Reflections of Practicing INFORMS members, Journal of the Operational Research Society, 50, 994-1003.

Abell, D. (1980), Defining the Business: The Starting Point of Strategic Planning, Englewood Cliffs.

Abell, D., Hammond, J. (1979), Strategic Market Planning: Problems and Analytical Approaches, Englewood Cliffs.

Achilles, A., Elster, K., Nehse, R. (1979), Bibliographie zur Vektoroptimierung, Mathematische Operationsforschung und Statistik, 10, 277-321.

Ackoff, R. (1970), A Concept of Corporate Planning, New York.

Ackoff, R. (1979), The Future of Operational Research is Past, Journal of the Operational Research Society, 30, 93-104.

Adam, D. (1993), Produktionsmanagement, 7. Auflage, Wiesbaden.

Adam, D. (1996), Planung und Entscheidung: Modelle, Ziele, Methoden, 4. Auflage, Wiesbaden.

Aggarwal, S. (1974), A Review of Current Inventory Theory and its Applications, International Journal of Production Research, 12, 443-482.

Akao, Y. (1992), QFD - Wie die Japaner Kundenwünsche in Qualitätsprodukte umsetzen, Landsberg/Lech.

Albach, H. (1975, Hrsg.), Investitionstheorie, Köln.

Albach, H. (1978), Strategische Unternehmensplanung bei erhöhter Unsicherheit, Zeitschrift für Betriebswirtschaft, 48, 702-715.

Albach, H. (1988), "Finanzierungsregeln" und Kapitalstruktur der Unternehmung, in: Christians, F. (Hrsg.), Finanzierungshandbuch, 2. Auflage, Wiesbaden, 599-626.

Al-Laham, A. (1997), Strategieprozesse in deutschen Unternehmungen: Verlauf, Struktur und Effizienz, Wiesbaden.

Anderson, C., Paine, F. (1978), PIMS: A Reexamination, Academy of Management Review, 3, 602-611.

Anderson, E., Fornell, C., Lehmann, D. (1994), Customer Satisfaction, Market Share, and Profitability: Findings from Sweden, Journal of Marketing, 58 (July), 53-66.

Ansoff, H. (1965), Corporate Strategy, New York.

Ansoff, H. (1975), Managing Strategic Surprise by Response to Weak Signals, California Management Review, 18, 21-33.

Ansoff, H., Kirsch, W., Roventa, P. (1981), Unschärfenpositionierung in der strategischen Portfolio-Analyse, Zeitschrift für Betriebswirtschaft, 51, 963-988.

Appa, G. (1973), The Transportation Problem and its Variants, Operational Research Quarterly, 24, 79-99.

Assad, A., Wasil, E. (1995), For Richer or for Poorer: Reporting OR/MS Implementation, Interfaces, 25, 5, 1-11.

Assad, A., Wasil, E., Lilien, G. (1992), Excellence in Management Science Practice, Englewood Cliffs.

Assmus, G., Farley, J., Lehmann, D. (1984), How Advertising Affects Sales: Meta Analysis of Econometric Results, Journal of Marketing Research, 21, 65-74.

Aubin, J. (1993), Optima and Equilibria, An Introduction to Nonlinear Analysis, Berlin.

B

Backhaus, K., Erichson, B., Plinke, W., Weiber, R. (1996), Multivariate Analysemethoden, Eine anwendungsorientierte Einführung, 8. Auflage, Berlin.

Bagozzi, R. (1979, Hrsg.), Sales Management: New Developments from Behavioral and Decision Model Research, Cambridge.

Bailey, E. (1978, Hrsg.), Pricing Practices and Strategies, New York.

Balakrishnan, V. (1995), Network Optimization, London.

Bamberg, G., Baur, F. (1996), Statistik, 9. Auflage, München.

Bamberg, G., Coenenberg, A. (1981), Betriebswirtschaftliche Entscheidungslehre, 3. Auflage, München.

Bamberg, G., Coenenberg, A. (1996), Betriebswirtschaftliche Entscheidungslehre, 9. Auflage, München.

Bamberg, G., Schittko, U. (1979), Einführung in die Ökonometrie, Stuttgart.

Barney, J. (1997), Gaining and Sustaining Competitive Advantage, Reading.

Bass, F. (1969), A New Product Growth Model for Consumer Durables, Management Science, 15, 215-227.

Bass, F. et al. (1961, Hrsg.), Mathematical Models and Methods in Marketing, Homewood.

Bauer, H. (1991), Unternehmensstrategie und strategische Gruppen, in: Kistner, K., Schmidt, R. (Hrsg.), Unternehmensdynamik, Wiesbaden, 389-416.

Baumol, W. (1952), The Transactions Demand for Cash: An Inventory-Theoretic Approach, Quarterly Journal of Economics, 66.

Bazaraa, M., Shetty, C. (1979), Nonlinear Programming, Theory and Algorithms, New York.

Bea, F. (1992), Entscheidungen des Unternehmens, in: Bea, F., Dichtl, E., Schweitzer, M. (Hrsg.), Allgemeine Betriebswirtschaftslehre, Band 1, 6. Auflage, 310-338.

Becker, J. (1998), Marketing Konzeption, Grundlagen des strategischen Marketing-Managements, 6. Auflage, München.

Becker, M., Müller, R. (1986), Erfahrungen mit PIMS aus der Sicht eines Anwenders, Strategische Planung, 2, 245-267.

Bellmann, R. (1957), Dynamic Programming, Princeton.

Bennett, R., Cunningham, L. (1985), Determining Profitable Products/Market Segments: An Expanded Portfolio Analysis Approach, Journal of Retail Banking, 7, 53-62.

Berens, W., Delfmann W (1995), Quantitative Planung, 2. Auflage, Stuttgart.

Bertrand, J. (1983), A Monitoring Scheme for Maintaining the Solution to OR-Problems, European Journal of Operational Research, 14, 228-237.

Betge, P. (1998), Investitionsplanung, 3. Aufl., Wiesbaden.

Beuermann, G. (1996), Produktionsfaktoren, in: Kern, W., Schröder, H., Weber, J. (Hrsg.), Handwörterbuch der Produktionswirtschaft, 2. Auflage, Stuttgart, 1494-1505.

Biggadike, R. (1979), The Risky Business of Diversification, Harvard Business Review, May-June, 103-111.

Bitz, M. (1977), Strukturierung ökonomischer Entscheidungsmodelle, Wiesbaden.

Bitz, M. (1981), Entscheidungstheorie, München.

Black, F., Scholes, M. (1973), The Pricing of Options and Corporate Liabilities, Journal of Political Economy, 81, 637-654.

Bloech, J. (1970), Optimale Industriestandorte, Würzburg.

Bloech, J. Lücke, W. (1981), Produktionswirtschaft, Göttingen.

Blohm, H., Beer, T., Seidenberg, U., Silber, H. (1987), Produktionswirtschaft, 2. Auflage, Herne.

Böcker, F. (1982), Preistheorie und Preispolitik - Ein Überblick, in: Böcker, F. (Hrsg.), Preistheorie und Preisverhalten, München.

Bol, G. (1980), Lineare Optimierung, Königstein/Ts.

Bonder, S. (1979), Changing the Future of Operations Research, Operations Research, 27, 209-224.

Bowman, D., Gatignon, H. (1995), Determinants of Competitor Response Time to a New Product Introduction, Journal of Marketing Research, 32, 42-53.

Box, G., Jenkins, G. (1970), Time Series Analysis - Forecasting and Control, San Francisco.

Brauers, J., Weber, M. (1986), Szenarioanalyse als Hilfsmittel der strategischen Planung: Methodenvergleich und Darstellung einer neuen Methode, Zeitschrift für Betriebswirtschaft, 56, 7, 631-652.

Brealey, R., Myers, S. (1996), Principles of Corporate Finance, 5. Auflage, New York.

Brockhoff, K. (1977), Prognoseverfahren für die Unternehmensplanung, Wiesbaden.

Brockhoff, K. (1993), Produktpolitik, 3. Auflage, Stuttgart.

Bröer, N., Däumler, K. (1986), Investitionsrechnungsmethoden in der Praxis, Buchführung, Bilanz, Kostenrechnung, 13, 709.

Brucker, P. (1981), Scheduling, Wiesbaden.

Bruhn, M. (1997), Kommunikationspolitik, München.

Buffa, E., Sarin, R. (1987), Modern Production/Operations Management, 8. Auflage, New York.

Büschken, J., von Thaden, Ch. (1999), Clusteranalyse, in: Herrmann, A., Homburg, Ch. (Hrsg.), Marktforschung, Wiesbaden.

Burkard, R. (1972), Methoden der ganzzahligen Optimierung, Wien.

Busacker, R., Saaty, T. (1968), Endliche Graphen und Netzwerke, München.

Buzzell, R. (1964), Mathematical Models and Marketing Management, Harvard.

Buzzell, R. (1981), Are there Natural Market Structures?, Journal of Marketing, 45, 42-51.

Buzzell, R. (1983), Is Vertical Integration Profitable?, Harvard Business Review, January-February, 92-102.

Buzzell, R., Gale, B. (1987), The PIMS Principles-Linking Strategy to Performance, New York.

Buzzell, R., Gale, B. (1989), Das PIMS-Programm, Wiesbaden.

Buzzell, R., Gale, B., Sultan, R. (1975), Market Share - a Key to Profitability, Harvard Business Review, January-February.

Buzzell, R., Wiersema, R. (1981a), Successful Share-Building Strategies, Harvard Business Review, January-February.

Buzzell, R., Wiersema, F. (1981b), Modelling Changes in Market Share: A Cross-Sectional Analysis, Strategic Management Journal, 2, 27-42.

C

Campbell, H., Dudek, R., Smith, M. (1970), A Heuristic Algorithm for the n Job m Machine Problem, Management Science, 16, B630-B657.

Canon, M., Cullum, C., Pollak, E. (1970), Theory of Optimal Control and Mathematical Programming, New York.

Capon, N., Farley, J., Hoenig, S. (1990), Determinants of Financial Performance: A Meta-Analysis, Management Science, 36, 1143-1159.

Caves, R. (1980), Industrial Organization, Corporate Strategy and Structure, Journal of Economic Literature, 18, 64-92.

Charnes, A., Cooper, W. (1961), Management Models and Industrial Applications of Linear Programming, New York.

Charnes, A., Cooper, W., DeVoe, J., Learner, D. (1966), DEMON: Decision Mapping via Optimum Go-No Networks - A Model for Marketing New Products, Management Science, 12, 865-887.

Charnes, A., Cooper, W., Learner, D., Phillips, F. (1985), Management Science and Marketing Management, Journal of Marketing, 49, 93-105.

Checkland, P. (1983), OR and the Systems Movement: Mappings and Conflicts, Journal of the Operational Research Society, 34, 661-675.

Checkland, P. (1985), From Optimizing to Learning: A Development of Systems Thinking for the 1990s, Journal of the Operational Research Society, 36, 757-767.

Chernoff, H., Moses, L. (1959), Elementary Decision Theory, New York.

Chiang, A. (1992), Elements of Dynamic Optimization, New York.

Chmielewicz, K. (1970), Die Formalstruktur der Entscheidung, Zeitschrift für Betriebswirtschaft, 40, 239-268.

Christofides, N. (1975), Graph Theory, New York.

Chrubasik, B., Zimmermann, H. (1987), Evaluierung der Modelle zur Bestimmung strategischer Schlüsselfaktoren, Die Betriebswirtschaft, 47, 426-450.

Coenenberg, A., Baum, H. (1987), Strategisches Controlling, Stuttgart.

Coenenberg, A. (1992), Kostenrechnung und Kostenanalyse, Landsberg am Lech.

Comanor, W. (1979), The Effect of Advertising on Competition: A Survey, Journal of Economic Literature, 17, 453-476.

Conant, J. S., Mokwa, M. P., Varadarajan, P. R. (1990), Strategic Types, Distinctive Marketing Competencies and Organizational Performance: A Multiple Measures-Based Study, Strategic Management Journal, 11, 365-383.

Conway, R., Maxwell, W., Miller, L. (1967), Theory of Scheduling, Reading.

Corbett, C., Van Wassenhove, L. (1993), The Natural Drift: What Happened to Operations Research?, Operations Research, 41, 625-639.

Corsten (1994, Hrsg.), Handbuch Produktionsmanagement, Wiesbaden.

Craig, S., McLafferty, S. (1984), Models of the Retail Location Process: A Review, Journal of Retailing, 60, 5-36.

Crasselt, N., Tomaszewski, C. (1999), Realoptionen - Eine neue Methode der Investitionsrechnung?, Wirtschaftswissenschaftliches Studium, Oktober, 556-559.

D

Däumler, K. (1988), Praxis der Investitions- und Wirtschaftlichkeitsrechnung, 2. Auflage, Herne.

Dantzig, G. (1948), A Procedure for Maximizing a Linear Function to Linear Inequalities, HQ, USAF, Washington.

Dantzig, G. (1966), Linear Programming and Extensions, New York.

Daskin, M. (1995), Network and Discrete Location: Models, Algorithms, and Applications, New York.

Day, G. (1983), Gaining Insight through Strategy Analysis, Journal of Business Strategy, 4, 51-58.

Day, G. (1986), Tough Questions for Developing Strategies, Journal of Business Strategy, 6, 60-68.

Dellmann, K. (1980), Betriebswirtschaftliche Produktions- und Kostentheorie, Wiesbaden.

Denardo, E. (1982), Dynamic Programming, Englewood Cliffs.

DeSouza, G. (1986), The Best Strategies for Corporate Venturing, Planning Review, 2, 12-14.

Dess, G., Davis, P. (1984), Porter's Generic Strategies as Determinants of Strategic Group Membership and Organizational Performance, Academy of Management Journal, 27, 467-488.

Diller, H. (1991), Preispolitik, 2. Auflage, Stuttgart.

Dinkelbach, W. (1969), Sensitivitätsanalysen und parametrische Programmierung, Berlin.

Dinkelbach, W. (1977), Modell - ein isomorphes Abbild der Wirklichkeit?, in: Grochla, E., Szyperski, N. (Hrsg.), Modell- und computergestützte Unternehmensplanung, Wiesbaden, 152-161.

Dinkelbach, W. (1982), Entscheidungsmodelle, Berlin.

Dinkelbach, W., Kleine, A. (1996), Elemente einer betriebswirtschaftlichen Entscheidungslehre, Berlin.

Dinkelbach, W., Lorscheider, U. (1994), Entscheidungsmodelle und lineare Programmierung, Übungsbuch zur Betriebswirtschaftslehre, 3. Aufl., München.

Dixit, A., Pindyck, R. (1994), Investment Under Uncertainty, Princeton.

Domschke, W. (1972), Kürzeste Wege in Graphen: Algorithmen, Verfahrensvergleiche, Meisenheim/ Glan.

Domschke, W. (1975), Modelle und Verfahren zur Bestimmung betrieblicher und innerbetrieblicher Standorte - Ein Überblick, Zeitschrift für Operations Research, 19, 13-23.

Domschke, W. (1982), Logistik: Rundreisen und Touren, München.

Domschke, W. (1993), Innerbetriebliche Standortplanung, in: Wittmann, W. et al. (Hrsg.), Handwörterbuch der Betriebswirtschaftslehre, 5. Auflage, Stuttgart, 3950-3962.

Domschke, W. (1995), Logistik: Transport, München.

Domschke, W. (1996), Standortplanung, in: Kern, W., Schröder, H., Weber, J. (Hrsg.), Handwörterbuch der Produktionswirtschaft, 2. Auflage, Stuttgart, 1912-1922.

Domschke, W., Drexl, A. (1995), Einführung in Operations Research, 3. Auflage, Berlin.

Domschke, W., Drexl, A. (1996), Logistik: Standorte, 4. Auflage, München.

Domschke, W., Scholl, A., Voß, S. (1993), Produktionsplanung: Ablauforganisatorische Aspekte, Berlin.

Dranove, D., Peteraf, M., Shanley, M. (1998), Do Strategic Groups Exist? An Economic Framework for Analysis, Strategic Management Journal, 19, 1029-1044.

Drexl, A. (1993), Standorttheorien, in: Wittmann, W. et al. (Hrsg.), Handwörterbuch der Betriebswirtschaftslehre, 5. Auflage, Stuttgart, 3962-3972.

Drukarczyk, J. (1980), Finanzierungstheorie, München.

Dück, W. (1977), Diskrete Optimierung, Braunschweig.

Dunst, K. (1982), Portfolio Management, 2. Auflage, Berlin.

E

Easingwood, C., Mahajan, V., Muller, E. (1983), A Nonuniform Influence Innovation Diffusion Model of New Product Acceptance, Marketing Science, 2, 273-295.

Eden, C., Sims, D. (1981), Subjectivity in Problem Identification, Interfaces, 11, 68-74.

Eichhorn, W. (1972), Die Begriffe Modell und Theorie in der Wirtschaftswissenschaft, Wirtschaftsstudium, 1, 281-288, 335-344.

Eilon, S. (1980), The Role of Management Science, Journal of the Operational Research Society, 31, 17-28.

Ellinger, T., Haupt, R. (1982), Produktions- und Kostentheorie, Stuttgart.

Engelhardt, W., Freiling, J. (1997), Marktorientierte Qualitätsplanung: Probleme des Quality Function Deployment aus Marketing-Sicht, Die Betriebswirtschaft, 57, 1, 7-19.

Erichson, B. (1996a), Testmarktsimulation zur Minderung des Risikos neuer Produkte, Planung und Analyse, 61-65.

Erichson, B. (1996b), Methodik der Testmarktsimulation, Planung und Analyse, 54-57.

Erichson, B. (1997), Neuproduktprognose mittels Testmarktsimulation: Praktische Anwendungen und methodische Grundlagen, Arbeitspapier am Lehrstuhl für Marketing, Universität Magdeburg.

Evans, G. (1984), An Overview of Techniques for Solving Multiobjective Mathematical Programs, Management Science, 30, 1268-1282.

F

Faßnacht, M. (1996), Preisdifferenzierung von Dienstleistungen: Implementationsformen und Determinanten, Wiesbaden.

Ferschl, F. (1975), Nutzen- und Entscheidungstheorie, Opladen.

Fiacco, A., McCormick, G. (1968), Nonlinear Programming: Sequential Unconstrained Minimization Techniques, New York.

Fiegenbaum, A., Thomas, H. (1995), Strategic Groups as Reference Groups, Strategic Management Journal, 16, 461-476.

Fine, C. (1983), Quality Control and Learning in Productive Systems, Dissertation, Stanford University, Stanford.

Fisher, J., Pry, R. (1971), A Simple Substitution Model for Technological Change, Technological Forecasting and Social Change, 3, 75-88.

Fleischmann, B. (1996), Operations Research in der Produktion, in: Kern, W., Schröder, H., Weber, J. (Hrsg.), Handwörterbuch der Produktionswirtschaft, 2. Auflage, Stuttgart, 1357-1370.

Ford, L., Fulkerson, D. (1974), Flows in Networks, 6. Auflage, Princeton.

Foulds, L. (1992), Graph Theory Applications, New York.

Fourt, L., Woodlock, J. (1960), Early Prediction of Market Success for New Grocery Products, Journal of Marketing, 24, 31-38.

Francis, R., McGinnis, L., White, J. (1992), Facility Layout and Location, 2. Auflage, Englewood Cliffs.

Frenckner, T. (1957), Betriebswirtschaftslehre und Verfahrensforschung, Zeitschrift für betriebswirtschaftliche Forschung, 9, 65-102.

Fudge, W., Lodish, L. (1977), Evaluation of the Effectiveness of a Model-Based Salesman's Planning System by Field Experimentation, Interfaces, 8, 97-106.

Funke, U. (1976), Mathematical Models in Marketing, Berlin.

G

Gälweiler, A. (1992), Determinanten des Zeithorizonts in der Unternehmensplanung, in: Hahn, D., Taylor, B. (Hrsg.), Strategische Unternehmensplanung, 4. Auflage, Heidelberg, 203-220.

Gaither, N. (1975), The Adoption of Operations Research Techniques by Manufacturing Organizations, Decision Sciences, 6, 797-813.

Gal, T. (1977), A General Method for Determining the Set of all Efficient Solutions to a Linear Vector Maximum Problem, European Journal of Operational Research, 1, 307-322.

Gal, T. (1986), Zum Wesen des Operations Research, in: Gal, T. (Hrsg.), Grundlagen des Operations Research, Band 1, Berlin.

Gal, T. (1991), Lineare Optimierung, in: Gal, T. (Hrsg.), Grundlagen des Operations Research, Band 1, 3. Auflage, Berlin.

Gal, T. (1991), Zum Wesen des Operations Research, in: Gal, T. (Hrsg.), Grundlagen des Operations Research, Band 1, 3. Auflage, Berlin.

Gal, T. Gehring, H. (1981), Betriebswirtschaftliche Planungs- und Entscheidungstechniken, Berlin.

Garfinkel, R., Nemhauser, G. (1972), Integer Programming, New York.

Gass, S. (1983), Decision - Aiding Models: Validation, Assessment, and Related Issues for Policy Analysis, Operations Research, 31, 603-631.

Gass, S. (1987), President's Symposium: A Perspective on the Future of Operations Research, Operations Research, 35, 320-321.

Gaul, W., Baier, D. (1994), Marktforschung und Marketing Management: Computerbasierte Entscheidungsunterstützung, 2. Auflage, München.

Gemünden, H. (1994), Zeit - Strategischer Erfolgsfaktor in Innovationsprozessen, Projekt Management, 2, 4-14.

Geoffrion, A. (1976), The Purpose of Mathematical Programming is Insight, not Numbers, Interfaces, 7, 81-92.

Geoffrion, A., Marsten, R. (1972), Integer Programming Algorithms: A Framework and State-of-the- Art Survey, Management Science, 18, 465-491.

Geoffrion, A. (1992), Forces, Trends, and Opportunities in MS/OR, Operations Research, 40, 423-443.

Geschka, H., Verhagen, M., Winckler-Ruß, B. (1998), Scenarios for Innovation Strategies, in: Szakonyi, R. (Hrsg.), Technology-Management, CRC Press.

Gilmore, J.H., Pine, B. J. (1997), The Four Faces of Mass Customization, Harvard Business Review, 75, 1, 91–101.

Göppl, H. (1988a), Investitions- und Bilanztheorie, Vorlesungsskript, Universität Karlsruhe, Karlsruhe.

Göppl, H. (1988b), Finanzierung, Vorlesungsskript, Universität Karlsruhe, Karlsruhe.

Göppl, H., Zoller, K. (1981), Allgemeine Betriebswirtschaftslehre, Band 2, Königstein/Ts.

Götze, U. (1991), Szenario-Technik in der strategischen Unternehmensplanung, Wiesbaden.

Gondran, M., Minoux, M. (1979), Graphes et Algorithmes, Paris.

Gottinger, H. (1974), Grundlagen der Entscheidungstheorie, Stuttgart.

Govindarajan, V., Gupta, A. K. (1985), Linking Control Systems to Business Unit Strategy, Accounting, Organizations and Society, 10, 1, 51-66.

Grant, R. (1991), The Resource-Based Theory of Competitive Advantage: Implications for Strategy Formulation, California Management Review, 33, 114-135.

Graves, S., Rinnooy Kan, A., Zipkin, P. (1993, Hrsg.), Logistics of Production and Inventory, Amsterdam.

Green, P., Srinivasan, V. (1990), Conjoint Analysis in Marketing: New Developments with Implications for Research and Practice, Journal of Marketing, October, 3-19.

Grochla, E. (1969), Modelle als Instrumente der Unternehmensführung, Zeitschrift für betriebswirtschaftliche Forschung, 21, 382-397.

Grothe, M., Weber, J. (1996), Operations Management, in: Kern, W., Schröder, H., Weber, J. (Hrsg.), Handwörterbuch der Produktionswirtschaft, 2. Auflage, Stuttgart, 1347-1357.

Guiniven, J. (1986), Ventures: Pitfalls and Pay-Offs, Management Today, August.

Gutenberg, E. (1957), Betriebswirtschaftslehre als Wissenschaft, Krefeld.

Gutenberg, E. (1978), Vortrag anläßlich der Verleihung der Ehrendoktorwürde durch die Universität Frankfurt am 14.02.1978, zitiert nach: Albach, H. (Hrsg.), Zur Theorie der Unternehmung, Berlin.

Gutenberg, E. (1985), Rückblick auf die Betriebswirtschaftslehre des Absatzes, Zeitschrift für Betriebswirtschaft, 55, 12, 1200-1213.

H

Hadley, G. (1969), Nichtlineare und dynamische Programmierung, Würzburg.

Hahn, D. (1985), Planungs- und Kontrollrechnung, 3. Auflage, Wiesbaden.

Hall, J., Hess, S. (1978), OR/MS Dead or Dying? RX for Survival, Interfaces, 8, 42-44.

Hambrick, D. (1983), Some Tests of the Effectiveness and Functional Attributes of Miles and Snow's Strategic Types, Academy of Management Journal, 26, 5-26.

Hambrick, D., MacMillan, I. (1982), The Product Portfolio and Man's Best Friend, California Management Review, 25, 84-95.

Hambrick, D., MacMillan, I., Day, G. (1982), Strategic Attributes and Performance in the BCG Matrix- A PIMS-Based Analysis of Industrial Product Businesses, Academy of Management Journal, 25, 510-531.

Hammer, R. (1992), Unternehmensplanung, 5. Auflage, München.

Hammer, R. (1988), Strategische Planung und Frühaufklärung, München.

Handler, G., Mirchandani, P. (1979), Location on Networks: Theory and Algorithms, Cambridge.

Hansmann, K. (1984), Industriebetriebslehre, München.

Hanssmann, F. (1982), Strategische Planung und quantitative Modellierung, OR-Spektrum, 4, 27-33.

Hanssmann, F. (1985a), Was versteht die GSP unter strategischer Planung?, Strategische Planung, 1, 151-157.

Hanssmann, F. (1985b), Volumen- oder Spezialisierungsstrategie - kann quantitative Analyse helfen?, Strategische Planung, 1, 229-242.

Hanssmann, F. (1990), Quantitative Betriebswirtschaftslehre, 3. Auflage, München.

Hanssmann, F. (1993), Einführung in die Systemforschung, 4. Aufl., München.

Hanssmann, F., Liebl, F., Brezina, W. (1993), ROI Forecasting for Alternative Strategies: A New Approach on PIMS, Zeitschrift für Planung, 3, 215-232.

Haspeslagh, P. (1982), Portfolio Planning: Uses and Limits, Harvard Business Review, January-February, 58-73.

Hauke, W., Opitz, O. (1996), Mathematische Unternehmensplanung, Landsberg/Lech.

Haupt, R. (1996), Prioritätsregeln für die Reihenfolgeplanung, in: Kern, W., Schröder, H., Weber, J. (Hrsg.), Handwörterbuch der Produktionswirtschaft, 2. Auflage, 1418-1426.

Hauser, J. (1984), Pricing Theory and the Role of Marketing Science, Journal of Business, 57, 65-71.

Hauser, J., Clausing, D. (1988), Wenn die Stimme des Kunden bis in die Produktion vordringen soll, Harvard Business Manager, 4, 57-70.

Hax, A., Majluf, N. (1988), Strategisches Management, Frankfurt.

Hax, H. (1974), Entscheidungsmodelle in der Unternehmensplanung/Einführung in Operations Research, Reinbek bei Hamburg.

Hax, H. (1976), Investitionstheorie, Würzburg.

Heinen, E. (1971), Der entscheidungsorientierte Ansatz in der Betriebswirtschaftslehre, Zeitschrift für Betriebswirtschaft, 41, 429-444.

Heinhold, M., Nitsche, C., Papadopoulos, G. (1978), Empirische Untersuchung von Schwerpunkten der OR-Praxis in 525 Industriebetrieben der BRD, Zeitschrift für Operations Research, 22, B185-B218.

Henderson, B. (1984), Die Erfahrungskurve in der Unternehmensstrategie, 2. Auflage, Frankfurt/Main.

Henzler, H. (1988a), Von der strategischen Planung zur strategischen Führung: Versuch einer Positionsbestimmung, Zeitschrift für Betriebswirtschaft, 58, 1286-1307.

Henzler, H. (1988b, Hrsg.), Handbuch Strategische Führung, Wiesbaden.

Henzler, H. (1988c), Vision und Führung, in: Henzler, H. (Hrsg.), Handbuch Strategische Führung, Wiesbaden.

Heppner, K. (1995), Dominanz der Prozeßperspektive: Über Abteilungen hinweg, in: Frese, E. (Hrsg.), Dynamisierung der Organisation - Markt und Mitarbeiter als treibende Kräfte, Arbeitsbericht des Organisationsseminars der Universität zu Köln, Köln, 7-38.

Herrmann, A., Homburg, Ch. (1999, Hrsg.), Marktforschung, Wiesbaden.

Hess, S., Samuels, S. (1971), Experiences with a Sales Districting Model: Criterial and Implementation, Management Science, 18, 41-54.

Heuser, H. (1981), Lehrbuch der Analysis, Teil 2, Stuttgart.

Hildebrandt, L. (1992), Wettbewerbssituation und Unternehmenserfolg: Empirische Analysen, Zeitschrift für Betriebswirtschaft, 62, 1069-1084.

Hildebrandt, L., Annacker, D. (1996), Panelanalysen zur Kontrolle "unbeobachtbarer" Einflußgrößen in der Erfolgsfaktorenforschung, Zeitschrift für Betriebswirtschaft, 66, 1409-1426.

Hildebrandt, L., Homburg, Ch. (1998, Hrsg.), Die Kausalanalyse als empirisches Instrument in der Betriebswirtschaftslehre, Stuttgart.

Hilker, J. (1993), Marketingimplementierung, Wiesbaden.

Hillier, F., Liebermann, G. (1974), Operations Research, San Francisco.

Hinterhuber, H. (1984), Strategische Unternehmensführung, 3. Auflage, Berlin.

Hinterhuber, H. (1990), Wettbewerbsstrategie, Berlin.

Hinzen, E. (1975), Partialmodelle zur kurzfristigen Finanzplanung, Meisenheim.

Hochstädter, D. (1969), Stochastische Lagerhaltungsmodelle, Berlin.

Hochstädter, D. (1979), Lagerhaltung, in: Beckmann, M. (Hrsg.), Handwörterbuch der Mathematischen Wirtschaftswissenschaften, Band 3, Wiesbaden.

Hofer, C. (1975), Toward a Contingency Theory of Business Strategy, Academy of Management Journal, 15, 784-810.

Hoitsch, H. (1993), Produktionswirtschaft, 2. Auflage, München.

Homburg, Ch. (1990), Strategieformulierung mit Hilfe von SPACE, Zeitschrift für Planung, 1, 51-67.

Homburg, Ch. (1991), Modelle zur Unterstützung strategischer Technologieentscheidungen, in: Bullinger, H. (Hrsg.), Produktionsforum '91 - Produktionsmanagement, Berlin.

Homburg, Ch. (1992a), Wettbewerbsanalyse mit dem Konzept der strategischen Gruppen, Marktforschung & Management, 36, 2, 83-87.

Homburg, Ch. (1992b), Strategisches Controlling in der Praxis am Beispiel eines Maschinenbauunternehmens, Der Controlling-Berater, 6, 133-154.

Homburg, Ch. (1992c), Die Kausalanalyse, Eine Einführung, Wirtschaftswissenschaftliches Studium, 21, 499-508.

Homburg, Ch. (1995), Single Sourcing, Double Sourcing, Multiple Sourcing ...? - Ein ökonomischer Erklärungsansatz -, Zeitschrift für Betriebswirtschaft, 65, 8, 813-834.

Homburg, Ch. (1998), Kundennähe von Industriegüterunternehmen, 2. Aufl., Wiesbaden.

Homburg, Ch., Baumgartner, H. (1995), Die Kausalanalyse als Instrument der Marketingforschung: Eine Bestandsaufnahme, Zeitschrift für Betriebswirtschaft, 65, 10, 1091-1108.

Homburg, Ch., Daum, D. (1997), Marktorientiertes Kostenmanagement, Frankfurt a.M.

Homburg, Ch., Garbe, B. (1996), Industrielle Dienstleistungen - Bestandsaufnahme und Entwicklungsrichtungen, Zeitschrift für Betriebswirtschaft, 66, 3, 253-282.

Homburg, Ch., Giering, A., Hentschel, F. (1999), Der Zusammenhang zwischen Kundenzufriedenheit und Kundenbindung, Die Betriebswirtschaft, 59, 2, 174-195.

Homburg, Ch., Giering, A., Menon, A. (1999), Relationship Characteristics as Moderators of the Satisfaction-Loyalty Link: Findings in a Business-to-Business Context, Arbeitspapier W30, Institut für Marktorientierte Unternehmensführung, Universität Mannheim.

Homburg, Ch., Grandinger, A., Krohmer, H. (1999), Efficient Consumer Response (ECR) - Erfolg durch Kooperation mit dem Handel, Management Know-how Reihe des Instituts für Marktorientierte Unternehmensführung (IMU), Universität Mannheim.

Homburg, Ch., Gruner, K. (1996), Kundenorientiertes Innovationsmanagement: Bestandsaufnahme, Erfolgsfaktoren, Instrumente, Management Know-how Reihe des Instituts für Marktorientierte Unternehmensführung (IMU), Universität Mannheim.

Homburg, Ch., Jensen, O. (2000), Kundenorientierte Vergütungssysteme:, Voraussetzungen, Verbreitung, Determinanten, Zeitschrift für Betriebswirtschaft, 70, 1, 55-74.

Homburg, Ch., Rudolph, B. (1998), Theoretische Perspektiven zur Kundenzufriedenheit, in: Simon, H., Homburg. Ch. (Hrsg.), Kundenzufriedenheit, 3. Aufl., 33-58.

Homburg Ch., Simon, H. (1995), Wettbewerbsstrategien, in: Tietz B., Köhler, R., Zentes, J. (Hrsg.), Handwörterbuch des Marketing, 2. Auflage, Stuttgart, 2754-2762.

Homburg, Ch., Sütterlin, S. (1992), Strategische Gruppen - Ein Survey, Zeitschrift für Betriebswirtschaft, 62, 635-662.

Homburg, Ch., Werner, H. (1998), Kundenorientierung mit System, Wiesbaden.

Homburg, Ch., Werner, H. (1999), Kundenzufriedenheit und Kundenbindung, in: Herrmann, A., Homburg, Ch. (Hrsg.), Marktforschung, Wiesbaden.

Homburg, Ch., Werner, H., Englisch, M. (1997), Kennzahlengestütztes Benchmarking im Beschaffungsbereich: Konzeptionelle Aspekte und empirische Befunde, Die Betriebswirtschaft, 57, 1, 48-64.

Homburg, Ch., Workman, J., Jensen, O. (2000), Fundamental Changes in Marketing Organization: The Movement Toward Customer-Focused Organizational Structures, erscheint in: Journal of the Academy of Marketing Science.

Homburg, Ch., Workman, J., Krohmer, H. (1999), Marketing's Influence Within the Firm, Journal of Marketing, 63, 2, 1-17.

Horsky, D., Simon, L. (1983), Advertising and the Diffusion of New Products, Marketing Science, 2, 1-17.

Horst, R. (1979), Nichtlineare Optimierung, München.

Houthoofd, N., Heene, A. (1997), Strategic Groups as Subsets of Strategic Scope Groups in the Belgian Brewing Industry, Strategic Management Journal, 18, 8, 653-666.

Hruschka, H. (1996), Marketing Entscheidungen, München.

Hull, J. (2000), Options, Futures, And Other Derivative Securities, 4. Aufl., London.

Hutt, M., Speh, T. (1992), Business Marketing Management: A Strategic View of Industrial and Organizational Markets, 4. Aufl., Orlando.

Hüttner, M. (1986), Prognoseverfahren und ihre Anwendung, Berlin.

I

von Ilsemann, W. (1980), Die geteilte Zukunft, Manager Magazin, 5, 115- 123.

Inderfurth, K. (1996), Lagerhaltungsmodelle, in: Kern, W., Schröder, H., Weber, J. (Hrsg.), Handwörterbuch der Produktionswirtschaft, 2. Auflage, Stuttgart, 1024-1037.

Ischboldin, B. (1960), Zur Kritik der mathematischen Methode in den Wirtschaftswissenschaften, Zeitschrift für betriebswirtschaftliche Forschung, 12, 209-224.

Isermann, H. (1979), Strukturierung von Entscheidungsprozessen bei mehrfacher Zielsetzung, OR-Spektrum, 1, 3-26.

Isermann, H. (1982), Linear Lexicographic Optimization, OR-Spektrum, 4, 223-228.

Isermann, H. (1991), Optimierung bei mehrfacher Zielsetzung, in: Gal, T. (Hrsg.), Grundlagen des Operations Research, Band 1, Berlin, 420-497.

J

Jacob, H. (1996), Produktions- und Absatzprogrammplanung, in: Kern, W., Schröder, H., Weber, J. (Hrsg.), Handwörterbuch der Produktionswirtschaft, 2. Auflage, Stuttgart, 1468-1483.

Jacobson, R., Aaker, D. (1985), Is Market Share all that it's Cracked up to Be?, Journal of Marketing, 4, 11-22.

Jain, S. (1993), Marketing Planning and Strategy, 4. Auflage, Cincinnati.

Jentner, B. (1998), Praxisorientiertes Benchmarking für die gesamte Wertschöpfungskette der Vertriebsfunktion am Beispiel eines Automobilherstellers, Zeitschrift für Betriebswirtschaft, 68, 9, 950-977.

Johnson, L., Montgomery, D. (1974), Operations Research in Production Planning, Scheduling and Inventory Control, New York.

Johnson, S. (1954), Optimal Two- and Three-Stage Production Schedules with Setup-Times Included, Naval Research Logistics Quarterly, 1, 61-73.

Jones, S., Smithin, T. (1984), Using Management Science for the Practice of Management Science, Interfaces, 14, 68-75.

K

Kaas, K. (1977), Empirische Preisabsatzfunktionen bei Konsumgütern, Berlin.

Kahle, E. (1991), Produktion, 3. Auflage, München.

Kahle, E. (1996), Ziele, produktionswirtschaftliche, in: Kern, W., Schröder, H., Weber, J. (Hrsg.), Handwörterbuch der Produktionswirtschaft, 2. Auflage, Stuttgart, 2315-2324.

Kall, P. (1976), Stochastic Linear Programming, Berlin.

Kathawala, Y. (1988), Applications of Quantitative Techniques in Large and Small Organizations in the United States, Journal of Operational Research, 39, 981-989.

Katz, R. (1970), Cases and Concepts in Corporate Strategy, Englewood Cliffs.

Kendall, K. (1997), The Significance of Information Systems Research on Emerging Technologies: Seven Information Technologies that Promise to Improve Managerial Effectiveness, Decision Sciences, 28, 775-792.

Kennigton, J., Helgason, R. (1980), Algorithms for Network Programming, New York.

Kepper, G. (1996), Qualitative Marktforschung: Methoden, Einsatzmöglichkeiten und Beurteilungskriterien, 2. Auflage, Wiesbaden.

Kern, W. (1992), Industrielle Produktionswirtschaft, 5. Auflage, München.

Kern, W., Schröder, H., Weber, J. (1996, Hrsg.), Handwörterbuch der Produktionswirtschaft, 2. Auflage, Stuttgart.

Kerr, J. (1988), Strategic Control Through Performance Appraisal and Rewards, Human Resource Planning, 11, 215-223.

Kibzun, A., Kan, Y. (1996), Stochastic Programming Problems with Probability and Quantile Functions, Chichester.

Kirsch, W., zu Knyphausen, D. (1993), Strategische Unternehmensführung, in: Hauschild, J., Grün, O. (Hrsg.), Ergebnisse empirischer betriebswirtschaftlicher Forschung: Zu einer Realtheorie der Unternehmung, Stuttgart, 83-114.

Kistner, K., Steven, M. (1993), Produktionsplanung, 2. Auflage, Heidelberg.

Klemm, H., Mikut, M. (1972), Lagerhaltungsmodelle, Berlin.

Klinger, K. (1964), Zur Mathematisierung der Betriebswirtschaftslehre, Der Betrieb, 17, 849-852.

Kmenta, J. (1971), Elements of Econometrics, New York.

Knolmayer, G. (1996), Auftragsbearbeitung, in: Kern, W., Schröder, H., Weber, J. (Hrsg.), Handwörterbuch der Produktionswirtschaft, 2. Auflage, Stuttgart, 183-194.

Koch, H. (1974), Gegenstand, Struktur und Kriterien der betriebswirtschaftlichen Entscheidungsanalytik, Zeitschrift für betriebswirtschaftliche Forschung, 26, 301-334.

Köhler, R., Übele, H. (1977), Planung und Entscheidung im Absatzbereich industrieller Großunternehmen, Aachen.

Köhler, R., Zimmermann, H. (1977, Hrsg.), Entscheidungshilfen im Marketing, Stuttgart.

Kortge, G. et al. (1994), Linking Experience, Product Life Cycle, and Learning Curves, Industrial Marketing Management, 23, 221-228.

Kosiol, E. (1961), Modellanalyse als Grundlage unternehmerischer Entscheidungen, Zeitschrift für Betriebswirtschaft, 34, 743-762.

Kosiol, E. (1964), Betriebswirtschaftslehre und Unternehmensforschung, Zeitschrift für Betriebswirtschaft, 34, 743-762.

Kotha, S., Nair, A. (1995), Strategy and Environment as Determinants of Performance: Evidence from the Japanese Machine Tool Industry, Strategic Management Journal, 16, 497-518.

Krabs, W. (1983), Einführung in die lineare und nichtlineare Optimierung für Ingenieure, Stuttgart.

Kreikebaum, H. (1997), Strategische Unternehmensplanung, 6. Auflage, Stuttgart.

Kreikebaum, H., Grimm, U. (1980), Strategische Unternehmensplanung in der Bundesrepublik Deutschland - Ergebnisse einer empirischen Untersuchung, in: Hahn, D., Taylor, B. (Hrsg.), Strategische Unternehmensplanung, Würzburg.

Krelle, W. (1968), Präferenz- und Entscheidungstheorie, Tübingen.

Krohmer, H. (1999), Marktorientierte Unternehmenskultur als Erfolgsfaktor der Strategieimplementierung, Wiesbaden.

Kruschwitz, L. (1993), Investitionsrechnung, 5. Aufl., Berlin.

Kruschwitz, L. (1996), Investitionsrechnung, in: Kern, W., Schröder, H., Weber, J. (Hrsg.), Handwörterbuch der Produktionswirtschaft, 2. Auflage, Stuttgart, 804-816.

Kruschwitz, L. (1999), Finanzierung und Investition, 2. Auflage, München.

Kruskal, J. (1965), Analysis of Factorial Experiments by Estimating a Monotone Transformation of Data, Journal of Royal Statistical Society, Series B, 251-263.

Künzi, H., Krelle, W. (1962), Nichtlineare Programmierung, Berlin.

L

Landry, M., Malouin, J., Oral, M. (1983), Model Validation in Operations Research, European Journal of Operational Research, 14, 207-220.

Lange, B. (1982), Bestimmung strategischer Erfolgsfaktoren und Grenzen ihrer empirischen Fundierung, Die Unternehmung, 36, 27-41.

Larnder, H. (1979), The Origin of Operational Research, in: Haley, K. (Hrsg.), Operational Research '78, Amsterdam, 3-12.

Larréché, J., Montgomery, D. (1977), A Framework for the Comparison of Marketing Models: A Delphi Study, Journal of Marketing Research, 14, 478-498.

Larréché, J., Srinivasan, V. (1981), STRATPORT: A Decision Support System for Strategic Planning, Journal of Marketing, 45, 39-52.

Larréché, J., Srinivasan, V. (1982), A Model for the Evaluation and Formulation of Business Portfolio Strategies, Management Science, 28, 979-1001.

Laßmann, G. (1996), Kostenfunktionen und -verhalten, in: Kern, W., Schröder, H., Weber, J. (Hrsg.), Handwörterbuch der Produktionswirtschaft, 2. Auflage, Stuttgart, 946-959.

Laukamm, T., Steinthal, N. (1985), Methoden der Strategieentwicklung und des strategischen Managements - Von der Portfolio-Planung zum Führungssystem, in: Arthur D. Little (1985, Hrsg.), Management im Zeitalter der strategischen Führung, Wiesbaden.

Lee, S. (1972), Goal Programming for Decision Analysis, Philadelphia.

Leemhuis, J. (1985), Using Scenarios to Develop Strategies, Long Range Planning, 18, 30-37.

Li, T., Calantone, R. (1998), The Impact of Market Knowledge Competence on New Product Advantage: Conceptualization and Empirical Examination, Journal of Marketing, 62 (October), 13-29.

Lilien, G. (1975), Model Relativism: A Situational Approach to Model Buildung, Interfaces, 5, 11-18.

Lilien, G. (1979), ADVISOR: Modeling the Marketing Mix Decision for Industrial Products, Management Science, 25, 191-204.

Lilien, G. (1985), Editorial: MS/OR on Thin Ice, Interfaces, 15, 12-13.

Lilien, G., Kotler, P. (1983), Marketing Decision Making: A Model-Building Approach, New York.

Lilien, G. Kotler, P., Moorthy, K. (1992), Marketing Models, Englewood Cliffs.

Link, J. (1985), Organisation der strategischen Planung, Heidelberg.

Linneman, R., Klein, H. (1985), Using Scenarios in Strategic Decision Making, Business Horizons, January-February, 64-74.

Lintner, J. (1965), The Valuation of Risk Assets and the Selection of Risky Investments in Stock Portfolios and Capital Budgets, Review of Economics and Statistics, 47 (February), 13-37.

Little, J. (1970), Models and Managers: The Concept of a Decision Calculus, Management Science, 16, B466-B485.

Little, J. (1975), BRANDAID: A Marketing-Mix Model, Operations Research, 23, 628-673.

Little, J. (1979), Decision Support Systems for Marketing Managers, Journal of Marketing, 43, 9-26.

Little, J., Lodish, L. (1969), A Media Planning Calculus, Operations Research, 17, 1-35.

Lodish, L. (1971), CALLPLAN: An Interactive Salesman's Call Planning System, Management Science, 18, 25-40.

Lodish, L. (1975), Sales Territory Alignment to Maximize Profit, Journal of Marketing Research, 12, 30-36.

Lodish, L. (1976), Assigning Salesmen to Accounts to Maximize Profits, Journal of Marketing Research, 13, 440-444.

Lodish, L. (1981), Experience with Decision - Calculus Models and Decision Support Sytems, in: Schultz, R., Zoltners, A. (Hrsg.), Marketing Decision Models, Amsterdam.

Love, R., Morris, J. (1972), Modeling Inter-City Road Distance by Mathematical Functions, Operational Research Quarterly, 23, 61-71.

Luchs, R., Müller, R. (1985), Das PIMS-Programm - Strategien empirisch fundieren, in: Hanssmann, F., Ruhland, J., Wilde, K. (Hrsg.), Strategische Planung, 79-98.

Lüder, K. (1969), Zur Anwendung neuerer Algorithmen der ganzzahligen linearen Programmierung, Zeitschrift für Betriebswirtschaft, 39, 405-434.

Luenberger, D. (1973), Introduction to Linear and Nonlinear Programming, Reading.

M

Macharzina, K. (1999), Unternehmensführung, 3. Auflage, Wiesbaden.

MacMillan, I., Day, D. (1986), Entering New Industrial Businesses: Aggressive Strategies that May Pay Off, PIMSLETTER Nr. 38, Cambridge.

Mahajan, V., Muller, E. (1979), Innovation Diffusion and New Product Growth Models in Marketing, Journal of Marketing, 43, 55-68.

Mahajan, V., Muller, E., Bass, F. (1990), New Product Diffusion Models in Marketing: A Review and Directions for Research, Journal of Marketing, January, 1-26.

Mahajan, V., Muller, E., Bass, F. (1993), New Product Diffusion Models, in: Eliashberg, J., Lilien, G. (Hrsg.), Handbook of Operations Research and Management Science, Amsterdam, 349-408.

Mahajan, V., Wind, Y. (1986), Innovation Diffusion Models of New Product Acceptance, Cambridge.

Makridakis, S., Wheelwright, S. (1978), Forecasting Methods and Applications, Santa Barbara.

Mangasarian, O. (1969), Nonlinear Programming, New York.

Markowitz, H. (1952), Portfolio-Selection, Journal of Finance, 3, 77-91.

Marshall, C., Buzzell, R. (1990), PIMS and the FTC Line-Of-Business Data: A Comparison, Strategic Management Journal, 11, 269-282.

Marti, K., Kall, P. (1995, Hrsg.), Stochastic Programming: Numerical Techniques and Engineering Applications, Proceedings of the 2nd GAMM/IFIP-Workshop, Berlin.

Mascarenhas, B., Aaker, D. (1989), Mobility Barriers and Strategic Groups, Strategic Management Journal, 10, 475-485.

Mattessich, R. (1960), Zu Ischboldins Kritik der mathematischen Methode, Zeitschrift für betriebswirtschaftliche Forschung, 12, 550-561.

Mauthe, K., Roventa, P. (1982), Versionen der Portfolio-Analyse auf dem Prüfstand, Zeitschrift für Organisation, 4, 191-204.

McCloskey, J. (1987a), The Beginnings of Operations Research: 1934-1941, Operations Research, 35, 143-152.

McCloskey, J. (1987b), British Operational Research in World War II, Operations Research, 35, 453-470.

McGee, J., Thomas, H. (1986), Strategic Groups: Theory, Research and Taxonomy, Strategic Management Journal, 7, 141-160.

Meffert, H. (1985), Die Bedeutung von Konkurrenzstrategien im Marketing, Marketing Zeitschrift für Forschung und Praxis, 1, 13-19.

Meffert, H. (1986), Marketing - Grundlagen der Absatzpolitik, 7. Auflage, Wiesbaden.

Meffert, H. (1988), Strategische Unternehmensführung und Marketing, Wiesbaden.

Meinhardt, H. (1988), Optimierung des Portfolios in diversifizierten Unternehmen, in: Henzler, H. (Hrsg.), Handbuch Strategische Führung, Wiesbaden.

Meinig, W. (1995), Lebenszyklen, in: Tietz, B., Köhler, R., Zentes, J. (Hrsg.), Handwörterbuch des Marketing, 2. Auflage, Stuttgart, 1392-1405.

Menges, G. (1974), Grundmodelle wirtschaftlicher Entscheidungen, 2. Auflage, Düsseldorf.

Menon, A. et al. (1999), Antecedents and Consequences of Marketing Strategy Making: A Model and a Test, Journal of Marketing, 63 (April), 18 – 40.

Mercer, D. (1993), A Two-Decade Test of Product Life Cycle Theory, British Journal of Management, 4, 269-274.

Mertens, P. (1978, Hrsg.), Prognoserechnung, 3. Auflage, Würzburg.

Merton, R. (1990), Continuous-Time Finance, Cambridge.

Meyer zu Selhausen, H. (1989), Repositioning OR's Products in the Market, Interfaces, 19, 2, 79-87.

Meyer zu Selhausen, H. (1993), Optimierungsverfahren, in: Wittmann, W. et al. (Hrsg.), Handwörterbuch der Betriebswirtschaftslehre, 5. Auflage, Stuttgart, 2969-2980.

Michel, K. (1987), Technologie im strategischen Management, Berlin.

Miles, R., Snow, C. (1978), Organizational Strategy, Structure and Process, New York.

Miller, A., Guiniven, J., Camp, B. (1985), Keys to Success for Adolescent Businesses, PIMSLETTER Nr. 35, Cambridge.

Miller, D. (1988), Relating Porter's Business Strategies to Environment and Structure: Analysis and Performance Implications, Academy of Management Review, 31, 280-308.

Miller, D. (1992), Generic Strategies: Classification, Combination and Context, Advances in Strategic Management, 8, 391-408.

Miller, D., Friesen, P. H. (1986), Porter's (1980) Generic Strategies and Performance: An Empirical Examination with American Data, Part 2: Performance Implications, Organization Studies, 7, 255-261.

Minieka, E. (1978), Optimization Algorithms for Networks and Graphs, New York.

Mintzberg, H. (1990), The Design School: Reconsidering the Basic Premises of Strategic Management, Strategic Management Journal, 11, 171-195.

Mintzberg, H., Lampel, J. (1999), Reflecting on the Strategy Process, Sloan Management Review, Spring, 21 – 30.

Miser, H. (1963), Operations Research in Perspective, Operations Research, 11, 669-677.

Modigliani, F., Miller, M. (1958), The Cost of Capital, Corporation Finance and the Theory of Investment, American Economic Review, 48 (June), 261-297.

Modigliani, F., Miller, M. (1969), Reply to Heins and Sprenkle, American Economic Review, 59 (September), 592-595.

Monroe, K. (1979), Pricing: Making Profitable Decisions, New York.

Monroe, K., Della Bitta, A. (1978), Models for Pricing Decisions, Journal of Marketing Research, 15, 413-428.

Montgomery, D., Silk, A., Zaragoza, C. (1971), A Multiple-Product Sales Force Allocation Model, Management Science, 18, 3-24.

Morgan, C. (1989), A Survey of MS/OR Surveys, Interfaces, 19, 95-103.

Moskowitz, H., Wallenius, J. (1984), Conditional versus Joint Probability Assessments, Arbeitspapier, Purdue University, West Lafayette.

Müller-Merbach, H. (1963), Operations Research als Optimalplanung, Zeitschrift für betriebswirtschaftliche Forschung, 15, 191-206.

Müller-Merbach, H. (1977), Quantitative Entscheidungsvorbereitung - Erwartungen, Enttäuschungen, Chancen, Die Betriebswirtschaft, 37, 11-23.

Müller-Merbach, H. (1981), Heuristics and their Design: A Survey, European Journal of Operational Research, 8, 1-23.

Müller-Merbach, H. (1986), Operations Research als modellgestützte Entscheidungsvorbereitung, in: Gal, T. (Hrsg.), Grundlagen des Operations Research, Band 1, Berlin.

Müller-Merbach, H. (1990), Operations Research Applications, in: Grochla, E. et al. (Hrsg.), Handbook of German Business Management, Stuttgart, 1550-1564.

Müller-Merbach, H. (1996), Operations Research und Controlling, in: Schulte, C. (Hrsg.), Lexikon des Controlling, München, 544-546.

N

Narasimhan, C., Sen, S. (1983), New Product Models for Test Market Data, Journal of Marketing, 47, 11-24.

Naylor, T., Thomas, C. (1984), Optimization Models for Strategic Planning, Amsterdam.

Nehse, R. (1982), Bibliographie zur Vektoroptimierung - Theorie und Anwendungen (1. Fortsetzung), Mathematische Operationsforschung und Statistik, 13, 593-625.

Neubauer, F. (1980), Das PIMS-Programm und Portfolio-Management, in: Hahn, D., Taylor, B. (Hrsg.), Strategische Unternehmensplanung, Würzburg.

Neumann, K. (1975), Operations Research Verfahren, Band 1 und 3, München.

Neumann, K. (1986a), Graphen und Netzwerke, in: Gal, T. (Hrsg.), Grundlagen des Operations Research, Band 2, Berlin.

Neumann, K. (1986b), Netzplantechnik, in: Gal, T. (Hrsg.), Grundlagen des Operations Research, Band 2, Berlin.

Neumann, K. (1986c), Einführung in das Operations Research 1, Report WIOR-275, Institut für Wirtschaftstheorie und Operations Research, Universität Karlsruhe, Karlsruhe.

Neumann, K. (1996), Produktions- und Operations-Management, Berlin.

Neumann, K., Morlock, M. (1993), Operations Research, München.

von Nitzsch, R. (1997), Investitionsrechnung, 2. Aufl., Aachen.

Noltemeier, H. (1976), Graphentheorie, Berlin.

O

von Oetinger, B. (1983), Wandlungen in den Unternehmensstrategien der 80er Jahre, Zeitschrift für betriebswirtschaftliche Forschung, Sonderheft 15, 42-51.

Opitz, O. (1980), Numerische Taxonomie, Stuttgart.

Opitz, O., Schader, M. (1975), Operations Research Verfahren und Marketingprobleme, Meisenheim am Glan.

Ostresh, L. (1978), On the Convergence of a Class of Iterative Methods for Solving the Weber Location Problem, Operations Research, 26, 597- 609.

P

Parfitt, J., Collins, B. (1968), The Use of Consumer Panels for Brand-Share Prediction, Journal of Marketing Research, 5, 131-146.

Pascale, R. (1992), The Honda Effect, in: Mintzberg, H., Quinn, J. (Hrsg.), The Strategy Process, 114-122.

Perridon, L., Steiner, M. (1993), Finanzwirtschaft der Unternehmung, 7. Auflage, München.

Pfohl, H. (1976), Problemorientierte Entscheidungsfindung in Organisationen, Berlin.

Pfohl, H., Stölzle, W. (1997), Planung und Kontrolle, 2. Auflage, München.

Phillips, L., Chang, D., Buzzell, R. (1983), Product Quality, Cost Position and Business Performance: A Test of Some Key Hypotheses, Journal of Marketing, 47, 26-43.

Piercy, N. (1992), Market-Led Strategic Change: Making Marketing Happen in Your Organization, Oxford.

Piercy, N., Giles, W. (1989), Making SWOT Analysis Work, Marketing Intelligence & Planning, 7, 5-7.

Polli, R., Cook, V. (1969), Validity of the Product Life Cycle, Journal of Business, 42, 385-401.

Popp, W. (1968), Einführung in die Theorie der Lagerhaltung, Berlin.

Porter, M. (1979), How Competitive Forces Shape Strategy, Harvard Business Review, 57, 137-145.

Porter, M. (1980), Competitive Strategy, New York.

Porter, M. (1986), Wettbewerbsvorteile, Frankfurt.

Porter, M. (1998), Clusters and the New Economics of Competition, Harvard Business Review, November/December, 77-90.

Prescott, J. (1983), Competitive Environments, Strategic Types, and Business Performance: An Empirical Analysis, Pennsylvania.

Puu, T. (1993), Nonlinear Economic Dynamics, 3. Auflage, Berlin.

Q

Quinn, J (1980), Strategies for Change. Logical Incrementalism, Homewood.

R

Raiszadeh, F., Lingaraj, B.(1986), Real-World OR/MS Applications in Journals, Journal of the Operational Research Society, 37, 937-942.

Ramanujam, V., Venkatraman, N. (1984), An Inventory and Critique of Strategy Research Using the PIMS Database, Academy of Management Review, 9, 138-151.

Rao, A. (1970), Quantitative Theories in Advertising, New York.

Rao, V. (1984), Pricing Research in Marketing: The State of the Art, Journal of Business, 57, 39-64.

Reese, J. (1996), Kapazitätsbelegungsplanung, in: Kern, W., Schröder, H., Weber, J. (Hrsg.), Handwörterbuch der Produktionswirtschaft, 2. Auflage, Stuttgart, 862-873.

von Reibnitz, U. (1996), Szenario-Technik, in: Schulte, C. (Hrsg.), Lexikon des Controlling, München, 747-751.

Ritter, K. (1988), Numerical Problems for Nonlinear Programming Problems, in: Operations Research Proceedings 1987, Berlin.

Rink, D., Swan, J. (1979), Product Life Cycle Research: A Literature Review, Journal of Business Research, 7, 219-242.

Robinson, B., Lakhani, C. (1975), Dynamic Price Models for New-Product Planning, Management Science, 21, 1113-1122.

Robinson, W. (1987), Marketing Mix Reactions by Incumbents to Entry, Arbeitspapier, Rochester.

Robinson, W., Fornell, C. (1985), Sources of Market Pioneer Advantages in Consumer Goods Industry, Journal of Marketing Research, 22, 305-317.

Robrade, A. (1991), Dynamische Einprodukt-Lagerhaltungsmodelle bei periodischer Bestandsüberwachung, Heidelberg.

Rosen, J. (1960), The Gradient Projection Method for Nonlinear Programming, Part I, Linear Constraints, SIAM Journal of Applied Mathemathics, 8, 181-217.

Rowe, A., Mason, R., Dickel, K. (1985), Strategic Management & Business Policy - A Methodological Approach, 2. Auflage, Reading.

Roy, B. (1981), The Optimization Problem Formulation: Criticism and Overstepping, Journal of the Operational Research Society, 32, 427-436.

Ruhland, J. (1983), Quantitative Modellierung auf der Ebene strategischer Geschäftseinheiten, Zeitschrift für Betriebswirtschaft, 53, 45-52.

Ryan, C., Riggs, W. (1996), Redefining the Product Life Cycle: The Five-Element Product Wave, Business Horizons, September/October, 33-40.

S

Saliger, E. (1981), Betriebswirtschaftliche Entscheidungstheorie, München.

Salkin, H. (1975), Integer Programming, Reading.

Scheel, F. (1981), Neuere Konzepte des strategischen Portfolio-Managements in diversifizierten Unternehmen, Berlin.

Schildt, B. (1994), Strategische Produktions- und Distributionsplanung, Wiesbaden.

Schiemenz, B. (1996), Systemtheorie und Controlling, in: Schulte, C. (Hrsg.), Lexikon des Controlling, München, 738-742.

Schlicksupp, H. (1988), Anstöße zum innovativen Denken, in: Henzler, H. (Hrsg.), Handbuch Strategische Führung, Wiesbaden.

Schlicksupp, H. (1995), Kreativitätstechniken, in: Tietz, B., Köhler, R., Zentes, J. (Hrsg.), Handwörterbuch des Marketing, 2. Auflage, Stuttgart, 1289-1309.

Schlittgen, R., Streitberg, B. (1984), Zeitreihenanalyse, München.

Schmalen, H. (1992), Kommunikationspolitik, 2. Auflage, Stuttgart.

Schmidt, R. (1986), Grundzüge der Investitions- und Finanzierungstheorie, 2. Auflage, Wiesbaden.

Schmiedeberg, A. (1995), Synergy-Seeking, Bonn.

Schnäbele, P. (1997), Mass Customization, Wiesbaden.

Schneeweiß, C. (1974), Dynamisches Programmieren, Würzburg.

Schneeweiß, C. (1981), Modellierung industrieller Lagerhaltungssysteme, Berlin.

Schneeweiß, C. (1982), Industrielle Lagerhaltungsmodelle - eine modellierungstheoretische Übersicht, OR-Spektrum, 4, 63-77.

Schneeweiß, C. (1984), Elemente einer Theorie betriebswirtschaftlicher Modellbildung, Zeitschrift für Betriebswirtschaft, 54, 480-504.

Schneeweiß, C. (1987), On a Formalization of the Process of Quantitative Model Building, European Journal of Operational Research, 29, 24-41.

Schneeweiß, C. (1991), Planung 1, Berlin.

Schneeweiß, C. (1993), Einführung in die Produktionswirtschaft, 5. Auflage, Berlin.

Schneeweiß, H. (1967), Entscheidungskriterien bei Risiko, Berlin.

Schneider, D. (1980), Investition und Finanzierung, 5. Auflage, Köln.

Schobert, R. (1980), Positionierungsmodelle, in: Diller, H. (Hrsg.), Marketingplanung, München.

Schoeffler, S. (1977), Cross-Sectional Study of Strategy, Structure and Performance: Aspects of the PIMS Program, in: Thorelli, H. (Hrsg.), Strategy + Structure = Performance, Bloomington.

Schonberger, R., Knod, E. (1994), Operations Management: Continuous Improvement, 5. Aufl., Burr Ridge.

Schubert, B. (1991), Entwicklung von Konzepten für Produktinnovationen mittels Conjoint Analyse, Stuttgart.

Schubert, B. (1995), Conjoint Analyse, in: Tietz, B., Köhler, R., Zentes, J. (Hrsg.), Handwörterbuch des Marketing, 2. Auflage, Stuttgart, 376-398.

Schultz, R., Zoltners, A. (1981, Hrsg.), Marketing Decision Models, Amsterdam.

Schweiger, G. (1975), Mediaselektion - Daten und Modelle, Wiesbaden.

Sharpe, W. (1964), Capital Asset Prices: A Theory of Market Equilibrium under Conditions of Risk, Journal of Finance, 19 (September), 425-442.

Sheth, J., Sisodia, R. (1999), Revisiting Marketing's Lawlike Generalizations, Journal of the Academy of Marketing Science, 27, 1, 71–87.

Shocker, A., Srinivasan, V. (1974), A Consumer-Based Methodology for the Identification of New Product Ideas, Management Science, 20, 921-937.

Shocker, A., Srinivasan, V. (1979), Multiattribute Approaches for Product Concept Evaluation and Generation: A Critical Review, Journal of Marketing Research, 16, 157- 180.

Sieben, G., Schildbach, G. (1980), Betriebswirtschaftliche Entscheidungstheorie, Düsseldorf.

Silk, A., Urban, G. (1978), Pre-Test Market Evaluation of New Packaged Goods: A Model and Measurement Methodology, Journal of Marketing Research, 15, 171-191.

Simon, H. (1979), Dynamics of Price Elasticity and Brand Life Cycles, Journal of Marketing Research, 16, 439-452.

Simon, H. (1988a), Management strategischer Wettbewerbsvorteile, Zeitschrift für Betriebswirtschaft, 58, 461-480.

Simon, H. (1988b, Hrsg.), Wettbewerbsvorteile und Wettbewerbsfähigkeit, Wiesbaden.

Simon, H. (1992), Preismanagement, 2. Auflage, Wiesbaden.

Simons, R. (1994), How New Top Managers Use Control Systems as Levers of Strategic Renewal, Strategic Management Journal, 15, 169-189.

Sinha, P., Zoltners, A. (1982), Integer Programming Model and Algorithmic Evaluation: A Case from Sales Resource Allocation, in: Zoltners, A. (Hrsg.), TIMS- Studies in the Management Sciences, 18, Amsterdam.

Skiera, B. (1996), Verkaufsgebietseinteilung zur Maximierung des Deckungsbeitrags, Wiesbaden.

Skiera, B., Albers, S. (1994), COSTA: Ein Entscheidungs-Unterstützungs-System zur deckungsbeitragsmaximalen Einteilung von Verkaufsgebieten, Zeitschrift für Betriebswirtschaft, 64, 1261-1283.

Smith, K., Guthrie, J., Chen, M.-J. (1989), Strategy, Size and Performance, Organization Studies, 1, 63-81.

Spremann, K. (1991), Investition und Finanzierung, 4. Auflage, München.

Steiner, G. (1971), Top Management Planung, München.

Steinmann, H., Schreyögg, G. (1997), Management: Grundlagen der Unternehmensführung: Konzepte - Funktionen - Fallstudien, 4. Auflage, Wiesbaden.

Stepan, A., Fischer, E. (1989), Betriebswirtschaftliche Optimierung, 2. Auflage, München.

Steuer, R., Schuler, A. (1978), An Interactive Multiple-Objective Linear Programming Approach to a Problem in Forest Management, Operations Research, 26, 254-269.

Strüven, P. (1981), Strategieentwicklung und Konkurrenzanalysen, Unterlagen zur Agplan Fachtagung: Strategieerarbeitung in der Praxis, Wiesbaden.

Strüven, P., Herp, T. (1989), Möglichkeiten und Grenzen strategischer Analyseinstrumente, in: Raffée, H., Wiedmann, K. (Hrsg.), Strategisches Marketing, 2. Auflage, Stuttgart.

Süchting, J. (1995), Theorie und Politik der Unternehmensfinanzierung, 6. Auflage, Wiesbaden.

Sudarshan, D. (1995), Marketing Strategy, Englewood Cliffs.

Swoboda, P. (1981), Betriebliche Finanzierung, Würzburg.

Szymanski, D., Bharadwaj, S., Varadarajan, P. (1993), An Analysis of the Market-Share-Profitability Relationship, Journal of Marketing, 57, 3, 1–18.

T

Tellis, G. (1986), Beyond the Many Faces of Price: An Integration of Pricing Strategies, Journal of Marketing, 50, 146-160.

Tempelmeier, H. (1995), Material - Logistik - Grundlagen der Bedarfs- und Losgrößenplanung in PPS-Systemen, 3. Auflage, Berlin.

Thomas, H., Gardner, D. (1985, Hrsg.), Strategic Marketing and Management, New York.

Thomas, H., Venkatraman, N. (1988), Research on Strategic Groups: Progress and Prognosis, Journal of Management Studies, 25, 537-555.

Thorelli, H., Burnett, S. (1981), The Nature of Product Life Cycles for Industrial Goods Businesses, Journal of Marketing, 45, 121-137.

Timmermann, A. (1988), Evolution des strategischen Managements, in: Henzler, H. (Hrsg.), Handbuch Strategische Führung, Wiesbaden.

Tomaszewski, C. (1999), Bewertung strategischer Flexibilität beim Unternehmenserwerb - Der Wertbeitrag von Realoptionen, Diss., Bochum.

Trigeorgis, L. (1996), Real Options - Managerial Flexibility and Strategy in Resource Allocations, Cambridge.

Troßmann, E. (1996), Ablaufplanung bei Einzel- und Serienprodukten, in: Kern, W., Schröder, H., Weber, J. (Hrsg.), Handwörterbuch der Produktionswirtschaft, 2. Auflage, Stuttgart, 11-26.

Trux, W. (1985), Strategisches Management und quantitative Verfahren, Strategische Planung, 1, 55-69.

Trux, W., Müller, G., Kirsch, W. (1989), Das Management strategischer Programme, zwei Halbbände, 3. Auflage, München.

U

Übele, H. (1980), Einsatzbedingungen und Verhaltenswirkungen von Planungstechniken im Absatzbereich von Unternehmen, Aachen.

Urban, G. (1975), PERCEPTOR: A Model for Product Positioning, Management Science, 21, 858- 871.

Urban, G., Hauser, J. (1980), Design and Marketing of New Products, Englewood Cliffs.

Urban, G., Katz, G., Hatch, T., Silk, A. (1983), The ASSESSOR Pre-Test Market Evaluation System, Interfaces, 13, 38-59.

V

Varadarajan, P. (1999), Strategy Content and Process Perspectives Revisited, Journal of the Academy of Marketing Science, 27, 88-100.

Varadarajan, P., Clark, T. (1994), Delineating the Scope of Corporate, Business, and Marketing Strategy, Journal of Business Research, 31, 93–105.

Venohr, B. (1988), "Marktgesetze" und strategische Unternehmensführung, Wiesbaden.

Vidale, M., Wolfe, H. (1957), An Operations Research Study of Sales Response to Advertising, Operations Research, 5, 370-381.

Von der Heydt, A. (1999), Handbuch Efficient Consumer Response: Konzepte, Erfahrungen, Herausforderungen, München.

W

Wagner, H., Whitin, I. (1959), Dynamic Version of the Economic Lot Size Model, Management Science, 5, 89-96.

Wald, A. (1950), Statistical Decision Functions, New York.

Walther, E. (1982), Industrielle Produktionswirtschaft, Wiesbaden.

Warnecke, H., Dangelmaier, W. (1981), Layoutplanung - Stand der Technik, OR-Spektrum, 3, 1-20.

Weber, H. (1985), Industriebetriebslehre, Berlin.

Weber, M. (1986), Subjektive Bewertung strategischer Geschäftseinheiten im Rahmen der Portfolio- Analyse, Die Betriebswirtschaft, 46, 160-173.

Weber, M., Krahnen, J., Weber, A. (1995), Scoring-Verfahren – häufige Anwendungsfehler und ihre Vermeidung, Der Betrieb, 48, 33, 1621-1626.

Welge, M. K., Hüttemann, H. H., Al-Laham, A. (1996), Strategieimplementierung, Anreizsystemgestaltung und Erfolg, Zeitschrift Führung und Organisation, 65, 80-85.

Wendell, R., Lee, D. (1977), Efficiency in Multiple Objective Optimization Problems, Mathematical Programming, 406-414.

Werners, B. (1996, Hrsg.), Aktuelle Methoden und Anwendungen des Operations Research, Arbeitsbericht Nr. 64, Institut für Unternehmensführung und Unternehmensforschung, Ruhr-Universität Bochum.

Werners, B. (1998, Hrsg.), Aktuelle Methoden und Systeme, insbesondere zur Produktionsplanung, Arbeitsbericht Nr. 73, Institut für Unternehmensführung und Unternehmensforschung, Ruhr-Universität Bochum.

Weßner, K. (1988), Prognoseverfahren als Instrumente zur Absicherung strategischer Marketingentscheidungen, GfK-Jahrbuch der Absatz- und Verbrauchsforschung, 3, 208-234.

Weston, J., Copeland, T. (1986), Managerial Finance, 8. Auflage, New York.

Wheelright, S., Clarke, D. (1976), Corporate Forecasting: Promise and Reality, Harvard Business Review, 54, 40-47.

Wiedmann, K., Kreutzer, R. (1989), Strategische Marketingplanung - Ein Überblick, in: Raffée, H., Wiedmann, K. (Hrsg.), Strategisches Marketing, 2. Auflage, Stuttgart.

Wierenga, B., Oude Ophuis, P. (1997), Marketing Decision Support Systems: Adoption, Use, and Satisfaction, International Journal of Research in Marketing, 14, 275-290.

Wierenga, B., Van Bruggen, G., Staelin, R. (1999), The Success of Marketing Management Support Systems, Marketing Science, 18, 3, 196-207.

Wieselhuber, N., Töpfer, A. (1986, Hrsg.), Handbuch Strategisches Marketing, 2. Auflage, Landsberg am Lech.

Wild, J. (1982), Grundlagen der Unternehmensplanung,, 4. Auflage, Reinbeck bei Hamburg.

Wilde, K. (1981), Langfristige Marktpotentialprognosen in der strategischen Planung, Düsseldorf.

Wilde, K. (1982), Langfristige Prognosen in der strategischen Planung: Methodik und Verfahrensvergleich anhand praktischer Beispiele, Zeitschrift für Betriebswirtschaft, 52, 923-941.

Wind, Y. (1982), Product Policy: Concepts, Methods, and Strategy, Reading.

Wind, Y., Mahajan, V., Cardozo, R. (1981, Hrsg.), New-Product Forecasting-Models and Applications, Toronto.

Wind, Y., Mahajan, V., Swire, D. (1983), An Empirical Comparison of Standardized Portfolio Models, Journal of Marketing, 47, 89-99.

Witte, T. (1996), Materialbedarfsplanung, in: Kern, W., Schröder, H., Weber, J. (Hrsg.), Handwörterbuch der Produktionswirtschaft, 2. Auflage, Stuttgart, 1168-1183.

Wittek, B. (1980), Strategische Unternehmensführung bei Diversifikation, Berlin.

Wittmann, W. (1958), Betriebswirtschaftslehre und Operations Research, Zeitschrift für betriebswirtschaftliche Forschung, 12, 285-297.

Wolfe, P. (1960), Methods of Nonlinear Programming, in: Graves, R., Wolfe, P. (Hrsg.), Recent Advances in Mathematical Programming, New York.

Woo, C. (1981), Market Share Leadership: Does it Always Pay Off?, Proceedings of the Academy of Management, 7-11.

Woo, C. (1984), Market Share Leadership - Not Always so Good, Harvard Business Review, January-February, 50-54.

Woo, C., Cooper, A. (1981), Strategies of Effective Low Share Businesses, Strategic Management Journal, 301-318.

Woo, C., Cooper, A. (1982), The Surprising Case for Low Market Share, Harvard Business Review, November-December, 106-113.

Workman, J., Homburg, Ch., Gruner, K. (1998), Marketing Organization: A Integrative Framework of Dimensions and Determinants, Journal of Marketing, 62 (July), 21-41.

Y

Yip, G. (1982a), Gateways to Entry, Harvard Business Review, September-October, 85-92.

Yip, G. (1982b), Barriers to Entry: A Corporate Strategy Perspective, Lexington.

Z

Zäpfel, G. (1982), Produktionswirtschaft, Berlin.

Zäpfel, G. (1989), Taktisches Produktionsmanagement, Berlin.

Zäpfel, G. (1996), Grundzüge des Produktions- und Logistikmanagement, Berlin.

Zeithaml, C., Anderson, C., Paine, F. (1981), An Empirical Reexamination of Selected PIMS Findings, Proceedings of the Academy of Management, 12-16.

Zimmermann, W. (1986), Operations Research, 3. Auflage, München.

Zoltners, A. (1979), A Unified Approach to Sales Territory Alignment, in: Bagozzi, R. (Hrsg.), Sales Management: New Developments from Behavioral and Decision Model Research, Cambridge.

Zoltners, A., Sinha, P. (1980), Integer Programming Models for Sales Resource Allocation, Management Science, 26, 242-260.

Zoltners, A., Sinha, P. (1983), Sales Territory Alignment: A Review and Model, Management Science, 29, 1237-1256.

Zschocke, D. (1995), Modellbildung in der Ökonomie, München.

Stichwortverzeichnis

GABLER

Christian Homburg/Harley Krohmer

Marketingmanagement

Strategie – Instrumente – Umsetzung – Unternehmensführung

2000, ca. 900 Seiten, Gebunden, ca. DM 98,–
ISBN 3-409-12263-X

Professor Dr. Christian Homburg ist Inhaber des Lehrstuhls für Allgemeine Betriebswirtschaftslehre und Marketing I und Wissenschaftlicher Direktor des Instituts für Marktorientierte Unternehmensführung (IMU) an der Universität Mannheim sowie Vorsitzender des wissenschaftlichen Beirates der Prof. Homburg & Partner GmbH, Mannheim, einer international tätigen Managementberatung.

Dr. Harley Krohmer ist Habilitand am Lehrstuhl für Allgemeine Betriebswirtschaftslehre und Marketing I an der Universität Mannheim.

Homburg/Krohmer vermitteln in „Marketingmanagement" die grundlegenden Perspektiven des Marketing. Dargestellt werden aktuelle Entwicklungen in der Marketingforschung und der Unternehmenspraxis. Aspekte der marktorientier-

ten Unternehmensführung werden in einem eigenen Teil des Buches beschrieben.

„Marketingmanagement" zeichnet sich durch eine besondere Betonung umsetzungsorientierter Aspekte aus. So wird beispielsweise die Marketing- und Vertriebsorganisation sowie die Personalführung in Marketing und Vertrieb unter Bezugnahme auf aktuelle Konzepte ausführlich dargestellt. Darüber hinaus legen die Autoren besonderen Wert auf eine solide quantitative Orientierung und auf die Darstellung von Praxisbeispielen, die für Anschaulichkeit sorgen.

„Marketingmanagement" wendet sich an Dozenten und Studierende der Betriebswirtschaftslehre sowie an Praktiker, die ein umfassendes und tiefgehendes Verständnis aller Aspekte und Teilbereiche des Marketingmanagements gewinnen möchten.

Betriebswirtschaftlicher Verlag Dr. Th. Gabler GmbH, Abraham-Lincoln-Str. 46, 65189 Wiesbaden